Gustav A. Krieg
Die Kathedrale im globalen Christentum

Gustav A. Krieg

Die Kathedrale im globalen Christentum

Konfessionsgeschichte, Kultur und Architektur

DE GRUYTER

ISBN 978-3-11-115175-5
e-ISBN (PDF) 978-3-11-115232-5
e-ISBN (EPUB) 978-3-11-115279-0

Library of Congress Control Number: 2024942636

Bibliografische Information der Deutschen Nationalbibliothek
Die Deutsche Nationalbibliothek verzeichnet diese Publikation in der Deutschen Nationalbibliografie; detaillierte bibliografische Daten sind im Internet über http://dnb.dnb.de abrufbar.

© 2024 Walter de Gruyter GmbH, Berlin/Boston
Einbandabbildung: Kathedrale von Maringá, Brasilien. advjmneto/iStock/Getty Images Plus
Satz: Integra Software Services Pvt. Ltd.
Druck und Bindung: CPI books GmbH, Leck

www.degruyter.com

Vorwort

Wer sich mit den Erscheinungsformen des globalen Christentums beschäftigt, begegnet über kurz oder lang dessen Kathedralen: Es sind in der Regel Kirchengebäude solcher christlichen Kirchengemeinschaften bzw. Konfessionen, die durch Bischöfe geleitet werden, vor allem der römisch-katholischen Kirche, der in Osteuropa und den Nachbarregionen beheimateten Ostkirchen, dazu einiger Kirchengemeinschaften, die aus der Reformation des 16. Jahrhunderts entstanden. Diese Bischöfe (in den Reformationskirchen auch Bischöfinnen) haben für die jeweiligen geistlichen Verwaltungsbezirke hier ihre *Kathedra* bzw. ihren Lehrstuhl: Es ist Zeichen ihrer Amtsvollmacht, ihr Platz in den Gottesdiensten. In der frühen Christenheit war es auch der Ort, von dem aus sie ihre Predigten hielten.

Dass gerade Kathedralen in der Geschichte des Christentums so ins Auge fallen, wundert nicht. Besonders in Europa sind Bauten darunter, die eine fast magische Aura besitzen, in ihren Dimensionen, Proportionen, ihrer Ausstattung, die vielleicht Erfahrungen wecken, die man als numinos bezeichnen kann, unabhängig davon, ob sich ihre Besucher der jeweiligen christlichen Konfession zugehörig fühlen oder vielleicht keiner: Kirchen wie die Kathedralen von Chartres, Köln oder Florenz. Es ist kein Wunder, dass solche Bauten auch in der Kunst- und Architekturgeschichte ein Höchstmaß an Beachtung finden – als besondere Zeugnisse des Christentums und seines ästhetischen Bewusstseins.

Bei umfassenderer Betrachtung des Phänomens Kathedrale zeigt dieses aber weit mehr Aspekte als theologisch-liturgische bzw. architektur- und kunstgeschichtliche: Als gewichtiger Typus christlicher Architektur mit reichen Traditionen dokumentieren Kathedralen zugleich das spirituelle Potential des Christentums in seinen Wandlungen, mehr und mehr über Europa hinaus, vom Römischen Reich in die ganze Welt; und ihre paradigmatische Bedeutung wächst umso mehr, als sie in der Fülle ihrer architektonischen und konfessionellen Ausdifferenzierungen an der Christentumsgeschichte allgemein teilhaben, mit ihr im Austausch stehen und in ihr immer wieder ihren Ort finden müssen.

Gedankt sei hier schließlich denjenigen, die zu diesem Buch beigetragen haben. Unvergessene Impulse zu seiner Fertigstellung gab Wilhelm Gräb/Berlin (gest. 2023), hilfreiche Hinweise zum Thema Thomas Erne/Marburg. Ein großes Dankeschön an den Verlag de Gruyter – vor allem an Albrecht Döhnert, Katrin Mittmann und Eiske Schäfer für mancherlei Anstöße und Tipps, nicht zuletzt zum Bildmaterial.

Leipzig, den 15. 7. 2024   Gustav A. Krieg

Inhaltsverzeichnis

Vorwort —— V

Verzeichnis häufig benutzter Abkürzungen —— XIII

Abbildungsnachweise —— XV

Erster Teil: Phänomenologie, Theologie und Architektonik der Kathedrale als Gegenstand ihrer Problemgeschichte

1　Die Kathedrale als Gebäude *sui generis* – Bezeichnungen, Funktionen, Konfessionen —— **3**

2　Die Kathedrale als architektonisches Paradigma des globalen Christentums – zwischen kirchlicher Hierarchie und weltlichen Hierarchien —— **10**

3　Die Kathedrale zwischen liturgischer Funktionalität und ästhetischer Gestaltung —— **16**

4　Die Kathedralengeschichte – ein Paradigma der Kirchengeschichte als Problemgeschichte. Zur Methode der Untersuchung —— **23**

Zweiter Teil: Historische Entfaltung

5　Die Kathedrale bis zum frühen 16. Jahrhundert —— **29**
5.1　　Kathedralen zwischen Rom und Byzanz —— **29**
5.1.1　　Übersicht —— **29**
5.1.2　　Gemeinsamkeiten und Unterschiede in Frömmigkeit, Kult und Architektur —— **32**
5.2　　Die Westkirche —— **36**
5.2.1　　Von der Antike bis zur romanischen Kathedrale —— **36**
5.2.2　　Eine frühe Zwischenbilanz —— **57**
5.2.3　　Der Weg der Kathedrale in der Gotik – Royale Expansionen —— **58**

5.2.4		Kathedralen als frühe Vorzeichen eines globalen Christentums —— **69**
5.2.5		Höhepunkte und Grenzen der mittelalterlichen Kathedrale —— **75**
5.3		Die Ostkirchen —— **84**
5.3.1		Eine andere Welt —— **84**
5.3.2		Aspekte der Kathedralen orientalischer Kirchen – Von Nordafrika bis Armenien —— **85**
5.3.3		Die Orthodoxie —— **92**
6		**Krise und Neuorientierung der Kathedrale im Reformationsjahrhundert —— 103**
6.1		Zur Epochenabgrenzung —— **103**
6.2		Reformatorische Einsprüche, Kompromisse und ihre Folgen für die Kathedrale —— **104**
6.2.1		Die geistesgeschichtliche Großwetterlage: die wachsende humanistische Durchdringung christlicher Weltsicht —— **104**
6.2.2		Die Reformation zwischen selektiver Humanismusrezeption und neuer Frömmigkeit —— **105**
6.2.3		Neue Blicke auf die alten Dome —— **110**
6.3		Die Kathedrale als Objekt wachsender konfessioneller und säkularer Herausforderungen —— **119**
7		**Kathedralen von der Gegenreformation bis zum Vorabend der französischen Revolution —— 120**
7.1		Die Kirche von Rom —— **120**
7.1.1		Nationalpolitische und theologische Antistrategien im Umfeld des Tridentinums —— **120**
7.1.2		Zur tridentinischen Ästhetik —— **122**
7.1.3		Folgen für die Geschichte der Kathedrale —— **125**
7.1.4		Das Präludium iberisch-katholischer Weltmission – Dombauten an den Rändern Afrikas —— **131**
7.1.5		Amerika —— **133**
7.1.6		Asien —— **146**
7.2		Die bischöflichen Reformationskirchen —— **151**
7.2.1		Kathedralen zwischen kirchenpolitischen, konfessionellen und ästhetischen Umbrüchen —— **151**
7.2.2		Skandinavien – Bischofskirchen in neuer Nüchternheit —— **154**
7.2.3		Der Anglikanismus – Sakralarchitektur als konfessioneller Protest und staatskirchliches Signal —— **156**
7.3		Die Ostkirchen —— **159**

7.3.1	Kathedralen der Orientalen – Architektur im Schatten osmanischer Machtpolitik —— **159**	
7.3.2	Orthodoxe Kathedralen im Konflikt zwischen West und Ost – Russland und der Balkan von Iwan Grosny bis zum Ende der orthodoxen Aufklärung —— **162**	
7.4	Die Kathedrale an neuen Grenzen – weitere Pluralisierungen und erste Krisen der weltlichen Hierarchien —— **167**	

8 Kathedralen von der französischen Revolution bis zur Restauration im 19. und frühen 20. Jahrhundert —— 170

8.1	Die Ambivalenzen der französischen Revolution, die neue Magie der Kathedrale und die Anfänge des interkonfessionellen Historismus —— **170**
8.2	Die Kirche von Rom —— **177**
8.2.1	Die katholische Restauration im 19. Jahrhundert und die architektonischen Folgen —— **177**
8.2.2	Europa —— **178**
8.2.3	Nordamerika —— **185**
8.2.4	Lateinamerika —— **191**
8.2.5	Afrika —— **199**
8.2.6	Asien —— **208**
8.2.7	Die Vollendung der universalen Kirche – die Dome Australiens und des Umfelds —— **218**
8.3	Die bischöflichen Reformationskirchen —— **220**
8.3.1	Innerprotestantische Ausdifferenzierungen —— **220**
8.3.2	Skandinavien – Die bleibende Bedeutung der Kathedrale als Predigtraum —— **223**
8.3.3	Der Anglikanismus – Kathedralen zwischen *evangelical* und *catholic revival* —— **225**
8.4	Die Ostkirchen —— **243**
8.4.1	Kathedralen der orientalischen Kirchen – Neue Begegnungen mit Europa und die architektonischen Folgen —— **243**
8.4.2	Die Kathedralen der Orthodoxie – Wegmarken zu einer neuen Rechtgläubigkeit —— **246**

9		**Die Kathedrale zwischen neuen Bilderstürmen, weltanschaulich-religiösen Pluralisierungen und Restaurationen —— 257**
9.1		Die Zeitenwende nach 1918 —— 257
9.2		Die Kirche von Rom —— 259
9.2.1		Der Weg in den nachkonziliaren Katholizismus und die architektonischen Folgen —— 259
9.2.2		Europa —— 264
9.2.3		Amerika —— 270
9.2.4		Afrika – Kirchenpolitische Niederlagen und hierarchische Stabilisierungen im Horizont der Dekolonisation —— 294
9.2.5		Asien, Australien, Neuseeland und der Pazifik – Neue Wege auf den alten Missionspfaden —— 309
9.3		Die bischöflichen Reformationskirchen —— 321
9.3.1		Episkopale Solidarität bei schwindender kirchlicher Sichtbarkeit – Die *Porvoo Communion* —— 321
9.3.2		Skandinavien – Dombauten in einer Spätphase und Neuanfänge in Jungen Kirchen —— 324
9.3.3		Der Anglikanismus – Kathedralen einer sich auseinanderentwickelnden Konfession —— 325
9.4		Die Ostkirchen —— 343
9.4.1		Kathedralen der orientalischen Kirchen – Konfessionelle Identität in architektonischer Vielfalt und neuen Bedrohungen —— 343
9.4.2		Kathedralen der Orthodoxie – zwischen neuen Bilderstürmen und Kanonisierungen —— 347

Dritter Teil: **Beobachtungen und Perspektiven**

10	**Rückblick: Die Kathedrale im globalen Kontext —— 359**
10.1	Die Kathedrale zwischen architektonischer Lebendigkeit und hermeneutischer Widersprüchlichkeit —— 359
10.2	Die Kathedrale als Paradigma konfessionellen Lebens in sich pluralisierenden Öffentlichkeiten —— 366
10.2.1	Die orientalische und ostkirchliche Option – die Kanonisierung von Raum, Bild, Liturgie —— 366
10.2.2	Die römische Option – Sakrale Binnenwelten in gewandelten Gesellschaften —— 369
10.2.3	Zwischen den Fronten – die bischöflichen Reformationskirchen —— 374

11 Diesseits der Traditionen —— 380
11.1 Von der Kathedrale zur *Megachurch* —— 380
11.2 *Megachurches* als Kompensierung der alten Kathedralen? —— 384

12 Perspektiven —— 390

Literatur in Auswahl —— 397

Ortsregister —— 429

Namensregister —— 441

Verzeichnis häufig benutzter Abkürzungen

AARC	*Actas de arquitectura religiosa contemporánea*, Universidade da Coruña
AAS	*Acta Apostolicae Sedis*, Rom
AEC	*Annuaire de l'Eglise Catholique en RD Congo 2012–2013, Kinshasa:* Imprimerie Médiaspaul, 2013
AGS	American Guide Series
BCP	Book of Common Prayer
CCS	Cambridge Camden Society
CMS	Church Missionary Society
CNI	Church of North India
CSI	Church of South India
DAA	*Diccionario de Arquitectura en la Argentina* I–VI, hg. von Jorge Francisco Lierno und Fernando Aliata, Buenos Aires: Diario de Arquitectura de Clarín. Impresa en Artes Gráficas Rioplatenses, 2004
FS	Festschrift
HCR	*Brill Handbooks of Contemporary Religion*, Leiden-Boston: Brill
IURD	Iglesia Universal do Reino de Deus
JISA	*Journal of the Institute of Sacred Art*, University of Notre Dame, South Bend/IN
KdW	*Die Kirchen der Welt*, Stuttgart: Evangelisches Verlagswerk
LThK	*Lexikon für Theologie und Kirche*, Freiburg: Herder
MEP	Missions Etrangères de Paris
MPG	(Jacques-Paul) Migne, *Patrologia*, series graeca, Paris
MPL	(Jacques-Paul) Migne, *Patrologia*, seris latina, Paris
N.D.	Notre-Dame
N.S.	Nuestra Señora/Nossa Senhora
OUP	Oxford University Press
RGG	*Religion in Geschichte und Gegenwart*, Bd. I–VI, Tübingen: J.C.B. Mohr (Paul Siebeck)
SPCK	Society for Promoting Christian Knowledge
SPG	Society for the Promotion of the Gospel in Foreign Parts
TCD 2020	*Tanzania Catholic Directory*, Dar es Salaam: Tanzania Episcopal Conference (TEC), 2020
U.L.F.	Unsere liebe Frau (s. a. N.D. und N.S.)
UMCA	Universities' Mission to Central Africa

Abbildungsnachweise

Abb. 1 Canterbury. *Chair of Saint Augustine.* Von Ealdgyth – Eigenes Werk, CC BY-SA 3.0, https://commons.wikimedia.org/w/index.php?curid=11042649 —— **20**

Abb. 2 Konstantinopel. *Hagia Sophia.* Von Dennis Jarvis from Halifax, Canada – Turkey-3019 – Hagia Sophia, CC BY-SA 2.0, https://commons.wikimedia.org/w/index.php?curid=23450307 —— **30**

Abb. 3 Grado. *Römisch-katholischer Dom Sant' Eufemia Innenraum.* Von Peter Geymayer – Eigenes Werk, Public Domain, https://commons.wikimedia.org/w/index.php?curid=23163327 —— **39**

Abb. 4 Aachen. *Aachener Dom.* Von CaS2000 – Eigenes Werk, CC BY-SA 3.0, https://commons.wikimedia.org/w/index.php?curid=32773582 —— **42**

Abb. 5 Gamla Uppsala. *Alte Kathedrale.* Von Kateryna Baiduzha – Eigenes Werk, CC BY-SA 4.0, https://commons.wikimedia.org/w/index.php?curid=123579816 —— **45**

Abb. 6 Kirkjubour. *Ruinen der mittelalterlichen Magnus-Kathedrale in Kirkjubour auf den Färöern.* © Getty images / frankix —— **46**

Abb. 7 Pisa. *Dom und schiefer Turm.* Von Lucarelli – Eigenes Werk, CC BY-SA 3.0, https://commons.wikimedia.org/w/index.php?curid=4737235 —— **48**

Abb. 8 Charente. *Saint Peter Kathedrale von Angoulême im romanischen Stil* © Getty images / Leonid Andronov —— **49**

Abb. 9 Caen. *Ste-Trinité.* Von Chris06 – Eigenes Werk, CC BY-SA 4.0, https://commons.wikimedia.org/w/index.php?curid=132686672 —— **50**

Abb. 10 Hildesheim. *Römisch-katholischer Dom.* Von Roland Struwe – Eigenes Werk, CC BY-SA 4.0, https://commons.wikimedia.org/w/index.php?curid=43185662 —— **52**

Abb. 11 Lund. *Lutherischer Dom.* Von David Castor – Eigenes Werk, CC0, https://commons.wikimedia.org/w/index.php?curid=37517998 —— **53**

Abb. 12 Durham. *Cathedral.* © Getty images / pjmalsbury —— **56**

Abb. 13 Paris. *Notre-Dame.* Von Uoaei1 – Eigenes Werk, CC BY-SA 4.0, https://commons.wikimedia.org/w/index.php?curid=45346485 —— **61**

Abb. 14 Laon. *Luftaufnahme der Kathedrale.* © Getty images / Gwengoat —— **62**

Abb. 15 Bamberg. *Römisch-katholischer Dom.* Von Nawi112– Eigenes Werk, CC BY-SA 3.0, https://commons.wikimedia.org/w/index.php?curid=4569453 —— **66**

Abb. 16 Halberstadt. *Halberstadter Dom, Innenansicht.* Von ErwinMeier – Eigenes Werk, CC BY-SA 4.0, https://commons.wikimedia.org/w/index.php?curid=95223595 —— **67**

Abb. 17 Haapsalu Stadt. *Alte Burg in Estland.* © Getty images / santi0103 —— **73**

Abb. 18 Beauvais. *Kathedrale.* Von Chris06 – Eigenes Werk, CC0, https://commons.wikimedia.org/w/index.php?curid=12572011 —— **80**

Abb. 19 Angamaly. *Jakobitische Kathedrale.* Von Ranjithsiji – Eigenes Werk, CC BY-SA 3.0, https://commons.wikimedia.org/w/index.php?curid=18751861 —— **85**

Abb. 20 Kairo. *Koptische Sergius und Bacchus-Kirche (Abu Sarga).* Von Roland Unger, CC BY-SA 3.0, https://commons.wikimedia.org/w/index.php?curid=22693723 —— **88**

Abb. 21 Eriwan. *Holy Etchmiadzin Kirche.* © Getty images / venemama —— **90**

Abb. 22 Mzcheta. *Kathedrale.* © Getty images / DavorLovincic —— **93**

Abb. 23 Arta / Kirche von Parigoritissa. © picture alliance / imageBROKER / Dona, S —— **95**

Abb. 24	Curtea de Argeş. *Rumänisch-orthodoxe Kathedrale*. Von Alexandru Baboş Albabos – Eigenes Werk, CC BY 3.0, https://commons.wikimedia.org/w/index.php?curid=10304987 —— **97**
Abb. 25	Kiew. *Hagia Sophia. Sophia Cathedral arial*. © Getty images / RuslanKaln —— **99**
Abb. 26	Vladimir Stadt. *Mariä Himmelfahrt Kathedrale*. © Getty images / Pavel Sukhov —— **101**
Abb. 27	Moskau. *Kathedrale von Mariä Himmelfahrt*. © Getty images / Juan Carlos fotografia —— **102**
Abb. 28	Santiago de Compostela. *Römisch-katholische Kathedrale*. Von Luis Miguel Bugallo Sánchez – Eigenes Werk, CC BY-SA 3.0, https://commons.wikimedia.org/w/index.php?curid=10955620 —— **125**
Abb. 29	Lwiw. *St. Georgs Kathedrale*. © Getty images / Onyshchenko —— **130**
Abb. 30	Santo Domingo. *Santa María de la Encarnación*. AKG5730318 © akg-images / Manuel Cohen —— **137**
Abb. 31	México. *Altar de los Reyes* in der römisch-katholischen Kathedrale. AKG3724199 © akg-images / Album / Oronoz —— **138**
Abb. 32	Die Architektur der historischen Stadt Olinda in Pernambuco, Brasilien. © Getty images / zoroasto —— **144**
Abb. 33	Xi'an. *Römisch-katholische Kathedrale*. Von TAOZIlovewiki – Eigenes Werk, CC BY-SA 4.0, https://commons.wikimedia.org/w/index.php?curid=62229277 —— **149**
Abb. 34	Vigan. *Römisch-katholische Kathedrale*. Von Allan Jay Quesada – Eigenes Werk, CC BY-SA 3.0, https://commons.wikimedia.org/w/index.php?curid=28758298 —— **151**
Abb. 35	Mariestad. *Kathedrale*. Von Beckstet – Eigenes Werk, CC BY-SA 3.0, https://commons.wikimedia.org/w/index.php?curid=9761731 —— **155**
Abb. 36	Cashel. *Church of Ireland Cathedral*. Von JohnArmagh – Eigenes Werk, Gemeinfrei, https://commons.wikimedia.org/w/index.php?curid=6741528 —— **157**
Abb. 37	Aksum. *Alte Kathedrale St. Maria von Zion*. Von A.Savin – Eigenes Werk, FAL, https://commons.wikimedia.org/w/index.php?curid=68613388 —— **160**
Abb. 38	Idyllischer Innenhof der Vank-Kathedrale in Isfahan, Iran. © Getty images / Wirestock —— **162**
Abb. 39	Pskow *Pskower Kreml*. Von A.Savin – Eigenes Werk, FAL, https://commons.wikimedia.org/w/index.php?curid=75138256 —— **164**
Abb. 40	Marseille. *Kathedrale Basilika St. Marie Major*. © Getty images / Juan Carlos fotografia —— **179**
Abb. 41	Montréal. *Marie-Reine-du-Monde*. Von Thomas Ledl – Eigenes Werk, CC BY-SA 4.0, https://commons.wikimedia.org/w/index.php?curid=61620471 —— **187**
Abb. 42	Kisangani. *Our Lady oft he Rosary Cathedral*. © picture alliance / robertharding / Michael Runkel —— **205**
Abb. 43	St Mary's Metropolitan Cathedral of the Syro-Malabar Catholic Archdiocese of Changanassery. © Getty images / Gashwin Gomes —— **211**
Abb. 44	Phat Diem. *Kathedrale*. Von Azotour Vietnam – https://azotour.com/, CC BY-SA 4.0, https://commons.wikimedia.org/w/index.php?curid=122294332 —— **213**
Abb. 45	Kopenhagen. *Lutherischer Liebfrauendom*. Von Ib Rasmussen – Eigenes Werk, Gemeinfrei, https://commons.wikimedia.org/w/index.php?curid=1180904 —— **224**
Abb. 46	Bethlehem, PA. *Nativity Episcopal Cathedral*. Von Shuvaev – Eigenes Werk, CC BY-SA 3.0, https://commons.wikimedia.org/w/index.php?curid=27021897 —— **229**
Abb. 47	New York. *Cathedral of Saint John the Divine*. Von Andreas Faessler – Eigenes Werk, CC BY-SA 3.0, https://commons.wikimedia.org/w/index.php?curid=30536427 —— **231**

Abb. 48	Die anglikanische Kathedrale von Stone Town, Sansibar-Stadt, Tansania. © Getty images / JJS-Pepite —— **235**
Abb. 49	Chennai. *St. George's Cathedral*. Von Prithvin 88 – Eigenes Werk, Gemeinfrei, https://commons.wikimedia.org/w/index.php?curid=10291834 —— **239**
Abb. 50	Ganghwa. *Anglican Cathedral*. Von Jjw – Eigenes Werk, CC BY-SA 4.0, https://commons.wikimedia.org/w/index.php?curid=62502441 —— **241**
Abb. 51	Athen. Metropolian Cathedral of the Annunciation. © Jayenell / Stockimo / Alamy Stock Photo —— **254**
Abb. 52	Évry. Römisch-katholische Kathedrale. Von Pino Musi – Eigenes Werk, CC BY-SA 4.0, https://commons.wikimedia.org/w/index.php?curid=99760933 —— **266**
Abb. 53	Rzeszów. *Römisch-katholische Kathedrale*. CC BY-SA 3.0, https://commons.wikimedia.org/w/index.php?curid=409012 —— **269**
Abb. 54	San Francisco. *Römisch-katholische Kathedrale*. Von Gndawydiak – Eigenes Werk, Gemeinfrei, https://commons.wikimedia.org/w/index.php?curid=3576749 —— **274**
Abb. 55	Garden Grove. *Christ Cathedral*. Von Farragutful – Eigenes Werk, CC BY-SA 4.0, https://commons.wikimedia.org/w/index.php?curid=69256431 —— **277**
Abb. 56	Salvaleón de Higüey. *La Altagracia church*. Von MRDU08 – Eigenes Werk, CC BY-SA 3.0, https://commons.wikimedia.org/w/index.php?curid=52551446 —— **282**
Abb. 57	Aparecida. *Santuário Nacional de Aparecida*. Von Valter Campanato/ABr – Agência Brasil (ABr/RadioBrás)[1], CC BY 3.0 br, https://commons.wikimedia.org/w/index.php?curid=2207453 —— **289**
Abb. 58	Kathedrale von Maringá, Postkarte der Stadt. © Getty images / Roberto Dziura Jr —— **291**
Abb. 59	Kathedrale in Rabat, Marokko. © Getty images / typhoonski —— **296**
Abb. 60	Ougadougou. *Römisch-katholische Kathedrale*. Von Sputniktilt – Eigenes Werk, CC BY-SA 3.0, https://commons.wikimedia.org/w/index.php?curid=23898754 —— **298**
Abb. 61	Kathedrale von Saint Paul – Westfassade, Abidjan, Elfenbeinküste. © Getty images / mtcurado —— **300**
Abb. 62	Lubumbashi. *Sts. Peter and Paul Cathedral* © picture alliance / robertharding / Michael Runkel —— **301**
Abb. 63	Bukoba. *Mater Misericordiae Church*. Von Macabe5387 – Eigenes Werk, CC BY-SA 4.0, https://commons.wikimedia.org/w/index.php?curid=47010024 —— **306**
Abb. 64	Mityana. *Kathedrale*. Von Philipp Jakob – Eigenes Werk, CC BY-SA 4.0, https://commons.wikimedia.org/w/index.php?curid=42807580 —— **308**
Abb. 65	Ankawa. *Katholische Kathedrale St. Josef*. Von Basharh – Eigenes Werk, Public Domain, https://commons.wikimedia.org/w/index.php?curid=5955466 —— **310**
Abb. 66	Tiruvalla. *St. John's Cathedral of the Syro-Malankara Archdiocese*. Von Pradeep Thomas – Eigenes Werk, CC BY 3.0, https://commons.wikimedia.org/w/index.php?curid=30221704 —— **312**
Abb. 67	Zamboanga. *Römisch-katholische Kathedrale*. © picture alliance / Pacific Press / Sherbien Dacalanio —— **316**
Abb. 68	Iqaluit. *St. Jude's Anglican Cathedral*. Von Cwk36 - -Eigenes Werk, CC BY-SA 3.0, https://commons.wikimedia.org/w/index.php?curid=20760542 —— **327**
Abb. 69	Onitsha. *All Saints Cathedral*. Von MikeJanetta – Eigenes Werk, CC BY 4.0, https://commons.wikimedia.org/w/index.php?curid=141906459 —— **334**
Abb. 70	Lusaka. *Anglikanische Kathedrale*. © Getty images / mtcurado —— **338**

Abb. 71 Dornakal. *Epiphany Cathedral*. Von Jacob Pabbathy – Eigenes Werk, CC BY-SA 3.0, https://commons.wikimedia.org/w/index.php?curid=31857564 —— **340**
Abb. 72 Wellington. *Cathedral of St. Paul, Innenraum*. Von WCSPMusic – Eigenes Werk, CC BY-SA 3.0, https://commons.wikimedia.org/w/index.php?curid=7781056 —— **343**
Abb. 73 Assuan. *Coptic Cathedral*. Von Marc Ryckaert (MJJR) – Eigenes Werk, CC BY 3.0 via Wikimedia Commons —— **345**
Abb. 74 Magadan. *Russisch-orthodoxe Kathedrale*. Von Anton Magadan – Eigenes Werk, CC BY-SA 3.0, https://commons.wikimedia.org/w/index.php?curid=30923949 —— **350**
Abb. 75 Skopje. *St. Kliment von Ohrid Kirche*. Von Yemc – Eigenes Werk, Gemeinfrei, https://commons.wikimedia.org/w/index.php?curid=8819628 —— **352**

Erster Teil: **Phänomenologie, Theologie und Architektonik der Kathedrale als Gegenstand ihrer Problemgeschichte**

1 Die Kathedrale als Gebäude *sui generis* – Bezeichnungen, Funktionen, Konfessionen

Wenn im Folgenden von Kathedralen die Rede ist, also von Kirchen mit einer bischöflichen *Kathedra*, ist der Gegenstand der Betrachtung sogleich weiter zu präzisieren, schon begrifflich. Zwar kann hier zu ihrem Verständnis vorausgesetzt werden, dass sie zunächst schlicht Sakralbauten sind, wie sie sich in in einer Vielzahl christlicher Gemeinschaften – auch sie meist Kirchen genannt[1] –, historischer Epochen und architektonischer Stilrichtungen finden. Als ähnlich bekannt vorausgesetzt werden darf, dass im deutschsprachigen Raum für diese Kirchen auch – sogar vorwiegend – der Begriff Dom verwendet wird, in seltenen Fällen zudem der des Münsters, wenngleich letztere Worte eine allgemeinere Bedeutung haben als der Begriff Kathedrale.[2] Nüchtern formuliert, mag es also sein, dass Kathedralen mitunter einen spezifischen Kunstwert besitzen, numinose Züge, eine eigene Magie, doch hat ihre Bedeutung nicht von vornherein etwas mit ihrem Erscheinungsbild zu tun, gar mit ästhetischen Vorzügen, die sie für die Architekturgeschichte bedeutsam machten. Ihre Bedeutung besteht zunächst in der *Funktion*, die sie im Leben einzelner Konfessionen besitzen. Doch ist die Bedeutung des Begriffs Kathedrale sogleich noch enger einzugrenzen: Er bezieht sich im strengen Sinn nur auf Sakralgebäude von Kirchengemeinschaften, die auch eine bischöfliche *Verfassung* besitzen. Das heißt: Es sind Gemeinschaften, deren Leitung Bischöfe als Personen innehaben, die in bestimmten christentumsgeschichtlichen Traditionen stehen und diese repräsentieren – dazu ausgebildet und in einer besonderen Zeremonie in ihr Amt eingesetzt. Zunächst: Sie sind verantwortlich jeweils für einen geistlichen Jurisdiktionsbezirk – im Katholizismus in der Regel eine *Diözese* (im Deutschen auch *Bistum*)[3] mit den dazu gehörigen Kirchengemeinden (wobei mehrere Diözesen meist zu einer Kirchenprovinz mit einer vorgeordneten Erzdiözese und einem Erzbischof zusammengefasst sind). Das diözesane Zentrum wiederum ist der Bischofssitz mit der *cathedralis ecclesia*;[4] und in der Fülle der christlichen Konfessionen hat nur eine bestimmte Anzahl diese Verfassung. Die wich-

---

1 Zur Unterscheidung von „Kirche" als Kultraum und christlicher Gemeinschaft s. u. S. 23–24.
2 Dom und Münster sind auch Titel für Stiftskirchen, ähnlich wie in Italien *Duomo*. Ganz abgesehen werden kann davon, dass auch Profanbauten bisweilen „Kathedrale" bzw. „Dom" heißen, s. Norbert Ohler, *Die Kathedrale. Religion, Politik, Architektur. Eine Kulturgeschichte* (Düsseldorf und Zürich: Artemis und Winkler, 2002), S. 29.
3 Das Wort *dioecesis* bezeichnet ursprünglich eine römische Verwaltungseinheit, „Bistum" kommt von Bischoftum. In der Orthodoxie finden sich stattdessen Eparchie und Metropolie, in Skandinavien Stift.
4 Nach Theodor Klauser findet sich der Terminus erstmals im 6. Jahrhundert, vgl. Art. „Kathedra", in: *LThK²*, Bd. 6 (1961), Sp. 66–67, hier Sp. 67.

tigsten Typen für Europa wurden bereits genannt: die römisch-katholische Kirche mit dem Bischof von Rom/dem Papst als Oberhaupt und die sogenannten „ostkirchlichen" Teile des Christentums. Hierzu gehören die orthodoxen Kirchen mit ihren Untergruppierungen und Leitungsgremien (in Griechenland, Russland, Bulgarien usw. mit den jeweiligen Patriarchen oder Erzbischöfen, denen die weiteren Bischöfe zugeordnet sind, wobei der Patriarch von Konstantinopel eine Ehrenstellung hat). Dazu kommen Kirchengemeinschaften, die in der Reformationszeit entstanden sind: auf den Britischen Inseln die anglikanische Kirche (mit dem Erzbischof von Canterbury als einem Ehrenvorsitzenden für die Anglikaner weltweit)[5] und die lutherischen Kirchen Skandinaviens (z. T. erzbischöflich geleitet, z. T. bischöflich). Und wenn es im Folgenden um „Kathedralen" – bzw. mitunter „Dome", gelegentlich „Münster" – geht, dann in der Tat um solche Bischofskirchen im strikten Sinne.[6]

Freilich ist mit alledem die Bedeutung von Kathedralen erst in einem eher vordergründigen, quasi organisatorischen Verständnis beschrieben, noch nicht (konfessions-)theologisch. So ist bereits die Existenz dieser Gebäude als solche an bestimmte kirchen- und theologiegeschichtliche Voraussetzungen gebunden, die in allen bischöflichen Kirchengemeinschaften mehr oder weniger gültig sind, aber ebenfalls näherer Beschreibung bedürfen: Denn zwar sind schon in der christlichen Bibel (in der Apostelgeschichte und in einigen Apostelbriefen) Bischöfe als Aufseher (*episcopi*) über die christlichen Gemeinden erwähnt, freilich noch keine ihnen zugehörigen Kirchengebäude, geschweige denn Kathedralen, da öffentliche Religionsausübung im Römischen Reich als dem Ursprungsland des Christentums bis zum 4. Jahrhundert verboten war. Und auch heute gibt es Konfessionen, die Bischöfe haben, aber keine Kathedralen im oben beschriebenen Sinne, da bei diesen Konfessionen der Bischofstitel nicht so definiert ist, dass seine Inhaber einer besonderen Bischofskirche bedürften. Vielmehr geht es darum, dass die Bischöfe einer episkopal verfassten Konfession eine Leitungsebene darstellen, von der her die anderen geistlichen Ämter dieser Konfession – nämlich die des Diakons und des Priesters/Pfarrers– im Sinne präziser theologischer Gewichtung nur *abgeleitet* sind – wie schon Bischof Ignatius von Antiochien im frühen 2. Jahrhundert von dieser

---

5 Exemplarisch für die englischen Katholiken und Anglikaner Peter Anthony Rowe, *The Roles of the Cathedral in the Modern English Church*. Dissertation an der Universität von St. Andrews 2011, S. 117 ff.

6 So werden Dome oder Münster, die nie Bischofskirchen waren (wie der Dom in Berlin und das Ulmer Münster) allenfalls am Rande behandelt. Das gilt auch für diejenigen (russisch-)orthodoxen Kirchen, die bisweilen Kathedrale (*sobor*) heißen, aber nicht Hauptkirche einer Eparchie (*kafedralni sobor*) sind – etwa wichtige Klosterkirchen oder staatlich-kirchliche Gedächtniskirchen.

Ämtertrias ausgeht.[7] Das Bischofsamt innezuhaben hinwiederum ist der Ausdruck dafür, dass sein Träger den höchsten kirchlichen und ihm zeremoniell übertragenen „Weihegrad" besitzt. Das besagt: Es beruht nicht einfach auf organisatorischer Zweckmäßigkeit, zurückgehend etwa auf eine pragmatische Handlungsanweisung Jesu Christi als eines Religionsstifters unter anderen. Gegründet ist dieses Amt vielmehr in einem exklusiven Tun des Christentums-Stifters als des in seiner unauswechselbaren Person menschgewordenen Repräsentanten der Transzendenz Gottes, nach Lehre einiger Kirchen in einem *Sakrament*: Der menschgewordene Gott selbst hat seinen ersten, von ihm selbst berufenen Jüngern als den Aposteln als zugleich den ersten Zeugen seiner Botschaft durch diesen Ritus/dieses Sakrament diese Weihe in ihrer höchsten Stufe als „Übertragung der göttlichen Gnade"[8] – selbst geschenkt, und die Apostel als die ersten Bischöfe haben dieses Geschenk an die kommenden Bischofsgenerationen übergeben. Vollzogen wird diese Übertragung hinwiederum vermittels der Handauflegung (in der Begrifflichkeit der Ostkirchen: Cheirotonie, u. a. nach Apg 14,23[9]), so dass diese Bischöfe ihrerseits in der „apostolischen Nachfolge" (*successio apostolica*) Jesu stehen. Obwohl also Kathedralen als Bischofskirchen zunächst auch architektonische Erscheinungsweisen einer Organisationsform des Christentums sind, sind sie qualitativ mehr: Zwar geben sie zunächst einem Bischof schlicht Raum für seine Predigt und seine religiösen Riten, aber sie werden durch ihn als Person und in seinem Tun mehr als andere christliche Kultstätten und in herausragender Weise Herberge für ein Geschehen, das von dem transzendenten Gott selbst gegründet ist und durch den Bischof repräsentiert wird. Dabei sind die dergestalt wiederum zu diesem Amt Geweihten – als erste Nachfolger der Apostel und vor allen sonstigen Geistlichen – zugleich dazu ermächtigt, ihrerseits die Gegenwart des transzendenten Gottes nicht allein durch ihre eigene Präsenz anzuzeigen bzw. anzusagen, sondern auch den ihnen Anvertrauten leibhaftig weiter zu vermitteln. So ist es zunächst der Bischof, dem das Sakrament der *Eucharistie* anvertraut ist – gestiftet durch den Gründer des Christentums selbst durch sein letztes Mahl mit seinen Jüngern und mit den Worten, die er nach der Überlieferung dabei sprach: „Das ist mein Leib [...], mein Blut" (Mk 14,22–24). In ihrer Rezitation zeigt der Bischof Christus durch die geweihten Elemente Brot und Wein real als in Leib und Blut

---

7 Vgl. den Brief an die Magnesier 2; 6,1 u. ö. (*Sancti Ignatii Epistolae*, in: MPG 5, Paris 1857, Sp. 625–728), hier Sp. 663/664; Sp. 667/668 u. ö.
8 So Hieronymus Kotsonis, Verfassung und Aufbau der orthodoxen Kirche, in: Panagiotis Bratsiotis (Hg.), *Die orthodoxe Kirche in griechischer Sicht* Teil I. KdW, Bd. I/1 (Stuttgart: Evangelisches Verlagswerk, 1959), S. 169–176, hier S. 170.
9 Konrad Onasch, *Liturgie und Kunst der Ostkirche in Stichworten unter Berücksichtigung der Alten Kirche* (Leipzig: Koehler & Amelang, 1981), S. 70–71.

neu präsent an.[10] Er lässt die Christen leibhaftig teilnehmen an dessen Tod als Selbstopfer für die Sünden der Welt, ja – so im Katholizismus und in der Orthodoxie – die Eucharistie selbst wird Opfer Christi, vollzogen durch den Bischof als geweihten Priester für die eigene Schuld und die Schuld anderer,[11] als ein „Versöhnungsopfer, Gott unblutig dargebracht, ‚für alles': die gesamte Welt und die ganze Kirche", die Lebenden und die Toten. Er lässt aber auch das Himmlische Gastmahl aufscheinen, das Christus mit den Seinen feiern wird, wenn er wiederkommt zum Ende der Zeit und das endgültige Urteil über die Welt spricht.[12] Dem Bischof obliegt als erstem auch die Spendung der sonstigen Sakramente; nicht zuletzt ermächtigt es ihn, in der Weise wie er sein Amt von den bischöflichen Nachfolgern der Apostel empfangen hat, es an neue Bischöfe weiterzuvermitteln bzw. seinerseits an Geistliche zu delegieren, in ihrer Weihe zu Diakonen als der ersten Stufe des Priestertums bzw. zu Priestern, die nun ihrerseits die Präsenz des Stifters des Christentums in der Eucharistie erfahrbar machen. Er ist auch für sonstige Weihehandlungen als erster zuständig, bereits für die Weihe von Kathedralen. Und diesem Tun ist der Begriff der Kathedrale zunächst zugedacht (besonders in Katholizismus und Orthodoxie), *vor* allen anderen christlichen Kulträumen, den Stadt-, Pfarr- und Dorfkirchen, den Kirchen der Abteien und Klöster, sowohl in ihrer Bedeutsamkeit als auch – zumindest in Grenzen – sogar historisch. Innerhalb eines bestimmten Christentumsverständnisses sind sie also – unabhängig von Architektur und ästhetischen Theorien, aber in ihrer Funktion – religiöse Symbolbauten *par excellence,* in ihrem Dasein, ihrer Ausstattung und den in ihnen vollzogenen Zeremonien. Alle religiösen Ausdrucksgestalten – von der verbalen Äußerung bis zum nonverbalen, sakramentalen Akt – sind ja symbolischer Natur; denn die Transzendenz als eigene Wirklichkeit ist vielleicht Ziel einer gesonderten Erfahrung oder eines Glaubens, einer Hoffnung oder Reflexion, in ihrem eigenen Selbst als ein Numinoses, Heiliges nicht vermittelbar, *da sie unsagbar ist* und allenfalls in endlichen Gestalten auszudrücken.[13] Das ändert jedoch nichts daran, dass Kathedralen ge-

---

10 Vgl. Arnold Angenendt, *Offertorium. Das mittelalterliche Meßopfer* (Münster: Aschendorff, 2013²), S. 196 ff.
11 In den Grundzügen ist diese Theologie im 8./9. Jahrhundert festgelegt, vgl. Angenendt, *Offertorium*, S. 114–117; zur Orthodoxie vgl. Panagiotis Trembelas, Der orthodoxe christliche Gottesdienst, in: Bratsiotis (Hg.), *Die orthodoxe Kirche* I, S. 157–169, hier S. 167 ff. S. a. Josef Andreas Jungmann, *Missarum Sollemnia. Eine genetische Erklärung der römischen Messe*, Bd. II. Opfermesse (Wien: Herder, 1949²), bes. S. 264 ff.
12 Johannes N. Karmiris, Abriss der dogmatischen Lehre der orthodoxen katholischen Kirche, in: Bratsiotis (Hg.), *Die orthodoxe Kirche* I, S. 15–120, hier S. 109 (auch das Zitat).
13 Ein interkonfessioneller Überblick z. B. bei Julio Bermudez (Hg.), *Transcending Architecture. Contemporary Views on Sacred Space*, Washington D.C.: The Catholic University of America Press, 2015.

1 Die Kathedrale als Gebäude *sui generis* – Bezeichnungen, Funktionen, Konfessionen — 7

genüber anderen Kirchengebäuden – eben als Kirchen, deren Bischof im obigen Sinne definiert ist und der in „seiner" Kathedrale die Liturgien vollzieht, die zu seinem Amt gehören – wahrnehmbare Besonderheiten besitzen, so dass ihre Symbol-Funktion auf ihre Architektur und Ausstattung zurückweist, ja ihnen in etlichen Fällen tatsächlich ein besonderes ästhetisches Gewicht gibt. Dieses Unsagbare zu erfahren, transzendiert als ein Akt des göttlichen Geistes jedoch wiederum alle bloße Tatsächlichkeit, sondern führt in Bereiche, die sich als Welten des Heiligen dem endlichen Bild entziehen, auch der Symbolik, in der sie sich zeigen wollen.

Dennoch ist zunächst bei den verschiedenen Konfessionen zu verweilen, denn die architekturgeschichtlichen Differenzierungen im Dombau sind auch z. T. in konfessionellen Unterschieden begründet. Gewichtige Konfessionen wurden genannt: die römisch-katholische Kirche und die Ostkirchen – d. h. die großen Kirchentypen, die sich im Römischen Reich entwickelt haben. Die oben beschriebenen Christentums-Traditionen haben diese Kirchentypen auch am striktesten bewahrt – besonders einheitlich die römisch-katholische Kirche, wobei der Papst als *Vicarius Petri* wie als *Vicarius Christi* fungieren kann, während in den Ostkirchen zwischen den Bischöfen – einschließlich der leitenden Bischöfe, der Patriarchen – rangmäßig keine Unterschiede bestehen.[14] Strikt bewahrt haben die apostolische Sukzession ebenfalls die Anglikaner, wenngleich sie bei ihnen in der Regel nicht als Weihesakrament vermittelt wird,[15] auch nicht bei den anderen Reformationskirchen. Nicht strikt bewahrt haben sie dagegen die skandinavischen Kirchen außer Schweden und Finnland. So war die apostolische Sukzession in den anderen skandinavischen Kirchen als Akt der bischöflichen Handauflegung zeitweise unterbrochen.[16] Das Bischofsamt gewichteten nicht alle gleich hoch,[17] und der Diakonat blieb nicht immer Teil der Weihegrade.[18] Autonom blieben aber auch die bischöflichen Kirchen der Reformation, obwohl sie sich 1992 zur *Porvoo Communion* vereinigten;[19] zusammen

---

14 Kotsonis, Verfassung und Aufbau, S. 170.
15 Der Sakramentsbegriff ist bei den Anglikanern unterschiedlich definiert; s. S. 118, bes. Anm. 70.
16 S. Günther Gassmann, Amt und Kirchenordnung, in: Vilmos Vajta (Hg.), *Die evangelisch-lutherische Kirche*/KdW Bd. XV (Stuttgart: Evangelisches Verlagswerk, 1977), S. 180–201, hier S. 195.
17 Erik Eckerdal, *Apostolic Succession in the Porvoo Common Statement. Unity through a deeper sense of apostolicity*. Dissertation an der Universität Uppsala 2017, S. 18 ff.
18 Beibehalten haben die drei Weihestufen die Anglikaner schon im *Book of Common Prayer*, auch die Schweden Vgl. das *Kyrkohandbok för Svenska Kyrkan*, Del II, Vigningshandlingar [Weihehandlungen] (Stockholm: Verbum, 2024), S. 10–56.
19 Zur *Porvoo Communion* s. außer der Arbeit von Eckerdal, *Apostolic Succession*, auch Ola Tjørhom (Hg.), *Apostolicity and Unity. Essays on the Porvoo Common Statement*, Grand Rapids-Cambridge: Eerdmans, 2002.

mit den Lutheranern des Baltikums.[20] Doch zu nennen sind weitere bischöfliche Kirchengemeinschaften. Wichtig sind – als Teil der Ostkirchen – besonders diejenigen, die man zu den „orientalischen" Kirchen rechnet und welche die Entwicklung des Christentums im Römischen Reich nach den Konzilien von Ephesus 431 bzw. von Chalzedon 451 nicht mehr mitvollzogen.[21] Hierher gehört z. B. die schon 431 in Ephesus nicht mehr beteiligte apostolische assyrische Kirche des Ostens, lange in Mesopotamien ansässig, doch eine Gemeinschaft, deren Mitglieder aufgrund von Krieg und Verfolgung heute meist andernorts wohnen, eine Gruppe in Indien – wo schon früh Christen lebten, der Überlieferung nach schon durch den Apostel Thomas missioniert und heute als „Thomaschristen" bekannt.[22] Andere assyrische Christen leben heute z. B. im US-amerikanischen Exil.[23] Ab 451 schied die syrisch-orthodoxe Kirche aus der römischen Reichskirche aus, auch jakobitische Kirche genannt (allerdings nicht von ihr selbst) nach Bischof Yacoub Baradaeus/Baradai (gest. 578), einem ihrer frühen Organisatoren.[24] Ihr Patriarch residierte zunächst in Mesopotamien, dann in der Türkei, und siedelt heute in Syrien. Den Jakobiten schlossen sich im 17. Jahrhundert andere Thomaschristen an.[25] Als weitere Untergruppe der Thomaschristen – mit der syrisch-orthodoxen/jakobitischen Kirche verwandt, aber ab 1912 selbstständig – bildete sich die malankarische orthodoxe syrische Kirche.[26] Zu den orientalischen Kirchen gehören auch die koptische Kirche

---

20 Eckerdal, *Apostolic Succession*, S. 18 ff.
21 Die Spaltungsgründe bestehen in der Frage, wie sich bei Jesus die Zusammengehörigkeit von Menschlichem und Göttlichem definieren lässt. S. Johannes Oeldemann, *Die Kirchen des christlichen Ostens. Orthodoxe, orientalische und mit Rom unierte Ostkirchen* (Kevelaer: Verlagsgemeinschaft topos plus, 2011³), S. 10.
22 Sonja Thomas, *From Chattas to Churidars. Syrian Christian Religious Minorities in a Secular Indian State*. Dissertation an der Rutgers University New Brunswick 2017, S. 28 ff.
23 Oeldemann, *Die Kirchen*, S. 66–68; Mar Aprem (George) Mooken, *The History of the Assyrian Church of the East in the Twentieth Century*. Dissertation an der Mahatma Gandhi University Kottayam 2000, Kottayam 2003.
24 Ignatius Zakka I Iwas, *The Syrian Orthodox Church of Antioch at a Glance* (Aleppo: Syrian Orthodox Diocese, 1983), S. 40–41; Khalid S. Dinno, *The Syrian Orthodox Christians in the Late Ottoman Period and Beyond. Crisis then Revival* (Piscataway/NJ: Gorgias Press, 2017), S. 271–272; s. a. Oeldemann, *Die Kirchen*, S. 70–72.
25 Oeldemann, *Die Kirchen*, S. 51–57; Paul Verghese, Ursprünge, in: ders. (Hg.), *Die syrischen Kirchen in Indien*. KdW Bd. XIII (Stuttgart: Evangelisches Verlagswerk, 1974), S. 15–20; Leslie Brown, *The Indian Christians of St Thomas. An Account of the Ancient Syrian Church of Malabar* (Cambridge u. a.: Cambridge University Press, 1982), S. 43 ff.; Thomas Charles Nagy, *Catholic Shrines in Chennai, India. The politics of renewal and apostolic legacy* (London-New York: Routledge, 2017), S. 1 ff. und S. 45 ff.; ausführlich Paul Pallath, *The Catholic Church in India*, Changanacherry: HIRS Publications. Mar Thoma Vidyanikethan, 2019.
26 Ausführlich David Daniel, *The Orthodox Church of India* (1974), New Delhi: Published by Miss Rachel David, 1986²; Oeldemann, *Die Kirchen*, S. 75–76.

in Ägypten, die äthiopisch- bzw. eritreisch-orthodoxe Kirche[27] und im Kaukasus die armenische Kirche (als Emigrantenkirche auch anderswo). Daneben stehen Kirchentümer meist aus den Ostkirchen, die sich später als „unierte" Kirchen mit Rom vereinigten. In Europa gehören die griechischen Katholiken dazu, d. h. Kirchengemeinschaften, deren Angehörige sich von den Ostkirchen getrennt haben. Im Mittelmeerraum vertreten sind u. a. die maronitische Kirche im Libanon, die chaldäische und melchitische Kirche, Teile der koptischen und äthiopischen Kirche, Kirchen in Indien wie seit 1653 die syro-malabarische (ein Zweig der Thomaschristen, mit der apostolisch assyrischen Kirche des Ostens verwandt) und seit 1930 die syromalankarische Kirche.[28] Keineswegs folgt jedoch der apostolischen Sukzession, die diese Konfessionen nach ihrem Selbstverständnis konstituiert, immer die wechselseitige Akzeptanz ihrer Gültigkeit.[29] Doch hat die Kommunikation der bischöflichen Kirchen untereinander heute eine solche Qualität erreicht, dass ihre bischöfliche Verfasstheit – also ihre Teilhabe an der apostolischen Sukzession – wechselseitig zumindest faktisch akzeptiert wird, also auch die Bezeichnung ihrer Bischofskirchen als Kathedralen anerkannt.

---

27 Oeldemann, *Die Kirchen*, S. 26–31.
28 Oeldemann, *Die Kirchen*, S. 112 ff.
29 Die Kirche von Rom und die Ostkirchen erkennen die Apostolizität ihrer Bischöfe wechselseitig an, nicht aber die Apostolizität der Weihen in den bischöflichen Reformationskirchen. Umgekehrt steht für letztere die Apostolizität des römischen und ostkirchlichen Bischofsamtes ebenso außer Frage wie ihre eigene.

2 Die Kathedrale als architektonisches Paradigma des globalen Christentums – zwischen kirchlicher Hierarchie und weltlichen Hierarchien

So sehr man die Geschichte des Dombaus vom jeweiligen konfessionellen Kontext her sehen muss, so wichtig ist, auch diesen Kontext zu verstehen, von seinen allgemeinen geistesgeschichtlichen Voraussetzungen her. Es ist umso wichtiger, als derlei Klärungen nötig sind, um die Geschichte des Christentums vermittels seiner Dome zu beurteilen.

Zunächst: Zugrunde liegt ja der oben beschriebenen konfessionellen Verortung der Kathedrale in allen bischöflichen Konfessionen ein „hierarchisches" Christentumsverständnis hoher ontologischer Bedeutung; und das ist nicht zuletzt das Erbe, das Dionysius Areopagita auf dem Fundament des bisher entwickelten theologischen Erbes hinterlassen hat. Es ist jener jahrhundertelang gerade im lateinischen Europa beliebte anonyme Mönch des 6. Jahrhunderts, der mit dem Paulus-Schüler der Apostelgeschichte (Apg 17,34) identifiziert wurde und an der Schwelle zum Frühmittelalter durch die zusätzliche Identifikation mit dem hl. Dionysius von Paris, dem ersten Pariser Bischof (um 250) bzw. Patron der französischen Abtei Saint-Denis, seit dem frühen Mittelalter für lange Zeit besondere Popularität gewann. Wie bereits das Bischofsamt als geistliches Amt auf unterschiedlichen Weihegraden beruht, so gliedern sich Christentum und Kirche insgesamt in Stufen: von den Gemeinden her (den Laien, zu denen lange auch die meisten Ordensleute gehörten) zu den Klerikern – vom Diakon über den Priester zum Bischof – und von dieser kirchlichen Hierarchie hinauf zur himmlischen Hierarchie der Engel, durchflossen – ihrer Wertigkeit gemäß – vom göttlichen Licht, das den metaphysischen Hintergrund alles Seienden bildet.[1] Dabei erhielt der Bischof – unmittelbar unter den Engeln stehend – den höchsten geistlichen Status in der irdischen Welt.[2] Freilich war Dionysius Areopagita Mystiker, der die hierarchische Struktur der Welt der sichtbaren und unsichtbaren Dinge in ihren Emanationen vom göttlichen Licht her kontemplierte (und dadurch später den Dombau inspirierte). Wenig interessiert hat ihn das hierarchische Christentum in seiner Bedeutung für die Kirchen-

---

[1] Kurt Flasch, *Das philosophische Denken im Mittelalter. Von Augustin zu Machiavelli* (Stuttgart: Reclam, 2000), S. 90–92.
[2] Flasch, *Das philosophische Denken*, S. 92.

und Sozialgeschichte allgemein.³ Aber dadurch, dass die Bischöfe nicht nur die oberste Leitungsebene des Christentums behielten, sondern das Christentum in der Nachfolge der Apostel auch ihrerseits als in Kirche und Welt Handelnde aktiv gestalteten, zeigte sich die Hierarchie von ihren Anfängen her eminent dynamisch und politisch, als Zentrum einer Welt, die in der Gestalt des Wiederkommenden Christus auf ihre Erfüllung am Ende der Zeit zustrebt, von den sichtbaren Dingen zu den unsichtbaren.

Historisch besonders deutlich wird diese Dynamik im römischen Katholizismus und im Amt des Bischofs von Rom – nach katholischem Verständnis des obersten Repräsentanten bischöflicher Leitungsebenen überhaupt – mit seiner *Kathedra* in *San Giovanni in Laterano* (als der *Omnium urbis et orbis ecclesiarum mater et caput*⁴), damit auch des universalen Repräsentanten der Wahrheit des Christentums, zumindest wenn er von dieser *cathedra Petri/ex cathedra* aus spricht. Von ihm geht die Entfaltung allen kirchlichen Lebens aus, weil die apostolische Würde der Bischöfe zum Handeln wird und die Kirche in die Geschichte der Menschheit eintritt: zur Ansage und Repräsentanz der endgültigen Wahrheit und damit zur ebenso endgültigen – nämlich auf den transzendenten Gott bezogenen – Erschließung der Welt: Geschehen kann dies im Leben vorhandener Diözesen und Ortsgemeinden, aber ebenso im Betreten neuer Weltregionen nach dem Jesuswort *Gehet hin in alle Welt* (Mt 28,18–20), in neuen Gemeinden und in der Organisation des niederen, d. h. dem Bischof zugeordneten Klerus, in der Gründung neuer Bischofssitze (und Weihe von Kathedralen). Denn diese Mission gemäß dem Vorbild der Apostel ist nach einer Formulierung des Theologen und katholischen Kirchenlehrers Robert Bellarmin (1542–1621) „ein notwendiges Zeichen der wahren Kirche".⁵ Und diese Welterschließung ist von Rom aus stringent durchgeführt worden, langsamer an den Anfängen der Christenheit, schneller in den Zeiten globaler Weltendeckungen seit der beginnenden Neuzeit (und der folgenden Kolonisierung neuer Kontinente): Rasch sind bereits zum Ende des 16. Jahrhunderts große Teile Amerikas erschlossen und ist von Mexiko her und auf dem Weg von Europa über den asiatischen Kontinent aus der Erdkreis bis auf die ostasiatischen Inseln umrundet; Afrika und – als letzter entdeckter Kontinent – Australien mit der Südsee folgen im 19. Jahrhundert.

So verwundert nicht, dass der römische Katholizismus zur christlichen Welterschließung den größten Beitrag geliefert hat, größer als die bischöflichen Refor-

---
3 Flasch, *Das philosophische Denken*, S. 91.
4 Norbert Ohler, *Die Kathedrale*, S. 162.
5 Nach Johannes Aagaard, Missionstheologie, in: Vajta (Hg.), *Die evangelisch-lutherische Kirche*, S. 225–249, hier S. 233; Johannes Meier, *Bis an die Ränder der Welt. Wege des Katholizismus im Zeitalter der Reformation und des Barock* (Münster: Aschendorff, 2018), S. 301 und S. 324, Anm. 5.

mationskirchen, obwohl diese als Teil der Westkirche Teil hatten an den geographischen Entdeckungen durch Westeuropa. So ist zwar die anglikanische Kirche heute ähnlich global präsent wie die katholische. Und das ist bereits theologisch verständlich, da unter den Reformationskirchen auch sie früh eine solche Welterschließung begonnen hat – auch mit Hinweis auf die apostolische Sendung der Christenheit und ihrer Bischöfe, wie schon als Bellarmin-Zeitgenosse der Theologe Adrian/Hadrian à Saravia (1531–1613) betont: Bereits er – der Nestor der anglikanischen Missionstheologie – legt dar, dass die *successio evangelii* als Zeichen der Kirche aus der *successio episcoporum* folge.[6] Freilich gilt ebenso etwas anderes: Während die Kirche von Rom von Anfang an eine Universalkirche war – wenngleich in Teilkirchen mit kulturellen Unterschieden und regionalen Interessen gegliedert –, haben die Anglikaner sich sogleich nationalkirchlich konstituiert, wie ihre Anfänge in Gestalt der *Church of England* 1534 zeigen;[7] und bereits deshalb ist diese Kirche bei allem missionarischen Impetus weniger international aktiv als die Kirche von Rom und primär (sogar bis heute) in früheren britischen Kolonien. Auch hat diese Nationalkirchlichkeit der anglikanischen Expansion lange kulturelle Grenzen gesetzt. Noch mehr bei sich selbst verblieben allerdings die skandinavischen Lutheraner, bereits deshalb, weil ihnen globale Expansionen ferner lagen als dem *British Empire.* Allerdings behielt das Luthertum auch insgesamt lange Zeit der Weltmission gegenüber Distanz und beschränkte sich auf die Pflege der eigenen Frömmigkeit – auch aus theologischen Gründen, da man sich die Missionstätigkeit der Apostel exklusiv dachte und damit auch die Tätigkeit des Geistlichen nicht sogleich mit missionarischen Aufgaben verband. Hier kamen so wie für das deutschsprachige Luthertum auch für Skandinavien die entscheidende Impulse zur Expansion des Christentums über die jeweiligen (Staats-)Kirchen hinaus aus dem nichtbischöflichen Protestantismus, dem Pietismus und Erweckungsbewegungen, und diese begründeten die Missionstätigkeit unmittelbar von Mt 28,18–20 her, als einer überkonfessionellen Anweisung Jesu bei seinem Abschied von den Jüngern in Galiläa vor seiner Himmelfahrt.[8] Bereits durch ihre Gliederung in

---

6 So die Formulierung Aagaards, Missionstheologie, S. 232 und S. 233; s. a. Luke B. Smith, *The Contribution of Hadrian à Saravia (1531–1613) to the Doctrine of the Church and Its Mission: an Examination of this Doctrine as Related to that of His Anglican Contemporaries.* Dissertation an der University of Edinburgh (masch.) 1965.
7 Die calvinistische *Church of Scotland* hat eine eigenständige Reformationsgeschichte.
8 Aagaard, Missionstheologie, S. 232 ff., bes. S. 236–237; Smith, *Saravia,* S. 260 ff. Nicht von den Aposteln/Bischöfen her war auch die Mission durch die Lutheraner Skandinaviens motiviert, sondern durch dort ansässige deutsche Pietisten, vgl. Wolfgang Reinhard, *Die Unterwerfung der Welt. Globalgeschichte der europäischen Expansion 1415–2015* (Bonn: Bundeszentrale für politische Bildung, 2017), S. 648 f.

unabhängige Teilkirchen war allerdings auch die Orthodoxie weniger universal präsent, zumal sie an den Weltentdeckungen und globalen Expansionen Westeuropas nicht unmittelbar partizipierte.

Von ihren Anfängen her hat die Geschichte der Kathedrale aber auch ihrerseits eine politische Komponente, vor allem wenn man diese Geschichte von Europa und seiner Umgebung als einem frühen Zentrum der Christentumsgeschichte her denkt: Schon der Eintritt des Christentums in die Öffentlichkeit unter Konstantin I. (gest. 337) als dem ersten christlichen Kaiser des Römischen Reiches war ja als religiöser Akt zugleich politisch, dazu auf einen Staat hin ausgerichtet, dessen Herrscher sich selbst zwar schon als sakrale Person verstand, doch nun auch für die Annahme des Christentums und seines Wahrheitsanspruchs bereit war, bereit auch dazu, das Christentum umfassend zur öffentlichen Geltung zu bringen. So ging die Architektur der Kathedrale vorbildhaft für den Kirchenbau überhaupt zunächst – weiterhin vom Umfeld Europas her gedacht – von Formen aus, die im religiössozialen Leben bereits eine gewichtige Rolle spielten und nun neue Sakralität gewannen: Als Monumente besonderer Würde waren sie ihrerseits nach Gebäuden von Rang in einem religiös fundierten weltlich-hierarchischen Gefüge modelliert. Gemeint ist bereits der Typus der Basilika – vormals ein Grundmodell für Gebäude königlicher Rechtsprechung: an der Stirnwand mit halbrunder Apsis, davor mit einem Querbau und einem rechteckigen Schiff als Hauptraum, beidseitig mit niedrigeren Seitenschiffen, in der christlichen Transformation ideal z. B. für Klerus-Prozessionen als Zeichen raumumfassender Präsenz.[9] Und wenn daneben der Zentralbau steht, hatte auch er längst solche Würde, etwa das Pantheon in Rom als Staatsstempel für alle Götter, seit 608 eine Kirche.[10] Dem Bau folgte das Mausoleum Kaiser Diokletians (gest. um 312) im dalmatischen Split, ab ca. 750 Kathedrale.[11] Das

---

[9] Hans Koepf/Günther Binding, *Bildwörterbuch der Architektur* (Stuttgart: Alfred Kröner Verlag, Vierte, überarbeitete Auflage, Stuttgart 2005), S. 49–51 zur Basilika; zur „Hallenkirche" als mittelalterlicher Variante mit (annähernd) gleich hohen Schiffen vgl. S. 49 und S. 234 und in der vorliegenden Arbeit S. 61 u. ö. Ein vorchristliches Beispiel bei Günter Bandmann, *Mittelalterliche Architektur als Bedeutungsträger* (Berlin: Verlag Gebr. Mann, 1994[10]), S. 168; als christliches Beispiel beschreibt er S. 174 ff. den konstantinischen Dom in Trier (324–348). Zur Basilika als hierarchischem Bau s. Jeanne Halgren Kilde, *Sacred Power, Sacred Space. An Introduction to Christian Art and Worship* (Oxford: OUP, 2008), S. 49–52.
[10] Fabio Zarbo, *Dal paganesimo al cristianesimo: l'adattamento degli edifici religiosi pagani in Sicilia in età medioevale*. Dissertation an der Università Federico II Napoli, S. 40 ff.
[11] Rainer Volp, *Liturgik. Die Kunst, Gott zu feiern*, Bd. I. *Einführung und Geschichte* (Gütersloh: Gütersloher Verlagshaus Gerd Mohn, 1992), S. 194; Michael M. Stanić, *Dalmatien. Kleine Kunstgeschichte einer europäischen Stadtlandschaft* (Köln u. a.: Böhlau, 2008), S. 36–37. Römische und christliche Beispiele bei Koepf/Binding, *Bildwörterbuch*, S. 515–516.

besagt nicht, dass der Weg zu solchen Bauten hin vorprogrammiert war, wie sich zeigen wird, wenngleich sich ihr Typus durchsetzte. Auch die *Kathedra* war vor ihrer episkopalen Verwendung ein staatlicher Ort, nämlich des in der Basilika Recht sprechenden Prätors oder Quästors, später als Bischofsthron bis zum 11. Jahrhundert im Scheitel der Apsis erhöht aufgestellt, also hinter dem Altar.[12]

Ähnlich wurde der Bischof selbst Teil dieser oberen Gesellschaftsschicht. Die ihm zukommenden und seine Würde symbolisierenden Insignien waren ursprünglich ebenfalls königlich bzw. Insignien hoher Hofbeamter (Mitra, Ring, Stab). Ihm wurden auch die Proskynese/der Fußfall zuteil und die Beräucherung.[13] Königlicher Herkunft sind auch die Liturgien, die der Bischof zu vollziehen hatte bzw. deren Vollzug er an Priester und Diakone delegierte.[14] Dabei ist für diese Insignien und Zeremonien weiterhin mitzubedenken, dass bereits ihr ursprünglicher Adressat eine sakrale Gestalt war, d. h. solcher Ehrenbezeugungen würdig. Das besagt zwar nicht mehr, dass er diesseits der antiken Gottkönige selbst noch eine Gottheit war, sondern „nur" sakral aufgrund göttlicher Gnade,[15] doch damit faktisch Bestandteil „überirdischer Hierarchien."[16] Außerdem sind auch in der Bibel Relikte des Gottkönigtums vorhanden. In den alttestamentlichen Königspsalmen – auch Teilen der christlichen Liturgie – gilt der König zwar nicht mehr als Gott, aber als Gottessohn – ein Titel, der später auf Christus übertragen wird; und der König der römischen Spätantike – auch Konstantin d. Gr. vor seiner Wende zum Christentum – fungierte als Verkörperung des Gottes Mithras und wurde mit *Kyrios* angeredet. Auch dieser Titel wird als Christus-Titel mit dem *Kyrie eleison*-Ruf in die Liturgie einkehren.[17] Allerdings gilt umgekehrt in dem Maße, in dem der geweihte Bischof Verantwortung für die Kirche, ihre Kulträume und ihren Kultus hat, für den König, als Schutzherr für die kirchlichen Belange zu agieren – bis hin zur Errichtung von Kathedralen, so dass gerade die frühe Geschichte des Dombaus oft die Geschichte königlich initiierter Kirchen wurde, mit

---

12 Ab ca. 1000 stand er in der Westkirche seitlich. Lt. Adolf Adam erhielten die Altäre nun größere Altartafeln, und der Bischof dahinter war nicht mehr sichtbar, vgl. *Wo sich Gottes Volk versammelt. Gestalt und Symbolik des Kirchenraumes* (Freiburg u. a.: Herder, 1984), S. 115; s. a. Klauser, Kathedra, Sp. 66–67.
13 Onasch, *Liturgie*, S. 63; Bandmann, *Mittelalterliche Architektur*, S. 125 f.
14 Onasch, *Liturgie*, S. 61–63.
15 Bandmann, *Mittelalterliche Architektur*, S. 182; zu den Konzeptionen Hans Joas, *Die Macht des Heiligen. Eine Alternative zur Geschichte von der Entzauberung* (Berlin: Suhrkamp, 2017), bes. S. 467 ff.
16 Georges Duby, *Die Zeit der Kathedralen. Kunst und Gesellschaft 980–1420* (frz. 1976; dtsch. Frankfurt/M.: Suhrkamp, 1980), S. 25 f.
17 Onasch, *Liturgie*, S. 235.

Nachwirkungen bis heute – nicht zuletzt als Kultbauten eines staatlich privilegierten Christentums –, sei es in den staatlich geförderten Teilkirchen der Kirche von Rom, sei es in den Nationalkirchen des bischöflichen Protestantismus oder des Ostens. Dabei geht die Bedeutung eines solchen royalen Schutzes bis in die Neuzeit und weit über Europa hinaus.

3 Die Kathedrale zwischen liturgischer Funktionalität und ästhetischer Gestaltung

Wenn man nun von den bisherigen Überlegungen zur Kathedrale in einem nächsten Schritt zu den Besonderheiten ihrer Architektur kommt, darf man die letzteren Bemerkungen zur Beziehung zwischen den Kathedralen mit ihren bischöflichen Liturgien einerseits und royalen bzw. staatskirchlichen politischen Strukturen andererseits für keine Epoche, Region und Konfession pathetisieren. Weiterhin gilt ja, dass Kathedralen wie alle Kirchen auch schlicht Funktionsbauten sind, zweckdienliche Räume der jeweiligen bischöflichen Liturgien.[1] Nicht jede Kathedrale ist ein ästhetisches Wunder. Umgekehrt hat unter den bischöflichen Jurisdiktionsbezirken nicht jede Diözese jene reichen Traditionen und stattlichen Dome, die aus Europa bekannt sind. So gibt es im Katholizismus in kirchlich weniger erschlossenen Gebieten als Vorstufe von Diözesen die Apostolische Präfektur – meist noch ohne eigenen Bischof – und das Apostolische Vikariat mit einem Titularbischof als Leiter,[2] so dass die Hauptkirche des Jurisdiktionsbezirkes bereits eine Kathedrale ist.[3] Auch ist für bischöfliche Kirchentümer gängig, für neue Bischofssitze bei der Installierung von Kathedralen dafür nicht in jedem Falle ein neues Kirchengebäude zu konzipieren, sondern eine geeignete Kirche in diesen Status zu erheben, bisweilen nur provisorisch (als Pro-Kathedrale) bis zum Bau der endgültigen Kathedrale. Natürlich gilt ebenso: So wenig solche nachträglich zu Kathedralen gemachten Kirchen durch die bloße Ernennung eine neue ästhetische Qualität gewinnen (es sei denn, sie werden neu gestaltet, was meist schon aus liturgischen Gründen notwendig ist), so wenig sind sie aus der Dombaugeschichte zu verbannen: Bekanntermaßen haben sich im Lauf der Geschichte auch zahllose Stadt-, Pfarr- und Klosterkirchen zu diesen Bischofskirchen gesellt – z. B. die meisten Kathedralen Flanderns, obwohl sie erst in der Reformationszeit Bischofskirchen wurden. Dazu kann die Erhebung einer Kirche in den Status einer Kathedrale als ein Zeichen für die geistliche Aktivität einer Region und/oder Kirchengemeinschaft gelten. In diesem Sinne wird im

---

[1] Für den Katholizismus z. B. Pablo Jesús Lorite Cruz, La catedral el principal templo del catolicismo. Aproximación a sus partes, in: Francisco Javier Campos y Fernández de Sevilla (Hg.), *El mundo de las catedrales. España y Hispanoamérica* (San Lorenzo del Escorial: Instituto Escurialense de Investigaciones Históricas y Artísticas, 2019), S. 69–90.
[2] Ein Titularbischof ist ein Bischof ohne eigene Diözese, doch mit dem Titel einer untergegangenen Diözese. Auch Kathedralen für Bischöfe mit anderen leitenden Aufgaben finden sich, etwa Militärbischöfe. Lange üblich war die *Abbatia nullius* mit eigenständigem Territorium, geleitet von einem Abt-Bischof.
[3] Im US-Anglikanismus gibt es als diözesane Vorstufe die *Missionary Districts*, auch z. T. mit Kathedralen.

Folgenden auch von solchen Kirchen die Rede sein, obwohl sie vielleicht nur eine schlichte Missionskirche wie oft in Afrika oder wie in Lateinamerika eine lokale Hauptkirche/*Iglesia Matriz* waren und/oder noch sind. Dem Typus der Kathedrale als Bau *sui generis* näher kommen freilich diejenigen Kathedralen, die von Anfang an entsprechend konzipiert sind, nach dem liturgischen und ästhetischen Maßstab, den man für angemessen hielt und die ihre Aura trotz sich wandelnder politischer, weltanschaulicher und ästhetischer Gezeiten nicht verloren. Ganz als Konzeption eines einzigen Initiators, etwa eines bischöflichen Bauherrn mit architektonischer Kompetenz, sind solche Dome aber bis in die frühe Neuzeit selten (z. B. Robert Grossetestes Kathedrale in Lincoln[4]). Und selbst wenn die Bischöfe – diesseits der legendären Anfänge etlicher Diözesen und Dombauten – für die Erbauungszeit bekannt sind, sind die Architekten oft anonym wie die meisten Kunstschaffenden älterer Zeit. Kaum häufiger sind schon aufgrund äußerer Umstände (Unwetter, Kriege usw.) für den gleichen Zeitraum Kathedralen, die „aus einem Guss" entstanden sind. Sehr oft sind vielmehr gerade diese Bauten *works in progress*, vielleicht noch im Kernbau erhalten, nicht aber im ursprünglichen Konzept.

Versucht man also, sich den Merkmalen einer Kathedrale im architektonisch und liturgisch idealen Sinne zu nähern (sei sie von Anfang an als Kathedrale konzipiert, sei sie auf dieses Ziel in ihrer Geschichte hingestaltet) lässt sich vielleicht Folgendes sagen: Als Bischofskirche, also als in der Hierarchie in den vorderen Rängen angesiedelter Bau, tendiert sie zum *Repräsentationsbau*, und zwar im mehrfachen Sinne. Zunächst im Sinne ihrer optischen Ansehnlichkeit. Indiz ist oft bereits ihre Wahrnehmbarkeit im urbanen Ambiente – gerne dominant platziert sei sie, oft zentral, vielleicht an einem vom Herrscher bestimmten Ort.[5] Auch durch ihre Maße sei sie hervorgehoben: Sie möge stattlich sein, besonders wenn sie eine „National-Kathedrale" ist, d. h. auch in einem Staatswesen eine herausragende Funktion hat wie etliche Hauptstadt-Kathedralen von der *Hagia Sophia* in Konstantinopel bis zur *National Cathedral* in Washington und *Christ Erlöser*-Kathedrale in Mokau. Dem entspricht theologisch, dass sie als Symbolbau der Transzendenz zugleich das Verständnis der christlichen Kirche als in der Welt angezeigter „mystischer Leib Christi" verkörpert: Zwar ist nach biblischer Aussage die Gegenwart des Erlösers schon im kleinen Kreis erfahrbar, aber nach 1 Kor 15,6 erschien der Auferstandene „500 Brüdern zugleich"; die Erfahrung der Gegenwart des Geistes zu Pfingsten wird schon als Massenereignis beschrieben (Apg 2,6), und für die Wirksamkeit der Expansion des Christentums in die Welt hinaus ist die große Zahl der Gläubigen bezeugt (Apg 14,1). Dem entspricht, dass Kathedralen in der Regel städ-

---

[4] Zur Kathedrale in Lincoln s. S. 63–64.
[5] Historische Anmerkungen Ohler, *Die Kathedrale*, S. 141.

tische Bauten sind, d. h. errichtet in Orten auch mit administrativen, sozialen, kulturellen Zentren,[6] und wie schon in vorchristlicher Zeit die irdische Stadt auch ein religiöses „Zeichen der Rettung" war,[7] wurden im Christentum nicht zuletzt Kathedralen als christliche Symbolbauten oft besonders markant unter dem Leitmotiv der Himmlischen Stadt der Johannesapokalypse (Apk 21,14) konzipiert, d. h. als dem geistlichen Inbild auch der idealen irdischen Städte (obwohl das Symbol der Himmlischen Stadt für jede Kirche gilt[8]). Besonders sichtbar wird das Konzept in manchen mittelalterlichen Domen (und königlichen Abteikirchen) diesseits der Alpen, mit aufwendigen Portalen und machtvollen Fassaden – gern doppeltürmig und zeitweise mit einem massiven Westwerk[9] als einem Schutzbau vor den Gefahren des irdischen Lebens, als Zeichen der *ecclesia militans* und mit der „Hütte Gottes" bei den Menschen (Apk 21,3), dem *Sanctissimum* als dem Ort der Triumphierenden Kirche und der Himmlischen Stadt.[10]

Repräsentativ möge eine Kathedrale aber nicht nur in der Gestalt des Hauptraums sein, sondern auch in den ihr zugeordneten Gebäuden und Anbauten für liturgische Zwecke. Vornehmlich bis ins Mittelalter wurden für Kathedralen (bisweilen auch andere Kirchen) eigene Baptisterien errichtet, freistehende Taufkirchen, oktogonal und mit Becken zum Untertauchen, während man sich heute meist mit einer angebauten Taufkapelle (und Taufstein) begnügt – wenngleich mitunter wieder Baptisterien gebaut werden.[11] Zumindest im Katholizismus wird bis heute für die geweihte Hostie zudem eine eigene Sakramentskapelle erstellt (auch wenn seit dem Konzil von Nizäa 325 die ständige Aufbewahrung der Hostie in jedem Kirchenraum vorgeschrieben war, z. B. für die Krankenkommunion).[12]

---

6 Schon in Nizäa 325 wird verfügt, dass Dome in die *civitas* gehören (Ohler, *Die Kathedrale*, S. 139); in England stehen sie in *cities*, nicht in den z. T. noch ländlichen *towns*, vgl. Nicholas Orme, *The History of England's Cathedrals* (Exeter: Impress Books Ltd., 2017), S. 7 und S. 270, Anm. 1.
7 Herbert Muck, *Gegenwartsbilder. Kunstwerke und religiöse Vorstellungen des 20. Jahrhunderts* (Wien: Picus Verlag, 1988), S. 58.
8 So gehört der Hymnus *Beata Urbs Jerusalem/Urbs Jerusalem Beata* zum Ritus jeder Kirchweihe, vgl. Adam, *Gottes Volk*, S. 150; der Text bei Hans Sedlmayr, Die *Entstehung der Kathedrale* (1950, hier nach der Ausgabe Freiburg u. a.: Herder, 1993), S. 105.
9 Zur Entstehung der Kirchtürme vgl. Adam, *Gottes Volk*, S. 141 f. Zum Westwerk vgl. Abb. 10.
10 Bandmann, *Mittelalterliche Architektur*, S. 90 ff., bes. S. 112. Dabei fordert die *ecclesia militans* primär den geistlichen Kampf, z. B. gegen Verlockungen (Askese), bis zum Martyrium. Das schließt militärische Kämpfe wie Kreuzzüge nicht aus. S. Michael Fiedrowicz (Hg.), *Ecclesia militans. Die streitbare Kirche. Zeugnisse der Frühzeit*, Fohren-Linden: Carthusianus Verlag, 2017. Das Begriffspaar *ecclesia militans et triumphans* ist seit dem 12. Jahrhundert geläufig (S. 37–38).
11 Ohler, *Die Kathedrale*, S. 133–134; für den Neubau in Brasília s. Luciane Scottá, *Arquitetura religiosa de Oscar Niemeyer em Brasília*. Dissertation an der Universidade de Brasília 2010, S. 86.
12 Adam, *Gottes Volk*, S. 109–112. Das gilt z. T. auch für den hochkirchlichen Anglikanismus.

Dazu kommen Bauten oder Anbauten für weitere liturgische/paraliturgische Anlässe. Hierher nicht zu rechnen ist naturgemäß die Sakristei, da sie zu jeder (größeren) Kirche gehört; aber zumindest im Katholizismus, Anglikanismus und z. T. im skandinavischen Luthertum (Schweden, Finnland) üblich ist ein Raum für das Domkapitel, d. h. die Priester, die für „ihren" Dom Verantwortung haben. Er kann als Kapitel*saal* Teil der Kirche sein oder als Kapitel*haus* ein freistehendes Gebäude wie oft in England.[13] Auch die Ausstattung sei herausragend, vor allem für den Hauptraum. Zumindest bis ins Mittelalter erhält der (Haupt-)Altar – als Thron Christi – ein Zierdach aus festem Material (Holz, Metall, Stein), nämlich in Gestalt des Ziboriums (ebenfalls aus dem Herrscherkult[14]). Bereits optisch exzeptionell ist in der Regel auch die *Kathedra* im Chorraum. Wohl ist selbst bei alten Domen über die Gestalt der im Lauf der Zeit genutzten bischöflichen Sedilien bisweilen wenig bekannt, selbst für *S. Giovanni in Laterano* zu Rom.[15] Oft aber hat die *Kathedra* einen Stufen-Aufgang, größere Dimensionen als andere Sedilien und einen Stoff-Baldachin.[16] Repräsentativ ist z. B. der nach dem 1174 erfolgten Dombrand 1201 neu geschaffene *Chair of St Augustine* im englischen Canterbury (Abb. 1), in seinen Assoziationen an noch ältere Bischofsstühle, Kunstobjekte und Schmuckmotive – bis hin zur frühen Kirche – auch eine Erinnerung an die römischen Bindungen des Christentums.[17] Doch kann die *Kathedra* auch umgekehrt ganz intim wirken, z. B. 1794 für das lutherisch-ländliche Schweden in Karlstad als „Bischofsbank" für die ganze bischöfliche Familie.[18] Dazu kommt in der Westkirche das Chorgestühl des Domkapitels, z. T. wieder mit Baldachinen.[19] Historisch ist die *Kathedra* sogar die ursprünglichste, anfangs fast einzige Bestuhlung einer Kathedrale. Priestersitze folgten erst im 4. Jahrhundert mit der Entstehung der Pfarrkirchen,[20] das Chorgestühl für den

---

13 Koepf/Binding, *Bildwörterbuch*, S. 265 und 268; für England s. a. Orme, *The History*, S. 77.
14 S. z. B. Bandmann, *Mittelalterliche Architektur*, S. 179; Koepf/Binding, *Bildwörterbuch*, S. 516–517.
15 Der heutige Bischofsstuhl der Kirche geht auf das 19. Jahrhundert zurück. Über seine Vorgänger kann man nur spekulieren; s. Peter Cornelius Claussen (mit Darko Senekovic), *Die Kirchen der Stadt Rom im Mittelalter 1050–1300. Bd. 2. S. Giovanni in Laterano. Forschungen zur Kunstgeschichte und christlichen Archäologie*, Bd. XXI (Stuttgart: Franz Steiner, 2008), S. 130 ff.
16 Zum Baldachin s. Onasch, *Liturgie*, S. 46; Koepf/Binding, *Bildwörterbuch*, S. 42–43.
17 G.H. Cook, *The English Cathedral through the Centuries* (London: Phoenix House, 1957), S. 125; Matthew M. Reeve, A Seat of Authority. The Archbishop's Throne at Canterbury Cathedral, in: *Gesta* 42/4 (2003), S. 131–142.
18 Harry Nyberg, *Karlstads Domkyrka/Karlstad Cathedral. Stiftskyrka – Församlingskyrka. Dokumention och reflektion* (Karlstad: Karlstads Stift, 2012), S. 34–35.
19 Dazu Koepf/Binding, *Bildwörterbuch*, S. 105.
20 Adam, *Gottes Volk*, S. 116 f.

Abb. 1: Canterbury. Die ursprüngliche *Kathedra* des heute anglikanischen Domes (der *Chair of Saint Augustine*) – jetzt nur noch bei Bischofsweihen verwendet – zeigt noch im lateinischen Mittelalter die Wurzeln bischöflichen Ansehens im konstantinischen *Imperium*.

Domklerus folgt erst im Hochmittelalter[21], die Bestuhlung für Laien (außer königlichen Standespersonen) im Westen erst im Spätmittelalter[22] und ist in den Ostkirchen (für alle Kirchenräume) bis heute nicht die Regel.

Aus römisch-katholischer und ostkirchlicher Sicht beherberge die Kathedrale auch besonders erlesene Reliquien herausragender und wundertätiger Zeugen der Transzendenz, auch sie gegebenenfalls optisch, ja haptisch präsent, oft Ziel landesweiter, ja internationaler Wallfahrten zu ihrer Verehrung.[23] Auch die örtlichen Bischöfe – in den ältesten Zeiten oft zudem die Stifter der Diözesen, ihrerseits Heilige und Wundertäter – seien hier bestattet, meist in einer Krypta unter dem Chorraum, auch in Seitenkapellen oder Mausoleen. Im Anglikanismus entsteht der Bezug einer Kathedrale zur Tradition auch dadurch, dass für sie als quasi säkularisierte Reliquien Bauteile traditionsreicher Kirchen der Heimat wie der *Canterbury Cathedral* ins Mauerwerk übernommen werden.

Auch die besondere – vor allem intellektuelle – Qualität des Kultpersonals ist Desiderat. Bereits in der Alten Kirche waren neben dem Bischof auch andere Domgeistliche oft renommierte Gelehrte, und bis ins lateinische Mittelalter umfasste ihre Gelehrsamkeit neben Theologie und Philosophie zudem die beginnenden Naturwissenschaften, und sie vermittelten ihr Wissen durch die Domschulen weiter,

---

21 S. Claudia Wels, *Die Pfarrkirche zu Kiedrich und die spätgotischen Dorfkirchen im Rheingau. Sakralarchitektur auf dem Lande mit städtischem Charakter*. Dissertation an der Universität Marburg, Steinbach 2003, S. 59.
22 Wels, *Die Pfarrkirche*, S. 60–61.
23 Beispiele auch bei Cruz, La Catedral, S. 82–83.

früh in England,[24] von dort aus im fränkischen Reich, auch als den Vorstufen der Universitäten.[25] Einen ebenso hohen Standard habe das künstlerische Personal, oft bis heute über die Landesgrenzen hinaus bekannt, besonders an herausragenden Domen wie *Notre-Dame* in Paris; bisweilen hat es sogar eine exklusive Stellung im Kulturleben einer Stadt, Region oder Nation.[26]

Mit alledem ist die Kathedrale zumindest intentional als sakraler Referenzbau *insgesamt* repräsentativ. Das kann zunächst wieder liturgisch verstanden werden: nämlich als religiöser Modellraum, der in den Liturgien der Pfarrkirchen weiterwirken möge, lebendig gemacht durch die jeweiligen Bischöfe, im Katholizismus nach den Vorschriften des *Pontificale Romanum* als ihrer liturgischen Grundschrift.[27] Auch als künstlerischer Modellraum kann sie verstanden werden, wie denn die im Angesicht des Bischofs von Rom geübte Musik die katholische Kirchenmusik (und nicht nur sie) jahrhundertelang prägte; sogar ästhetisch allgemein kann sie Leitbau sein, selbst über den konfessionellen Bereich hinaus für die gesamte Gesellschaft, sei diese christlich oder nicht:[28] Die Architekten einer Kathedrale sind ja z. T. bis heute oft ihrerseits überregional bedeutend, weil ein Dombau eine ‚attraktive Aufgabe' sein kann (Oscar Niemeyer).[29] Dabei ist in neuerer Zeit für die Schaffung eines solchen Leitbaus die Konfession der Architekten nicht einmal stets maßgeblich, selbst nicht die Weltanschauung: So baute der Protestant James Renwick *Saint Patrick* in New York, der Katholik Gilbert Giles Scott die anglikanische Kathedrale von Liverpool, Nichtchristen schufen die katholischen Hauptstadt-Kathedralen von Brasília oder Tokyo. In etlichen Fällen gilt sogar, dass die Kathedrale als überkonfessionell-gesellschaftlicher Referenzbau ein staatliches Signal ist, Zeichen christlicher Dominanz im sozial-kulturellen Gefüge eines Landes. So entstanden schon in der Alten Kirche Kathedralen auch aus Tempeln anderer Religionen, und 529 wurde in Athen der *Parthenon* zur ersten Kathedrale.[30] Ähnliches galt auch während der spanischen *Reconquista* und in

---

24 Vgl. Orme, *The History*, S. 27 ff.
25 Manfred Fuhrmann, *Latein und Europa. Geschichte des gelehrten Unterrichts in Deutschland von Karl dem Großen bis Wilhelm II.* (Köln: DuMont, 2001), S. 11; Ohler, *Die Kathedrale*, S. 136–137.
26 So waren z. B. in Schweden unter den Kirchenmusikern nur Domorganisten nicht zusätzlich zum Schuldienst verpflichtet. S. Karl Ferdinand Müller, *Der Kantor. Sein Amt und seine Dienste* (Gütersloh: Gütersloher Verlagshaus Gerd Mohn, 1964), S. 154–156.
27 Die Standardfassung lieferte Clemens VIII. 1595. S. Cruz, La Catedral, S. 69.
28 Zur Kathedrale als Modellraum in diesem Sinne s. Rowe, *The Roles of the Cathedral*, S. 152 ff.; bei ihm wird sie auch beschrieben „as a bridge between the Church and those not yet members of it" (S. 97).
29 „O projeto de uma catedral è [...] um dos temas mais atraentes para o arquiteto", s. A Catedral de Brasília/The Cathedral of Brasilia, in: *Módulo* Vol. 2/No. 11 (1958), S. 7–15, hier S. 8–9.
30 H. Paulus, Art. „Athen", in: LThK², Bd. 1, Sp. 993–995, hier Sp. 993.

der französischen Kolonialzeit: Kathedralen bezeugen den endgültig wahren Glauben gegenüber anderen Überzeugungen repräsentativ. Dergleichen mochte umso selbstverständlicher vorkommen, als 391 im römischen Reich das Christentum nicht nur zur offiziellen Staatskirche erklärt wurde, sondern *eo ipso* auch zur *wahren Religion,* wie kurz vorher Augustinus (354–430) gezeigt hatte.[31] Umgekehrt bedeutet all dies nicht, dass nicht so, wie es schlichte Kathedralen gibt, andere Kirchbauten besonders repräsentativ sein können. Im Katholizismus des Mittelalters (auch später) sind es oft Abteikirchen, Hofkirchen oder besondere Bürgerkirchen. Nicht nur der Dom in Speyer, sondern auch die in der französischen Revolution zerstörte Abteikirche von Cluny waren zeitweise die größten Kirchen der Christenheit.

---

31 *De vera religione. Über die wahre Religion.* Stuttgart: Reclam, 1985; s.a. das Nachwort von Kurt Flasch, S. 215–230, bes. S. 221–222.

4 Die Kathedralengeschichte – ein Paradigma der Kirchengeschichte als Problemgeschichte. Zur Methode der Untersuchung

Nun sind Kathedralen auch im 21. Jahrhundert Bestandteile der Christentumsgeschichte, exzeptionelle Segmente des geistlichen und liturgischen Lebens christlicher Konfessionen. Gerade aus europäischer Sicht – sogar gesamtgesellschaftlich, nicht nur kirchlich – sind sie freilich ebenso ein elementar-kulturgeschichtliches Phänomen, wie denn die Veröffentlichungen, die über sie in neuerer Zeit erschienen, vor allem ihren Ort in der europäischen Geschichte allgemein im Blick haben (mit der Blüte im Mittelalter).[1] Dennoch – betrachtet man sie ebenso als Referenzbauten für den jeweiligen Ist-Zustand des Christentums, dann lässt sich zeigen, dass es auch Gebäude sind, welche die Kirchengeschichte als *Problemgeschichte* paradigmatisch in sich tragen, besonders wenn man sie in die größeren Zusammenhänge christlicher Konfessionen stellt: Als Repräsentationsbau bischöflicher verfasster Kirchen vertritt die Kathedrale ja einen Christentumstypus, der zwar einer der ältesten ist, aber nicht der einzige und nicht unumstritten. Das gilt bereits für seine Bedeutung als Zentrum einer hierarchischen Lebenswelt, sei sie sozial, allgemein weltanschaulich oder religiös so strukturiert: Im Gegenteil: Schon von den christlichen Gründungstexten im Neuen Testament her fragt sich, ob das Christentum solcher Kathedralen tatsächlich *bedarf*; mehr noch: ob es *überhaupt* spezifischer Kulträume bedarf: Bereits der Begriff Kirche meint ja primär keine architektonischen Räume, sondern die christlichen *Gemeinschaften* – wie der Apostel Paulus in kritischer Abgrenzung vom Tempel zu Jerusalem mit seinem *Sanctissmum* als dem Ort Gottes zu erkennen gibt (1 Kor 3,17; 6,19), aber auch anderswo im urchristlichen Schrifttum sakrale Räume kritisch beurteilt werden (Apg 7,48–50; 17,24);[2] und inwieweit diesen Gemeinschaften eine hierarchische Ordnung zukommt, ist von diesen Gründungstexten her eine Frage der Auslegung; denn nicht alle Texte reden ihr das Wort (Gal 3,3,27–28), damit auch

---

[1] Vgl. neben den genannten Arbeiten von Sedlmayr und Ohler bes. die Monographien von Otto von Simson, *Die gotische Kathedrale* (engl. 1956), dtsch. Darmstadt: Wissenschaftliche Buchgesellschaft, 1968, und Georges Duby, *Die Zeit der Kathedralen. Kunst und Gesellschaft 980–1420* (frz. 1976), Frankfurt: Suhrkamp, 1980.

[2] Carola Jäggi, Architektur und Sakralität – Geschichte einer Zuschreibung, in: Angelika Nollert u. a. (Hgg.), *Kirchenbauten in der Gegenwart. Architektur zwischen Sakralität und sozialer Wirklichkeit* (Regensburg: Pustet, 2011), S. 23–30.

nicht der Fortschreibung der Anweisung des Christentumsstifters Jesus Mt 28,18–20 in eine apostolische Sukzession. Erst recht nicht unumstritten ist die Kathedrale jenseits all dieser noch binnenchristlichen Debatten: Als ein Gebäude für ursprünglich königliche Zeremonien perenniert die Kathedrale zudem Riten einer heute nur noch selten konstitutiven oberen Gesellschaftsschicht. Als *religiöser* Symbolbau wiederum, als Repräsentant für etwas, das höher ist als alle Vernunft, gibt sie sich seit der beginnenden Neuzeit Europas außerdem dazu preis, sehr divergierende Sichtweisen auf bestimmte Traditionen europäischer wie außereuropäischer Identitätsbildung auf sich zu ziehen: Sie kann als Objekt emphatischer Bejahung erscheinen, Zentrum existenznotweniger gesellschaftlicher Aktivitäten, eines global bedeutenden religiösen Bewusstseins. Gelten kann sie aber ebenso als Feindbild verschiedenster Weltanschauungen, das zu Bilderstürmen provoziert – angefangen mit anderen Religionen wie dem bald nach dem Christentum entstandenen Islam, von den calvinistischen Reformationskirchen bis den Adepten der russischen Oktoberrevolution. Und zunächst dazu entworfen, eine universale Wahrheit zu repräsentieren, kann sie selbst aus christlicher Sicht in einer durch demokratische Diskurse gesteuerten Welt anmaßend anmuten, auch weil die Symbolik, in der sie ihren Anspruch präsentiert, mancherorts unverständlich geworden ist und das, was man den hermeneutischen Zugang zu ihrer Magie nennen könnte, nur Spezialisten und Esoterikern zugänglich. Dazu hat sich das kulturelle und religiöse Ambiente des Dombaus immer rascher weiterentwickelt: in eine Welt hinein, in der christliche Versammlungsorte z. T. schon Nutzen und Sinn verloren haben, während die Zahl der Konfessionen bis in den oberen fünfstelligen Bereich gewachsen ist.[3] Erst recht obsolet geworden ist die Kathedrale als Symbol von *Macht* – sei es durch die weltanschaulichen Privilegien, die sie repräsentiert, und den Glanz der Riten,[4] sei es durch die Nähe zu Gesellschaftsschichten, deren Spitzen lange beinahe die sakrale Dignität des christlichen Gottes besaßen, obwohl sie sich längst sozial desavouiert hatten. Mehr noch: Aus dieser Perspektive kann die Geschichte der Kathedrale sogar als Teil einer globalen Entwicklung gelten, in der die christlich-europäische Gesellschaft durch sakrale Repräsentationsbauten nicht nur Europas koloniale Ex-

---

3 Maria Hinsenkamp, Neues Spiel? Die pfingstlich-charismatische Bewegung als *Game Changer* des Christentums und ökumenische Herausforderung, in: Rebekka A. Klein/Lisanne Teuchert (Hgg.), *Ökumene in Bewegung. Neue Perspektiven der Forschung* (Leipzig: Evangelische Verlagsanstalt, 2021), S. 211–226, hier S. 217.
4 Zur Beziehung von realer „Macht" und religiöser „Weihe" s. Joas, *Die Macht des Heiligen*, S. 444.

pansion vorantrieb, sondern sogar eine europäische Unterwerfung der Welt in den Blick nahm.[5]

Von letzteren Überlegungen aus ist sinnvoll, die Geschichte der Kathedrale neu zu sichten, doch weniger kunsthistorisch (außer an typischen Beispielen). Hilfreich könnte aber sein, für diese Geschichte die *Spannungen* neu zu beschreiben, in denen sich das Christentum und seine Konfessionen entwickelt haben: die altkirchlichen Spannungen von Ost- und Westkirche, im westlichen Mittelalter zwischen ziviler und bischöflicher Macht, seit der Reformation zwischen Fundamentalkritik am Dombau und seiner finalen Globalisierung (die Frömmigkeit und Opfermut wie Machtinstinkt und Arroganz antagonistisch einschloss). Zu sichten wäre die Geschichte der Kathedrale schließlich in den Spannungen zwischen einem bischöflichen, nachbischöflichen, nachkonfessionellen Christentum und einer Welt, in der auch andere Religionen expandieren,[6] die das Numinose nicht vergessen hat,[7] doch für welche die Entzauberung *aller* religiösen Optionen ebenso überzeugend ist und die Rede vom Heiligen sinnleer.[8]

Bei der Vielfalt auch der bischöflichen Konfessionen und der Fülle ihrer Kathedralen ist jedoch eine strikte Auswahl des Materials notwendig.[9] Ausführlich behandelt werden zunächst Kathedralen der drei großen etablierten bischöflichen Konfessionen, des römischen Katholizismus, der bischöflichen Reformationskirchen und der Orthodoxie, die sich aus der Kirche des Römischen Reiches entwickelt hat: Hier liegt die größte Kontinuität der Dombaugeschichte vor, auch das reichste Material.[10] Bei den orientalischen Konfessionen wurde der Schwerpunkt ähnlich gelegt, etwa auf die armenische Kirche. Andere Konfessionen bleiben im Hintergrund, etwa die äthiopische Kirche, bis 1959 Teil der koptischen Hierarchie; und für Kathedralen hat man sich hier erst in neuerer Zeit interessiert.[11] Marginal

---

5 Zur ambivalenten Expansivität Europas s. a. Reinhard, *Die Unterwerfung der Welt,* S. 17 ff., bes. S. 25–31.
6 Konrad Raiser, *Ökumene im Übergang. Paradigmenwechsel in der ökumenischen Bewegung* (München: Christian Kaiser, 1989), S. 89 ff.
7 Chantal Delsol, *La Fin de la Chrétienté. L'inversion normative et le nouvel âge* (Paris: Les éditions du cerf, 2021), S. 85 ff. u. ö.
8 Grace Davie, *Religion in Modern Europe. A Memory Mutates* (Oxford: OUP, 2000), S. 24 ff.; dies., *Religion in Britain. A Persistent Paradox* (Chichester: Wiley Blackwell, 2015[2]), S. 191 ff.; Rowe, *The Roles of the Cathedral,* S. 179 ff.
9 Insgesamt dürfte die Zahl der in Frage kommenden Bischofskirchen mehr als 6000 betragen.
10 Zu rechnen sind hierher auch die mittelalterlichen katholischen Kathedralen, die von nicht-bischöflichen Protestanten übernommen wurden, z. B. in Bremen, Lausanne oder Glasgow.
11 Vgl. Stéphane Ancel, Architectural innovation of the Ethiopian Orthodox Church, in: Jean-Nicolas Bach u. a. Hgg., *Routledge Handbook of the Horn of Africa* (Abingdon: Routledge, 2022), S. 495–503, hier S. 498–499.

bleibt z. B. auch die assyrische Kirche des Ostens, weitgehend eine Exilskirche mit wechselnden Zentren. Einige Ostkirchen sind zudem für die Westkirchen noch ästhetisches Niemandsland wie die Thomaschristen. Kaum berücksichtigt wurden auch aus den bischöflichen Westkirchen abgespaltene jüngere Gemeinschaften,[12] da sie kaum Material bieten, entsprechend die jüngeren Teilkirchen im Osten.[13]

Aufgrund der historischen Ursprünge des Dombaues, mitsamt seiner konfessionellen Entwicklung bis zum frühen 16. Jahrhundert, wird auch der Ansatz der Darstellung christentumsgeschichtlich zwangsläufig europäisch sein, und zwar primär westkirchlich, da von hier aus die Entwicklung der Kathedrale ihre stärksten Impulse gewonnen hat und ihren Weg gegangen ist. Am Ende wird sich indes zeigen, dass die Wandlungen des Christentums, wie sie sich auch in dieser Facette der Sakralarchitektur spiegeln, nur noch begrenzt europäischer Natur sind und dass neue Wandlungen über die bisherige Christenheit und ihre Konfessionen hinaus anstehen.

---

[12] Genannt seien die Kirchen der Utrechter Union oder die kleine *Anglican Church in North America*.
[13] Gemeint ist u. a. die autokephale ukrainisch-orthodoxe Kirche, da sie noch im Entstehen ist. Vgl. Thomas Bremer, *Konfrontation statt Ökumene. Zur kirchlichen Situation in der Ukraine.* Erfurter Vorträge zur Kulturgeschichte des Orthodoxen Christentums 1/2001 (Erfurt: Universität Erfurt, 2001), S. 16.

Zweiter Teil: **Historische Entfaltung**

5 Die Kathedrale bis zum frühen 16. Jahrhundert

5.1 Kathedralen zwischen Rom und Byzanz

5.1.1 Übersicht

Zwar hat sich nach europäischer Sicht eingebürgert, die neuere, seit der ausgehenden Antike christlich mitbestimmte Menschheitsgeschichte kulturell wie kirchlich in östliche und westliche Entwicklungslinien zu trennen und von dort aus die Konfessionsgeschichte auf ihrem Weg über die Kontinente zu schreiben (wie auch hier geschieht); aber die Anfänge und die frühe Entwicklung des Christentums liegen im Mittelmeerraum allgemein: Sein Stifter wirkt in Jerusalem und seinem Umfeld, allerdings ist im späten 1. Jahrhundert das Christentum auch schon in Rom beheimatet – zusammen mit den Mächtigen, die über sein weiteres Geschick bestimmen. Hier sind die Apostel Petrus und Paulus begraben. Erste Bischöfe wirken hier wie dort. Hier wie dort geschehen die ersten eucharistischen Feiern, im kleinen Kreis, in Privathäusern, Katakomben,[1] zunehmend unter Aufsicht der Bischöfe, damit die christliche Tradition garantiert sei, wie erneut Ignatius von Antiochien zeigt.[2] Bald sind Bischöfe auch als Theologen bekannt, oft ist ist ihr Ende das Martyrium; viele gelten in Ost- und West gleichermaßen als Heilige. Kathedralen als öffentliche Bauten werden aber erst durch ein Dekret aus dem Westen ermöglicht, verfasst 313 durch Konstantin I.: Durch ihn geschieht die Anerkennung des Christentums im West und Ost umfassenden Römischen Reich als *religio licita*.[3] Freilich ist dieses Reich bald keine Einheit mehr. Politisch wird es bereits 395 zweigeteilt. Neben Rom tritt Byzanz/Konstantinopel als weitere Hauptstadt, der Überlieferung nach Wirkungsort des Apostels Andreas.[4] Die Teilung ist schon jetzt begreiflich: ein vorwiegend lateinisch-sprachiger Westen steht gegen einen griechisch dominierten Osten. Der Westteil gerät zudem in den Sog der Völkerwanderung, während sich der öst-

---

[1] Hanno Schmitt, „*Mache dieses Haus zu einem Haus der Gnade und des Heiles*". *Der Kirchweihritus in Geschichte und Gegenwart als Spiegel des jeweiligen Kirchen- und Liturgieverständnisses im 2. Jahrtausend* (Paderborn: Schöningh, 2004), S. 125 ff.; Kilde, *Sacred Power*, S. 14 ff., bes. S. 16 ff.
[2] S. den Brief an die Gemeinde zu Smyrna, Kap. 8, in: MPG, Sp. 713/714.
[3] Das besagt nicht, dass die Hausgottesdienste jetzt sogleich eingestellt worden wären, zumal neben den Bischofskirchen die Zahl der Pfarrkirchen erst langsam stieg. Mit der Vermehrung der Pfarrkirchen wurden Hausgottesdienste aber verboten, so unter Karl d. Gr., vgl. Peter Browe, *Die Eucharistie im Mittelalter. Liturgiehistorische Forschungen in kulturwissenschaftlicher Absicht* (Münster: LIT Verlag, 2008³), S. 325 f.
[4] Metropolit Pitirim von Volokalamsk und Jurjev (Hg.), *Die Russische Orthodoxe Kirche*. KdW, Bd. XIX (Berlin-New York: De Gruyter – Evangelisches Verlagswerk, 1988), S. 1 und S. 4–5.

liche, byzantinische zeitweise stabilisiert; und so werden es auf Dauer zwei unterschiedliche kulturelle Großräume sein.

Insgesamt sind mit alledem schon Grundvoraussetzungen für den Dombau benannt. Dabei sind als bald wichtige Regionen für die beiden Reichshälften die folgenden zu nennen:

Im europäischen Westen sind es zunächst die Regionen des Römischen Reiches, aus denen die heutigen romanischen Länder (mit der Ausnahme Rumäniens) erwachsen sind, bzw. Westeuropa einschließlich der Britischen Inseln, später expandierend nach Mitteleuropa, Skandinavien und in die slawischen Gebiete, sofern sie heute römisch-katholisch sind. Im Osten ist es zunächst das Byzantinische Reich mit dem Zentrum Konstantinopel, der Raum zwischen Griechenland und Teilen des südlichen Balkans bzw. Osteuropa. Auf der anderen Seite sind es Kleinasien und der vordere Orient einschließlich Nordafrika. Es folgt vom 10. Jahrhundert an der slawische Raum bis in die heutige Ukraine. Auf den Grenzen zwischen Europa und Asien gehören früh Armenien und Georgien dazu, wobei christentumsgeschichtlich der byzantinische Osten – auch jenseits des Reiches (z. B. der persische Raum) – bis in das ferne Indien weiterwirkt.

Turbulent ist das Geschick beider Reichshälften gleichermaßen verlaufen, christentumsgeschichtlich im Osten zeitweilig allerdings unter größeren Katastrophen als im Westen: So entstand zwar 532–537 mit der *Hagia Sophia* in Konstantinopel (Abb. 2), der Kirche der Göttlichen Weisheit, der für den Osten erste repräsentative und erhaltene Kathedralenbau, 96 m × 66 m groß,[5] aber fast zeitgleich begannen dort Konflikte mit dem Islam, 1453 erlag ihm Byzanz, und die *Hagia Sophia* wurde zur Moschee; auch im slawischen Raum war das Geschick

Abb. 2: Konstantinopel (Istanbul). *Hagia Sophia.* Die ehemalige oströmische Patriarchalkirche, heute Moschee und Museum, ist mit der Kuppel immer noch ein Referenzbau der Orthodoxie, bisweilen sogar für die Kirche von Rom.

---

5 Zum Namen s. u. Historisches bei Nikolaus Pevsner, *Europäische Architektur von den Anfängen bis zur Gegenwart* (engl. 1943; dtsch. München: Prestel, 1985[6]), S. 25–28.

der Orthodoxie lange wechselhaft, nicht zuletzt in der Mongolenzeit. Das Christentum im Westen hingegen ging zumindest bis zur Reformation – trotz etlicher Kriege und Bedrohungen – seinen vergleichsweise kontinuierlichen Weg weiter.

Verlief aber auch die die Christentumsgeschichte im Westen lange beständiger als im Osten, so blieb ideengeschichtlich das Christentum insgesamt in sich konfliktreich, zumal es sich in beiden Reichshälften bereits organisatorisch unterschiedlich entwickelte: Im Westen geschah rasch der Aufstieg des Bischofs von Rom – rasch auch deshalb, weil das weströmische Reich durch die Invasion der „Barbaren" aus dem Norden in eine Krise geriet, doch der Bischof von Rom als weltanschauliche Konstante eine Leitgestalt blieb – war er doch (wie der gesamte Episkopat) unter Konstantin I. ohnehin zu einer öffentlichen Größe ersten Ranges geworden; und in der Welt der Bischofskirchen erhielt seine Kathedrale mit der *Kathedra Petri* in *San Giovanni in Laterano* zunehmend Einfluss, theologisch und lange politisch. Im Osten etablierte sich der Patriarch von Konstantinopel als Bischof der Metropole und oberster Geistlicher am Kaiserhof.

Ein einschneidendes Datum für die Auseinanderentwicklung der Reichshälften ist das große Schisma zwischen Ost und West 1054: die Trennung der Ost- und Westkirche. Wohlgemerkt: Es geht in der Tat zunächst um ein Schisma, nicht um Häresien, d. h. nur um eine quasi organisatorisch bedingte Spaltung unterschiedlicher Kirchentümer. Zur Diskussion steht zunächst die Frage nach dem Leitorgan der Gesamtkirche, d. h. nach dem Gewicht des Bischofs von Rom im Ensemble anderer Bischöfe – vornehmlich der ostkirchlichen Patriarchen – gegenüber den Konzilien und Synoden, während spezifische Lehrdifferenzen, die darüber hinaus die Trennung verursacht haben, lange gering blieben.[6] Die Differenzen in der Westkirche, die zwischen der Kirche von Rom und den im Westen sich bildenden Reformationskirchen entstehen, werden größer sein. Zudem ist das Schisma ein Meilenstein in der Entwicklung kulturgeschichtlicher Unterschiede, in die beide Christentums-Regionen tendenziell schon eingebettet waren: sprachlich, bald wissenschaftsgeschichtlich, architektonisch, auch im Dombau. Allerdings darf man den Schnitt regional nicht zu radikal fassen: Es gibt Überschneidungen der Bevölkerungen und Anschauungen – sowohl auf Sizilien, das lange zum byzantinischen Reich gehörte, bevor die Araber kamen, wie auf dem Balkan. Dazu gilt: Sofern der Kathedralenbau bis heute zunächst Sache dieser Kirchengemeinschaften ist, ist zwischen der Ost- und der Westkirche auch auf Dauer die Gemeinsamkeit größer als die Unterschiedlichkeit.

---

6 Summarisch lässt sich sagen, dass seitens der Orthodoxie sämtliche Dogmen nicht anerkannt werden, die nach 1054 von Rom festgelegt wurden; dazu kommen Differenzen in der Deutung der Sakramente.

5.1.2 Gemeinsamkeiten und Unterschiede in Frömmigkeit, Kult und Architektur

Obwohl Ost- und Westkirche im Lauf ihrer Geschichte unterschiedliche Wege gehen, ist doch theologisch hier wie dort Gemeinsames bis heute wirksam – zumindest insoweit als die westliche Christenheit bei Rom verblieb und sich nicht einem nicht-bischöflich verfassten Christentum zuwandte: Der Bischof ist der höchste Repräsentant des Weihesakramentes und somit derjenige, dem es zukommt, die Eucharistie vor allen anderen Geistlichen zu vollziehen, während der Ortspriester nur dazu delegiert ist.[7] Auch das eucharistische Zeremoniell, das dem Bischof hier wie dort als erstem obliegt, ist in der „Messe" bzw. der „Heiligen Liturgie" strukturell das gleiche. Es findet sich schon bei dem Märtyrer Justin (gest. um 165) und besteht aus einem Wortteil (mit den biblischen Lesungen und einer Predigt) und dem eucharistischen Ritus – wohl auch mit den Worten Christi zum letzten Abendmahl – als Zentrum. In der westkirchlichen Fassung haben auch die späteren bischöflichen Reformationskirchen (z. T. auch nicht-bischöfliche) den Ritus übernommen.[8]

Hier wie dort bleibt das episkopale Ambiente von einem vor allem sakramentalen Verständnis der Gegenwart Gottes in der Welt bestimmt. Der bischöfliche Raum bleiben die Kathedrale und ihre Liturgien; und die Eucharistie ist für jeden Gottesdienst kanonisch. Kanonisch bleibt ebenso die quasi sakramentale Präsenz der Heiligen in Gestalt ihrer Reliquien. Hier wie dort bleiben als Grundtypen auch einer Kathedrale Basilika und Zentralbau. (Kombinationen der Typen sind möglich wie in der *Hagia Sophia* von Konstantinopel.[9]) Liturgisch besteht beidseitig eine prinzipielle Trennung des Baues in Chor- und Gemeinderaum, wobei der Chorraum mit Altar und *Kathedra* das Zentrum ist.

So evident indes die Gemeinsamkeiten zwischen Ost- und katholischer Westkirche bleiben, so wichtig sind für die Entwicklung des Dombaus die Unterschiede. Zunächst: Obwohl sich in der Tat im ostkirchlichen Raum auf den ersten Blick gegenüber der Westkirche eine gewisse – nicht zuletzt ethnische – Vielfalt zeigt, besteht im Detail gegenüber der Westkirche – ungeachtet auch hier vorhandener ethnischer Differenzierungen – in manchem eine größere Einheitlichkeit: Weniger ausgeprägt ist im Osten die Partizipation an den in der Antike vorgebildeten säkular-philosophischen und empirischen Diskursen – umso mehr als besonders der Osten seit dem 6. Jahrhundert in Konflikte mit dem Islam geriet und

---

[7] Onasch, *Liturgie*, zur Eucharistie, S. 109.
[8] S. Leonhard Fendt, *Einführung in die Liturgiewissenschaft* (Berlin: Alfred Töpelmann, 1958), S. 29 ff. Oeldemann, *Die Kirchen*, S. 138 ff.
[9] Volp, *Liturgik* I, S. 181 ff.; Onasch, *Liturgie*, S. 194–195.

große Teile dort unterlagen, während eben dieses Denken im Westen seit dem 5. Jahrhundert bereits sprachlich in die christlich-lateinische Kultur überging; denn schon auf diesem Wege erfolgte keine Partizipation auch der durch Byzanz seit dem Ende des 9. Jahrhunderts missionierten slawischen Gebiete an Kultur und Wissenschaft der Antike, da bereits liturgisch das Griechische – geschweige das Latein – nicht in den jetzt entstandenen neuen Kulturraum vermittelt wurde, erst recht nicht mit der vor- und außerchristlichen (poetischen, philosophischen) Literatur.[10] Demgemäß besteht die Theologie im Osten – als kognitive Durchdringung christlicher Weltsicht – mehr in der Bewahrung christlich-„orthodoxer" Positionen gegenüber weltlich-geschichtlicher Überfremdung.[11] Sie ist deutlicher an den Inhalten des christlichen Glaubens in seinen symbolisch-gewachsenen Gestalten interessiert als an deren jeweiliger Interpretation im Angesicht sich wandelnder historischer Kontexte. Analog dazu ist bis heute für die Orthodoxie das Ziel aller interkonfessionellen Gespräche vornehmlich eine Heimkehr anderer Konfessionen in die Ostkirche.[12] Anders liegen die Dinge im Westen, wo – wiederum von der Antike her – jene Zugangsweise zur christlichen Weltsicht unter dem Prinzip gültig geworden ist, das Erzbischof Anselm von Canterbury (um 1033–1109) im *Prooemium* seines *Proslogion* unter das Leitmotiv *Fides quaerens intellectum* gebracht hat und ohne welches das Denken in Gestalt der mittelalterlichen Scholastik nicht zu seiner Ausprägung gekommen wäre.[13] Mehr noch, ohne dieses Leitmotiv werden auch Theologie und Frömmigkeit derer nicht zu verstehen sein, die zu den späteren Fundamentalkritikern der Kathedrale gehören. Nun schloss diese kognitive Durchdringung der Welt im Westen eine symbolische Kontemplation ihres transzendenten Ursprungs und Kerns nirgends aus, allein schon aufgrund der gemeinsamen Herkunft von Ost und West: Dionysius Areopagita war ja Mystiker, und wenn bei der Genese der gotischen Dome Frankreichs mystische Gedanken eine Rolle spielen, dann u. a. durch ihn, wie denn für die Neuzeit sich die spirituelle Dimension christlicher Weltsicht in der Westkirche für den Dombau nicht verlieren wird. Andererseits gilt ebenso, dass im Westen der kognitive Diskurs nicht minder

---

10 Serge A. Zenkovsky (Hg.), Nachwort. Die Literatur des mittelalterlichen Russland, in: ders. (Hg.), *Aus dem Alten Russland. Epen, Chroniken und Geschichten* (München: Carl Hanser, 1968), S. 670–722, bes. S. 671–679.
11 Karmiris, Abriss der dogmatischen Lehre, u. a. S. 85 ff.
12 Vasilios -Ioannidis, Die Beziehungen der orthodoxen Ostkirche zu den andersgläubigen Kirchen, in: Bratsiotis, *Die orthodoxe Kirche* II (Stuttgart: Evangelisches Verlagswerk, 1960), S. 117–143, hier S. 143; Thomas Bremer, *Zwischen Kreuz und Kreml. Kleine Geschichte der orthodoxen Kirche in Russland* (Freiburg u. a.: Herder, 2007), S. 220 f.
13 *MPL* 158, Paris 1864, Sp. 223–242; s. a. Erwin Panofsky, *Gotische Architektur und Scholastik. Zur Analogie von Kunst, Philosophie und Theologie im Mittelalter* (engl. 1951, dtsch. Köln: DuMont, 1989), S. 9 ff., S. 22 ff. u. ö.

zur Symbol- und Theologie*kritik* geworden ist. Anfänge zeigen sich schon in der karolingischen Renaissance, z. B. bei Johannes Eriugena (gest. um 880), Lehrer an der Domschule in Laon und am Hof des westfränkischen Königs Karls des Kahlen (823–877, König 843), für seine Zeit nicht nur ein guter Kenner von Dionysius Areopagita, sondern auch spätantiker Philosophen.[14] Dazu gewinnt eine rational-empirische Weltsicht Boden, zumal mit den Anfängen naturwissenschaftlichen Denkens seit der Aristoteles-Rezeption vom 12. Jahrhundert an und aus arabischen Quellen, bald mit aufklärerischen Zügen,[15] auch im Schatten der Kathedralen: Wenn z. B. Berengar von Tours (gest. 1088) gegenüber dem „Realisten" Paschasius Radbertus (um 785–um 865) bestreitet, dass die eucharistischen Elemente nach der Wandlung Leib und Blut Christi sind, allenfalls metaphorisch, bedenke man, dass er auch Schüler von Bischof Fulbert (gest. 1028/1029) an dessen Domschule in Chartres war.[16] Man muss allerdings ergänzen: Viel Anklang hatte dieses Denken im Mittelalter noch nicht. 1215 wird auf dem IV. Laterankonzil durch Innozenz III. (1161–1216, Papst 1198) die Transsubstantiationslehre – d. h. die Lehre von der (substantiellen) Verwandlung der eucharistischen Elemente Brot und Wein in die Teilhabe am Leib und Blut Christi, während die Eigenschaften/Akzidenzen der Elemente (z. B. der Geschmack) bleiben – zum Dogma; und bei den Laien steigerte sich der eucharistische Realismus bis zum Mirakel.[17]

Freilich sind mit solchen Unterschieden in Frömmigkeit und Theologie unter dem Aspekt des christlichen Welt-„Verstehens" in der Tat Unterschiede in Ritual und Kathedralenbau verbunden. Obwohl die Westkirche aufgrund ihres römischen Bezugspunktes die lateinische Liturgie hütete, ließ sie früh landessprachige Volksgesänge zu.[18] Umgekehrt blieb im Osten die Liturgie stärker eine Klerusliturgie als im Westen, ohne jede Gemeindebeteiligung – wie denn zwar in Ost wie West ihre Struktur gleichermaßen kanonisiert ist, sich liturgische Reformen in der Westkirche aber häufiger ereignen als im Osten (wobei im Osten Änderungen anders als im Westen eher Ergänzungen sind als Kürzungen).[19] Und so wie der Osten insgesamt weniger geschichtliche Wandlungen akzeptiert als der Westen, so

---

14 Vgl. z. B. Philotheus Böhner/Étienne Gilson, *Christliche Philosophie von ihren Anfängen bis Nikolaus von Cues* (Paderborn: Schöningh, 1954³), S. 261–286; Flasch, *Das philosophische Denken*, S. 169–190.
15 Böhner/Gilson, *Christliche Philosophie*, S. 413 ff.; Flasch, *Das philosophische Denken*, S. 216–218; s. a. die Beiträge in K. Flasch/Udo Reinhold Jeck (Hgg.), *Das Licht der Vernunft. Die Anfänge der Aufklärung im Mittelalter*. München: C.H. Beck, 1997.
16 Kurt Flasch, *Das philosophische Denken*, S. 202 ff.
17 Browe, *Die Eucharistie*, S. 265 ff.
18 Gustav A. Krieg (Hg.), *Deutscher Kirchengesang der Neuzeit. Eine Gesangbuchanthologie* (Berlin: Verlag der Religionen/Suhrkamp, 2013), S. 596 f.
19 Oeldemann, *Die Kirchen*, S. 139.

wenig im Sakralbau: Zwar bleiben die Grundtypen Basilika und Zentralbau bis heute allerorts wirksam. Aber im Westen tritt eine oft große Differenzierung der Einzelformen und Stile ein. Und obwohl auch hier lange die Basilika dominiert, können in ein und derselben Epoche unterschiedliche Formen und Baustile nebeneinander treten. Im Osten herrscht eine viel stärkere Tendenz zum Zentralbau/Kuppelbau (vor allem in den slawischen Ländern auch Mehrkuppelbau), wobei die *Hagia Sophia* in Konstantinopel ein Bezugspunkt blieb, noch mehr zur Kreuzkuppelkirche,[20] wiederum nach Vorbildern aus Konstantinopel. Dabei kommt der Kuppel als Himmels-Symbol bereits vorchristlichen Transzendenzverstehens große Bedeutung zu, da sie – in der Regel über dem Unterbau des mit Fenstern versehenen Tambours – als zentrale Quelle nicht allein irdisches Licht spendet, sondern zugleich das göttliche Licht symbolisiert.[21] Aber während derlei Baumodelle im westkirchlichen Bereich seltener eine Rolle spielen, etwa in der Markuskirche in Venedig, in Donato Bramantes (1444–1514) Entwurf zur Peterskirche in Rom – der indes zu einer Basilika mit der Kuppel Michelangelo Buonarrotis (1475–1564) „vervollständigt" wurde –, bisweilen auch sonst in Italien, in einigen Kathedralen der französischen Romanik und im Historismus, herrscht für den Zentral- bzw. Kreuzkuppelbau im Osten Kontinuität, was den Basilikatypus nicht ausschließt.[22]

Sodann: Die erwähnte Trennung von Klerus und Laien ist in West und Ost nicht nur liturgisch, sondern auch architektonisch unterschiedlich gewichtet. Zwar existiert hier wie dort eine Schranke zwischen Laien und Klerus, aber im Westen nur als Lettner oder Chorschranke. Zusätzlich haben Lettner seit dem 17. Jahrhundert an liturgischer Bedeutung verloren, und Chorschranken sind im Katholizismus heute selten architektonisch hervorgehoben (was nicht ausschließt, dass in historischen Bauten – besonders in spanischen Kathedralen – z. T. aufwendige Abtrennungen des Klerikerchores/*Coro* mit dem Gestühl der Domherren vom Gemeindeteil/*Trascoro* erhalten sind, die aber visuell durchlässig bleiben). In der Orthodoxie dagegen wird die Sakralität des Klerikerbereiches durch die Ikonostas stärker betont, und beide Bereiche sind oft nicht wechselseitig einsehbar. Nicht überall ist in den Ostkirchen die Trennung jedoch gleich durchgeführt.[23]

---

20 Es sind Bauten mit dem Grundriss eines griechischen Kreuzes, in Osteuropa meist mit Tonnengewölbe, darüber mit unterschiedlich vielen Kuppeln; s. Koepf/Binding, *Bildwörterbuch*, S. 295–296.
21 Onasch, *Liturgie*, S. 233.
22 S. Georg A. Sotiriou, Die Kunst in der griechisch-orthodoxen Kirche, in: Bratsiotis (Hg.), *Die orthodoxe Kirche* II, S. 383–399.
23 So betrifft die Ikonostas als (hochgemauerte) „Bilderwand" vorrangig den byzantinisch-slawischen Raum. In den orientalischen Kirchen finden sich Alternativen: In der armenischen Kirche (oder in Indien) ein Vorhang, bei den Kopten ein Holzgitter. S. Oeldemann, *Die Kirchen*, S. 170.

Indes gehen die Unterschiede weiter, z. B. in der Frage von Seitenkapellen. Gemäß des wachsenden Interesses an Privatmessen in der Westkirche steigt hier spätestens seit dem Hochmittelalter ihre Zahl beträchtlich; das gilt bereits für reiche Bürgerkirchen, erst recht für repräsentative Kathedralen, doch im Osten weniger. Zwar finden sich auch hier in Kirchen unterschiedliche Altäre, aber Privatmessen sind nicht üblich.[24] Unterschiedlich sind auch die Ikonographie und die Stellung zu plastischen Darstellungen. Zwar bleibt ein gemeinsamer Bestand an Gestalten und Themen. In der Westkirche sind jedoch regionale Differenzierungen stärker, erst recht nach der Reformation. Zudem ist hier die Tendenz zu realistischen Darstellungen vorhanden, groß das Interesse an Plastik und Skulptur. Festgelegter sind die Bildprogramme der Ostkirchen. Ein Beispiel sind die Ikonostasen mit ihrer Sequenz biblischer Gestalten;[25] dazu sind die Gestalten stilisiert.[26] Auch die Raumgestaltung durch Mosaiken oder Ausmalung ist in Grenzen kanonisiert: So gehörte lange die Kuppel als Himmels-Symbol der Himmelfahrt Christi, später dem Pantokrator, die Apsis der Gottesmutter.[27] Wenig verbreitet sind Plastik und Skulptur, da das Erschaffen dreidimensionaler Gestalten nur Gott gebühre.[28]

5.2 Die Westkirche

5.2.1 Von der Antike bis zur romanischen Kathedrale

5.2.1.1 Bis zum Reich Karl d.Gr. und seinen frühen Nachbarstaaten

Die Anfänge in Rom und Umgebung
Es wurde vermerkt: Die Geschichte der Kathedrale als eines offiziell anerkannten – und im öffentlichen Raum wahrnehmbaren – Kultbaues im Römischen Reich ist untrennbar mit Konstantin I. verbunden: Die Dinge kamen 311 in Bewegung, als er – bislang Kaiser und irdischer Repräsentant des Reichsgottes *Sol invictus* zugleich – ein Toleranzedikt veröffentlichen ließ und das Christentum zur zugelassenen Reli-

---

24 Trembelas, Der orthodoxe christliche Gottesdienst, S. 166.
25 S. Hans Georg Thümmel, *Ikonologie der christlichen Kunst*, Bd. IV. Ostkirche (Paderborn: Schöningh, 2022), S. 131–145; Hamel, *Russland. Von der Wolga bis zur Newa: Moskau und Goldener Ring, St. Petersburg und Karelien, Nowgorod, Pskow und Kasan* (Köln: DuMont, 2002²), S. 43–48; Onasch, *Liturgie*, S. 56–59.
26 Onasch, *Liturgie*, S. 167–169; Sotiriou, Die Kunst, S. 179–181; Thümmel, *Ikonologie*, Bd. IV, S. 13 ff.
27 Onasch, *Liturgie*, S. 233.
28 Onasch, *Liturgie*, S. 308 f.

gion machte. Nach Antritt seiner Alleinherrschaft 313 bestätigte er das Edikt. Bald selbst vom Christentum berührt, entsagte er der Macht, den *Sol invictus* zu symbolisieren, übergab sie dem *Kyrios Christos* und verwandelte das Fest des *Sol invictus* am 25. Dezember in das der Geburt Christi, des im Alten Testament verheißenen Messias als „Sonne der Gerechtigkeit" (Mal 3,20). Umgekehrt erklärte er sich zum irdischen Beschützer des Christentums, und Kathedralen entstanden ab ca. 320.[29]

Die Entwicklung bedeutet nicht, dass die royale Ermöglichung des Dombaus auf einen Schlag eine neue Kulturepoche schuf: Bischöfe in apostolischer Sukzession gab es längst;[30] auch der christliche Kultraum und die Liturgie hatten schon Konturen, wenngleich bis 313 großes Zeremoniell oder royales Flair noch fehlten. Wie die frühen Christen Sakralbauten noch wenig abgewannen (außer sie galten als Metapher des kollektiven Christseins wie der Tempel in Jerusalem wie bei Paulus),[31] gab es spezifische Kirchweihzeremonien erst seit dem 4. Jahrhundert; und selbst Dome waren zunächst Hauskirchen. So begann die Geschichte der frühen Dome in Aquileia – lange vor 313 ein Bistum und später bis 1751 sogar Patriarchat – seit ca. 290 mit einem christlichen Privathaus, das bis ca. 307 zu einer Aula, 37 m × 17 m groß, erweitert wurde.[32] Umgekehrt ging besonders in Italien nach Erlangung der Religionsfreiheit die Umnutzung römischer Tempel als (noch heute existierender) Kathedralen vonstatten. Genannt sei Pozzuoli, schon Apg 28,13–14 erwähnt und früh Bistum: Hier wurde der Augustustempel im 5. Jahrhundert zum Dom *San Procolo*, zwar zwischen 1631 und 1650 barockisiert, aber nach dem Brand 1964 seit 2009 so umgestaltet, dass der Tempel neu zur Geltung kommt. Bekannter ist in Siracusa der Umbau des Athenatempels zum Mariendom. Hier sind die Umbau-Stadien noch erkennbar.[33] Doch so wenig zwischen der Zeit vor 311/313 und der Zeit danach von einem totalen Bruch zu reden ist, so wenig entstand eine scharfe, gar ästhetisch exakt wahrnehmbare Grenze im konstantinischen Reich zwischen Westen und Osten (und es würde sie nie geben): Das oberitalienische Ravenna war zeitweise nicht nur weströmische Hauptstadt, sondern auch oströmische Enklave, ja ein Zentrum östlich inspirierter Baukunst,

---

29 Peter Kawerau, *Geschichte der Alten Kirche* (Marburg: N.G. Elwert, 1967), S. 89 ff.; Thümmel, *Ikonologie*, Bd. I. *Alte Kirche* (Paderborn: Schöningh, 2019), S. 7–18.
30 Für Jerusalem s. z. B. Friedrich Heyer, *Kirchengeschichte des Heiligen Landes* (Stuttgart u. a.: Kohlhammer, 1984), S. 17.
31 Historisches bei Jäggi, Architektur und Sakralität, S. 23 (Lit.).
32 S. Erich Egg, Erich Hubala u. a., *Südtirol. Trentino. Venezia Giulia. Friaul. Veneto. Baudenkmäler und Museen.* Reclams Kunstführer Italien, Bd. II/2 (Stuttgart: Reclam, 1965), S. 22–35.
33 Zu Pozzuoli s. Zarbo, *Dal paganesimo al Cristianesimo*, S. 46–49; Alessandro Pergoli Campanelli, Il restauro del Tempio-Duomo di Pozzuoli, in: *L'Architetto italiano* VI/35–36 (2010), S. 8–13; zu Siracusa s. Zarbo, *Dal paganesimo al Cristianesimo*, S. 59 ff.

wo so unterschiedliche Kirchen wie die episkopale *Basilica Ursiana* aus dem frühen 5. Jahrhundert (heute ein Neubau) und der etwas spätere byzantinische Zentralbau von *San Vitale* nebeneinander existierten.[34] Ähnlich werden sich die Grenzen zwischen Ost- und Westrom z. B. in Süditalien, auf Sizilien und auf dem Balkan (hier bis heute) überschneiden. Konstantin I. selbst schuf aber bereits die Fundamente für neue Entwicklungen: 330 verlegte er seine Residenz an den Bosporus, baute die Stadt Byzantion aus, nannte sie Nova Roma, und nach seinem Tod 337 wurde sie Constantinopolis.

Jedoch ist zunächst weiter von der alten Hauptstadt des Römischen Reiches und ihrem Umfeld zu reden, da hier für die christliche Sakralarchitektur Maßstäbe gesetzt wurden und den Dombau besonders. Zunächst: So mühsam die Anfänge des Christentums gewesen sein mögen – für die Geschichte der Kathedrale standen am Anfang sogleich auch imperiale Großbauten und Monumentalbauten. Dabei indiziert ihr Ursprung keineswegs sofort Machtansprüche gegen andere Religionen, etwa gegen die Staatstempel des vergehenden „heidnischen" Römischen Reiches, sondern liegt in frühen christlichen Traditionen. Am bedeutendsten ist *San Pietro* in Rom über den Gräbern der Apostel Petrus und Paulus, zwar keine Kathedrale, aber die repräsentativste Kirche des Bischofs von Rom, lange die größte katholische Kirche überhaupt und bekannter als die Kathedrale *San Giovanni in Laterano*.

Allerdings ist auch *San Giovanni in Laterano* (übrigens lange ebenso als Erlöserkirche bezeichnet) ein Referenzbau: Es ist die Palastkirche Konstantins in Rom (wie später in Konstantinopel die *Hagia Sophia* bei seinen Nachfolgern); das Grundstück gehörte dem Kaiserhaus und wurde 313 dem römischen Bischof/Papst Militiades (im Amt 311–314) übereignet, dazu mit einem der ältesten Baptisterien der Christenheit.[35] Die vielleicht schon kurz vor 320 vollendete, 5schiffige Kirche hat mit ca. 100 m Länge und 40 m Breite eine oft angestrebte Größe für westkirchliche Dome, die nur von Monumentalbauten überschritten wird (während andere Dome nur Pfarrkirchenformat haben).[36] Auch von ihrer Basilika-Gestalt her lässt sie sich als Archetyp dessen verstehen, was im Westen lange als Kathedrale galt: Sie besteht aus einem Langhaus mit Flachdecke; ihm schließt sich ein Querhaus an, an dessen Rückwand in der Mitte eine halbrunde Apsis mit dem Königsthron

---

34 Georg Kauffmann, *Emilia-Romagna. Marken. Umbrien.* Reclams Kunstführer Italien, Bd. IV (Stuttgart: Reclam, 1971), S. 503 ff.
35 Anton Henze u. a., *Rom und Latium.* Reclams Kunstführer Italien, Bd. V (Stuttgart: Reclam, 1981⁴), S. 176.
36 S. a. Claussen, *San Giovanni in Laterano*, S. 25 ff.; „Groß" heißen im Folgenden ca. 80–100 m lange Dome, „monumental" ca. 100–180 m lange, „pfarrkirchengroß" 50–80 m lange. Viele sind noch kleiner.

des Bischofs im Scheitel, davor der Altar mit dem Ziborium für den Königsthron Christi. In seiner oktogonalen Gestalt ein Prototyp wurde auch das Baptisterium. Freilich, optisch zu vermitteln ist für die Kirchen des hier behandelten Zeitraums nur noch wenig, da sie in der heutigen Gestalt meist jünger sind, auch *San Giovanni in Laterano*. Doch die Bauten, die noch (oder wieder) in der Nähe ihres Originalzustands stehen, blieben bedeutsam, so auf der Grenze zwischen Rom und Byzanz – der Dom im kroatischen Poreč[37] und – zeitweilig Kathedrale des Bischofs von Aquileia – der Dom in Grado (Abb. 3).[38]

Abb. 3: Grado. Der römisch-katholische Dom war zwar zeitweise ebenfalls eine (weströmische) Patriarchalkirche, aber nie vom Ansehen der *Hagia Sophia;* jedoch vermittelt er nach der Beseitigung späterer Umbauten wieder das Raumgefühl seiner Entstehungszeit.

Gallien, die iberische Halbinsel und frühe Grenzüberschreitungen
Doch entstehen immer mehr Landschaften, wo die Voraussetzungen für Dombauten erfüllt sind, d. h. vornehmlich: urbane Zentren, umfriedet, mit administrativen Einrichtungen (es sei denn, es werden herausragende Klöster zum Bischofssitz, was aber nicht häufig geschah). Oft sind schon die ersten Missionare Bischöfe. Gallien ist zeitgleich mit Norditalien erreicht: Ende des 2. Jahrhunderts wirkt in Lyon schon der als Theologe bekannte Bischof Irenäus (hingerichtet 202); Arles, lange herausragendes Zentrum, hat mit dem hl. Bischof Trophimus 250, zeitgleich Paris mit Dionysius. Bald ist Gallien reich an Bischofsstädten, auch die iberische Halbinsel. Bald – für größere, in sich geschlossene Gebiete – werden Diözesen zu Kirchenprovinzen mit Erzbistümern zusammengefasst. Nicht alle bischöflichen Zentren haben jedoch ihre Bedeutung behalten (die Diözese Arles ging in der französischen Revolution unter), andere blieben bedeutsam, in Gallien etwa Reims unter Remigius, in Spanien Santiago, mit den Reliquien des hl. Jakobus d. Ä., Toledo oder Sevilla. Früh entstehen in den östlichen Grenzregionen des Reiches Zentren, auch

---

37 Ausführlich Ivan Matejčić, *Euphrasiana Cathedral in Poreč*, Pula: Euphrasiana, 2014.
38 Egg, Hubala u. a., *Südtirol* u. a., S. 218–225.

jenseits der Grenzen: In Trier entsteht mit *St. Peter* um 320 eine erste Bischofskirche; ab 380 ein Großbau, zumal die Stadt zeitweise Hauptstadt des Reiches war.[39] Köln folgt mit einer gewichtigen Basilika und Baptisterium.[40] Zeitgleich sind die Britischen Inseln im Blick, also Regionen, die allenfalls peripher zum Römischen Reich gehörten: Bereits gegen 445 gründet der hl. Patrick im irischen Armagh Kloster und Kathedrale,[41] aber oft ist der Anfang bescheiden: 597 wird im römisch-angelsächsischen Canterbury die Kathedralabtei von *Christ Church* unter dem hl. Bischof Augustinus (gest. 604/605) gegründet und für das spätere Zentrum des globalen Anglikanismus ein episkopaler Kleinbau entsteht, 32 m × 22 m groß.[42] London folgt 604 mit dem hl. Mellitus (gest. 624), York nach 625 unter dem hl. Paulinus (gest. 644), auch hier existiert bereits 629 eine Kathedrale.[43] Zeitgleich entsteht in Schottland Glasgow, eine Gründung von *Saint Mungo* (gest. 603), noch heute mit seinem Grab im Dom;[44] der Dom in Saint Andrews (heute Ruine) ist schon ab 908 erzbischöflich.[45] Marginal blieb Wales, auch lange nach der Reformation ohne eigenen Erzbischof.

5.2.1.2 Neue Reiche

Das Reich Karls d. Gr.
Ebenso wichtig wie die Expansion und bischöfliche Organisation des Christentums im westlichen Europa ist, dass diesseits des verfallenen Römischen Reiches und zeitgleich mit der sich entfaltenden kirchlich-hierarchischen Struktur sich größere weltliche Herrschaftsgebiete entwickelten: So kristallisierte sich vornehmlich diesseits der Alpen – d. h. in West und Mitteleuropa, aber auch in Oberitalien – jenes Staatsgebiet heraus, das sodann Karl der Große (gest. 814) repräsentieren wird:[46] Schon sein Vater Pippin III. (714–764) war fränkischer König. In der erwähnten Ab-

---

39 Freigang, *Meisterwerke des Kirchenbaus* (Stuttgart: Reclam, 2009), S. 77.
40 A. Henze u. a. (Hgg.), *Nordrhein-Westfalen*. Reclams Kunstführer Deutschland, Bd. III (Stuttgart: Reclam, 1982), S. 306 ff.; Klaus Gereon Beuckers, *Der Kölner Dom* (Darmstadt: Wissenschaftliche Buchgesellschaft, 2004), S. 9–13.
41 Peter Galloway, *The Cathedrals of Ireland* (Belfast: The Institute of Irish Studies, 1992), S. 13.
42 Freigang, *Meisterwerke*, S. 123; Kevin Blockley, *The Saxon Churches of Canterbury Archaeologically Reconsidered*. Magisterarbeit an der Universität Durham 2000, S. 28–40.
43 Zur frühen Missionierung Englands s. G.H. Cook, *The English Cathedral*, S. 43–53.
44 Ian Gordon Lindsay, *The Cathedrals of Scotland* (London-Edinburgh: W. & R. Chambers, 1926), S. 145 ff.
45 Zur frühen Geschichte Lindsay, *The Cathedrals of Scotland*, S. 206 ff.
46 Historisches bei Thümmel, *Ikonologie*, Bd. II. *Bildkunst des Mittelalters* (Paderborn: Schöningh, 2020), S. 3 ff.

teikirche von Saint-Denis war er gesalbt worden, hier wurde er bestattet. Ein Schutzherr der noch lange einheitlichen römischen Reichskirche war schon er längst, zumal seit 711 sich im südspanischen Andalusien die muslimischen Mauren festsetzten[47] und auch Gallien bedrohten; und Pippins Sohn Karl war nicht nur sein Nachfolger, sondern ab 800 auch Kaiser, gekrönt durch den Bischof von Rom; und dieses Fränkische Reich – nach 843 in mehrere Reiche geteilt, von denen West- und Ostfranken überdauerten – wird in Gestalt des Ostreiches seit seinen ottonischen Herrschern das Kerngebiet des später *Heiligen* Römischen Reiches bilden. Doch fühlte sich bereits Karl d.Gr. als Erbe Konstantins I.; und weiter brauchte die Kirche Schutz: An den südöstlichen Reichsgrenzen forderten die heidnischen Magyaren Landbesitz, wurden aber 955 besiegt. Von Andalusien her blieben die westfränkischen Regionen gefährdet.

Recht produktiv blieben die Beziehungen zu Ostrom, auch architektonisch: So ist Karls geistliches Zentrum, die 805 durch Papst Leo III. (um 750–816, Papst 795) geweihte Pfalzkapelle in Aachen (Abb. 4)[48] lange Krönungskirche für seine Nachfolger, wenngleich erst seit 1930 Kathedrale – u. a. entsprechend den Vorstellungen des Kaisers nach dem Vorbild von *San Vitale* in Ravenna erbaut; und Ravenna war nicht nur zeitweilig ein oströmisches Zentrum, vielmehr hatte auch Pippin d.J., der Vater Karls d.Gr., dort sein Amt ausgeübt. Dazu wirkte in *San Vitale* architektonisch noch die *Hagia Sophia* in Konstantinopel nach, ja die Rotunde des hl. Grabes in Jerusalem.[49] Ebenfalls royal ist der Aachener Bau in seiner Ausstattung: Abgesehen von der noch bestehenden Präsenz des sakralen Kaisers durch seinen Thron könnte hier erstmals die liturgische Nutzung einer Orgel geschehen sein,[50] eines Geschenks des oströmischen Kaisers, in Byzanz bereits für imperiale Riten genutzt und heute Standardinstrument der westkirchlichen Liturgie.[51] Aber auch die regionale Architekturgeschichte ging ihren Weg, hin zu den westeuropäischen Baustilen – wie denn die Romanik noch etliches Gemeinsame mit der altchristlichen Architektur hat. Und obwohl wieder nur wenige Bauten der Zeit überlebt haben – oder nur partiell wie in Ostfranken die Stiftskirche (heute Kathedrale) in Essen und der Dom in Minden – sind sie z. T. rekonstruier-

---

47 Nikolas Jaspert, *Die Reconquista. Christen und Muslime auf der Iberischen Halbinsel 711–1492* (München: C.H. Beck, 2019), S. 7 ff.
48 Zu den Daten Bandmann, *Mittelalterliche Architektur*, S. 106, und Freigang, *Meisterwerke*, S. 51.
49 Bandmann, *Mittelalterliche Architektur*, S. 200 ff.; Duby, *Die Zeit der Kathedralen*, S. 47 f.
50 Dietrich Schuberth, *Kaiserliche Liturgie. Die Einbeziehung von Musikinstrumenten, insbesondere der Orgel, in den frühmittelalterlichen Gottesdienst* (Göttingen: Vandenhoeck & Ruprecht, 1968), S. 114 ff.
51 Lt. Schuberth (*Kaiserliche Liturgie*, S. 86 ff.) ist auch eine liturgische Nutzung vorstellbar.

Abb. 4: Aachen. Römisch-katholischer Dom. Das Oktogon Karls d. Gr. ist heute nur ein Teil des heutigen Domes (die Haube zudem eine barocke Ergänzung). Es zeigt aber, wie eng die Sakralarchitektur in Ost und West am Beginn des 9. Jahrhunderts noch beieinander ist.

bar.[52] Dabei wiederum zeigt sich, wie mühsam die christliche Erschließung Europas war, wenn man sich aus den Kerngebieten des antiken Römischen Reiches herauswagte: Ins Auge fällt bei neuen Leitbauten des Himmlischen Jerusalem häufig die Symbolik der *ecclesia militans*. Oft sind sie wehrhaft, bisweilen turmreich wie Burgen und Stadtbefestigungen, in Ostfranken regional mit Fassaden in Gestalt schutzbringender ‚Westwerke',[53] vielerorts selbst in einem Burgbezirk stehend.[54] Und wenn sie sich als *ecclesia triumphans* zeigen, dann durch ihre Innenräume.[55] Das heißt nicht, dass nicht seit dem Karolingerreich auch die Zahl bischöflicher Großbauten wächst. Vielleicht wurde in jener Zeit in Köln schon der Bau anvisiert, welcher als Hildebold-Dom bekannt blieb (nach dem Hofkaplan Karls d.Gr. und Erzbischof in Köln nach 782, gest. 818), aber erst 870 geweiht, 96 m lang, mit 2 Querschiffen und doppelchörig – auch als Zeichen für die wach-

---

52 Ein Überblick Lützeler, *Vom Sinn der Bauformen*, S. 49 ff. Zu Essen und Minden s. Henze (Hg.), *Nordrhein-Westfalen*, S. 198 ff. und S. 515 ff.
53 Für Minden s. Abb. 10.
54 Beispiele Ohler, *Die Kathedrale*, S. 110.
55 Bandmann, *Mittelalterliche Architektur*, S. 112.

sende Zahl der Altäre in den Kirchen.[56] Für das religiöse Leben der Region war er wichtig: Vor Erwerb der Reliquien der Hl. Drei Könige wurden hier Petrusreliquien und das Haupt des hl. Sylvester verehrt.[57] Jedoch ist jede Datierung der Kirche spekulativ, und die Quellen legen nahe, dass sie erst aus ottonischer Zeit stammt.[58]

Westfranken, Ostfranken und seine Nachbarn
Doch war das von Karl d.Gr. 800 gegründete Reich als politische Einheit ohnehin kurzlebig. So wurde das seit 843 entstehende Westfranken lange durch regionale Potentaten dominiert und trat bedeutungsmäßig zurück. Anders lagen die Dinge im Ostteil, wo sich seit Otto I. – 962 in Rom zum Kaiser gekrönt – das Heilige Römische Reich etablierte, und dieses war unter den ottonischen und salischen Kaisern politisch stabil, außerdem architektonisch bis in die Zeit der Staufer immer bedeutsamer. Und wie Karl d.Gr. unternommen hatte, den christlichen Kulturraum auszuweiten, geschah dies durch seine Nachfolger: Weiter ging der Weg in den Osten, bereits unter Ludwig dem Frommen, Sohn Karls d.Gr. (778–840, Kaiser 813), ab 815 bis nach Hildesheim, wo später ein ottonischer Dom entstand;[59] nach 900 ist Halberstadt als Bischofssitz nachgewiesen, und unter Otto I. wurde 955 in Magdeburg ein erster Dom begonnen und ein anderer 992 in Halberstadt geweiht.[60] Doch wieder weiß man wenig über die Kirchen. Auch in slawischen Landen fasste das lateinische Christentum Fuß, noch mit Bindung an das Heilige Römische Reich. In den 830er Jahren baute im böhmischen Prag Fürst Wenzel (907–ca. 935) als Rotunde eine erste Kirche des hl. Vitus (um 300), später mit dem Patrozinium ihres heiliggesprochenen Bauherrn und seinem Grab, dazu mit dem

---

56 Schmitt, *Der Kirchweihritus*, S. 189 ff; Justin E.A. Kroesen, Seitenaltäre in mittelalterlichen Kirchen. Standort – Raum – Liturgie (Regensburg: Schnell und Steiner, 2010), bes. S. 7–24. Nach Alkuin (gest. 804), Berater Karls d.Gr., hatte der Dom in York bereits 30 Altäre, s. Angenendt, *Offertorium*, S. 60; S. 132; Koepf/Binding, *Bildwörterbuch*, S. 135, zu doppelchörigen Anlagen; zum Hildebold-Dom s. Matthias Untermann, Zur Kölner Domweihe von 870, in: *Rheinische Vierteljahresblätter* 47 (1983), S. 335–342; Beuckers, *Der Kölner Dom*, S. 22 ff.
57 Beuckers, *Der Kölner Dom*, S. 25.
58 Ein Quellenüberblick bei Beuckers, *Der Kölner Dom*, S. 17–18.
59 Heinz R. Rosemann, *Niedersachsen. Hansestädte. Schleswig-Holstein.* Reclams Kunstführer Deutschland, Bd. V (Stuttgart: Reclam, 1971), S. 309.
60 Rainer Kuhn, Sakrale Architektur und imperiale Repräsentation im ottonischen Magdeburg, in: Joachim Zeune/Hartmut Hofrichter (Hgg.), *Burg und Kirche. Herrschaftsbau im Spannungsfeld zwischen Politik und Religion. Kolloquium des Wissenschaftlichen Beirats der Deutschen Burgenvereinigung Würzburg 2011* (Braubach: Deutsche Burgenvereinigung, 2013), S. 114–122; Johanna H. Flemming/Edgar Lehmann/Ernst Schubert, *Dom und Domschatz zu Halberstadt* (Leipzig: Koehler & Amelang, 1990²), S. 10.

Patrozinium des hl. Adalbert von Böhmen (ca. 956–997), zeitweise eines Bischofs der Stadt.[61] Aber obwohl die Spuren auch dieses Gebäudes heute schwach sind, fanden hier erste slawische Identitätsstiftungen statt: Die Kirche, Kathedrale seit 973, wurde bald Wallfahrtsort für seinen Erbauer. Mit dem romanischen Nachfolgebau stieg noch die Bedeutung des Heiligtums, einer doppelchörigen Kathedrale wie in der Erzdiözese Mainz, zu der Prag noch gehörte. Sein späterer Neubau vergrößerte Alberts Ansehen bei den Slawen weiter, auch als Krönungskirche für Böhmen.[62] In Polen folgte nach 968 als weiteres religiös-nationales Zentrum Gnesen, dessen frühe Bischofskirche zwar ebenfalls verloren ist,[63] das aber eine weitere Wallfahrtsstätte wurde für den hl. Adalbert, zumal er im späteren Ostpreußen als Märtyrer starb.[64] Seit 1000 war Krakau Bischofssitz, und schon seine frühen Dome machten die Stadt durch die Reliquien von Bischof Stanislaus (gest. 1079) zu einem neuen Wallfahrtsfahrtsort Polens.[65] Ungefähr ein Jahrhundert später kommt das Christentum zu den sich bildenden Königreichen Skandinaviens. Gewichtige Zentren folgten im lange dänischen Lund, im schwedischen Uppsala und norwegischen Trondheim; auch hier ist aus der Frühzeit nur wenig erhalten, abgesehen vom Torso der Kathedrale in Gamla Uppsala (Abb. 5), vor ca. 1070 noch eine pagane Kultstätte.[66] Im Südosten traten die Magyaren dazu, christianisiert unter dem hl. Stefan I. (gest. 1031).[67] Früh folgten Dome, so 1001–1010 im ungarischen Gran (Esztergom), vielleicht dem Taufort von Stefan I. Er wurde später Krönungskirche.[68] Andere Dome entstanden im siebenbürgischen Alba Julia (Karlsburg)[69] oder im

---

61 Milena Bartlová, Der Prager Veitsdom, in: Joachim Bahlcke/Stefan Rohdewald/Thomas Wünsch (Hgg.), *Religiöse Erinnerungsorte in Ostmitteleuropa. Konstitution und Konkurrenz im nationen- und epochenübergreifenden Zugriff* (Berlin: Akademieverlag, 2013), S. 251–259.
62 Bartlová, Der Prager Veitsdom, S. 253 ff.
63 Serguei K. Dmitriev/Joachim Hertlein/Marianne Mehling: *Knaurs Kulturführer in Farbe. Polen*, hg. von M. Mehling (München: Droemer Knaur, 1995), S. 53 ff.
64 Eligiusz Janus, Adalbert, in: Bahlcke u. a. (Hgg.), *Religiöse Erinnerungsorte*, S. 512–523.
65 Zur Frühzeit Dmitriev u. a., *Polen*, S. 89; s. a. Wojciech Bałus, Der Wawel – Dom und Königsgräber, in: Bahlcke u. a. (Hgg.), *Religiöse Erinnerungsorte*, S. 271–278.
66 Rudolf Zeitler, *Schweden. Kunstdenkmäler und Museen.* Reclams Kunstführer (Stuttgart: Reclam, 1985), S. 592–593.
67 Zoltán Magyar, Der heilige Stephan, König von Ungarn, in: Bahlcke u. a. (Hgg.), *Religiöse Erinnerungsorte*, S. 534–543.
68 Dániel Bagi, Gran – Erzbistum und Dom, in: Bahlcke u. a. (Hgg.), *Religiöse Erinnerungsorte*, S. 33–36.
69 Florian Kühler-Wielach, Alba Julia, in: Bahlcke u. a. (Hgg.), *Religiöse Erinnerungsorte*, S. 13–19.
70 Danko Šourek, Arpadian Royal Cult in Zagreb Cathedral: From Gothic to Baroque, in: *Radovi Instituta za povijest unjetnosti*. Verhandlungen des Kunstgeschichtlichen Instituts Nr. 5 (2014), S. 47–58.

kroatischen Zagreb (Agram),⁷⁰ in ihrem z. noch nichtchristlichen Umfeld oft wehrhaft.⁷¹ Aber etliche erlagen 1240/1241 den Mongolen oder seit der Schlacht von Mohács 1526 den Osmanen, und diese machten Kirchen zu Moscheen.⁷²

Abb. 5: Gamla Uppsala. Erste Kathedrale des alten, seit der Reformation lutherischen Erzbistums Uppsala, heute Pfarrkirche. Der Bau ist nur torsohaft erhalten.

5.2.1.3 Architektonische Paradigmen zwischen der Karolingerzeit und dem Ende der Romanik

Dombauten am Rande der Kirchen- und Architekturgeschichte
Schon nach dem zuletzt Gesagten – und bis zur Entstehung der Gotik in Frankreich – muss man sich jedoch freimachen von einem allzu emphatischen Begriff der Kathedrale, und zwar für das ganze lateinische Europa. Zwar waren bereits die römischen Basiliken monumental – aber die Verbreitung des Christentums war kein Triumphzug von Prestigebauten, wie schon der erste Dom zu Canterbury zeigte. Da Bischofskirchen primär städtische Gebäude waren, war das Geschick von Diözesen an die Stadtentwicklung gebunden, und nicht jede Stadt hatte eine Erfolgsgeschichte. So sind die „suburbikarischen" Diözesen Italiens – gegründet im 3.–6. Jahrhundert zur Unterstützung des Bischofs der *Urbs Roma* – ehrwürdig, aber historisch unbedeutend, und ihre heutigen Dome sind zwar geschichtsträch-

---

71 István Feld, Die bischöflichen Residenzen Ungarns im Spätmittelalter, in: Zeune/Hofrichter (Hgg.), *Burg und Kirche*, S. 179–187.
72 Historisches Dezsö Dercsényi/Balasz Dercsényi, *Kunstführer durch Ungarn* (Budapest: Corvina, 1974), S. 5 ff.

tig, doch z. T. so bescheiden wie die Renaissance-Kirche *Sant'Aurea* in Ostia;[73] anderswo steht ein unauffälliger Bau des 20. Jahrhunderts,[74] mitunter selbst für alte Erzdiözesen.[75] Umgekehrt bleiben ästhetisch beachtliche Dome fast unbemerkt wie derjenige im sardinischen Städtchen (und später aufgegebenen Bischofssitz) Tratalías.[76] Marginal sind in Irland die auf das 6. Jahrhundert zurückgehende Kathedrale von Clonmacnoise, heute Ruine, 18.8 m × 8.5 m groß,[77] und im seit dem 10. Jahrhundert besiedelten Island der Dom zu Hólar, auch heute nur 20 m × 9 m groß.[78] Die

Abb. 6: Kirkjubøur. Relikte des Magnusdoms. Warum diese erste Bischofskirche der Färöer Inseln unvollendet blieb, ist unklar. Vielleicht erhob der Bauherr Bischof Erlendur eine zu hohe Bauabgabe und es gab Unruhen.

---

73 Claudio Rendina, *Le Chiese di Roma. Storie, leggende e curiosità degli edifici sacri della Città Eterna, dai templi pagani alle grandi basiliche, dai conventi ai luoghi di culto in periferia* (Rom: Newton Compton Editori, 2007), S. 41.
74 Zum Dom der Diözese Porto-Santa Rufina in La Storta s. u. S. 265, Anm. 48.
75 Zum Beispiel in Conza della Campania, s. u. S. 265, Anm. 52.
76 Roberto Coroneo, *Chiese Romaniche della Sardegna. Itinerari turistici-culturali* (Cagliari: Edizione AV, 2005), S. 58–59 und S. 104.
77 Galloway, *The Cathedrals of Ireland,* S. 48–51.
78 John C.F. Hood, *Icelandic Church Saga,* Bd. I–II. Dissertation an der Universität Durham 1943 (masch.), Bd. II, S. 250 ff.; Gunnar Kristjánsson, *Churches of Iceland. Religious Art and Architecture* (Reykjavík: Iceland Review, 1988), S. 46–48.

Dome im färingischen Kirkjubøur (Abb. 6) (26.5 m × 10.75 m)[79] und in Garðar auf Grönland (21 m x 9 m)[80] blieben schon im Mittelalter nichts als Baustellen.

Oberitalien
Dennoch entstehen rasch nach dem Tode Karls d.Gr. auch außerhalb des Zentrums Rom in der Westkirche Großbauten, nämlich in dem Maße, in dem sich größere Herrschaftszentren entwickelten, so dass bis zum 10./11. Jahrhundert schon eine recht umfassende westkirchliche Erschließung Europas vorliegt. Dabei sind jedoch lange Zeit diese Zentren noch sehr unterschiedlich strukturiert – entsprechend den politischen Hierarchien zwischen „Kaiser", „König", „Herzog", Stadtrepublik mit adeliger Oberschicht –, und wenn sich in den Kirchen aus der altkirchlichen sakralen Baukunst die Architektur herausbildet, die als Romanik gilt und als der erste gemeinsame Stil des lateinischen Europas, bleibt diese Romanik bunt, z. T. nahe am frühen Christentum, aber mit vielen individuellen Varianten. Und solche Differenzierungen sind wichtig, denn nicht nur wurden manche der Bauten für ihre Epoche Leitbilder, sondern auch für spätere Zeiten und außereuropäische Regionen, denen sich das westkirchliche Europa aufprägte (besonders wenn die Architekturmodelle national bedingt waren). Dabei sei der historische Ausgangspunkt zunächst weiterhin das alte Reich Karls d. Gr., und zwar Oberitalien: Schon aufgrund dessen unmittelbarer geographischer Eingebundenheit in das nun christliche Römische Reich stand man auch in der Romanik dessen Stilprinzipien besonders nahe (sieht man u. a. von der byzantinisch inspirierten venezianischen Markuskirche ab,[81] doch war sie bis 1807 keine Bischofskirche!), auch bei Basiliken bzw. Zentralbauten: Die Türme sind wie zuvor häufig freistehende *Campanili*, seit dem 6. Jahrhundert in Italien gängig,[82] die Innenräume wie schon in den altchristlichen Basiliken mit Flachdecke oder offenem Dachstuhl versehen, im frühen 11. Jahrhundert etwa *Sa Maria Assunta* in Torcello.[83] Und obwohl später solche Kirchen gerne modernisiert wurden, z. B.

---

79 Símun V. Arge, Christianity, churches and medieval Kirjubøur – contacts and influences in the Faroe Islands, in: Mette Svart Kristiansen/Else Roesdal/James A. Graham-Campbell (Hgg.), *Medieval Archaeology in Scandinavia and Beyond. History, Trend and Tomorrow: proceedings of conference to celebrate 40 years of medieval archaeology at Aarhus University, 26–27 october 2011* (Aarhus: Aarhus University Press, 2015), S. 235–256; die Maße S. 249.
80 Laurence M. Larson, The Church in North America (Greenland) in the Middle Ages, in: *The Catholic Historical Review* 5/2-3 (1919), S. 175–194. Die Maße S. 179.
81 Details Erich Hubala, *Venedig. Brenta-Villen. Chioggia. Murano. Torcello.* Reclams Kunstführer Italien, Bd. II/1 (Stuttgart: Reclam 1974), S. 88 ff.; Thümmel, *Ikonologie*, Bd. IV, S. 192 ff.
82 Koepf/Binding, *Bildwörterbuch*, S. 261 zum Kampanile.
83 Hubala, *Venedig. Brenta-Villen. Chioggia. Murano. Torcello*, S. 435–440.

durch Einwölbungen wie in Modena,[84] fehlen Bauelemente von diesseits der Alpen wie Turmgruppen usw., während Elemente wie der offene Dachstuhl überdauern, z. B. im 1284 begonnenen Dom zu Orvieto.[85] Derlei schließt individuelle Lösungen nicht aus wie in Pisa (Abb. 7), nahezu zeitgleich mit Torcello errichtet, jedoch Dom einer Handelsstadt, die Venedigs Rivalin war. Gewiss, auch diese Kirche folgt zunächst dem Typus alter Basiliken. Doch liefern ihre Architekten z. T. extravagante Byzantinismen, vielleicht herausgefordert durch *San Marco* in Venedig: z. B. die – ovale – Vierungskuppel;[86] und obwohl die Kirchen selten Leitbauten wurden, blieb die Mischung von quasi heterogenen Stilelementen nicht nur in Italien beliebt, sondern lebte im Historismus weiter.

Abb. 7: Pisa. Römisch-katholischer Dom. Man versteht die Bekanntheit der Kirche nicht allein wegen des „schiefen Turmes", sondern auch wegen ihrer architektonischen Harmonie. Dass sie als Modell nachwirkt, ist begreiflich.

Im westfränkischen Reich und in Nordspanien
Identifiziert man das aus dem Westen des karolingischen Reiches nach 845 entstandene Reich – „Franzien" – geographisch annähernd mit Frankreich, so ist die Region bis zur 2. Hälfte des 12. Jahrhunderts noch kein Ort später ikonischer Kathedralen. Ihre Zusammensetzung aus unterschiedlichen Herrschaftsgebieten spiegelt sich auch in der regionalen Sakralarchitektur wider – die ohnehin zunächst eher aus oft großen Abteien wie Cluny, Toulouse oder Caen besteht. Die Kathedralen – falls erhalten oder rekonstruierbar – sind meist unspektakulär. Man betrachte *N.-D.-de-la-Basse-Œuvre* in Beauvais – eine Basilika, deren Anfänge

---

84 Georg Kauffmann, *Emilia-Romana. Marken. Umbrien*, S. 324 ff.
85 Freigang, *Meisterwerke*, S. 171.
86 Freigang, *Meisterwerke*, S. 82.

im 10. Jahrhundert liegen,[87] eine Nachfolgerin jener nach-karolingischen Kirchen, die ähnlich im ostfränkischen Reich zu finden sind, unvergleichlich viel kleiner als die spätere gotische Kathedrale (s. Abb. 18). Erhalten ist von ihr wenig, obwohl sie für ihre Zeit groß gewesen sein muss.[88] Vergleicht man sie jedoch mit dem seinerseits torsohaften spätgotischen Neubau, kann man ahnen, wie lang der Weg zur Île-de-France-Gotik war. Andere Bauten der Zeit wurden zwar durch ihre Originalität bekannter, blieben aber bedeutungsmäßig regional begrenzt wie im Périgord. Gut erhalten ist *St-Pierre* in Angoulême (Abb. 8), inspiriert durch Konstantinopel und wieder die venezianische Markuskirche.[89] Wirkungsreicher für die weitere Dombaugeschichte ist die Normandie, ab 911 ein eigenes Herzog-

Abb. 8: Angoulême. Römisch-katholische Kathedrale *Saint-Pierre*. Die Kirche ist eines der am besten erhaltenen Beispiele für byzantinische Einflüsse in Frankreichs Domen.

---

87 Im Kern könnte die Kirche zwischen 949 und 998 entstanden sein. Vgl. Philippe Bonnet-Laborderie, *La Cathédrale Saint-Pierre de Beauvais. Histoire, architecture, décoration.* Tome I: *Les premières cathédrales de Beauvais* (Beauvais: GEMOB, 2006), S. 26.
88 Lt. Bonnet-Laborderie maß sie ca. 65 m × 20 m × 19 m, *La Cathédrale*, S. 44–45; hier 2 Rekonstruktionen.
89 Heinrich Lützeler, *Vom Sinn der Bauformen* (Freiburg: Herder 1939), S. 80. Günther Binding, *Architektonische Formenlehre* (Darmstadt: Wissenschaftliche Buchgesellschaft, 1998[4]), nennt als Modell aus Konstantinopel die Apostelkirche (S. 19).

Abb. 9: Caen. *Ste-Trinité.* Die Abteikirche wirkt neben der Nachbarabtei *Ste-Étienne* auf dem Weg über die englischen Normannen stilbildend bis in die britischen Kolonien.

tum, bis es 1204 der französischen Krone zufiel. Zwar sind als dortige Leitbauten die Benediktinerkirchen *St-Étienne* und *Ste-Trinité* (Abb. 9) in Caen erhalten, aus dem Kreis Wilhelms des Eroberers (1027/28–1087), der ab 1066 als König von England jene „normannische" Architektur inaugurierte, die dort charakteristisch wird; und mit ihren machtvollen Doppelturmfassaden und Vierungstürmen inspirieren noch im 20. Jahrhundert den Dombau in anglophonen Gegenden. Aber entstanden aus diesem Geist sind in der Normandie bereits die Dome in Bayeux und Coutances, obwohl die spätere Gotisierung der Originale manches verschleiert.[90] Aber zeitgleich wird in Frankreich eine andere Entwicklung begründet: die des mit Kapellenkranz ausgestatteten Umgangschores,[91] auch sie zunächst nachweisbar für Abtei- und Pilgerkirchen, bald ebenso in Kathedralen[92] wie in Valence.[93] Vermutlich ist auch dieses Bauprinzip byzantinisch, da inspiriert durch den Umgang der Rotunde des hl. Grabes in Jerusalem,[94] einen Prozessionsgang für Pilger zur allseitigen Besichtigung des Heiligtums. Für die Struktur solcher „Umgänge" ist auch der Kapellenkranz wichtig: ein neues Indiz, dass der Altar im Chor nicht mehr einziger liturgischer Bezugspunkt ist, sondern weitere Altäre integriert sind. Auch die Glasmalerei hat bereits ihren Ort:[95] farblich im Vergleich zum oft

---

90 Lützeler, *Vom Sinn der Bauformen*, S. 85–86. Zu englisch-normannischen Domen s. Orme, *The History*, S. 46 ff.
91 Donat F. Grueninger, *„Deambulatorium Angelorum" oder irdischer Machtanspruch? Der Chorumgang mit Kapellenkranz – von der Entstehung, Diffusion und Bedeutung einer architektonischen Form* (Wiesbaden: Reichert Verlag, 2005), S. 82 ff.
92 Listen bei Grueninger, *Deambulatorium*, S. 150 und S. 153.
93 Hans Fegers, *Provence. Côte d'Azur. Dauphiné. Rhône-Tal.* Reclams Kunstführer Frankreich, Bd. IV (Stuttgart: Reclam, 1967), S. 771–777.
94 Grueninger, *Deambulatorium*, S. 73.
95 Francesca Dell'Acqua, Early History of Stained Glass, in: Elizabeth Carson Pastan/Brigitta Kurmann-Schwarz (Hgg.), *Investigations in Medieval Stained Glass. Materials, Methods, and Expressions* (Leiden-Boston: Brill, 2019), S. 23–35.

grauen Alltag der Zeitgenossen exzeptionell, mit den biblischen und kirchengeschichtlichen Szenen ein Rück- und Vorblick auf die Heilsgeschichte, Kommentar der Liturgie und *Biblia Pauperum*.[96] Auch das nördliche Spanien wird eine Region bischöflicher Großbauten, da es nur temporär muslimisch dominiert war und seit dem 9. Jahrhundert auf dem Weg, die von den Mauren besetzten Gebiete in der *Reconquista* wiederzugewinnen,[97] und wieder beginnt eine variantenreiche Romanik. Wie in Frankreich wirkt bisweilen Byzanz nach, z. B. in Zamora und der Alten Kathedrale von Salamanca; doch ist auch das Chorumgangsschema mit Kapellenkranz gegenwärtig, bezeichnenderweise schon in der wichtigsten Wallfahrtskirche für Jakobus d.Ä., nämlich im Dom von Santiago de Compostela (1078–1088).[98]

Das Ostfränkische Reich und die Nachbarn

Betrachtet man die Entwicklung, die sich nach der Teilung des Reiches Karls d.Gr. 843 in dessen ostfränkischen Regionen ergab und nach 962 durch die Krönung Ottos I. in Rom zur Gründung des (nunmehr) *Heiligen* Römischen Reiches führte, so hat man für die meisten Zeitabschnitte dieses Reiches weiterhin eine vielfältige Kulturlandschaft vor Augen. Aber gerade die Anfänge liefern architektonische Beiträge zur Geschichte des westkirchlichen Christentums, auch mit Ausstrahlung auf die Umgebung und spätere Zeiten. So ist für die ottonische Zeit der Dom zu Hildesheim (Abb. 10) *U.L.F.* zu nennen, in der heutigen Gestalt nach Brand des Vorgängers ab ca. 1046 errichtet,[99] später häufig umgebaut und im 19. Jahrhundert bis zur Zerstörung im II. Weltkrieg mit einer neuen Westfassade versehen, aber nach 1945 entsprechend dem Bau des 11. Jahrhunderts rekonstruiert: mit dem ursprünglichen Westwerk, im Baukörper dreischiffig, mit flacher Decke, noch eine klassische Basilika und für seine Zeit groß (77 m × 32 m). Ähnlich müssen die frühen Dome in Mainz und Worms ausgesehen haben. Dazu kommen andere Dome der Zeit und der Region, z. T. mit Eigentümlichkeiten, z. B. in Essen und Minden mit Westwerken als Zeichen der *ecclesia militans* (während die Kirchen selbst durch gotische Neubauten ersetzt wurden). Strukturell sind die Bauten klar gegliedert, wie die Grundrisse zeigen. Chorumgänge fehlen noch, obwohl sie sich in städtischen und klösterlichen Kirchen am Rhein schon finden. Noch findet sich

---

96 Anne F. Harris, The Reception of Stained Glass, in: Pastan/Kurmann-Schwarz, *Investigations*, S. 202–213, hier S. 207 ff.
97 Jaspert, *Die Conquista*, S. 20 ff., bes. S. 22 ff.
98 Grueninger, *Deambulatorium*, S. 150; S. 224–229.
99 Heinz R. Rosemann u. a. (Hg.), *Niedersachsen. Hansestädte. Schleswig-Holstein. Baudenkmäler*. Reclams Kunstführer Deutschland, Bd. V (Stuttgart: Reclam, 1971), S. 309–312.

Abb. 10: Hildesheim. Römisch-katholischer Dom. Selbst als Rekonstruktion nach 1945 und mit seinen gotischen Anbauten dokumentiert der Bau noch die mittelalterlich-imperialen Bindungen des deutschsprachigen Europa außerhalb politischer Machtzentren.

auch nichts von den Seitenkapellen, die sich bald anfügten. Viele Kathedralen dieser Art existieren indes wieder nicht mehr, z. B. der Nachfolgebau des genannten Domes in Magdeburg (1207 abgebrannt)[100] oder der um 1060 errichtete Prager Neubau.[101] Erhalten und – wiederum trotz vieler Beschädigungen und Restaurationen – architektonische Hochpunkte geblieben sind jedoch die heutigen Dome in Speyer, Worms, Mainz, frühe Groß- und Monumentalbauten diesseits des antiken Römischen Reiches (errichtet bis in die erste Hälfte des 13. Jahrhunderts),[102] bereits viertürmig, in jener repräsentativen Romanik, die später in Ostfranken national hochstilisiert wird. Im ersten Baustadium weiterhin die römische Basilika repräsentiert der Dom zu Speyer. Noch mit Flachdecke ist das Hauptschiff; erst im zweiten Anlauf erhält auch dieses ein Gewölbe, obwohl Gewölbe seit der Antike gängig waren: gewiss, noch gemäß der romanischen Technologie in Massivbauweise, so dass der Gewölbeschub in die breiten Mauern abgeleitet wird und jene Raum-Durchlichtung nicht geschieht, die in der Gotik beliebt wird.[103] Aber die Kirche ist schon monumental (133 m × 38 m; innen 33 m hoch), zeitweise die größte der Christenheit. Mainz und Worms haben zudem erneut einen Doppel-

---

100 Kuhn, Die sakrale Bebauung vor 1209 auf dem Magdeburger Domhügel, in: Wolfgang Schenkluhn/Andreas Waschbüsch (Hgg.), *Der Magdeburger Dom im europäischen Kontext*. [...] (Regensburg: Schnell und Steiner, 2012), S. 43–58.
101 Freigang, *Meisterwerke*, S. 179.
102 U. a. Lützeler, *Vom Sinn der Bauformen*, S. 66 ff.
103 Zur Massivbauweise im Unterschied zur gotischen Skelettbauweise s. Stefanie Lieb, *Himmelwärts. Geschichte des Kirchenbaus von der Spätantike bis heute* (Berlin: Verlag Elsengold, 2018), S. 67.

chor (wie denn die Zahl der Altäre gerade in deutschen Kaiserdomen zunahm[104]). Wieder hat sich die Glasmalerei längst etabliert. Doch ästhetisch sind die Bauten Spätlinge, da in Frankreich ein neuer Stil beginnt: Der Dom in Worms entsteht erst, als in Frankreich schon die Gotik gesiegt hat und in Paris *Notre-Dame* Gestalt annimmt.

Unterschätzt werden soll der Referenzcharakter solcher Großbauten wie der soeben genannten auch für nördlichen und südöstlichen Nachbarn des Heiligen Römischen Reiches aber nicht, etwa in Dänemark (heute Schweden) für den Dom des *hl. Laurentius* zu Lund (Abb. 11) aus der 1. Hälfte des 12. Jahrhunderts,[105] mit Wirkung auf die Region, etwa in Viborg.[106] Doch wurde für die skandinavische Romanik partiell bald die normannische Architektur bedeutsamer, besonders in Norwegen mit dem Zentrum Trondheim, wo früh Kontakte zu England bestanden. Oberitalienisch wiederum wirkt im südöstlichen Mitteleuropa der Dom im ungarischen Pécs (Fünfkirchen), nach 1064 errichtet, unter den Osmanen Moschee, heute eine Rekonstruktion des 19. Jahrhunderts.[107]

Abb. 11: Lund. Der heute lutherische Dom war ursprünglich römische Metropolitankirche Dänemarks. Seine einheitliche romanische Stilistik ist aber Ergebnis der Restaurationen Zettervalls.

---

104 Zu sonstigen Altären in den deutschen Kaiserdomen Grueninger, *Deambulatorium*, S. 162.
105 Zeitler, *Schweden*, S. 199 ff.
106 Rudolf Zeitler (Hg.), *Dänemark, Kunstdenkmäler und Museen*. Reclams Kunstführer (Stuttgart: Reclam, 1978), S. 380–382.
107 Dercsényi/Dercsényi, *Kunstführer*, S. 158–160.

Kathedralen der Normannen
Es ist hier ein neuer Blick auf die Architektur der Normannen zu werfen. Für Frankreich wurde sie erwähnt, aber für die Dome Europas reicht ihre Bedeutung weiter.

So eigentümlich es klingt: Gerade mit denjenigen Kirchen, durch welche die Normannen im Dombau besonders präsent geblieben sind, waren sie für das Ganze christlicher Architekturgeschichte wenig von Einfluss, nämlich mit ihren sizilianischen Domen. Zu einzigartig verblieben diese in ihrer historischen Konstellation: Als sich normannische Herzöge seit dem 11. Jahrhundert anschickten, die Region zu erobern, hatten sie zwar von repräsentativen Kirchen bereits konkrete Vorstellungen, aber in ihren neuen Ländern begegneten ihnen weitaus ältere Architekturmodelle, auch christliche, seit Justinian I. (um 482–565) primär byzantinisch-oströmische. Ab 857 waren auch die Araber präsent mit Palermo als Zentrum, es entstand ein Dialog der Architekturen. Doch nach dem Tod von Guglielmo II. (1095–1154) gelangte Sizilien durch seine Tante Konstanze (1154–1198) an den Staufer Heinrich VI. (1165–1197), und als Konstanze Mutter des Römischen Kaisers Friedrich II. (gest. 1250) wurde, der auch König von Sizilien war,[108] verlor sich der normannische Dombau wieder. Kultur – wie frömmigkeitsgeschichtlich war die Lage indes einzigartig. Palermo – Bistum seit dem 3./4. Jahrhundert – ist schon in der Araberzeit eine Vielvölkerstadt.[109] Konfessionell stehen die Normannen nach 1054 auf Seiten der Lateiner.[110] Aber maurische Gelehrte sind ihnen willkommen,[111] an Byzanz schätzen sie Herrschermacht und Hofzeremoniell, und wie in Frankreich wissen sie sich zu präsentieren (sie suchten sogar die Bischöfe selbst aus[112]). Selbstbewusst wie die Abteien in Caen sind ihre Bauten, vor allem in Cefalù und Monreale. Man betrachte in Cefalù die zum Meer gerichtete karge Fassade und ihre schmale Fensteröffnungen gegen von dort kommende Feinde.[113] Aber manche Baudetails wirken arabisch, die Ikonographie hat Nähe zu Byzanz in Monreale, zunächst einer Benediktinerabtei, 1172 von Guglielmo II. gegründet, dann aus Gründen päpstlicher Staatsklugheit (da der Erzbischof von Palermo

---

108 Moses I. Finley/Denis Mack Smith/Christopher Duggan, *Geschichte Siziliens und der Sizilianer* (München: C.H. Beck, 2006³), S. 84 ff.
109 Finley/Smith/Duggan, *Geschichte Siziliens*, S. 90.
110 Marcello Rizzo, *La cultura architettonica del periodo normanno e l'influenza bizantina in Sicilia*. Dissertation an der Università di Bologna 2011, z. B. S. 29.
111 Duby, *Die Zeit der Kathedralen*, S. 303.
112 Finley/Smith/Duggan, *Geschichte Siziliens*, S. 103.
113 Ohler, *Die Kathedrale*, S. 111. Etliche Beispiele bei Giovanni Bonanno (Hg.), *Cattedrali in Sicilia*, Palermo: Mario Grispo/Publisicula, 2000, und Rizzo, *La cultura architettonica*, passim.

Guglielmos politischer Gegner war[114]) ab 1183 auch Kathedrale. Und wenn ihre Mosaizisten aus Ostrom sind,[115] wurden sie vielleicht aus Respekt vor der byzantinischen Bevölkerung gewählt (sie besaß noch einen eigenen Bischof).[116] Die Größe der Anlage (122 m × 42 m) lenkt aber auch auf Guglielmos Selbstdarstellung zurück, seinen Wunsch, der Lateranbasilika und der *Hagia Sophia* Vergleichbares an die Seite zu stellen.[117] Doch als Kultursynthesen hatten die Kirchen nur an ihrem Ort eine Chance. Schon Friedrich II. fand an ihnen kein Interesse mehr, wie sein romanischer Dom in Altamura zeigt, gegenüber Cefalù und Monreale wieder konventioneller.

Anders liegen die Dinge in England: Die Normannen, die sich von Frankreich hierher 1066 aufmachten, konnten „ihre" Romanik weitaus „europäischer" weiterentwickeln. Aber wieder wird die Architektur individuell, besonders in der oft langgestreckten, recht schmalen und niedrigen Gesamtgestalt der Bauten,[118] meist mit jenem rechteckigen Chorabschluss, der hier auch später dem französischen Umgangschor vorgezogen wird. Nicht alle sind groß, etwa im walisischen Städtchen Saint Davids.[119] Umgekehrt ist der Dom zu Durham (Abb. 12), ein Prestigebau über der Stadt, begonnen 1093, eingewölbt bis 1133,[120] die erste vollständig eingewölbte Kathedrale Großbritanniens,[121] sogar mit „modernem" Kreuzrippengewölbe,[122] was bereits die lichtdurchlässigeren Mauern ermöglichte, die für die Gotik typisch wurden. Ähnlicher Art ist der Dom, den der normannische Bischof Herbert de Losinga (gest. 1119) nach 1091 in Norwich bauen ließ, mit Chorumgang (vielleicht nach dem Vorbild seiner Heimatabtei Fécamp[123]), aber noch mit angel-

---

114 Zur Beziehung von Palermo und Monreale s. Finley/Smith/Duggan, *Geschichte Siziliens*, S. 108.
115 Die Künstler waren wohl noch aus Konstantinopel, vgl. Rizzo, *La cultura architettonica*, S. 118; Mathilde Sauquet, *Roger II, King of Heaven and Earth: An Iconological and Architectonical Analysis of the Cappella Palatina in the Context of Medieval Sicily*. Wissenschaftliche Arbeit am Trinity College Hartford 2018, S. 14.
116 Zu den Byzantinern in Palermo s. Sauquet, *Roger II*, S. 12; Thümmel, *Ikonologie*, Bd. IV, S. 191 ff.
117 Vincenzo Nato, Monreale. La Cattedrale d'Oro, in: Bonanno (Hg.), *Cattedrali in Sicilia*, S. 103–106, hier S. 103. Die Maße bei Freigang, *Meisterwerke*, S. 113.
118 Eine Charakteristik bei Orme, *The History*, S. 46 ff.
119 Anthony New, *A Guide to the Cathedrals of Britain* (London: Constable, 1980), S. 346–351.
120 John Blair/Joyce K. Cowley, *The Cathedrals of England* (Edinburgh-London: W. & R. Chambers, 1967), S. 24–32.
121 Grueninger, *Deambulatorium*, S. 281.
122 Cook, *The English Cathedral*, S. 164–172.
123 Blair/Cowley, *The Cathedrals of England*, S. 100–107. Zum Chor Grueninger, *Deambulatorium*, S. 281–287.

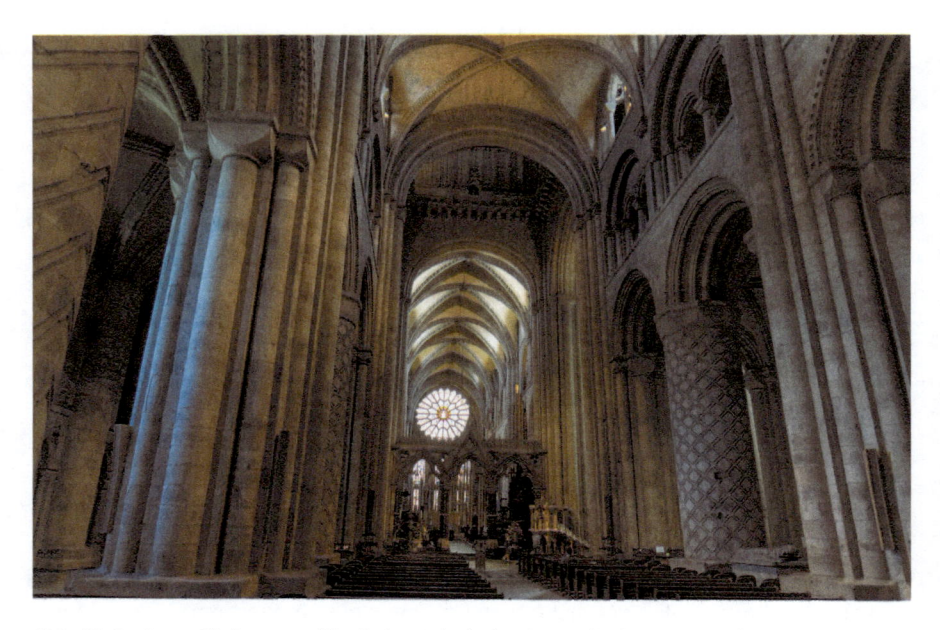

Abb. 12: Durham. Die heute anglikanische Kathedrale zeigt englisch-normannisches Christentum in der Übergangszeit zur Gotik monumental. Mit den hll. Cuthbert (um 635–687) und Beda Venerabilis (um 672–736) wurden hier Zentralgestalten der englischen Geschichte bestattet.

sächsischer *Kathedra*.[124] Im Unterschied zu den Nachwirkungen der Dome des normannischen Sizilien werden die Nachwirkungen der englischen Normannen bis in den Historismus beträchtlich sein. Doch haben sie bereits Ausstrahlung für ihre Zeit: Zu ihnen zu rechnen sind ja nicht nur Kirchen innerhalb der englischen Kerngebiete mit Bischofskirchen in der Art von Durham oder anderer Dome (die aber nicht mehr hierher gehören, da sie nach dem gotischen Umbau eine andere Epoche verkörpern), sondern sie manifestieren sich auch z. B. in der *Saint Magnus Cathedral* im schottischen Kirkwall, der nördlichsten Kathedrale Großbritanniens.[125] Und sie wirken auf den Kontinent zurück, vor allem auf Norwegen wie auf die Dome von Stavanger und Trondheim, schon von ihren Anfängen her durch ihre englischen Eigentümlichkeiten wenig mit jener Romanik verwandt, die sich im Heiligen Römischen Reich entwickelte.[126]

---

124 Blair/Cowley, *The Cathedrals of England*, S. 100–106.
125 Peter Galloway, *The Cathedrals of Scotland*, New Battle Abbey: Scottish Cultural Press, 2000, S. 127–135, hier S. 131.
126 Zu Stavanger s. Heinz Barüske, *Norwegen* (Stuttgart u. a.: Kohlhammer, 1986), S. 244–245; zu Trondheim s. Øystein Ekroll, *The Octagonal Shrine Chapel of St. Olav at Nidaros Cathedral. An*

5.2.2 Eine frühe Zwischenbilanz

Überblicken wir den Dombau bis zum Ende des 12. Jahrhunderts im westkirchlichen Europa, so ist die spirituelle, herrscherlich-politische und künstlerische Energie beträchtlich, mit der ein Teil dieses Kontinents sich die Welt erschloss: als potentiell *christliche* Welt, die für die Ansage einer endgültigen Wahrheit am Ende der Zeit empfänglich war, wenn auch das Datum dieses Endes ungewiss war und seine Berechnung spekulativ. Aber mochten apokalyptische Ansagen immer wieder hervorbrechen, mussten diese für die Frommen keine Bedrohung sein: Gerade Kathedralen als bischöfliche Bauten, Kirchen der Repräsentanten des Weihesakraments in seiner höchsten Stufe, dokumentierten ja, dass durch die Gegenwart des Christentums-Stifters selbst auch das Heil schon gegenwärtig war, und keineswegs würde sich in der Folgezeit der Wunsch nach solcher Präsenz verringern. Vielmehr sollten die Kathedralen bereits durch die Verbesserung ihrer Konstruktion ihren numinosen Charakter verstärken. Doch auch die Abendmahlspraxis würde sich weiter im genannten Sinne intensivieren – durch die Vermehrung der Altäre, zusätzliche Seitenkapellen und Messen –, wobei die gemeinschaftlichen Messen mit dem Bischof oder seinem Vertreter durch Privatmessen unterschiedlicher Gruppen ergänzt werden.[127]

Ganz in der Ferne zeichnen sich indes erste Anzeichen einer Krise dieser Weltsicht ab. Denn in dem Maße, in dem die eucharistische Frömmigkeit stärker wird, steigt der Wunsch nach häufiger Kommunionspraxis für das Individuum zur Sicherheit seines ewigen Heils rapide: Das Bedürfnis nach vielen Messen wird umso größer, desto mehr die Höhe ihrer Anzahl die Länge der Fegefeuerstrafen im welt-jenseitigen Leben verkürzte.[128] So wuchs auch die Zahl der Mess-Stiftungen für das eigene Heil und das Heil anderer – einschließlich Geldspenden – seit dem 9. Jahrhundert weiter.[129] Dem entsprach die wachsende Heiligen- und Reliquienverehrung parallel zur Steigerung der eucharistischen Frömmigkeit.

Wohl haben einige Zeitgenossen gegen die Entwicklung Bedenken geäußert, erst recht gegen die kirchliche Förderung dieser Frömmigkeit wie gegen die „Ver-

---

Investigation of its Fabric, Architecture and International Context. Dissertation an der Universität Trondheim 2015. Zur Bedeutung Trondheims für die Region, bes. S. 89.
127 Angenendt, *Offertorium*, S. 104–113.
128 Zur „Geburt des Fegefeuers" Angenendt, *Offertorium*, S. 256; auch zur Bedeutung der Anzahl der Messen für das Seelenheil. Sie konnte sich bei Totenmessen auf über hundert steigern (S. 260 f.).
129 Angenendt, *Offertorium*, S. 265.

vielfältigung der Kirchen und Altäre".[130] Der Erfolg solcher Kritiker blieb jedoch gering, selbst wenn sie in der Steigerung der Messpraxis ein bloßes Geldgeschäft fürchteten. Freilich stand der Sinn der Liturgiker der Zeit ohnehin eher nach einer immer exakteren Explikation der Liturgien und ihrer korrekten Durchführung, um *pericula contingentia in missa* zu vermeiden (während ihnen mögliche Fehlentwicklungen nicht im Bewusstsein waren[131]). Doch ist ebenso begreiflich, dass der Prozess heute ambivalent anmutet: zwar als Verstärkung der Transzendenzerfahrung wie -hoffnung, doch nicht minder als Transzendenz-Verdinglichung, als Intensivierung und Mechanisierung des Christentums zugleich. Aber zu Ende war diese Frömmigkeitsentwicklung in der Romanik längst nicht.

5.2.3 Der Weg der Kathedrale in der Gotik – Royale Expansionen

5.2.3.1 Frankreich

Versteht man die Geschichte der Kathedrale als Geschichte der kirchlichen bzw. himmlischen Hierarchie in der Nähe zu profanen Hierarchien, ist sie in der Gotik noch deutlicher die Geschichte königlicher Referenzbauten: Zumindest mit ihren repräsentativsten Monumenten gehört sie ja zu Frankreich; aber während das Land bis zum frühen 12. Jahrhundert von Einzelreichen dominiert wird, geht es nun auf seine Zentralisierung zu, und in den europäischen Stilwettbewerben beginnt sich von der Île-de-France aus die Architekturlandschaft zu verändern, zunächst noch inmitten romanischer Bauprojekte, bald im ganzen lateinischen Europa. Jetzt ist die Dominanz Ostfrankens vorbei, und durch die Kapetinger wird die „Rache des alten Franzien an der teutonischen Hegemonie" (Duby) vollzogen.[132]

Historisch sind die Anfänge der Gotik umstritten.[133] Exemplarisch steht aber für viele Betrachter der Chor der neuen Abteikirche von Saint-Denis, ein Leitbau für die Gotik der Île-de-France und bald weit darüber hinaus: Der Raum, der sich hier dem Auge auftut, ist von den gedrungenen Räumen mancher romanischer Kirchen sehr unterschieden, in Größe, Höhe, Lichtwirkung, den spitzen Formen der Fenster und Wölbungen. Mitkonzipiert hat ihn Abt Suger (1081–1151); und er sah in diesem Teil der Basilika ohnehin den Kern seiner Bautätigkeit, denn den

---

130 So Petrus Cantor (gest. 1197), s. a. Herbert von Bosham (gest. um 1189), bei Angenendt, *Offertorium*, S. 297–300.
131 Angenendt, *Offertorium*, S. 302–303.
132 Duby, *Die Zeit der Kathedralen*, S. 171; Binding, *Was ist Gotik?* (Darmstadt: Wissenschaftliche Buchgesellschaft, 2000), S. 37–52.
133 Binding, *Was ist Gotik?*, S. 2; ein Überblick bei Thümmel, *Ikonologie*, Bd. II, S. 243–259.

bereits begonnenen Bau der Fassade – noch nach dem Vorbild von *Saint-Étienne* in Caen[134] – brach er ab, und das Langhaus überließ er der Nachwelt.[135] Dabei war die Abtei längst vor ihm ein Nationalmonument, Grablege der Könige schon für Pippin III., als Domäne des Königs von Frankreich gar „die königlichste aller Kirchen", also zwar wie die Aachener Hofkirche erst viel später Kathedrale, doch schon ein Gipfel der irdischen Hierarchie.[136] Auch in ihrer geistlichen Würde hatte sie bereits einen Gipfel erreicht: Ihr Schutzpatron Dionysius wurde ja identifiziert mit dem Paulusschüler Dionysius Areopagita aus der Apostelgeschichte und dieser mit dem anonymen Autor jener Kultbücher der Himmlischen und Kirchlichen Hierarchie.[137] Und wirksam war diese Mystifikation allemal: Denn wenn beide Hierarchien – in qualitativer Abstufung – aus dem Licht des transzendenten Gottes hervorgehen, dann wird auch die Konzentration des Bauens auf diaphane Räume begreiflich,[138] wobei zugleich nach Otto von Simson alle Technologie zur Bewältigung dieser Aufgabe aus von Anfang an aus diesen Überzeugung hervorgegangen ist (obwohl sie z. T. vorher faktisch vorhanden war).[139] Vielleicht mehr noch: Wenn durch das soeben „erfundene" Kreuzrippengewölbe der Gewölbeschub nicht mehr wie früher in die massiven Seitenwände abgeleitet wird, sondern in die Pfeiler und das Strebewerk, so dass die Wände diaphan werden können,[140] dann ist geradezu eine innere Identität der Funktion von Bautechniken und ihrer religiös-ästhetischen Zweckdienlichkeit erreicht.[141] Von hier aus werden Details der weiteren Entwicklung verständlich – z. B. dass sich Doppelchörigkeit und ausladende Querschiffe verlieren zugunsten der Bewegung zum Chorhaupt hin. Ihr korrespondiert der wachsende Wille zur Höhe – hin auf das Ziel dieses umfassenden Lichtraums im eucharistischen Raum, wo sich die Transzendenz optisch konzentriert wie liturgisch-leibhaft vermittelt. Mehr noch: dieser so entstandene und soteriologisch essentielle Raum ist zugleich ein neu eröffneter *Bildraum* – weil an der Stelle massiver Wände die Kunst der Glasmalerei in eine neue Bedeutung eingesetzt werden kann und durch ihre eigenes Streben nach Diaphanie eine neue Ebene der Kontemplation eröffnen, mystischer – da lichtdurchwirkter – als die bislang üblichen Fresken, und eine neue Möglichkeit, die

---

134 Freigang, *Meisterwerke*, S. 115.
135 Otto von Simson, *Die gotische Kathedrale* (engl. 1956; dtsch. Darmstadt: Wissenschaftliche Buchgesellschaft, 1968), bes. S. 153–175; Pevsner, *Europäische Architektur*, S. 87–91.
136 Duby, *Die Zeit der Kathedralen*, S. 170 ff. Das Zitat S. 170.
137 Von Simson, *Die gotische Kathedrale*, S. 147–148.
138 Binding, *Was ist Gotik?*, S. 51 ff.
139 Von Simson, *Die gotische Kathedrale*, S. 17–22.
140 Ausführlich Lieb, *Himmelwärts*, S. 67–68.
141 Von Simson, *Die gotische Kathedrale*, S. 169.

Schönheit göttlichen Handelns mitzuvollziehen, was Sugers Freund Hugo von St.-Victor (gest. 1141) im Kommentar zu Dionysius Areopagita literarisch entfaltete.[142] Ja in der Verbindung von Licht und Bild eröffnet sich eine weitere sakramentale Dimension,[143] eine neue Begegnung der materiellen mit der immateriellen Welt (Suger).[144] Und bei alledem will die entstandene Symbolisierung der Pracht Gottes auf der Erde neu die irdisch-königliche Pracht sein: Denn der hl. Dionysius, der all dies bewusst gemacht hat, ist auch Schutzpatron der Könige, zumal er – als Apostelschüler, also fast persönlicher Christus-Gefährte – direkt durch seine Präsenz in Gestalt seiner Reliquien das Heilige anzeigt. Und wer wie Petrus Abaelard (1079–1142) – ein theologischer Protagonist aristotelischer Logik[145] – die Identität von Paulus-Schüler, Autor der „Hierarchien" und bischöflichem Schutzpatron von Saint-Denis anzweifelte, geriet in die Nähe der Ketzerei.[146] So wird umkehrt die Weihe des Chores 1144 ein königlicher Akt: Anwesend sind Ludwig VII. (1120–1180) persönlich – der „allerchristlichste König" (Suger)[147] – und sein Hofstaat. Sie alle werden Gäste eines Geschehens, in dem neu die Präsenz des transzendenten Gottes gefeiert wird, und zwar mit etlichen – vielleicht bereits simultan gefeierten – Messen.[148]

Insgesamt erstaunt nicht, dass das in Saint-Denis initiierte Architekturschema rasch Verbreitung gefunden hat, zunächst in der Île-de-France: z. B. ab etwa 1163 in *Notre-Dame* in Paris (Abb. 13) selbst.[149] Die Bauten sind Großkirchen, die Pariser Kathedrale ist fünfschiffig.[150] Dem schließt sich ab 1194 *Notre-Dame* zu Chartres an, auch bedeutsam durch die Glasmalereien, ab 1211 folgt *Notre-Dame* zu Reims, als Krönungskirche und Rivalin von Saint-Denis ihrerseits ein Königsbau, durch die Fassade mit der Königsgalerie *par excellence*,[151] als größte Amiens (begonnen 1220). Dabei wirkte das Schema sowohl durch seine einer Kathedrale ge-

---

142 Von Simson, *Die gotische Kathedrale*, S. 171.
143 Vgl. John Wesley Cook, An Architectural History of Riverside Church, in: Peter J. Paris (Hg.), *The History of the Riverside Church in the City of New York* (New York-London: New York University Press, 2004), S. 137–177, hier S. 141.
144 Bei Anne F. Harris, The Reception, S. 208.
145 Flasch, *Das philosophische Denken*, S. 236 ff.
146 Von Simson, *Die gotische Kathedrale*, S. 150–151. Zu Abaelards Skepsis gegenüber Traditionen Flasch, *Das philosophische Denken*, S. 246–248.
147 Nach von Simson, *Die gotische Kathedrale*, S. 196.
148 Grueninger, *Deambulatorium*, S. 62.
149 Die Daten, auch die folgenden, nach Lützeler, *Vom Sinn der Bauformen*, S. 124–132.
150 Die Pariser Kathedrale misst 130 m × 48 m. Die innere Langhaushöhe beträgt 35 m.
151 *Freigang, Meisterwerke*, S. 133.

Abb. 13: Paris. Die römisch-katholische Kathedrale *Notre-Dame* diente seit der Romantik lange als Leitbau im frankophonen Afrika und Asien. Hier ein Foto aus der Zeit vor dem Brand 2021.

mäße technische Modernität[152] als auch dadurch, dass man über die Île-de-France hinaus Sympathien für das Königshaus und seine Expansion entwickelte.[153] Attraktiv waren besonders Chorumgänge zur Steigerung der eucharistischen Frömmigkeit.[154] Doch gab es Varianten: In Bourges (begonnen 1172) fehlt das Querhaus, wohl um den Drang des Raumes zum Chor hin zu betonen, und man stufte das wie in Paris fünfschiffige Langhaus zum Hauptschiff hin höhenmäßig ab,[155] während die portalreiche Fassade noch in *Saint John the Divine* zu New York nachwirkt. Die um 1160–1220 gebaute, im Grunde siebentürmige Kathedrale von Laon (Abb. 14) wirkte ebenfalls durch die Fassade weiter – z. B. durch jene Baldachine, die schräg vor die Ecken der Türme gestellt, den Turm-Obergeschossen ein oktogonales Flair gaben, das auch im Heiligen Römischen Reich beeindruckte. Umgekehrt beseitigte man hier später wieder den Umgang.[156] In Poitiers (ab 1161) verzichtete man auf die höhenmäßige Abstufung der Schiffe (wie z. T. schon in der regionalen Romanik) und baute – für Frankreichs Dome eine Ausnahme – eine Hallenkirche ohne Chorumgang.[157] Anderswo, etwa in den Westalpen,

---

152 Christian Freigang, *Imitare Ecclesias Nobiles. Die Kathedralen von Narbonne, Toulouse und Rodez und die nordfranzösische Rayonnantgotik im Languedoc* (Worms: Wernersche Verlagsgesellschaft, 1992), S. 350 f.
153 Differenziert Freigang, *Imitare Ecclesias Nobiles*, S. 349 ff.
154 Freigang, *Imitare Ecclesias Nobiles*, S. 150 zu Narbonne.
155 Lützeler, *Vom Sinn der Bauformen*, S. 106–108.
156 Binding, *Was ist Gotik?*, S. 238–245. Zum Chorumbau in Laon zu einem rechteckigen Chor s. Bruno Klein, Beginn und Ausformung der gotischen Architektur in Frankreich und seinen Nachbarländern, in: Rolf Toman (Hg.), *Die Kunst der Gotik. Skulptur, Malerei* (Königswinter: Könemann, 2004), S. 28–115, hier S. 42.
157 Sedlmayr, *Die Entstehung der Kathedrale*, S. 409–413.

Abb. 14: Laon. Römisch-katholisch Kathedrale. Die Hauptkirche des in der Revolution aufgelösten Bistums liefert eine der Varianten, in denen sich Frankreichs Gotik verbreitete. Selten wurde die im Mittelalter gern angestrebte Vieltürmigkeit so plerophor verwirklicht wie hier.

schätzte man zwar die Île-de-France-Gotik wie in Lausanne, begnügte sich aber auch mit der Gotisierung älterer Kirchen wie in Genf,[158] im Norden auf der Grenze zu Flandern modernisierte man ältere Dome durch einen gotischen Umgangschor wie bei den Großbauten zu Tournai[159] und Cambrai. Im Süden schuf man monumental-einschiffige Backsteindome in Toulouse und Albi.

5.2.3.2 Die Rezeption der Gotik außerhalb Frankreichs

Italien
So sehr auch im sonstigen lateinischen Europa die Île-de-France-Gotik Zeitgenossen und Nachwelt beeindruckt hat – bis dahin, dass Gotik und Île-de-France-Kathedralen Synonyme wurden[160] –, blieben allerorts zu viele eigenständige Entwicklungen,

---

[158] Vgl. Florens Deuchler (Bearb.), *Schweiz und Liechtenstein*. Reclams Kunstführer (Stuttgart: Reclam, 1966²), S. 387 ff. und S. 296 ff.
[159] Freigang, *Meisterwerke*, S. 109.
[160] Adam sieht das Wort Kathedrale in der Kunstgeschichte sogar nur auf die Gotik bezogen (*Gottes Volk*, S. 90).

als dass jene Identifikation plausibel wäre. Auch nicht jedes Element der Île-de-France-Gotik hat das lateinische Europa revolutioniert (etwa die Glasmalerei, obwohl sie spätestens im Historismus Anregungen hinterließ).[161] In der Tat gingen ja z. B. die italienischen Gebiete weiterhin von einem anderen Selbstverständnis aus als Frankreich, schon weil ihnen die örtliche Nähe zu den Anfängen europäisch-christlicher Architektur verpflichtend blieb. Dem Dom von Pisa verwandt bleibt z. B. der Dom in Siena, im Kern aus den 1240er bis 1270er Jahren, noch romanisch begonnen, aber im Ergebnis polystilistisch (mit nordfranzösischen Anteilen) und erneut ein Kuppelbau. Auch der genannte Dom in Orvieto begann 1290 romanisch, fast noch als altchristliche Basilika, während in Frankreich die Gotik schon herrschte, und spätere Bauteile wie die Fassade haben zwar gotische Elemente, aber nicht als Strukturprinzip. Selbst der 1294 begonnene Dom von Florenz war zunächst vielleicht mit Flachdecke geplant. Doch auch der heutige, „gotisch" eingewölbte Bau hat mit der Gotik diesseits der Alpen wenig zu tun: weder mit seinem Campanile noch mit dem oktogonalen, von der Renaissancekuppel Filippo Brunelleschis (1377–1446) überwölbten Zentralraum und den Konchen, die von Kapellen umgeben sind. Eine Ausnahme ist der hochgotische Dom zu Mailand, sogar mit Chorumgang.[162]

Die Britischen Inseln, besonders das Königreich England
Gegenüber der italienischen Vielfalt lagen auf den Britischen Inseln bei der Auseinandersetzung mit der Île-de-France-Gotik die Dinge viel einheitlicher, nicht nur aufgrund der politisch einheitlicheren Regionen, z. T. aufgrund dynastischer Beziehungen zwischen den Ländern und geisteswissenschaftlicher Nähe, wie denn die Bezüge von Pseudodionysius und Lichtmetaphysik zur Sakralarchitektur auch auf den Inseln gängig waren und in Robert Grosseteste (1170/1175–1253), zeitweise Rektor der Universität Oxford, einen Repräsentanten fanden, sogar für die Baupraxis: Als Bischof von Lincoln 1235–1253 Bauherr der kurz zuvor begonnenen neuen Kathedrale seiner Diözese konnte er selbst die neuen Vorstellungen realisieren (wobei er von einem mutmaßlichen Frankreich-Aufenthalt her die Abtei von Saint-Denis und die Kathedrale von Chartres kannte.[163]) Vor allem ist er Suger geistesverwandt. Denn obwohl er als Aristoteles-Kenner naturwissenschaftlicher orientiert war, blieb ein wichtiger Bezugspunkt Dionysius, und als er seine

---
161 Vgl. von Simson, *Die gotische Kathedrale*, S. 173 f.
162 Zu Florenz und Mailand s. Freigang, *Meisterwerke*, S. 181 und S. 189.
163 Vgl. die Beiträge in Nicholas Temple/John Shannon Hendrix/Christian Frost (Hgg.), *Bishop Robert Grosseteste and Lincoln Cathedral. Tracing Relationships between Medieval Concepts of Order and Built Form*, Farnham-Burlington: Ashgate, 2014.

Kathedrale entwirft, dann mit areopagitischer Metaphysik im Hintergrund: Wieder bleibt es das aus Gott gewordene – und in Christus inkarnierte[164] – Licht, durch welches die Dinge werden, was sie auch empirisch sind, in der Vielfalt ihrer optisch und geometrisch nachvollziehbaren Erscheinungen, an ihrem hierarchisch abgestuften Ort in der sichtbaren Welt, d. h. gemäß ihrer größeren oder kleineren Distanz zu ihrer Lichtquelle. Eben dieses Licht erhebt neu die Kathedrale zum Symbol der Transzendenz; und wieder sind es die Fenster, welche die Baustruktur der Kirche als ein solches Symbol diaphan machen.[165]

Doch hat man in England trotz Affinität zur Île-de-France-Gotik die normannische Vergangenheit nicht verleugnet. Wenn die Kathedrale von Canterbury Ende des 12. Jahrhunderts einen gotischen Umgangschor erhält, zeigt sie zwar schon durch den Architekten Guillaume de Sens (gest. 1178) – einen der frühesten individuell bekannten Baumeister[166] – Kontakte zu einem renommierten Ort des neuen Stils in Frankreich,[167] war aber architektonisch die Ausnahme. Und wenn 1376–1411 diesem Chorbau ein noch avancierteres neues Langhaus mit Querschiff folgen und 1495 der spätgotische *Bell Harry Tower* auf der Vierung, blieb der Umgangschor wie in Norwich singulär, während die Kathedrale insgesamt mit ihrem *Bell Harry Tower* bis in die Kolonien weiterwirkte. Aber auch andere normannisch-gotische Dome Englands – z. B. der Neubau zu York – blieben Referenzbauten. Weniger aufwendig gerieten die Neubauten Schottlands, z. B. in Saint Andrews und Glasgow.[168] Auch wirkungsmäßig traten sie nicht hervor, u. a. weil sie, falls erhalten, ihre endgültige Gestalt erst im 19. Jahrhundert erhielten. Zurück traten aus ähnlichen Gründen die gotischen Dome Irlands.[169] Doch auch hier wurde Repräsentation geschätzt, z. B. mit *St Patrick's* in Dublin.[170]

Der iberische Raum
Differenziert war auch die Geschichte des Dombaus nach Art der Île-de-France-Architektonik in anderen Teilen Europas, so in den während der Kämpfe gegen

---

164 Jack Cunningham, *Lumen de Lumine*: Light, God and Creation in the Thought of Robert Grosseteste, in: Temple u. a. (Hgg.), *Bishop Robert Grosseteste*, S. 81–98, hier S. 82–87.
165 „The architecture of the cathedral presents a hierarchy of materiality in forms, like the hierarchy of the celestial spheres, following the ‚principle of divisibility', in the multiplication and division of the architectural forms, culminating in the pure *lux spiritualis* which enters through the stained glass window" (John Shannon Hendrix, The Architecture of Lincoln Cathedral and the Cosmologies of Bishop Grosseteste, in: Temple u. a. [Hgg.], *Bishop Robert Grosseteste*, S. 101–117, hier S. 115).
166 Ausführlicher Pevsner, *Europäische Architektur*, S. 92–93.
167 Cook, *The English Cathedral*, S. 185–189.
168 Galloway, *The Cathedrals of Scotland*, S. 161–164 und S. 94–106; hier auch die Maße.
169 Beispiele bei Galloway, *The Cathedrals of Ireland*, passim.
170 Die Kirche ist ca. 91 m lang; s. Galloway, *The Cathedrals of Ireland*, S. 85–90.

die Muslime sich in Nordspanien neu bildenden christlichen Reichen. Rasch gewann aber wieder die Freude an bischöflicher und royaler Repräsentation. Schon die in der heutigen Gestalt bald nach 1170 begonnene Kathedrale von Ávila beweist, dass ihr (französischer?) Architekt Meister Fruchel Sugers Chor in Saint-Denis kannte.[171] Ab 1226 folgt die Kathedrale in Toledo, bereits ein Monumentalbau der *Reconquista,* auf dem Terrain einer Moschee, doch auf einem Grundriss, der von Bourges übernommen ist. Der Grundriss von Reims findet sich in León wieder.[172] Betrachtet man indes die Langzeitwirkung all dieser Kirchen, wirkten sie eher in dem Maße weiter, in dem auch im 19. und frühen 20. Jahrhundert die Île-de-France-Gotik attraktiv war – selbst wenn die Architekten keine Spanier waren. Eine größere Wirkung hatten jedoch jene Kathedralen der spanischen Gotik, die noch deutlicher eine eigene – religiös begründete und eine architektonisch sehr „spanische" – Handschrift trugen: Nicht nur trat der Basilika die in Frankreichs Domen unübliche Hallenkirche zur Seite, sondern auch das Raumgefühl maurischer Sakralarchitektur[173] – über Europa hinaus auch in der Neuen Welt.

Das Heilige Römische Reich und seine Nachbarn
Wie auf den Britischen Inseln und in Spanien hat man bei der Entwicklung der Gotik im Heiligen Römischen Reich nach Frankreich geschaut, aber neue Eigentümlichkeiten entwickelt, wenngleich diese für die Dombaugeschichte meist weniger weit reichten. Zudem ist man lange konservativ geblieben: Die Maße bisheriger Großbauten wurden nicht überschritten und Stilinnovationen nur behutsam adaptiert. So hat man in Bamberg (Abb. 15) den heutigen Dom ab 1190/1200 noch romanisch begonnen, und als man sich sodann von der Gotik inspirieren ließ, weniger nach Saint-Denis als nach Laon geblickt, vor allem auf die filigrane Außengestalt des dortigen Domes,[174] ähnlich in Naumburg.[175] Auch sonst ging der Blick nicht immer auf die Île-de-France – wie denn der in Frankreichs Domen nur als Ausnahme existente Typ der Hallenkirche sich in den Domen des Heiligen Römischen Reiches öfter findet. Wohl ein Echo von Poitiers ist das Domlanghaus in Paderborn (um 1240–1260), vielleicht auch das in Minden (1267–1297).[176] Nach der Mitte des 14. Jahrhun-

---

171 Bruno Klein, Beginn und Ausformung, S. 96–97.
172 Zu Toledo und León s. Freigang, *Meisterwerke,* S. 141 und S. 153.
173 S. u. S. 74.
174 Alexander von Reitzenstein/Herbert Brunner, *Bayern. Baudenkmäler. Reclams Kunstführer Deutschland,* Bd. I (Stuttgart: Reclam, 1974), S. 116–124; Freigang, *Meisterwerke,* S. 129.
175 Binding, *Was ist Gotik?,* S. 240 ff. und S. 244.
176 Georg Dehio, *Handbuch der deutschen Kunstdenkmäler* Bd. V. *Nordwestdeutschland* (Berlin: Ernst Wasmuth, 1912), S. 411 (zu Paderborn) und S. 354 (zu Minden). Die Daten Henze u. a., *Nordrhein-Westfalen,* S. 593–597 und S. 515–519;

Abb. 15: Bamberg. Römisch-katholischer Dom. Für die kaiserlichen Dome des Heiligen Römischen Reiches war Viertürmigkeit beliebt. Auch der Dom zu Magdeburg war entsprechend geplant.

derts folgen Eichstätt und vor allem ab 1359 unter Herzog Rudolf IV. von Habsburg (1339–1365) das Langhaus im Dom zu Wien (Kathedrale aber erst seit 1467!).[177] In Basel wiederum wurde der romanische Kaiserdom sukzessiv gotisiert und bei gegebenem Anlass – nach dem Erdbeben 1356 – mit einem modernen Chorumgang versehen, wie ihn auch die Straßburger Kathedrale nicht hatte.[178] Daneben entstehen freilich Großbauten nach dem französischen Schema. Ein vorsichtiger Anfang ist der heutige Dom der *hll. Mauritius und Katharina* in Magdeburg, sogleich repräsentativ konzipiert (zur Grundsteinlegung 1209 ist ein päpstlicher Legat anwesend). Als man 1220 zeitgleich mit der Vollendung des Chores die Reliquien des hl. Mauritius erwerben kann, wird der Rest der Kirche noch großartiger geplant (120 m lang, im Langhaus 33 m breit) und außer der Fassade bis 1240 fertig.[179] Und vermutlich war auch

---

177 Reitzenstein/Brunner, *Bayern*, S. 261–263; Karl Oettinger u. a. (Bearb.), *Wien, Niederösterreich, Oberösterreich, Burgenland*. Reclams Kunstführer Österreich, Bd. I (Stuttgart: Reclam, 1974⁴), S. 510.
178 Deuchler (Bearb.), *Schweiz und Liechtenstein*, S. 67 ff.
179 Heiko Brandl, Zur Baugeschichte des Magdeburger Domes im 13. Jahrhundert, in: Schenkluhn/Waschbüsch (Hgg.), *Der Magdeburger Dom*, S. 145–162.

für die Fassade ein imposanter Abschluss gedacht, denn diejenige von Straßburg kannte man so gut wie die Pläne des Kölner Domes. Doch dann wählte man eine einfachere Lösung, wohl mit sicherem Instinkt: Bekanntlich wurden die Fassade in Straßburg nie vollendet und die in Köln erst in der Romantik, während man in Magdeburg 1520 fertig war.[180] Ein Leitbau wurde auch dieser Dom, bis nach Polen.[181] Konsequenter das Île-de-France-Schema wurde im Nachbarbistum Halberstadt bei dem neuen Dom der *hll. Stephanus und Sixtus* durchgeführt – als Antwort des Domkapitels auf den ästhetisch herausfordernden Neubau in Magdeburg, seit Mitte des 13. Jahrhunderts errichtet und 1491 geweiht (Abb. 16).[182] Der anspruchsvollste Bau

Abb. 16: Halberstadt. Der ehemalige römisch-katholische Dom, heute lutherische Gemeindekirche, zeigt die Île-de-France-Gotik im Heiligen Römischen Reich – auch innen, etwa mit dem 1510 vollendeten Lettner und der Triumphkreuzgruppe ca. 1220 (noch aus dem Vorgängerbau).

---

180 Marc Steinmann, Der Magdeburger Dom und die Westfassaden der Kathedralen in Straßburg und Köln, in: Schenkluhn/Waschbüsch (Hgg.), *Der Magdeburger Dom*, S. 229–242.
181 Jarosław Jarzewicz, Von Osten gesehen. Der Neubau des Magdeburger Domes als Quelle und Vermittler von Formen und Ideen für die gotische Baukunst in Polen, in: Schenkluhn/Waschbüsch (Hgg.), *Der Magdeburger Dom*, S. 243–252.
182 Flemming/Lehmann/Schubert, *Dom und Domschatz zu Halberstadt*, S. 10 ff.

dieser Art wurde aber der neue Dom in Köln, der Absicht nach „die vollkommenste Repräsentation des himmlischen Jerusalem".[183] Bald nach Beginn der Dreikönigswallfahrten wurde er 1248 begonnen; bis 1300 war der Chor fertig. Der Weiterbau war jedoch zögerlich, und 1560 stellte man ihn ein.[184] Freilich fand die Kirche schon früh Nachfolger, so ab 1344 im neuen Dom zu Prag.[185]

Nördlich und östlich von Magdeburg verlieren die Kathedralen der Gotik etwas von jener Ansehnlichkeit, die aber schon der Kölner Dom zu seiner Zeit nur noch als großartiges Fragment erreichte. Doch die Île-de-France wirkte weiter, hinauf bis nach Skandinaviens Kathedralen: ab 1200 zu Dänemarks königlicher Grablege in Roskilde, größer in Schweden ab 1270/80 in Uppsala. Die Formen wurden jedoch einfacher,[186] da das Baumaterial – wie oft im Norden Backstein – Finessen (z. B. elaboriertes Maßwerk) verbot. In Finnland wurde die Gotik sogar der früheste Baustil, repräsentativ im Dom zu Turku, um 1300 geweiht.[187]

Anderswo lebte die Hallenkirche weiter, oft nach Vorbildern im deutschsprachigen Raum. Genannt seien für Schweden der große fünfschiffige Mariendom in Västerås und der Petridom in Linköping, wo zusätzlich ein Kölner den Chor als Umgangschor entsprechend neu baute.[188] Seinen englischen Charakter wiederum behielt der Dom im norwegischen Trondheim, dessen erzbischöflicher Initiator – zeitweise im englischen Exil – in Canterbury noch die Anfänge des dortigen gotischen Domneubaus erlebte.[189]

Einfacher – aber national umso bedeutsamer – blieben auch die Dome im heutigen Polen, so in Krakau, Hauptstadt seit 1038,[190] bald zudem Wallfahrtsort zum Ortsbischof Stanislaus, der auf Befehl von Bolesław II. (1042–1081, König seit 1076) 1079 ermordet wurde und später als Streiter gegen Tyrannen und Beschüt-

---

183 Henze u. a., *Nordrhein-Westfalen*, S. 306.
184 Freigang, *Meisterwerke*, S. 159.
185 Christian Freigang, Köln und Prag. Der Prager Veitsdom als Nachfolgebau des Kölner Domes, in: Ludger Honnefelder/Norbert Trippen/Arnold Wolff (Hgg.), *Dombau und Theologie im mittelalterlichen Köln*. FS für Joachim Meisner 1998 (Köln: Kölner Domverlag, 1998), S. 49–86.
186 Zeitler (Hg.), *Dänemark*, S. 327–334; ders., *Schweden*, S. 561–574.
187 Der Umgangschor ist späteren Datums; s. Henrik Lilius/Rudolf Zeitler, *Finnland. Kunstdenkmäler und Museen*. Reclams Kunstführer (Stuttgart: Ph. Reclam Jun., 1985), S. 266.
188 Zeitler, *Schweden*, S. 631–634 und S. 280–285. Auch die Dome von Strängnäs und Växjö sind zu nennen; Zeitler, *Schweden*, S. 519–522 und S. 640; Hallenkirchen sind zudem *St. Nikolai* in Stockholm, fünfschiffig, Dom seit 1942 und die Klosterkirche im dänischen Maribo, Dom seit 1803. S. Zeitler, *Schweden*, S. 443–448 und Lilius/Zeitler, *Dänemark*, S. 268–270.
189 Barüske, *Norwegen*, S. 77–85.
190 Dmitriev u. a., *Polen*, S. 89.

zer der Kirche kanonisiert.[191] Władisław I. Łokietek (1260/1261–1333) macht seine Grabkirche 1320 zur Krönungskirche und baut an ihrer Stelle den heutigen Dom.[192] Ein vereinfachter Île-de-France-Dom ist der zwischen 1345 und 1415 entstandene Neubau in Gnesen (Gniezno).[193] Ab ca. 1360 folgt, noch einfacher, der Dom in Lemberg (Lviv). Hier rief 1656 Johann II. Kasimir (1609–1672, König 1648) Maria zur Schutzheiligen Polens aus.[194]

5.2.4 Kathedralen als frühe Vorzeichen eines globalen Christentums

5.2.4.1 Die Orientkreuzzüge – Kathedralen als Zeugnisse der *ecclesia militans et triumphans* und ihr architektonisches Erbe

Schon oben wurde gezeigt, dass Kathedralen in ihrer religiös-gesellschaftlichen Funktion als herausragende Zeugen der kämpfenden und triumphierenden Kirche verstanden werden konnten, als Abgrenzungen zur profanen, von Streit bedrohten Welt und in ihrer Ausrichtung auf das *Sanctissimum* – der Hütte Gottes unter den Menschen – als Symbol der Himmlischen Stadt. Dabei ist die Vorstellung, die zu dieser Deutung des Kirchengebäudes geführt hat, natürlich alt: Sie entspricht der biblischen Idee des Gottesvolkes, das auf seinem Weg durch Welt und Geschichte viel Mühsal zu bestehen hat, bis jenes transzendente Ziel erreicht ist, dessen Vorzeichen die Eucharistie ist. Erst recht zeigten die Beobachtungen zur Ausbreitung des Christentums, dass dies nicht stets Triumphalismus bedeutet. Doch tritt die *ecclesia militans* als die (zukünftige) *ecclesia triumphans* in ihren Dombauten sehr unterschiedlich hervor. Ein machtvolles Unikat ist die erwähnte Kathedrale in Albi, die Erzbischof Bernard de Castanet (um 1240–1317) als Warnzeichen gegen die Sekte der Katharer seit 1282 erbauen ließ, außen eine optisch karge Festung, 97 m × 19 m groß, innen kapellenreich und festlich.[195] Aber ganze Epochen lassen sich von der Vorstellung der *ecclesia militans et triumphans* mitreißen, auch architektonisch. Besonders lebhaft war sie im lateinischen Mittelal-

---

191 Vgl. neben Bałus z. B. den Beitrag von Stefan Samerski, Stanislaus von Krakau, in: Bahlcke u. a. (Hgg.), *Religiöse Erinnerungsorte*, S. 554–560.
192 Dmitriev u. a., *Polen*, S. 89–95.
193 Dmitriev u. a., *Polen*, S. 53–55.
194 Aleksander Strojny/Krzystof Bzowski/Artur Grossman, *Ukraine – der Westen* (Bielefeld: Verlag Reise Know-how, 2010²), S. 123–125; Christophe von Werdt, Lemberg, in: Bahlcke u. a. (Hgg.), *Religiöse Erinnerungsorte*, S. 81–90, hier S. 82.
195 Ohlert, *Die Kathedrale*, S. 112–113; Freigang, *Meisterwerke*, S. 167.

ter, wo der Kreuzzugsgedanke lebendig war, zwischen Ekstasen (es wurden Reliquien auf Kreuzzügen mitgeführt, von Wundern wurde berichtet[196]) und militärischen Tragödien wie Massakern – mit Wirkung bis heute.

Nun ist im Laufe der Zeit der Kreuzzugsbegriff inhaltlich eskaliert.[197] Hier rekurriert sei aber auf seinen Grundgedanken, der bei der Proklamation des I. Kreuzzuges 1095 durch Urban II. (um 1035–1099, Papst 1088) in Clermont-Ferrand formuliert wurde: Primär gedacht war er anti-muslimisch, als Fanal zur Befreiung des Heiligen Grabes Christi von den „Ungläubigen" – also jenes Ortes, der ein zentrales Symbol des Christentums war. Und die Muslime waren die Inkarnation des Heidentums *par excellence*, jenes Antichristen, der die Kirche zu vernichten drohte, um am Ende der Zeit jenen Ort der Erlösung zu verwüsten – wäre diesem Feind nicht die Vernichtung angesagt durch den wiederkommenden Christus (Lk 21,24).[198] Himmlischer Lohn stehe für alle bereit, die sich dem Kreuzzugsunternehmen unterzögen. Doch würde irdischer Lohn nicht fehlen, nämlich als päpstlicher Ablass – d. h. ein Erlass sämtlicher Bußleistungen für bislang begangene Sünden.[199] Aber wie sinnreich dieses Angebot zur Förderung der Fahrt ins Heilige Land sein mochte, sollte ähnlich wie der Kreuzzugsgedanke auch der Ablassgedanke eskalieren: In der aus späteren Zeiten bekannten Gestalt käuflicher Ablass-*briefe* wurde er zum Mittel der Tilgung von Sündenstrafen jeder Art, wobei der Erlös zum Bau der neuen Peterskirche in Rom beitrug.

Als politisches Geschehen waren die Kreuzzüge stürmisch; sie führten nicht zuletzt im Gefolge des I. Kreuzzuges ab 1099 zur Gründung des Königreiches Jerusalem und anderer Kreuzfahrerstaaten. Es folgten auch hier Diözesen mit Kathedralen. Dazu kam die Ausweitung der Kreuzzugspraxis auf andere Gegenden – immerhin mit dem Nebeneffekt, dass sich auch der Missionsgedanke verstärkte, besonders in den neuen Orden der Franziskaner und Dominikaner,[200] sodann z. B. der Johanniter oder im Deutschorden.[201] Freilich – durch ihre Machtdemonstrationen haben die Kreuzfahrer weniger Gegner besiegt als sich neue geschaffen, da ihre Vorgehensweise oft bedenkenlos war. Auch hatten ihre Eroberungszüge fast nur militärische Katastrophen zur Folge. Blutig war schon die Einnahme Jerusalems gewesen, doch

---

196 Heyer, *Kirchengeschichte*, S. 116.
197 Bekannt sind die päpstlich sanktionierten „Kreuzzüge" eines Bremer Erzbischofs 1233/1234 gegen die aufständischen Stedinger Bauern.
198 Peter Kawerau, *Geschichte der mittelalterlichen Kirche* (Marburg: N.G. Elwert Verlag, 1967), S. 140.
199 Kawerau, *Geschichte der mittelalterlichen Kirche*, S. 137–138.
200 Heyer, *Kirchengeschichte*, S. 108 ff.; S. 129 ff.
201 Kawerau, *Geschichte der mittelalterlichen Kirche*, S. 173 ff.

1187 gewannen die Muslime die Stadt in einem „heiligen Krieg" zurück.[202] Auch in den Ostkirchen hinterließen die Kreuzfahrer fast nur Gegner. Der IV. Kreuzzug endete schon mit der Einnahme Konstantinopels durch die Venezianer 1204, Stadt und *Hagia Sophia* wurden verwüstet, ein lateinisches Patriarchat entstand, und Innozenz III. forderte Byzanz zu neuer Einheit mit Rom auf, „da das Land der Griechen und ihre Kirche fast vollständig zur Anerkennung des Apostelstuhls zurückgekehrt" seien.[203] So wird verständlich, dass von der mittelalterlichen Präsenz der Westkirche in den Kreuzfahrerstaaten kaum Dome blieben, wenige auf dem Festland wie *U.L.F.* im syrischen Tortosa (Tartus), heute ein Museum,[204] einige auf den Mittelmeerinseln. Eine der wichtigsten Inseln war Zypern, wo Guido von Lusignan (gest. 1194), vormals König von Jerusalem, ein Reich gründete. Hier folgten 1196 die lateinische Hierarchie,[205] bald Dome. Nur zwei überlebten aber, in französischer Gotik, beide nur als Moscheen erhalten: die *Hagia Sophia* in Nikosia und *St-Nicholas* in Famagusta.[206]

Selten haben lateinische Kathedralen aus dem Mittelalter in der Region dagegen als Kirchen überlebt. Ein Beispiel ist der Mariendom in Naxos, der zusammen mit dem Bistum auf das 13. Jahrhundert zurückgeht. Allerdings war die Insel lange venezianisch. Ähnliches gilt für Syros mit der lateinischen Kathedrale in Ermoupolis (die aber heute aus dem 19. Jahrhundert stammt).[207]

5.2.4.2 Trutzburgen in Preußen und im Baltikum

Obwohl die soeben beschriebenen Bauten wenig im kultur- und frömmigkeitsgeschichtlichen Bewusstsein geblieben sind, wurden sie nicht ohne Grund erwähnt: Sie bilden in ihrem martialischen Kontext erste Bausteine zum Verstehen jener Zusammenhänge, innerhalb derer die weitere Expansion des westkirchlichen Christentums über seine europäischen Grenzen hinaus mit ihren architektonischen

---

202 Heyer, *Kirchengeschichte*, S. 126 f.
203 Pitirim, *Die Russische Orthodoxe Kirche*, S. 10.
204 Daniel Demeter, *Lens on Syria. A Photographical Tour of Its Ancient and Modern Culture* (Charlottesville: Just World Books, 2016), S. 282.
205 Hans Eberhard Mayer, *Geschichte der Kreuzzüge* (Stuttgart: Kohlhammer, 2005¹⁰), S. 282.
206 Zu beiden Camille Enlart, Gothic Architecture and the Renaissance in Cyprus (frz. 1899; engl. London: Trigraph, 1987), S. 82–130; S. 222–245. S. a. Georg Dehio/Gustav von Bezold, *Die kirchliche Baukunst des Abendlandes. Historisch und systematisch dargestellt*, Bd. II (Stuttgart: Arnold Bergsträsser Verlagsbuchhandlung, 1901), S. 435–439; Leyda Alcicioglu, *Adaptive Re-Use of Gothic Churches Converted to Mosques by Ottoman Empire and their Adaptive Re-Uses*. Dissertation an der Oxford Brookes University 2014; s. a. Suna Güven, St Sophia in Nicosia, Cyprus. From a Lusignan Cathedral to a Ottoman Mosque, in: Mohamad Gharipour, *Sacred Precincts. The Religious Architecture of Non-Muslim Communities across the Islam* (Leiden-Boston: Brill, 2015), S. 415–430.
207 Vgl. Marianne Mehling u. a., *Knaurs Kulturführer in Farbe. Griechische Inseln*, hg. von Marianne Mehling (Augsburg: Weltbild Verlag, 1998), S. 232 und S. 256.

Folgen zu begreifen ist, weil auch durch die Transformationen des Kreuzzugsgedankens neue Impulse zur Expansion des Christentums freigesetzt wurden. Charakteristisch ist Norddeutschland, wo die Kreuzzugsbegeisterung noch anhielt, als 1197 Jerusalem gefallen war. Auch das Interesse am Heiligen Land blieb, und unter Friedrich I. (gest. 1190) wurde 1189 zu einem neuen Kreuzzug dorthin aufgerufen, der auch im Erzbistum Bremen Anklang fand. Andererseits waren die Beziehungen der Region zum Baltikum eng. So war von Norddeutschland aus 1186 bereits in Livland ein Bischof eingesetzt worden, der aber ohne Erfolg blieb. Sein Nachfolger starb sogar als Märtyrer. Erst der Bremer Domherr Albert, 1199 zum Bischof geweiht, war erfolgreicher. Allerdings hatte zeitgleich auch Innozenz III. die Christianisierung der Region als Ziel eines Kreuzzuges erklärt – nämlich als Alternative zur Ausfahrt ins Heilige Land – und die Kreuzfahrer mit den gleichen Privilegien ausgestattet.[208] Albert gelang auch, 1201 der Region mit der Stadt Riga ein kirchliches Zentrum zu geben, und bald entstand hier die bis heute größte Bischofskirche im Baltikum.[209] Im heutigen Estland wiederum hatten bereits die Dänen Fuß gefasst und bei einem Kreuzzug 1219 Tallinn gegründet, wo ebenfalls die Kathedrale folgte.[210] Und obwohl nicht nur der Machtanspruch die Bauten motivierte, waren sie oft demonstrative Zeugnisse bischöflicher Autorität, etwa für das 1228 gegründete Bistum Ösel-Wieck das Ensemble von Kathedrale und Bischofsburg im estnischen Haapsalu (Abb. 17),[211] und wenn die Bauten laut päpstlicher Begründung *ad defensionem christianorum* entstanden,[212] blieb faktisch viel fromme Theorie im Spiel. Architektonisch hierher gehört auch der seit seinem Verlassen des Heiligen Landes ab 1226 in Preußen tätige Deutsche Orden z. B. mit dem Dom und der Kapi-

---

208 Insgesamt Gisela Gnegel-Waitschies, *Bischof Albert von Riga. Ein Bremer Domherr als Kirchenfürst im Osten* (Hamburg: August Friedrich Velmede Verlag 1958), bes. S. 39 ff.
209 Kaur Alttoa u. a., *Estland. Lettland. Litauen. Kunstdenkmäler Baltische Staaten* (Edition Leipzig, 1992), S. 376–377; Volker Hagemann, *Riga. Tallinn. Vilnius* (Berlin: Teschen-Verlag, 2008¹), S. 57–59.
210 Raimo Pullat, *Die Geschichte der Stadt Tallinn* (engl. 1998; dtsch. Tallinn: Estopol, 2003), S. 28 ff.; Sulev Mäeväli, *Architectural and Art Monuments in Tallinn* (Tallinn: Perioodika Publishers, 1993³), S. 13 ff.
211 Altooa u. a., *Estland. Lettland. Litauen*, S. 324; Anton Pärn, Haapsalu – Wurzeln, Gründung und Entwicklung, in: Manfred Gläser/Manfred Schneider (Hgg.), *Kolloquium zur Stadtarchäologie im Ostseeraum X* (Lübeck: Verlag Schmidt-Römhild, 2016), S. 519–535; ders, Topographie als „Machtfaktor". Die Entwicklung der städtischen Befestigung der Stadt Haapsalu (Westestland) zwischen Mittelalter und Neuzeit, in: *Mitteilungen der Deutschen Gesellschaft für archäologie (!) des Mittelalters und der Neuzeit* 32 (2019), S. 85–94.
212 So Innozenz III., bei Gnegel-Waitschies, *Bischof Albert von Riga*, S. 53 f.

telsburg zu Marienwerder (Kwidzyn).²¹³ Und manchmal blieb die Christianisierung langwierig. Erst 1386 ließ in Litauen sich Fürst Jogaila (gest. 1434) taufen und ermöglichte durch Heirat mit Jadwiga von Anjou (1373–1399) die Personalunion von Polen-Litauen.²¹⁴ Kurz nach 1386 folgte der Dom in Vilnius (Wilna), Vorgänger des heutigen Domes.²¹⁵

Abb. 17: Haapsalu. Kathedrale des mittelalterlichen Bistums Ösel-Wieck, heute lutherisch. Der einschiffige Bau steht kunsthistorisch am Rande. Charakteristisch geblieben ist er als Teil des Burg-Dom-Ensembles, regional bedeutsam durch die weite Gewölbespannung im Langhaus.

5.2.4.3 Nach der *Reconquista* und vor der *Conquista*
Doch zunächst ist ein weiteres Mal an die iberische Halbinsel zu erinnern. Sie wurde zwar schon als früher Wirkungsraum der *ecclesia militans et triumphans* erwähnt, aber nicht im Blick auf die Konsequenzen dieses Selbstverständnisses für die Bedeutung ihrer bischöflichen Referenzbauten. Gewiss, wenn gerade diese Region ein Paradigma für den Kampf der Christen gegen die „Heiden" war,

---

213 Insgesamt Sarnowsky, *Der deutsche Orden*; zu Marienwerder S. 38; zur Architektur Christofer Herrmann, *Mittelalterliche Architektur im Preußenland. Untersuchungen zur Frage der Kunstlandschaft und -geographie*, Petersberg: Verlag Michael Imhof, 2007; ders., Die pomesanische Kapitelsburg und der Dom in Marienwerder, in: Zeune/Hofrichter (Hgg.), *Burg und Kirche*, S. 231–242.
214 Sabrina P. Ramet, *The Catholic Church in Polish History. From 966 to the Present* (New York: Springer, 2017), S. 21.
215 Altooa u. a., *Estland. Lettland. Litauen*, S. 400–402.

standen sich wie schon im normannischen Sizilien Katholiken und Muslime nicht stets feindlich gegenüber. So baute man im früh zurückeroberten Toledo zwar den Dom als „französischen" Triumphbau anstelle der Hauptmoschee, aber das lateinische Christentum erfuhr zugleich über die arabische Rezeption der Antike und durch arabische – philosophische wie naturwissenschaftliche – Texte eine neue Erweiterung „heidnischen" Wissens.[216] Mehr noch: Trotz aller religiösen Gegensätze bahnte sich auch architektonisch eine Annäherung an: Als 1236 Córdoba wieder an die Christen fällt, eine der wichtigsten Städte Andalusiens mit einer der größten Moscheen der Welt, wird diese zunächst mit wenig Umbauten als Bischofskirche genutzt. Für das später zurückeroberte Sevilla wird anstelle der Moschee bis ca. 1520 zwar eine neue Kathedrale errichtet – eine der größten der Christenheit –, aber das Minarett beibehalten.[217] Mehr noch, vergleicht man den Dom von Sevilla – oder die einige Zeit später begonnene Neue Kathedrale von Salamanca – mit den Domen von Toledo oder León, zeigt sich, dass sogar ein maurisches Raumgefühl gesiegt hat: Anders als in den letzteren Kirchen steht ja in Sevilla und Salamanca auch der Grundriss der Moschee von Córdoba nahe: fast quadratisch, ohne „französische" Zielgerichtetheit auf den Chor hin.[218] Dem entspricht höhenmäßig, dass die Langhaus-Abstufung nach Art der Basiliken der Neigung zur Hallenkirche weicht (wie schon Córdobas Moschee eine „Halle" ist). Doch vergesse man nicht, dass im Kontakt von Christen und Mauren selbst bei Militäraktionen die Fronten nicht immer klar waren, weil sich christlich-muslimische Koalitionen für ein gemeinsames Ziel bildeten.[219]

Indes liegen die Dinge noch differenzierter. Gerade auf der iberischen Halbinsel liefen die soeben beschriebenen Entwicklungen ebenso auf reale Antagonismen von Christen und „Heiden" zu. Beinahe zeitgleich mit Beginn des I. Kreuzzuges, nämlich 1089, wurde von Urban II. (gest. 1099) auch die Rückoberung Tarragonas als Kreuzzug definiert,[220] rasch sollten mit solchen Definitionen der *Reconquista* an-

---

216 Vermittlungsarbeit leisteten auch die Übersetzerschulen, da viele antike Quellen nur auf Arabisch existierten. Schon hier war die Vereinbarkeit mit dem Christentum nicht immer ein Kriterium der Rezeption, s. Flasch, *Das philosophische Denken*, S. 218 ff.
217 Die Daten nach Freigang, *Meisterwerke*, S. 193.
218 Lützeler nannte solche Innenräume „Räume ohne Aktivität", s. *Vom Sinn der Bauformen*, S. 162.
219 Auch der Cid (Rodrigo Díaz de Vivar, gest. 1099) stellte sich manchmal den Mauren zur Verfügung, s. Carl Erdmann, *Die Entstehung des Kreuzzugsgedankens* (1935; Nachdruck Darmstadt: Wissenschaftliche Buchgesellschaft, 1977), S. 269; Jaspert, *Die Reconquista*, S. 82–83; S. 26–29; S. 91–93.
220 C. Erdmann, *Die Entstehung*, S. 292–295.

dere Päpste folgen.²²¹ Mehr noch: die Päpste lenkten Portugiesen und Spaniern als potentielle Kreuzfahrer bisweilen durch Ablässe davon ab, an Kreuzzügen ins Heilige Land teilzunehmen, um nicht die iberischen Unternehmungen gegen die „Heiden" zu gefährden.²²² Man darf diese Tatsache für die weitere Entwicklung der Region nicht unterschätzen: Von der iberischen Halbinsel gingen ja in Gestalt der *Conquista* die Entdeckung und Missionierung Südamerikas aus, und die Vorfahren des hl. Ignatius von Loyola nahmen an Kämpfen gegen die Mauren wie an dieser *Conquista* teil.²²³ Auch auf die Dome der iberischen Halbinsel – besonders Spaniens – fällt ein weiteres Licht: Nach langer spanischer Rücksichtnahme auf das muslimische Erbe wurde in die Moschee von Córdoba zwischen 1523 und 1607 eine platereske neue Kathedrale mit stattlicher Kuppel hineingebaut.²²⁴ Und trotz gelegentlicher architektonischer Vermischung mit maurischer Sakralarchitektur in älterer Zeit haben auch andernorts die neuen Dome immer weniger mit Moscheen gemein, weder mit ihrer farbenfrohen Bildlosigkeit noch mit ihrer Raumstruktur. Im Gegenteil, noch mehr wurden sie Klerikerbauten: Mitunter wurden Innenraum und Klerikerraum beinahe identisch, da der *Coro* fast den ganzen Innenraum einnimmt, zusätzlich vom Gemeindebereich/*Trascoro* durch eine hohe Wand abgetrennt. Die Zahl der Seitenkapellen stieg weiter.²²⁵ Aber so gewannen die spanischen Kathedralen in der Neuen Welt weiteres Leben.

5.2.5 Höhepunkte und Grenzen der mittelalterlichen Kathedrale

5.2.5.1 Eucharistische Leitbauten und kulturelle Ereignisräume

Insgesamt verwundert nicht, dass die gotische Kathedrale, die sich in Frankreich und England entwickelte, so beliebt geworden ist. Das betrifft nicht allein ihre Repräsentativität, ihre oft kühne, ja maßlose Architektur, ihre oft numinosen Raumwirkungen, sondern diese Bauten entsprachen auch jener Religiosität, die sich seit der frühen Kirche entwickelt hatte. Derlei bedeutet zwar nur eingeschränkt, dass Entstehung und Gestalt z. B. der Île-de-France-Dome in enger Analo-

---

221 Hans Wolter nennt die päpstlichen *Bulas de Cruzada* seit Kalixt III. (1378–1458, Papst 1455), s. Elemente der Kreuzzugsfrömmigkeit in der Spiritualität des hl. Ignatius, in: Friedrich Wulf (Hg.), *Ignatius von Loyola. Seine geistliche Gestalt und sein Vermächtnis 1556/1956* (Würzburg: Echter-Verlag, 1956), S. 113–150, hier S. 120.
222 Erdmann, Der Kreuzzugsgedanke in Portugal, in: *Zeitschrift für Geschichte* 143 (1930), S. 23–53.
223 Zur Beziehung von *Reconquista* und *Conquista* s. a. Jaspert, *Die Reconquista*, S. 107 ff., bes. S. 110 ff.
224 Vgl. Michele Lamprakos, Arquitectura, Memoria y Futuro. La Mezquita-Catedral de Córdoba, in: *Quintana* Nr. 17 (2018), S. 43–74. Hier die Eckdaten.
225 Lützeler, *Vom Sinn der Bauformen*, S. 162–164.

gie zur zeitgleichen theologisch-philosophischen Scholastik stünden, die Kirchen gar ein detailgenaues Abbild des Himmlischen Jerusalems seien.[226] Sagen lässt sich jedoch, dass gerade die Kathedrale auch durch den Kultus numinose Züge besaß. Vermittelt durch die Spitzen der kirchlichen Hierarchie, waren ja hier Christuslicht und geschaffenes Licht, der gott-menschliche Erlöser und der im Neuen Jerusalem triumphierende Christus im eucharistischen Raum und in der Transsubstantiation bereits an ein und demselben Platz und in ein und demselben symbolischen Akt präsent, und zwar in wachsendem Maß. Das heißt nicht, dass nicht auch andere, minder hochrangige – städtische, klösterliche – Kirchen in ihren Liturgien, weniger in ihrer ontologischen Würde, diese Funktionen haben konnten[227] und zu den Kathedralen in Konkurrenz traten. Doch bedurfte es eines neuen Christentums, um den Primat der Kathedralen im Ensemble der Kirchbauten grundsätzlich zu hinterfragen.

Aber auch abgesehen von diesen Überlegungen dürfte verständlich sein, dass Kathedralen zumindest im Idealfall im sozialen Ansehen standen, schon von ihrer optischen Präsenz her und nicht nur als religiöse, sondern auch kulturelle Ereignisräume, oft mit innovatorischen Anregungen und wieder nicht allein im religiösen Sinne. Schon ihre Außengestalt war wohl im Original farbiger, als die Bauten heute vermuten lassen,[228] im Inneren ebenfalls, bereits durch die Glasmalerei und die Altäre. Dazu kamen die Wirkung des Sonnenlichts, das den Fenstern Kraft und Kontur gab, und das Licht der Altarkerzen – ein weiterer Kontrast gegenüber den meist dunklen Bürgerwohnungen, gar den Wohnungen der kleinen Leute.[229] Die Musiker von *Notre-Dame* in Paris schufen als eine *ars nova* die Grundbedingungen jener Mehrstimmigkeit, deren Klänge bis ins 19. Jahrhundert als Abbild der Himmelsbewegungen und Abklang der *musica coelestis* erschienen und als ‚Kontrapunkt' die Musikgeschichte bewegten. Für eine bischöfliche Liturgie in größeren Domen konnte man im Chorraum und bei Prozessionen mit mehr als 100 Klerikern rechnen. Und was in dieser Hütte Gottes als einem Raum möglicher Transzendenzerfahrung geschah, konnte selbst frommen Zuschauenden nicht minder als theatralische Inszenierung vorkommen: So fern dürften die in der

---

226 Exemplarisch Erwin Panofsky, *Gotische Architektur und Scholastik. Zur Analogie von Kunst, Philosophie und Theologie im Mittelalter* (engl. 1951), dtsch. Köln: DuMont, 1989; Sedlmayr, *Die Entstehung der Kathedrale*, S. 103 ff.; kritisch Klein, Eckstein oder Schlussstein. Otto von Simsons *The Gothic Cathedral/Die gotische Kathedrale*, in: Ingeborg Becker/Ingo Herklotz (Hgg.), *Otto von Simson 1912–1993 zwischen Kunstwissenschaft und Kulturpolitik* (Wien: Böhlau 2019), S. 143–174, bes. S. 151 ff.
227 Die Marienkirche in Danzig hatte 1510 schon 59 Altäre, vgl. Kroesen, *Seitenaltäre*, S. 14–15.
228 Sedlmayr, *Die Entstehung der Kathedrale*, S. 23 ff.
229 Die Wohnungen besaßen lange keine Glasfenster, sondern nur Fensterläden und als Leuchtkörper außer dem Herdfeuer nur Öllampen und Fackeln. S. Otto Borst, *Alltagsleben im Mittelalter* (Frankfurt: Insel Verlag, 1983), S. 245–248.

Elevation bei der Transsubstantiation den Gläubigen gezeigten eucharistischen Elemente wahrnehmungsmäßig von dem Zauber des legendären Heiligen Grals nicht gewesen sein, und die Grenzen zwischen den bischöflichen Liturgien und den – in und außerhalb der Kirche aufgeführten – Mysterienspielen waren manchmal fließend.[230] Bunter kann man sich das geistliche Leben noch ausmalen, wenn Dome zusätzlich als Abteien und vor allem als Wallfahrtskirchen fungierten: Santiago mit dem Schrein des hl. Jakobus d. Ä. wurde genannt, der neue Kölner Dom war ja schon bei seiner Gründung 1248 Ort der nicht lange zuvor eingerichteten Dreikönigswallfahrt; der neue Dom in Magdeburg hatte seine Anfänge zeitgleich mit dem Kauf der Reliquien des hl. Mauritius. In England waren 5 Kathedralen zugleich Abteien und als wichtigste in Canterbury das Pilgerzentrum für die Reliquien des hier ermordeten Thomas Becket (1118–1170),[231] schon früh durch Geoffrey Chaucer (um 1340–1400) literarisch verewigt. Nicht vergessen sei, dass Kathedralen häufig zusätzliche Foren für charismatische Prediger waren, meist Ordensleute, von Ort zu Ort wandernd, vom Magistrat empfangen, bisweilen mit einer eigenen Kanzel an der Außenmauer des Domes geehrt.[232] Und ihre gern langen – derben, dogmatisch nicht immer korrekten – Predigten berührten Tausende und zeigten, wie fließend die Grenzen zwischen Liturgie und Theater manchmal waren.[233] Mitunter gehörten die Prediger zum Domklerus wie Geiler von Kaysersberg (1445–1510) in Straßburg. Und man kann diese *Events* weit fassen: Sie umschließen auch die Präsenz der neuesten wissenschaftlichen Horizonterweiterungen, Bautechnologien, architektonischen Errungenschaften, kurzum: die Wandlungen der christlichen Metaphysik in eine konkret wahrnehmbare Physik zur Ehre Gottes. Und obwohl man Technologien nicht im Vordergrund sah (weil man die Baupraxis eher aus der Erfahrung lernte denn aus wissenschaftlichen Systemen[234]), umfassen die Kenntnisse den damaligen Architekturbetrieb gut: Materialkenntnis, Geometrie, Statik, Optik – wie auch die Domschulen Zentren der Bildung wurden, des geschliffenen Dialogs nach exakten Regeln, logischer Deduktion, wissenschaftlicher Forschung.[235] So waren die Kirchen Prestigebauten, die mehr sein wollten als Resultate einer Liturgie zur Feier des Himmels, nämlich Übungsstätten rationaler Weltgestaltung, und deren kogniti-

---

230 Sedlmayr, *Die Entstehung der Kathedrale*, S. 39–44.
231 Eine Auflistung G.H. Cook, *The English Cathedral*, S. 32.
232 So der hl. Bernhardin von Siena (1380–1444) in Prato, vgl. Ohler, *Die Kathedrale*, S. 77.
233 Duby, *Die Zeit der Kathedralen*, S. 386 ff.
234 Binding, *Was ist Gotik?*, vgl. bes. S. 83 ff.
235 Duby, *Die Zeit der Kathedralen*, S. 196–204.

ven Methoden folgte auch die Theologie (während die Byzantiner die Methoden missbilligten).[236]

5.2.5.2 Der unvollendete Bau – Missgeschick oder Vorzeichen einer Neuorientierung

Nun ließe sich mit dem Kunsthistoriker Otto von Simson folgern, dass die mittelalterlichen Kathedralen – vor allem die der Gotik – bis heute ungebrochen die Präsenz jener himmlischen Wirklichkeiten ausstrahlen, von deren Realität ihre Architekten und Bauleute überzeugt waren, und dass sie durch diese Ausstrahlung „die geistige Ordnung des Mittelalters" noch in einer Zeit lebendig machen, die als „unsere moderne Welt" gerade „aus der Auflehnung" gegen diese Ordnung entstanden ist, da „die gotische Kathedrale [...] noch heute [...] dem Gottesdienst" dient, also keine „Ruine aus einer unwiederbringlich verlorenen Vergangenheit" ist.[237] Tatsächlich ist auch im 21. Jahrhundert das liturgische Leben dieser Dome nicht erloschen, ihre Stilistik spätestens auf dem Umweg über den Historismus global lebendig, und selbst ihre technologischen Errungenschaften konnten Architekten und Ingenieure bis in die Neuzeit begeistern.[238] Bemerkenswert ist jedoch, wie viele dieser Kirchen, besonders in der Gotik, obwohl jahrhundertelang als Referenzbauten attraktiv, in ihrer Epoche unvollendet blieben: Das *opus perfectum* ist offenbar nur selten erreichbar; und wenn manche der Bauten zu solchen *opera perfecta* zählen, muten sie zwar paradoxerweise „vollendet" an, wurden es aber in ihrem damaligen Ist-Zustand nie: Chartres war 8-türmig geplant, Reims 10-türmig.[239] Die Fassade der Kathedrale in Straßburg ist zwar aus heutiger Sicht hoch individuell, aber eben weil der zweite Fassadenturm fehlt; ähnlich das Turmpaar am Querhaus in Wien mit dem bis 1578 abgedeckten torsohaften Adlerturm im Norden.[240] Andere Dome wurden erst histo-

---

236 Vgl. Alain de Libera, Die Rolle der Logik im Rationalisierungsprozeß des Mittelalters, in: Flasch/Jeck (Hgg.), *Das Licht der Vernunft*, S. 84–122; zur Haltung in der griechischen Orthodoxie S. 115.
237 Otto von Simson, *Die gotische Kathedrale*, S. 1. Zum Lob der Gotik s. a. Cruz, La catedral, S. 74.
238 Lt. Bruno Klein könnte die Vollendung des Kölner Domes noch den Bau der Wolkenkratzer beflügelt haben, s. A New Old Architecture. Global Gothic in the Twentieth and Twenty-First Centuries, in: B. Borngässer/B. Klein (Hgg.), *Global Gothic. Gothic Church Building in the 20th and 21st Centuries* (Leuven: University of Leuven Press, 2022), S. 12–29, hier S. 18.
239 Pevsner, *Europäische Architektur*, S. 108–109. Vermutlich ist meistens an spitze Türme zu denken, selten an flache Turmbedeckungen à la Notre-Dame in Paris; s. a. Binding, *Was ist Gotik?*, S. 140–141.
240 Dazu Oettinger u. a., *Wien u. a.*, S. 316–317.

ristisch zu Ende gebaut, dazu in neuzeitlicher Technologie wie in Köln. Auch in Italien wurden die gotischen Dome nicht akribisch vollendet, etwa in Florenz. Bizarr mutet an, dass der Dom von Siena während des Baus zeitweise (1322–1348) lediglich als Querhaus eines *Duomo Nuovo* gedacht war,[241] aber dieser Neue Dom blieb ein Fragment.

Gewiss ist das Phänomen der unvollendeten Kathedrale nicht nur mittelalterlich. Es wird sich häufig wiederfinden, und keineswegs verweisen die Geschicke aller im Mittelalter unvollendeten Dome auf folgenschwere geistesgeschichtliche Umbrüche: Manchmal sind die Gründe, aus denen eine Kirche unfertig blieb, beinahe banal. Es können Finanzprobleme sein wie in Straßburg, wo das Bauprojekt von einem Stadium zum nächsten immer teurer wurde.[242] Hier blieb man in Magdeburg realistischer. Mitunter spielen technische Aspekte eine Rolle. Das bekannteste Beispiel ist der Neubau in Beauvais (Abb. 18), mit dem man die vorhandene nachkarolingische Kathedrale grenzenlos überbieten wollte, wo man sich aber nach zwei konstruktionsbedingten Kastrophen mit der Vollendung von Chor und Querschiff begnügte (doch selbst dieser Torso wurde größer als der ganze Vorgänger!).[243] Mitunter hatte die Vollendung zu ihrer Zeit ästhetische Grenzen, so in Köln: Wenn man den Bau ab 1560 über Jahrhunderte einstellte, wohl auch deshalb, weil ein Weiterbau anachronistisch gewesen wäre.[244] Die ‚perfekte Kathedrale', als die man sie bezeichnet hat,[245] sollte die Kirche erst im 19. Jahrhundert werden.

Wichtiger ist jedoch, dass der Dombau auch an frömmigkeitsgeschichtliche Grenzen kam – denen sodann theologische Grenzen folgten. Dabei wurden diese Grenzen indes zunächst nur in den innersten Zirkeln des Klerus wahrnehmbar, während die geistliche Hierarchie als solche unangefochten blieb – z. B. in innerklerikalen Machtproben, die auf architektonischer Ebene ausgetragen wurden. Zwar erhoben die Bettelorden wie die Franziskaner ihre Stimme gegen kirchlichen Prunk, auch Säkulargeistliche.[246] Daneben standen freilich z. B. weiterhin die Benediktiner als Virtuosen kirchlicher Repräsentation: Denn hatte zwar die

---

[241] Georg Kauffmann, *Toskana*. Reclams Kunstführer Italien, Bd. III/2 (Stuttgart: Reclam, 1984), S. 481 ff. Die Grundrisse, S. 488.
[242] Bruno Klein, Das Straßburger Münster als Ort kommunaler Repräsentation, in: Jörg Oberste (Hg.), *Repräsentationen der mittelalterlichen Stadt* (Regensburg: Schnell und Steiner, 2008), S. 83–93, hier S. 89 ff.
[243] Stephen Murray, *Beauvais Cathedral. Architecture of Transcendence*, Princeton: Princeton University Press, 1989; zu den Ursachen des Kollapses von 1284 bes. S. 115 ff.
[244] Dazu kam 1543–1547 der protestantische Reformversuch Erzbischofs Hermann von Wied (1477–1562).
[245] Freigang, *Meisterwerke*, S. 159.
[246] Vgl. Ohler, *Die Kathedrale*, S. 369–370.

Abb. 18: Beauvais. Das Miteinander der Alten und Neuen römisch-katholischen Kathedrale der Stadt zeigt, wie dramatisch sich der französische Dombau bis zum Spätmittelalter entwickelt hat.

Dombaugeschichte gezeigt, dass zuweilen in ihren Abteien – etwa in Sizilien und England – königliche, kirchlich-hierarchische und monastische Interessen zueinander fanden, sie lieferten jedoch auch anti-hierarchische Konkurrenz. So war die „südfranzösisch"-einschiffige Kirche *St-Étienne* in Toulouse die Kathedrale. Schon ab 1093 hatten aber die örtlichen Benediktiner von *St-Sernin* – ohnehin im Besitz einer der stattlichsten Kirchen der Christenheit – die Rechte zur Bestattung von Grafen, Bischöfen und Rittern von der Kathedrale erhalten;[247] außerdem installierten sie 1284 einen neuen Schrein für den heiligen Saturninus mit Baldachin und Statuen nach nordfranzösischer Art.[248] Auch andere lokale Orden bauten große Kirchen.[249] Infolgedessen sah sich der Domklerus in Toulouse herausgefordert, den Chorraum von *St-Étienne* zum gotischen Umgangschor umzubauen.[250]

---

247 Freigang, *Imitare Ecclesias Nobiles*, S. 311–314; Grueninger, *Deambulatorium*, S. 232.
248 Freigang, *Imitare Ecclesias Nobiles*, S. 236–237.
249 Freigang, *Imitare Ecclesias Nobiles*, S. 116 (zur Konkurrenz der Dominikaner) und S. 312.
250 Freigang, *Imitare Ecclesias Nobiles*, S. 113 ff.

Gewiss mag man derlei als Geplänkel um Kompetenzen einordnen. Wichtiger ist, dass es auch um einen Konflikt zwischen Bischof und Bürgerschaft gehen konnte; und die Bürgerschaft ordnete administrative Belange den Interessen der Kirchen gegenüber bisweilen sehr rational unter.[251] Ein Beispiel ist im französischen Narbonne die neue Kathedrale im Stil der Île-de-France-Gotik. Begonnen wird 1272 mit dem Chor; das Gewölbe wird mit 40 m Höhe das dritthöchste im Land. Aber es fehlt Platz für das neue Langhaus, da die Stadtmauern abzureißen wären, doch sie sind für die durch die Pest und den 100jährigen Krieg bedrohte Stadt notwendig: So gerieten Bischof und Magistrat aneinander,[252] und um den Weiterbau wurde prozessiert – mit dem Ergebnis, dass die Kirche unvollendet blieb, zumal 1355 die Pest tatsächlich ausbrach.[253]

Nun mag man auch diesem Konflikt für die weitere Geschichte des Dombaues kein allzu großes Gewicht zumessen: Denn es zeigt sich hier, dass auch im religiös hochgestimmten Mittelalter der Pragmatismus der städtischen Administration gegenüber Bischof und Domkapitel mit gutem Grund gewinnen konnte, und so war der Konflikt nicht langwierig. Anders lagen die Dinge in Venedig, dem Sitz eines Erzbischofs, der sich Patriarch nennen darf wie in Aquileia, im Stadtzentrum der Handelsstadt und mit der exzeptionellen Hauptkirche des hl. Markus, die allerdings von Konzeption und Funktion her die Hofkirche des städtischen Duca/Dogen war. Bezeichnend ist dementsprechend, dass der Erzbischof seit Gründung der Diözese 827 in der abgelegenen Kirche von *San Pietro in Castello* seine *Kathedra* hatte und erst 1807 in *S. Marco* Fuß fasste, als die Stadtrepublik 10 Jahre untergegangen war:[254] Allzu wenig war in der international vernetzten und religiös toleranten Metropole die Rücksicht auf einen Hierarchen noch erforderlich, der zwar Träger alter Traditionen war, aber belanglos für Politik und Wirtschaft. Ähnlich lagen die Dinge in Hansestädten des Ostseeraumes. So war in Lübeck *St. Marien* gegenüber dem Dom ein echter Konkurrenzbau: letzterer zwar kaum weniger stattlich als die Marienkirche, aber gegenüber der nach dem Île-de-France-Modell errichteten bzw. umgebauten Bürgerkirche weniger modern (obwohl auch er einen Umgangschor erhielt).[255] Die gleiche Modernität konnte im lettischen Riga die Bürgerkirche *St. Petri* gegenüber dem Dom beanspruchen. Hier

---

251 Zur Beziehung zwischen Bürgertum und institutionalisierter Kirche im Mittelalter Sabino S. Acquaviva, *Der Untergang des Heiligen in der industriellen Gesellschaft* (dtsch. Essen: Ludgerus-Verlag 1964), S. 83[132].
252 Freigang, *Imitare Ecclesias Nobiles*, S. 11.
253 Freigang, *Imitare Ecclesias Nobiles*, S. 46–49.
254 Hubala, *Venedig. Brenta-Villen. Chioggia. Murano. Torcello*, S. 12, S. 326.
255 Rosemann (Hg.), *Niedersachsen. Hansestädte. Schleswig-Holstein*, S. 382–383; S. 385–386; Freigang, *Meisterwerke*, S. 165.

gab es sogar kriegerische Konflikte zwischen Bürgerschaft und Klerus.[256] Anderswo herrschte längst der bürgerliche Großbau. Zwar gilt heute als selbstverständlich, dass z. B. in Flandern die Stadtkirchen von Mechelen oder Antwerpen[257] Kathedralen sind, von ihren Maßen her[258] wie in ihrer opulenten Ausstattung. Bischofskirchen wurden sie aber erst 1559, als die Reformation im Gang war. Auch im ehemaligen Heiligen Römischen Reich waren einige heute im Bewusstsein verankerte „Dome" lange keine Bischofskirchen: *St. Stephan* in Wien wurde es zwar schon 1467, *U.L.F.* in München wurde es erst 1821, *St. Georg* in Limburg 1827, zeitgleich in Freiburg das Münster *U.L.F.*[259]

Doch können auch diese Rivalitäten zwischen den Interessensgruppen nicht sogleich als frühe Fundamentalkrise der hierarchischen Kirche gelten; sie zeigen aber, dass in Welten freieren Lebens, inmitten vieler ökonomischer und weltanschaulicher Kommunikationsnetze, im lateinischen Europa die Religiosität auf eine größere Individuierung hin zuläuft.

Vielleicht am wichtigsten sind hier aber die sich abzeichnenden theologischen Grenzen, also diejenigen, die durch die bisher nur gelegentlich gestreiften fundamentalkritischen Fragen gesteckt wurden, welche die Selbstverständlichkeit des Kathedralenbaus labilisierten. Dabei wirken weiterhin unterschiedliche Ansätze mit.

Erinnert sei noch einmal an das symbolkritische Element, das in der Westkirche mitwirkte, wenn metaphysische Bereiche betreten wurden, nicht zuletzt unter dem wachsenden Interesse an einem empirischen Zugang zur Wirklichkeit, den die Aristoteles-Rezeption mit ihren naturwissenschaftlich produktiven Impulsen mit sich brachte. Und hatte auch Berengar mit seinen Zweifeln an der Gegenwart Christi in den geweihten Abendmahlselementen noch kein Forum, blieben seine Fragen Indiz für einen möglichen Weltanschauungswandel: Sie zeigten, dass gegenüber einer Lebensausrichtung auf die hierarchische Kirche mit ihren metaphysischen Ordnungen und den Sakramenten, die sie in fromme Praktiken übersetzte, die Welt rationaler betrachtet werden konnte. Selbst an den Domschulen gewann Aristoteles Boden – obwohl seine Texte mit dem Christentum nicht so übereinstimmten, wie Thomas von Aquin (gest. 1274) meinte, sondern ketzerische Deutungen möglich waren wie bei Averroes (1126–1198) aus dem noch muslimi-

---

256 Alttoa u. a., *Estland. Lettland. Litauen*, S. 378–379; Hagemann, *Riga. Tallinn. Vilnius*, S. 51.
257 Joseph Delmelle, *Cathédrales et Collégiales de Belgique* (Bruxelles: Rossel Edition, 1975), S. 23 ff.; S. 101 ff.
258 *U.L.F.* in Antwerpen ist siebenschiffig, 119 m lang, das Querschiff 75 m; das Langhaus 53.5 m breit.
259 Kleinere Stadtkirchen waren allerdings vom späteren Kathedralenstatus ebenfalls nicht ausgeschlossen, z. B. Rottenburg/Württemberg (1821) und Feldkirch/Vorarlberg (1968).

schen Córdoba.²⁶⁰ Aber selbst als ein kirchliches Verbot der Aristoteles-Lektüre erging, kommentierte Albertus Magnus (um 1200–1280), Lehrer des Aquinaten, die aristotelische Naturphilosophie weiter.²⁶¹ Am Rand westkirchlichen Denkens wie im anonymen *Buch der 24 Philosophen* galt der unendliche Gott nicht mehr im mittelalterlichen Sinne als Schöpfer der endlichen Weltkugel,²⁶² sondern als Ursache eines ebenfalls unendlichen Universums (einer *sphaera infinita*), in dessen unendlich vielen Zentren er gleichermaßen als präsent erschien, so dass biblische Schöpfungstexte und hierarchisch-ontologische Abstufungen zwischen „Unten" und „Oben" den Sinn verloren.²⁶³

Diese Neubegründungen des Denkens dürfte nun die Architekten und Bauleute in ihrem Lebensgefühl nun noch nicht getroffen haben – umso weniger als die Kathedrale als Prestigebau eines sakramentalen Christentums mit wenigen Ausnahmen (etwa bei den Orden, in denen Christi Bedürfnislosigkeit als Lebensmodell diente) unangefochten blieb. Im Gegenteil: das Zentrum der Liturgie, die Transsubstantiation, fast das Grundmotiv frommen Lebens schlechthin, wurde immer inständiger und realistischer erlebt, besonders spektakulär in Hostienwundern wie 1263 in Bolsena: Hier machte sich die Wandlung der Hostie in den transzendenten Christusleib einem Zweifler auch optisch wahrnehmbar,²⁶⁴ und im Dom von Orvieto wurde dem Ereignis eine Kapelle gewidmet, in der auch Päpste die Messe lasen.²⁶⁵ Mit dem Bedürfnis nach Erlösung vor dem Zorn des Weltenrichters steigerte sich Zahl der Messen und Messstiftungen weiter und damit die Zahl der Altäre und Seitenkapellen,²⁶⁶ wie Anfang des 13. Jahrhunderts die Mönche der Kathedralabtei Durham im Jahr mehr als 7000 Totenmessen zelebrierten.²⁶⁷ Zusätzlich galt in der Trivialtheologie das Messopfer selbst als eine

---

260 Duby, *Die Zeit der Kathedralen*, S. 234 f. und S. 293; Flasch, *Das philosophische Denken*, S. 335–343; Thümmel, *Ikonologie*, Bd. II, S. 232 ff.
261 Duby, *Die Zeit der Kathedralen*, S. 292 f.; zur Aristoteles-Lektüre Alberts s. a. Loris Sturlese, Der Rationalismus Alberts des Großen, in: Flasch/Jeck (Hgg.), *Das Licht der Vernunft*, S. 46–55, bes. S. 55; Flasch, *Das philosophische Denken*, S. 408 ff.
262 Tonangebend war Honorius Augustodunensis (gest. um 1151) mit dem *De Imagine Mundi* und dem *Elucidarium* (MPL 172, Sp. 115–188 und 1109–1176), Paris 1854; dazu Böhner/Gilson, *Christliche Philosophie*, S. 316–319.
263 S. Peter Sloterdijk, *Sphären II. Globen* (Frankfurt: Suhrkamp, 1999), S. 537 ff.; K. Flasch, *Das philosophische Denken*, S. 286–292; ders., *Was ist Gott? Das Buch der 24 Philosophen* (München: C. H. Beck, 2011²), bes. S. 18–19.
264 Browe, *Eucharistie*, S. 286 f.; R. Rudolf, Art. „Bolsena", in: LThK² Bd. II, Sp. 576.
265 Browe, *Eucharistie*, S. 277.
266 Jungmann nennt die sogenannten Schachtelämter: Eine Messe wird zur Hälfte gesungen, dann still fortgesetzt, während die nächste gesungen beginnt (*Missarum Sollemnia*, Bd. I, S. 186).
267 Bei Cook, *The English Cathedral*, S. 38.

vom Opfer Christi unabhängige Handlung, ja Zaubermittel.²⁶⁸ Und die wachsende Zahl der Reliquien bot neue Kultobjekte transzendenter Wirklichkeiten.

Haben die Reformatoren den Willen zu einem radikaleren, weniger sinnenhaft-verdinglichten Verstehen von Transzendenz, wundert nicht, dass ihr Protagonist Martin Luther gerade auch dort misstrauisch wird, wo ein neuer Dom entsteht, nämlich in Halle – mit seinen Funktionen, Heilsversprechen, Kultgegenständen und dem Bauherrn Albrecht von Brandenburg (1490–1545), Erzbischof von Mainz.²⁶⁹ Jetzt gerät der Dombau in eine noch größere Sinnkrise.

5.3 Die Ostkirchen

5.3.1 Eine andere Welt

Sich nun den orientalischen und orthodoxen Kirchen zuzuwenden und der Entwicklung, die sie parallel zu der zuletzt beschriebenen Geschichte nahmen, heißt nicht nur: den Blick von Europa aus auf die südöstliche Seite des Mittelmeeres zu werfen, bis nach Persien und Indien, sondern auch eine andere Welt zu betreten. Zwar ist auch sie Teil des episkopalen Christentums, aber sie ist auch früh eigenständig und keine Welt früher Symbolkritik oder empirisch fokussierter Philosophie, sondern die Welt symbolischer Kontemplation der Transzendenz und architektonischer Konzepte, die vornehmlich die Bewahrung des religiösen Ist-Zustandes anvisieren. Ja für das Gesamtbild der Ostkirchen ist nicht einmal stets maßgeblich, was man über die Geschichte ihrer Kultbauten weiß, denn ihre Gestalt ist oft standardisiert. In Westeuropa sind ihre Konfessionen z. T. sogar kaum im Bewusstsein, z. B. die Thomaschristen Indiens,²⁷⁰ wenig erforscht ist auch die Sakralarchitektur dieser Konfessionen,²⁷¹ zumindest diejenige der nicht mit Rom unierten Kirchen.²⁷²

---

268 Joseph Lortz, *Die Reformation in Deutschland* (Freiburg u. a.: Herder, 1982⁶), z. B. S. 108–109; Angenendt, *Offertorium*, S. 449–451, bes. S. 451.
269 Ulrich Bubenheimer, Reliquienfest und Ablass in Halle. Albrecht von Brandenburg. Werbemedien und die Gegenschriften Karlstadts und Luthers, in: Stefan Oehmig (Hg.), *Buchdruck und Buchkultur im Wittenberg der Reformationszeit* (Leipzig: Evangelische Verlagsanstalt, 2015), S. 71–100.
270 P. Verghese, „Die dunklen Jahrhunderte", in: ders. (Hg.), *Die syrischen Kirchen in Indien*. KdW, Bd. XIII (Stuttgart: Evangelisches Verlagswerk, 1974), S. 21–32.
271 Lt. Leslie Brown sind die syro-malabarischen Kirchbauten vor dem 15. Jahrhundert unbekannt, s. *The Indian Christians of St Thomas. An Account of the Ancient Syrian Church of Malabar* (Cambridge u. a.: Cambridge University Press, Neuausgabe 1982), S. 13.
272 Ein Überblick bei Thomas George, *Theology in the Architecture of Ancient Churches in Kerala. Re-presents the Philosophic, Art & Aesthetic Dimensions focusing Vastu Vidya in Indian Cultural Traditions*. Christian Heritage Rediscovered – 66, New Delhi: Christian World Imprints, 2018.

Versucht man, sich einen Überblick über den hier lange gängigen Standard der Kirchbauten zu verschaffen, lässt sich vielleicht folgendes sagen: Sie zeigen einerseits ihre Herkunft aus Syrien (sie sind rechteckig mit Satteldach), ähneln aber auch Hindu-Tempeln, bis in kosmische Gesetzmäßigkeiten.[273] Das gilt auch baulich: So haben die Kirchen zwar auf der Fassade ein Kruzifix, möglich ist aber über dem Altarraum wie bei Hindutempeln ebenso ein Turm[274] (vgl. zum 16. Jahrhundert die jakobitische Kathedrale in Angamaly Abb. 19). Innen wiederum haben sie nach ostkirchlicher Art einen Vorhang vor dem Sanktuarium, der im Kult offen ist.[275]

Abb. 19: Angamaly. Jakobitische Kathedrale. Man sieht, dass sich Kernelemente der orientalischen Kirchen in Indien durchgehalten haben. Typisch ist der Turm über dem Chorraum.

Dennoch sind bereits die orientalischen Kirchengebäude vielfältig – schon weil sie wie die anderen ostkirchlichen Gemeinschaften ihre individuellen Traditionen besitzen. Gleichwohl haben etliche ihrer Konfessionen aufgrund geographischer Nähe zur Westkirche auch kulturgeschichtliche Nähe zu dieser. Dadurch werden sie auch in einer in Europa verfassten Geschichte der Kathedrale präsent.

5.3.2 Aspekte der Kathedralen orientalischer Kirchen – Von Nordafrika bis Armenien

So vielfältig die orientalischen Kirchentümer aber auch sind, waren gerade sie auch den Wechselfällen der Geschichte unterworfen: Entstanden sind einige von ihnen zeitgleich mit dem Christentum selbst, aber besonders im Mittelmeerraum oft friedlos geblieben, sei es infolge der „ketzerischen" Abkehr von Byzanz

---

273 George, *Theology*, S. 31–41. Hierher gehört z.B. die Ausrichtung der Altarraumes ostwärts, gen Sonnenaufgang, wie auch sonst im Christentum, vgl. bes. S. 31–33 und S. 58–60.
274 George, *Theology*, S. 26.
275 Eine Übersicht über die Ausstattung auch bei L. Brown, *The Indian Christians*, S. 213–215.

mit den daraus erwachsenen politischen Verfolgungen[276] oder im Konflikt mit dem radikalen Islam und lokalen Potentaten. Genannt sei die jakobitische Kirche, der Überlieferung nach vom Apostel Petrus gegründet. Paradigmen liefern auch ihre Dome, z. T. ebenfalls uralt. Von Bedeutung ist die Kathedrale vom *Gürtel U.L.F.* (*Um-az-Zinnar*) im syrischen Homs, entstanden aus einem um 50 gebauten Betraum, heute eine kleine Basilika mit Tonnenwölbe, nach Umzug des Patriarchen hierher aber 1933–1959 sogar Patriarchalkirche.[277] Doch ist sie entsprechend der religiös und politisch instabilen Region zugleich ein Bau mit turbulenter Geschichte.[278]

Die koptische Kirche beansprucht ein ähnlich hohes Alter. Als Zeugnis für ihren Ursprung haben ihre Historiographen die Pfingstgeschichte gesehen: Die ersten koptischen Christen gehörten zu jenen, da sie als Pilger zum hebräischen Laubhüttenfest in Jerusalem das Kommen des göttlichen Geistes auf die Jünger dort miterlebten und in ihrer Heimat Alexandria davon erzählten.[279] Der Kirchengründer sei Markus, heute bestattet in der Kathedrale zu Kairo.[280] Freilich gingen auch die Kopten nach dem Konzil von Chalzedon 451 einen eigenen Weg, z. T. aus Abneigung gegen Byzanz, und wählten einen eigenen Patriarchen für Alexandria.[281] Und als die Muslime Kairo zum Zentrum machten, siedelte Patriarch Christodoulos (im Amt 1047–1078) in diese Stadt um,[282] wobei Alexandria die *Kathedra* aber nicht verlor.

---

276 Ignatius Zakka I Iwas, *The Syrian Orthodox Church*, S. 40–41.
277 Ignatius Zakka I Iwas, *The Syrian Orthodox Church*, S. 18; S. 40–43; George Anton Kiraz/Thomas Joseph, *The Syriac Orthodox Church of Antioch. A Brief Overview* (Burbank: Syriac Heritage Committee of the Syriac Orthodox Church, 2000), S. 13 f.
278 Byzantinische Verfolgungen begannen direkt nach Chalzedon 451; 635 wurde Homs bei der arabischen Eroberung geplündert; ab 1516 herrschten die Osmanen. 1852 wurde die Kirche erweitert, aber im Bürgerkrieg 2011–2012 verwüstet, wenn auch 2015 erneuert; s. Ataa Alsalloum/Iain Jackson, Rebuilding and reconciliation in Homs, in: *IHBC* (Institute of Historic Conservation), *Context* Nr. 150 (2017), S. 27–30, hier S. 28–29.
279 P. Verghese (Hg.), Die Kirche von Alexandrien, eine kurze historisch-theologische Einführung, in: *Koptisches Christentum*, S. 11–27, hier 11; Samuel Moawad, The Memory of St. Mark in the Coptic Church, in: Gawdat Gabra/Hany N. Tekla (Hgg.), *Christianity and Monasticism in Alexandria and the Egyptian Deserts* (Cairo-New York: The American University in Cairo Press, 2020), S. 101–109.
280 Verghese, Die Kirche von Alexandrien, S. 11–12; O.H.E. (=Oswald Hugh Ewart) KHS-Burmester, *A Guide to the Ancient Coptic Churches of Cairo* (Giza/Le Caire: Société d'archéologie copte, 1955), S. 6–8.
281 Dazu KHS-Burmester, *A Guide*, S. 8.
282 KHS-Burmester, *A Guide*, S. 16.

Seit der Islamisierung Ägyptens im 7. Jahrhundert war die Kirche wie in Syrien eine Minderheit, obwohl sie intakte Enklaven hatte.²⁸³ Schon von Anfang her gab es arabische Verfolgungen,²⁸⁴ vielleicht ein Grund, dass der koptische Wille zur Identität auch „äußerste Treue zur Tradition" bedeutete (Verghese²⁸⁵). Aus vormuslimischer Zeit existieren sogar gar keine Kirchen mehr,²⁸⁶ und jahrhundertlang waren die bestehenden Bauten – meist Basiliken – zudem außen fast unkenntlich,²⁸⁷ während sie innen ostkirchliche Schemata bewahrten (Der Chorraum ist durch einen Schirm abgetrennt mit einer durch einen Vorhang abgedeckten Tür; die *Kathedra* steht hinter dem Altar).²⁸⁸ Doch waren bald die Muslime toleranter, und christliche Kultbauten wurden restauriert.²⁸⁹ So besitzt Kairo mehrere alte Kirchen, die zeitweise Kathedralen waren (und erst seit dem 19. Jahrhundert durch Neubauten ergänzt wurden). Für das Bistum *Babylon* bzw. *Misr* – heute *Old Cairo* – gehörte dazu die vielleicht älteste Kirche der Stadt, nämlich die der *hll. Sergius und Bacchus* (Abb. 20), in der heutigen Gestalt auf das 8. Jahrhundert zurückgehend, dann oft erneuert, doch schon in vor-muslimischer Zeit existent. Ihre Krypta markiert einen der legendären Rastplätze der hl. Familie auf ihrer Flucht nach Ägypten.²⁹⁰ Nach Umzug des Patriarchates nach Kairo war zeitweise und bis ca. 1300 *St. Merkurius* die Patriarchalkirche. Erhalten ist sie in der Gestalt von 1176 und wie viele orthodoxe Kirchen nicht groß (31.50 m × 21 m).²⁹¹ Früher schon und im Wechsel mit ihr hatte auch *U.L.F.* in *Old Cairo* (die „hängende Kirche") diese Funktion, noch älter als die Merkuriuskirche, auch sie oft erneuert²⁹² und ähn-

---

283 In Kairo etwa den Stadtteil Qasr ash-Sham (KHS-Burmester, *A Guide*, S. 18).
284 Jill Kamil, *Christianity in the Land of Pharaos. The Coptic Orthodox Church* (London-New York: Routledge, 2002), S. 222 ff.
285 Die Kirche von Alexandrien, S. 10.
286 Jill Kamil, *Coptic Egypt. History and Guide*, Cairo: The American University in Cairo Press, Revised Edition 1997, S. 76–80.
287 Hedstrom, Darlene L. Brooks, The Architecture of Coptic Churches, in: Carolyn Ludwig (Hg.), *The Churches of Egypt. From the Journey of the Holy Family to the Present Day* (Cairo-New York: The American University in Cairo Press, 2007), S. 22–29; KHS-Burmester, *A Guide*, S. 14.
288 KHS-Burmester, *A Guide*, S. 10–14.
289 Kamil, *Christianity*, S. 250 ff.
290 KHS-Burmester, *A Guide*, S. 18–23, Gawdat Gabra/Marianne Eaton-Krauss, *The Illustrated Guide to the Coptic Museum and Churches of Old Cairo* (Cairo-New York: The American University in Cairo Press, 2007), S. 252–260; C. Ludwig (Hg.), *The Churches of Egypt*, S. 108–111; Kamil, *Coptic Egypt*, S. 80–82; für Kairo S. 75–92; s. a. dies., *Christianity*, S. 12 ff.
291 Gabra/Eaton-Krauss, *Coptic Museum*, S. 266–279; C. Ludwig (Hg.), *The Churches of Egypt*, S. 100–105, bes. S. 100; KHS-Burmester, *A Guide*, S. 41–49.
292 KHS-Burmester, *A Guide*, S. 23–31; Gabra/Eaton-Krauss, *Coptic Museum*, S. 242–252; C. Ludwig (Hg.), *The Churches of Egypt*, S. 100, S. 112–119.

Abb. 20: Kairo Die Sergius und Bacchus-Kirche (*Abu Sarga*) in Kairo ist eine der frühen koptischen Kathedralen der Stadt. Der Schirm vor dem Chor und die Ikonenreihe darüber entstanden nach dem 13. Jahrhundert; die Kanzel ist eine moderne Kopie derjenigen aus der Barbarakirche.

lich groß,[293] bis 1799 folgten die Marienkirchen in *Hârat Zuwaila* und dann in *Hârat ar-Rûm*, beide im Kern aus dem 10. Jahrhundert.[294]

Eine ebenso ehrwürdige Abkunft hatte die Kirche Äthiopiens nicht. Sie leitet ihren Ursprung aus dem Patriarchat von Alexandria und von Patriarch Athanasius (um 300–373) her, der dort nach dem Konzil von Nizäa (325) Erzbischof geworden war und den ersten äthiopischen Bischof geweiht hatte, und in dem alten Königreich mit seinem Zentrum Aksum wird das Christentum ca. 330 zur Staatsreligion[295] – bis zum Ende der Monarchie 1974.[296] Aksum wird auch der geistliche Mittelpunkt des Landes – mit der Kirche *Mariam Sion*, ursprünglich aus der gleichen Zeit, errichtet anstelle eines vorchristlichen Heiligtums und nach lokaler

---

[293] 23.50 m × 18.50 m ×, 9.50 m (nach KHS-Burmester, *A Guide*, S. 25).
[294] KHS-Burmester, *A Guide*, S. 68 und S. 75–80.
[295] Verghese, Die Frühgeschichte der Kirche, in: ders. (Hg.), *Koptisches Christentum*, S. 150–158; Bengt Sundkler/Christopher Steed, *A History of the Church in Africa* (Cambridge u. a.: Cambridge University Press, 2004), S. 34 ff.; David W. Phillipson, *Ancient Churches of Ethiopia. Fourth – Fourteenth Centuries* (New Haven-London: Yale University Press, 2009), S. 37–40.
[296] Taddesa Tamrat, Die Kirche von 700 bis 1600 n. Chr., in: Verghese (Hg.): *Koptisches Christentum*, S. 159–174, hier S. 174.

Überlieferung der Hort der alttestamentlichen Bundeslade. Doch wurde auch die Geschichte der äthiopischen Kirche wechselhaft: Bald breitete sich erneut der Islam aus;[297] die Kirche wurde 1535 zerstört und war lange verfallen.[298] Außerdem war die äthiopische Kirche strukturell singulär. Zwar stand auch hier das sakrale Königtum hoch im Kurs (der Legende nach stammte die Monarchie von König Salomo und der Königin von Saba ab[299]), da aber das Reich lange keine feste Hauptstadt hatte, sondern von „mobilen königlichen Lagern" aus regiert wurde;[300] entstanden neue royal initiierte Kathedralen erst seit dem 20. Jahrhundert. Außerdem hatte das Land bis in die jüngere Zeit nur einen einzigen Bischof, da das Patriarchat in Alexandrien die Weihe weiterer Bischöfe verweigerte, und wurde in der Hierarchie erst 1959 unabhängig.[301]

Wiederum einen unmittelbaren apostolischen Ursprung beansprucht die armenische Kirche: Der Überlieferung nach brachten die Apostel Thaddäus und Bartholomäus das Licht des Christentums ins Land, obwohl um den Preis ihres Martyriums.[302] Doch habe ihr Tod Armenien geistlich erleuchtet – was den heidnischen König Tiridates III. (im Amt 298–330) zu einer Christenverfolgung veranlasste. Den dafür mit Krankheit geschlagenen Herrscher heilte der hl. Gregor der Erleuchter (gest. um 331), Fürstensohn, erzogen in Cäsarea, nach den Aposteln der zweite Erleuchter des Landes. So machte Tiridates 301 – mehr als eine Dekade vor Konstantin – das Christentum zur Landesreligion mit Gregor und seinen Söhnen als ihren Organisatoren: Ab 303 entstand in Etschmiadzin (Abb. 21) das heute wichtigste geistliche Zentrum des Landes und Sitz des Katholikos, d.h. obersten Bischofs. Den Grundstein der Kathedrale legte Gregor selbst auf den Ruinen eines heidnischen Tempels; sie ist vielleicht sogar die erste Kreuzkuppelkirche (wobei die Vierung der Kirchen aber meist ein spitzer Kegel ist) und ein Leitbau bis heute.[303]

---

297 Tamrat, Die Kirche, S. 164–166; S. 171–173.
298 Phillipson, *Ancient Churches*, S. 37–40; Hiluf Berhe Woldeyohannes, *Aksoum (Ethiopia): an inquiry into the state of documentation and preservation of the archeological and heritage sites and monuments*. Dissertation an der Université Jean Jaurès Toulouse 2015, S. 120 ff.; Philip Briggs, *Ethiopia* (Chalfont St Peter: Bradt Travel Guides, 2019[8]), S. 311–312.
299 Tony Karbo, Religion and social cohesion in Ethiopia, in: *International Journal of Peace and Development Studies* Vol. 4/3 (2013), S. 43–52, bes. S. 45.
300 Tamrat, Die Kirche, S. 166.
301 Verghese, Die äthiopische Kirche heute, in: ders. (Hg.), *Koptisches Christentum*, S. 133–149, hier S. 138–139.
302 Mesrob Krikorian, Die Geschichte der Armenisch-Apostolischen Kirche, in: Friedrich Heyer (Hg.), *Die Kirche Armeniens. Eine Volkskirche zwischen Ost und West*. KdW, Bd. XVIII (Stuttgart: Evangelisches Verlagswerk, 1978), S. 29–58, hier S. 29–36.
303 Jasmine Dum-Tragut, *Armenien. 3000 Jahre Kultur zwischen Ost und West* (Berlin: Trescher Verlag 2014[7]), S. 172–175; Torsten Flaig, *Armenien* (Ostfildern: DuMont, 2018), S. 176–179.

Abb. 21: Etschmiadzin. Armenische Kathedrale. Zurückgehend auf Gregor den Erleuchter als den Gründerbischof des armenischen Christentums liefert sie die „Urform" (Alyson Wharton) des armenischen Dombaus bis heute.

Danach wechselte das geistliche Zentrum jedoch öfter, so zog der Katholikos 485–898 in die neue Königsstadt Dvin (bei Yerevan) um, bis er nach weiteren Stationen in Sis eine neue Heimat fand (s. u.).[304] Doch blieb die Region zunächst stabil: Die Araber besänftigte man mit Tributen, trotz Ablehnung des Konzils von Chalzedon war der Kontakt zu Byzanz geordnet, unter der Dynastie der Bagratiden (885–1045) folgte sogar im 10. Jahrhundert eine weitere Ausdehnung, u. a. mit der Gründung des neuen Zentrums Ani in der heutigen Türkei. Hier siedelte nun auch der Katholikos, und die örtliche Kathedrale (989–1001[305]) wurde ein neuer Leitbau – bis die Stadt 1045 von Byzanz annektiert wurde und 1064 den seldschukischen Türken unter Alp Arslan (*um 1030–1072) erlag, in der Folgezeit mehr und mehr verfiel und die Emigrationen begannen.[306] Die vielleicht am meisten tragische ist diejenige in das heute

---

[304] Krikorian, Die Geschichte der Armenisch-Apostolischen Kirche, S. 37.
[305] Armen Haghnazarian, Die kirchliche Baukunst in Armenien, in: Heyer (Hg.), *Die Kirche Armeniens*, S. 117–138, hier S. 125.
[306] Heghnar Z. Watenpaugh, The Cathedral of Ani, Turkey. From Church to Monument, in: Mohammad Gharipour (Hg.), *The Religious Architecture of Non-Muslim Communities across the Islamic World* (Leiden-Boston: Brill, 2015), S. 460–473.

türkische Cilicien, wo ab 1080 das neue Zentrum Sis entstand (heute Kozan). Eine neue *Hagia Sophia*-Kathedrale wurde errichtet, in ihr 1198 ein neuer König gekrönt, und ab 1293 war die Stadt Sitz des Katholikos.[307] Doch 1375 wurde sie von den muslimischen Mamelucken erobert und versank in Belanglosigkeit, so dass 1441 als geistliches Zentrum Etschmiadzin wiederbelebt wurde.[308] Aber auch das Katholikosat Sis bestand weiter, bis die Osmanen es 1915 auflösten und sich die letzten architektonischen Spuren in der Stadt verloren.[309] Gleichwohl haben sich auch im weiteren Umfeld des heutigen Armenien wichtige Zentren erhalten, Paradigmen dafür, wie sorgfältig man sakrale Traditionen in neue Kulturräume transferierte. Früh gehörte ein Zentrum in Europa dazu, nämlich Lemberg (Lviv, Lwów) im polnisch-litauischen Großreich, wo sich unter Kasimir III. 1363 armenische Händler ansiedelten, ab 1367 ein Bischof residierte und nach dem Vorbild von Ani eine Kathedrale folgte, die im Kern heute noch besteht.[310] Auch in muslimischen Gebieten existierten armenische Zentren, so in Jerusalem, sogar mit einem Patriarchen. Vielleicht schon ab 1163 entstand hier die Jakobuskathedrale, klein (24 m × 17 m), aber mit Reliquien der hll. Jakobus d.Ä. und d.J.[311] Nach dem Fall Konstantinopels 1453 siedelten sich auch hier Armenier an, eingeladen von Mehmed II. (1432–1481) zum Wiederaufbau der entvölkerten Stadt, seit 1461 ebenfalls mit einem Patriarchen. Sie erhielten die byzantinische Kirche *Surp Kevork* (*St. Georg*) im Stadtteil Samatya; sie wurde 1495 Kathedrale – bis 1641 der Patriarch in den Stadtteil Kumkapı umzog und hier 1645 die erste Marienkathedrale (*Surp Asdvadzadzin*) entstand. Ab 1612 unterstanden ihm schon Diözesen in der osmanischen Provinz.[312] Bald nach 1600 wohnten auch im syrischen Aleppo Armenier und bauten die *Kathedrale der vierzig Märtyrer*.[313]

---

307 Krikorian, Die Geschichte, S. 36–38; Seta B. Dadoyan, *The Armenian Catholicosate from Cilicia to Antelias. An Introduction*, Antelias 2003, S. 19.
308 Oeldemann, *Die Kirchen*, S. 73.
309 Dadoyan, *The Armenian Catholicosate*, S. 83 ff.
310 Joanna Walońska, The Decoration of the Armenian Cathedral in Lwów, in: *Centropa. A Journal of Central European Architecture and Related Arts* 3 (2003), Nr. 3, S. 252–273; Wolfgang Höflinger/Viktor Stanić, Die polnische Stadtgeschichte von Lwów/Lemberg – Spurensuche, in: Roman Smolorz/Sebastian Pößnicker (Hgg.), *Archivkurs des Jahres 2019. Wissenschaftsbegegnung in Lemberg* (Regensburg: Universität, 2019), S. 8–13.
311 Max Küchler, *Jerusalem. Ein Handbuch und Studienreiseführer zur Heiligen Stadt. Orte und Landschaften der Bibel*, Bd. IV/2 (Göttingen: Vandenhoeck & Ruprecht, 2014²), S. 369–383, bes. S. 372–377.
312 S. John Freely/Hilary Sumner-Boyd, Istanbul (engl. 1972; dtsch. München: Prestel 1974), S. 395–396; Hacik Rafi Gazer, Streifzüge durch die 555jährige Geschichte des Armenischen Patriarchates von Konstantinopel, in: *Ostkirchliche Studien* 61 (2012), S. 84–95, zur Gründung S. 87–90.
313 Bernard Heyberger, Alep, capitale chrétienne (XVII–XIXe siècle), in: ders. (Hg.), *Chrétiens du monde arabe. Un archipel en terre d'Islam* (Paris: Éditions Autremont – collection Mémoires n°

5.3.3 Die Orthodoxie

5.3.3.1 Georgien

Ein erster Blick von den orientalischen Kirchen her auf die Orthodoxie könnte es nahelegen, bereits aus geographischen Gründen auch die Kirche von Georgien genetisch von Byzanz her zu denken. Aber ihre Anfänge liegen in der – von Byzanz aus betrachtet: ketzerischen – armenischen Kirche (wie auch im georgischen Teilkönigreich Kartli 337 das Christentum Staatsreligion wurde),[314] und wenn die Region – u. a. aufgrund ihrer Zugehörigkeit nach der Reichsteilung 395 zu Ostrom – sich den Konzilsbeschlüssen zu Chalcedon anschloss,[315] für einige Gebiete lange byzantinisch blieb und Byzanz für Georgien zuweilen Schutzfunktion gegenüber dem Islam besaß, blieb es so unabhängig, dass es sich bis heute seine Identität bewahrt hat, zumal das Land unter David IV. dem Erbauer (1073–1125, König 1089) die politische Einheit erreichte (er machte Tblissi zur Hauptstadt).[316] Hier zeigt sich auch, wie lebhaft sich derlei Kontinuitäten entwickeln können: Früh sind die Bischofssitze und Kathedralen im Land zahlreich, bisweilen wie andernorts mit Klöstern verbunden; historisch nehmen sie manchmal den Platz vorchristlicher Kultstätten ein, gegenüber den Domen der Westkirche – aber paradigmatisch für viele ostkirchliche Dome – sind sie außer den neuesten Bauten wieder recht klein, bisweilen Basiliken, meist einkuppelige Kreuzkuppelkirchen (die sich mit ihrem wie in Armenien kegelförmigen Aufsatz von den vielfältigen russischen Kuppeln unterscheiden). Beispiele liefern *U.L.F.* in Bolnisi, auf 478–493 datiert, noch eine Basilika,[317] etwas später der Kuppelbau von *U.L.F.* in Tbilissi, oft restauriert,[318] und die stattliche Kathedrale des Katholikos in Mzcheta (Abb. 22), im Kernbau von 1010–1029.[319] Es charakterisiert das stabile religiöse Identitätsgefühl des Landes, dass die Bau-Kontinuitäten bis heute zugleich kultische

---

94, 2003), S. 49–67, hier S. 50 f; Pascal Maguesyan, *Chrétiens d'Orient: Ombres et Lumières. Carnets de voyages* (Paris: Éditions Thaddée, 2010), S. 90–91; Demeter, *Lens on Syria*, S. 199.
314 Wachtang Beridse/Edith Neubauer, *Die Baukunst des Mittelalters in Georgien vom 4. bis zum 18. Jahrhundert* (Wien-München: Anton Schroll & Co., 1981), S. 7–12.
315 Lothar Heiser, *Die georgische orthodoxe Kirche und ihr Glaubenszeugnis* (Trier: Paulinus Verlag, 1989), S. 16 ff.
316 Giorgi Kvastiani/Vadim Spolanski/ Andreas Sternfeld, *Georgien* (Berlin: Trescher Verlag, 2019[10]), S. 52–55.
317 Beridse/Neubauer, *Die Baukunst*, S. 20.
318 Josef Baulig/Maia Mania/Hans Mildenberger/Karl Ziegler, *Architekturführer Tbilisi* (Saarbrücken: Landeshauptstadt Saarbrücken/Technische Universität Kaiserslautern, 2004), S. 102–103.
319 Beridse/Neubauer, *Die Baukunst*, S. 117.

sind: Die um 1000 erbaute, 1692 von den Osmanen zerstörte und nur als Ruine erhaltene Kathedrale von Kutaissi wurde nach 1989 rekonstruiert.[320]

Abb. 22: Mzcheta. Georgisch-orthodoxe Kathedrale. Die Kirche bildet zusammen mit der Neuen Kathedrale in Tblissi das geistliche Zentrum Georgiens und stellt ebenfalls eine „Urform" der Kathedralarchitektur dar.

5.3.3.2 Im Umfeld des alten Byzanz

In der Geschichte des orthodoxen Kathedralenbaus sind freilich Kontinuitäten à la Georgien singulär, zumindest außerhalb des russischen Zarenreiches. Behält man Konstantinopel als Zentrum im Blick, so lässt sich für seine Gebiete nur von Relikten vergangener Größe sprechen – früh für Nordafrika (wo die Orthodoxie bald gegenüber der koptischen bzw. äthiopischen Kirche zudem zurücktrat) und den vorderen Orient, längst vor 1453 auch für Europa – obwohl das Byzantinische Reich noch in der 1. Hälfte des 11. Jahrhunderts Anatolien umfasste und in Europa neben Griechenland den Großteil des Balkans bis Kroatien.

---

320 Beridse/Neubauer, *Die Baukunst*, S. 115; Kvastiani/Spolanski/Sternefeld, *Georgien*, S. 321–322.

In der Tat ist Konstantinopel heute ein Erinnerungsort (und seine jetzige byzantinische Patriarchalkirche hat mit Größe nichts zu tun), aber die *Hagia Sophia* ist ein Leitbau geblieben, über ihre Verwandlung in eine Moschee und ein Museum hinaus. Für die Orthodoxie hat sie bereits mit ihrem Namen Traditionsgeschichte geschaffen, u. a. weil er sich nicht einfach auf die abstrakte göttliche Weisheit bezieht, sondern ebenso auf den Logos Christus.[321] Aber selbst im katholischen Kirchenbau hat die Kirche nachgewirkt.[322] Freilich blieben auch im islamisierten vorderen Orient und in Nordafrika noch griechische Zentren. Genannt sei für Jerusalem die Grabeskirche, auch sie schon ab 325 im Bau, mit reichem liturgischem Leben, bis zu den Kreuzzügen auch den Muslimen sakrosankt,[323] dazu mit ihrer Rotunde ein Leitbau für die Westkirche. Lebendig blieb auch die Georgskathedrale in Beirut, z. T. noch aus dem 5. Jahrhundert.[324] In Damaskus wurden zwar 634 von den Arabern alle Kirchen geschlossen, aber die Marienkirche bald neu geöffnet und im 14. Jahrhundert sogar zum Sitz des Patriarchen von Antiochia; sie besteht aber seit der Christenverfolgung 1860 nur noch als Neubau;[325] und im nun koptisch gewordenen Ägypten hielt sich zumindest das griechische Patriarchalkloster in Alexandria.[326] Nur fragmentarisch existierte das byzantinische Christentum in Europa fort, so in Griechenland: Seit dem Venezianerkreuzzug 1204 war das Land zerrissen, z. T. in Despotate (Herrschaftsgebiete) aufgeteilt bzw. westkirchlich okkupiert, und Kathedralen wurden selten. Aus byzantinischer Zeit überlebten z. B. der kleine Kreuzkuppelbau der *Panagia Gorgoepikoos* in Athen aus dem 12. Jahrhundert[327] und der originelle Sechskuppelbau auf quadratischem Grundriss der Alten Kathedrale in Arta (Abb. 23) von ca. 1282–

---

321 Zum Namen vgl. Onasch, *Liturgie*, S. 375–377; Markus Osterrieder, Das Land der Heiligen Sophia: Das Auftauchen des Sophia-Motivs in der Kultur der Ostslaven, in: *Wiener Slavistischer Almanach* 50 (2002), S. 5–62. Die *Hagia Sophia* in Konstantinopel ist dem ‚Eingeborenen Sohn und Wort Gottes' geweiht (S. 7).
322 S. z. B. Robert S. Nelson, *Hagia Sophia, 1850–1950. Holy Wisdom Modern Monument*, Chicago: University of Chicago Press, 2004, S. 189 ff.
323 Heyer, *Kirchengeschichte*, S. 26 ff.; Küchler, *Jerusalem*, S. 299–327.
324 Isabelle Skaf/Yasmine Makaroun Bou Assaf, Une nouvelle approche pour la préservation *in situ* des mosaïques et vestiges archéologiques au Liban – La crypte de l'église *Saint-Georges* à Beyrouth, in: Aïcha Ben Abed u. a. (Hgg.), *Lessons Learned: Reflecting on the Theory and Practice of Mosaic Conservation* (Los Angeles: The Getty Conservation Institute, 2008), S. 224–229.
325 Fauzi Mardam Bek, *Die christliche Minderheit in Syrien*. Dissertation an der Universität Bonn 2003, S. 54 ff.
326 C. Ludwig (Hg.), *The Churches of Egypt*, S. 60–63.
327 Stuart Rossiter, *Griechenland* (engl. 1981; dtsch. München: C.H. Beck, 1981), S. 126.

1289, nach 1204 Hauptstadt eines selbstständigen Despotats.[328] Eine Basilika ist in Serres die Bischofskirche des *hl. Theodor* aus dem 11. Jahrhundert.[329]

Abb. 23: Arta. Alte griechisch-orthodoxe Kathedrale *U.L.F.* Die Hauptkirche des Despotates Arta zeigt, dass man auch außerhalb Konstantinopels eine eigenständige byzantinische Sakralarchitektur hatte.

Ursprünglich im Spannungsfeld von West- und Ostkirche angesiedelt, sodann sukzessiv von Konstantinopel her durch die Osmanen erobert, wirkt der Balkan politisch und religiös noch zerrissener, da einerseits früh selbst die byzantinischorthodoxen Regionen nicht durchweg griechisch regiert wurden, andererseits der Islam nach 1453 zwar dominierte, aber manche Gebiete (z. B. Siebenbürgen) autonom blieben und eine orthodoxe Region wie das heutige Bulgarien zumindest im Lauf der Geschichte (ab 1870) von den Osmanen die Autonomie erhielt.[330] Wie Griechenland gerät das Gebiet freilich zunächst in die politische und kulturelle

---

328 Lioba Theis, *Die Architektur der Kirche der Panagia Pērigorētissa in Arta/Epirus* (Amsterdam: Hakkert, 1991), S. 5 ff., S. 163; Gerald Gassiot-Talabot (Hg.), *Griechenland* (Wien u. a.: Molden, 1988), S. 375.
329 Evangelos Konstantinou u. a., *Knaurs Kulturführer in Farbe. Griechenland*, hg. von Franz N. Mehling (München-Zürich: Droemer Knaur 1982), S. 486.
330 Oeldemann, *Die Kirchen*, S. 97.

Diffusion. Bezeichnend ist die Region, die heute aus Bulgarien, Serbien und Mazedonien gebildet wird, am Anfang aber Teil des seit 864 christlichen – ersten – Bulgarischen Reiches war und später Byzanz unterstand. Bedeutung gewonnen hat sie für die Orthodoxie durch die Tätigkeit des mazedonischen Bischofs Kliment (um 840–916) Bedeutung, nach seinem Tod als Kliment von Ohrid bekannt. „Seine" Stadt wird Bischofssitz, sein Grab Wallfahrtsort. Doch wird auch Ohrid 1385/1394 von den Osmanen erobert, die *Hagia Sophia* zur Moschee, und Kliments Reliquien werden in eine andere Kirche transferiert. Unter den Osmanen verschwindet das Bistum 1767 sogar, und die Stadt gerät für etliche Zeit sogar aus dem Bewusstsein.[331] Ähnlich erging es dem bischöflichen Peć im benachbarten serbischen Kosovo, dem Land des hl. Sawa (um 1175–1235/36). Früher war er Mönch auf dem Athos, dann Bischof und eine geistliche Leitfigur Serbiens, da er 1219 die Autonomie der Serbischen Kirche von Ohrid erreichte.[332] In Peć lässt er ein noch heute aktives Kloster gründen, seit 1346 mit zeitweiliger Unterbrechung unter den Osmanen Sitz eines Patriarchats.[333] Doch wird auch das Patriarchat Peć ein Jahr vor Ohrid aufgelöst, da im benachbarten und mittlerweile habsburgischen Karlowitz (Sremski Karlovci) ein neues entsteht – bis man sich erst in jüngerer Zeit wieder an seine Geschichte erinnert.

Verheißungsvoller verlief die Entwicklung z. T. im heutigen Rumänien, zumal im heutigen Kerngebiet, der Walachei. Historisch war die Region zwar dem osmanischen Sultan tributpflichtig, aber kirchlich Konstantinopel unterstellt. Patriarch Kallistos I. (gest. 1363/1364) hatte dem lokalen Fürsten 1359 einen Bischofssitz für die Hauptstadt Curtea de Argeş zugestanden, ein anderer Patriarch weihte 1517 die heutige Kathedrale *U.L.F. Entschlafung* (Abb. 24). Freilich wird das Bistum bald verlegt und erst 1793 erneuert,[334] doch wurde die Kirche bald ein Leitbau und nach der Unabhängigkeit des Staates Königskirche.[335]

---

[331] Mihailo St. Popović, Kliment von Ohrid, in: Bahlcke u. a. (Hgg.), *Religiöse Erinnerungsorte*, S. 494–500. Doch wird auch die *Hagia Sofia* ab 1913 wieder als Kirche genutzt, vgl. Thammy Evans/Rudolf Abraham, *Macedonia* (Chalfont St. Peter: Bradt Travel Guides Ltd., 2016[5]), S. 188.
[332] Stefan Rohdewald, Sava, in: Bahlcke u. a. (Hgg.), *Religiöse Erinnerungsorte*, S. 592–598.
[333] Boško Bojović, *L'Église Orthodoxe Serbe. Histoire – Spiritualité – Modernité* (Belgrade: Institut des Études balkaniques. Académie Serbe des Sciences et des Arts, 2014), S. 29–57; zur Patriarchalkirche S. 12–13; Birgitta Gabriela Hannover Moser, *Serbien* (Berlin: Trescher Verlag, 2012[3]), S. 424–425.
[334] Krista Zach, Der Fürstenhof in Argeş, in: Bahlcke u. a. (Hgg.), *Religiöse Erinnerungsorte*, S. 99–109, hier S. 100.
[335] Historisches bei Virgil Vătăşianu, Einleitung, Erläuterungen und Bildauswahl zu *Kunstdenkmäler in Rumänien*, hg. von Reinhardt Hootz (Darmstadt: Wissenschaftliche Buchgesellschaft, 1986), S. 424–425. Auch im benachbarten Fürstentum Suceava entstand am Bischofssitz Suceava eine Nationalkirche: die Kathedrale des *hl. Georg* von 1514–1522, bekannt für die Reliquien des

Abb. 24: Curtea de Argeş. Alte rumänisch-orthodoxe Kathedrale. Sie gehört zu den Bauten, die Leitfunktion für rumänische Königskirchen erhielten, bis hin zur Neuen Kathedrale der Stadt.

Nimmt man alle zuletzt genannten Kirchen jeweils für sich, sind sie freilich nur ein paar Segmente der Dombaugeschichte, da sie – mit Ausnahme der genannten rumänischen Dome – eher als geduldete und fast vergessene Relikte früherer Größe in muslimischem Umfeld figurieren. Ignoriert werden können sie aber nicht; denn es wird sich zeigen, dass sie in ihrer Geschichte darauf verweisen, dass besonders dort imperiale Traditionen lebendig blieben oder es wieder wurden, wo sie nach 1453 hätten erlöschen müssen. Kontinuierlicher verlaufen ist die ostkirchliche Kathedralengeschichte aber dort, wo von Byzanz aus – noch in der Blütezeit dieses Reiches – die Orthodoxie ihren Weg in christlich noch nicht erschlossene Gebiete weiterging und mit einem neuen Aufstieg royaler Herrschaftsgebiete eine ähnliche Expansion des Dombaus begann wie im westkirchlichen Mittelalter.

5.3.3.3 Zwischen Kiew und Moskau

Die Anfänge der orthodoxen Kirche in der heutigen Ukraine bzw. in Russland sind der Tradition nach wiederum apostolisch, da der Apostel Andreas auf seiner Missionsreise über die Krim hinaus bis nach Kiew gelangt sei – in den Raum, der als Siedlungsgebiet („Rus") mit Kiew (Kyjiv) als Zentrum auch die Städte Moskau, Nowgorod oder Wladimir umfasst, aber bis nach Weissrussland und dem Ladoga-

---

Neomärtyrers Johannes, vgl. Vătăşianu, Einleitung, S. 458. In neuerer Zeit wurde sie Wallfahrtsort, auch weil Johannes zur Identität Rumäniens beitrug. S. Krista Zach, Johannes der Neue von Suceava, in: Bahlcke u. a. (Hgg.), *Religiöse Erinnerungsorte*, S. 649–660.

see reicht.³³⁶ Sicherer ist, dass der Übertritt der Großfürstin Olga zum Christentum – 957 in Konstantinopel getauft, Großmutter von Wladimir I. – die Expansion des Christentums vorantrieb.³³⁷ Jedenfalls folgt 988/89 die Taufe Wladimirs I. (um 960–1015) in Kiew, und obwohl Chronisten das Ereignis als göttliche Tat priesen, hatte Basilios II. (958–1025, Kaiser seit 976) ihm die Hand seiner Tochter Anna für seine Dienste versprochen, so dass er in die „Familie der Könige" aufstieg.³³⁸ Also hatte bei dem Einzug des Christentums Kiew schon die Aura einer Königsstadt und sah sich Wladimir als Nachfolger Konstantins.³³⁹ Ebenso folgerichtig wurde er nach seinem Tod von Chronisten als „Zar" (Kaiser) tituliert, weil er wie Konstantin als Beschützer der Kirche galt.³⁴⁰ Ein erster Ortsbischof ist in Kiew für 1015–1019 erwiesen, und 1037–1039 lässt Wladimirs Nachfolger Swjatoslaw die Kathedrale (Abb. 25) errichten, wieder eine *Hagia Sophia*.³⁴¹ Bald entstehen in Kiew jene Klöster, die noch heute Zentren der Orthodoxie sind: das Höhlenkloster mit der Kirche *U.L.F. Entschlafung*³⁴² und das Kloster des *hl. Michael*.³⁴³ Dabei ist bemerkenswert, dass zwar die städtische Oberschicht noch griechisch war,³⁴⁴ aber die Architektur autochthon:³⁴⁵ Die Kiewer *Hagia Sophia* ist keine Replik aus Konstantinopel, sondern eine fünfschiffige Kreuzkuppelkirche mit 13 Kuppeln.³⁴⁶ Doch bleibt auch sie klein (55 m × 37 m). Dabei erhielt zusammen mit der *Hagia Sophia* die ganze Stadt Kiew

---

336 Zur Bedeutung von Rus' als Siedlungsgebiet s. Bremer, *Kreuz und Kreml*, S. 25–31, eine Karte S. 29.
337 Pitirim, *Die Russische Orthodoxe Kirche*, S. 3–4; Kawerau, *Geschichte der mittelalterlichen Kirche*, S. 45.
338 Konrad Onasch, Grundzüge der russischen Kirchengeschichte, in: Kurt Dietrich Schmidt/Ernst Wolf (Hgg.), *Die Kirche in ihrer Geschichte* Bd. III Lieferung M (Göttingen: Vandenhoeck & Ruprecht, 1967), S. 3.
339 Hubert Faensen, Einführung, in: H. Faensen/Wladimir Iwanow, *Altrussische Baukunst* (Berlin: Union Verlag, 1972), S. 9–67, hier S. 12.
340 Antonia von Reiche, *Der Weg des russischen Zarentums zur Anerkennung in der Zeit von 1547 bis 1722. Eine völkerrechtliche und historische Studie*. Dissertation an der Universität Hamburg 2002, S. 16.
341 Onasch, Kirchengeschichte, S. 3–4.
342 Marc Di Luca/Leonid Ragozin *Ukraine* (London: Lonely Planet Publications, 2011³), S. 45.
343 Di Luca/Ragozin, *Ukraine*, S. 34.
344 Faensen, Einführung, S. 24.
345 Onasch, Kirchengeschichte, S. 8–10.
346 Olexa Powstenko, The Cathedral of St. Sophia in Kiev, in: *The Annals of the Ukrainian Academy of Arts and Sciences in the U. S.*, Vol. III–IV. Summer–Fall 1954. Nr. 4 (10)–1, 2 (11–12). Special Issue, New York 1954; Faensen/Iwanow, *Altrussische Baukunst*, S. 329–333; Grigori Nikonowitsch Logwin, Einleitung, Erläuterungen und Bildauswahl zu Ukraine und Moldawien, in: Reinhardt Hootz (Hg.), *Kunstdenkmäler in der Sowjetunion* (Darmstadt: Wissenschaftliche Buchgesellschaft, 1984), S. 407–410; in Hamel, *Russland*, eine Rekonstruktion des Originalbaus S. 36.

ähnlich wie Jerusalem und andere „heilige Städte" Symbolkraft:[347] Wie Wladimir I. — später orthodoxer Heiliger — als neuer Konstantin galt, galt Olga als hl. Helena; Wladimir wurde mit David identifiziert, sein Nachfolger Swjatoslaw als „der Weise" mit Salomo. Als Symbol des Neuen Jerusalem fügte sich Kiew auch nicht der russischen Sicht, seine Diözese sei nur Vorstufe des Moskauer Patriarchates, obwohl man in Moskau die Sicht mit Wundererzählungen fundierte.[348]

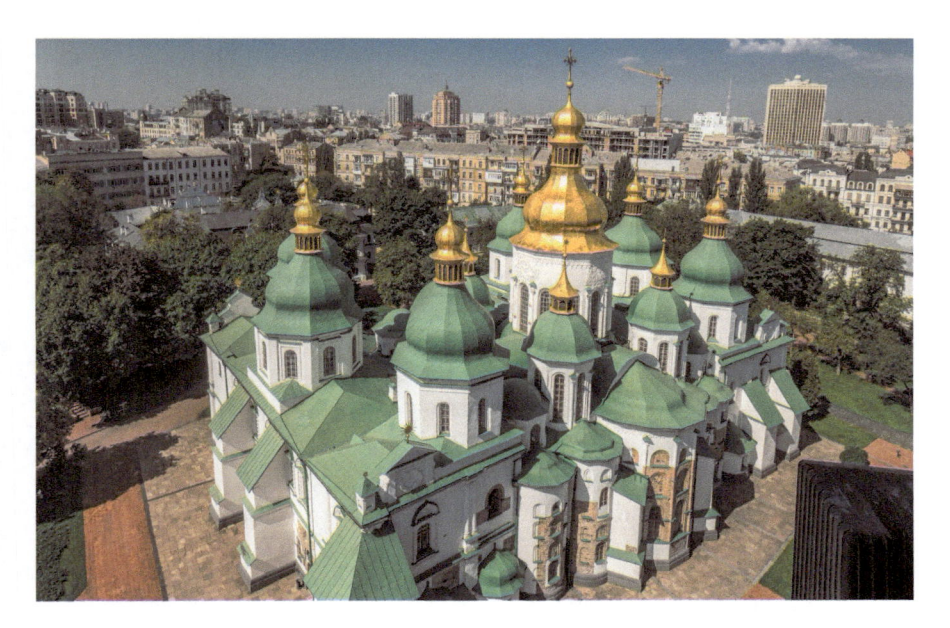

Abb. 25: Kiew. Orthodoxe Kathedrale. Die *Hagia Sophia* hat zwar im Umriss und in der Ikonologie noch die Aussagekraft des Originals, repräsentiert aber durch die Barockisierung auch das 17. Jahrhundert: So hat sie ukrainisch-orthodoxe und -unierte Kathedralen überall inspiriert.

Ein glückliches Geschick hatte Kiew jedoch nicht lange, wie sich zeigen wird; doch besaß die Stadt schon zu ihrer Entstehungszeit Bedeutung für die Nachbarregionen. So ist die 1045 in Nowgorod von einem Sohn Swjatoslaw des Weisen begonnene *Hagia Sophia* wie diejenige in Kiew eine fünfschiffige Kreuzkuppelkirche, als Fünfkuppelbau indes bescheidener – dennoch umso bedeutender als Leitbau, da die Kuppeln zahlensymbolisch Christus und die Evangelisten eingängig darstell-

---

[347] Zum Folgenden s. Liliya Berezhnaya, Kiew – das neue Jerusalem, in: Bahlcke u. a. (Hgg.), *Religiöse Erinnerungsorte*, S. 37–51.
[348] Pitirim, *Die Russische Orthodoxe Kirche*, S. 7–9, begründet den Umzug des Metropolitensitzes nach Moskau durch Mitwirkung der Ikone U.L.F. von Wladimir.

ten.³⁴⁹ Ihre Bedeutung ist umso plausibler, als ab 1223 die Mongolen gen Westen zogen und die meisten der regional wichtigen Städte eroberten – 1237 Moskau, 1240 Kiew³⁵⁰ –, während Nowgorod verschont blieb. Für Kiew kommt dazu, dass die Stadt im Gefolge ihres Niedergangs 1299/1300 den Bischofssitz an die Stadt Wladimir verlor.³⁵¹ Und Wladimir war schon aufgrund der Architektur eine gute Wahl: Bereits Andrej Bogoljubskij (1110–1174) – selbsternannter geistlicher wie politischer Nachfolger Wladimirs I. – hatte hier 1158–1160 mit der *Uspenskij*-Kathedrale (*U.L.F. Entschlafung*) eine bedeutende Bischofskirche errichten lassen, mit ihren 5 Kuppeln einen neuen Referenzbau für die russische Orthodoxie (Abb. 26),³⁵² wobei auch ihr Name beliebt wurde.³⁵³ Freilich blieb auch Wladimir nur ein Zwischenstadium in der Entwicklung, die auf ein neues royales Kirchentum zustrebte: Denn weil das Fürstentum Moskau zwar seit 1237 unter der Oberherrschaft der Mongolen stand, aber auf einvernehmliche Weise, siedelt schon 1325 der Bischof von Wladimir auf Geheiß des von den Mongolen unterstützten Moskauer Großfürsten Iwan Kalita (1288–1340) seinerseits nach Moskau um.³⁵⁴ Dabei verstärkte sich die Bedeutung dieses geistlichen Zentrums angesichts der kirchenpolitischen Großwetterlage zusätzlich: Nach dem erfolglosen, nicht lange vor dem Ende Konstantinopels (1431) einberufenen Unionskonzil in Ferrara – die Moskauer lehnten es von vornherein ab, da es aus ihrer Sicht ketzerisch war³⁵⁵ – erklärte sich die russische Kirche 1448 für autokephal.³⁵⁶ Umgekehrt entspricht dieser Konzentration kirchlicher Präsenz in Moskau eine weitere politische Stabilisierung der Stadt, vor allem unter Iwan d. Gr. (1440–1505): Denn abgesehen davon, dass er seine Stellung daheim ausbaute (Nowgorod kommt unter Moskauer Herrschaft) festigte er – nachdem Konstantinopel 1453 gefallen ist – 1472 seinen Anspruch als Erbe von Byzanz durch Heirat der Prinzessin Sophia Palaiologos.³⁵⁷

Insgesamt darf man diese Entwicklung auch nicht für die neuen Dome unterschätzen, die unter dem Schutz staatskirchlicher Hierarchien entstanden, besonders nicht für die 1475–1479 errichtete Hauptkirche des russischen Reiches in Moskau: Errichtet im dortigen Kreml als dem Staatszentrum ist es wieder eine

---

349 Hamel, *Russland*, S. 364–366.
350 Onasch, Kirchengeschichte, S. 14.
351 Onasch, Kirchengeschichte, S. 16; Pitirim, *Die Russische Orthodoxe Kirche*, S. 8.
352 Faensen/Iwanow, *Altrussische Baukunst*, S. 350–355.
353 Onasch, *Liturgie*, S. 102–104, s. a. S. 375–377.
354 Pitirim, *Die Russische Orthodoxe Kirche*, S. 13–15.
355 Von Reiche, *Der Weg des russischen Zarentums*, S. 68.
356 In Konstantinopel verlor der unionistische Patriarch Gregorios III. Mammas sein Amt, s. Pitirim, *Die Russische Orthodoxe Kirche*, S. 18–20.
357 Faensen, Einführung, S. 30; von Reiche, *Der Weg des russischen Zarentums*, S. 27.

Abb. 26: Wladimir. Russisch-orthodoxe Kathedrale *U.L.F. Entschlafung*. Auch diese Kirche kann als Referenzbau gelten, ab 1989 für eine „national" gesinnte russische Orthodoxie weltweit.

Kirche von *U.L.F. Entschlafung,* lange Sitz des 1589 gegründeten russischen Patriarchats, Krönungskirche des Reiches bis hin zum letzten Zaren und von Anfang an noch auf andere Art ein imperialer Machtbau – nämlich Gedächtniskirche zur Eroberung Nowgorods bzw. anderer Regionen; und bei alledem zeigt sie politische, geistliche und vor allem auch architektonische Kontinuität zur Vorgeschichte des Reiches – da ihr Architekt, der Bologneser Aristotele Fioraventi (gest. um 1486), zur Orientierung an der gleichnamigen Kathedrale zu Wladimir verpflichtet war (Abb. 27).[358] Ihr folgten weitere Prestigebauten, allen voran die Moskauer Basiliuskathedrale unter Iwan Grosny/Iwan IV. (1530–1584), dem ersten russischen Monarchen, der 1547 den Zarentitel annahm, auch um sich in seiner Würde von anderen (zumal den westlichen) Monarchien hervorzuheben.[359] Errichtet wurde sie zu Iwans Eroberung des tatarischen Kazan 1552,[360] war also keine Bischofskirche, bestätigte aber für Russland „die Idee des theokratischen

---

[358] Sebastian Kempgen, *Die Kirchen und Klöster Moskaus. Ein landeskundliches Handbuch* (München: Verlag Otto Sagner, 1994), S. 70–78.
[359] Von Reiche, *Der Weg des russischen Zarentums*, S. 32 ff. Doch nannten sich auch die Monarchen in Bulgarien und Serbien Zaren (S. 22).
[360] Kempgen, *Die Kirchen und Klöster Moskaus*, S. 121–125

Absolutismus als Erbe des christlichen Kaisertums von Byzanz".[361] Sie besteht aus 9 konisch angeordneten Kapellen jeweils mit Kuppel oder Turm, die auf die 9 Himmlischen Hierarchien des Areopagiten verweisen, wie auf die in Kazan geschlagenen 9 Schlachten, während die pittoreske Außenbemalung erst 1722 erfolgte. Doch war die Kirche ein Unikat und liturgisch disfunktional.[362]

Abb. 27: Moskau. Russisch-orthodoxe Patriarchalkirche *U.L.F. Entschlafung*. Als *National Cathedral* blieb sie selbst Krönungskirche, als die Reichshauptstadt Petersburg war. Dazu war sie die Grabkirche der Metropoliten bzw. Patriarchen bis zu Peter I. (nicht aber der Zaren).

---

361 Faensen/Iwanow, *Altrussische Baukunst*, S. 440.
362 Faensen/Iwanow, *Altrussische Baukunst*, S. 439–441; Alexander Eliasberg, *Russische Baukunst* (München: Georg Müller, 1922), S. 10.

6 Krise und Neuorientierung der Kathedrale im Reformationsjahrhundert

6.1 Zur Epochenabgrenzung

An dieser Stelle hilft es, den Blick auf die Westkirche zurückzulenken; denn wie auch immer sich die weitere Entwicklung in der Ostkirche darstellt – christentumsgeschichtlich erfolgten die Umbrüche eben hier, wobei die Anfänge in der gleichen Zeit liegen, als sich in Russland unter Iwan Grosny – mit Langzeitwirkung – jene Bindungen zwischen Staat und Kirche erneuerten, die sich im Westen durch die Konfessionsspaltungen pluralisierten. So wird sich zeigen, dass von nun an der Dombau neue Wege gehen wird. Dabei ist sinnvoll, sich die politische und kulturgeschichtliche Situation zu vergegenwärtigen, in denen sich diese Umbrüche vollziehen, jenen Zeitabschnitt, in den die Reformation fällt. Das gilt auch, obwohl die Reformatoren nicht allen Entwicklungen Bedeutung gaben.

Einen Einschnitt bildet das Ende von Byzanz 1453. Nunmehr treten vormals für den Dombau wichtige Regionen fast endgültig zurück, andere werden umso wichtiger. Ähnliches gilt 1492 für die Entdeckung Amerikas (und weitere Entdeckungen): Jetzt treten neben die bislang bekannten Regionen gänzlich neue, aber bald fallen in Nordamerika auch frömmigkeits-, konfessions- und architekturgeschichtliche Entscheidungen, die für die Kathedralen auf Dauer mehr bedeuten als alle bisherigen konfessionellen Ausdifferenzierungen.

Wichtiger auch für die Reformatoren selbst ist allerdings die aus alledem erwachsende allgemeine geistesgeschichtliche Lage, wie sie sich vor allem im italienischen Humanismus darstellt und in seinen Spielarten diesseits der Alpen; denn obwohl hier die Religion auch nur noch ein Teilbereich der Lebenswelt war, so doch wie bisher der bedeutsamste. Dabei ist bei den Reformatoren vor allem von Martin Luther (1483–1546) und Johannes Calvin (1509–1564) zu handeln. Ihnen gegenüber treten z. B. Huldrych Zwingli in Zürich (1484–1531), Martin Bucer in Straßburg und Cambridge (1491–1551) und sein Schüler Erzbischof Thomas Cranmer in Canterbury (1489–1556) zurück, obwohl sie alle ihre gewichtigen Nuancen in das Gesamtbild eingetragen haben.

6.2 Reformatorische Einsprüche, Kompromisse und ihre Folgen für die Kathedrale

6.2.1 Die geistesgeschichtliche Großwetterlage: die wachsende humanistische Durchdringung christlicher Weltsicht

Betrachtet man zunächst die geistesgeschichtliche Lage, in die hinein die Reformatoren ihre Botschaft schickten, wäre angesichts der bislang beschriebenen Entwicklungen verwunderlich, wenn diese Lage nicht *auch* ein Teil jener Strömungen wäre, die gegenüber der kirchlich-dogmatisch sanktionierten Religiosität zu jenen „aufklärerischen" Geistesbewegungen gehörten, die sich im westkirchlichen Christentum früh fanden: Ein gesellschaftliches Thema, innerhalb dessen sich die Reformationsgeschichte und die Gedankenwelt ihrer Protagonisten entfalten, blieb also auch jene Emanzipation des kognitiven Denkens aus dem symbolischen, die zunehmend akzeptierte analytisch-rationale Annäherung an die Welt mitsamt ihrer welt-transzendenten Begründung gegenüber einer kontemplativ-sakramentalen und liturgisch strukturierten Weltsicht traditioneller Art. Hierher gehört jenes allgemeine Interesse an – traditionskritisch getönter – individueller Bildung (wie die Reformatoren mit ihrer Botschaft als einem Teil solcher Bildung umgekehrt bei den Humanisten Zustimmung fanden). Wohl war dieses Denken so, wie es bereits in der frühen Kirche angelegt war, auch im Mittelalter nie ganz vergessen, wie sich bereits andeutete. Besonders gegenwärtig blieb das Prinzip, dass auch religiöse Überzeugungen nicht als unvordenklich-gottgeschenkte Fixpunkte der eigenen Existenzerfahrung anzunehmen seien, sondern durch Vernunft und Intellekt zu bestätigen wie bei Anselm von Canterbury und in der Scholastik, bzw. so anzuzweifeln wie Abaelard die Identität des in Saint-Denis verehrten hl. Bischof Dionysius von Paris mit dem Verfasser der „Hierarchien" und dem Paulus-Schüler der Apostelgeschichte anzweifelte. Präsent blieb das Denken auch im Dombau.[1] Aber u. a. in dem Maße, in dem nach 1453 griechische Gelehrte nach Italien flohen, im Gepäck neue Texte der Antike, wurden auch christliche Überzeugungen zunehmend *wissenschaftlich reflektierte*, d. h. rational durchformte Überzeugungen. Weiter wuchs der Sinn für rational-philosophische Diskurse. Und derlei bezog sich auf eine Gesellschaft, die – mehrheitlich noch mittelalterlich gestimmt – den Glauben dem Verstehen vorordnete, die Erbauung dem Wissen, Dichtung und Legende den empirischen Fakten. Freilich: Unterwarf man die Tradition dieser neuen Hermeneutik geschichtlichen Verstehens, dann begannen die Symbole der Christenheit an Erbaulichkeit zu verlieren, sie wurden weniger Anlass der Kontemplation und

---

1 S. a. Panofsky, *Gotische Architektur und Scholastik*, S. 22–26.

andächtigen Tradierung als solche der Reflexion. Auch der Blick auf die Kirchengeschichte wurde kritischer, ihr Wert als amtskirchlich-sakramental durch die Generationen weitergereichter Fixpunkt der Wahrheit sank. Dafür wurden andere Wahrheiten plausibler, neben philosophischen auch religiöse wie die des Judentums, so dass der Wert von Toleranz stieg. Selbstverständlicher wurde umgekehrt das – z. B. auf dem Balkan längst vorhandene – Miteinander unterschiedlicher Konfessionen und Religionen angedacht, z. B. vom Erasmus-Freund Thomas Morus (1478–1535) in der *Utopia*. Umgekehrt waren für Humanisten Kreuzzüge keine Option zur Durchsetzung von Wahrheiten mehr.[2] Doch war die Kritik an den dominierenden Geisteswelten, Lehrsystemen und Lebensformen stets geschmackvoll, nie so affirmativ-charismatisch wie bei Propheten, sondern von der kognitiven Distanz zum Kritisierten her bestimmt, die den Humanisten eigentümlich war, und sie bediente sich gern der Ironie, z. B. bei Urteilen über kirchliche Hierarchen.[3]

6.2.2 Die Reformation zwischen selektiver Humanismusrezeption und neuer Frömmigkeit

Betrachtet man indes den geistesgeschichtlichen Ansatz der Reformatoren – auch im Horizont jener Kreativitität, die die bisherige Fülle bischöflicher Leitbauten demonstriert hat –, ist er mit der soeben beschriebenen Kirchenkritik nicht in Einklang zu bringen, umso weniger, als ihr Ansatz keineswegs überall akzeptiert wurde. Auch liebten die Humanisten keine theologischen Flächenbrände, wie der konziliante Erasmus zeigt. Und obwohl schon im Mittelalter das empirische Denken bisweilen zur Kritik an kirchlichen Symbolen und Lehrsätzen geführt hatte, hatte es technologisch den Kathedralenbau zunächst ebenso staunenswert – und spirituell authentisch – gefördert.

Freilich, den theologischen Ansatz der Reformatoren lieferte die humanistische Kritik ohnehin nur beschränkt. Die Lebenswelt der Reformatoren war zunächst weiterhin die der hierarchischen Kirche mit ihren Riten und Kathedralen, jedoch distanzloser von ihnen wahrgenommen und bisweilen – besonders von Luther – erlitten: Es war auch die Frage nach der *theologischen Legitimität* dieser Welt angesichts der Problematik mancher der sie konstituierenden Überzeugungen (in der Tat bei vielen Reformatoren ein exklusiv theologisches Problem und höchstens

---

2 Kawerau, *Geschichte der mittelalterlichen Kirche*, zu Erasmus, S. 151.
3 Populär war der Erasmus zugeschriebene Dialog *Julius exclusus* zwischen Julius II. (1443–1513) und Petrus an der Himmelstür, der dem Papst den Einlass verwehrt, s. Roland H. Bainton, *Erasmus. Reformer zwischen den Fronten* (Göttingen: Vandenhoeck & Ruprecht, 1972), S. 104–107 (auch der Text).

marginal eine Frage nach dem Ist-Zustand des sozialen Lebens). Hier sei nochmals an Albrecht von Brandenburg erinnert, Erzbischof von Mainz und Administrator des Erzbistums Magdeburg, denn er zeigt – in örtlicher Nähe zu den Anfängen der Wittenberger Reformation – wie eng die Beziehung zwischen spätmittelalterlicher Frömmigkeit mit ihrer hierarchischen Kirchlichkeit und repräsentativen Architektur einerseits und der individuell akzentuierten Frömmigkeit der Reformatoren andererseits sein kann. Als Albrecht in Halle seine neue Residenz errichtet und die Dominikanerkirche zum Dom umbaut,[4] findet in Wittenberg Luther den Fixpunkt seiner Existenz in der Bibel, also in dem Buch, gemäß welchem durch das göttliche Wort in das vorweltliche Chaos das Licht gebracht und jene Geschichte eröffnet wird, die auf Christus als letztgültige Epiphanie der Transzendenz hin zuläuft, der erkannt sein will als der *solus* Christus inmitten der Heilsversprechen der Epoche. Und wie Luther in die Bibel schaut, besonders in den Brief des Paulus an die Römer, nimmt er gleichzeitig die fromme Geschäftigkeit der Nachbarstadt wahr und schreibt „Wider den Abgott zu Halle". Luther hat den Text nie veröffentlicht, aber schon während der Reichsacht 1521 einen Brief an Albrecht geschrieben, des Inhalts, nicht falsche Heilsversprechen zu geben, sondern Christus zu predigen.[5] Und seine Sicht verstört, denn die Zeit eilt: Apokalyptisches Denken kennt Luther gut – zerrissen zwischen Gott und Teufel, „im Schatten der chaotischen Endzeit einer nahe herbeigekommenen Ewigkeit".[6]

Manche Impulse der Humanisten haben die Reformatoren aufgenommen.[7] Besonders Erasmus von Rotterdam hat bei ihnen allen seine Spur hinterlassen, und etliche von ihnen konnten sich mit ihm gut verständigen, z. B. Zwingli, Bucer und Cranmer. Erasmus' neue Besinnung auf *religious essentials* hatte Verwandtschaft mit der ihrigen, ebenso sein Protest gegen ein sakramental mechanisiertes Christentum, seine Leidenschaft für Texte und ihre Exegese, seine Jesusliebe. Suspekt waren ihnen allen die katholisch-mittelalterlichen Lehrsysteme, nicht zuletzt im Blick auf die Eucharistie.[8] Freilich: Sie haben die Impulse existentiell vertieft, und besonders ihr Interesse an der Bibel war nicht einfach historisch, schon gar nicht primär philologisch-analytisch. Was sie anstrebten, war vielmehr

---

4 S. Heinrich L. Nickel, *Der Dom zu Halle*, München und Zürich: Schnell und Steiner, 1991.
5 Weimarer Ausgabe/Briefe, Bd. II, Nr. 442, S. 405–409. S. a. Christoph L. Diedrichs, Ereignis Heiltum. Die Heiltumsweisung in Halle, in: Andreas Tacke (Hg.), *Ich armer sundiger Mensch. Heiligen- und Reliquienkult im Übergang zum konfessionellen Zeitalter* (Göttingen: Wallstein Verlag, 2006), S. 314–360, hier S. 327–329, Anm. 45.
6 Heiko Oberman, *Luther. Der Mensch zwischen Gott und Teufel* (München: Pantheon Verlag, 2016), S. 25.
7 Ein Überblick bei M. Fuhrmann, *Latein und Europa*, S. 29 ff. und S. 46 ff.
8 Vgl. Stefan Niklas Bosshard, *Zwingli, Erasmus, Cajetan. Die Eucharistie als Zeichen der Einheit*, Wiesbaden: Franz Steiner Verlag, 1978.

die persönliche *Zeitgleichheit* mit dem Christus auf dem Weg über die Heilige Schrift, und zwar nicht im Sinne bloßer Kontemplation, sondern – allen voran Luther – aus der existenziellen Erfahrung essentieller Schuldhaftigkeit des Menschen gegenüber dem transzendenten Gott; denn diese Schuldhaftigkeit reiche tiefer, als dass sie in – wie auch immer authentisch vollzogenen – Liturgien zu beseitigen wäre, die wiederum eingebettet seien in den Gehorsam gegenüber kirchlichen Hierarchien und ihren soteriologischen Qualitäten: Sie betrifft vielmehr alle Menschen unterschiedlos, macht alle ontologisch-sakramental heilsnotwendigen Dignitätsgrade des Ich nichtig und verweist auf den *solus Christus* in vor-rationaler Tiefe. Kirchliche Hierarchien sind menschengeschaffen, schlicht Bräuche. Ihre Begründung durch die himmlischen Hierarchien Dionysius Areopagitas verliert den Sinn, die Engel und Heiligen werden zu Gottes Helfern und Christi Dienern, ihre Feste zu Christusfesten. Nicht übernommen haben die meisten Reformatoren also die z. T. schon aufklärerische Einstellung der Humanisten zur Wirklichkeit. Auch deren quasi philosophischer Zugang zum Erlöser Christus, den man für Erasmus beschrieben und ihm auch aus römisch-katholischer Sicht vorgeworfen hat,[9] lag ihnen fern, ebenso ihre rational-distanzierte Weltsschau, erst recht ihre Ironie. Die meisten Reformatoren standen in der Nähe von Charismatikern oder Propheten: Luther erinnerte sich an den 1415 verbrannten böhmischen Ketzer Jan Hus, als er sich auf den Weg zum Reichstag in Worms machte; Calvin spürte die Stimme Gottes unmittelbar in sich selbst.[10] Auch weltoffen im neuzeitlichen Sinne waren sie nicht. Groß blieb oft ihre Distanz gegenüber dem philosophischen Denken ihrer Zeit, wiederum besonders gegenüber seiner aufklärerischen Färbung: Luther konnte mit dem weiten Freiheitsbegriff nichts anfangen, den Erasmus auch in geistlichen Dingen vertrat.[11] Bucers Definition christlicher Wahrheit von der christlichen Liebe her und seine Toleranz gegen Andersdenkende waren für Luther im Grunde Gleichgültigkeit.[12] Zumindest unterschiedlich wichtig war für die Reformatoren die Exegese sozialer Entwicklungen, jedenfalls nie so „progressiv" wie die mancher Humanisten. Zwar hatten für sie alle die kirchlichen und himmlischen Hierarchien ihre Bedeutung verloren, die gesellschaftlichen aber nicht. Calvin ging in seiner Kritik an ihnen schon recht weit. Zwar schwebte ihm keine säkulare Demokratie vor, doch war ihm die Nähe

---

9 Ausführlich zu Erasmus Henning Graf Reventlow, *Bibelautorität und Geist der Moderne. Die Bedeutung des Bibelverständnisses und politische Entwicklung in England von der Reformation bis zur Aufklärung* (Göttingen: Vandenhoeck & Ruprecht, 1980), S. 68–89; Lortz, *Die Reformation*, S. 127–137.
10 Krieg (Hg.), *Deutscher Kirchengesang*, S. 636.
11 Vgl. z. B. Flasch, *Das philosophische Denken*, S. 657–661.
12 Krieg (Hg.), *Deutscher Kirchengesang*, S. 623 f.

der Monarchie zur Tyrannei offensichtlich. Da er aber umgekehrt eine Demokratie durch das Chaos gefährdet sah, erschien ihm eine Mischform von Demokratie und Aristokratie plausibel;[13] und die ständische Gesellschaft blieb allen Reformatoren gültig. So lehrte Luther zwar das allgemeine Priestertum, zur Kirchen*leitung* aber wählte er nach dem Fortfall der Bischöfe Laien der höheren Stände, wie denn mancherorts die Reformation ohnehin von der politischen Obrigkeit mit in Bewegung gesetzt wurde, z. T. im Heiligen Römischen Reich, in Skandinavien[14] und England. Auch Calvin akzeptierte gekrönte Häupter zur Durchsetzung der Reformation.[15] Allen suspekt dagegen war Thomas Müntzer (um 1489–1525) mit seiner Liebe zum gemeinen Volk. Und als die europäische Wirtschaft expandierte und in Amerika neue Arbeitsplätze forderte, protestierte Europa nicht gegen den neu florierenden Sklavenhandel – außer einigen calvinistischen Außenseitern, von denen sich manche in der Neuen Welt zudem besser aufgehoben fühlten.[16]

Dennoch, in zentralen Punkten bestand für alle Reformatoren – oft unter Anregung von Humanisten – Einigkeit, nämlich im Widerstand gegen die sakramental fundierte Verdinglichung des Sakralen: Die Präsenz des Heiligen geschehe nur durch das biblisch vermittelte, das interpretierte und gepredigte Wort, da es den Anfang allen Transzendenz-Erkennens und somit aller Lebensbewältigung markiere. Die Überzeugung von der Präsenz der Transzendenz in heiligen Gestalten sei biblisch unbegründbar, und sakramentale Akte gäben weder Personen noch Dingen neue ontologische Qualitäten. Entsprechend sei Christus allein durch sein Wort in der Eucharistie zugegen, nicht aufgrund einer durch die apostolische Sukzession verbürgten Wirksamkeit eines priesterlichen Weiheaktes.[17]

Man muss diese protestantische Entsakralisierung der Welt vor allen weiteren konfessionellen Differenzen radikal sehen, nämlich als umfassende Reduktion religiöser Symbolik auf die personal-tragfähige Kommunikation zwischen Gott und Mensch einerseits wie als ebenso umfassende Neu-Eröffnung der Welt als einer

---

13 *Institutio Christianae Religionis* Deutsch, nach der lat. Ausgabe von 1559 (Neukirchen: Verlag der Buchhandlung des Erziehungsvereins, 1955), IV/20/8.
14 Island wurde von Dänemark z. T. gewaltsam protestantisiert, s. Hood, *Icelandic Church Saga*, Bd. II, S. 168–174.
15 Hans Joas, *Glaube als Option. Zukunftsmöglichkeiten des Christentums* (Freiburg u. a.: Herder, 2013²), S. 99.
16 Christopher Cameron, The Puritan Origins of Black Abolitionism in Massachusetts, in: *Historical Journal of Massachusetts* 39/1–2 (Summer 2011), S. 78–107.
17 All das bedeutete keine Verleugnung des Sakramentalen: Alle Reformatoren waren wie Erasmus von Christi Präsenz in der Eucharistie überzeugt, akzeptierten jedoch die Transsubstantiationslehre ebenfalls nicht (Bosshard, *Zwingli. Erasmus. Cajetan*, S. 74–75, Anm. 64). Unterschiedlich definierten sie aber die Alternativen.

auch religiös prinzipiell *bürgerlichen* Welt andererseits. So wird das Priesteramt ein bürgerlicher Beruf, von Kirchengemeinden an konkrete theologisch und geistlich kompetente Personen delegiert, prinzipiell ungeachtet ihrer sozialen Herkunft.[18] Entsprechend wird für Luther die einzig wirklich sinnvolle, wenngleich nur als ferne Utopie vorstellbare „Liturgie" diejenige im familiären Kreis,[19] während zugleich alles sonstige menschliche Tun bis hin zur Feldarbeit auf seine Weise ohnehin als Gottesdienst zu verstehen ist, zumindest sofern es im Christusglauben geschehe – ja sogar als ein besserer Gottesdienst als „Pilgerfahrten, [...] die Stiftung von Messen [...] – mit anderen Worten als all jene Tätigkeiten, die ausschließlich der ‚religiösen' Sphäre angehören oder einfach auf kirchlichen Bräuchen beruhen".[20] Indes sind die Folgen dieser Entsakralisierung der Welt schwerwiegend; denn sie bedeuten auch die Entsakralisierung der Messe als öffentlich-rituellen Vollzug: Keine größere Dignität hat sie mehr als alles gottgefällige bürgerliche Leben; und nicht grundlos hat Luther ihre vormals unantastbare lateinische Sprachgestalt nicht mehr als Inbegriff römischer Universalität gewürdigt, sondern als Möglichkeit intellektuell-sprachlicher Bildung.[21] All dies bedeutet jedoch noch keinen religiösen Privatismus (außer bei Randgruppen). Es geht ja weiterhin um *Kommunikation* der christlichen Botschaft an eine Gesellschaft, die ihrer bedarf – und wenn nicht um der katholischen Universalität willen, dann doch im Rahmen einer umfassenden Christentums-Pädagogik, auch als öffentlicher Akt in den gewohnten Kirchenräumen.[22] Und wenn im deutschsprachigen Pietismus mit seinem Bemühen um vertiefte Frömmigkeit seit dem 17. Jahrhundert die Idee Gewicht gewinnt, dass das ‚wahre Christentum' im kleinen Kreis sich authentischer konstituieren könne, ist das eine Ansicht, die sich zunächst gegen die Volkskirchen mit ihren schon anonymen gottesdienstlichen Massenveranstaltungen richtete, und der mitunter erzwungene Verzicht auf sakrale Repräsentationsarchitektur – vor allem durch die von

---

18 Isolde Karle, *Der Pfarrberuf als Profession. Eine Berufstheorie im Kontext der modernen Gesellschaft* (Gütersloh: Christian Kaiser/Gütersloher Verlagshaus, 2001), S. 137 ff.
19 Luther, Deutsche Messe und Ordnung des Gottesdienstes, in: ders., *Ausgewählte Werke*, hg. von H.H. Borcherdt und Georg Merz, Bd. III (München: Christian Kaiser, 1950), S. 128–155, hier bes. S. 128–133.
20 Franklin Sherman, Der weltliche Beruf und das sozial-ethische Denken, in: Vajta (Hg.), *Die evangelisch-lutherische Kirche*, S. 202–224, hier S. 205.
21 Ebenso wurden im Protestantismus Wochengottesdienste beseitigt, da man religiöse Bildung auch anderweitig finde; s. Georg Rietschel, *Lehrbuch der Liturgik*. Neubearbeitete Auflage von Paul Graff, Bd. I (Göttingen, Vandenhoeck & Ruprecht, 1951), S. 385.
22 Zu Luther, Calvin und zur 2. *Confessio Helvetica* (1566) vgl. Jäggi, Architektur und Sakralität, S. 24.

Louis XIV befohlene Rekatholisierung des Straßburger Münsters 1681 – war kein Grund zur Klage.[23] Doch wurde eine solche Individualisierung des Christentums weiterhin nicht die Regel, und es existierten geistliche Großveranstaltungen fort. Erinnert sei daran, dass die Hugenotten Frankreichs – nach royalen Verfolgungen seit dem Edikt von Nantes 1598 anerkannt – mit Gottesdiensten für Tausende von Teilnehmern rechneten und sich baulich neu einrichten wollten, wie sich gleich zeigen wird. Dem entsprachen musikalisch die *Chanteries*, öffentliche Massenchöre mit Psalmengesang.[24] Die Pietisten im lutherisch-sächsischen Halle veranstalteten Singstunden für bis zu 2000 Teilnehmer, oft verbunden mit ekstatischen Ausbrüchen.[25] Derlei findet sich auch in England[26] bei geistlichen Massen-Erweckungen wie im Methodismus, wie ihn der anglikanische Priester John Wesley (1705–1792) begründet hatte, der – aus den anglikanischen Kirchen verbannt – im Freien predigte und jene von Ekstasen begleiteten *evangelical revivals* mit initiierte,[27] die bald das protestantische Christentum bewegten. Jedenfalls gilt, dass nirgends unter den beschriebenen Voraussetzungen die Kathedrale noch ein Paradigma für das Christentum ist.

6.2.3 Neue Blicke auf die alten Dome

6.2.3.1 Der Calvinismus

Dennoch bleibt konfessionell weiter zu differenzieren, schon deshalb, weil zwar in den Reformationskirchen alle hierarchisch-kirchlichen Gemeinschaftsmodelle keinen kanonischen Stellenwert mehr haben, aber die Kirchentümer unterschiedlich verfasst bleiben. Wohl den radikalsten Gegenentwurf zum hierarchischen Kirchen-

---

23 Gleichmütig schrieb Philipp Jacob Spener (1635–1705) am 1. Dezember 1681 einer sächsischen Gräfin: „Wo es also dabey bewendete, mögen wir ein prächtiges gebäu den widersachern wol gönnen, wo uns nur in unsern übrigen unansehnlichen Gotteshäusern der Dienst des HERREN unverstöhrt gestattet wird", in: ders.: *Briefe aus der Frankfurter Zeit 1666–1685*, Bd. 5, 1681 (Tübingen: Mohr Siebeck 2010), S. 578–581, hier S. 579–580.
24 Zu den *Chanteries* vgl. Willem van 't Spijker, Der kirchengeschichtliche Kontext des Genfer Psalters, in: Eckhard Grunewald/Henning P. Jürgens/Jan R. Luth (Hgg.), *Der Genfer Psalter und seine Rezeption in Deutschland, der Schweiz und den Niederlanden. 16.–18. Jahrhundert* (Tübingen: Max Niemeyer, 2004), S. 45–60, hier S. 48.
25 Krieg (Hg.), *Deutscher Kirchengesang*, S. 736.
26 Historisches bei Hella Hagspiel-Keller, *Evangelische und evangelikale Freikirchen und ihr neuerer Aufbruch: Emerging Church am Beispiel project:Gemeinde in Wien*. Dissertation an der Universität Graz 2014, S. 157 ff. Zum *First Revival* vgl. Loveland/Wheeler, *From Meetinghouse to Megachurch*, S. 22–23.
27 S. Friedrich Adolph Krummacher, *John Wesley's Leben, die Entstehung und Verbreitung des Methodismus. Nach dem Englischen des Robert Southey bearbeitet*. Bd. I–II, Neuausgabe (Hamburg: Heroldsche Buchhandlung, 1841). Zu Wesleys Erweckungspredigten s. Bd. I, S. 224 ff.

modell hat Calvin in Genf geliefert, mit großer Wirkung im nicht-bischöflichen Protestantismus. Hier ist am gründlichsten unternommen worden, das Christentum wieder von seinen vor-hierarchisch biblischen Anfängen her zu organisieren: Konstitutiv sind seit den Genfer Anfängen 1541 die lokalen Gemeindeverbände bzw. Einzelgemeinden unter der Leitung des *Consistoire* mit den *pasteurs* und *anciens* bzw. der *Vénérable Compagnie* mit den *pasteurs* und *diacres* – wobei besonders im anglophonen Calvinismus in seiner „kongregationalistischen" Struktur die Einzelgemeinde Priorität hatte.[28] Im Kult werden alle nicht-biblischen Traditionen beseitigt und die Messe mit ihrem sakramentalen Realismus zugunsten wortorientierter Liturgien abgeschafft,[29] dazu aller liturgische Schmuck. Das Sichtbare hat keinen Wert an sich mehr; was bleibt, ist das Hörbare: Gebet, Bibellesung und Bibelauslegung in Gestalt der Predigt, kein optisch aufwendiger Altar, sondern ein Abendmahlstisch, eine Kanzel für den angestellten „Prediger", musikalisch der einstimmige Psalmengesang ohne Instrumente. Vormals sakrale Bauten werden ihrer kultisch-sakramental konstituierten Würde entkleidet; denn der Hort des transzendenten Gottes ist das Individuum als sein wahrer Tempel, wie Calvin mit Paulus, etwa 1 Kor 6,19, lehrt.[30] Die Dome von Genf und Lausanne verlieren ihr bisheriges Kultinventar und werden zu simplen Versammlungsräumen herabgestuft, auch der Dom des niederländischen Utrecht – nach Zerstörung seines Langhauses 1674 durch Orkan ohnehin ein Torso.[31] Radikaler werden die Hugenotten in Frankreich, wo sie u. a. die Dome von Orléans und Valence zerstörten. Und wenn sie – ab 1598 zeitweilig geduldet – für große Gemeinden neue Gebäude planten, dann Multifunktionsbauten für bis zu 8000 Personen, auch städtischen Aufgaben dienlich.[32] Ähnlich radikal liegen die Dinge im Königreich Schottland, zur Reformationszeit noch politisch selbstständig und erst seit 1603 in Personalunion mit dem Königreich England verbunden. Hier siegten ja die Calvinisten auf Dauer: In den 1550er Jahren erfolgten erste Bilderstürme; aber während man im benachbarten England seit dem BCP von 1549 einen Kompromiss zwischen Konservativen und Radikalen anstrebte, blieb Schottland unerbittlich: 1560 wurde die Messe verboten, Katholiken wie Anglikaner gingen in den Untergrund.[33]

---

28 S. Calvin, *Institutio*, IV/4–5; Jörg Ernesti, *Konfessionskunde kompakt. Die christlichen Kirchen in Geschichte und Gegenwart* (Freiburg u. a.: Herder, 2009), S. 137–138; S. 147–150.
29 Weder bei Calvin noch bei Zwingli ist auch von einer realen Präsenz Christi in Brot und Wein zu reden, sondern nur im frommen Bewusstsein.
30 Vgl. Calvins Kommentar zu 1 Kor 3, 17 und 6,19 in *Institutio* I/3/15,15; III/20,30; s. a. Jäggi, Architektur und Sakralität, S. 24.
31 Zu Utrecht s. Ronald Stenvert, *Monumenten in Nederland. Utrecht* (Zeist-Zwolle: Rijksdienst voor de Monumentenzorg, Zeist; Waanders Uitgevers, Zwolle, 1996), S. 215–222.
32 David E. Eagle, The Growth of the Megachurch, in: Stephen Hunt (Hg.), *Handbook of Megachurches*. HCR, Bd. XIX (Leiden-Boston: Brill, 2020), S. 43–67, bes. S. 47 ff.
33 Galloway, *The Cathedrals of Scotland*, S. vii–x.

1559 wurde der Dom von Saint Andrews erstmals gestürmt, 1571 der letzte katholische Erzbischof gehängt, ab 1577 war die Kirche ein Steinbruch.[34] *Saint Mungo* von Glasgow unterteilte man in Räume für Einzelgemeinden und die Stadtverwaltung.[35] Wieder anderswo wurden wie ab 1674 in Utrecht nur noch unzerstörte Teile des Domes genutzt, ohne den Rest wiederaufzubauen.[36]

Exkurs: Zur frühen freikirchlichen Sakralarchitektur in England und Neuengland

Es ist freilich sinnvoll, hier bei der freikirchlichen Architektur zu verweilen, wie sie sich vor allem in England entwickelt hat, und einen ersten Blick auf Neuengland zu werfen, ja partiell vorauszuwerfen, hin auf jene Region, wo 1776 die Vereinigten Staaten entstanden. Gerade hier war ja das kirchenpolitische Klima antibischöflich, da strenge Calvinisten, besonders die Puritaner – ab 1630 eingewandert[37] – lange dominierten, ästhetisch nüchtern wie ihre Vorfahren in England. Traditionelle Kirchengebäude schätzten also auch sie nicht. Sie bevorzugten *Meetinghouses*.[38] Andere in der Reformation oder bald danach entstandene Freikirchen folgten ihnen: Quäker, Baptisten, dann Methodisten.[39] Auch sie verachten Prunk, ihre Predigten sind streng biblisch. Alle „theatrical gaudiness" fehlt.[40] Das macht ihre Liturgien weiterhin nicht rationalistisch: Auch ihre Lieder sind leidenschaftlich, und die *Meetinghouses* der Quäker sind Meditationsräume.

So aber erwacht in der Tat auch im Protestantismus bald die Neigung zum Emotionalen neu, besonders seit den Anfängen des Methodismus, z. T. durch den Pietismus des lutherischen Sachsen Nikolaus Ludwig von Zinzendorf (1700–1760) inspiriert. Es schwindet der puritanische Zorn auf jene Theatralik wieder, die im

---

34 Galloway, *The Cathedrals of Scotland*, S. 161–162.
35 Galloway, *The Cathedrals of Scotland*, S. 96. Ähnliches passierte mit *Saint Giles* in Edinburgh (S. 66 ff.).
36 Beispiele für Schottland bei Galloway, *The Cathedrals of Scotland*, u. a. S. 35–42 (zur Kathedrale in Dornoch).
37 Ann C. Loveland/Otis B. Wheeler, *From Meetinghouse to Megachurch. A Material and Cultural History* (Columbia-London: University of Missouri Press, 2003), S. 5 ff.
38 Vgl. Beeson Hinshaw, *The Evolution of the Quaker Meeting Houses in North America 1670–2000*. Dissertation an der University of Pennsylvania, Philadelphia 2001, S. 3 ff.; Kilde, *Sacred Power*, S. 152.
39 Loveland/Wheeler, *From Meetinghouse to Megachurch*, S. 11; Kilde, *Sacred Power*, S. 151 ff. Freikirchen fordern von den Mitgliedern die persönliche Entscheidung (z. B. die Erwachsenentaufe), und ihre Liturgien sind wortbezogen (Baptisten usw.), s. Ernesti, *Konfessionskunde*, S. 178–198. Auch staatliche Privilegien fehlen.
40 So 1702 der Puritanertheologe Cotton Mather (1663–1728), s. Loveland/Wheeler, *From Meetinghouse to Megachurch*, S. 5.

Mittelalter die Bußprediger liebten,[41] z. B. im Kreis John Wesleys bei George Whitefield (1714–1770), dessen Predigten 1740 selbst in Nordamerika begeisterten.[42] Aber es geht weiterhin um Förderung lebendigen Glaubens – auch weil der sich zunehmend rationalisierende Lebensalltag immer mehr dazu herausforderte, dieser Rationalität in einer frommen Transrationalität zu widerstehen, die den heutigen Charismatikern nicht mehr fern ist.[43] Populär machte diese Frömmigkeit jedoch nicht nur ihre Emotionaliät, sondern auch ihr elementarer Charakter, fasslich für alle: biblisch fundiert, fokussiert auf den Ruf zur Buße im Angesicht der Wiederkunft Christi, dazu ein Fixpunkt in der immer komplexeren Wirklichkeit, welche die Expansion Europas mit sich brachte, zumal in den USA.[44] Typisch sind seit Ende des 18. Jahrhunderts die mehrtägigen *Camp Meetings* der Presbyterianer, Baptisten, Methodisten, die Mission in Zelten (*tabernacles* wie 3. Mose 23,41–42),[45] eine „tremendous engine of spiritual power".[46] Im Kern waren es die heutigen Evangelisationen, die sich verbreiteten, auf dem Höhepunkt mit einem Ruf zur individuellen Bekehrung (*altar call*), oft wieder unter Exaltationen geschehend:[47]

> [...] the preacher expounded the scriptures and called forward sinners who wanted God's forgiveness (‚the altar call'). [...] The songs of the revival, the hymns of the Wesleys and others, were learned and used [...]. The hallmark of this ministry was the direct challenge to individuals to conversion, to deliverance from evil, to healing, to full-time service for the Lord, and so on.[48]

---

41 Loveland/Wheeler, *From Meetinghouse to Megachurch*, S. 14 ff.; S. 22.
42 Man nannte ihn „The Divine Dramatist" (Loveland/Wheeler, *From Meetinghouse to Megachurch*, S. 22): „His ‚pulpit arsenal' included pathos, tears, humor, and appeals to the imagination of his audience [...]" (S. 23).
43 Keith Smith, *Max Weber and Pentecostals in Latin America. The Protestant Ethic. Social Capital and Spiritual Capital.* Magisterarbeit an der Georgia State University 2016, S. 12 ff.
44 „It was simple, evangelical, pietistic faith that was preached. [...]. It brought a kind of religious security to people in the growing and changing American society. The advance of the frontier, the industrial expansion in the eastern States, the intermingling of increasing hordes of immigrants from Europe [...], the campaign against slavery, the Civil War, all these things contributed to the individualising and emotionalising of the Christian faith" (John Gunstone, *Pentecostal Anglicans*, London u. a.: Hodder and Stoughton, 1982, S. 56).
45 Loveland/Wheeler, *From Meetinghouse to Megachurch*, Grundrisszeichnungen und Abbildungen S. 16–21.
46 Loveland/Wheeler, *From Meetinghouse to Megachurch*, S. 14.
47 Man fand solche Exaltationen „in convulsive physical exercises such as jerking and barking, or in the exhibited impotence of crying and trances" (Loveland/Wheeler, *From Meetinghouse to Megachurch*), S. 16.
48 Gunstone, *Pentecostal Anglicans*, S. 56.

Dabei sei bereits hier auf einen Sachverhalt hingewiesen, der noch an anderer Stelle zu behandeln sein wird: Es war in Baltimore jener Benjamin Henry Latrobe (1764–1820) aus der englischen Brüdergemeine Zinzendorfs, bekannt vor allem als Architekt des Kapitols in Washington, welcher solche *Camp Meetings* organisierte – und gleichfalls die erste römisch-katholische Kathedrale der USA entwarf.[49] Doch gilt wie bisher: Im Freikirchentum – anders als bei den alten Bußpredigern in den Kathedralen, anders also auch als im „römischen" Baltimore – geschehen spirituelle Erweckungsveranstaltungen verbal. Der Raum bleibt als sichtbarer, gestaltbarer, begehbarer Raum transzendenzlos, ohne Weihe. Eine theologisch-ästhetisch zu reflektierende Bedeutsamkeit hat er als solcher nicht, sondern nur durch seinen Nutzen für die Rezeption der Predigt: Wichtig sind seine Akustik, die Sichtbarkeit des Predigers, die Qualität der Bestuhlung. Gegebenfalls reicht ein Theater.[50] Damit ist wieder der Weg vom Sakralbau zum Multifunktionsbau offen.

Allerdings ist hier weiter zu differenzieren und noch einmal an das Luthertum zu erinnern.

6.2.3.2 Das Luthertum

In der Tat gilt auch im Luthertum: Wieder regiert das Wort. Symbolisierung der Transzendenz durch Raum und Bild ist kaum gefragt. Doch anders als bei Calvinisten war die Skepsis gegenüber der römischen Tradition geringer. Bilderstürme waren nicht die Regel.[51] Die Messe blieb erhalten – wenngleich ohne Messopfer und Privatmessen für die Toten.[52]

Erneut aber hat hier die Reformation die Geschichte des Sakralbaus und der Kathedralen erheblich beeinflusst, wie zunächst im Heiligen Römischen Reich das lutherisch gewordene deutschsprachige Mitteleuropa zeigt. Denn zwar erfolgte wiederum der Verzicht auf das Bischofsamt zugunsten des Priestertums der Gläubigen, damit aber beileibe keine Abwertung der sozialen und politischen Hierarchien: denn nunmehr wurde der jeweilige Landesherr – und zwar anders als z. B. bei den republikanischen Puritanern geradezu monarchisch, als *summus episcopus* – kirchenleitend tätig, und seine Befugnisse konnten theologisch hoch

---

49 Loveland/Wheeler, *From Meetinghouse to Megachurch*, S. 17. Zu Latrobes Kathedrale s. u. S. 189.
50 Loveland/Wheeler, *From Meetinghouse to Megachurch*, S. 24.
51 Erhalten blieben viele Kirchenausstattungen aus dem Mittelalter, s. Kroesen, *Seitenaltäre*, S. 17.
52 Luther hielt auch an der Lehre von der Realpräsenz Christi in den eucharistischen Elementen fest.

sein.⁵³ Nun mag diese Funktion dem Priestertum der Gläubigen insofern nicht widersprechen, als der Klerus seine sakrale Dignität verloren hatte. Faktisch jedoch ist nicht verhindert, die bürgerliche Hierarchie gleich hoch zu werten wie voreinst die kirchliche, da der Geistliche zwar nicht geweiht war, aber im sozial kaum weniger gewichtigen Ritus der „Ordination" erneut zu einer exponierten Standesperson wurde, wie es der *summus episcopus* war.⁵⁴ Deshalb ist konsequent, dass Luther als Reformator die Dom- und Stiftskirchen mit ihren lateinische Messen weiter schätzte: zwar nicht für heilsnotwendige Zeremonien, aber als Orte, an denen man den höheren Ständen ein Bildungsgut anbot, dessen Rezeptionsfähigkeit er den niedrigen absprach.⁵⁵

Andererseits bleibt es dabei: Die Geschichte der Kathedrale als Sakralgeschichte *sui generis* ist beendet, wie schon Kerngebiete der lutherischen Reformation zeigen, von Mitteldeutschland bis im deutschsprachigen Osten. Gab es hier schon im Spätmittelalter unvollendete Dome, so jetzt erst recht, und die noch im Bau befindlichen werden umgenutzt als Bürger- oder Adelskirchen wie in Bremen oder Schleswig.⁵⁶ „Kathedralen", „Dome" sind sie nicht mehr aus sakraler oder gar theologischer Relevanz – mit Folgen für Architektur und viel Kultinventar. Die Seitenkapellen werden Grablegen protestantischer Laien, die Gräber der Heiligen zerstört oder vergessen wie Ansgars Grab in Bremen, auch im Baltikum. Ein Beispiel liefert der Dom in Tallinn (Reval),⁵⁷ ab ca. 1525 lutherisch, heute vornehmlich ein religiöses Monument der politischen Lokalgeschichte für die Oberschicht.⁵⁸ Andere Kirchen werden ganz überflüssig, z. B. der im Livländischen Krieg beschädigte Dom im estnischen Tartu (Dorpat): Er wird teilweise abgetragen und 1804–1807 der Chor zur Universitätsbibliothek umgebaut.⁵⁹ Im aufgelösten Erzbistum Hamburg folgt 1806 der Totalabriss des seit der Reformation lutherischen Mariendomes.⁶⁰ In

---

53 Jochen Schröder, *Die Baugestalt und das Raumprogramm des Berliner Domes als Spiegel der Ansprüche und Funktionen des Bauherrn Kaiser Wilhelm II.* Dissertation an der Universität Marburg 2002, S. 96 ff.
54 Volp, *Liturgik*, Bd. II (*Theorien und Gestaltung*), S. 1250–1251.
55 Vgl. Deutsche Messe, bes. S. 129 ff.
56 Rosemann (Hg.), *Niedersachsen. Hansestädte. Schleswig-Holstein*, S. 73 ff. und S. 539 ff.
57 Mäeväli, *Architecture and Monuments in Tallinn*, S. 13–29.
58 Pullat, *Die Geschichte der Stadt Tallinn*, S. 82. Ähnlich liegen die Dinge in Riga (Lettland). S. Hagemann, *Riga. Tallinn. Vilnius*, S. 51. Als mittelalterlich-römische Kathedrale existiert in Estland bzw. Lettland für das neu hergestellte katholische Erzbistum Riga nur die 1923 von den Lutheranern zurückerworbene Jakobuskirche, s. Altooa u. a., *Estland. Lettland. Litauen*, S. 377–378.
59 Altooa u. a., *Estland. Lettland. Litauen*, S. 349.
60 Joist Grolle, Ein Stachel im Gedächtnis der Stadt. Der Abriss des Hamburger Domes, in: Inge Mager (Hg.), *Das 19. Jahrhundert. Hamburgische Kirchengeschichte in Aufsätzen*, Teil 4 (Hamburg: Hamburg University Press, 2013), S. 125–180.

dieser Architekturlandschaft stellt somit auch die nachreformatorische „Hof- und Domkirche" der preußischen Metropole Berlin (mit ihrem seit 1613 calvinistischen, aber lutherfreundlichen Herrscherhaus) ein Unikum dar: Sie perenniert nicht einfach ein römisches Überbleibsel unter den protestantischen Domen des Heiligen Römischen Reiches (d. h. das örtliche Dominikanerkloster und spätere Domstift).[61] Sie will mehr sein, nämlich ein protestantisch-ständisch-bürgerlicher Kontrast zum episkopalen System: Nach dem Ersatz der mittelalterlichen Kirche durch eine klassizistische 1747–1750 entsteht 1894–1905 der heutige Bau,[62] größenmäßig (114 m × 74 m) in Konkurrenz zum Kölner Dom, architektonisch in Konkurrenz zur römischen Peterskirche.[63] Anstelle einer Bischofsgruft erhielt die Kirche das Hohenzollern-Mausoleum, d. h. auch eine Grablege neuer *summi episcopi*. Ikonologisch verbanden sich die Könige des Alten und die Apostel des Neuen Testament mit den Theologen und (adeligen) Förderern der Reformation bis in die wilhelminische Gegenwart.[64]

Anders liegen die Dinge im Dombau des lutherisch gewordenen Skandinavien, da die episkopale Verfasstheit der Christenheit höher bewertet blieb – obwohl auch hier das biblische „Wort" gegenüber dem sakramentalen Handeln den Vorrang gewann. Nun wurde zwar vermerkt, dass hier das Bischofsamt unterschiedliches Gewicht besaß, sofern die apostolische Sukzession nur in Schweden bruchlos bewahrt wurde;[65] und auch in Skandinavien ist nicht zu übersehen, dass die Dombaugeschichte zunächst zur Verfallsgeschichte wird (In Trondheim wurden bald nur Chor und Querhaus des Domes genutzt. Der Dom von Hamar wurde von den Schweden zerstört, das Bistum lange abgeschafft[66]). Auch die Ausstattung wurde reduziert. Doch war der Umgang mit sakralen Gestalten des Mittelalters achtsamer,[67] ja in der Volksfrömmigkeit blieben z. T. Heiligen- und Reliquienverehrung bestehen wie in Schweden.[68] Und obwohl die Amtskirche derlei Praktiken missbilligte (erkennbar an Visitationsprotokollen), war die episkopale Identität der Kirchen nie fraglich, so dass die alten Diözesen beibehal-

---

61 Burkhard Staudinger (Hg.), *Der Berliner Dom* (Berlin: publicon Verlagsgesellschaft, 2010), S. 2–3.
62 Staudinger (Hg.), *Der Berliner Dom*, S. 7.
63 Börsch-Supan, *Kunstführer Berlin*, S. 62–65; Schröder, *Die Baugestalt*, S. 97–98.
64 Staudinger (Hg.), *Der Berliner Dom*, S. 36–38; Thümmel, *Ikonologie*, Bd. III (*Die Bildkunst der Neuzeit*), Paderborn 2021, S. 288–289.
65 Gassmann, Amt und Kirchenordnung, S. 195.
66 Barüske, *Norwegen*, S. 80; Wolandt, *Norwegen*, S. 74–75.
67 Vgl. Zeitler, *Schweden*, zum hl. Erik in Uppsala S. 569, s. a. Lilius/Zeitler, *Finnland*, S. 271, zu Turku.
68 Ausführlich Terese Zachrisson, *Mellan fromhet och vidskepelse. Materialitet och religiositet i det efterreformatoriska Sverige*. Dissertation an der Universität Göteborg 2017; dies., Images, `Superstition`, and Popular Piety in Post-Reformation Sweden, in: *Mirator* 19:1 (2018), S. 108–118.

ten wurden.⁶⁹ Auch kam nie Luthers Idee auf, die kirchliche Leitung Laien als „Notbischöfen" zu überlassen.⁷⁰ Stattdessen folgten neue Bistümer und Dome – wenngleich in diesen Bauten das sakral-sakramentale Pathos der alten Kathedralen an Gewicht verlor wie in allen Kirchengemeinschaften der Reformation, besonders der Altarraum als Zentrum hierarchischer Repräsentation mit der *Kathedra* und dem sonstigen Klerusgestühl.⁷¹

6.2.3.3 Der Anglikanismus

Unter den Reformationskirchen trägt der Anglikanismus ebenfalls Züge, die bei Luther vorgebildet sind, aber ähnlich wie in der skandinavischen Luther-Rezeption traditionelleren Vorstellungen näher blieben als im deutschsprachigen Raum: Wie Luther ging es den Anglikanern nicht nur um eine Rückkehr des Christentums zu seinen Anfängen, sondern ebenso um einen unbefangenen konservativen Umgang mit seinen altkirchlichen und mittelalterlichen Traditionen. Henry VIII (1491–1547, König 1509) blieb als Initiator des Anglikanismus insoweit bei dem „skandinavischen" Luther, als er zwar in der *Supremacy Act* 1534 die englische Christenheit aus privater Motivation von Rom löste (und als König von Irland ab 1536 die Iren), ja sich zu ihrem Oberhaupt machte, aber ihre hierarchische Struktur beließ (weitgehend sogar ihre vorreformatorischen Lehrgrundlagen), ja die nun entstehende anglikanische Kirche mit neuen Diözesen ausstattete und geeignete Kirchen zu Kathedralen machte.⁷² Dem entsprach, dass seine theologischen Gewährsleute wie Cranmer die göttliche Einrichtung des Episkopats nicht in Abrede stellten.⁷³ Und als Henry VIII 1547 starb, änderte sich zwar unter Cranmer auch die Kirche von England und erhielt ab 1549 mit dem *Book of Common Prayer* (BCP) eine neue Grundlage, 1552 ergänzt durch die Zweiundvierzig Artikel bzw. die daraus hervorgegangenen und 1571 parlamentarisch ratifizierten Neununddreißig Artikel. Aber auch danach – unter Edward VI (1537–1553, König 1547) und nach dem katholischen Intermezzo unter Mary I (1516–1558, Königin 1553) bis zu Elizabeth I (1533–1603, Königin 1558) und James I (1566–1625, König 1603) – blieb die Hierarchie stabil. Doch waren schon unter Henry VIII radikale Calvinisten – besonders Puritaner – am Werk, während der König theo-

---

69 Eckerdal, *Apostolic Succession*, S. 38. Entsprechend wird die Realpräsenz Christi in Wein und Brot gelehrt.
70 Lt. Eckerdal war die „continuation of catholic and apostolic life" Grund der *Porvoo Communion* (*Apostolic Succession*, S. 38).
71 Zur lutherischen Sicht s. a. Kilde, *Sacred Power*, S. 116–117.
72 Zu den Neugründungen G.H. Cook, *The English Cathedral*, S. 65 ff.; Orme, *The History*, S. 100–108.
73 Zu Cranmer s. Luke B. Smith, *Saravia*, S. 94.

logisch konservativ blieb. Zwar löste er am Lebensende die Klöster auf, beseitigte den Heiligenkult und ließ den Schrein von Thomas Becket 1538 vernichten,[74] aber in der Regierungszeit Edwards VI begannen Bilderstürme, nach dem katholischen Intermezzo unter Mary I und der anglikanischen Stabilität unter Elizabeth I wurden nach dem Tod von James I 1625 die Puritaner erst recht dominant und übernahmen 1646–1660 die Macht. Nun war nicht nur der Katholizismus erledigt, sondern auch das BCP wurde verboten, und Kathedralen wurden verwüstet.[75] Doch siegte religiöser Friede, wie die Neununddreißig Artikel zeigen, da sie z. T. sogar eine römische Deutung zuließen (u. a. für katholisch gebliebene Adelskreise),[76] ein anglikanisches Selbstverständnis zwischen Evangelikalismus und Hochkirchlichkeit duldeten (bis hin zur Messe und katholisierenden Deutung der Eucharistie[77]) und einen Sinn für bischöfliche Repräsentation und Kathedralen besaßen, den Puritaner und Evangelikale nicht teilten.[78] Gleichwohl blieb die Relativierung des bischöflichen Systems im Anglikanismus gewahrt: Im Gegensatz zum päpstlichen Zentralismus hat der Erzbischof von Canterbury wenig jurisdiktive Funktion, die Diözesen sind in ihrer Entscheidungsgewalt vergleichsweise unabhängig, und wenn eine Kirche Kathedrale wird, geschieht dies auf den Vorschlag des Ortsbischofs hin, dem die *General Synod* zustimmen muss, im Königreich England auch das Parlament.[79] Vor allem ändert sich – mit Ausnahme der bischöflichen Signets (z. B. der *Kathedra*) und ihren Funktionsbedingungen (der Angemessenheit für bischöfliche Riten) – der Charakter der Bischofskirchen auch hier zugunsten ihrer Umnutzung für protestantische Liturgien. Erneut tritt die sakramentale Dimension des Gottesdienstes zurück zugunsten des Predigens und Hörens. Mit dem Heiligenkult werden die Reliquien und ihre Altäre

---

74 Orme, *The History*, S. 100–101 und S. 111.
75 G.H. Cook, *The English Cathedral*, S. 321 ff.; Orme, *The History*, S. 121–147.
76 In den 42 Artikeln werden nur Taufe und Eucharistie als Sakramente genannt (Art. XXVI), in den 39 Artikeln werden die übrigen fünf „katholischen" Sakramente (Art. XXV) als nichtbiblische Sakramente aber ebenfalls angeführt, also auch die Priester- bzw. Bischofsweihe. Doch erfolgt keine Abwertung nicht-bischöflicher Konfessionen; s. Norman Sykes, Apostolische Sukzession und Amt, in: Hans Heinrich Harms (Hg.), *Die Kirche von England und die anglikanische Kirchengemeinschaft* (Stuttgart: Evangelisches Verlagswerk, 1966), S. 62–74.
77 Vgl. zur Realpräsenz Christi in der Eucharistie z. B. bei Saravia etwa Luke B. Smith, *Saravia*, S. 213 ff.
78 „Evangelikal"/„*evangelical*" entspricht also in diesem anglikanischen Selbstverständnis primär dem Wort „evangelisch" gegenüber dem *High Church*- oder *Anglo-Catholic* Anglikanismus. S. a. Hagspiel-Keller, *Freikirchen*, S. 21–22. Assoziationen an den biblizistischen Fundamentalismus sind eher kontinentaleuropäisch.
79 Für Irland s. Galloway, *The Cathedrals of Ireland*, S. 208 (zur Kathedrale von Trim); für England s. Orme, *The History*, S. 193–194.

beseitigt, mit der Abschaffung der Privatmessen die Seitenkapellen anderweitig – wieder bürgerlich – genutzt (eine Ausnahme wird im Gefolge neuer Hochkirchlichkeit die *Lady Chapel* sein, aber auch ihre Errichtung ist optional). Erneut werden die Bildprogramme auf die Bibel reduziert (wobei immerhin zusätzlich englische Heilige in Ehren bleiben). All dies gilt auch in Irland, dessen anglikanischer Bevölkerungsanteil allerdings gering blieb und meist evangelikal war.

6.3 Die Kathedrale als Objekt wachsender konfessioneller und säkularer Herausforderungen

Insgesamt wird sich zeigen, dass das Reformationsjahrhundert für die weitere Geschichte der Kathedrale eine bedeutende Rolle spielen wird, zunächst naturgemäß innerhalb bischöflicher Kirchengemeinschaften. Aber es wird auch – als Herausforderung für die Kirche von Rom wie den Anglikanismus, als kritisches, frömmigkeitsgeschichtlich vielleicht sogar avancierteres Element – von nichtbischöflichen Kirchen weiterhin die Rede sein. Umgekehrt wird die Rolle der bischöflichen Reformationskirchen trotz zahlreicher architektonischer Beiträge auf Dauer nicht nur gegenüber den wachsenden Freikirchen, sondern auch gegenüber der Kirche von Rom und partiell gegenüber den Ostkirchen sogar ein wenig marginal bleiben. Denn so wenig die Reformation als ein universales Ereignis begann, blieben die bischöflichen Kirchen der Reformation zunächst regional beschränkt, besonders in Skandinavien; denn wenn z. B. Dänemark später Kolonien gründete, dann ohne Folgen für die sakrale Architektur insgesamt. Etliche Zeit blieb auch der Anglikanismus auf seine Kernregionen beschränkt: Selbst im 18. Jahrhundert, als im Katholizismus der Dombau neue Höhepunkte erreicht hatte, war hier das Interesse an Domen klein.

Aber eine Herausforderung blieb ebenso die Frage einer allmählich von *allen* traditionellen Christentümern – auch den Reformationskirchen, ob bischöflich oder nicht – distanzierten Gesellschaft. Denn obwohl auch die Reformatoren manche Sichtweisen der Humanisten abgewiesen hatten und liturgisch praktizierte Kirchlichkeit interkonfessionell bis in die Aufklärung die Regel war,[80] blieb erkennbar, dass das Christentum – wieder: ob bischöflich verfasst oder nicht – auf Dauer nicht die einzige Option wäre.

---

80 Aus konservativ-katholischer Sicht Acquaviva, *Der Untergang*, S. 112–113.

7 Kathedralen von der Gegenreformation bis zum Vorabend der französischen Revolution

7.1 Die Kirche von Rom

7.1.1 Nationalpolitische und theologische Antistrategien im Umfeld des Tridentinums

Bei den engen Verbindungen von kirchlicher (bischöflicher) und staatlicher (royaler) Macht, wie sie noch lange über das Reformationsjahrhundert hinaus unter dem Horizont der christlichen Religion herrschte, wäre freilich verfehlt anzunehmen, katholische Gegenbewegungen gegen die Neugläubigen sogleich allein als – gar direkt von Rom aus gelenkte – theologisch-reflektierte Strategien zu verstehen, wie umgekehrt die Reformation nicht nur frömmigkeitsgeschichtlich erklärbar ist, wie drastisch die Anfänge des Anglikanismus zeigten. Und wie bei der Durchsetzung der Reformation mitunter machtpolitische Erwägungen der weltlichen Hierarchien eine Schlüsselrolle spielten, so bei dem Widerstand gegen den neuen Glauben, seinem Verbot oder seiner Kanalisierung: So blieben in Frankreich die Hugenotten zwar stets eine Minderheit, aber lange mit ihren römischen Gegnern in einer militärischen Auseinandersetzung, der in Valence und Orléans auch die Kathedralen zum Opfer fielen.[1] Doch obwohl sich nach der Bartholomäusnacht 1573 – einem Massaker an den Neugläubigen bei einer Adelshochzeit – eine Verständigung der Konfessionen anbahnte, so dass Henri IV (1553–1610, König 1589) – hugenottisch erzogen, lange konfessionell unschlüssig und erst bei seinem Aussicht auf die französische Krone endgültig katholisch – 1598 das Edikt von Nantes erließ, ist dies eher ein Akt der Staatsklugheit als konfessioneller Versöhnlichkeit: So wurden die Kulträume der Hugenotten zahlenmäßig beschränkt, die ihnen überlassenen Schutzzonen zeitlich begrenzt, und Henri IV hoffte auf ihre freiwillige Rückkehr in die Kirche von Rom.[2]

Gründlicher nahmen die Theologen die Entwicklung katholischer Antistrategien in die Hand, die im Sinne des Konzils von Trient wirkten, gar an ihm beteiligt waren und die Gegenreformation im engeren Sinne begründeten. Das betraf zunächst die Präzisierung der eigenen theologischen Überzeugungen – einschließlich

---

[1] Vgl. insgesamt Klaus Malettke, *Heinrich IV. Der erste Bourbone auf dem Thron Frankreichs*, Gleichen-Zürich: Muster-Schmidt Verlag, 2019.
[2] Malettke, *Heinrich IV.*, S. 143–144. Der Text bei Ernst Mangin (Hg.), *Das Edikt von Nantes. Das Edikt von Fontainebleau*, Flensburg: Verlag Kurt Gross, 1963; s. a. Michael Goebel, Das Edikt von Nantes und der Toleranzbegriff, in: *Hugenotten* 64/4 (2000), S. 123–135.

ihrer selbstkritischen Reinigung von Irrwegen[3] – und ihre neue Vermittlung an das unsicher gewordene Kirchenvolk zwecks seiner Stabilisierung; und die Adressaten waren hier zwar auch die konfessionell (mit Einschränkungen) intakten Regionen wie Frankreich und Südeuropa, aber auch große und konfessionell unschlüssige, wenn nicht unwiderruflich protestantische Teile des Heiligen Römischen Reiches. Labil waren auch östliche Regionen. So war Polen zwar konfessionell in den Kerngebieten stabil, auch im litauischen Landesteil – nicht zuletzt aufgrund beider weltanschaulicher Abgrenzung von den östlicheren, orthodox beherrschten Gebieten. Andererseits waren nach 1410 (d. h. der Niederlage des Deutschen Ordens) im Westen auch deutschsprachige Landesteile hinzugekommen, die bereits 1525 großenteils protestantisch waren, so dass das 1569 gegründete Großreich Polen-Litauen konfessionell pluralistisch war. Hinzu kamen bald die neu entdeckten Gegenden in Asien, Afrika und vor allem in Südamerika, wo allerorts die Orden missionarisch aktiv wurden. Folgenschwer war die Gründung des Jesuitenordens durch den Basken Ignatius von Loyola (1491–1556) – auch kraft seiner Persönlichkeit, in der sich Frömmigkeit, theologisches Niveau, Treue zum Papst und Missionswille verbanden, gepaart mit Abneigung gegen einen Humanismus à la Erasmus und gegen die Neugläubigen.[4] Dabei brachte Ignatius aufgrund seiner Abkunft aus einer Familie, die an der *Reconquista* mitgewirkt hatte und an der *Conquista* beteiligt war, Elemente der mittelalterlichen Kreuzzugsfrömmigkeit ein. Und so wenig diese Elemente in der *Conquista* das Leitmotiv katholischer Welterschließung werden, sind sie doch wichtig für die Universalität, in der sich die Rekatholisierung alter Regionen vollziehen will und die Christianisierung neuer Regionen, da diese Universalität sich über den Bischof von Rom in Christus gründe und in seinen apostolischen Nachfolgern fortsetze. Bezeichnend ist die ignatianische Meditation darüber, wie der König Christus

> alle die Seinen anredet [...] das ganze Land der Ungläubigen zu unterwerfen [*conquistar*] [...] vor Ihm die gesamte und vollständige Welt, an die Er als ganze und an jeden Einzelnen im besonderen seinen Ruf ergehen läßt [...] Mein Wille ist es, die gesamte Welt und sämtliche Feinde zu unterwerfen.[5]

---

3 Schmitt, *Der Kirchweihritus*, S. 234 ff.
4 Lt. Burkhart Schneider war das „Handbüchlein" des Erasmus für Ignatius schlichtweg ‚unkirchlich', s. ders., Die Kirchlichkeit des heiligen Ignatius von Loyola, in: Jean Daniélou/Herbert Vorgrimler (Hgg.), Sentire Ecclesiam. Das Bewußtsein von der Kirche als gestaltende Kraft der Frömmigkeit. FS Hugo Rahner (Freiburg u. a.: Herder 1961), S. 268–300, hier S. 273. Protestanten kannte Ignatius von Paris her, aber lehnte sie strikt ab (S. 273–274).
5 Zitiert bei Wolter, Elemente der Kreuzzugsfrömmigkeit, S. 145.

Und in der Tat: Lässt man die missionarischen Aktivitäten der Kirche von Rom bis ca. 1565 geographisch Revue passieren, führen sie um den ganzen Erdkreis, von Europa in die Neue Welt, von dort nach Ostasien – und zeitgleich von Europa aus quer durch Asien bis auf die Philippinen, wo wiederum von Mexiko aus sich die Weltumrundung schließt.

Dass diese Reaktion auf die Reformation erfolgreich war, ist bekannt; wichtiger ist, diesen Erfolg hinsichtlich der eingesetzten Mittel zu sichten: Hier wird deutlich, dass die Wiedergewinnung katholischen Terrains und die weitere Expansion mit den Weisen der Symbolisierung des transzendenten Gottes geschah, für die der Protestantismus Vorsicht angemahnt hatte, vornehmlich aus seinem Misstrauen gegen eine Mechanisierung der sakramentalen Praxis. Derlei schloss zwar im Katholizismus ein neues Bemühen um Bibelauslegung und Predigt nicht aus[6] – wie denn die Jesuiten ihrerseits bedeutende Prediger hervorbrachten. Dennoch: Neu – oder wenigstens: auf neue Weise – tritt die Anschaulichkeit und Berührbarkeit des Sakramentalen hervor. Das Numinose, Heilige erschließt sich nicht abstrakt, sondern geradezu dramatisch in der Liturgie mit ihrem eucharistischen Zentrum und seiner Gestaltung, in Bildern und Farben, Prozessionen und Wallfahrten – doch wohlgemerkt: nicht als Geschehnissen des bürgerlichen Raumes, sondern als Gestalten und Handlungen in einer exklusiv sakralen Sphäre, bezogen auf die römische Kirchengeschichte, die Welt der Heiligen und Märtyrer und neu auf die sakramentale Struktur der *ecclesia catholica et apostolica* in ihrer hierarchischen Würde und bisweilen ekstatischen Wahrnehmbarkeit, wie denn die Expansion des tridentinischen Katholizismus besonders in seiner iberischen Variante oft mystisch durchformt war.

7.1.2 Zur tridentinischen Ästhetik

Der Blick von hier aus auf die Ästhetik, die sich durch das Tridentinum für die Kirchenarchitektur entwickelte, zeigt diese freilich mehrgesichtig, nämlich gemäß des historischen Rahmens, von dem nun zu handeln ist, d. h. der Zeit von ca. 1540 bis ins 18. Jahrhundert. Kultur- und kunstgeschichtlich bewegen wir uns ja zunächst in der Renaissance, zuweilen noch in der Gotik. Dem entspricht, dass eine zeitgemäße theologische Ästhetik zunächst im Fluss war, selbst die Romanik nicht vergessen und noch weniger die Gotik.[7] Beispiele liefern die von Hugenotten zerstörten Dome

---

6 Vgl. Rowe, *The Roles of the Cathedral*, S. 118.
7 Martin Rohde, *Theorie und Doktrin der französischen Denkmalpflege im 19. Jahrhundert und die Rolle der Société d'Archéologie und des ‚Bulletin Monumental' bei ihrer Entstehung*. Dissertation an der Universität Freiburg/CH 2016, S. 21 ff.

in Valence und Orléans, auf Geheiß von Henri IV wieder aufgebaut: Der Neubau in Valence ist eine fast akribische Rekonstruktion des romanischen Vorgängers.[8] Noch erstaunlicher ist der 1601 begonnene Domneubau in Orléans, ein vom König geforderter Beweis für seinen katholischen Eifer:[9] in einer eigenwilligen Nachgotik, die aufgrund der langen Baugeschichte in eine ebenso eigenwillige Neogotik übergeht. Beteiligt war an den Plänen auch jener Jesuit Étienne Martellange (1569–1641), der die neueste Sakralarchitektur gut kannte,[10] aber in Orléans noch andere Bahnen ging.[11] Die Gegenreformation hatte eben noch nicht angefangen. Auch die 1506 begonnene Peterskirche in Rom verrät zunächst keine architektonischen Absichten, die eine Strategie gegen die Reformatoren voraussehen ließen, zumal die Renaissance in der Frühzeit noch zu viele antik-„heidnische" Elemente mit sich trug.[12] Dennoch versteht man, dass der Bau bald als gegen-reformatorisch galt, besonders wenn man ihn mit der noch lebendigen Spätgotik vergleicht: Von den klareren Formen der Antike inspiriert, steht er den flamboyanten Verästelungen spätmittelalterlicher französischer Kathedralen fern, der englischen *Perpendicular*-Gotik oder dem filigran-plateresken Stil Spaniens und Portugals. Und diese Koinzidenz des Beginns katholischer Reformen mit der recht nüchternen Renaissance ist plausibel: Es geht ja vor allen missionarischen Strategien zunächst um die neue Repräsentation universaler menschheitsgeschichtlicher *Wahrheiten,* anerkannt seit der Antike, vollendet im Katholizismus.[13] Als zweites Paradigma stehe die 1568 begonnene Jesuitenkirche *Il Gesù* in Rom von Giacomo Barozzi da Vignola (1507–1573), einschiffig mit Tonnengewölbe. Die Barockfassade (eines anderen Architekten) folgt später.[14] Auch die Ausstattung ist anfänglich nüchtern, doch gerade in ihrer Nüchternheit demonstrativ unprotestantisch: Es dominiert der Klerusbereich mit Hochaltar und einer Kuppel als (transzendenter) Lichtquelle; zahlreich sind die von Anfang an in

---

8 Hans Fegers, *Provence* u. a., S. 771; Rohde, *Theorie,* S. 23.
9 Jean Vassort/Christian Poitou, Histoire d'Orléans et de son terroir XVIIe, XVIIIe et XIXe siècles, in: Jacques Debal u. a., *Histoire d'Orléans et de son terroir,* Tome II (Roanne/Coteau: Éditions Horvath, 1982), S. 9.
10 Zu seinem Entwurf der Pariser Jesuitenkirche s. Christian Beutler, *Paris und Versailles.* Reclams Kunstführer Frankreich, Bd. I (Stuttgart: Reclam, 1970), S. 222–227.
11 Georges Chenesseau, *Sainte-Croix d'Orléans. Histoire d'une Cathédrale Gothique Réédifiée par les Bourbons,* Vol. I–III (Paris: Librairie Edouard Champion, 1921), Bd. I, S. 77–78, Bd. III die Abbildungen 65–67; Rohde, *Theorie,* S. 24 u. S. 47–48.
12 Werner Weissbach, *Der Barock als Kunst der Gegenreformation* (Berlin: Verlag Paul Cassirer, 1921), S. 7 ff.
13 Edward Norman, *Das Haus Gottes. Die Geschichte der christlichen Kirchen* (engl. 1990, dtsch. Stuttgart u. a.: Kohlhammer, 1990), S. 184–185.
14 Norman, *Das Haus Gottes,* S. 193.

den Baukörper integrierten Seitenkapellen.[15] Aber die Kirche will kein Stilmodell sein: Auch Carlo Borromeo (1538–1584), Mailänder Erzbischof und Leitfigur tridentinischer Liturgik, hat sie nur als Bauanregung empfohlen,[16] während anderswo selbst die Jesuiten gotisch weiterbauten.[17]

Freilich, was gewinnt, ist weithin – mit Ausnahme des klassizistisch-nüchternen Frankreich, das auf kognitive *clarté* bedacht war und der Mystik oft skeptisch gegenüberstand – der Barock (und der partiell voraufgehende Manierismus) Italiens, Spaniens, des gegenreformatorischen Heiligen Römischen Reichs: Die statische Architektur der Renaissance gerät in Bewegung, dramatisch wie die Liturgie. Der Kosmos der architektonischen Formen verliert seine Geschlossenheit und öffnet sich auf eine neue Erfahrung des Heiligen, Numinosen (Weissbach),[18] der Unendlichkeit (Lützeler),[19] auf eine neue Überwältigung durch die symbolisierte Transzendenz (Norman).[20] Zwar bleibt die strukturelle Einfachheit der Renaissance, aber den geraden Formen treten gekrümmte Formen zur Seite,[21] dem Ernst der Wahrheit ein Sinn für das Eingängige, ja Verspielte, wie es in Spanien z. B. der churriguereske Stil vermittelt. So erhält die romanisch-strenge Kathedrale von Santiago de Compostela ihre verschwenderische Fassade (Abb. 28); die heutige barocke – keineswegs klar-geometrische – Fassade erhält auch *Il Gesù* in Rom, ebenso die Ausmalung.[22] Und anvisiert war noch nachdrücklicher der eucharistische Raum als ästhetisches Erlebnis (wobei die Glasmalerei zurücktrat zugunsten des quasi farblosen Lichtes zur Erhellung des sakramentalen Geschehens).[23] Kreativ blieben Ordensleute: als Architekten, Maler, Musiker, Literaten.

---

15 Freigang, *Meisterwerke*, S. 225; ausführlich Kilde, *Sacred Power*, S. 104–108.
16 Beate Johlen, *Die Auswirkungen der Gegenreformation auf den Sakralbau des 17. Jahrhunderts*. Dissertation an der Universität Bonn 2000, S. 30 ff., bes. S. 44–45. Zu Borromeo s. a. Kilde, *Sacred Power*, S. 98–100.
17 Pablo de la Riestra, The Gothic Style after the Middle Ages, in: Manrique Zago (Hg.), *The Cathedral of La Plata. The Largest Neo-Gothic Church of the Twentieth Century* (Buenos Aires: MZ Ediciones SRL. Fundación Catedral, 2000), S. 20–29. Er nennt S. 22–23 Mariä-Himmelfahrt in Köln von 1618–1678; weitere deutsche und spanische Jesuitenkirchen bei Rohde, *Theorie*, S. 25.
18 Weissbach, *Der Barock als Kunst der Gegenreformation*, S. 203 ff.
19 Lützeler, *Vom Sinn der Bauformen*, S. 260.
20 *Das Haus Gottes*, S. 211 ff.; Hanno Schmitt, *Der Kirchweihritus*, S. 251 ff.
21 Lützeler, *Vom Sinn der Bauformen*, S. 244–250.
22 Zu den Stilphasen, bes. zum Jesuitenstil, s. John Bury, *Arquitetura e Arte no Brasil Colonial* (Brasília: Organização Myriam Andrade Ribeiro de Oliveira, 2006), S. 63 ff.
23 S. a. Kilde, *Sacred Power*, S. 108–112; zur Glasmalerei vgl. Ralph Dekoninck, Sculpter la lumière. Lumière et liturgie à l'âge baroque, in: Madeleine Manderyck/Isabelle Lecocq/Yvette Vanden Bemden (Hgg.), *Stained Glass in the 17th Century. Continuity, Invention,Twilight.* 29. Colloquium des Corpus Vitrearum Antwerpen 2.–6. Juli 2018 (Antwerpen-Bruxelles: Corpus Vitrearum Belgium, 2018), S. 21–26.

Abb. 28: Santiago de Compostela. Römisch-katholische Kathedrale. Der Außenbau der Kirche wurde in der Tat durch Fernando de Casas Novoa (ca. 1670–1749) konsequent barockisiert; konservativer blieb (abgesehen vom Chor) die innere Raumwirkung.

7.1.3 Folgen für die Geschichte der Kathedrale

7.1.3.1 Bauwerke zur konfessionellen Re-Stabilisierung – die romanischen Länder

Schaut man von den vorigen Überlegungen her zunächst auf die romanischen Länder Südwest-Europas, ließe sich hier am wenigsten von der Notwendigkeit umfassender gegenreformatorischer Strategien reden, da die Neugläubigen in der Regel bedeutungslose Minderheiten blieben. Eine Ausnahme war Frankreich, da die Hugenotten hier zwar nach dem Edikt von Nantes 1598 einen Platz in der Gesellschaft gefunden hatten, aber partiell als Staat im Staat,[24] was wiederum der Vorstellung des Staates als der Einheit von *roi, loi* und *foi* widersprach, bereits den Ideen von Henri IV und seiner Hoffnung auf Rückkehr der Hugenotten nach Rom. Entsprechend dauerten hier die militärischen Auseinandersetzungen an, und die Geschichte der Kathedralen blieb außer in Orléans und Valence z. B. in Montauban und La Rochelle eine Geschichte militärischer Konflikte: Diese einstigen Fluchtpunkte der Hugenotten wur-

---

24 Mangin (Hg.), *Das Edikt von Nantes*, Vorwort, S. 9.

den 1629 erobert, ihre *temples* konfisziert, und es folgten neue Dombauten. Einfacher blieb die politische Lage auf der iberischen Halbinsel und in Italien. Hier bedurfte es keiner sonderlichen Anstrengungen, um fromme Authentizität zu demonstrieren. Im Gegenteil, wenn man im Bewusstsein des Besitzes der universalen Wahrheit 1506 die neue Peterskirche begonnen hatte – dafür den Ursprungsbau geopfert und den Neubau in noch größeren Dimensionen errichtete, um die Universalität des Katholizismus anzuzeigen[25] – war dies der Authentizität genug. Auch die Umstände der Errichtung legten nichts anderes nahe: Die Finanzierung des Baues durch jene in den Kreuzzügen entstandenen Ablassbriefe, die die Reformation kritisiert hatte, war aus nachtridentinischer Sicht nicht anstößig, da der Ablass fraglos blieb. Und im Barock konnte man weitere Großbauten errichten – etwa indem man in Ravenna für den neuen Dom die ehrwürdige Ursusbasilika opferte.[26] Darüber hinaus sei nicht vergessen, dass in Regionen, die partiell zu den Neugläubigen gewechselt waren, eine Fülle italienischer Künstler aller Sparten tätig war, um die Menschen nach Rom zurückzuführen. Wenig Grund gab es auch auf der iberischen Halbinsel, den apostolischen Glauben neu zu beweisen. Er hatte schon gegen die Mauren den Bau der Dome von Toledo und Sevilla vorangetrieben; und wenn nach der Einnahme von Granada 1492 dort die große Renaissance-Kathedrale folgte und als Ersatz der Hauptmoschee die Kathedrale in Valladolid, war das so logisch wie all diese Bauten in der Neuen Welt weiterwirkten.

7.1.3.2 Gegenreformation als Bau-Offensive – das Heilige Römische Reich und sein Umfeld

Deutlicher als Paradigma katholischen Erneuerungswillens und seiner Wirkung kann das Heilige Römische Reich gelten. Doch bedeutet dies nicht, dass damit eine neue Ära bischöflicher Kirchbauten universal eingeläutet worden wäre, zumal sich in diesem partikularistischen Staat auch die Reformation partikularistisch vollzog. So fielen manche Regionen rasch und unwiderruflich den Neugläubigen zu. Für konfessionell bereits gemischte, aber noch labile Gegenden war dagegen schnelle römische Präsenz erforderlich, z. B. in der bis 1648 zum Reich gehörigen, aber religiös gespaltenen Schweiz. Hier wurde zwar Basel mit seinem mittelalterlichen Dom protestantisch, das Kapitel emigrierte nach Freiburg und erhielt erst ab 1680/81 im ländlichen Arlesheim bei Basel einen barocken Neubau. Besser erging es der benediktinischen Fürstabtei in der früh protestantischen Reichsstadt Sankt Gallen: Zwar

---

[25] Schon Bramante hatte die Größe des Baues auf emotionale Erschütterungen angelegt, s. Thomas Erne, *Hybride Räume der Transzendenz. Wozu wir heute noch Kirchen brauchen* (Leipzig: Evangelische Verlagsanstalt, 2017), S. 127.
[26] Kauffmann, *Emiglia-Romagna. Marken. Umbrien*, S. 539–540.

war auch diese Abtei zunächst der Reformation zugefallen, doch bald wieder Hort des Katholizismus, visualisiert im barocken Großbau der Kirche, ab 1847 Kathedrale.[27] Ähnliches geschah den Benediktinern im hessischen Fulda, die nach Beginn der Reformation rasch die Jesuiten riefen; und es wundert nicht, dass Johann Dientzenhofer (1663–1726) die alte Abteikirche 1704–1712 durch einen machtvollen Barockbau ersetzte, seit 1752 auch die Kathedrale eines neuen Fürstbistums.[28] Auch katholische Hofkirchen sind in diesem Zusammenhang zu nennen. Ein repräsentatives Beispiel ist im sächsisch-lutherischen Dresden die Kirche *Sanctissimae Trinitatis* von 1739–1755. Es ist die zentrale Kultstätte eines Herrscherhauses, dessen Oberhaupt 1713 konvertiert war,[29] entworfen von einem Italiener, schon mit ihren Außen-Skulpturen ein veritables Programm des Konzils von Trient.[30] Auch war sie früh potentielle Kathedrale, da Dresden 1743 Sitz eines Apostolischen Vikars wurde, der ab 1816 Titularbischof war. 1964 wurde sie Konkathedrale der Diözese Bautzen-Dresden und 1990 Dom der neuen Diözese Dresden-Meißen. Allerdings ist sie im Heiligen Römischen Reich als Symbol der Gegenreformation schon ein Spätling, da im aufgeklärt gelenkten Preußen ab 1747 die katholische Hedwigskirche in Berlin folgte, von Friedrich II. (1712–1786) als Ausdruck religiöser Toleranz in Anlehnung an das römische Pantheon konzipiert, Dom seit 1930.[31]

Insgesamt wichtiger für die Geschichte der Kathedrale ist jedoch die Habsburger Monarchie, besonders in der Restitution und Stabilisierung des alten Glaubens mit neuen Kathedralen und liturgisch bisweilen so plerophor, dass die Kultveranstaltungen das mittelalterliche Übermaß erreichten.[32] Auch politisch war die Lage zur Erweiterung des religiösen Raumes günstig: Im deutschsprachigen Bereich war Habsburg die größte Territorialmacht und lange auf Expansionskurs. Schon ab 1526 ist zu seinem Dominium Ungarn zu rechnen, da in diesem Jahr der letzte ungarische König gegen die Osmanen fiel und die kaiserlich-habsburgische und königlich-ungarische Monarchie zur Personalunion vereinigt

---

27 Zu Arlesheim und Sankt Gallen s. Deuchler (Bearb.), *Schweiz und Liechtenstein*, S. 37–38 und S. 565–578.
28 Erich Herzog u. a., *Hessen. Baudenkmäler*. Reclams Kunstführer Deutschland, Bd. IV (Stuttgart: Reclam, 1967³), S. 125–128.
29 Friedrich August I. (1670–1733) konvertierte 1697, um König von Polen zu werden; vgl. Siegfried Seifert/Klemens Ullmann, *Katholische Hofkirche Dresden. Kathedrale des Bistums Dresden-Meißen* (Leipzig: Benno-Verlag, 2000), S. 10.
30 Seifert/Ullmann, *Katholische Hofkirche Dresden*, S. 24–26.
31 Eva und Helmut Börsch-Supan u. a., Kunstführer (Berlin, Stuttgart: Ph. Reclam, 1991), S. 84–85.
32 „So wurden 1732 im Wiener Stephansdom 407 Pontifikalämter und etwa 54 000 Messen gefeiert, fast 150 pro Tag [...]. Erst die Liturgiereform der 1970er Jahre setzte diesem [...] Brauch ein Ende" (Ohler, *Die Kathedrale*, S. 51).

wurden, während Siebenbürgen zwar osmanisch wurde, aber autonom blieb.[33] Bald kamen Slowenien und Kroatien dazu, 1699 Teile des heutigen Serbien, ab folgten 1718 Teile des heutigen Rumäniens und 1774 des moldawischen Fürstentums (die Bukowina mit der Hauptstadt Tschernowitz). Und das Vorgehen der Habsburger war offensiv, wie die Geschichte des Domes zu Klagenfurt erkennen lässt, da sie als Projekt einer lutherischen Gemeindekirche begann und in der rekatholisierten Stadt als Geschichte einer Kathedrale weiterging.[34] Andernorts wurden von vornherein katholische Repräsentativbauten errichtet, so von einem italienischen Architekten seit 1611 der Dom in Salzburg, „einer der ersten Barockbauten nördlich der Alpen," im Inneren „durch die kühle, weiße Pracht eines selbstherrlichen Raumes",[35] mit seiner höchst verschwenderischen Ausstattung vielfältig geeignet, die tridentinischen Botschaften zu visualisieren und zu verklanglichen. Ein ähnlicher Bau folgte ab 1662 im noch salzburgischen Passau.[36] Offensiv ging man auch im osmanisch okkupierten Ungarn und in Siebenbürgen vor. Zwar wurde erneut der Islam besiegt, aber allein zu Gunsten der Habsburger: Ab 1702 schleiften sie die vor-islamischen Burgen der Region, um ihre Nutzung durch die Ungarn zu verhindern, und deren Aufstände waren erfolglos.[37] Dazu war die Rechristianisierung stets Rekatholisierung, und im siebenbürgischen Alba Julia (Karlsburg) wurde der seit 1565 protestantische Dom 1715 wieder katholisch.[38] Aber auch neue Barockdome wie in Kálocsa wurden gebaut.[39]

Allerdings war der Katholizismus auch auf dem südlichen Balkan trotz der spätestens seit 1453 bestehenden osmanischen Dominanz nicht gänzlich verschwunden, besonders im Gefolge der Kreuzzüge auf den griechischen Inseln nicht. Einen Teil der Inseln hatte ja Venedig 1386 übernommen. Kerkyra (Korfu) gehört hierher, bis zum Ende der venezianischen Republik 1797 ein Teil des Stadtstaates. Hier wurde 1267 eine byzantinische Kirche zur lateinischen *Peter-Pauls*-Kathedrale, die *Kathedra* aber 1633 in die 1632 begonnene Jakobuskirche transferiert (die allerdings nach Kriegsschäden nur noch als Rekonstruktion besteht).[40]

---

33 S. Zsolt K. Lengyel, Die Schlacht bei Mohács 1526, in: Bahlke u. a. (Hgg.), *Religiöse Erinnerungsorte*, S. 851–864, hier S. 852.
34 Franz Fuhrmann u. a. (Bearb.), *Salzburg. Tirol. Vorarlberg. Kärnten. Steiermark*. Reclams Kunstführer Österreich, Bd. II (Stuttgart: Reclam, 1961), S. 316–318.
35 Die Zitate Freigang, *Meisterwerke*, S. 235, und Fuhrmann, *Salzburg u. a.*, S. 549.
36 Alexander von Reitzenstein/Herbert Brunner, *Bayern*. Reclams Kunstführer Deutschland, Bd. I (Stuttgart: Reclam, 1974), S. 723–727.
37 Derscény/Dercsény, *Kunstführer*, S. 7.
38 Zur Rekonfessionalisierung der Kathedrale von Alba Julia s. Vătășianu, Einleitung, S. 397.
39 Dercsényi/Dercsényi, *Kunstführer*, S. 145–146.
40 Klaus Gallas, *Korfu. Geschichte, Kultur, Landschaft* (Köln: DuMont, 1989²), S. 210; Argyri Dermitzakis, *Shrines in a Fluid Space. The Shaping of New Holy Sites in the Ionian Islands*, the

7.1.3.3 Zwischen Rekatholisierung und frühen Kirchenunionen – Polen-Litauen

Erinnert sei hier auch an die Geschehnisse östlich des Heiligen Römischen Reiches, besonders im aus der polnisch-litauischen Personalunion ab 1569 entstandenen polnisch-litauischen Großreich und einem konfessionell gemischten, und z. T. wieder religiös instabilen Land, das früh katholische Antistrategien herausforderte – wobei allerdings im deutschsprachigen Westen (z. B. in der Hansestadt Danzig) das Luthertum dominierte. Früh waren aber die Orden vor Ort; das Luthertum wurde bereits 1520 durch den polnischen König verboten, und ab den 1550er Jahren siegten oft Gegenreformation[41] und Barock.

Für die heutige Westukraine zu nennen ist z. B. aus dem 17. Jahrhundert die *Peter- und Pauls*-Kathedrale in Lutsk[42] – Neubau eines italienischen Architekten für eine mittelalterliche Diözese, aber auch für den Jesuitenorden –, im heutigen Weißrussland z. B. die Jesuitenkirche in Minsk, ab 1699/1700,[43] Kathedrale seit 1798.[44] Oft barockisiert wurden die älteren Kathedralen der polnischen Kerngebiete, z. B. in Krakau.

Bei alledem muss man die Wirkungskraft des nachtridentinischen Katholizismus im Barock und im östlichen Mitteleuropa von Anfang an noch weiter fassen, nämlich nicht nur im Blick auf die Kirche von Rom labile oder abtrünnige Regionen. Hier geht es auch neu um römisch-byzantinische Kirchenunionen, also um größere und ältere innerkonfessionelle Kontexte. Dabei wohnten gerade in Polen-Litauen Lateiner und Orthodoxe eng beieinander, wobei letztere zu Kiew gehörten – jenem Bischofssitz, der seit der Mongolenzeit einflusslos war, sogar von unionsfreundlichen Bischöfen besetzt (die aber meist in Wilna residierten),[45] während die Orthodoxen sich deklassiert fühlten und auf Erhöhung ihres Status hofften.[46] Umgekehrt hatte sich die russische Orthodoxie nach 1453 dem Westen weiter entfremdet, aber an Bedeutung für Konstantinopel dazugewonnen, so dass

---

Peloponnese and Crete under Venetian Rule (14th to 16th Centuries). Mediterranean Art Histories, Bd. 6 (Leiden-Boston: Brill, 2022), S. 81–84.
41 Ramet, *The Catholic Church in Polish History*, S. 21 und S. 26 ff.
42 Marc Di Luca/Leonid Ragozin, *Ukraine*, S. 111.
43 A. M. Kulahin, *Katalickija Chramy Belarusi* (Minsk: Belarusskaja Encyklapedija imji „Petrusja Broŭki", 2008), zu Minsk, S. 227–229 (weißruss.).
44 Die Wirkungen reichen architektonisch bis heute: z. B. bis zur 1705 geweihten Jesuitenkirche des *hl. Franz Xaver* in Hrodna (Grodno), Kathedrale seit 1991 (Kulahin, *Katalickija Chramy*, S. 108–111); *AAS* 83 (1991), S. 541–542.
45 Onasch, Kirchengeschichte, S. 84.
46 Oleksi Krykunov, *A study of the Ukrainian Greek-Catholic Church from the beginning of World War II until Perestroika including the influence of Andrei Shepytsky and Josyf Slipyi on its structure and survival*. Dissertation an der Universität Bonn 2021.

1589 der Moskauer Bischofssitz zum Patriarchat wurde.[47] So näherten sich die heute ukrainischen Teile Polen-Litauens weiter den Lateinern, und 1595/96 folgte die Union – bei ritueller Autonomie der Orthodoxen, doch bei Akzeptanz der römischen Lehre.[48]

Nun blieb diese Union nicht die einzige. Allein in Osteuropa gab es etliche.[49] Gewiss, in Kiew siegte wieder das Moskauer Patriarchat,[50] und die *Hagia Sophia* der Stadt – 1610–1633 uniert – wurde wieder orthodox.[51] In westlicheren Gegenden aber zeigt die Union bis heute Präsenz, vor allem durch die Georgskathedrale in

Abb. 29: Lemberg [Lviv]. Griechisch-katholische Kathedrale. Die Kirche mit der eigenwilligen Kuppel zeigt, wie einfallsreich man sich in einer voreinst orthodoxen Kirchengemeinschaft auf eine westkirchlich orientierte Ästhetik zubewegen konnte.

---

47 Onasch, Kirchengeschichte, S. 27 f. und S. 63 ff.; von Reiche, *Der Weg des russischen Zarentums*, S. 16.
48 Bremer, *Konfrontation*, S. 10; Krykunov, *A Study of the Greek-Catholic Church*, S. 27.
49 Zu den osteuropäischen Unionen insgesamt Oeldemann, *Die Kirchen*, S. 14.
50 Krykunov, *A Study of the Ukrainian Greek-Catholic Church*, S. 28.
51 Postwenko, *The Cathedral of St. Sophia in Kiev*, S. 15.

Lemberg (Abb. 29) von 1744–1761, einzigartig mit ihrer Kuppel über dem quadratischen Tambour[52] und ein ikonischer Bau der griechischen Katholiken.[53] Sukzessiv folgten neue Dome, oft umgebaute römische Barockkirchen wie die Jesuitenkirche in Ivano-Frankivsk (Stanislau) von 1752–1761, seit 1849 griechisch-katholisch, Kathedrale seit 1885, weitere bis in die heutige Ukraine.[54]

7.1.4 Das Präludium iberisch-katholischer Weltmission – Dombauten an den Rändern Afrikas

Wenn man den Weg des Katholizismus über den europäischen Kontinent hinaus in andere Erdteile fortschreibt, ist man geneigt, für die Geschichte seiner Kathedralen seine nächsten Zwischenstationen zu vergessen, nämlich den Raum, der westlich bis zu den Inseln vor der westafrikanischen Küste und im Osten bis in die Region des heutigen Angola reicht. Doch ist bereits er eine für die katholische Expansion bedeutsame Schlüsselregion: Schon im 14. Jahrhundert waren ja hierher von der iberischen Halbinsel aus Entdeckungsfahrten zu anderen Kontinenten unternommen worden, noch aus Erinnerung an die Kreuzzüge gegen die „Heiden" und beflügelt von der Rückgewinnung der iberischen Halbinsel vom Islam.[55] Rasch folgten diesen Fahrten neue Handelsrouten, wobei der Sklavenhandel eine unrühmliche Rolle spielte[56] – vor allem da in Afrika die Behandlung von Menschen als Kaufobjekten außerhalb der arabischen Machtsphäre zuvor selten war.[57] Andererseits gab es mit der christlichen Expansion auch neue Bischofssitze mit Kathedralen. So errichteten die Spanier schon 1351 auf den Kanarischen Inseln ein Bistum und bauten im 1478 gegründeten Bischofssitz Las Palmas seit 1483 den ersten Dom, der sodann sukzessiv durch den heutigen ersetzt wurde – in der Raumwirkung typisch für

---

52 Logwin (Hg.), Einleitung, Erläuterungen und Bildauswahl, S. 427; Strojny/Bzowski/Grossman, *Ukraine – der Westen*, S. 108–110.
53 Von Werdt, Lemberg, S. S. 86.
54 Zu Ivano-Frankivsk s. Strojny/Bzowski/Grossman, *Ukraine – der Westen*, S. 239. Die große spätbarocke Dominikanerkirche in Ternopil ist ab 1993 die unierte Kathedrale der *Conceptio Immaculata* (S. 305–306).
55 Hans-Jürgen Prien, *Das Christentum in Lateinamerika. Kirchengeschichte in Einzeldarstellungen*, Bd. IV/6 (Leipzig: Evangelische Verlagsanstalt 2007), S. 65 ff.
56 Virginia de los Ángeles Flores Sasso, *Obra de Fábrica de la Catedral de Santo Domingo, Primada de América. Sus 20 Años de Construcción, desde 1521–1541*. Dissertation an der Universidad Michoacana San Nicolás de Hidalgo, Morélia 2006, S. 73–74.
57 S. dazu Gardiol J. van Niekerk, Slavery in Pre-Contact Africa, in: *Fundamina* 10 (Januar 2004), S. 210–223.

viele Dome der Neuen Welt.[58] Auf dem afrikanischen Kontinent eroberten die Portugiesen 1415 die Hafenstadt Ceuta in Marokko und verwandelten ihre Hauptmoschee in eine Kirche, und als der erste Bischof eintraf, wurde sie zur Kathedrale und zum Vorgänger des heutigen Domes in der ab 1580 spanischen Stadt.[59] Zeitgleich wurden solche Verbindungen von Weltentdeckungen und Mission staatlich-kirchlich durch Verträge flankiert. Das geschah schon in Portugal, da nach der Auflösung des zur Befreiung des Heiligen Landes gestifteten Templerordens 1312 der König 1319 den Christusorden als Nachfolger gründete und 1420 den Großmeister Heinrich den Seefahrer (1394–1460) anwies, jene Welterkundung voranzutreiben, die zu neuen Kämpfen gegen die „Heiden" nütze. Und als der Papst die portugiesische Krone ermächtigte, die entdeckten Gebiete zu missionieren und als Patronat/ *Padroado* anzusehen (Bulle *Pontifex Romanus* 1455), erhielt sie selbst die Befugnis, die Bischöfe zu ernennen (Bulle *Dum fidei* 1514).[60] Ähnliche Vereinbarungen gab es mit Spanien.[61]

Man weiß, dass solche Verträge unheilvoll wirken konnten, denn bei ihrer Durchsetzung verlor mitunter die geistliche Leitung die Initiative, und die Mission rückte in die Nähe gewaltsamer Kolonisierungen. Schon die Kreuzzugsidee hatte ja Anklänge an Eroberungskriege,[62] und die Kirche von Rom organisierte erst ab 1662 – durch das Institut der *Propaganda fide* – die Mission wieder selbst.[63] Aber wie die meisten christlichen Expansionen in der Region ästhetisch unspektakulär begonnen hatten, blieben sie es auch in der frühen Neuzeit: Noch bescheiden ist der im 16. Jahrhundert gebaute Dom von Funchal/Madeira,[64] doch fungierte er schon als erste Kathedrale für Indien und Brasilien.[65] Bescheiden waren auch die

---

58 J. Vincke, Art. „Kanarische Inseln," in: LThK² Bd. 5, Sp. 1276; Nuria Camino Romero, *La Catedral de Canarias: entre arquitectura y ciudad*. Graduiertenarbeit an der Universidad Politécnica de Madrid 2019, bes. S. 17–35 und S. 36–55.
59 S. Jorge Correia, Building as Propaganda. A Palimpsest of Faith and Power in the Maghreb, in: Gharipour, *Sacred Precincts*, S. 445–459; zum heutigen, 1726 vollendeten Dom s. José Luis Gómez Barceló, Devoción al Santísimo Sacramento en la Catedral de Ceuta: capillas, confradías, procesiones y objetos de culto, in: *Religiosidad y ceremonias entorno a la Eucaristía* (Actas del Simposio 2003), San Lorenzo de El Escorial: Ediciones Escurialenses, hg. von Francisco Javier Campos y Fernández de Sevilla, Bd. II, S. 1093–1120.
60 Pallath, *The Catholic Church in India*, S. 79–81.
61 Mariano Delgado/Lucio Gutiérrez, *Die Konzilien auf den Philippinen* (Paderborn u. a.: Schöningh, 2008), S. 7–10; zum hispanophonen Amerika Sasso, *Obra de Fábrica*, S. 83–85.
62 Reinhard, *Die Unterwerfung*, S. 42.
63 Ernesti, *Konfessionskunde*, S. 57.
64 Alberto Vieira (Hg.), *História e Autonomia da Madeira* (Funchal: Secretaria Regional de Educação), S. 96–97.
65 Pallath, *The Catholic Church in India*, S. 86; M. de Oliveira, Art. „Funchal", in: LThK² 4, Sp. 449–450.

zeitgleich entstandenen Dome in heute unabhängigen afrikanischen Staaten – von denen aber ohnehin nur der Dom zu São Tomé in der Republik São Tomé e Principe überlebte.[66] Fast vergessen ist das von Portugal aus initiierte christliche Königreich am Kongo, ab 1490 etabliert, indes in der Folgezeit nur wenig von Portugal betreut.[67] Immerhin bestand ab 1596 das Bistum *São Salvador do Congo* mit dem Zentrum Mbanza Congo, wo noch heute die Ruine seines Domes steht,[68] des Vorläufers der heutigen Kathedrale im angolesischen Luanda.[69] Doch siegten bis zum 19. Jahrhundert wieder die einheimischen Religionen.[70]

7.1.5 Amerika

7.1.5.1 Québec – Ein früher kolonial-missionarischer Stützpunkt Frankreichs

Schon ein flüchtiger Blick von den Anfängen katholischer Expansion im Umfeld der Gegenreformation und des Konzils von Trient nach vorn zeigt rasch, dass in der Tat für lange Zeit nicht nur weiterhin die altgläubigen Länder Europas für die Ausbreitung des bischöflichen Christentums dominant sein werden, sondern vor allem die iberischen Länder – besonders für Lateinamerika, doch gleichermaßen für katholisch dominierte Regionen Ostasiens wie die Philippinen: Gerade hier besaß man das Potential, tridentinisch-katholische Universalität zu verwirklichen – verstärkt durch die Kreuzzugs-Idee geistlich-weltlicher Eroberungen. Dabei wurde auch vom Klerus hingenommen, dass das Ziel ambivalent war, da es ja nicht nur darum ging, den zu missionierenden Völkern ein ihnen gemäßes – indigenes – Christentum zu übereignen (wie die Franziskaner mit ihrer *conquista*

---

[66] José Manuel Fernandes, As cidades de São Tomé e de Santo Antonio até os séculos XIXe XX – arquitectura e urbanismo, in: *Actos do Colóquio Internacional São Tomé e Principe numa perspectiva interdisciplinar, diacrónica e sincrónica* (Instituto Universitário de Lisboa. Centro de Estudos Africanos, 2012), S. 73–86, hier S. 76–77. Eine unscheinbare Pro-Kathedrale aus dem 19. Jahrhundert steht im kapverdischen Praia. Vgl. *Inventário dos recursos turísticos* (Praia: Município da Praia, 2015), S. 25.
[67] Sundkler/Steed, *The History of the Church in Africa*, S. 46 ff.; Meier, *Bis an die Ränder der Welt*, S. 25–30.
[68] Bruno Pastre Máximo, *Um lugar entre dos mundos: Paisagens de Mbanza Congo*. Dissertation an der Universidade de São Paulo 2016, bes. S. 18–34; S. 58 ff.; S. 104–110. Hier Abbildungen.
[69] Hier ist jetzt die *Igreja de Jesus* von 1593 die Kathedrale, vgl. Ângela Cristina Branco Lima Mingas, *Centro Histórico da Cidade de Luanda. História, Caracterização, Estratégias de Intervenção para Salvaguarda*. Magisterarbeit an der Universität Porto 2011, S. 30 und S. 34.
[70] Fiona Bowie, The Inculturation Debate in Africa, in: *Studies in World Christianity* Vol. 5/1 (1999), S. 67–92, hier S. 76 ff.

espiritual wollten),[71] sondern sie zu unterwerfen. Frankreich trat dagegen noch zurück, wie Amerika zeigt. Gewiss waren französische Entdecker und Missionare spätestens 1534 in Nordamerika anwesend;[72] aber bis 1598 herrschten im Mutterland noch die Religionskriege. Doch wird in Kanada 1604 mit Moncton schon die erste französische Stadt gegründet, und 1608 folgt Québec. Rasch missionieren die Orden, ab 1658 folgen ein Bischof und ein Dom. Freilich: Ab 1750 beanspruchten die Engländer Kanada, 1759 wurde Québec bombardiert und 1763 die Region Teil des *British Empire*. Der Katholizismus blieb danach lange behindert und, da keine neuen Bischofssitze entstanden, der Dom bis 1836 ein singuläres Monument Frankreichs, dazu nach einem Brand 1922 in neuer Gestalt.[73] Gefestigter blieb die französische Präsenz auf einigen mittelamerikanischen Inseln, doch das bischöfliche Leben begann erst 1861 – z. B. im haitianischen Port-au-Prince mit der *Église de Notre-Dame* aus dem 18. Jahrhundert, 1861 erster Kathedrale der Stadt,[74] aber einer Ruine seit dem Erdbeben 2010.

7.1.5.2 Der imperiale Bau im spanischen Großreich

Kontinuierlicher verlief in der Tat die katholische Erschließung des iberoamerikanischen Amerika, umfassender und mit Sinn für die tridentinischen Leitlinien. Doch verlief sie auch martialischer und als neue *Conquista* gegen heidnische Reiche, sei es der Azteken oder der Inkas. Allerdings war zumindest auf dem mittelamerikanischen Festland die Dominanz der Spanier fast unangefochten – bis dahin, dass von hier aus ihre Expansion auf die Philippinen organisiert wurde, aber auch das Martyrium der Christen im fernen Japan schon 1597 bekannt wurde und ein Thema der lokalen Sakralkunst.[75] Unangefochten blieb aber ebenso die Unterwerfung der Indios durch die neuen Herren.[76] Früh entstanden andererseits bischöfliche Stützpunkte: Es begann 1511 mit Concepción de la Vega auf Hispaniola (zeitgleich mit Santo Domingo) oder 1527 in Ciudad de México, bald (1542) dem Zen-

---

71 Meier, *Bis an die Ränder der Welt*, S. 180.
72 Solange Lefebvre, The Francophone Roman Catholic Church, in: Paul Bramadat/David Seljak, *Christianity and Ethnicity in Canada* (Toronto: University of Toronto Press, 2008), S. 101–137, hier S. 106 f.
73 Georges Cerbelaud Salagnac, *Canada. Alaska. Bermudes* (Paris: Hachette, 1967), S. 202–203; Peter Richardson/Douglas Richardson, *Canadian Churches. an architectural history* (Buffalo-Richmond Hill: Firefly Books, 2007), S. 132–135.
74 Adelaïde Barbey, *Antilles. Haïti – Guayane* (Paris: Hachette, 1986), S. 368.
75 Zur Beziehung zwischen Mexiko und den Philippinen s. H. de la Costa, Art. „Philippinen", in: ThLK², Bd. 8, Sp. 459–463. Zum Martyrium der japanischen Christen s. u. S. 139 und S. 149.
76 Reinhard, *Die Unterwerfung*, S. 311 ff. Auch der Besitz afrikanischer Sklaven wurde gängig (Reinhard, *Die Unterwerfung*, S. 453 ff.), aber ihre Christianisierung angestrebt, s. a. Herbert S. Klein, Anglicans, Catholics and the Negro Slave, in: *Comparative Studies in Society and History*, Vol. 8/3 (1966), S. 295–327, S. 304.

trum des Königreichs Neuspanien, während das südliche Mittelamerika zurücktrat. Ähnlich rasch waren zur Mission die Orden etabliert. Und während die Bischöfe das apostolische Prinzip vertraten, fügten die Orden ihre Einfühlung gegenüber den Indios hinzu.[77] Bei den Franziskanern lebte zudem der Chiliasmus weiter, nach dem Modell von Gioacchino da Fiore/Joachim von Floris (um 1135–1202), der zur ersten Jahrtausendwende die Wiedergeburt der frühen Kirche vor dem Ende der Zeit erhofft hatte und damit neues Missionsbewusstsein weckte.[78] So spannten sich bald königlich-sakrale Symbolbauten über das Land,[79] denn:

> Para dar continuidad al legado de la cristiandad, el monarca y la iglesia católica ordenaron a los grupos de españoles conquistadores y colonizadores de los territorios desconocidos de las Indias Occidentales, la instauración de centenares de símbolos cristianos en los pueblos, ciudades y villas.[80]

Wieder standen die Bischofskirchen im Zentrum, über allen sonstigen Kirchen; denn:

> La catedral es [...] el espacio sagrado en el que se debe celebrar el santo sacrificio como rito pontifical en los principales fiestas del año; allí ordinariamente se ejerce *la plenitud del sacerdocio*, confiriendo las sagradas órdenes y administrando el sacramento de la confirmación.[81]

Schon kurz nach 1511 könnte in der Goldgräberstadt Concepción de la Vega (heute La Vega Vieja), ein – zunächst provisorischer – Dom entstanden sein, nachgewiesen ist ein Dombau um 1525–1533. Die Werkleute waren z. T. seit 1502 hierher verschleppte afrikanische Sklaven; er verfiel allerdings seit 1562, da die Stadt ein politischer (Sklavenaufstände) und ökonomischer Fehlschlag (Niedergang der Minen) war.[82] Aber

---

77 Genannt seien der Dominikaner Bartolomé de las Casas (1484–1566) und der Johanniter, Jurist und Thomas-Morus-Adept Vasco de Quiroga (gest. 1565), er auch mit Sakralarchitektur hervorgetreten, s. u. S. 138–139, Anm. 94.
78 Insgesamt Meier, *Bis an die Ränder der Welt*, S. 177–187. Zum franziskanischen Chiliasmus s. Hans-Jürgen Prien, *Die Geschichte des Christentums in Lateinamerika* (Göttingen: Vandenhoeck & Ruprecht, 1978), S. 239.
79 Überblicke bei Miguel Solá, *História del Arte hispanoamericano. Arquitectura, Escultura, Pintura y Artes menores en la America española durante los siglos XVI, XVII y XVIII*, Barcelona, Madrid u. a.: Editorial Labor, 1958²; Enrique Marco Dorta, *Fuentes para la História del Arte Hispanoamericano. Estudios y Documentos*, Sevilla: Escuela de Estudios Hispano-Americanos de Sevilla, Tom. I–II 1951/1960; Ana Goy Diz, La Imagen de la Catedral en la Época Colonial, in: Montserrat Galí Boadella (Hg.), *El Mundo de las Catedrales Novohispanas* (Puebla: Instituto de Ciencias Sociales y Humanidades, 2002), S. 17–47.
80 José Alexander Pinzón Rivera, *La Catedral de Santafé. Cómo se construía una catedral en el siglo XVI*. Magisterarbeit an der Universidad Nacional de Bogotá 2014, S. 28.
81 Rivera, *La catedral de Santafé*, S. 28, Hervorhebung G.A.K.
82 S. Pauline M. Kulstad González, El Trazado Físico del Sitio Arqueológico de la Vega Vieja (Concepción de la Vega), in: *Sociales. Comisión de Ciencias Sociales. Academia de Ciencias de la Repu-*

zeitgleich entstand auf Hispaniola ein zweiter Dom, entworfen von Architekten, die mitunter noch in der Gotik beheimatet waren (wo doch der Dom von Sevilla unvollendet war), jedoch damit auch Repräsentanten eines Stilkonservatismus, der für etliche zeitgleiche Kirchen Lateinamerikas typisch ist: Es ist die Kathedrale in Santo Domingo (Abb. 30), 1511/1512 gegründet, aber weitgehend von 1521–1541, die älteste erhaltene der Neuen Welt, im Kern eine gotische Hallenkirche und ein Indiz, wie bescheiden auch hier der Beginn war: In ihrem fast rechteckigen, maurisch beeinflussten Grundriss wirken zwar wieder Sevilla nach oder die kurz vor Santo Domingo begonnenen Kathedralen in Jaén und Zaragoza; aber sie ist nur pfarrkirchengroß (54 m × 23 m × 16 m)[83] – allerdings wie der Dom in Concepción nicht ohne Mitwirkung von (afrikanischen und indianischen) Sklaven entstanden.[84] Die Kirche blieb auf Hispaniola mit einer noch kleineren Ausnahme außerdem die einzige aus der Zeit, die heute Kathedrale ist.[85] Es wäre jedoch erstaunlich, wenn nicht bald Großbauten folgten, da das Reich der Azteken schon in den 1520er Jahren den Spaniern erlegen war, sein Zentrum Tenochtitlán eine Ruinenstadt und man in der neuen Hauptstadt México D.F. tridentinischen Geist verbreiten konnte.[86] Das war umso rascher möglich, als die Gesellschaft – gemeint ist natürlich: die eingewanderte, ständische, europäische Gesellschaft, während die Indios in eigenen *pueblos* lebten und afrikanische Sklaven auch zum Personal des Klerus dienten[87] – einheitlich blieb im Glauben an den Primat der katholischen Re-

---

blica Dominicana (ACRD) 6 (2020), S. 32–54, hier S. 41–43. Zur Stadtgeschichte s. Kulstad González, *Hispaniola – Hell or Home?: Decolonizing Grand Narratives about Intercultural Interactions at Concepcion de la Vega (1494–1564).* Dissertation an der Universität Leiden 2019, bes. S. 56–94; zu den afrikanischen Sklaven bes. S. 114–118.

83 Sasso, *Obra de Fábrica*, S. 329–418; zur Beteiligung von Sklaven S. 247–278; Eugenio Pérez Montás u. a. Hgg., *Basílica Catedral de Santo Domingo*, Santo Domingo: Amigo del Hogar, 2011; Solá, *Historía del Arte hispanoamericano*, S. 25–27; Percival Tirapeli, *Patrimônio Colonial Latino-Americana. Urbanismo. Arquitetura. Arte Sacra* (São Paulo: Editora SESC, 2018), S. 104–106.

84 Sie arbeiteten auch an der Innenausstattung, vgl. Sasso, *Obra de Fábrica*, S. 273.

85 Die Ausnahme ist in Santo Domingo *Santa Bárbara* von ca. 1529–1531, in den Dekaden danach mehrfach neu errichtet, Militärkathedrale seit 1986; s. a. Victor Siladi u. a. (Hgg.), *Un pueblo unido por la Fé. Espacios de la Devoción* (Santo Domingo: Amigo del Hogar, 2020), S. 181–191.

86 Vgl. anhand der Kathedrale von Puebla Lidia E. Gómez, La Imagen de la Catedral de Puebla desde la Perspectiva del Indígena Urbano, in: Boadella (Hg.), *El mundo de las catedrales*, S. 227–237, hier S. 229. Zu México D.F. s. María Dolores Gil Pérez/José Rodríguez Galadi u. a., *Ciudad de México. Guía de Arquitectura/Mexico City. An Architectural Guide* (Ciudad de México-Sevilla: Junta de Andalucía, 1999), zur Kathedrale S. 62–63.

87 Zu den Indios s. Kulstad González, *Hispaniola*, S. 71 ff. und S. 82 ff.; ein Überblick auch bei Leonardo J. Waisman, Kirchenmusik in Lateinamerika, in: Wolfgang Hochstein (Hg.), *Geistliche Vokalmusik des Barock* Bd. 2/2 (Laaber 2019), S. 176–200, hier S. 176–177; zu den afrikanischen Sklaven s. Sasso, *Obra de Fábrica*, S. 274.

Abb. 30: Santo Domingo. *Santa María de la Encarnación.* Der Innenraum der Kathedrale zeigt, dass auch die Neue Welt gotisch beginnt. Der *Altar Mayor* ist noch fern von der Opulenz mancher Barockaltäre.

ligion als dem „Herzstück von Kultur" (Wolfgang Reinhard)[88] wie in seiner ästhetischen Gestaltung.[89] Baugrund der neuen Kathedrale war das Zentrum von Tenochtitlán mit dem *templo mayor*.[90] Bei den ersten Entwürfen 1521 war man besonders anspruchsvoll und wählte zum Leitbau den Dom von Sevilla, entschloss sich indes nach technischen Pannen für die Frührenaissance, als man 1573 den heutigen Bau begann.[91] Doch größenmäßig (128 m × 59 m) bleibt er monumental; in der Ausstattung steht er dem Mutterland nichts nach (Abb. 31). Dabei ist er nur Initialbau für

---

88 *Die Unterwerfung*, S. 380 ff., das Zitat S. 381.
89 Sylvester Baxter, *Spanish-Colonial Architecture in Mexico* (Boston: J.B. Millet, 1901), S. 87 ff.; Diz, La Imagen, S. 29–35; Tirapeli, *Patrimônio Colonial*, S. 106–110.
90 María Dolores Gil Pérez/José Rodríguez Galadi u. a., *Ciudad de México. Guía de Arquitectura/Mexico City. An Architectural Guide* (Ciudad de México-Sevilla: Junta de Andalucía, 1999), S. 60–64.
91 Insgesamt Diz, La Imagen, S. 29; Tirapeli, *Patrimônio Colonial*, S. 106–110.

Abb. 31: México. *Altar de los Reyes* in der römisch-katholischen Kathedrale, von Jerónimo de Balbás (1673–1748). Anders als der Hochaltar von Santo Domingo beeindruckt dieser Altar nicht nur durch seinen *churrigueresco*, sondern erst recht durch seine Opulenz. Unverkennbar ist ebenso der Selbstdarstellungswille des Künstlers und seiner Auftraggeber.

weitere Kathedralen, so ab 1563 für Mérida,[92] außen eine Festung gegen die Indios. Näher der Hauptstadt-Kathedrale steht die 1649 geweihte Kathedrale in Puebla, noch der Renaissance gemäß, die Juan de Herrera (1533–1597) im *Escorial* verwirklichte.[93] Dabei verbinden die Bauten das katholische Europa auch ästhetisch übernational. So stammt der heutige Dom der 1536 gegründeten Diözese Michoacán in Morelia vom Italiener Vincenzo Baroccio (gest. 1692).[94] Doch bleiben die

---

92 Robert Boulanger (Hg.), *Mexique. Guatemala* (Paris: Hachette, 1988), S. 733; Diz, La Imagen, S. 25–27.
93 Baxter, *Spanish-Colonial Architecture*, S. 148 ff.; Solá, *Historia del Arte hispanoamericana*, S. 55–57; Tirapeli, *Patrimônio Colonial*, S. 110–113.
94 Tirapeli, *Patrimônio Colonial*, S. 116; N. Ramírez Moreno (u. a. Hgg.), *Michoacán. Guía de Arquitectura y Paisaje. An Architectural and Landscape Guide* (Morelia-Sevilla: Junta de Andalucía, 2007), S. 84–85. Der von Vasco de Quiroga (s. o.) geplante Vorgänger für Pátzcuaro war aber singulär: 5 Schiffe für Spanier und sogar für die Indios liefen strahlenförmig auf den Chorraum zu;

Kirchen vielfältig. So wie einige Dome aus der Zeit der Scholastik noch die Gotik mit sich führen, deuten andere – z. B. die in der *Conquista* früh begonnene[95] Kathedrale von Guadalajara – schon den Klassizismus an.[96] Und gegenwärtig ist überall die Kunst des ganzen Reiches, auch für unbekanntere Dome wie in Guadalajara – von Malerkoryphäen wie Bartolomé E. Murillo (1617–1682) über lokale Größen wie Cristóbal de Villalpando (1649–1714) bis zum Mobiliar.[97] Früh war das Kultpersonal zahlreich, selbst im fernen Mérida: Auch hier gab es dotierte Sänger und Instrumentalisten[98] und bald das Gnadenbild des *Cristo de las Ampollas*, in der Folgezeit bedeutsam für den politischen Katholizismus der Region.[99] Kirchen- und kunstgeschichtlich wichtig wurden auch einige monastische Zentren mit späterer diözesaner Bedeutung. Am ältesten ist der Franziskanerkonvent in Tlaxcala, bereits 1524/25 Bistum, architektonisch auf 1527 zurückgehend. Doch wird das Bistum 1543 nach Puebla verlegt und die Kirche erst 1975 wieder Kathedrale.[100] Bedeutsam ist auch die Kathedrale von Cuernavaca, 1529 als Franziskanerkirche gegründet. Hier hat man 1957 ein Wandgemälde zum Martyrium der Christen im japanischen Nagasaki 1597 entdeckt – unter ihnen von Felipe de Jesús O.F.M. (*1572), dem ersten mexikanischen Heiligen, 1628 beatifiziert, so dass sein Gemälde wohl aus dieser Zeit stammt.[101] Dazu gibt es Dome, die zuvor Pfarrkirchen waren. Hervorgehoben sei der Dom in San Luis Potosi, ab 1670 errichtet.[102]

---

s. Igor Cerda Farías, La Catedral de San Salvador de Michoacán: orígenes, ideales y realidades en su construcción, 1538–1565, in: de Sevilla (Hg.), *El mundo de las catedrales*, S. 751–774.
95 Baxter, *Spanish-Colonial Architecture*, S. 206 f., u. a. votieren für 1548.
96 Tirapeli, *Patrimônio Colonial*, S. 114–115.
97 Nelly Sigaut, La Sacristía: Historia de un espacio relevante, in: Juan Arturo Camacho Becerra (Hg.), *La Catedral de Guadalajara. Su historia y significados.* Tomo III (Zapopan: El Colegio de Jalisco, 2012), S. 183–286).
98 Ángel Ermilo Gutiérrez Romero, La capilla de música de la catedral de Mérida (1639–1810): sus componentes, función y evolución, in: *Temas Antropológicos. Revista Científica de Investigaciones Regionales* Vol. 34/2 (2012). Universidad Autónoma de Yucatán, S. 77–109.
99 Leopoldo Manuel González Martín, *La devoción del Cristo de las Ampollas en Yucatán entre los poderes de la iglesia y del estado (1880–1915).* Magisterarbeit an der Universidad de Yucatán 2014, S. 143 ff.
100 Ausführlich Alejandra González Leyva (Hg.), *Tlaxcala. La invención de un convento.* México D.F.: Facultad de Filosofia y Letras. Universidad Nacional Autónoma de México, 2016; zu den Anfängen bes. S. 43–77.
101 Daniel Balboa Chávez, *Ideología y arquitectura: El espacio litúrgico de la catedral de Cuernavaca en la época franciscana y durante el obispado de Sergio Méndez Arceo.* Magisterarbeit an der Universidad Autónoma del Estado de Morelos, Cuernavaca 2018, S. 72–80; Diz, La Imagen, S. 46–47; Monserrat Gutiérrez Hernández, La catedral de Cuernavaca, el mural de San Felipe de Jesús y los 26 mártires de Nagasaki – historia de su descubrimiento, in: *CR. Conservación y Restauración* 19 (2019), S. 129–140.
102 Diz, La Imagen, S. 44–45; Boulanger (Hg.), *Mexique. Guatemala*, S. 495.

Der reichen Architektur Mexikos gegenüber trat das sonstige Mittelamerika zurück, ja spätere Metropolen wie San Salvador (El Salvador) oder San José (Costa Rica) waren lange peripher. In der Karibik fielen Dome oft Naturkatastrophen zum Opfer[103] und existierten nur als Neubauten weiter (z. B. in Santiago de Cuba); doch auch auf dem Festland erlag der größte mittelamerikanische Dom außerhalb Mexikos in Guatemala Antigua – 1544 begonnen, 5schiffig – 1733 einem Erdbeben.[104] Sogar die Konfessionskämpfe Europas lebten auf bizarre Weise wieder auf: In Panamá wurde 1524 ein Dom begonnen, doch 1671 verwüstete ein englischer Pirat die Region[105] und man verlegte die Stadt.[106] Intakter blieb eine Kleinstadt wie Comayaguá in Honduras, wo ab 1603 ein Dom mit Malerschule folgte.[107] Auch andere Kirchen der Region wurden bald zu Kathedralen, z. B. 1787 die Jesuitenkirche in La Habana.[108]

Vergleichbar ist das hispanophone Südamerika. Auch hier stehen sich reiche Architekturlandschaften – vor allem die frühen Vizekönigreiche Peru (1542) mit der Hauptstadt Lima und Nueva Granada (1717) mit der langjährigen Hauptstadt Cartagena (dann Santa Fé de Bogotá) – im nordwestlichen Südamerika (Kolumbien, Ecuador, Venezuela, lange Panamá) und ärmere südliche gegenüber (Argentinien und die hispanophonen Nachbarn).[109] Dabei zeigt zumal Peru die *ecclesia militans et triumphans*. Zwar fielen hier besonders viele frühe Kathedralen Erdbeben zum Opfer und wurden durch Bauten ersetzt, die nicht immer mehr den imperialen Geist des Anfangs verraten – so der oft restaurierte Dom in Lima[110]

---

103 Beispiele bei Edward E. Crain, *Historic Architecture on the Caribbean Islands*, Gainesville: University of Florida Press, 2017².
104 Tirapeli, *Patrimônio Colonial*, S. 98–104.
105 Eduardo Tejeira Davis (Hg.), *Panamá. Guía de Arquitectura y Paisaje* (Panamá-Sevilla: Junta de Andalucía, 2007), S. 189–191; Richard Arghiris, *Costa Rica. Nicaragua & Panama* (Bath: Footprint Handbook, 2015²), S. 328.
106 Davis (Hg.), *Panamá*, S. 220–221; Tirapeli, *Patrimônio Colonial*, S. 119; Arghiris, *Costa Rica* u. a., S. 321.
107 María Dolores Gil Pérez (Hg.), *Comayagua. guía de arquitectura/an architectural guide* (Sevilla-Comayagua: Junta de Andalucía, 2011), S. 91–103. S. a. Ernesto La Orden Miracle, *Viajes de Arte por América Central* (Madrid: Ediciones Cultura Hispánica, 1985), S. 50.
108 Maria Elena Martin Zequeira/Eduardo Luis Rodríguez Fernández, *La Habana Colonial* (La Habana-Sevilla: Junta de Andalucía, 1995), S. 75–76; Tirapeli, *Patrimônio Colonial*, S. 136–138.
109 Auch diese Regionen wurden später in Vizekönigreiche untergliedert.
110 Dorta, *Fuentes* II, S. 59 ff. und S. 88 ff.; Ruben Vargas Ugarte, *Itinerario por las Iglesias del Perú* (Lima: Edición Milla Batres, 1972), S. 39 ff.; Tirapeli, *Patrimônio Colonial*, S. 126–131; Enrique Bonilla di Tolla (Hg.), *Lima y El Callao. Guía de Arquitectura y Paisaje/An Architectural and Landscape Guide* (Lima-Sevilla: Junta de Andalucia, 2009), S. 82 ff.; S. 229–233; Antonio San Cristóbal Sebastián, *Arquitectura virreinal religiosa de Lima* (Lima: Universidad Católica, 2011), S. 81 ff.

und der Dom in Arequipa.[111] Sehr gegenwärtig dagegen blieb der Geist in der Kathedrale des Inka-Zentrums Cuzco, unmittelbar nach Eroberung der Stadt und Gründung des Bistums 1534 in ihrer ersten Gestalt begonnen – an der Stelle des indigenen Wiraqucha-Tempels: Mit dem 1668 geweihten Bau wiederholte sich der Sieg der *conquista* in kleinerem Maßstab als in México D.F.[112] Aber die außen ein wenig abweisende Kirche ist innen ein neuer Hochpunkt der Kolonialkunst, durch ihre Malerschule auch für bekannte indigene Künstler wie Diego Quispe Tito (1611–1681), freilich mit ihrem ausladenden *Coro* ebenso ein Klerusbau *par excellence*.[113] Doch stehen andere erhaltene Kathedralen der Region dem Geist des kolonialen Spanien ähnlich nahe, z. B. der 1615 begonnene Dom in Ayacucho[114] und – zunächst als Pfarrkirche – der in Puno (1669–1757).[115] In der weiteren Umgebung des Inkareiches zeigt auch *Nueva Granada* die katholische Omnipräsenz. Schon 1545 ist das Bistum Quito entstanden;[116] sogleich folgt die städtische Kathedrale, wieder mit gotischen Anteilen; geweiht wird sie 1572, ein Hort der Künste[117] und festlicher Liturgien.[118] Erneut lockten die Kirchen zwar Piraten an wie 1586 Francis Drake (um 1540–1596) im reichen Cartagena de Indias;[119] doch verstand der Klerus, das liturgische Leben der Bauten zu bewahren wie am Dom in Caracas, architektonisch zwar nur orientiert am Dom von Santo Domingo, musikalisch aber wieder an Sevilla.[120] Aber es stehen hinter diesen Prestigekirchen wieder andere Bauten. Genannt sei der Dom des 1531 gegründeten Bistums Coro, z. T. noch vom Ende des 16. Jahrhunderts: 1637 wird Diözese nach Caracas verlegt und erst 1922

---

111 Dorta, *Fuentes*, Bd. II, S. 67–71; S. 207 ff; Tirapeli, *Patrimônio Colonial*, S. 133–134.
112 Manuel Ollanta Aparicio Flores, Construcción de la Catedral, in: Teresa Marcos Juez/Carlo Trivelli Ávilla (Hgg.), *Tesoros de la Catedral del Cusco* (Lima: Fábrica de ideas, 2013), S. 47–74; Tirapeli, *Patrimônio Colonial*, S. 120–122; S. 159 ff.
113 Teófilo Benavente Velarde, *Pintores Cusqueños de la Colonia* 1611–1681 (Cuzco: Municipalidad del Qosqo 1995), zu Tito S. 41 ff.
114 Doris Liliana Cconocc Flores, *El patrimonio religioso como recurso para el desarrollo del turismo religioso en el centro histórico de Ayacucho – 2015*. Dissertation an der Universidad Nacional del Centro del Perú, Huancayo 2015, S. 48–51.
115 Ugarte, *Itinerario*, S. 175.
116 So Félix Carmona Moreno, Catedral de Quito. Una de las más antiguas de América del Sur, in: de Sevilla (Hg.), *El mundo de las catedrales*, S. 639–658.
117 Tirapeli, *Patrimônio Colonial*, S. 131–132.; Falkenberg, *Ecuador. Galápagos* (Bielefeld: Reise-Know-How-Verlag, 2010^9), S. 155–156; Carmona Moreno, Catedral de Quito, S. 647–652.
118 Carmona Moreno, Catedral de Quito, S. 644.
119 Tirapeli, *Patrimônio Colonial*, S. 123–124; Carlos Bell Lemus, El *Caribe colombiano. Guía de Arquitectura y Paisaje* (Barranquilla-Sevilla: Junta de Andalucía, 2017), S. 158–159.
120 Tirapeli, *Patrimônio Colonial*, S. 101; Robert Stevenson, La Musica en la Catedral de Caracas hasta 1836, in: *Revista Musical Chilena* 33/145 (1979), S. 48–114; zu den Vorbildern S. 48–49.

erneuert.[121] So blieb der Bau nach verheißungsvollen Anfängen schlicht.[122] Andere Kathedralen erlagen wieder Erdbeben wie in Santa Marta oder in Bogotá[123] oder wurden umgekehrt neue Jahrhundertwerke: Im 1546 gegründeten Bistum Popayán war der Dom nach einigen misslungenen Ansätzen erst 1906 fertig.[124] Diesen Kirchen ordnen sich wiederum solche zu, die erst später Kathedralen wurden: Zu nennen ist in Nueva Pamplona/Kolumbien die kleine, renaissance-hafte Klosterkirche *Santa Clara*, gegründet 1584, Dom des 1836 geschaffenen Bistums seit 1875.[125] 1892 folgt im gleichen Land das Bistum Tunja mit der 1539 begonnenen, z. T. noch gotischen Jakobuskathedrale.[126]

Doch im bevölkerungsärmeren Süden sinkt die Zahl der Dome aus der *Conquista*, und die Relikte ihrer Ursprungszeiten sind oft spärlich: So geht der Dom in Asunción/Paraguay noch auf 1537 zurück, entsteht aber nach seinem Verfall ab 1842 fast neu.[127] Anderswo ist die Bauzeit so lang wie für die Dome in Córdoba/Argentinien[128] oder Buenos Aires, der letztere auf 1603 zurückgehend und erst 1880 vollendet.[129] Wichtige Kulturzentren wurden aber auch etliche dieser Kirchen. Genannt sei der Dom im bolivianischen Sucre (nominell bis heute der Hauptstadt des

---

121 *AAS* 15 (1923), S. 99–100.
122 Stevenson, La Musica, S. 48; Krzysztof Dydyński, *Venezuela* (Melbourne u. a.: Lonely Planet Publications, 2001), S. 204.
123 S. Manuel Gámez Casado, Arquitectura religiosa en la Nueva Granada. La catedral de Santa Marta durante el siglo xviii, in: *Fronteras de la Historia* 25/1 (2020), S. 148–171, bes. S. 149–151. Zu Bogotá s. S. 194–195.
124 Historisches bei Dorta, *Fuentes*, Bd. II, S. 26–33, S. 131–156.
125 Óscar Eduardo Villamizar Garzón, Guía de Patrimonio Urbano y Arquitectónico del Centro Histórico de Pamplona. Graduiertenarbeit an der Universidad Jorge Tadeo Lozano Bogotá 2021, S. 56–57 und S. 86; Jhon Janer Vega Rincón, La Diócesis de San Pedro Apóstol de Nueva Pamplona: Una iniciativa de reorganización eclesiástica en la Iglesia colombiana durante el siglo XIX, in: *Anuario de Historia Regional y de las Fronteras* Vol 16 (2011), S. 101–124.
126 Tirapeli, *Patrimônio Colonial*, S. 125–126; Javier Santiago Díaz Espinosa, *Luz y Oscuridad en la Catedral de Santiago el Mayor. Una aproximación a su iconografía y sentido en la ciudad de Tunja, 1569–1610*. Diplomarbeit an der Universidad Externado de Colombia, Bogotá 2018.
127 Alberto Duarte de Vargas, Don Pascual de Urdapilleta: arquitecto y constructor de la Catedral de Asunción, in: *Contribuciones desde Coatepec*. Universidad Autónoma de México 1 (2001), S. 89–105.
128 Solá, *Historia del Arte hispanoamericana*, S. 257–258; Tirapeli, *Patrimônio Colonial*, S. 144; Marina Waisman u. a., *Córdoba. Argentina. Guía de Arquitectura* (Córdoba-Sevilla: Junta de Andalucía, 1996), S. 33–34.
129 Tirapeli, *Patrimônio Colonial*, S. 142–143; Liliana Barela/Lídia González (Hgg.), *Guía. Patrimonio Colonial de Buenos Aires*. Tomo I. *Edifícios, Sitios, Paisajes* (Buenos Aires: Dirección General de Património, 2008), S. 122; *DAA* Bd. I, S. 189.

Landes), z. T. von ca. 1551:[130] Hier wirkte mit Manuel de Zumaya (um 1649–1712) ein Komponist, der ebenso die Universalität des Reiches symbolisierte wie Vertreter anderer Künste, gebürtig aus Mexiko, in Panamá, Cuzco und Lima tätig, bevor er nach Sucre kam, eine Zentralfigur der Barockmusik Südamerikas.[131]

7.1.5.3 Erschließungen unwegsamer Räume – Brasilien

Blickt man vom spanischen Lateinamerika auf das portugiesische, ist hier religiös-architektonisch die Lage insofern ähnlich, als im konservativen Katholizismus bis jetzt der Barock die Macht von Gegenreformation und Tridentinum lebendig erhält.[132] In anderer Hinsicht waren die kirchlichen Unterschiede aber früh groß: Während sich die hispanophonen Gebiete lange trotz sozialen Wandels beständig entwickelten, bischöflich organisierten und in neuen Domen präsentierten, verlief die Entwicklung in Brasilien weniger triumphal: Hier wurde mit São Salvador de Bahía die erste Kirchenprovinz erst 1678 gegründet, und erst 1707 folgte eine Bischofssynode, bis zum Ende der Kaiserzeit (1889) sogar die einzige![133] Allerdings hatten die Politiker des *Padroado* in Lissabon auch kein Bedürfnis, selbstbewusste Bischöfe an ihrer Seite zu haben. Zudem war das Land in seiner Größe unübersichtlich – wie denn am Amazonas zwar schon im 18. Jahrhundert Ordensmissionen existierten, aber erst im 19. Jahrhundert hervortraten. Doch haben alle Regionen ein vitales religiöses Leben entwickelt: Die Anfänge des Wallfahrtszentrums und späteren Erzbistums Aparecida liegen schon 1717: Damals wurde die Statuette der *Conceição Aparecida* gefunden und ihr eine Kapelle gebaut, die bald durch größere Kirchen ersetzt wurde.[134] Aus der Frühzeit haben jedoch kaum Kathedralen überlebt, die als solche konzipiert wurden. Die älteste ist *São Salvador* in Olinda (Abb. 32), begonnen 1537, als der Dom in México D.F. schon im Entstehen war; doch 1631 erlag sie niederländischen Piraten, so dass der heutige bescheidene, oft veränderte Bau kein Original mehr ist.[135] Von jüngeren Kirchen hierher gehört *N.S. da Graça* in Belém, ursprünglich eine Garnisonkirche von 1616, Kathedrale

---

130 Dorta, *Fuentes*, Bd. II, S. 74–86; S. 220 ff.; María Dolores Gil Pérez/José Rodríguez Gil (Hgg.), *Sucre, Chuquisaca. Guía de arquitectura y paisaje/An architectural and landscape guide* (Sevilla-Sucre: Junta de Andalucía, 2012), S. 191–192.
131 Leonardo J. Waisman, Kirchenmusik, S. 191–192.
132 Noch Gabriel Frade findet hier „o espirito da fé católica triunfante sobre a heresia do protestantismo", s. *Arquitetura Sagrada no Brasil. Sua evolução até as vésperas do Concilio Vaticano II* (São Paulo: Edições Loyola, 2007), S. 50.
133 Prien, *Das Christentum*, S. 163–164.
134 Christian Dennys Monteiro de Oliveira, *Basílica de Aparecida. Um templo para a cidade-mãe* […]. Dissertation an der Universidade de São Paulo 1999.
135 Tirapeli, *Patrimônio Colonial*, S. 146; B. Borngässer, Gótico à la brasileira. Gothicizing Church Building between Amazonia and Rio Grande do Sul, in: Borngässer/Klein, *Global Gothic*, S. 147–159, hier S. 151 f.

Abb. 32: Olinda. Römisch-katholische Kathedrale. Als eine frühe Kathedrale der Neuen Welt ist auch sie wieder bescheiden, zudem nur als Rekonstruktion des 20. Jahrhunderts erhalten.

erst seit 1719 und danach neu errichtet.[136] Hinzurechnen kann man schließlich für die 1746 errichtete *Praelatura Nullius* die auf 1743 zurückgehende Annenkathedrale in Goiás, zeitweise verfallen, aber bis heute Ort reicher Liturgien in der Karwoche.[137] Die regional bedeutsamste Kolonialkathedrale ging der Architekturgeschichte einfach verloren, nämlich in São Salvador de Bahía, seit 1551 Bischofssitz, bis 1762 Hauptstadt Brasiliens.[138] Vollendet war sie bis ca. 1616, verfiel aber und wurde nach einem Wirbelsturm 1932 abgerissen.[139] Immerhin folgte als Ersatz die Jesuitenkirche

---

[136] Jussara da Silveira Derenji/Jorge Derenji, *Igrejas, Palácios e Palacedes de Belém* (Brasília: IPHAN/Programa Monumenta, 2009), S. 111–114.
[137] Aline de Sousa Barbosa/Otávia Xavier Barbosa, A importância das igrejas católicas para o fortalecimento do turismo religioso na Cidade de Goiás/GO, in: *Revista Territorial, Cidade de Goiás*, Vol. 7/1 (2018), S. 1–14.
[138] Dora Leal Rosa (u. a. Hgg.), *Salvador e a Baía de Todos os Santos. Guia de Arquitetura e Paisagem* (Salvador-Sevilla: Junta de Andalucía, 2012), S. 207–208.
[139] Tirapeli, *Património Colonial*, S. 145 ausführlich Augusto Carlos da Silva Telles (Hg.), *Atlas dos Monumentos Historicos e Artisticos do Brasil,* Brasília: Monumenta. IPHAN, 2008, S. 77.

von 1672–1694:¹⁴⁰ Ihre Kapellen sind ein Katalog der tridentinischen Heiligenwelt, ihre Sakristei gilt als „erste Pinakothek Brasiliens".¹⁴¹ Im 1676 gegründeten Bistum Rio de Janeiro wechselte die *Kathedra* zeitweise von Kirche zu Kirche (während 1748 ein Dombau aus Geldmangel fehlschlug).¹⁴² Am längsten – 1808–1976 – war sie in *N.S. do Monte do Carmo*: Die 1590 gegründete ehemalige Karmeliterkirche, in der heutigen Gestalt 1761 begonnen, war 1808–1889, d. h. im portugiesischen Königreich bzw. im brasilianischen Kaiserreich, zugleich Hofkirche,¹⁴³ und Kathedrale blieb sie, bis der heutige Dom 1976 fertig war. Als Jesuitenkirche à la Vignola wiederum entstand 1690–1699 der Dom in São Luis do Maranhão.¹⁴⁴ Wo der heutige Dom in São Paulo steht, stand jahrhundertelang eine zur Kathedrale erhobene *Matriz*, die bei Gründung des Bistums 1745 schon verfiel.¹⁴⁵ Im Landesinneren waren Dome ebenfalls rar, sogar in der reichen und kunstbegeisterten Region Minas Gerais.¹⁴⁶ Früh (1745) zur Kathedrale erhoben wurde hier nur die 1740 vollendete, reich ausgestattete Marienkirche in Mariana.¹⁴⁷ Die Orgel bauten entweder 1701 der in Hamburg lebende Lutheraner Arp Schnitger (1648–1719) oder erst im Jahr 1723 (?) sein in Hamburg geborener, aber in Portugal tätiger Kollege Johann Heinrich Ulenkampf (Lebensdaten unbekannt). Sie ist ein Geschenk von König João V 1747¹⁴⁸ und ein Zeugnis, wie vernetzt bereits die südamerikanische Kunstszene auch vom fernen Lissabon aus war. Später wurden jedoch viele Kolonialkirchen des 17./18. Jahrhun-

---

140 Fernando Machado Leal, *Catedral Basílica de São Salvador da Bahia 1657*, Salvador da Bahia: Editora IPAC, 2002²; Belinda Maia de Almeida Neves, *De Templo Jesuítico à Sé Catedral: Transformações ornamentais e iconograficas da Igreja do Colégio após a expulsão dos Jesuitas*. Dissertation an der Universidade Federal de Bahía, Salvador 2020.
141 Cleide Santos Costa Biancardi, Liturgia, arte e beleza: O patrimônio móvel das sacristias barrocas no Brasil, in Tirapeli (Hg.), *Arte Sacra Colonial* (São Paulo: Editora UNESP, 2001), S. 42–57, hier S. 43.
142 S. José Roberto Devellard, *Arquitetura sacra come expressão de uma evangelisação inculturada* [...]. Dissertation an der Pontificia Universitas Gregoriana, Rom 1985, S. 76. Zu den früheren Kathedralen in Rio de Janeiro s. a. Roberto Segre/João Henrique dos Santos/Estela Maris de Souza, Um paradoxo patrimonial: a Catedral Metropolitana do Rio de Janeiro, in: *risco. revista de pesquisa em arquitetura e urbanismo* 14/2 (2016), S. 61–81, hier S. 67–71.
143 Myriam Andrade Ribero de Oliveira/Fátima Justiniano, *Barroco e Rococó nas Igrejas do Rio de Janeiro*. Roteiros do Patrimônio 2 (Brasilia: Iphan/Programa Monumenta, 2008), S. 59–68.
144 Bury, *Arquitetura e Arte no Brasil Colonial*, S. 77.
145 Frade, *Arquitetura Sagrada*, S. 82; Bianka Tomie Ortega, O Neogótico e o Brasil Romântico: a catedral metropolitana de São Paulo, in: Percival Tirapeli/Danielle Manoel dos Santos Pereira (Hgg.), *Patrimônio Sacro na América Latina. Arquitetura – Arte – Cultura no Século XIX*, São Paulo: Editora UNESP, 2017, S. 97–108, hier S. 104.
146 Ausführlich Bury, *Arquitetura*, S. 107 ff., S. 124 ff.
147 Tirapeli, *Patrimônio Colonial*, S. 148; Details bei Paula Vermeersch, Pequena Guia da Catedral Basílica Nossa Senhora da Assunção de Mariana/MG, Campinas: Domus. UNESP, 2021.
148 Sérgio de Vasconcellos-Corrêa, Música colonial brasileira. Barroco (?) brasileiro, in: Tirapeli (Hg.), *Arte Sacra Colonial*, S. 236–245, hier S. 237.

derts Kathedralen, z. B. 1968 die Lehmkirche von *Sa. Ana* in Itapeva, heute mit Malereien von Cláudio Pastro (1948–2016) ausgestattet,[149] oder bis 2016 in Guaratinguetá die opulente Kirche *Santo Antônio* als Dom der Erzdiözese Aparecida.[150]

7.1.6 Asien

7.1.6.1 Neue Einschränkungen durch den Islam – Der Vordere Orient

Noch vielfältiger ist die Entwicklung, welche die katholischen Kathedralen seit dem frühen 16. Jahrhundert nicht auf dem Weg nach Brasilien, sondern nach Asien und von hier um die Erde genommen haben, und noch universaler. Doch blieben die Anfänge im Vorderen Orient wie bisher mühsam: Weiterhin setzte der Islam Grenzen – sich als Erbe des Christentums verstehend, seit den Kreuzzügen misstrauisch gegen Europa und längst auf Erfolgskurs. Dazu kommen die Ostkirchen, zwar Minderheiten, oft in fremdreligiöser Umgebung lebend und vielfach unterdrückt, aber seit ihren Kreuzzugserfahrungen kaum weniger misstrauisch gegen den Westen als die Muslime. Auch die frühen Kirchenunionen mit Ostkirchen blieben z. T. noch instabil.[151]

7.1.6.2 Frühe Globalisierung – Der Weg vom indischen Subkontinent um den Erdkreis

Anders liegen die Dinge auf dem indischen Subkontinent, z. T. einfacher, da christliche Kirchen in der Region längst normal waren und die Religiosität der Hindus wie im muslimischen Mogulreich tolerant.[152] Als sich Vasco da Gama (um 1469–1524) als Großmeister des portugiesischen Christusordens auf Geheiß von Manoel I 1497 auf Entdeckungsreise nach Kerala aufmacht, kann er schon 1498

---

149 César Augusto Sartorelli, *O espaço sagrado e o religioso na obra de Claudio Pastro*. Dissertation an der Pontificia Universidade de São Paulo 2005, S. 82–84; s. a. *AAS* 60 (1968), S. 549–551.
150 Mateus Rosada, *Igrejas Paulistas da Colônia e do Império. Arquitetura e Ornamentação*. Dissertation an der Universidade de São Paulo, São Carlos 2016, S. 52; Thales Vargas Gayean, *A Talha da Matriz de Santo Antônio de Guaratinguetá: o Rococo Carioca no Vale do Paraíba*. Bachelorarbeit an der Universidade de Ouro Preto, Mariana 2018; *AAS* 108 (2016), S. 1300–1301.
151 Zwar wurde 1552 ein erster chaldäischer Patriarch geweiht, aber in Rom, und sein fünfter Nachfolger wurde wieder orthodox, s. J.M. Fiey, *Mossoul Chrétienne. Essai sur l'histoire, l'archéologie et l'état actuel des monuments de la ville de Mossoul* (Beyrouth: Imprimerie Catholique, 1959), S. 49–67, hier S. 59.
152 Agnieszka Kuczkiewicz-Fras, Akbar the Great (1542–1605) and Christianity. Between Religion and Politics, in: *Orientalia Christiana Cracoviensia* 3 (2011), S. 75–89; Awais Akhtar, Christianity in the Court of Mughal Emperor Akbar (1556–1605 AD), in: *Journal of Indian Studies* 5/2 (2019), S. 189–198.

mit dem König von Calicut einen Friedensvertrag schließen. Ab 1503 entsteht ein regionales Vizekönigreich,[153] ab 1530 mit Zentrum in Goa, 1533 Bistum, bald mit dem Dom von *Sa. Catarina*, in der heutigen Gestalt zwar erst 1651 fertiggestellt, aber noch mit gotischen Anteilen aus älteren Kirchen.[154] Auch die Ausstattung des Großbaus hatte ihre Anfänge im Spätmittelalter.[155]

Nun blieb zwar Goa das bekannteste portugiesisch-katholische Zentrum Indiens, doch mehr noch Paradigma des katholischen Missionswillens allgemein: So wurden von hier aus weitere Bistümer und Missionszentren (und spätere Diözesen) gegründet. Dazu gehört Agra, zeitweise Zentrum des Mogulreiches, seit ca. 1598/99 mit seiner von Jesuiten gegründeten *Akbar's Church*, ab 1821 Dom eines Apostolischen Vikars, aber nicht original erhalten.[156] Dazu war Goa Ausgang für neue Kirchenunionen. Von hier aus verfolgten die Portugiesen die Latinisierung der Thomaschristen, und einige schlossen sich ab 1662 Rom tatsächlich an.[157] Und obwohl der Anschluss auch Resultat europäischen Machtwillens war,[158] adaptierten selbst „orthodoxe" Thomaschristen römische Innovationen: Suspekt wird nun der Turm über dem Altarraum, reicher dagegen geschmückt die Fassade, mehrere Altäre statt eines einzigen werden installiert. Dazu kommen Buntglasfenster.

---

153 Pallath, *The Catholic Church in India*, S. 82.
154 Antonio Nunes Pereira, Igrejas e Capelas de Santa Catarina de Velha Goa, in: *Anais de História de Além-Mar* Vol. XI (2010), S. 7–61, hier S. 44 ff.
155 Insgesamt José Pereira, *Baroque India. The Neo-Roman Religious Architecture of South Asia. A Global Stylistic Survey* (New Delhi: Indira Gandhi National Centre for the Arts/Aryan Books, 2000), S. 186–195; Shubhi Sood, *Landmark Churches of India* (Noida: SDS Publishers 2010), S. 88–95. Zum alten (flämisch beeinflussten) Hochaltar der hl. Katharina von ca. 1538 s. Vanessa Antunes u. a., An Artist's Sketchbook: the former altar piece of Goa Cathedral (India) attributed to the painter Garcia Fernandes – iconographic and stylistic influences and underdrawing study, in: *Conservar Património* 34 (2020), S. 73–87.
156 Kuczkiewicz-Fras, Akbar the Great, S. 77. Zum heutigen Bau Lucy Peck, *Agra. The architectural heritage*, (New Delhi: Roli Books, 2008), S. 132–133. Wichtiger sind Kottar, auf Franz Xaver zurückgehend, und Chennai *St Anthony's Shrine* (auch *St Mary's Co-Cathedral* genannt) von 1658. Vgl. S. Ignacimuthu/Joseph Raj/John Britto Michael, *Catholic Shrines & Pilgrim Centres* (Bangalore: Claretian Publications, 2016), S. 231–234 und S. 210–213.
157 Pallath, *The Catholic Church in India*, S. 118 ff.; Paul Thomas, *Churches in India*, New Delhi: Publication Division Ministry of Information and Broadcasting, Revised, Enlarged Edition 1981, S. 4 f.; Xavier Khoodapuza, Die Ankunft der Portugiesen und die katholischen Syrer, in: P. Verghese (Hg.), *Die syrischen Kirchen in Indien*. KdW, Bd. XIII (Stuttgart: Evangelisches Verlagswerk, 1974), S. 33–53; Sood, *Landmark Churches*, S. 70 ff.; Pallath, *The Catholic Church in India*, S. 126 ff.
158 Kritisch z. B. Khoodapuza, Die Ankunft der Portugiesen, S. 41 ff.

Die Heiligenfiguren sind anders als hinduistische Götterstatuen aus Holz, Wand- und Deckenmalereien fehlen nicht mehr.[159]

Doch weiter geht der Weg um die Erde: 1576 bis nach Macao, wo ein erster Dom entsteht;[160] ab 1615 arbeiten in Vietnam französische Jesuiten,[161] auch als Forscher wie Alexandre de Rhodes (1591–1653), ein Mitbegründer der vietnamesischen Schrift.[162] Es folgen die 1654 gegründeten *Missions Etrangères de Paris* (MEP)[163] und Missionare in Thailand,[164] zeitgleich in China, wo Matteo Ricci S.J. (1552–1610) bereits indigene Kirchen entwarf.[165] Und das Interesse an solchen Bauten blieb lebendig wie bei der 1716 von Franziskanern begonnenen (1946 zur Kathedrale erhobenen) Kirche in Xi'an (Abb. 33) demonstriert.[166] Eng war wieder der Kulturaustausch.[167]

---

[159] George, *Theology*, S. 27 f. und 53 f.; Sood, *Landmark Churches*, bes. S. 71; Thomas, *Churches in India*, S. 14–15.

[160] Der heutige Dom ist jünger, s. Hugo Daniel da Silva Barreira, A Arquitetura Religiosa de Origem Portuguesa em Macau: Contributos para um necessário estudo diacrónico, in: *Revista da Faculdade de Letras Ciências e Técnicas do Património Porto*, vol. IX–XI (2010–2012), S. 178–205, hier S. 196.

[161] Meier, *Bis an die Ränder der Welt*, S. 124 ff.; Nguyen Quang Hung, *Katholizismus in Vietnam von 1954 bis 1975*. Dissertation an der Humboldt-Universität. Berliner Südostasien-Studien Bd. 4 (Berlin: Logos Verlag 2003), S. 45 ff.

[162] Ngugyen Quang Hung, *Katholizismus*, S. 47, Anm. 9.

[163] Nguyen Quang Hung, *Katholizismus*, S. 48 ff.

[164] Somnuck Jongmeewasin, *The Pilgrimage Routes of French Catholic Mission in Thailand: A Model for Cultural Tourism Development and Management*. Dissertation an der Silpakorn University 2010.

[165] Shan Huang, *The Spreading of Christianity and the Introduction of Modern Architecture in Shanxi, China (1840–1949). Christian churches and traditional Chinese architecture*. Dissertation an der Escuela Técnica Superior de Arquitectura de Madrid 2014, S. 205.

[166] Zu Xi'an im Detail s. Huang, *The Spreading*, S. 239–245. Doch hat man auch den Jesuitenbarock behalten, z. B. bei der Nantang-Kathedrale (*U.L.F.*) in Peking; die Kirche wurde allerdings nach dem Boxeraufstand 1900 neu gebaut. Vgl. Corinne de Ménonville, *Les Aventuriers de Dieu et de la République. Consuls et missionaires en Chine 1844–1937* (Paris: Les Indes savantes, 2007), S. 151; César Guillén-Nuñez, Rising from the Ashes. The Gothic Revival and the Architecture of the „New" Society of Jesus in China and Macao, in: Robert A. Maryks/Jonathan Wright, *Jesuit Survival and Restoration. A Global History 1773–1900* (Leiden-Boston: Brill, 2014), S. 278–298, hier S. 286–287; Alan Richard Sweeten, *China's Old Churches. The History, Architecture, and Legacy of Catholic Sacred Structures in Beijing, Tianjin, and Hebei Province*. Studies in the History of Christianity in East Asia Bd. 2 (Leiden: Brill, 2020), S. 73–101.

[167] Meier, *Bis an die Ränder Welt*, S. 95 ff.; Reinhard, *Die Unterwerfung*, S. 637 ff.

Abb. 33: Xi'an. Römisch-katholische Kathedrale. Die Kirche ist ein älterer Versuch, europäische und asiatische Bautraditionen zu verschmelzen, in der Endgestalt jedoch Ergebnis des Umbaus von 1884.

Aber so wenig in der Tat diese Erfolge lange eine Fortsetzung erfuhren, sondern – besonders infolge des Ritenstreites[168] – bald unterbrochen wurden, fand am Ende des 16. Jahrhunderts die Kirche von Rom mit dem Weg auf die Inseln des fernen Ostens doch ein erstes Ziel ihrer Welterschließung – nämlich auf den Philippinen: Hier kehrt ja ihre Wanderung um die Erde in sich zurück, da die Region z. T. auch von Mexiko missioniert wurde,[169] und – wenngleich ebenso vorläufig – vollendet hatte die Kirche ihre universale bischöfliche Präsenz. Wohl war die Präsenz noch nicht überall von Dauer. In Japan fasste zwar seit 1549 unter Franz Xaver der Katholizismus bereits Fuß; ab 1600 residierte in Nagasaki ein Bischof bald mit der 58 m × 18 m großen Kathedrale *U.L.F. Himmelfahrt*.[170] Aber 1597 wurden hier auf lokale Anordnung hin schon 26 Christen gekreuzigt (davon 18 Missionare), u. a. aus Furcht vor christlich-kolonialer Überfremdung, 1614 wurde der Dom zerstört, das Christentum verboten,[171] und seit 1643/1644 bis in die 1860er Jahre galt das Verbot überall.[172] Auch in Indonesien gab es nach portugiesischen Erfolgen einen Rückschlag, wenngleich

---

168 Zum Ritenstreit s. u. S. 214.
169 Alicia M. L. Coseteng, *Spanish Churches in the Philippines* (Quezon City: New Mercury Print, 1972), S. 1 ff.
170 Carla Tronu Montane, *Sacred Space and Ritual in Early Modern Japan: The Christian Community of Nagasaki (1569–1643)*. Dissertation an der University of London 2012, S. 48 ff. und S. 145 ff.; Details bis 1614 s. S. 150 und S. 162–164; zum frühen Kirchenbau im Land s. a. Rie Arimura, The Catholic Architecture of Early Modern Japan: Between Adapation and Christian Identity, in: *Japan Review* 27 (2014), S. 53–76.
171 Montane, *Sacred Space*, S. 131–135; S. 231–232.
172 Kentarō Mayazaki, Roman Catholic Mission in Pre-Modern Japan, in: Mark M. Mullins (Hg.), *HdO. Handbook of Christianity in Japan. Handbook of Oriental Studies* Section V (Japan), Vol. X (Leiden-Boston: Brill, 2003), S. 1–18, bes. S. 12.

weniger dramatisch, da die Region den calvinistischen Niederländern anheim fiel.[173] Auf den Philippinen war Manila dagegen schon 1583 ein fester Stützpunkt Spaniens und die Akzeptanz des Christentums groß, denn die Orden dominierten (auch im Kirchenbau),[174] knüpften an die Lebensart der Bevölkerung an, und militärische Maßnahmen gab es nicht.[175] Anders als Mexiko stand die unwirtliche Region für Spanien aber immer am kirchenpolitischen Rand. Zwar wurde schon 1595 eine eigene Kirchenprovinz mit dem Erzbistum Manila errichtet, aber ihre 4 Diözesen blieben – mit einer Ausnahme 1865 – bis ins frühe 20. Jahrhundert die einzigen.[176] Auch spanische Künstler zogen Lateinamerika vor. Kirchen folgten aber rasch, zunächst aus Holz und Bambus. Doch entstand bald ein eigener, mexikanisch beeinflusster sakraler Architekturtyp, der sogenannte Erdbebenbarock:[177] gedrungen, oft rechteckig, häufig nur 10–12 m hoch, einschiffig (Dome waren etwas aufwendiger). Die Ornamentik ist simpler als in Mexiko; einen massiven Unterbau haben die 30–50 m hohen Türme, oft freistehend, auch als Wachtürme genutzt. Die Hochaltäre sind elaboriert, umgekehrt werden Holzdecken der Einwölbung vorgezogen. Dazu kommen chinesische oder muslimische Schmuckmotive.[178]

Freilich sind die alten Kathedralen wie viele Bauten der Region nach Naturkatastrophen und Kriegen oft neu gebaut worden. Von den ersten Domen in Manila blieb nichts; einige andere haben noch den Charme des Originals wie in Vigan (Abb. 34), von 1790–1799,[179] mit 97 2/3 Varas Länge und 35 ½ Varas Breite stattlich;[180] ebenfalls in Cebú.[181] Indes wäre schwierig, philippinische Kirchen- und Kunstgeschichte von den Domen her zu schreiben, weil diese hier lange selten waren. Aber es entstanden wie in Mexiko auch Kirchen, die später Kathedralen wurden und das Original noch erkennen lassen[182] wie die Augustinerkirche von Lipa, 1605 gegrün-

---

173 Jan Sihar Aritonang/Karel Steenbrink (Hgg.), *A History of Christianity in Indonesia* (Leiden-Boston: Brill, 2008), S. 99 ff.
174 Coseteng, *Spanish Churches*, S. 2.
175 Meier, *Bis an die Ränder der Welt*, S. 137–143. Doch hatte die Kolonie erst 300 000 Einwohner; s. Mariano Delgado/Lucio Gutiérrez, *Die Konzilien auf den Philippinen* (Paderborn u. a.: Schöningh, 2008, S. 6).
176 Delgado/Gutiérrez, *Die Konzilien auf den Philippinen*, S. 180.
177 Coseteng, *Spanish Churches*, S. 19 ff.
178 Coseteng, *Spanish Churches*, S. 11.
179 Zur Frühgeschichte des Domes in Manila s. Coseteng, *Spanish Churches*, s. S. 29–34; zu Vigan s. S. 38–40.
180 Die Maße nach Coseteng, *Spanish Churches*, S. 38. Eine Vara beträgt ca. 110 cm.
181 Coseteng, *Spanish Churches*, S. 34–38, bes. S. 37 f.
182 Ein Überblick bei Coseteng, passim; umfassend auch Benjamin Locsin Layug, *A Tourist Guide to Notable Philippine Churches* (Quezon City: New Day Publishers, 2007).

det, oder die in Laoag, z. T. von ca. 1650.[183] Außerdem prolongieren lokale Künstler bis heute die alten Stile, z. B. indem sie neue barocke Interieurs kreieren.[184]

Abb. 34: Vigan. Römisch-katholische Kathedrale. Man sieht, wie lange sich der regionale Erdbebenbarock gehalten hat. Ähnlich kann man sich die Kathedrale von Cebú vorstellen.

7.2 Die bischöflichen Reformationskirchen

7.2.1 Kathedralen zwischen kirchenpolitischen, konfessionellen und ästhetischen Umbrüchen

Setzt man den Weg der Geschichte der Kathedrale mit den bischöflichen Reformationskirchen fort, wie er – einige Dekaden später begonnen – auch von ihnen eingeschlagen wurde, liegt eines von vornherein auf der Hand: Obwohl auch er um den Erdkreis führte, hatten diese Kirchen der Offensive der römischen Kirche gegen die frömmigkeitsmäßigen und theologischen Wandlungen in Europa und ihre Etablierung auf anderen Erdteilen nur wenig entgegenzusetzen, auch architektonisch nicht. Denn selbst wenn man partiell eine hohe Meinung von den geistlichen Ämtern hatte wie manche Anglikaner,[185] war das Interesse an rascher bischöflicher Präsenz als Impuls zum Dombau in den neu entdeckten und kolonisierten Regionen gering[186] und in der Heimat die Lage zu instabil. In Skandinavien

---

183 Coseteng, *Spanish Churches*, S. 41–42 und S. 79–80.
184 So 2014 in der Kathedrale von San Pablo City, s. Layug, *A Tourist Guide*, S. 124; s. a. *JISA* 25 (2014), S. 4.
185 Vgl. Luke B. Smith, *Saravia*, S. 233 ff.
186 Zum spanischen Vorgehen in Lateinamerika vgl. dagegen Pinzón Rivera, *Catedral de Santafé*, S. 28 ff.

waren die Dinge schon deshalb im Fluss, weil zwar die konfessionelle Identität schnell geklärt war, die politische aber nicht, ebenso wenig die Kommunikation der Regionen untereinander: Island war noch dänisch (wenngleich nach Unabhängigkeit strebend), bis 1814 auch Norwegen, lange gab es kriegerische Auseinandersetzungen der Regionen untereinander, und dabei wurden wie in Hamar Dome zerstört. Schweden war nach dem 30jährigen Krieg im 17. Jahrhundert zwar zeitweise Großmacht, gründete neue Städte im Land und gewann 1658 die dänische Provinz Schonen mit dem Erzbistum Lund; dazu behielt es nicht nur Finnland, sondern besaß seit dem 30jährigen Krieg Land im deutschsprachigen Ostseeraum und im Baltikum,[187] im Baltikum aber erlag Schweden 1721 den Russen und verlor Teile Ostfinnlands.[188] Alles in allem bestanden also Hindernisse für die episkopale Organisation. Aber ebenso wenig konnte die englische Staatskirche in einen Wettbewerb mit Rom treten: Zwar waren nach Ende der Puritanerzeit ab 1660/1662 bischöfliche Verfassung und Monarchie wiederhergestellt; aber das neu eingesetzte Königshaus entsprach wenig dem anglikanisch-episkopalen System: Charles II war zwar bischöflich gesinnt, aber nicht anglikanisch; denn er hatte in der Puritanerzeit in Frankreich gelebt und konvertierte auf dem Sterbebett zum Katholizismus. Sein Nachfolger James II war von vornherein Katholik und musste 1677 ins Exil; dann folgte der Calvinist William III. So war anglikanisch-staatskirchliche Repräsentation lange nicht gewährleistet. Aber auch die Anfänge Englands als Kolonialmacht waren davon betroffen (während die skandinavischen Reiche mit Ausnahmen ohnehin bei sich selbst verblieben): Seit Anfang des 17. Jahrhunderts war England auch in Nordamerika dauerhaft präsent, aber konfessionell primär durch calvinistische Freikirchen. Das besagt nicht, dass es nicht auch im protestantischen England die Vision einer universalen christlichen Welterschließung in der Art des Ignatius von Loyola gab, wie 1708 der wegen seiner Kirchenlieder auch von Anglikanern hoch geschätzte freikirchliche Poet Isaac Watts (1674–1743) zeigt (*Jesus shall reign*[189]). Ja nicht lange davor – nämlich 1698 – waren bereits zwei hochkirchliche Missionsgesellschaften für Amerika entstanden, nämlich die *Society for Promoting Christian Knowledge* (SPCK) und die *Society for the Propagation of the Gos-*

---

187 So war schon 1632 die Universität in Tartu eine schwedische Gründung. S. Zeitler, *Schweden*, S. 49 ff.
188 Lilius/Zeitler, *Finnland*, S. 23.
189 *Jesus shall reign where'er the sun/Does his successive journeys run;/His kingdom stretch from shore to shore,/Till moons shall wax and wane no more. People and realms of every tongue/Dwell on his love with sweetest song* [...] (*Hymns Ancient & Modern Revised* Nr. 220).

pel (SPG).¹⁹⁰ Ihre Adressaten waren neben Indianern und afrikanischen Sklaven u. a. schwedische Lutheraner und französische Hugenotten; man hoffte zeitweise sogar, die Kirche von England zur führenden nordamerikanischen Reformationskirche zu machen, unter der Aufsicht der Bischöfe von Canterbury und London, da in Neuengland einheimische Bischöfe noch lange fehlten.¹⁹¹ Doch so wenig dieses Ziel erreicht wurde, so erst recht nicht – bereits aufgrund der nationalkirchlichen Struktur des Anglikanismus – andernorts in Amerika, allenfalls in einigen karibischen Kolonien. Aber auch bei Englands sukzessiver Präsenz auf den anderen Erdteilen (wobei Australien erst Ende des 18. Jahrhunderts dazukam) stand das Interesse der Staatskirche nicht immer voran, sondern das koloniale: Schon 1600 wurde zwar die Handelsorganisation der *East India Company* gegründet und global aktiv, zur Sicherung ihrer Handelsrouten sogar auf dem südafrikanischen Saint Helena.¹⁹² Aber sie war ein bürgerliches Unternehmen und profitorientiert. Mehr noch, falls auf diesen Routen auch Missionare aktiv wurden, aber die einheimische Religion nicht zu respektieren schienen und damit den Handel gefährdeten, beschwerte sich die *Company*.¹⁹³ Auch den Sklavenhandel verachtete sie nicht.¹⁹⁴ Allerdings war die Staatskirche ebenso wenig gegen den Sklavenhandel immun, obwohl sie die Sklavenbekehrung förderte.¹⁹⁵ Alles in allem: Selbst angesichts früher missionarischer Präsenz des Anglikanismus auf anderen Kontinenten blieb dieser in seiner Expansion sehr unterschieden von der hierarchisch durchsystematisierten und durch die Orden gestützten Mission der Kirche von Rom. So entstanden in den britischen Kolonien zunächst Kirchengebäude für Militärs und Zivilgemeinden (von denen später einige Kathedralen wurden), in der Regel bescheidener und von Ingenieuren vor Ort entworfen. Außerdem bewahrte der Anglikanismus sein freikirchliches Erbe, öffnete sich methodistischer Erlebnisfrömmigkeit und anderen protestantischen Denominationen. Eines eint aber die neuen anglikanischen Dome mit anderer jetzt entstehender protestantischer Sakralkunst in jedem Falle: Wo

---

190 Anne Polk Diffendal, *The Society of the Propagation of the Gospel in Foreign Parts and the Assimilation of Foreign Protestants in British America*. Dissertation an der University of Nebraska 1974, S. 57–132.
191 Diffendal, *The Society*, S. 8 ff. und bes. S. 133 ff.
192 Zur East India Company ausführlich Nick Robins, *The Corporation That Changed the World. How the East India Company Shaped the Modern Multinational*, London: Pluto Press, 2012².
193 Dyran B. Daughrity zur Praxis in Indien, s. A Brief History of Missions in Tirunelveli from the Beginnings to its Creation as a Diocese in 1896, in: *Indian Journal of Theology* 46/1–2 (2004), S. 67–81, hier S. 71–72.
194 Robins, *The Corporation*, S. 23, S. 49. Zu den Puritanern s. Cameron, zu anderen Freikirchen H. S. Klein, Anglicans, Catholics and the Negro Slave, S. 321.
195 H. S. Klein, Anglicans, Catholics and the Negro Slave, S. 304; Noel Smith, *The Presbyterian Church of Ghana* (Accra: Accra University Press, 1962), S. 22.

man sie errichtete, haben ihre Baumeister höchstens vorsichtig auf den gegenreformatorischen Barock geschaut.[196] Falls sie ihn ganz ablehnten wie im anglikanischen Irland, bevorzugten sie den Klassizismus Frankreichs oder den italienischen Klassizisten Andrea Palladio (1508–1580), wie als Koryphäe der englischen Architekten Christopher Wren (1632–1723) zeigt. Und überall verlor das Interieur an Opulenz, bis zu den Glasmalereien.[197]

7.2.2 Skandinavien – Bischofskirchen in neuer Nüchternheit

Trotz aller politischen und frömmigkeitsgeschichtlichen Umbrüche bereits in Skandinavien hat man auch hier weiter auf bischöfliche Repräsentation geachtet. Schon 1554 gab es im dänischen Aalborg einen neuen Bischofssitz, da der bisherige im Kloster Børglum nicht mehr geeignet schien, und obwohl kein neuer Dom gebaut wurde, war doch die dazu erhobene *Budolfi Kirke* eine ansehnliche Kirche der Gotik.[198] Auf der schwedischen (1362–1645 dänischen) Insel Gotland entstand 1572 der Kirchenbezirk Visby, sein oberster Geistlicher war ab 1771 ein Bischof und die mittelalterliche Marienkirche wurde 1802 zum Dom.[199] Im schwedischen Finnland wurde bereits 1554 ein ganz neues Bistum errichtet, nämlich in Viipuri an der russischen Grenze, wo bis 1716 die östlichste Kathedrale des Landes stand (eine mittelalterliche Klosterkirche, heute weitgehend zerstört), bis der Bischofssitz 1721 nach Einnahme der Stadt durch Peter I. nach Porvoo verlegt wurde, hier die mittelalterliche Marienkirche zur Kathedrale erhoben und in die heutige Gestalt gebracht.[200] Im schwedischen Kernland gab es sogar Domneubauten, da mit weiteren Stadtgründungen neue Bischofssitze entstanden. Nicht alle diese Kirchen sind erhalten, so die ersten Dome in Göteborg – 1621 unter Gustaf II. Adolf (1594–1632, König 1611) begonnen, auch in der

---

196 Norman, *Das Haus Gottes*, S. 232 ff.
197 Tim Ayers, Churchmanship and Craft in Figurative Glass-painting of the Long Seventeenth Century, in: Manderyck u. a. (Hgg.), *Stained Glass in the 17th Century*, S. 41–44.
198 Zeitler (Hg.), *Dänemark*, S. 40.
199 Zeitler, *Schweden*, S. 164–166; Walter Duphorn, *Uses and Issues – The case of Visby Cathedral. An analysis of values and frictions associated with usage and a venue that is both cultural heritage and an active religious institution.* Masterarbeit an der Universität Uppsala/Campus Visby 2019, S. 3.
200 Aleksandr Saksa und Panu Savolainen, The Old Cathedral of Viborg. Historical Archaeology of the Easternmost Cathedral of the Swedish Empire, in: *Mirator* 16/1 (2015), S. 53–70; Eckerdal, *Apostolic Succession*, S. 26, Anm. 43. S. a. Zeitler, *Finnland*, S. 213–214.

heutigen Gestalt seine Gedächtniskirche[201] – und Karlstad; aber die aus der Gründungszeit überkommenen Dome zeigen zwar die Stabilität des bischöflichen Systems, aber wieder oft Misstrauen gegenüber gegenreformatorischer Architektur. Die einfache Spätgotik einer Landkirche präsentiert der 1593–1619 gebaute, in seiner Einschiffigkeit besonders predigtgeeignete Dom zu Mariestad (Abb. 35).[202] Aufwendiger ist erst derjenige von Kalmar. Er wurde tatsächlich schon nach barocken römischen Vorbildern errichtet, doch zeigt ebenso, wie fern das ästhetisch verschwenderische Rom blieb: 1659 vom Hofarchitekten Nicodemus Tessin d.Ä. (1615–1681) entworfen, wurde er erst 1703 fertig, und die Kuppel kam nie zustande. 1758 folgt der klassizistische Neubau in Karlstad,[203] als kreuzförmige Saalkirche mit großem Turm fast eine Antizipation des heutigen Domes in Göteborg. Als 1784 die Bischofssitze von Hólar und Skálholt in das neue isländische Zentrum Reykjavík kamen, entsteht dort 1787–1796 der Johannesdom wieder als klassizistische Predigtkirche, vom Dänen Andreas Kirkerup (1749–1810), später von Laurids Albert Winstrup (1815–1889) erweitert.[204] Zeitgleich baut man für die mittlerweile ebenfalls dänischen Färöer-Inseln in Tórshavn statt Vollendung des Domes in Kirkjubøur die Stadtkirche (1788 geweiht, 1865 eingewölbt), sie wird erst 1990 Kathedrale.[205] Für das Baltikum kommt die Trinitatiskirche

Abb. 35: Mariestad. Die Hauptkirche der kurz zuvor gegründeten schwedischen Kleinstadt ist der erste lutherische Domneubau überhaupt, eine vereinfachte Nachbildung der Klarakirche in Stockholm. Einfach ist auch das barocke Inventar von lokalen Künstlern.

---

201 Hans-Olof Hansson, *Göteborgs eller Gustavi Domkyrka. Tre domkyrkor under 375 år* (Göteborg: Domkyrko Församlingen, 2008), S. 2.
202 Vgl. Zeitler, *Schweden*, S. 329.
203 Zeitler, *Schweden*, S. 233 und S. 243. Ausführlich zu Karlstad Nyberg u. a., *Karlstads Domkyrka*.
204 Kristjánsson, *Churches of Iceland*, S. 38 ff.; Ylva Brännström, *Architecture–Culture–Nation. A Contextual and Comparative Analysis of Dómkirkja and Hallgrímskirkja in Reykjavík*. Bachelorarbeit an der Universität Lund 2007, S. 24–25.
205 Vgl. M.K. Paulina Eliasen u. a., *Churches of the Faroe Islands* (Tórshavn: Visit Faroe Islands, 2022), S. 40–48.

im lettischen Liepāja (Libau) dazu, 1742–1750 als deutsche Gemeindekirche gebaut, 44 m × 18 m groß, Bischofskirche sogar erst seit 2007.[206]

Daneben steht der Wiederaufbau alter Dome. 1697 wird nach Brand des Vorgängers in Oslo 1697 der heutige Dom begonnen: einschiffig, kreuzförmig, mit Holzdecke.[207] Dorfkirchengroß wird 1757 der saalhafte Neubau im isländischen Hólar, mit spätmittelalterlichem Schnitzaltar und modernem Campanile. Mehrere Holzkirchen folgten nacheinander ab 1526 in Skálholt.[208]

7.2.3 Der Anglikanismus – Sakralarchitektur als konfessioneller Protest und staatskirchliches Signal

7.2.3.1 Die Anfänge in England und Irland

Vergleicht man die Geschichte der protestantischen Kathedrale im Barock und Klassizismus im lutherischen Skandinavien mit derjenigen im anglikanischen England, kommt allerdings England besonders schlecht weg, selbst wenn ab 1668 der Monumentalbau von *Saint Paul's* in London entstand. Denn insgesamt waren im Vereinigten Königreich seit der Reformation bis 1836 überhaupt keine neuen Diözesen gegründet worden; und dem entsprach bereits die beschriebene Großwetterlage in den bischöflichen Reformationskirchen: Denn als solcher ist ja auch dieser Neubau nach Verlust der alten Kathedrale im Brand von London 1666 frömmigkeitsmäßig nicht unbedingt plausibel – umso weniger, als nach Ende der Cromwell-Ära die Restauration der Staatskirche 1660 keine hochkirchliche Stimmung bewirkte und keine Restauration einer sakramental orientierten Liturgie stattfand.[209] Im Gegenteil blieb der antihierarchische und in der Sakralkunst asketische Puritanismus lebendig,[210] und die Freikirchen hatten Zulauf. Ein anglikanischer Referenzbau *par excellence* ist *Saint Paul's* dennoch geblieben, aber ein sehr protestantischer: schon in der ornamentalen Zurückhaltung, die sich ihr Architekt Christopher Wren auferlegte.[211] Protestantisch wurde auch die Ausstat-

---

206 Altooa u. a., *Estland. Lettland. Litauen*, S. 370.
207 Barüske, *Norwegen*, S. 182–183.
208 Kristjánsson, *Churches of Iceland*, S. 42–48; Hood, *Icelandic Church Saga*, Bd. I, S. 169; Bd. II, S. 250 ff.; Brännström, *Architecture – Culture – Nation*, S. 18–19.
209 Orme, *The History*, S. 152.
210 Orme, *The History*, S. 154 ff. Immerhin liegt der Baubeginn der neuen Kathedrale bereits 1675.
211 Ein Überblick zu Wren bei Pevsner, *Europäische Architektur*, S. 350 ff.; Kilde, *Sacred Power*, S. 134 ff.

tung: ein geplanter Altarbaldachin wurde nicht ausgeführt;[212] ebenso fehlt eine *Lady Chapel*. Sehr protestantisch geriet der Bau schließlich durch die neue anglikanische Staatskirchlichkeit, wie sie – fast paradoxerweise – an seinen Ausmaßen (158 m × 75 m) erkennbar ist. Denn gerade durch die Ausmaße wirkt sie als Kontrapunkt zur Peterskirche in Rom und als *National Church*[213] (wenngleich größenmäßig lange ein Unikat). Das schloss nicht aus, dass Wrens Schüler Kirchen schufen, die seine sakralarchitektonischen Vorstellungen weiterdachten – aber als Bürgerkirchen, wenngleich in 2 Fällen Kathedralen aus ihnen wurden: *Saint Philip's* in Birmingham von Thomas Archer (1668–1743) und *All Saints`* in Derby von James Gibbs (1682–1754).[214] Wichtiger wurde aber ein anderer Gibbs-Bau in London – *Saint Martin in the Fields*,[215] mit Wirkung bis in die Kolonien. Ähnlich lagen die Dinge in Irland, da der Anglikanismus zwar als Staatskirche Präsenz zeigte, auch in ästhetischer Distanz zu den Katholiken, aber als Minderheitskirche mit wenig Etat: Noch gotisch mit offenem Dachstuhl ist der kleine Neubau von *St Columb's* in Derry (Londonderry) von 1628–1633, eine Kirche à la *Saint Martin in the Fields* wurde der Neubau in Cashel (Abb. 36), errichtet als Ersatz für den großen, aber verfallenden mittelalterlichen Dom (1763–1788).[216]

Abb. 36: Cashel. Anglikanische Kathedrale. Die Kirche repräsentiert die im georgianischen England beliebte Sakralarchitektur. Als Bischofskirche ist sie bescheiden.

---

212 Orme, *The History*, S. 160. Der heutige ist neu. Zur liturgischen Funktionalität des Baues s. a. Kilde, *Sacred Power*, S. 133 ff.
213 Freigang, *Meisterwerke*, S. 247; G.H. Cook, *The English Cathedral*, S. 325–328; Orme, *The History*, S. 155.
214 G.H. Cook, *The English Cathedral*, S. 343, S. 357–358; Blair/Cowley, *The Cathedrals of England*, S. 144, S. 142.
215 Vgl. Norman, *Das Haus Gottes*, S. 247.
216 S. Galloway, *The Cathedrals of Ireland*, S. 65–69 und S. 38–39.

7.2.3.2 Jenseits großer episkopaler Ambitionen – Frühe Bischofskirchen in Amerika und Asien

Nimmt man Dombauten als Paradigma für die globale Präsenz des Christentums, ist der Beitrag des Anglikanismus trotz kolonialer Expansion lange gering. Schon in Nordamerika blieben die Anglikaner gegenüber dem nicht-bischöflichen Protestantismus eine Minderheit, dazu lag England ab 1763 in Kanada im Konflikt mit einem streitbaren frankophonen Katholizismus. In den 1776 gegründeten USA wiederum mussten die Anglikaner, wenn sie politisch loyal waren, den königlichen Dombau Europas keineswegs fortsetzen.[217] Das besagt nicht, dass sie nicht auch in Nodamerika bereits Repräsentationskirchen hatten: In Philadelphia ähnelt die *Christ Church*, auf 1695 zurückgehend, zeitweise Bischofskirche, den Domen von Birmingham und Derby.[218] *Saint Paul's* im kanadischen Halifax, von Gibbs, seit 1787 Bischofskirche, erhielt zumindest ein gesondertes Gestühl für Gouverneur, Admiral und Bischof.[219] Offiziell zu Kathedralen wurden beide Kirchen aber nie. Im britisch-kolonialen Mittelmerika erreichten dagegen einige Kirchen aus der Zeit vor 1800 den Status tatsächlich. Die älteste steht in Santiago de la Vega/Jamaica (heute einem Stadtteil von Kingston), zunächst eine Kolonialkirche der Spanier, dann bei der englischen Eroberung der Insel durch Puritaner 1655 zerstört und 1666 für die Anglikaner neu gebaut. Der heutige 60 m × 30 m große Bau stammt aber von 1714, wurde 1824 zur Kathedrale und später gotisiert.[220] Näher bei seinen römisch-barocken Ursprüngen blieb *San José de Gracia* in México D.F., von 1653–1661. Die Klosterkirche wurde 1867 profaniert, 1901 von der *Episcopal Church* erworben und ist heute ihre Hauptstadtkathedrale.[221] Ohne römische Vorgeschichte erhielt aus der Zeit vor dem Historismus aber nur die 1786 gebaute *Saint Michael's Church* in Bridgetown/Barbados 1824 die *Kathedra*; und als anglikanische Kirche, die bis zum 19. Jahrhundert als Kathedrale konzipiert wurde, bleibt nur *Holy Trinity* für das 1793 gegründete Bistum Québec übrig, von 1799–1804, wieder ein Bau à la *Saint Martin in the Fields*.[222]

---

217 So jedenfalls John P. Downey, The Smaller Cathedral in the Episcopal Church: A Place of Loss and Hope, in: *Anglican Theological Review* 100/4 (2018), S. 785–792, hier S. 786.
218 Basil F.L. Clarke, *Anglican Cathedrals outside of the British Isles* (London: SPCK, 1958), S. 166–168.
219 Richardson/Richardson, *Canadian Churches*, S. 42–46.
220 Frank Cundell, *Historic Jamaica* (London: The Institute of Jamaica, 1915), S. 89–93; F.A. Ober, *A Guide to the West Indies and Panama* (New York: Dodd, Mead & Company, 1920), S. 168–169; Clarke, *Anglican Cathedrals*, 76–77; Crain, *Historic Architecture*, S. 183 (er datiert die erste anglikanische Kirche auf 1699); Patricia Elaine Green, *The Evolution of Jamaican Architecture 1494 to 1838*. Magisterarbeit an der University of Pennsylvania 1988, S. 36–37.
221 Clarke, *Anglican Cathedrals*, S. 219–220; Boulanger (Hg.), *Mexique. Guatemala*, S. 295.
222 Richardson/Richardson, *Canadian Churches*, S. 120–123.

Auch in Asien begann der Anglikanismus wenig bischöflich. Die aktiven – hochkirchlichen – Missionen (SPCK und SPG[223]) arbeiteten mit deutschsprachigen Protestanten zusammen (die ihrerseits Konflikte mit der *East Indian Company* hatten),[224] und errichtet wurden wieder Garnison- oder Gemeindekirchen. Häufiger vertreten sie wieder Gibbs` Klassizismus, so *Saint Thomas* in Bombay (Mumbai), in der heutigen Gestalt auf 1715 zurückgehend, Kathedrale seit 1837, später z. T. gotisiert.[225] Noch wichtiger wurde *Saint John's* in Calcutta (Kolkata) von 1784–1787, dem Zentrum der *East Indian Company*,[226] Bischofskirche seit 1813 und der noch erhaltene Vorgängerbau der heutigen Kathedrale.

7.3 Die Ostkirchen

7.3.1 Kathedralen der Orientalen – Architektur im Schatten osmanischer Machtpolitik

Etlichen ostkirchlichen Gemeinschaften – insbesondere wenn sie dazu verurteilt waren, in Enklaven inmitten nichtchristlicher Gemeinschaften zu leben –, dürfte manches von dem, was in Westeuropa und der übrigen Welt an kirchlichen Wandlungen geschah, mehr oder minder gleichgültig oder verborgen geblieben sein. So hielten sich in Kerala große Teile der Thomaschristen der Union mit Rom fern; lange unberührt zeigten sich die orientalischen Kirchen im Mittelmeerraum, z. T. fest umschlossen durch die muslimische Mehrheit. Wenn Nadia Mikhail schreibt, dass für die koptische Christenheit erst ab 1789 – seit Napoleons Einfall in Ägypten – „eine Brücke zwischen Ägypten und dem modernen Leben geschlagen" wurde,[227] während zuvor die Dinge ihren Gang gingen, wundert nicht, dass selbst für das Zentrum des Patriarchen in Kairo architektonisch wenig berichtet wird, außer dass seine *Kathedra* weiterhin wechselte – bis zum Bau der ersten

---

[223] Anderson Jeremiah, The Church of South India, in: David Goodhew (Hg.), *Growth and Decline in the Anglican Communion. 1980 to the Present.* Routledge Contemporary Ecclesiology (London-New York: Routledge, 2017), S. 147–158, hier S. 148.
[224] Eyre Chatterton, *A History of the Church of England in India Since the Early Days of the East India Company*, London: SPCK, 1924; Daughrity, A Brief History, S. 68–70.
[225] Zur Diözese Bombay s. Chatterton, *A History*, S. 212–220; zur Kathedrale s. H.E. Cox, *History of Bombay Cathedral*, Bombay: Shri Matthai Mathews/Princely Press, 1964²; Clarke, *Anglican Cathedrals*, S. 13–15.
[226] José Pereira, *Baroque India*, S. 411; Chatterton, *A History*, S. 78 ff.; bes. S. 84–87; Pijush Kanti Roy, *Churches in Calcutta* (Kolkata: Levant Books, 2010), S. 13–16; Sood, *Landmark Churches*, S. 134–137; zum Neubau s. u.
[227] Die koptische Kirche von 1800–1970, in: Verghese, *Die koptische Kirche*, S. 56–73, hier S. 57.

Markuskathedrale 1800.²²⁸ Doch lebten die Kopten nicht stets in Frieden: Nach zeitweiligen Blütezeiten gab es ab 1250 unter den Mamelucken einen Niedergang, und die Kirchen verfielen.²²⁹ 1517–1808 folgten die Osmanen, die koptischen Gemeinden wurden Opfer von Epidemien, Außenkontakte z. T. untersagt, die Zahl der Bischöfe war klein,²³⁰ mancherorts waren (wie oft bei den Osmanen) Kirchenneubauten und -restaurationen verboten.²³¹ Umgekehrt bemühten sich die Jesuiten um eine (noch erfolglose) Union von Kopten und Römern.²³² In Äthiopien war für das geistliche Zentrum Aksum (Abb. 37) die Situation ebenso fatal: Nach der Zerstörung des Landes durch die Muslime erstand seine Hauptkirche in Aksum erst wieder im 17. Jahrhundert.²³³

Abb. 37: Aksum. Äthiopische Bischofskirche. Sie zeigt für Jahrhunderte ostkirchliche Sakralarchitektur am geographischen Rand; ebenso veranschaulicht sie, wie unmaßgeblich westkirchliche Repräsentationsbauten Modelle für *National Churches* sein konnten.

Mit unterschiedlichem Erfolg entwickelte sich die armenische Kirche, partiell eminent positiv: Die geistliche Metropole Etschmiadzin mit ihrer Kathedrale war trotz osmanischer Angriffe zeitweise Hort geistlicher Malerei;²³⁴ und die Armenier unter

---

228 Zur *Kathedra* seit Johannes VII. (1300–1320) in *U.L.F.* von Hârat Zuwaila und seit Matthäus IV. (1660–1675) in Hârat ar-Rûm s. o. S. 87–88.
229 Kamil, *Christianity*, S. 248 ff.
230 Es waren 9 Bistümer. S. Febe Armanios, *Coptic Christianity in Ottoman Egypt* (Oxford: OUP, 2015), S. 23.
231 Kamil, *Christianity*, S. 250 ff.; Alistair Hamilton, *The Copts and the West 1439–1822. The European Discovery of the Egyptian Church* (Oxford: OUP, 2006), bes. S. 31–32; Armanios, *Coptic Christianity*, S. 15 ff. und S. 22 ff.
232 Vgl. Hamilton, *The Copts and the West*, S. 58–73.
233 S. u. a. Woldeyohannes, *Aksoum*, S. 110 und S. 263.
234 Bekannt wurde die Malerfamilie Hovnatanian; vgl. u. a. Dum-Tragut, *Armenien*, S. 175.

muslimischer Herrschaft wie in Persien hatten Privilegien. So entstand in Isfahan der Stadtteil New Julfa. Hier nötigte Schah Abbas I. (1571–1629) zur Förderung der Wirtschaft nach seinem Krieg gegen die Osmanen Händler und Handwerker aus dem armenischen Julfa dazu, sich neu anzusiedeln.[235] Ihre Bischofskirche ist in der heutigen Form (ca. 1658/59–1662/63) jedoch einzigartig: Sie hat eine Kuppel wie lokale Moscheen. Dazu kommen reiche Malereien, u. a. nach Vorlage des französischen Graphikers Philippe Thomassin (1562–1622) (Abb. 38).[236] Allerdings hatte New Julfas Oberschicht auch ein Zentrum des Seidenhandels zwischen Manila und Amsterdam geschaffen.[237]

Schwieriger war die Lage unter Osmanen in der heutigen Türkei. Ein stabiles Miteinander der wachsenden armenischen Bevölkerung mit den Muslimen würde es hier nur zeitweise im 19. Jahrhundert geben. Und während für den 1461 gegründeten Bischofssitz Istanbul in Kumkapı nach 1641 die Marienkathedrale (*Surp Asdvadzadzin*) entstand,[238] ging das Katholikosat im cilicischen Sis zunehmend dem Ende zu. So blieb die Restauration der dortigen *Hagia Sophia* deshalb untersagt, weil sie zu einer anti-osmanischen Festung werden könne.[239] Unbedroht durch physische Gewalt waren letztlich nur die Thomaschristen in Indien. Hier geschah sogar manchmal, dass selbst diejenigen, die eine Union mit Rom ablehnten, sich in der Ikonologie ihrer Kathedralen dem Katholizismus öffneten.[240]

---

235 Zu Abbas s. David Blow, *Shah Abbas. The Ruthless King Who Became an Iranian Legend* (London-New York: I.B. Tauris, 2009), zu Isfahan und New Julfa S. 193 ff.
236 John Carswell, *New Julfa. The Armenian Churches and Other Buildings* (Oxford: Clarendon Press, 1968), S. 33–34; Satenik Chookaszian, The Last Judgement Frescoe of the All Saviour's Cathedral in New Julfa and its Analogues in Armenian and World Art, in: *Matenadaran Mesrop Mashtot's Institute of Ancient Manuscripts. Bulletin of Matenadaran* 31, Jerewan 2021, S. 208.
237 Amy Landau/Theo Maarten van Lint, Armenian Merchant Patronage of New Julfa's Sacred Spaces, in: Gharipour, *Sacred Precincts*, S. 308–333.
238 Vgl. Freely/Sumner-Boyd, *Istanbul*, S. 396.
239 Dadoyan, *The Armenian Catholicosate*, S. 67.
240 So wäre die Malerei im jakobitischen Dom von Angamaly aus dem 17. Jahrhundert ohne die Mariologie des römischen *Padroado* unerklärbar, vgl. Patrizia Granziera, Cultural Interactions and Religious Iconography in 16th Century Kerala: the Mural Painting of St. Mary's Church in Angamaly, in: *Journal of Hindu-Christian Studies* 30 (2017), S. 83–99.

Abb. 38: New Julfa. Armenisch-apostolische Kathedrale. Die Kirche ist wieder exzeptionell, erst recht in Persien – zumal christliche Kuppelbauten in muslimischen Gegenden selten waren.

7.3.2 Orthodoxe Kathedralen im Konflikt zwischen West und Ost – Russland und der Balkan von Iwan Grosny bis zum Ende der orthodoxen Aufklärung

Aus der politisch zerklüfteten und im Bestand z. T. gefährdeten Welt orientalischer Kirchen in muslimischen Regionen in die Sphäre der byzantinischen Orthodoxie zu kommen, ist freilich ein nächster – und z. T. erneut abrupter – Szenenwechsel, weil sich die Orthodoxie mehr und mehr nach Europa verlagert hatte, während viele ihrer früheren Kerngebiete dahingestorben waren: Zumindest in ihren nach dem Fall Konstantinopels neuen Kerngebieten, dem Russischen Reich, expandierte zudem auch sie: bis nach Sibirien und nach Japan, auch ins polnisch-litauische Großreich (wie denn 1721 unter Peter I. das Baltikum an Russland überging). Auch in den z. T. weiterhin osmanisch besetzten Balkanregionen änderte sich die Situation, da das Osmanische Reich an Einfluss verlor. Freilich, in dem Maße, in dem die byzantinische Orthodoxie besonders in Russland eine Renaissance erfuhr, wäre schwer zu begreifen, warum sie mit den Lateinern in Dialog treten sollte. Schon das Tridentinum erregte Misstrauen, und in den päpstlichen Offerten, sich im Widerstand gegen den Protestantismus zu verbünden, sah man nur Machtpolitik[241] – umso eher, als die neuen Unionskirchen bald durch eigene Dome römische Präsenz in der Region anzeigten, ganz zu schweigen von den neuen Kathedralen der Lateiner selbst. Doch waren die Ängste der Orthodoxen nicht überall gleich groß. Kleiner als in Moskau waren sie in Kiew, wo Metropolit Petrus Mogilas (um 1595–1647) mit Rom z. T. übereinstimmte.[242] Und als er 1642 die Restauration seiner *Hagia Sophia* begann, leitete er einen Umbau ein, der die Kirche in ihrer Außengestalt als einen Leitbau für die ukrainischen Christen ostkirchlicher Herkunft hinterließ, dessen Nachwirkungen bis in die Neue Welt hineinreichen.[243] Aber man hatte später von orthodoxer Seite auch keine Bedenken, aus den in der zweiten polnischen Teilung okkupierten polnisch-litauischen Regionen bis heute Kirchen der Gegenreformation zu übernehmen. Bekannt ist für Belarus die barocke *Heilig Geist*-Kathedrale in Minsk, zuvor eine Bernhardinerkirche, orthodox seit 1860,[244] in der Ukraine die Verklärungskathedrale in Kremenets, eine Jesuitenkirche von 1731–1743.[245]

In den östlicheren Regionen der Orthodoxie wurde die Entwicklung in Kiew mit Misstrauen betrachtet, und wenn „im Barock Rußland zum ersten Male in eine große europäische Kulturphase einbezogen wurde",[246] ließ sich vor allem der Klerus wenig darauf ein. Wohl mag verständlich sein, dass die *Hagia Sophia* von Wologda 1568–1570 auf Geheiß von Iwan Grosny wieder nach dem Modell der *Uspenskij*-Kathedrale von Moskau gebaut wurde,[247] aber zeitweise erhielten Fünfkuppelkirchen ohnehin kanonischen Status;[248] und auch die heutige Kathedrale der *hl. Dreifaltigkeit* von Pskow (Abb. 39), 1699 geweiht, zeigt,[249] wie wenig jener Moskauer Leitbau vergessen war und das barocke Äußere eher auf die Ornamentik gemünzt. Dezidierter hat Peter I. (1672–1725, Zar 1682) in Sankt-Petersburg die Entwicklung zur Aufklärung befördert, und in seiner Nachfolge taten es ihm besonders Zarin Anna (1693–1740, Zarin 1730), Elisabeth (1709–1781/62, Zarin 1741), Katharina II. (1729–1796, Zarin 1762) mit unterschiedlichen Nuancen gleich. Das besagt nicht, dass ihnen allen an einer neuen Kulturphase der Orthodoxie lag (Katharina II. war als Prinzessin von Anhalt-Zerbst gar nicht

---

241 S. a. von Reiche, *Der Weg des russischen Zarentums*, S. 69.
242 Irenäus Totzke, Art. „Mogila(s), Petrus", in: LThK², Bd. 7, Sp. 518–519.
243 Powstenko, The Cathedral of St. Sophia in Kiev, S. 15–17.
244 Die Daten nach Nigel Roberts, *Belarus* (Chalfont St. Peter: Bradt Travel Guides, 2018⁴), S. 181.
245 Vgl. Di Luca/Ragozin, *Ukraine*, S. 110.
246 Onasch, Kirchengeschichte, S. 80.
247 Auzias/Labourdette (Hgg.), *St-Pétersbourg* (Paris: petit futé 2018/2019), S. 295.
248 Eliasberg, *Russische Baukunst*, S. 8. Noch Kaiserin Elisabeth hielt daran fest, vgl. Kempgen, *Die Kirchen und Klöster Moskaus*, S. 70.
249 Hamel, *Russland*, S. 380.

Abb. 39: Pskow. Russisch-orthodoxe Kathedrale. Die Kirche zeigt in ihrer Ornamentik in der Tat Einflüsse westlicher Sakralarchitektur, ist aber im Grunde eine traditionelle Kuppelkirche.

orthodox sozialisiert), sondern in ihrem aufgeklärten Absolutismus daran, die allgemeine wie die religiöse Bildung mit royaler Macht zu fördern: Zu deren Stärkung hatte bereits Peter I. sogar das Moskauer Patriarchat 1721 abgeschafft und durch den heiligen Synod mit einem Oberprokurator (Kirchenjuristen) an der Spitze ersetzt. Doch zumindest an Peters Orthodoxie und Frömmigkeit ist kein Zweifel angebracht (eher bei Katharina II.), wenngleich er selbst protestantischen Theologen Gehör schenkte und im Gehorsam gegenüber kirchlichen Hierarchien nicht das Maß aller Dinge sah.[250] Bezeichnend ist die *Peter-Pauls-*Kathedrale in Sankt-Petersburg von 1712–1733, vom Tessiner Domenico Trezzini (um 1670–1734), die erste Bischofskirche der Stadt, Begräbniskirche der Zaren bis Nikolaus II. und größer als alle bisherigen russischen Kathedralen (61 m × 27 m): Es ist eine außer der Ikonostas erstaunlich schmucklose Barockbasilika mit einem hohen spitzen Turm und mächtiger Kanzel, an deren Aufgang Bilder über die Bedeutung der Predigt zu sehen sind.[251] Aber in der Liebe zum Ornament so moderat wie Trezzini waren seine Nachfolger nicht mehr, z. B. Sawwa

---

250 Onasch, Kirchengeschichte, S. 88–95; Heyer, *Kirchengeschichte*, S. 166–167.
251 Onasch, Kirchengeschichte, S. 103; Yves Gauthier/Wojtek Buss, *Sankt Petersburg* (Paris: Éditions Flammarion, 2004), S. 29–34.

Tschewakinski (1713–1779) – Schüler des Italieners Bartolomeo Rastrelli (1700– 1771) – bei der Errichtung der Nikolauskathedrale von 1752–1762, nach 1918 lange der örtlichen Bischofskirche[252] und als Fünfkuppelbau theologisch „korrekter". Immerhin wirkte die petrinische Architektur auch in der Provinz weiter, da Kathedralen oft imperiale Auftragsbauten waren. Typisch ist in Astrachan die *Uspenskij*-Kathedrale, auf Geheiß Peters I. entstanden, 1698–1720. Vielleicht von Rastrelli stammt in Kursk die Kathedrale *U.L.F. von Kazan und hl. Sergej*.[253]

Nun hat der orthodoxe Klerus die Herrschenden von Peter I. bis zu Katharina II. bis heute kritisch gesehen, d. h. nicht nur die Abschaffung des Moskauer Patriarchats missbilligt, sondern die gesamte Epoche pauschal „den Jahren der Vorherrschaft des Westens" zugeordnet. Aber während die Epoche als solche unter das Stigma der Säkularisierung kam, wurde die zeitgleiche Kolonisierung Sibiriens gepriesen, weil sie die Mission einschloss.[254] Erste Anfänge gab es bereits Ende des 16. Jahrhunderts, und die frühen Kirchen waren noch staatlich finanziert;[255] bald waren auch die Bischöfe aktiv. Oft stammten sie zunächst aus der durch ihr Bildungsniveau bekannten Ukraine, so dass man versteht, dass auch in Sibirien der ukrainische Barock Beliebtheit gewann.[256] 1597 wird Tobolsk von Ukrainern gegründet, erste Holzkirchen entstehen. Die Stadt wird 1621 unter Bischof Cyprian (im Amt 1621–1624) Bischofssitz,[257] ein Jahr später die erste Kathedrale geweiht.[258] Steinkirchen gibt es seit Ende des 17. Jahrhunderts, in Tobolsk ab 1687 wieder eine *Hagia Sophia*.[259] Auch andernorts folgen Dome,[260] kulturell

---

252 Gauthier/Buss, *Sankt-Petersburg*, S. 121 und S. 219; Auzias/Labourdette (Hgg.), *St-Pétersbourg*, S. 182.
253 Simon Richmond u. a., *Russia* (Melbourne u. a. 2012: Lonely Planet Publications), S. 374 und S. 252.
254 Pitirim, *Die Russische Orthodoxe Kirche*, S. 39 (hier das Zitat) und S. 41.
255 O. Naumova/I. Naumov, The Church Construction of Eastern Siberia in the seventeenth to the first half of the nineteenth centuries, in: *Baikal Forum* 2020 (IOP Conf. Series: Earth and Environment Science 751 [2021]), S. 1–8.
256 Lev Maciel, Ukrainian Architecture in 18th Century Russia: How and Why? in: *National Research University. Higher School of Economics Series:* Humanities WP BRP 125/HUM (2016), S. 1–14, hier S. 3–4.
257 Christoph Witzenrath, Sophia – Divine Wisdom, and justice in seventeenth century Russia, in: *Cahiers du monde russe* 50/2–3 (2009), S. 409–429, hier S. 410.
258 Witzenrath, Sophia, S. 412.
259 William C. Brumfield, Eastern Motifs in the Ornamentation of Eighteenth-Century Siberian Church Architecture, in: *Journal of Siberian Federal University. Humanities & Social Sciences* 4 (2016/9), S. 745–774, hier S. 748; Naumov/Naumova, The Church Construction, S. 3–4.
260 S. die *Dreifaltigkeitskathedrale* Jakutsk (1708) und die *Epiphaniaskathedrale* Irkutsk (1718), vgl. Naumova/ Naumov, The Church Construction, S. 4.

durch den Chinahandel angeregt sogar mit konfuzianischer Tempelornamentik geschmückt wie *U.L.F. Geleiterin* in Ulan Ude (zwischen 1741 und 1770).[261]

Freilich: Architektonisch haben all diese Kirchen nur als Segmente einer Frömmigkeitsepoche nachgewirkt, die theologischen Grenzen hatte; und diese Grenzen verletzten ihre königlichen und geistlichen Mäzene kaum. Schon Peter I. blieb vorsichtig: Er achtete zwar neben dem Kultus die Predigt, aber bevorzugte Predigten à la Johannes Chrystostomus (um 345–407), und selbst für die liberalen Ukrainer fiel „die Lehre der Lateiner, Lutheraner und anderer Ketzer" weiter der Verachtung anheim.[262] Zudem schwand unter Katharina d. Gr. der ukrainische Einfluss in Russland ohnehin wieder.[263] Wirkungsgeschichtlich marginal war die Epoche auch auf dem osmanisch bzw. habsburgisch dominierten Balkan, wobei unter den Muslimen der Kirchbau ohnehin sehr begrenzt war.[264] Marginal blieb schließlich, im bis 1798 venezianischen Korfu, die Kirche der *Panagia Spiliotissa*, auf das 16. Jahrhundert zurückgehend, Kathedrale erst seit 1841 (einen orthodoxen Bischof gab es unter den Venezianern nicht). Bedeutsam wurde sie durch das Kultinventar u. a. aus osmanisch okkupierten Regionen.[265]

Vielleicht am meisten individuell blieben die Dome im heutigen, stets autonom gebliebenen Kerngebiet Rumäniens wie die 1542 begonnene einschiffige Bischofskirche *Sfânta Parascheva* in Roman, die Dome in Craiova (der heutige Bau wird 1645 erstmals erwähnt),[266] Buzău (heute von 1649)[267] und als Nationalbau die Patriarchalkirche der *hll. Konstantin und Helena* in Bukarest (17. Jahrhundert), nach dem Vorbild von Curtea de Argeș,[268] später ein Leitbau. Demgegenüber eröffneten die quasi westlich-barocken, meist stattlichen, oft doppeltürmigen ostkirchlichen

---

261 Brumfield, Eastern Motifs, S. 762.
262 Vgl. Onasch, Kirchengeschichte, S. 90, S. 96 und 99. Das Zitat S. 90.
263 Maciel, Ukrainian Architecture, S. 3.
264 Details bei Frank Dietze/Shkëlzen Alite, *Albanien. Städte und Landschaften zwischen Mittelmeer und Balkan* (Berlin: Trescher Verlag, 2018, S. 37). Als Neubau erwähnt sei für Russe/Bulgarien, *hl. Dreifaltigkeit*, auf 1632 zurückgehend, 31 m × 15 m groß. S. Pejo Berbenliev, Einleitung, Erläuterungen und Bildauswahl, in: *Kunstdenkmäler in Bulgarien. Ein Bildhandbuch*, hg. von Reinhardt Hootz (München: Deutscher Kunstverlag, 1983), S. 384; zur Datierung s. University of Craiova (Hg.), *Cross-border Religious Heritage*, Vidin: Regional Development Foundation, 2019, S. 7. Für Albanien vgl. in Gjirokastër die Alte Kathedrale von 1784 und *U.L.F. Entschlafung* in Berat von 1797, vgl. Dietze/Alite, *Albanien*, S. 237 und S. 187.
265 Gallas, *Korfu*, S. 242–244.
266 University of Craiova (Hg.), *Cross-border Religious Heritage*, S. 14.
267 Horia Moldovan, Biserica Episcopală Sf. Paracheva de la Roman; ders., Ansamblul Episcopal din Buzău, beide Texte in: ders. u. a. (Hgg.), *Studii de Arhitectură Românească* (Bukarest: Editura Universitară, 2013), S. 40–42 bzw. S. 7–12.
268 Vătășianu, Einleitung, S. 406–407; Cornelius R. Zach, Der Patriarchatshügel in Bukarest, in: Bahlcke u. a. (Hgg.), *Religiöse Erinnerungsorte*, S. 181–186.

Dome der Habsburger keine neuen orthodoxen Traditionen oder nur während der habsburgischen Dominanz auf dem Balkan bis ins frühe 20. Jahrhundert.[269]

7.4 Die Kathedrale an neuen Grenzen – weitere Pluralisierungen und erste Krisen der weltlichen Hierarchien

Überblickt man die Entwicklung seit dem Reformationsjahrhundert insgesamt, zeigt auch im Dombau die Geschichte des bischöflichen Christentums sich entwickelnde frömmigkeits- und geistesgeschichtliche Ambivalenzen. Gewiss blieb sie eine Erfolgsgeschichte. Denn so sehr sie durch die Reformation bedroht wurde und z. T. abbrach, wurden vielerorts neue Energien freigesetzt: sei es seitens der Kirche von Rom auf neuen Kontinenten, sei es, dass der bischöfliche Protestantismus neue Beiträge zum Dombau lieferte. Weiter behielten die Ostkirchen ihre Stimme. Natürlich würde es eine andere Stimme bleiben als die der Westkirchen – so sehr diese nach der Reformation uneins waren und die Orthodoxie und die Kirche von Rom ihre dogmatische Verbundenheit behielten. Auch die Kirchlichkeit blieb interkonfessionell noch im 18. Jahrhundert stabil, selbst im revolutionären Paris der frühen 1790er Jahre[270] und trotz der gemeinsamen Teilhabe von Westeuropas Katholiken und Protestanten an den Strömungen, die zu Humanismus und Reformation geführt hatten, im 17. Jahrhundert zur Aufklärung wurden und der Verortung des Dombaus in Christentum und Gesellschaft eine neue Richtung gaben.

Freilich hatte auf dem Weg des westlichen Christentums in die Aufklärung ein Problem überdauert, das seit dem Mittelalter existierte und das die Reformatoren weitergegeben hatten: Sofern sie wie schon ihre Gewährsleute und Nachfolger auch jene Symbol*kritik* vorantrieben, die ihr eigenes Erbe war, besonders an den

---

269 Robert Born, West-östliche Verbindungen in der Banater Barockarchitektur, in: Katja Bernhardt/Piotr Piotrowski, *Grenzen überwinden.* FS Adam Labuda (Berlin: Lukas Verlag, 2006), ROM-CD, S. 1–15. Oft folgen die Kirchen römischen Vorbildern oder Wiener Entwürfen wie im seit 1716 habsburgischen Temesvar (Timișoara) und ab 1766 in Karlowitz/Serbien (Sremski Karlovci), wo als Ersatz für Peć ein habsburgisch gegründetes neues orthodoxes Zentrum mit der Nikolauskathedrale von 1758–1762 entstand, ab 1848 Patriarchat (S. 11–12); s. a. Bojović, *L'Église Orthodoxe Serbe*, S. 58–59. Erst recht fremd wirkt die neue Patriarchatskirche in Konstantinopel, im Kern eine kleine Basilika von 1720, 1832 neoklassizistisch umgebaut; s. Marcell Restle, *Istanbul* (Stuttgart: Reclam, 1976), S. 137–138.
270 Stéphane Baciocchi/Dominique Julia, Reliques et Révolution française (1789–1804), in: Philippe Boutry/Pierre-Antoine Fabre/Dominique Julia, *Reliques Modernes.* Vol. 2. *Cultes et usages chrétiens des corps de saints des Réformes aux révolutions* (Paris: Éditions de l'EHESS, 2009), S. 483–585; Joas, *Glaube als Option*, S. 75.

kirchlichen Hierarchien als Garanten des christlichen Traditionsbestandes – in diesem Maße förderten die Reformatoren mit der Freiheit der Christusbegegnung auch die Freiheit des Denkens weiter; und diese Freiheit nahm zwar noch nicht Luther, aber ein zunehmend zeitoffener und dogmenkritischer Protestantismus in Anspruch (oft sogar mit Berufung auf Luther).[271] Diese nun mögliche kritischere Sichtung des Christentums betraf auf Dauer ebenso eine neue Sichtung seiner eigenen biblischen Begründung: Das in der Bibel gegenwärtige göttliche Wort hatte ja seinerseits – nämlich als „mythisch" durchwirktes Wort[272] – Teil an der symbolischen Gestalt des christlichen Glaubens allgemein. So konnte dieses Wort Gottes zwar in neue Lehrsysteme gebracht werden, die in den Landeskirchen Autorität beanspruchten, aber ebenso konnte es Objekt sehr profaner empirischer Sichtung sein, als eine Sammlung religiöser Texte neben anderen. In dem Maße hinwiederum, in dem schon seit der frühen Kirche außerchristliche (fremdreligiöse, philosophische) Zugänge zur Frage der Welt-Transzendenz akzeptiert wurden, gewann diese Sichtung Akzeptanz – von der Frage nach der Herkunft der christlichen Symbolsprache aus anderen Religionen bis zur Transzendenzkritik allgemein, da Transzendenz nur eine Erscheinung der empirischen Wirklichkeit sei (obwohl diese Sicht noch selten war). Auch deutschsprachige Protestanten bekamen Sinn für diese Deutung des Wortes, etwa Hermann Samuel Reimarus (1694–1768), der mit seiner Kritik am symbolisch-mythischen Charakter biblischer Texte und an der tradierten Lehre die religionsgeschichtliche Forschung und den theologischen Liberalismus mit begründete, mit Wirkung noch auf Albert Schweitzer (1875–1965) und danach.[273] Früher noch gingen die Anglikaner vom Mittelalter und Humanismus her diesen Weg: Wenn z. B. schon Richard Hooker (1554–1600) auch die Vernunft als Instrument der Theologie benannte und man mit Berufung auf ihn als die Autoritäten der englischen Kirche *Scripture, Tradition, Reason* bezeichnete, machte man ihn im theologisch zerrissenen Land in späteren Zeiten fast sogar zu einer weiteren – zwischen den Richtungen vermittelnden – Gründergestalt dieser Konfession.[274] Doch anders als bei Luther u. a. stand für Hooker die Vernunft nicht vornehmlich im Schatten des Sündenfalls, sondern sie machte ihm sogar die Auto-

---

271 Ein Überblick bei Kurt Leese, *Die Religion des protestantischen Menschen* (Zweite, neu bearbeitete Auflage München: J. & S. Federmann Verlag, 1948), S. 162 ff. und (zu Luther) S. 322–324.
272 Erich Dinkler hat von einer „Überlagerung von Historie und Mythologie" gesprochen, s. Art. „Bibelkritik II. NT", in: *RGG³*, Bd. I (1957), Sp. 1189–1190, hier Sp. 1190.
273 S. die von Gotthold Ephraim Lessing (1729–1781) hg. *Fragmente eines Wolfenbüttelschen Ungenannten*; s. dazu Albert Schweitzers *Geschichte der Leben-Jesu-Forschung* von 1906 (Tübingen: J.C.B. Mohr/Paul Siebeck, 1984⁹), S. 56 ff.
274 S. den Forschungsüberblick bei Nigel Terence Atkinson, *Richard Hooker and the Authority of Scripture, Tradition and Reason*. Dissertation an der Universität Durham 1995, bes. S. 3–17.

rität der Bibel plausibel²⁷⁵ – so dass er bei protestantischen Zeitgenossen in England bisweilen als Rationalist galt und späteren Generationen als Vorläufer der Aufklärung.²⁷⁶ Und tatsächlich machte sich z. B. in der Folgezeit Bischof Joseph Butler (1692–1752) von Bristol unter dem Beifall deutscher Aufklärer daran, die Übereinstimmung der biblischen Offenbarung mit einer rational plausiblen Religion zu zeigen.²⁷⁷ Die Gründer der Reformation hatten aber noch ein weiteres Problem hinterlassen: Mit ihrer Kritik an den kirchlichen Hierarchien waren die weltlichen Hierarchien nicht hinterfragt. Höchstens meldete sich leise Skepsis gegenüber den Monarchien wie bei Calvin. Lebendig blieb auch das Problem der Gleichheit aller Menschen *überhaupt*: Es ist kein Zufall, dass der erste unabhängige Staat Amerikas, die rasch gesellschaftlich pluralistischen USA, 1776 sogleich eine Republik wurde und rasch ein Modell für Lateinamerika. Hier galt auch religiöse Toleranz, aber ebenso die Trennung von Staat und Religion – während 1789 in Paris eine Revolte gegen Staat und Kirche begann und ein Bildersturm mit noch größeren Folgen für den Dombau als in der Reformation.

---

275 Nigel Voak, *Richard Hooker and Reformed Theology. A Study of Reason, Will, and Grace* (Oxford: OUP, 2003), bes. S. 262–265; ders., Richard Hooker and the Principle of ‚Sola Scriptura', in: *Journal of Theological Studies* 59/1 (2008), S. 96–139, bes. S. 125 ff., S. 135–137.
276 Voak, *Richard Hooker and Reformed Theology*, S. 160–161; Reventlow, *Bibelautorität*, S. 202–207.
277 So übersetzte der Theologe Johann Joachim Spalding (1714–1804) Butlers *Analogy of Religion, Natural and Revealed* 1755 ins Deutsche; s. M. Schmidt, Art. „Spalding", in: *RGG³*, Bd. 6, Sp. 221–222.

8 Kathedralen von der französischen Revolution bis zur Restauration im 19. und frühen 20. Jahrhundert

8.1 Die Ambivalenzen der französischen Revolution, die neue Magie der Kathedrale und die Anfänge des interkonfessionellen Historismus

Nun sind die sakralen Bilderstürme der französischen Revolution trotz ihrer bereits großen weltanschaulichen und historischen Ferne vom Reformationsjahrhundert denen der Hugenottenkriege zumindest in einer Hinsicht weiterhin ähnlich: Sie treffen beide mit Vorliebe Prestigebauten, wenn auch nicht immer als Symbole der Transzendenz, so doch als steingewordene Indizien für das Einverständnis zwischen royaler und klerikaler Macht. Und obwohl die Revolution auf eine intakte Kirchlichkeit traf und erst 1793 auf eine *action déchristianisatrice* zulief,[1] wurden ab jetzt kirchliche Hierarchien auch politisch hinterfragt und Dome attackiert: Mitunter wurden sie profaniert wie in der Reformation, aber nicht mehr im Namen eines eifrigen Gottes, sondern „nur" einer höheren Wirklichkeit. Das konnte weiterhin unter religiösen Vorzeichen geschehen, zur Ehre des *Être Suprême* wie in Straßburg[2] oder säkularer im Namen der Vernunft wie in Paris und anderswo.[3] Aber das *Être Suprême* war eine abstrakte Größe, und eines göttlichen Ursprungs war sich die Vernunft nicht mehr gewiss, wie Julien-Offray de Lamettrie (1709–1751) zeigt. Andere Dome wurden in der Tat bis auf den Grund zerstört, z. B. *Notre-Dame* in Cambrai.[4]

Begreiflicherweise ist die Entwicklung besonders in den royal protegierten christlichen Nationen als Verhängnis interpretiert worden, zunächst im westkirchlichen Europa, weil hier ein erster Angriff auf seine sakralen Strukturen erfolgte. Doch auch im orthodoxen Europa war das Entsetzen groß. Aber man darf nicht vergessen, dass in Frankreich den Stürmen auf die Kathedralen der Sturm auf die

---

[1] Baciocchi/Julia, Reliques, S. 486. Lange galt der Bildersturm gegen Kirchen auch allein ihrer spezifisch „royalen" Symbolik, z. B. den Königsgräbern in Saint-Denis oder den Königsgalerien (S. 525 ff.).

[2] F. A. Aulard, *Le Culte de la Raison et le Culte de l'Être Suprême (1793–1794)* (Paris: Félix Alcan Éditeur, 1892), S. 355 ff.

[3] Aulard, *Le Culte*, S. 52 ff.

[4] Jules Houdoy, *Histoire Artistique de la Cathédrale de Cambrai*, Paris: Damascène Morgand et Charles Fatou, 1880. Zur alten Kathedrale in Liège s. Delmelle, *Cathédrales*, S. 61.

königliche Bastille voraufging, dem Sturm auf Symbole kirchlicher Macht derjenige auf ein Symbol politischer Macht – einer Macht, die sich zwar (und nahezu überall in Europa) als Schutzherrin der Kirche verstand, aber nur falls diese dem Staat gefügig war, wie Louis XIV mit seinen Aktionen gegen die Hugenotten bewies, und Gefügigkeit gegenüber dem Staat wurde nicht nur von „Ketzern" eingefordert, wie das zeitweilige Verbot des Jesuitenordens sogar in katholischen Ländern zeigt (Portugal 1759, Frankreich 1764, Spanien 1767) – dem sich 1773–1814 sogar der Papst für die Gesamtkirche unterwarf.[5] Das schloss nicht aus, dass in Westeuropa die Aufklärung bis in die kirchlichen Kreise hinein interkonfessionell z. T. tiefe Spuren hinterließ, auch bei katholischen Monarchen wie Joseph II. (1741–1790) im Habsburger Reich – wo jetzt Religionsfreiheit galt und auch die Ostkirchen Kathedralen bauen durften. Zunehmend brach sich außerdem ein theologischer Liberalismus Bahn. Im Protestantismus bzw. Anglikanismus ging die Bibelkritik weiter, z. T. sogar im Katholizismus,[6] und an Gewicht verloren hier die Bindungen an Rom,[7] das Latein in der Messe[8] und die Heiligenverehrung.[9] Auch wurden ständische Exzesse wie der Sklavenhandel beseitigt, wenngleich unter dem Druck der Pariser Revolutionäre 1794 und z. T. zögerlich (in England schon 1807, in Brasilien erst 1888[10]). Aber wollte nicht selbst Napoleon I noch 1801 in Haiti koloniale Zustände bewahren?[11]

Doch muss man für die Entwicklung der bischöflichen Kirchentümer im Gefolge der französischen Revolution unterscheiden zwischen kurzfristigen und längerfristigen Folgen, bereits in Frankreich als dem Kernland der Revolution – auch weil mit Napoleon I zwar noch ein Vertreter der Aufklärung bis 1815 gegenwärtig war, aber zugleich mit ihm ein Vollstrecker ihrer monarchisch-absolutistischen Tendenzen – der sich zudem 1804 durch den Papst in *Notre-Dame* von Paris zum

---

5 S. Burkhard Schneider, Art. „Jesuiten", in. *ThLZ²* Bd. 5 (1960), Sp. 912–920, hier Sp. 918.
6 Ein Überblick bei Schweitzer, *Geschichte der Leben-Jesu-Forschung*, S. 106–218; Eric Malcolm Culbertson, *Evangelical Theology 1857–1900*. Dissertation am King's College London (masch.) 1991.
7 Hubert Wolf, *Der Unfehlbare. Pius IX. und die Erfindung des Katholizismus im 19. Jahrhundert* (München: C.H. Beck, 2020³), S. 91–97.
8 Krieg, *Deutscher Kirchengesang*, S. 793–812.
9 Markus Ries, Vom freien Denken herausgefordert. Katholische Theologie zwischen Aufklärung und Romantik, in: Manfred Weitlauff (Hg.), *Kirche im 19. Jahrhundert* (Regensburg: Pustet, 1998), S. 54–75, bes. S. 57 ff.
10 Isabell Lammel, Toussaint Louverture in der französischen Romantik. Die Transformation des haitianischen Revolutionsführers zum Widerpart Napoleon Bonapartes, in: Sonja Georgi, Julia Ilgner u. a., *Gesellschaftstransformationen, Medien, Verfahren und Funktionalisierungen historischer Rezeption*, Bielefeld: transcript Verlag, 2015, S. 481–500; bes. S. 481–482; Sundkler/Steed, *A History of the Church in Africa*, S. 181; Prien, *Die Geschichte*, S. 424.
11 Prien, *Die Geschichte*, S. 376; Lammel, Toussaint Louverture, S. 483–484.

Kaiser krönen ließ (und damit selbst bei nachkolonialen Diktatoren Nachahmer fand).[12] Denn von seiner Verfügungsgewalt über die Kirche her hatte er bereits 1801 die Zahl der Diözesen von fast 140 auf ca. 60 reduziert, also auch die der Bischöfe, und ihre Dome in die Belanglosigkeit geschickt.[13] Im Heiligen Römischen Reich hatte er mit seinen Eroberungen diese Verurteilung zur Belanglosigkeit fortgesetzt, da er Frankreich auf seine „natürlichen Grenzen" hin ausdehnte, d. h. bis an den Rhein, und die (weltlichen) Fürsten des Heiligen Römischen Reiches für ihre linksrheinischen Gebiete durch Säkularisierung der geistlichen Staaten entschädigte[14] – sogar mit neuen Bilderstürmen, bis hin zur Freigabe des vorgeblich baufälligen Freisinger Domes zum Abriss.[15] Mit alledem ermutigte Napoleon I noch einmal den neuen Säkularismus. Längerfristig waren die Wirkungen der Revolution aber auch andere: Sie förderten ebenso einen neuen Konservatismus, die Wiederkehr alter Weltanschauungen, Denkmodelle, Lebensentwürfe, und zwar umfassend, besonders im religiösen Leben und seinen ästhetischen Spielarten. Und mögen spätere Generationen die Entwicklung als Flucht in die Vergangenheit beschrieben haben und unter das Stigma des Historismus gestellt,[16] ist auch sie von den Resultaten der Revolution her verständlich, da der Weg der Revolution zunächst nicht in die Gleichheit aller führte, sondern in Terror und Diktatur. Dadurch wiederum stand die Aufklärung als Errichtung eines Reiches der Vernunft in Frage – einschließlich seiner transzendenten Begründung, wie Immanuel Kant (1724–1804) zeigte. Und in Gestalt des Terrors der Massen und der napoleonischen Diktatur war die Aufklärung in Teilen Europas zum neuen Feindbild geworden bzw. produzierte Sehnsüchte nach alten Ordnungen und Nationalismen, Hierarchien und Mystizismen, und die Sehnsüchte formten die Gegenwart.[17] Dass damit keine Kopie des Mittelalters angestrebt wurde, wird sich zwar sogleich zeigen; aber tendenziell führen alle Gedankengänge auf eine neue Monarchie. Und wenn diese nicht zu restaurieren sei, möge wenigstens eine Obrigkeit herrschen, die der

---

12 Zu Napoleons Krönung in *Notre-Dame* s. Ohler, *Die Kathedrale*, S. 71–72. Zur Kathedrale von Bangui s. u.
13 Josef Rath, Art. „Frankreich", in: *LThK²* Bd. 4, Sp. 262–270.
14 Manfred Weitlauff, Der Staat greift nach der Kirche. Die Säkularisation von 1802/03 und ihre Folgen, in: Weitlauff (Hg.), *Kirche im 19. Jahrhundert*, S. 15–53.
15 Erhalten blieb der Dom kurioserweise, weil er sich in militärischen Napoleon-Feiern bei Kanonenschüssen als standfest erwies; s. Weitlauff, Der Staat greift nach der Kirche, S. 38.
16 So jedenfalls Schmitt, *Der Kirchweihritus*, S. 267 ff.
17 Lt. dem Napoleon-Gegner Ernst Moritz Arndt (1769–1860) darf „nur die Vorwelt [...] die Nachwelt richten", bei Gustav A. Krieg, Das Kirchenlied zwischen Traditionalismus und Säkularismus, in: *Jahrbuch für Liturgik und Hymnologie* Bd. 34 (1992/1993), S. 22–56, hier S. 38 und 39, Anm. 81.

Kirche diene.[18] All diese Vorstellungen waren umso weniger illusorisch, als die europäisch-ständische Gesellschaft sich als dauerhafter erwies als gedacht, z. B. in England, im Heiligen Römischen Reich, in Spanien, auch in den Kolonien und sogar in den USA.

Dass die soeben beschriebene Entwicklung neu einen voraufklärerischen Katholizismus in seiner ganzen hierarchischen Erhabenheit heraufrufen konnte, dürfte begreiflich sein; denn sie liefert Bausteine zu einem Weltbild, das nachaufklärerischen Generationen – hindurchgegangen durch protestantische Fundamentalkritik an frommen Verdinglichungen wie durch aufklärerische Kritik an der Akzeptanz unhinterfragter transzendenter Wahrheiten – fremd sein musste, das aber dort noch ganz überzeugend war, wo man bislang voraufklärerisches Gedankengut akzeptiert hatte. Gleichwohl griff die Entwicklung von vornherein über die Konfessionen hinaus: Um mittelalterliche Kathedralen zu schätzen – dazu war ja eine Wiederbelebung mittelalterlicher Theologie so wenig notwendig wie ästhetische Konservatismen überhaupt ein authentisch religiöses Bewusstsein erforderten. Es reichte vielmehr zu, *Empathie* für christliche Religiosität zu haben und in dieser Hinsicht von ihrer Sinnhaftigkeit überzeugt zu sein.[19] Zudem müssen Transzendenzerfahrungen nicht an bestimmte Vorstellungen von Transzendenz gebunden sein. Erinnert sei daran, dass seit dem späten 18. Jahrhundert – d. h. nach der Kritik mancher Aufklärer an einzelnen christlichen Dogmen wie dem Christentum allgemein – sich neben die traditionelle Kirchlichkeit als Lebensform die Kunst-Religion gestellt hatte, gemäß welcher die Kontemplation menschlichen Schöpfertums in Musik, Architektur usw. sich als Transzendenznähe erfahren ließ. Auch westkirchliche Theologen mochten ihr Legitimität nicht absprechen, auf protestantischer Seite vor allem nicht F.E.D. Schleiermacher (1768–1834), da bei ihm der christliche Gott bereits in eine Reihe mit anderen Vorstellungen der Transzendenz zurücktrat, „als eine einzelne religiöse Anschauungsart" oder spezifische Ahnung des Unendlichen in seiner Erhabenheit.[20] Dem entsprach seitens mancher Laien Ähnliches: Immerhin hatte schon 1772, d. h. kurz bevor in Frankreich die Revolution heraufzog und in *Notre-Dame* zu Straßburg das *Être Suprême*

---

18 Greiffenhagen, *Das Dilemma des Konservatismus in Deutschland* (München: R. Piper & Co., 1971), S. 180–190.
19 Greiffenhagen, *Das Dilemma*, S. 100–101.
20 Reden über die Religion Nr. II, in: Friedrich Schleiermacher, *Über die Religion. Schriften, Predigten, Briefe*, hg. von Christian Albrecht (Berlin: Verlag der Religionen/Suhrkamp, 2008), S. 36–90, hier S. 85. Auf katholischer Seite akzeptiert Johann M. Sailer (1751–1832) eine ästhetische Religion als „Organ der Religion nach innen"; vgl. Carl Dahlhaus, *Die Idee der absoluten Musik* (München-Kassel u. a.: Bärenreiter/dtv, 1978), S. 89–90.

gefeiert wurde, Johann W. Goethe diese Kirche auf seine Weise im nachchristlich-religiösen Sinn entdeckt,[21] aus einem Bewusstsein heraus, das dem von einem *Être Suprême* nahe stand, ebenso einer Kunst-Religion mit biblischen Traditionen: Der Schöpfer des Baues, Meister Erwin (um 1244–1318), sei „Gesalbter Gottes", seinem Werk gebühre „Anbetung" – nämlich ob seiner „Harmonie" (ein Grundwort neuerer religiös-ästhetischer Rede). Dass es die Gotik ist, die Goethe entdeckte, muss hier weniger interessieren: Wenn sein Text *Von deutscher Kunst* heißt, wirkt „deutscher" Patriotismus mit, wie umgekehrt seit Victor Hugos (1802–1885) Roman *Notre-Dame de Paris* diese Kirche eine Ikone französischer Gotik wird[22] und Franzosen wie Eugène Viollet-le-Duc (1814–1879) im 19. Jahrhundert das Bild der Gotik prägen. Doch blieb überall, wo royales Bewusstsein und sakraler Stil zusammengeschaut wurden, gerne die Gotik der Leitstil, auch bei nicht-bischöflichen Protestanten.[23] Eingebettet wurde sie aber allerorts in einen eklektizistischen Historismus mit unterschiedlichen Stilpräferenzen, oft durch ästhetischen Pragmatismus gefärbt, d. h. gefördert durch die Bequemlichkeiten neuester Technologien, während die umständlicheren älteren Handwerkstechniken zurücktraten.[24]

Insgesamt sollte man diese überkonfessionelle Restauration voraufklärerischer Epochen für die Geschichte der Kathedrale im Bewusstsein behalten, weil sie nachwirkt. Immerhin setzte sie in den bischöflichen Konfessionen – zumindest außerhalb Skandinaviens – auch im Dombau eine eminente Neuproduktion frei, erleichtert durch die neuen Techniken, gelegentlich durch Belebung älterer Handwerkstätigkeiten wie der Glasmalerei.[25] Nicht-bischöfliche Kirchen profitierten ebenso, zumal auch sie längst – z. B. unter pietistischem Einfluss – die Mission begonnen hatten. Dazu wuchsen westkirchlicher Dialogwille und die Idee, von Europa aus die Welt zu christianisieren.[26] Doch förderte die Entwicklung ebenso die Säkularisierung: Den Restauratoren alter Dome lag oft wenig an ihrer liturgischen Funktion, und ein Eingriff in die Bausubstanz geschah häufig, weil er „quasi wissenschaftlich geboten und

---

21 Binding, *Was ist Gotik?*, S. 15 ff.
22 Alain Guillemin, L'architecture religieuse au Viêt Nam sous la colonisation: modèles stylistiques européens et apports autochtones, in: Françoise Douaire-Marsaudon u. a., *Missionnaires chrétiens. Asie et Pacifique XIXe–XXe siècle* (Paris: Éditions Autrement – collection Mémoire/Histoire n° 139, 2008), S. 254–271, hier S. 256; Rohde, *Theorie*, S. 71 ff.
23 Ein Überblick bei Hanns Christof Brennecke, Zwischen Sakralität und Profanität. Der Streit um den Kirchenbau des Protestantismus im 19. Jahrhundert, in: Nollert u. a. (Hgg.), *Kirchenbauten*, S. 12–21.
24 Insgesamt Lieb, *Himmelwärts*, S. 126–132.
25 Eva Frodl-Kraft, *Glasmalerei. Entwicklung, Technik, Eigenart* (Wien-München: Anton Schroll, 1970), S. 59–60.
26 Raiser, *Ökumene im Übergang*, S. 59 f.

durch die entstehende Kunstgeschichte akademisch legitimiert sei".[27] Vor allem wurde Viollet-le-Duc kritisiert,[28] da ihm für sein Konzept der stilistisch angemessenen Restauration auch die individuelle Imagination hilfreich erschien.[29] Aber obwohl ihm zudem „ganz im Sinne der Zeit [...] der konstruktive Funktionalismus maßgeblich" blieb,[30] wurde er wegweisend.

Hier interessieren jedoch die Folgen der Restauration für die einzelnen Konfessionen. Für alle Richtungen fast gleich groß waren sie auf den Britischen Inseln. So erfolgte wie auf dem Kontinent mit der neuen Religionsfreiheit eine Wiedergeburt der Kirche von Rom. Hier trat als ästhetischer Protagonist Augustus Welby Pugin (1812–1852) hervor, sozialisiert im Calvinismus und somit gegen religiös-ästhetische Defizite besonders kritisch.[31] Durch seine Neogotik imponierte er auch den Anglikanern, z. B. George Gilbert Scott (1811–1878), dem Ahnen einer Architektendynastie (deren Mitglieder z. T. wieder konvertierten), und den schottischen Calvinisten. Zwar blieben manche ihrer Dome Ruinen, aber das Erhaltbare wurde z. T. resakralisiert: In Glasgow wurde der Umbau von *Saint Mungo* 1833 beseitigt, die Kirche erhielt sogar 1859–1864 Fenster mit biblischen Heiligen, aber ohne „papistische" Heiligenscheine.[32] Katholischerseits war indes – wenn nicht die Politik dagegen sprach wie in Preußen – für Kirchenarchitekten das „richtige" Bekenntnis meist noch notwendig. Typisch ist die Vita Friedrich von Schmidts (1825–1891): Der Pastorensohn aus Württemberg, Schüler des protestantischen Kölner Dombaumeisters Ernst F. Zwirner (1802–1861), wurde 1859 katholisch, später Kirchenarchitekt der Habsburger.[33] Einen ähnlichen Weg ging sein Schüler Hermann Bollé (1845–1926).[34]

---

27 Bruno Klein, Neugotische Architektur auf der iberischen Halbinsel und in Lateinamerika, in: Barbara Borngässer/Bruno Klein Hgg.), *Neugotik global – kolonial – postkolonial*. Ars Iberica et Americana 21 (Frankfurt: Verlagsgesellschaft Vervuert, 2020), S. 11–24, hier S. 14.
28 Lieb, *Himmelwärts*, S. 125.
29 Nach Klein hat der ‚Atheist' Viollet-le-Duc die Gotik „rationalisiert, profaniert und verbürgerlicht" (Neugotische Architektur, S. 14); tatsächlich schrieb der Franzose auch: „Restaurer un édifice ce n'est pas l'entretenir, le réparer ou le refaire, c'est le rétablir dans un état complet qui peut n'avoir jamais existé à un moment donné", s. *Dictionnaire raisonné de l'architecture* VIII, S. 14. S. a. Jukka Jokilehto, *A History of Architectural Conservation*. Dissertation an der Universität York 1986, S. 289, Anm. 83; s. a. S. 260 ff.
30 Binding, *Was ist Gotik?*, S. 26.
31 Rohde, *Theorie*, S. 26 ff.; Pevsner, *Europäische Architektur*, S. 425–426.
32 Galloway, *The Cathedrals of Scotland*, S. 100. Auch *Saint Giles* Edinburgh wurde rückgebaut (S. 68).
33 Vgl. Alexandra Zingler, *Die Sakralbauten Friedrich von Schmidts in den preußischen Provinzen Rheinland und Westfalen*. Dissertation an der Universität Köln 2011.
34 Dragan Damjanović, *Bečka Akademija likovnik unjetnosti i hrvatska arhitektura historicizma. Hrvatski učenici Friedricha von Schmidta/Croatian Architecture of Historicist Period and the Vi-

So sehr man fast überall aus dem gleichen Sinn die Gotik bevorzugte, ist das Ergebnis keine stilistische Vereinerleiung, auch weil die nationale Herkunft die Stil-Präferenzen mitbestimmte. Als weiteres Modell diente zwar interkonfessionell wieder rasch die Alte Kirche, im z. T. durch die frühe Christenheit begeisterten protestantischen Preußen bei dem Hofarchitekten Karl Friedrich Schinkel (1781–1841). Im Heiligen Römischen Reich blieb die rheinische Romanik aktuell, mit Wirkung sogar im nachkolonialen China, im ibero-katholischen und frankophonen Raum lebten Barock und Klassizismus fort, auch im anglophonen, zumindest römisch-katholischen Nordamerika, von Lateinamerika zu schweigen (während die Neogotik erst spät dazu kam). Das anglikanische England kultivierte lange die Wren-Nachfolge, auch in den Kolonien. Fast interkonfessionell meldete sich der Neobyzantinismus zu Wort. Für die bischöflichen Westkirchen gab es bei allen Stilpräferenzen aber wenig Reglements, da Purismus selten die Maxime war, sondern wieder der Eklektizismus, etwa als Kombination von Romanik und Renaissance im ‚Rundbogenstil'.[35] Dennoch lässt sich Konkreteres sagen: Am universalsten blieb auch stilistisch der Katholizismus, bereits wegen seiner Architekturtraditionen und globalen Vernetzungen.

Im Blick auf die Einzelkirchen war für die Neukonzeptionen stilistisch oft die Herkunft des bischöflichen Bauherrn mit seinen (nationalen) Präferenzen maßgeblich – besonders wichtig in Kolonien und ethnisch vielfältigen Einwanderungsländern wie den USA oder Brasilien. Mitzureden hatten oft regional anerkannte Architekten.

Weniger universal war der Anglikanismus: Nach der Etablierung der neuen Hochkirchlichkeit stammten seine Referenzbauten – mit klassizistischen Ausnahmen – aus der Gotik. Erst recht konservativ blieb die russische Orthodoxie, da sie sich nach dem Ende des Klassizismus à la Montferrand wieder auf ihre Kunst vor dem petrinischen Barock zurückzog.

---

enna Academy of Fine Arts. Croatian Students of the Architect Friedrich von Schmidt (Zagreb: HAZU. Hrvatska akademija znanosti i umjetnosti. Kroatische Akademie der Wissenschaft und Kunst, 2011), S. 46–58 und S. 79–97.
35 Lieb, Himmelwärts, S. 130–131.

8.2 Die Kirche von Rom

8.2.1 Die katholische Restauration im 19. Jahrhundert und die architektonischen Folgen

Dürfte nach dem bislang Gesagten deutlich sein, dass die romantische Rückkehr zur Kathedrale ein transkonfessionelles, ja transreligiöses Phänomen ist – und in diesem Sinne für die Geschichte des Dombaus nicht nur in Europa bedeutsam –, ist ebenso dem Sachverhalt weiter nachzudenken, dass sie in der Tat ebenso einem konservativen Katholizismus Auftrieb gab – wie er denn seinerseits auch dem liturgischen und theologischen Leben des Mittelalters neue Aufmerksamkeit schenkte.[36] Dabei konnte die durch Napoleon für das Heilige Römische Reich initiierte Säkularisierung der Fürstbistümer diese umfassendere Wiederkehr des Mittelalters verstärken, weil der Episkopat durch den Verlust seines politischen Einflusses wieder auf seine geistlichen Aufgaben beschränkt wurde und dem Papst näher rückte. So erhielten die Ortsbischöfe als Repräsentanten des Tridentinums neues Gewicht, und weiter wuchs der Wahrheitsanspruch gegenüber Andersdenkenden: vom *Syllabus* von 1864[37] bis zum päpstlichen Unfehlbarkeitsdogma 1871.[38]

Insgesamt hat man die Entwicklung des Katholizismus hin auf den Bischof von Rom als Ultramontanismus beschrieben, d. h. hin zu einer besonders engen organisatorischen wie weltanschaulichen Einheit von Papst und Kirche. Auch für den oft großen Aufwand mancher Domneubauten darf man das römische Selbstverständnis bis in die 1920er Jahre nicht unterschätzen. Und obwohl es spätere Generationen ambivalent betrachteten, gilt doch:

> Die ultramontane Konzentration der katholischen Kirche hat gewiß zusammen mit sozialen Initiativen damaliger Katholiken und katholischer Gruppierungen […] dazu beigetragen, dem Katholizismus jene Verwurzelung in breiten Bevölkerungskreisen zu erhalten, die der Protestantismus damals schon verlor.[39]

---

[36] Hanno Schmitt, *Der Kirchweihritus*, S. 285 ff. und S. 294 ff.
[37] Hubert Wolf, Der „Syllabus errorum" (1864). Oder: Sind katholische Kirche und Moderne unvereinbar?, in: Weitlauff (Hg.), *Kirche im 19. Jahrhundert*, S. 115–139; ders., *Der Unfehlbare*, S. 245–249.
[38] Klaus Schatz, Das Erste Vatikanum, in: Weitlauff (Hg.), *Kirche im 19. Jahrhundert*, S. 140–162; Wolf, *Der Unfehlbare*, S. 283–288.
[39] Rudolf Lill, Der Ultramontanismus. Die Ausrichtung der gesamten Kirche auf den Papst, in: Weitlauff (Hg.), *Die Kirche im 19. Jahrhundert*, S. 76–94, das Zitat S. 92; s. a. Prien, *Das Christentum*, S. 279 ff.

8.2.2 Europa

8.2.2.1 Ein Kontinent mit nationalen und weltanschaulichen Spannungen
Freilich zeigt die nähere Sichtung des Befundes, wie differenziert sich dieser katholische Restaurationsprozess vollzog – in dem Maße, in dem die katholischen Regionen auf ihre jeweilige Art die Restauration mitvollzogen – in Europa selbst, im Wettbewerb oder Gespräch mit anderen Konfessionen und dem öffentlichen Leben allgemein, von Europa aus ebenso auf den anderen Kontinenten und im Wettbewerb und Gespräch mit den anderen Religionen bzw. Weltanschauungen.

8.2.2.2 Die Wiedergeburt des sakral-royalen Prestigebaus – Die romanischen Länder
Wenn man unter dem Gesichtspunkt der katholischen Restauration Europas wieder mit den romanischen Ländern Süd-West-Europas als den katholische Kernregionen des Kontinents beginnt, ist zunächst Frankreich interessant, weil hier die Aufklärung besonders herausfordernd weiterwirkte, aber mit der Restauration als eines christlich-weltanschaulichen Geschehens auch eine Aufwertung von Kathedralen entstand,[40] bis hin zu gewichtigen Neubauten. Zwei sind hier zu nennen, beide sehr unterschiedlich, zunächst die Neue Kathedrale von Marseille (Abb. 40), von 1852–1893, 140 m × 50 m groß, ein Referenzbau auch kirchenpolitisch, da die mittelalterliche Kathedrale der Revolution erlag (bzw. nur als Torso überlebte) und bei der Grundsteinlegung des Neubaus Napoleon III (1808–1873) anwesend war.[41] Auch Zeitgenossen haben sie als Neuerwachen christlichen Geistes gelobt.[42] Eine ideale – gotische – Kathedrale à la Viollet-le-Duc hat ihr Architekt Léon Vaudoyer (1803–1872) jedoch nicht entworfen, sondern vermittels des basilikalen Grundrisses und der Byzantinismen ein Abbild des Christentum in seiner Katholizität,[43] und auch andernorts war im frankophonen Europa bei neuen Dombauten der Rekurs auf vor-gotische Zeiten nicht die Norm.[44] Näher bei Viol-

---

40 Rohde, *Theorie*, S. 83 ff.
41 Fegers, *Provence* u. a., S. 383–389; zur Grundsteinlegung des Neubaus Nelson, *Hagia Sophia*, S. 50.
42 Bezeichnend ist Casimir Bousquet, *La Major. Cathédrale de Marseille*, Marseille-Paris: Marius Olive, Poulet-Malassis und de Broise, 1857.
43 Sanghoon Kang, Les églises en France sous le Second Empire: deux illustrations du type idéalisé, in: *Livraisons d'Histoire de l'Architecture* 17 (2009), S. 107–117.
44 Marginal ist die eklektische Kathedrale in Gap (1867–1895), s. die FS der Diözese zur Weihe (*Nouvelle Cathédrale de Gap. Consécration & Inauguration* (Gap: J.-C. Richaud, Imprimeur de l'Évéché, 1895), bes. S. 27 ff.). Beachtenswerter ist im Fürstentum Monaco die hauptstädtische Marienkathedrale, 1875–1903 parallel zur 1887 erfolgten Diözesengründung errichtet, endgültig 1911

Abb. 40: Marseille. Neue römisch-katholische Kathedrale. Als historistischer Prunkbau ist die Kirche umstritten. Als Monument ästhetischer Vermittlung zwischen christlichem Okzident und Orient verdient sie aber Beachtung.

let-le-Duc steht *N.-D.-de-la-Treille* in Lille für den 1254 gegründeten Wallfahrtsort und 1854 begonnen (nach Verlust der früheren Kirche in der Revolution). Doch obwohl die Kirche 1913 Kathedrale wurde und Chor wie Querschiff 1914 fertig waren, zog sich die Gesamtvollendung bis weit in die Moderne hin.[45] Das Ideal des gotischen Großbaus hat man auch in Spanien nicht preisgegeben, wie *N.S. de la Almudena* in der Metropole Madrid zeigt: Es ist jene Kathedrale, die man seit Umzug der Hauptstadt von Valladolid hierher plante und die der Viollet-le-Duc-

---

geweiht, neoromanisch, 72 m × 22 m × 18 m groß, mit Fürstenmausoleum; vgl. *Centenaire de la Consecration de la Cathédrale de Monaco, 27 janvier – 8 décembre*, Monaco: Principauté de Monaco. Centre de Presse, 2011.

45 Frédéric Vienne u. a., *Notre-Dame de la Treille. Du rêve à la réalité. Histoire de la cathédrale de Lille,* Draguignan: Éditions Yris, 2002; Bruno Klein, Gothic in Europe after the „End" of Neo-Gothic, in: Borngässer/Klein, *Global Gothic*, S. 30–49, hier S. 35–37.

Adept Francisco de Cubas (1826–1899) konzipierte.[46] Das ist umso begreiflicher, als zwar auch in Spanien die französische Revolution und Napoleon ambivalente Spuren hinterlassen hatte, sich Ende des 19. Jahrhunderts aber die Monarchie erneut stabilisierte. Jetzt hatte auch de Cubas neogotische Entwürfe für den Bau vorgelegt, natürlich mit einem Königsmausoleum und im zweiten Entwurf mit einer Königsgalerie à la Reims. Der Grundstein wurde 1883 gelegt; doch starb 1885 Manuel XII. als Mäzen, und lange folgte ein Baustopp. Auch außerhalb monarchischer Ambitionen siegte die Neogotik, und man begann 1907 in Vitoria mit der *Nueva Catedral* einen ähnlich spät vollendeten gotischen Großbau.[47] Sogar im kirchenreichen Italien wagte man Neubauten, z. B. in Cerignola, wo ab 1873 als Ergänzung des alten Domes und inspiriert durch Florenz ein neugotisch-eklektizistischer, 82 m × 47 m großer neuer Dom entstand, ebenfalls spät fertiggestellt.[48]

8.2.2.3 Aufbrüche in eine neue katholische Präsenz – Britische Inseln und Niederlande

Nicht überall freilich geschah die katholische Restauration in Europa im Schatten von Revolutionen, sondern einigerorts auf sehr andere Weise, aber zeitweise nicht weniger emphatisch – vor allem im anglophonen Bereich und in den Niederlanden: Hier war ja der neue religiöse Aufbruch im Katholizismus mit einer neuen Freiheit der öffentlichen Religionsausübung verbunden – nach jahrhundertelanger Unterdrückung durch den Protestantismus. Das galt zunächst für die Britischen Inseln, wo die katholische Bevölkerung nach fast 300 Jahren 1829 ihre Rechte zurückgewann, zumindest für das alte Königreich England 1850 die Hierarchie neu erstand und der Kirchenbau eine Wiedergeburt erfuhr. So stürmisch die vergangenen Jahrhunderte waren (vor allem in Irland), war es auch dieser *catholic revival*: Für die Anglikaner kam er in der Intensität überraschend, für die Katholiken als Triumph.[49] Und er war tatsächlich bemerkenswert: Zum einen war die Zahl der Katholiken erheblich gewachsen, z. B. durch Einwanderungen aus Irland, zum anderen war er Teil eines nahezu gesamteuropäischen Geschehens. Architektonisch setzte er Kreativität frei und förderte Konversionen wie bei

---

46 Zum Folgenden s. Bettina Marten, Die Almudena-Kathedrale zu Madrid – Abbild funktionaler und historischer Diversität?, in: Barbara Borngässer/Bruno Klein, *Neugotisch global*, S. 141–158; B. Klein, Gothic in Europe, S. 42–43.
47 B. Klein, Gothic in Europe, S. 35–37.
48 Luigi Raitani, *Il Duomo di Cerignola*, Mailand: Casa Editrice Dottor Francesco Vallardi, 1932.
49 Nicholas Wiseman (1802–1865), erster englischer Kardinal nach der Reformation, sagte stolz: „Catholic England has been restored to its orbit in the ecclesiastical firmament" (Orme, *The History*, S. 191).

Pugin. Doch waren die Anfänge einigerorts mühsam, schon weil einige neue Diözesen sich aus Geldmangel zunächst mit *pro cathedrals* begnügen mussten,[50] Liverpool bis weit ins 20. Jahrhundert. Doch entstanden neue Dome rasch, viele nach Plänen Pugins: 1841 war *Saint Chad* in Birmingham fertig, 1848 *Saint George* zu Southwark, kühn als Konkurrenz zur *Westminster Abbey* geplant, aber verkleinert realisiert.[51] Höhepunkt ist die *Westminster Cathedral* in London, 1895 begonnen – 110 m × 47 m groß –, neobyzantinisch als Kontrast zur *Westminster Abbey* bzw. *Saint Paul's* konzipiert und als Zeichen, dass der Katholizismus nicht erst aus dem anglikanisch-national aufgeladenen Mittelalter stamme (auch ihr Architekt war Konvertit). Der Bau ist selbstbewusst bis ins Detail: Die *Kathedra* hat die in von *San Giovanni in Laterano* als Modell, die dem hl. Petrus geweihte Krypta besitzt ein Mosaik der Schlüsselübergabe.[52] Im Übrigen baute auch der altgläubige Adel große Kirchen, die später Kathedralen wurden.[53] Lebhaft war ebenso der *catholic revival* in Irland, auch zur Stärkung nationaler Identität. Außerdem blieb der Historismus vielfältig. Wohl entspricht an der Wende zum 19. Jahrhundert die sakrale Stilistik auch zeitgleichen anglikanischen Domen – bisweilen vom gleichen Architekten –, so mit *Holy Trinity* in Waterford von 1793–1796, klassizistisch wie die örtliche anglikanische Kathedrale.[54] Rasch folgten aber neogotische Dome (meist größer als die anglikanischen) wie in Armagh.[55] Doch andere Stil-Optionen blieben offen. Der 1815–1825 in Dublin errichtete klassizistische Mariendom ist wohl ein bewusster Kontrast zur anglikanischen Kathedralgotik der Stadt.[56] Der klassizistische anglikanische Dom in Cashel wurde im nahen Thurles neoromanisch kontrastiert, mit einer Fassade à la Pisa.[57]

---

50 Orme, *The History*, S. 193.
51 Zu Birmingham s. Orme, *The History*, S. 200; zu Southwark s. New, *A Guide to the Cathedrals of Britain*, S. 385–387.
52 (N. N.) *Westminster Cathedral. Guide to the architecture and interior, the history and pastoral functions of the Metropolitan Cathedral of Westminster*, Liverpool: Letterpress Ltd., o. J.; New, *A Guide to the Cathedrals of Britain*, S. 407–411.
53 Der Earl of Arundel in Arundel baut 1870–1873 in Île-de-France-Gotik *Saint Mary and Saint Philip Howard*, mit Philip Howard (1557–1595) zu Ehren eines Vorfahren, Märtyrer unter Elizabeth I; s. New, *A Guide to the Cathedrals of Britain*, S. 22–23; *AAS* 58 (1966), S. 260–262. In Norwich entsteht *Saint John the Baptist*, von George Gilbert Scott d.J. Vgl. New, *A Guide to the Cathedrals of Britain*, S. 284–286; *AAS* 68 (1976), S. 311. Marginal blieben Schottland und Wales.
54 Galloway, *The Cathedrals of Ireland*, S. 221–222.
55 Galloway, *The Cathedrals of Ireland*, S. 17–20.
56 Norman, *Das Haus Gottes*, S. 240–241. Dazu gilt die Kirche nur als *Pro Cathedral*, wohl weil man auf die Rekatholisierung der anglikanisch gewordenen Dome hofft, s. Galloway, *The Cathedrals of Ireland*, S. 90–93.
57 Galloway, *The Cathedrals of Ireland*, S. 203–206.

Einen katholischen Neuaufbruch zeigen auch die Niederlande, wo 1808 Religionsfreiheit gewährt wurde und 1853 die Wiedererrichtung der Hierarchie folgte. Ganz so emphatisch wie in England geschah der Neuaufbruch jedoch nicht, denn der Protestantismus war hier nie Staatskirche gewesen und hatte nur Privilegien in den 7 Provinzen, die nach ihrer Befreiung von Spanien 1581 die Niederlande bildeten.[58] Auch geschahen Erleichterungen für Katholiken wie die Rückgabe von Kirchen umstandslos.[59] Doch gab es auch selbstbewusste Domneubauten:[60] So hatte man zwar schon 1836–1837 in Breda 1853 die klassizistische Antoniuskirche gebaut;[61] stilistisch war jedoch die Gotik aktueller, so dass Pierre J. H. Cuypers (1827–1921) ab 1865 die neue Kirche von *St.-Barbara* schuf, 1875 Dom der neuen Diözese und Kontrapunkt zur mittelalterlichen, jetzt calvinistischen Barbarakirche.[62] Noch offensiver wirkt der byzantinisch-neoromanische *St.-Bavo*-Dom in Haarlem, begonnen 1895 von Cuypers' Sohn Joseph (1861–1949)[63] als Antwort auf die seit der Reformation calvinistische *St.-Bavo*-Kirche.[64]

8.2.2.4 Restaurationenen in konfessionellen und nationalen Konfliktregionen – Das Heilige Römische Reich, sein Umfeld und die Nachfolgestaaten

Auch im Heiligen Römischen Reich fand die Kirche von Rom in der Restauration zu einer Gestalt, die sie vom römischen Zentrum her zu neuem Widerstand gegen die wachsende weltanschauliche Pluralität führte, zumal gegen das 1871 gegründete Wilhelminische Reich protestantisch-preußisch dominiert war (und die Do-

---

58 Stefan Gärtner, *Der Fall des niederländischen Katholizismus. Kirche und Seelsorge in der spätmodernen Gesellschaft*. Kirche im Umbruch 5 (Freiburg u. a.: Herder, 2017), S. 16 ff.
59 So ersetzte in Utrecht den alten Dom die ungenutzte Katharinenkirche (Stenvert u. a., *Utrecht*, S. 232).
60 James C. Kennedy/Jan P. Zwemer, Religion in the Modern Netherlands and the Problem of Pluralism, in: *BMGN | LCHR* (=*Low Countries Historical Review*) 125 (2010) 2–3, S. 237–268, hier S. 252.
61 Chris Kolman u. a., *Monumenten in Nederland. Noord-Brabant* (Zwolle: dbnl. Rijksdienst voor het Cultureel Erfgoed. Ministerie van Onderwijs, Cultuur en Wetenschap, 1997), S. 111. Zu Breda s. Hans de Jong, Anderhalve eeuw parochieleven in Breda, in: *Jaarboek De Oranjeboom* 55 (2002), S. 1–46.
62 Hans de Jong, Anderhalve eeuw, S. 5.
63 Stenvert u. a., *Monumenten in Nederland. Noord-Holland* (Zeist-Zwolle: Rijksdienst voor de Monumentenzorg, Zeist; Waanders Uitgevers, Zwolle, 2008), S. 317–319; Laura Belondi, The Revelation Becomes Stone in the Cathedral of Saint Bavo, in: *JISA* 25 (2014), S. 22–24.
64 Belondi schreibt: „The reborn Dutch Church needed presence to reassert its power and presence in the territory not only symbolically but practically" (The Revelation, S. 23).

minanz wirkte in Skandinavien weiter[65]). Umgekehrt musste der Katholizismus nach Napoleon seine Organisation im Land erst finden, da die alten Fürstbistümer wegfielen: Zwar hatte sich hier bereits seit 1806 die Kathedralenlandschaft geändert (etwa durch die neue Erzdiözese München-Freising), aber neue Großbauten entstanden nicht. Ein Großprojekt existierte jedoch – die Vollendung des Domes von Köln bis 1880. Diese indes war auch nationalromantisch bedingt. Außerdem wohnten die Initiatoren in Preußen, das ab 1815 im Land regierte, und die neuen Architekten waren Protestanten.[66] Man hat den Bau die „perfekte Kathedrale" genannt;[67] und wenigstens Romantikern mochte er so vorkommen: Er belebte ja den Historismus weltweit, bis nach Luján im fernen Argentinien.[68] Immerhin hat man auch andernorts im Wilhelminischen Reich den Dombau im Auge behalten – besonders demonstrativ im lutherischen Hamburg. Hier entstand 1890–1893 *St. Marien*, in der Namenswahl ein Nachfolgebau des alten Domes, durch die Neoromanik ein Kontrast zu den gotischen Stadtkirchen. Doch erinnert seine Fassade an den Bremer Dom und an das alte Erzbistum Bremen-Hamburg. Tatsächlich wurde 1996 *St. Marien* der Dom des neuen Erzbistums.[69]

Lange verwehrt war jedoch noch die religiöse Freiheit im benachbarten Polen-Litauen: Seit 1772 zerfiel die alte Doppelmonarchie und war ab 1815 zwischen dem Zaren, den Habsburgern und den Preußen aufgeteilt. So war 1870 in Russisch-Polen nur ein einziger Bischofssitz besetzt; und wenn Nikolaus II. (1868–1918) neue Kirchbauten erlaubte (die nach 1918 in der neuen Republik Polen z. T. zu Kathedralen erhoben wurden), dann aus stratetgischen Gründen zur Beruhigung der Gläubigen.[70] Opulent ist z. B. die 100 m × 32 m große neogotische Kirche der hl. Familie in Częstochowa (Tschenstochau), 1902–1907, Dom seit 1925.[71] Noch 1992 griff man für das neue Bistum Radom auf einen solchen Bau zurück[72] und 2002 sogar in Moskau

---

65 Zwar gab es hier seit den 1840er Jahren katholische Hauptstadtkirchen, aber spät Kathedralen wie *St. Ansgar* in Kopenhagen, 1842 geweiht, Dom ab 1942 und bis 1943 turmlos, s. Zeitler (Hg.), *Dänemark*, S. 210.
66 Henze u. a. (Hgg.), *Nordrhein-Westfalen*, S. 308; Beuckers, *Der Kölner Dom*, S. 101–114; Lieb, *Himmelwärts*, S. 122–123.
67 Freigang, *Meisterwerke*, S. 159.
68 Riestra, Neogótico en Sudamérica a ejemplo de Argentina, in: Borngässer/Klein (Hgg.), *Neugotik global*, S. 213–218, hier S. 216.
69 Martin Gretzschel, *Der Mariendom in Hamburg*, Regensburg: Schnell und Steiner, 2011.
70 Zu Russisch-Polen s. Ramet, *The Catholic Church in Polish History*, S. 62, S. 63–64.
71 Bałus/Popp (Hgg.), *Kleinpolen*. Bd. II (Berlin-München: Deutscher Kunstverlag, 2020), S. 106.
72 Bałus/Popp (Hgg.), *Kleinpolen*. Bd. II, S. 656–657. Auch im zaristischen Baltikum entstanden Kirchen, die nach 1918 Kathedralen wurden, aber kleiner waren, z. B. im lettischen Liepāja (Libau) *St. Joseph*. S. Markus Nowak, *Estland und Lettland. Wiedergeburt einer Kirche* (=Renovabis), Paderborn (2012), S. 25–28.

auf die repräsentative *Conceptio Immaculata*-Kirche, von einem polnischen Architekten, vollendet 1911.[73]

Mehr ins Gewicht fällt für die Dombaugeschichte im Heiligen Römischen Reich und seinen Nachfolgestaaten allerdings die K.-und-k.-Monarchie mit ihrem Umfeld. Denn obwohl in der theresianischen und josephinischen Epoche auch hier eine weltanschauliche Pluralisierung eingesetzt hatte, blieb von diesem Kernland der Gegenreformation her ein konservativer Katholizismus bestehen, der sich mit der katholischen Restauration im 19. Jahrhundert verbinden konnte. Darüber hinaus existierte dieser Katholizismus noch in einem lange erfolgreichen Vielvölkerstaat: Keineswegs war ja nach 1815 das Habsburger Reich schon an seine geographischen Grenzen gelangt, ebenso wenig mit seinem kirchlichen Einfluss. Noch im Gang war der Streit gegen die Osmanen, und die Habsburger standen nicht auf der Verliererseite. Auch in den Kerngebieten war die Bautätigkeit nicht erloschen; hier findet sich sogar ein rein religiös motivierter Domneubau – nämlich in Linz, von dem Kölner Vinzenz Statz (1819–1898), wieder einem Angehörigen der dortigen Bauhütte –, begonnen 1862, 1906 vollendet, initiiert von Bischof Franz Josef Rudigier (1811–1886) zur Feier der Verkündigung des Dogmas von der Unbefleckten Empfängnis, größer als der Wiener Dom.[74] Und obwohl weitere Dome in den Kernlanden fehlen,[75] schufen die Architekten im weiteren Umkreis Großbauten. Naturgemäß wirkte das Kölner Vorbild weiter wie in Prag und Zagreb.[76] Freilich: In Ungarn war József Hild (1789–1867) mit den Domen von Gran und Eger tätig,[77] ein Palladio-Adept; auch anderswo waren deutsche Traditionen nicht sakrosankt: Der Wiener Carl Rösner (1804–1869) entwarf die vom

---

73 Zur Baugeschichte Christopher Braemer, Russlands größte katholische Kathedrale, in: MDZ (=Moskauer Deutsche Zeitung) vom 21.3.2017; https://mdz-moskau.eu/tag/marien-kathedrale; *AAS* 94 (2002), S. 596–597.
74 Karl Oettinger u. a. (Bearb.), *Wien u. a.*, S. 252–253.
75 Zu nennen als spätere Kathedrale ist nur in Vaduz *St. Florin*, 1869–1873 (F. von Schmidt), neogotisch, Dom seit 1998; s. Patrick Birrer, Vaduz, Kathedrale St. Florin. Instandsetzung der Kathedrale St. Florin, in: Hansjörg Frommelt/Thomas Stehrenberger (Hgg.), *Denkmalpflege und Archäologie im Fürstentum Liechtenstein. Fund- und Forschungsbericht 2010* (Vaduz: BVD Druck + Verlag, Schaan, 2011), S. 110–117.
76 Zu Prag s. Zingler, *Die Sakralbauten Friedrich von Schmidts*, S. 8; zu Zagreb s. Damjanović, *Bečka Akademija*, S. 83.
77 A. Horváth/A. Pattantyús-Ábrahám, Joseph Hild – Architekt und Baumeister (Ein Beitrag zum Palladianismus in Ungarn), in: *Periodica Polytechnica* Ser. Arch. Vol. 35, Nr. 3–4 (1991), S. 123–188, hier S. 74–76; S. 116 ff., S. 138.

kroatischen Bischof Joseph Georg Štrosmajer (1815–1905) für Đjakovo initiierte Kathedrale zwar wunschgemäß rheinisch-romanisch,[78] doch der Bischof ließ die Kirche 1866–1882 in italienischer Romanik bauen.[79] Eher ein neues K.-und-k.-Machtsymbol – aber nicht groß – wurde der neoromanische *Herz-Jesu*-Dom 1884–1889 im seit 1878 habsburgischen Sarajewo.[80]

Diffuser noch werden die architektonischen Spuren des Heiligen Römischen Reiches in der katholischen Diaspora des Südbalkans. So entstand zwar im albanischen Shkodër 1849–1858 der Stephansdom nicht ohne habsburgische Hilfe. Die altkirchlich-renaissancehafte 70 m × 40 m große Basilika erinnert aber eher an die italienischen Kontakte der Stadt.[81] Durch die neue griechischen Monarchie seit 1833 und den Wittelsbacher Otto I. (1815–1867) wirkte aber das Reich bis Athen, wo Bayerns Hofarchitekt Leo von Klenze (1784–1864) ab 1842 die neoklassizistische Kirche des *hl. Dionysius Areopagita* baute, Kathedrale seit 1875.[82]

8.2.3 Nordamerika

8.2.3.1 Neue Repräsentationsbauten in offensiver Kirchlichkeit

Rasch fand der neue katholische Konservatismus auch in Nordamerika Verbündete: Schon im seit 1763 britischen Kanada war die (anglikanische) Obrigkeit auf ein konfliktfreies Miteinander der Konfessionen ausgerichtet.[83] Auch neue Immigranten teilten den Konservatismus, z. B. die Iren, in ihrer Identität zu Hause von den Engländern unterdrückt, die Polen auf der Flucht vor den Zaren und den Preußen, die Italiener, die den Laizismus mancher Landsleute ablehnten, da

---

78 Dragan Damjanović, Prvi Projekt Karla Rösnera za Katedralu u Đakovu iz 1854. Godine/Karl Rösner's First Design for Đakovo Cathedral from 1854, in: *PROSTOR* 15 (2007) 1 (33), S. 2–25.
79 Dragan Damjanović, Stilsko Rješenij e Izvedbenih Projekta Karla Rösnera za Katedralu u Đakovu iz 1865. i 1867. Godine/Stylistic Features in Karl Rösner's Working Designs from 1865 and 1867 for the Cathedral in Đakovo, in: *PROSTOR* 16 (2008) 1 (35), S. 48–63.
80 Dragan Damjanović, Neogotička Arhitektura Josipa Vancaša u Bosni i Herzegovini/Neo-Gothic Architecture of Josip Vancaš in Bosnia and Herzegovina, in: *PROSTOR* 22 (2014) 1 (47), S. 96–109.
81 Datierung bei Markus W.E. Peters, Katholische Kirchenbauten in Albanien vom Mittelalter bis zur Gegenwart – Symbolik, Geschichte, Hintergründe, in: Walter Raunig (Hg.), *Albanien – Reichtum und Vielfalt alter Kultur* (München: Staatliches Museum für Völkerkunde, 2001), S. 90–104; anders Dietze/Alite, *Albanien*, S. 299.
82 Charles Frazee, Catholics, in: Richard Clogg (Hg.), *Minorities in Greece. Aspects of a Plural Society* (London: Hurst & Company, 2002), S. 22–47, hier S. 36–37.
83 Bramadat/Seljak, Charting the New Terrain. Christianity and Ethnicity in Canada, in: dies. (Hgg.), *Christianity*, S. 3–48, hier S. 8–9.

diese den Vatikanstaat der italienischen Einigung opfern wollten.[84] Und am Ende des Jahrhunderts kamen katholische Emigranten aus dem vom Kulturkampf erschütterten Wilhelminischen Reich in der Neuen Welt an.[85]

8.2.3.2 Kanada – Katholischer Konservatismus in zwei Kulturräumen
Als eine besonders frühe und repräsentative Fortsetzung der katholischen Restauration in Nordamerika besonders typisch wurde das kanadische Zentrum Montréal, denn die Stadt war ein alter Schauplatz frankophon-anglophoner Machtproben; außerdem bestand hier ab 1836 ein neuer römischer Bischofssitz, da auch in Kanada die Konfessionen nach etlichen Kämpfen auf die Gleichberechtigung zugingen.[86] In Montréal hatten die Katholiken schließlich 1840–1876 mit Ignace Bourget (1799–1885) einen Bischof, der ebenso frankophil wie ultramontan gestimmt war,[87] und mit Victor Bourgeau (1809–1888) aus Québec einen angesehenen Kirchenarchitekten.[88] Nach Brandverlust des alten Jakobusdomes 1852 ließ Bourget den 1868 begonnenen – 100 m × 67 m großen – Neubau (in der Folgezeit *N.-D.-Reine-du-Monde* genannt) nach dem Muster von St. Peter in Rom errichten (später installierte man sogar einen Altarbaldachin à la Bernini),[89] in Amerika eine der ersten Repliken des Baus (Abb. 41).[90] Näher lag Bourgeau jedoch eine repräsentative Neugotik. Für sie hatte er sich 1854–1858 bei *N.-D.-de-l'Assomption* in Trois-Rivières entschieden;[91] für sie entschied er sich auch 1854–1858 in Saint-Germain-de-Rimouski, dessen Pfarrkirche 1866 Diöze-

---

84 Mark McGowan, Roman Catholics (Anglophone and Allophone), in: Bramadat/Seljak (Hgg.), *Christianity*, S. 49–100, hier S. 53 ff. S. a. Ernesti, *Konfessionskunde*, S. 55.
85 Zur Beziehung von Kulturkampf und Emigration s. Roque M.B. Grazziotin, *Pressupostos da Prática Educativa na Diocese de Caxias do Sul – 1934 a 1952*. Magisterarbeit an der Universidade de Caxias do Sul 2010, S. 35 ff.
86 Bramadat/Seljak, Charting the New Terrain, S. 8.
87 Bourgets Motto war: „Let each of us say in his heart, I hear my curé [=Pfarrer], my curé hears the bishop, the bishop hears the Pope, and the Pope hears our Lord Jesus Christ". Zit. bei McGowan, Roman Catholicism, S. 65.
88 Luc Noppen, Thomas Baillairgé et Victor Bourgeau, Deux „architectes" issus de la pratique architecturale instigué au Québec par l'Église canadienne française du XIXe siècle, in: *Carnet de L'ÉRHAQ* 4 (2021), S. 107–127.
89 Salagnac, *Canada* u. a., S. 148–149; Léon Pouliot, Monseigneur Bourget et la reconstruction de la cathédrale de Montréal, in: *Revue de l'Amérique française* 17/3 (1963), S. 340–362; 17/4 (1964), S. 471–489; 18/1 (1964), S. 30–38.
90 Pouliot, Monseigneur Bourget, in: *Revue de l'Amerique française* 18/1 (1964), S. 38.
91 Salagnac, *Canada* u. a., S. 186; Martin Dubois/Hélène Michaud (Hgg.), *Évaluation patrimoniale du Mausolée des évêques de Trois Rivières. Rapport d'évaluation patrimoniale. Culture et Communication*, in: Patri-Arch, Québec, janvier 2007, S. 7–9.

Abb. 41: Montréal. Römisch-katholische Kathedrale *Marie-Reine-du-Monde*. Als Echo der römischen Peterskirche repräsentiert die Kirche fast plakativ den Katholizismus nach dem I. Vatikanum im britisch-protestantischen Kanada.

sankathedrale wurde.[92] Auch andernorts in Franko-Kanada gab es mit der Zeit stattliche Dome. So wurde in Saint-Boniface nach nach dem Verlust zweier neugotischer Dome durch Brand, 1908 eine 95 m × 30 m × 21 m große romanisch-byzantinische Kathedrale geweiht, die allerdings 1968 ebenfalls abbrannte und durch einen Neubau ersetzt wurde;[93] und wenn man eine Pfarrkirche nicht sogleich auf den Status einer Bischofskirche hinbaute wie 1882–1884 die in Salaberry-de-Valleyfield, Kathedrale seit 1892, wurde dieser (in diesem Fall neoromanische) Bau so aufwendig, dass er als Kathedrale geeignet war.[94] Oft liebt man französisches Flair wie in Ottawa für *Notre-*

---

[92] Ausführlich Jean-René Thiot/Kurt Vignola/Nicolas Beaudry (Hgg.), *La cathédrale de Rimouski: parcours, mémoires et récits*, Québec: Les Éditions de L'Estuaire, 2017.
[93] André Fauchon/Carol J. Harvey (Hgg.), *Saint Boniface, 1908–2008. Reflets d'une ville* (Winnipeg: Presses Universitaires de Saint-Boniface, 2008), S. 75 f.; City of Winnipeg (Hg.), *St. Boniface Cathedral*, Winnipeg: Historical Buildings Committee, 2012; Richardson/Richardson, *Canadian Churches*, S. 354–360. S. u. S. 271
[94] (Les Amis de la Cathédrale, Hgg.), *La Cathédrale de Salaberry-de-Valleyfield. Histoire, Souvenirs, Méditation*, Montréal: Ateliers Fides, 1963, S. 4.

Dame, innen mit Assoziationen an die *Ste-Chapelle*/Paris.[95] Und selbst wenn man „Englisches" entdeckt wie im Dom von Longueil, findet man frankophone Architekten und Ausstatter.[96] Weniger national war man im anglophonen Kanada: Der Dom von Saint John's – zwischen altchristlicher Basilika und langobardischer Romanik, innen klassizistisch – ist vom dänischen Schinkel-Schüler Ole Jørgen Schmidt (1790–1848).[97] Der 1899 geweihte Dom von Halifax stammt vom Iren Patrick Charles Keely (1816–1896),[98] von Joseph Ernest Fortin (1877–1945) aus Montréal die *St Paul's Cathedral* 1910 in Saskatoon.[99]

8.2.3.3 Die USA – Katholischer Konservatismus in einem pluralistischen Staat

Noch weit mehr als das katholische Kanada haben naturgemäß die USA historistische Dombauten aus konservativem Geist hervorgebracht, nicht alle groß, aber meist von vornherein als Kathedralen entworfen. Stilistisch sind sie besonders vielfältig gemäß der Vielfalt der Bevölkerung. Dabei liegen die Anfänge – vergleichbar mit Kanada – in einem in den Klassizismus zurückreichenden Bau französischer Abkunft, nämlich bei *St-Louis-de-France* in New Orleans (Nouvelle-Orléans) im bis 1763 französischen Louisiana, nach einem spanischen Intermezzo ab 1803 einem Teil der USA. Der nach Pariser Geschmack entworfene Bau hat seinen Anfang im frühen 18. Jahrhundert und wurde nach sukzessiven Erweiterungen 1793/94 bei Gründung der Diözese vollendet.[100]

---

95 Richardson/Richardson, *Canadian Churches*, S. 231–232; Richard Belliveau, Notre Dame Cathedral. Historic Sites and Monuments Board Plaque Unveiled, in: *Heritage Ottawa Newsletter*, Februar 2018, Bd. 45/1, S. 1–3.
96 Vgl. Anna-Maria Moubayed, *Saint-Antoine-de-Padoue-co-Cathedral: Christianity, Victorian Gothic Revival and Quebec's Colonial Hybrid Culture*. Magisterarbeit an der Concordia University Montreal 2010.
97 Schinkel kannte den Entwurf möglicherweise. S. Richardson/Richardson, *Canadian Churches*, S. 80–83.
98 Francis Kervick, *Patrick Charles Keely. Architect. A Record of His Life and Work* (South Bend: Selbstverlag des Verfassers, 1953), S. 33.
99 Gordon W. Fulton, Joseph Ernest Fortin: A Francophone Architect in Sasketchewan, in: *SSAC Bulletin* 4:86, S. 10–11 (=Society for the Study of Architecture in Canada, Dalhouse University).
100 Leonard V. Huber/Samuel Wilson Jr., *The Basilica on Jackson Square. The History of The St. Louis Cathedral and ist Predecessors 1727–1987* (New Orleans: A La Borde and Sons. Printers, 1989[6]), S. 6 ff. Dazu gibt es spanische Kirchen im Land, die später Kathedralen wurden. Bekannt ist die Pfarrkirche in Saint Augustine von 1783–1797; s. *AGS Florida. A Guide to the Southern-most State* (New York: OUP, 1939), S. 254 f.

Typischer zeigt sich jedoch der Anfang der katholischen Dombaugeschichte der USA in einer anderen – anglophonen, anders als Nouvelle-Orléans von vornherein pluralistischen – Stadt, bald nach Gründung des Staates, nämlich in Baltimore. Hier stand sogleich ein Meisterwerk – nämlich in Gestalt der Alten Kathedrale. Bemerkenswerterweise entworfen wurde sie durch Benjamin Latrobe, jenen Architekten der Brüdergemeine Zinzendorfs, der evangelikale *Camp Meetings* mitverantwortete, und vom Kunsthistoriker Nikolaus Pevsner bezeichnet als schönste Kirche Nordamerikas. Der 1806–1821 entstandene Bau ähnelt noch dem Nationalbau des Pariser Panthéon.[101] Stilistisch ähnlich folgt 1816–1819 ein auf seine Weise ebenso wichtiger Bau – nämlich *Saint Joseph's Cathedral* für das 1808 gegründete Bistum Bardstown: Die anders als Baltimore bescheidene Kirche aus Holz, im „griechisch-römischen" Stil, ist im Sinne des *ancien régime* geradezu staatskirchlich-königlich. Sie beherbergt bedeutende Gemälde, vielleicht gestiftet von französischen Adeligen oder gar von König Louis-Philippe (1773–1850) selbst – und zwar aus von Soldaten Napoleons I geplünderten Kirchen.[102] Aber auch später hat man den Klassizismus für neue Dome nicht vergessen, gerade bei Großbauten. So folgt z. B. 1846–1864 in Philadelphia *Sts Peter and Paul* nach römischem Vorbild und mit palladianischer Fassade.[103] Neoitalienisch (1876 vollendet) präsentiert sich auch die heute profanierte *Saint Vibiana Cathedral* in Los Angeles.[104] Doch rasch werden die Stile bunter: Neoromanisch ist die Kathedrale in Boise City von 1905–1921,[105] neobyzantinisch die von Saint Louis (1907–1914).[106] Populär wird spanische Kolonialarchitektur. Ein Protagonist war Thomas Rogers Kimball (1862–1934), ab 1905 durch *St Cecilia* in Omaha, mit einer Doppelturmfassade wie z. B. im mexikanischen San Luis Potosí.[107] Da hinein mischt sich seit Mitte des 19. Jahrhunderts viel Neugotik: Zwei 2 Dome entstehen nacheinander (1854 und 1890–1891) allein in San Francisco, der erstere bis heute er-

---

101 *(AGS) Maryland* (New York: OUP, 1940), S. 222–224; Norman, *Das Haus Gottes*, S. 248; John Dorsey/James D. Dilts, *A Guide to Baltimore Architecture* (Centreville: Tidewater Publishers, 1997³), S. 99–104. Das Urteil Pevsners S. 104.
102 Es sind u. a. Bilder aus der Rubens-Werkstatt, vielleicht zwei von A. van Dyck (1599–1643); eine Marienkrönung von J. E. Murillo (1617–1682); s. *(AGS) Kentucky. A Guide to the Bluegrass State* (New York: Harcourt, Brace and Company, 1939), S. 380–382.
103 *(AGS) Philadelphia. A Guide to the Nation's Birthplace* (Harrisburg: The Telegraph Press, 1937), S. 576–577.
104 *(AGS) California. A Guide to the Golden State* (New York: Hastings House Publishers, 1939), S. 216.
105 *(AGS) Idaho. A Guide in Word and Picture* (Caldwell: The Caxton Press, 1937), S. 254.
106 *(AGS) Missouri. A Guide to the „Show Me" State* (New York: Duell, Sloan and Pearce, 1941), S. 311 f.; S. 321 f.
107 *(AGS) Nebraska. A Guide to the Cornhusker State* (New York: The Viking Press, 1937), S. 247.

halten.[108] Bekannt wurde vor allem *Saint Patrick's* in New York (1858–1879) von James Renwick (1818–1895), ein Monumentalbau nach dem Vorbild von Köln und Reims.[109] Der auch in Kanada aktive irische Pugin-Schüler Patrick Keely (1816–1896) errichtete u. a. ab 1867 bzw. ab 1873 die neogotischen Dome in Burlington und Hartford, letzteren als Großbau.[110] In Covington schuf Leon Coquard (1860–1923) 1895–1900 einen Dom in französischer Gotik,[111] einen ähnlichen Dom 1902–1912 in Denver.[112] 1898/99 beginnt in englischer Gotik der Großbau von *Sacred Heart* in Newark, er wird aber französisch modifiziert[113] und erst in den 1950er Jahren fertig. Allerdings ging das Ansehen der meisten Architekten kaum über das katholische Nordamerika hinaus, wenngleich einige regional gefragt waren. Besonders gefragt war neben dem Kanadier Bourgeau der gebürtige Ire Keely. Er baute 20 Dome, wie Pugin fast ausschließlich in flexibler Gotik. Er liebte für seine Fassaden Asymmetrie, Eintürmigkeit und für den Innenraum Holzgewölbe. Dazu wurde seine *Immaculate Conception Cathedral* in Albany (1849–1852) einer der ersten neogotischen Dome der USA.[114] Aber sein Hauptwerk – die *Immaculate Conception Cathedral* in Brooklyn – blieb ein Fiasko: Als Konkurrenz zu *Saint Patrick's* in New York gedacht (120 m × 60 m groß), ging der Bau nur langsam vorwärts, und 1931 wurde der Torso nach dem Versiegen der Spenden beseitigt.[115]

Auch im expandierenden US-amerikanischen Katholizismus wurden bereits im 19. Jahrhundert nicht alle heutigen Kathedralen als solche konzipiert, sondern sie erhielten die *Kathedra* später, z. B. *Saint Matthew's* in Washington D.C., romanisch-byzantinisch, 1893 begonnen, Dom 1947, für eine Hauptstadtkathedrale bescheiden.[116] Allerdings entstand in der Stadt seit den 1920er Jahren bereits der nationale Großbau der *Conceptio Immaculata*. Klein ist auch *Immaculate Concep-*

---

108 Thomas Denis McSweeny, *Cathedral on California Street. The Story of St. Mary's Cathedral, San Francisco 1854–1891 And of Old St. Mary's, a Paulist Church 1894–1951* (Fresno: Academy of California Church History, 1952), S. 6 ff. und S. 45 f.
109 Elliot Willensky/Norval White (Hgg.), *AIA Guide to New York City* (San Diego-New York-London: Harcourt, Brace, Jovanovich, 1988), S. 266.
110 Kervick, *Keely*, S. 33. Beide Kirchen sind später abgebrannt.
111 *(AGS) Kentucky*, S. 152.
112 David Bains u. a., *Historic Houses of Worship Tour – Denver, Colorado* (Denver: American Academy of Religion. Annual Meeting, 2018), S. 3.
113 Bettina Marten, Tradition in the Age of Progress. Notions on Gothic Church Architecture in the United States, in: Borngässer/Klein (Hgg.), *Global Gothic*, S. 51–73, hier S. 55–56.
114 *(AGS) New York. A Guide to the Empire State* (New York: OUP, 1940), S. 196.
115 Kervick, *Keely*, S. 16; Willensky/White, *AIA Guide to New York City*, S. 629.
116 *(AGS) Washington. City and Capital* (Washington: Government Printing Office, 1937), S. 492–493. Seit 2018 gehört zu diesen neu installierten historistischen Kathedralen auch als Ersatz für 2 Vorgänger die *Saint Joseph's Church* in Burlington/VT dazu, in Neo-Renaissance; s. Liisa Reimann, History of the Cathedral of the Immaculate Conception, in: *The Sentinel*, Burlington (Spring) 2019, S. 3–4, hier S. 4.

tion in Brownsville, neogotisch (1856–1859), Dom seit 1966.[117] Aber manchmal gab es später einen repräsentativeren Ersatz, z. B. für *Saint Francis of Sales* in Oakland von 1893[118] und *Sacred Heart* in Dodge City von 1915.[119]

8.2.4 Lateinamerika

8.2.4.1 Die Wiederkehr der Trutzburg – Der Streit gegen laizistische Gesellschaften

Im Vergleich zum ungehinderten Fortschritt des tridentinischen Katholizismus in Nordamerika war sein Weg im katholischen Lateinamerika durch das 19. Jahrhundert zwar einigerorts ähnlich vielfältig wie dort, aber mancherorts erstaunlicherweise auch mühsamer und hindernisreicher, ebenso die Entstehung neuer Kathedralen. Wohl sollte es eine katholische Stärke bleiben, die seit 1871 festeren römischen Bindungen zu demonstrieren. Doch noch einmal ist an die von der französischen Revolution verursachten Umbrüche zu erinnern: Immerhin waren jetzt auch in Lateinamerika fast durchweg die Monarchien erledigt und politische Unabhängigkeitshelden trotz Verehrung ihrer meist kirchenfreundlichen US-amerikanischen Vorbilder nicht stets kirchlich loyal – mit der Folge, dass bis zur Mitte des 19. Jahrhunderts ein Exodus des oft noch monarchistisch gestimmten katholischen Klerus nach Europa einsetzte.[120] So kam das religiöse Leben z. T. zum Erliegen: In Mexiko wurden Kirchen profaniert, in Guatemala bald nach 1825 Kleriker des Landes verwiesen, in Argentinien fehlten zeitweise Bischöfe.[121] Allerdings weckte diese weitere Spaltung zwischen Kirche und Gesellschaft neuen katholischen Protest, und manche jetzt entstehenden Dome wurden neue Signalbauten gegen Ketzer und Heiden. Doch begann in den 1850er Jahren eine weitere Restauration, z. B. in Gestalt einer Rückkehr der Orden,[122] und Verstärkung brachten Europas konservative Immigranten. Freilich wurde sogar Feudalismus akzeptiert; und in den Domen wur-

---

117 *(AGS) Texas. A Guide to the Lone Star State* (New York: Books Inc./Hastings Publishing House, 1940), S. 210; *AAS* 58 (1966), S. 342–344.
118 Michael R. Corbett, *St. Francis of Sales Church (Oakland Cathedral)*, San Francisco (masch.), 1993.
119 *(AGS) Kansas. A Guide to the Sunflower State* (New York: Viking Press, 1939), S. 184.
120 Prien, *Das Christentum*, S. 253.
121 Ruth Hümmer-Hutzel, *Religion und Identität in Guatemala. Tendenzen kultureller und kollektiver Emanzipierung für die guatemaltekische Bevölkerung unter religionssoziologischen Gesichtspunkten*. Dissertation an der Universität Würzburg 2019, S. 44; Prien, *Das Christentum*, S. 264–272.
122 Martin Checa-Artasu, Religious Orders and the Expansion of Neo-Gothic Architecture in Latin America, in: Borngässer/Klein, *Neugotik global*, S. 159–169.

den zwar Unabhängigkeitshelden bestattet (falls sie kirchlich loyal waren),[123] aber auch kirchenfreundliche Diktatoren.[124]

8.2.4.2 Kirchliche Beharrlichkeit in Zeiten spanisch-kolonialen Niedergangs

Wenn es nun für Lateinamerika zunächst wieder um Mittelamerika geht, dann weiterhin primär um das hispanophone. Das französisch-, englisch-, niederländischsprachige Mittelamerika ist für die Folgezeit historisch untypischer, da es außer Haiti – das seit 1804 in Anarchie zu versinken drohte[125] – weiterhin Kolonialgebiet war. Allerdings gab es bis 1898 noch spanische Kolonien in der Region, nämlich Kuba und Puerto Rico: Kolonialkirchen sind also noch der 1805 begonnene klassizistische Dom in Santiago de Cuba[126] und der neobarocke Dom im heute US-amerikanischen San Juan de Puerto Rico.[127]

Stärker in politischer Bewegung lagen die Dinge in Mexiko, wo sich bereits 1810/1811 die Unabhängkeit abzeichnete und 1821 erreicht war, aber 1858 die laizistische *Guerra de la Reforma* ausbrach.[128] Entsprechend wenig neue Diözesen folgten lange, selten waren neu konzipierte Bischofskirchen.[129] Gedacht waren die Bauten vornehmlich zur Festigung des Katholizismus,[130] z. B. der 1894 vollendete Neorenaissancedom für die 1877 gegründete Diözese Colima[131] oder das

---

123 Im Dom zu Quito beigesetzt ist z. B. General Antonio José de Sucre (1795–1830), vgl. Falkenberg, *Ecuador, Galápagos*, S. 156.
124 So im dominikanischen Santiago de los Caballeros der Diktator Ulises Heureaux (1845–1899); s. Scott Dogget/Leah Gordon, *Dominican Republic & Haiti* (Melbourne u. a.: Lonely Planet Publications, 1999), S. 264.
125 S. Richard Kurin, *Saving Haiti's Heritage. Culturel Recovery after the Earthquake* (Washington: Smithsonian Institution, 2011), bes. S. 28–30.
126 Ramón Gutiérrez/Cristina Esteras, La distancia entre europa y america en la colonia. A proposito de la catedral de Santiago de Cuba, in: *Cuadernos de Arte Colonial. Museo de América* 1 (Oktober 1986), S. 47–64.
127 Maria de los Angeles Castro, *Arquitectura en San Juan de Puerto Rico (Siglo XIX)* (San Juan: Editorial Universitaria. Universidad de Puerto Rico, 1980), S. 133 ff.
128 Prien, *Das Christentum*, S. 264 und S. 294–298; Reinhard, *Die Unterwerfung*, S. 590.
129 María Teresa Jarquín u. a., *La Catedral de Toluca. Su historia, su arte y su tesoro* (Toluca: Patronato Arte y Decoro de la Catedral de Toluca, A.C., 1998), S. 70.
130 S. Karla Alejandro García García, *Significado de la Arquitectura Religiosa en Colima. Estudio del Caso. Catedral Basílica Menor de Guadalupe (Siglos XIX y XX)*. Magisterarbeit an der Universidad de Colima 2013.
131 Karla Alejandra García García/Luis Alberto Mendoza Pérez, La Catedral Basílica menor de Colima, sus espacios sobre las intervenciones del siglo xx, in: Martín Manuel Checa-Artasu/J. Jesús López García/María Cristina Valerdi Nochebuena, *Territorialiades y Arquitecturas de lo Sagrado en el México Contemporáneo* (Aguascalientes: Universidad Autónoma, 2014), S. 149–159, bes. S. 154–158.

neoklassizistische Projekt der heutigen Kathedrale *San José* für Toluca, begonnen 1870 und erst Jahre nach der 1950 erfolgten Bistumsgründung beendet. Noch länger dauerte der 1884 begonnene Bau von *El Señor del Tabasco* in Villahermosa für das 1880 gegründete Bistum.[132] Doch waren im politisch instabilen übrigen hispanophonen Mittelamerika Neubauten ebenfalls rar. Architekturgeschichtlich bedeutsam wurde nur der Dom in Ciudad Guatemala (1811 vollendet);[133] anderswo baute man vorhandene Kirchen zu Kathedralen aus, als die neuen Diözesen entstanden – Kolonialbauten wie in San Salvador[134] oder eine neoklassizistische Kirche im costaricanischen San José[135] und durchweg historistische, aber ästhetisch variantenreiche Kirchen in der Dominikanischen Republik – bis hin zu maurischen Elementen im 1911 begonnenen Dom von San Juan de la Maguana.[136]

Noch mehr am Rand standen die nicht-hispanophonen Regionen. Im frankophonen Mittelamerika gab es sogar erst ab 1850 Diözesen, dazu mit wenigen Domneubauten. In Fort-de-France/Martinique entstand immerhin 1895 *Saint-Louis-de-France*, neoromanisch, aber von einem Stahlskelett à la Gustave Eiffel (1832–1923) her konstruiert.[137] Ab 1861 folgt Haiti mit Diözesen und z. T. neu errichteten Domen; z. B. in Cap Haïtien, klassizistisch, von einem US-Amerikaner (ab 1878 in Nutzung); bisweilen wirken im Land noch Erinnerungen an Frankreich mit, so in Port-au-Prince (um 1900) an *Sacré-Cœur* von Paris. Die Kirche ist seit dem Erdbeben 2010 allerdings eine Ruine.[138] *Notre-Dame* in Les Cayes (nach dem Stadtbrand 1911 ab 1912 von einheimischen Architekten wieder aufgebaut) erinnert wieder an die französische Hauptstadtkathedrale.[139] Meist nur alte

---

132 Zu Toluca s. Jarquín u. a., *La Catedral de Toluca*, S. 109; zur Vollendung s. u. S. 279; zu Villahermosa s. Delio R. Carillo Pérez (Hg.), *Sendores de la Historia. Una mirada al patrimonio cultural del sur sureste mexicano* (Campeche: Secretaría de Cultura, 2018), S. 162–163.
133 Tirapeli, Catedrais neoclássicas na América Latina, in: Tirapeli/Pereira (Hgg.), *Patrimônio Sacro*, S. 41–58, hier S. 50–51.
134 Sandra Guadalupe Lemus Raimundo/Olivia María Quintanilla Rauda, *Estudio de la evolución de la arquitectura religiosa católica* […]. Magisterarbeit an der Universidad de El Salvador 2013, S. 173 ff.
135 Vgl. Ofelia Sanou Alfaro (Hg.), *Costa Rica, Guía de Paisaje y Arquitectura/An Architectural and Landscape Guide* (San José-Sevilla: Junta de Andalucía, 2010), S. 95–96 und S. 148–149.
136 Ein Überblick Siladi u. a. (Hgg.), *Un pueblo unido por la Fe. Espacios de Devoción*, Santo Domingo: Amigo del Hogar, 2020; zu San Juan de la Maguana, S. 128–132; *AAS* 46 (1954), S. 132–135.
137 Crain, *Historic Architecture*, S. 210.
138 Zu Cap Haïtien und Port-au-Prince s. Crain, *Historic Architecture*, S. 208–209; zu Port-au-Prince s. a. Barbey, *Antilles, Haïti – Guayane*, S. 368 ; Kurin, *Saving Haiti's Heritage*, S. 35.
139 Dennery Menelas (Hg.), *Cahier du Patrimoine* (Port-au-Prince: Contact Plus. Bibliothèque Nationale d'Haïti, 1996), S. 47 und S. 56.

Pfarrkirchen sind die Dome des anglophonen Mittelamerika,[140] aber die recht wenigen Neubauten gerieten architektonisch originell: in Port-of-Spain/Trinidad ist die *Immaculate Conception Cathedral* von 1832 ein Bau mit neogotisch-oktogonalen Türmen,[141] in Kingston/Jamaica besitzt die *Holy Trinity Cathedral* von 1908–1911 – Entwurf eines US-Amerikaners – eine Kuppel à la Konstantinopel.[142] Ganz marginal waren die niederländischen Kolonien mit 2 Pfarrkirchen, die später die *Kathedra* erhielten, neugotisch in Willemstad/Curaçao (*Rozenkranskathedraal*) und neoromanisch in Paramaribo/Surinam.[143]

Auch für das hispanophone Südamerika war die politische Lage in Bewegung, die kirchliche Lage aber stabil. So blieben die alten Vizekönigreiche Peru und Nueva Granada – letzteres seit der Unabhängigkeit bis 1830 die Republik *Gran Colombia*, dann geteilt[144] – konfessionell geschlossen und lange Zeit in der Sakralarchitektur vergleichsweise einheitlich. Chile, Uruguay und Argentinien wurden zwar Einwanderungsstaaten, entsprechend auch kulturell und architektonisch pluralistischer.[145] Doch überall florierte die tridentinische Theologie.

Erinnert sei noch einmal an den 1835 gegründeten kolumbianischen Bischofssitz Nueva Pamplona. So wenig für die Landstadt (sie hatte damals ungefähr 3000 bis 4000 Einwohner) eine Kathedrale neu entstand, hatte bereits die Bistumsgründung selbst Zeichencharakter: als Zeugnis des Widerstands gegen den Laizismus gemäß den „principios [...] recomendados por el santo Concilio de Trento" und mit dem neuen Priesterseminar.[146] Mehr noch, zumindest in *Gran Colombia* und den Nachfolgerepubliken (weniger im kirchenreichen Peru) ging auch der Dombau unter neuen politischen Konditionen zunächst konstant weiter. Das gilt besonders

---

140 Typisch ist Saint George's/Grenada (1818), gotisch, Dom seit 1956. S. Crain, *Historic Architecture*, S. 192.
141 Crain, *Historic Architecture*, S. 193; Plate 50.
142 Crain, *Historic Architecture*, S. 193; Nelson, *Hagia Sophia*, S. 190–191.
143 Zu Willemstad s. (Ministerie van Sociale Ontwikkeling, Arbeid en Welzijn), *Buurtprofil Punda, Anno 2011. Een beeld van de zone Punda te Curaçao* (Willemstad: Ministerie SOAW, 2011), S. 10–11. Zu Paramaribo s. (Gouvernment of Surinam), *Historic Inner City of Paramaribo* (Paramaribo: Government of the Republic of Surinam, 2001), S. 30–31.
144 Prien, *Die Geschichte*, S. 464; Reinhard, *Die Unterwerfung*, S. 597.
145 S. Prien, *Die Geschichte*, S. 573 ff.; Juan Antonio Lázara, Del Neogótico al Neorománico. El reloj de los estilos retrocede hacia una nueva periodización de la historia de la arquitectura religiosa en la Argentina, in: Checa-Artasu/Niglio (Hgg.), *El Neogótico en la Arquitectura Americana – historia, restauración, reinterpretationes y reflexiones* (Ariccia/Rom: Ermes. Edizioni Scientifiche, 2016), S. 59–79, hier S. 64; Olimpia Niglio, La cultura eclettica e lo sviluppo del Neogotico. Lo stile dei colonizzatori oltre i confini europei, in: Checa-Artasu/Niglio (Hgg.), *El Neogótico*, S. 25–44, hier S. 32–33.
146 Rincón, La Diócesis de San Pedro Apóstol, S. 114.

für Kolumbien, wie der Kapuziner Domingo de Petrés (1759–1811) zeigt, aus dem spanischen Valencia und Mitbegründer des kolumbianischen Neoklassizismus.[147] Er war bereits für die nach Erdbebenverlust des ersten Baus (1785) im Jahr 1808 begonnene heutige Kathedrale von Bogotá zuständig (wenngleich auch für andere Kirchen und Profanbauten).[148] Auch der Dom im 1804 gegründeten Bistum Santa Fé de Antioquia stammt großenteils von ihm und wurde nach kontinuierlicher Bauzeit 1837 abgeschlossen.[149] Darüber hinaus blieb in neuen Diözesen die Neigung, neue Bischofskirchen sogleich groß zu dimensionieren. So ging zwar der Dom in Popayán auf eine Kolonialkirche zurück und war lange Baustelle, doch wurde er nach den Vorstellungen des italienischen Architekten-Missionars Serafín Barbetti zwischen 1859 und 1906 aufwendig vollendet.[150] Noch anspruchsvoller ging man in der 1868 gegründeten Diözese Medellín vor, wo 1875 ebenfalls ein Italiener die Kathedrale begann. Zwar wurde sein Projekt 1883 wegen des zu großen Aufwands gestoppt; aber ab 1890 schuf der Franzose Carlos Carré (1863–1909) den heutigen neoromanischen Monumentalbau, der 1931 vollendet wurde.[151] Und wenn für eine neue Diözese eine weniger ansehnliche Kirche zur Hauptkirche wurde, ersetzte man sie bei gegebenem Anlass durch einen spektakulären Großbau. Das geschah früh im 1786 gegründeten ekuadorianischen Bistum Cuenca: Hier war lange die kleine *Matriz* von 1573 als Bischofskirche genutzt worden (heute ein Museum für Sakralkunst), doch 1885 begann man die monumentale Kathedrale der *Inmaculada Concepción,* laut Gründerbischof „tan grande como la fé de los cuencanos": Den Entwurf lieferte der deutsche Redemptorist Johann Baptist Stiehle (1829–1899), schon beteiligt am Umbau des Alten Domes. Den Neubau konzipierte er bei neoromanischer Fundierung eklektizistisch, mit 3 Kuppeln à la St.-Peter in Rom (blau bemalt als Symbole des Mantels Mariens) im theologischen Geist der Region; Pius IX. verfolgte den Bau persönlich wohlwol-

---

147 Vicente León, Fray Domingo de Petrés […], in: Ximena Bernal Castillo (Hg.), *Fray Domingo de Petrés. En el Nuevo Reino de Granada* (Bogotá: Instituto Distrital de Patrimonio Cultural, 2012), S. 10–27.
148 Maria Clara Torres/Hugo Delgadillo/Andrés Peñarete, Obras en Bogotá, in: Castillo (Hg.), *Fray Domingo de Petrés,* S. 52–103; Tirapeli, *Patrimônio Colonial,* S. 141; ders., Catedrais neoclássicas na América Latina, in: Tirapeli/Pereira (Hg.), *Patrimônio Sacro,* S. 41–58, hier S. 51–52.
149 S. Torres/Delgadillo/Peñarete, Obras fuera de Bogotá, in: Castillo (Hg.), *Fray Domingo de Petrés,* S. 104–151, hier S. 139–141.
150 Fernando Carrasco Zalduá, Vida y obra de dos piamonteses en Colombia, in: Rubén Hernández Molina/Olimpia Niglio (Hgg.), *Ingenieros y arquitectos italianos in Colombia* (Ariccia-Rom: Edizioni Scientifiche, 2016), S. 105–119, hier S. 106–111.
151 R. Hernández Molina, Reseña de algunos Italianos en Colombia relacionados con la Arquitectura y Construcción, in: Molina/Niglio, *Ingenieros,* S. 251–285, hier S. 259–261.

lend, und auch er erhielt später einen Altarbaldachin à la Bernini.[152] Dazu kamen in der Region Kirchen, die später die *Kathedra* erhielten. Heraus ragt *San Pedro* in Riobamba/Ekuador, 1835 vollendet und später verschiedentlich umgebaut, berühmt durch die indigen ornamentierte Fassade.[153] Auch 3 weitere Petrés-Kirchen in Kolumbien gehören hierher.[154] Doch unbehelligt von den wechselnden politischen Konstellationen war auch das katholisch-konservative *Gran Colombia* nicht, und die Zeiten für Dombauten waren nicht immer günstig. Öffentlich Stellung zur politischen Lage bezog der Klerus aber selten – zumindest dann nicht, wenn der kirchliche Bestand bzw. die konservative Ordnung hätten gefährdet werden können. Bezeichnend ist der kirchliche Umgang mit den politischen Turbulenzen, die den Anfängen des Dombaus in Cuenca 1885 vorausgingen: So hatte bis 1875 ein mit Stiehle befreundeter katholischer Präsident regiert, er fiel aber einem Attentat zum Opfer, 1876–1883 herrschte der laizistische Militärdiktator Ignacio Ventimilla (1828–1908), und Bischöfe und Ordensleute wurden verbannt; 1882 folgte ein Bürgerkrieg, 1883 drohte ein Krieg mit Peru, 1886 gab es soziale Unruhen. Klerus und Orden reagierten aber nur mit Schweigen.[155]

Mehr von der *ecclesia triumphans* hatte sich schon der z. T. pluralisierte hispanophone Süden verabschiedet, deutlicher durch Einwanderer geprägt und – nicht spannungslos – auf dem Weg in die Modernität, auch architektonisch. Denn zwar baute im bolivianischen La Paz der spanische Franziskaner Manuel Sanahuja (1755–1834) in den 1820er Jahren noch eine fast barocke neue Kathedrale.[156] Zeitgemäß klassizistisch-eklektisch und zum Ruhm der jungen bolivianischen Republik schufen aber Franzosen und Italiener in Santa Cruz de la Sierra 1839–1915 den Domneubau, dazu pragmatisch mit einem quasi romanischen Holzgewölbe.[157] Im noch „moder-

---

152 Franz Holzmann, *Architekt in der Neuen Welt. Leben und Werk des Redemptoristen Johannes Baptista Stiehle* (Ostfildern: Schwabenverlag, 1988), S. 54 ff.; Magdalena Torres Hidalgo, *Cuenca. Guía de Arquitectura* (Cuenca-Sevilla: Junta de Andalucía, 2007), S. 72–75 (zur alten Kathedrale) und S. 87–89.
153 Katherine Elizabeth Dávila Alvarado, *La Iglesia de la Catedral de la Ciudad de Riobamba, su historia, su compromiso social y religioso*. Staatsarbeit an der Universidad Nacional de Chimborazo, Riobamba 2017, S. 9–11; Huacho Morocho Jhomayra Cecibel, *Análisis evolutivo del conjunto arquitectónico de la Catedral San Pedro de Riobamba*. Staatsarbeit an der Universidad Nacional de Chimborazo, Riobamba 2021, S. 19–39.
154 Torres/Delgadillo/Peñarete, Obras fuera de Bogotá, zu Facatativá, *Virgen del Rosario* (S. 110–113), *San Miguel* in Guaduas (S. 114–117), *Santísima Trinidad* in Zipaquirá (S. 118–122).
155 Holzmann, *Johannes Baptista Stiehle*, S. 82–84.
156 Solá, *História del Arte hispanoamericano*, S. 208; Tirapeli, *Patrimônio Colonial*, S. 143; Catedrais neoclássicas na América Latina, S. 54.
157 Victor Hugo Limpias Ortíz, Aportes espaciales y tecnológicos de la Catedral Metropolitana de Santa Cruz de la Sierra, in: *Patrimonio Religioso en Iberoamérica (siglo xvi–xxi)* (Santa Cruz de la Sierra: Universidad Privada de Santa Cruz de la Sierra, 2021), S. 156–165.

neren" Chile folgten etwa ab 1875 die Kirche *San Marcos* in Arica, in der nun gängigen Neogotik und auf der Basis einer aus den USA importierten Stahlkonstruktion à la Eiffel,[158] Kathedrale seit 1987, und – strukturell wieder konventioneller – 1906–1917 in Antofagasta,[159] Kathedrale seit 1929. Umgekehrt blieb man für den 1897 vollendeten neuen Dom in Santiago noch im Neoklassizismus[160] wie bei einigen anderen Domen.[161] Immerhin waren in Argentinien Monumentalbauten noch beliebt. Dazu konsolidierten sich hier die Provinzen des Landes mit ihren Hauptstädten und Bischofssitzen erst in der zweiten Hälfte des 19. Jahrhunderts. Dabei spielten für die Dome oft italienische Einwanderer mit ihrer Liebe zum Neoklassizismus eine ästhetische Schlüsselrolle.[162] Und obwohl die Resultate mitunter uniform wirken – fast stets wählte man Doppelturmfassaden mit Portikus, für den Baukörper ein lateinisches Kreuz mit Vierungskuppel –, sind viele Dome regional gewichtig, liebevoll ausgestattet, oft unter europäischer Beteiligung, z. B. für die 1859 gegründete Diözese Paraná (1883 vollendet).[163] Manche sind Nationaldenkmäler, z. B. in Salta von 1858–1862 mit dem Mausoleum für den Freiheitshelden Martín Miguel de Güemes (1785–1821)[164] und der Dom in Buenos Aires,[165] nach kolonialem Anfang 1880 klassizistisch vollendet[166] mit dem Mausoleum des Freiheitshelden José de San Martín (1778–1850).[167] Nicht immer reichte aber wieder das Geld für die Vollendung. In Santa Fé wird nach Bistumsgründung 1897 ein 110 m langer Dom begonnen, aber 1930 die Bautätigkeit eingestellt.[168] Aufsehen erregen sollte aber noch der 1894 begonnene neogotische Dom zu La Plata, ein monumentaler Entwurf des französischen Stadtplaners Pierre Benoît (1836–1897), 120 m lang, im Querhaus 76 m – allerdings erst 100 Jahre

---

158 Der Bau stammt aber nicht von Eiffel; s. Darci Ana Gutiérrez Pinto, Mito o Realidad. Gustave Eiffel y el templo de San Marcos de Arica, in: *Revista de Arquitectura* Vol. 22 (2020), Nr. 2, S. 69–77.
159 Esteban Fernández-Cobián, Catedrales chilenas del siglo xx. Arquitectura, naturaleza y sociedad, in: Maria Cristina Valerdi Nochebuena/Maria Diéguez Melo (Hgg.), *Diseño y Método de Creación del Espacio Religioso Contemporáneo en Iberoamérica* (Puebla: Benemérita Universidad Autónoma, 2018), S. 217–245, hier 230.
160 Tirapeli, *Patrimônio Colonial*, S. 142; ders., Catedrais neoclássicas na América Latina, S. 52–53.
161 Eine Übersicht für die Zeit nach 1900 bei Fernández-Cobián, Catedrales chilenas.
162 *DAA* Bd. IV, S. 12.
163 *DAA* Bd. V, S. 32–33.
164 Sandra Bao u. a., *Argentina. Uruguay & Paraguay* (Melbourne u. a.: Lonely Planet Publications, 2002), S. 371; *DAA* Bd. IV, S. 12; VI, S. 17–19; Tirapeli, Catedrais neoclássicas na América Latina, S. 53.
165 Tirapeli, *Patrimônio Colonial*, S. 139 und S. 142.
166 *DAA* Bd. IV, S. 11.
167 Tirapeli, Catedrais neoclássicas na América Latina, S. 52–53.
168 Luciano Achinelli/Gustavo Giacosa, *Patrimonio Turístico y Cultural de la Ciudad de Santa Fé. Puesta en Valor y Aprovechamiento Turístico del Patio Catedral.* Wissenschaftliche Arbeit am Instituto Superior „SOL", Santa Fé, 2015, S. 19–25.

später vollendet.[169] Ähnlich entwickelte sich die Geschichte der Bauten, die später Kathedralen wurden. Wohl gilt weiter das neoklassizistische Bauschema, so in Tucumán (1856), Catamarca, einem alten Wallfahrtszentrum (ab 1859), in Corrientes (1864) und Santiago del Estero (1866–1877).[170] Doch kommt erneut französische Gotik dazu, von Benoîts Dom in Mar del Plata[171] bis zum alten Wallfahrtsort[172] Luján, 1932 fertiggestellt,[173] der „Quintessenz klassischer französischer gotischer Kathedralen":[174] Die Vierung ist fünftürmig, so dass mit den Fassadentürmen jene Siebentürmigkeit vorliegt, die man selbst in der Île-de-France kaum erreichte, allenfalls in Laon. Ein zumindest technologisch progressiver Kleinbau ist aber *N.S. de Luján* in Río Gallegos, nach chilenischem Muster 1899–1900 aus Holz und galvanisiertem Metall konstruiert, gotisierend, einschiffig und Kathedrale ab 1961.[175]

8.2.4.3 Parallelentwicklungen in Brasilien

Wie die Entwicklung in Brasilien bislang recht langsam war, so bis ins frühe 20. Jahrhundert, und wie früher spielen politische Gründe mit: Bis 1889 existierte ja der portugiesische *Padroado*. Doch der Klerikalismus seiner politischen Vertreter war so gering wie ihre Liebe zu einem ultramontanen Episkopat. Aber seit der Unabhängigkeit des Landes mehrten sich Diözesen wie Domneubauten, und die Einwanderer brachten neue Stilvielfalt.[176] In Curitiba entstand mit *N.S. da Luz* 1873–1895 wieder eine Kirche à la Köln,[177] 1901–1906 der neoklassizistische Dom

---

[169] Ein historischer Aufriss bei Guillermo García/Guillermo Pilía, The Cathedral, a Witness of the History of the City, in: M. Zago (Hg.), *The Cathedral of La Plata*, S. 70–79; s. a. Martín M. Checa-Artasu, The Persistence of Neo-Gothic Architecture in Twentieth- and Twenty-First-Century South America, in: Borngässer/Klein (Hgg.), *Global Gothic*, S. 111–125, hier S. 119–120.
[170] *DAA* Bd. VI, S. 138, Bd. II, S. 49–50, S. 79, Bd. VI, S. 37.
[171] Pablo de la Riestra, Neogótico en Sudamérica a ejemplo de Argentina, S. 217.
[172] Zur Vorgeschichte Juan Guillermo Durán, La Basílica Nacional de Luján: el proyecto de una construcción (1887–1890), in: *Revista Teología* 109 (Diciembre 2012), S. 65–99.
[173] B. Klein, Neugotische Architektur auf der Iberischen Halbinsel und in Lateinamerika, S. 18; Checa-Artasu, The Persistence, S. 120.
[174] Bruno Klein, Neugotische Architektur auf der Iberischen Halbinsel und in Lateinamerika, S. 18.
[175] *DAA* Bd. 5, S. 182; *AAS* 54 (1962), S. 142.
[176] Zur kirchlichen Lage vgl. Prien, *Das Christentum*, S. 272–274, und Grazziotin, *Pressupostos*, S. 27 ff.
[177] Claudio Forte Maiolino, *A Arquitetura Religiosa Neogótica em Curitiba entre os Anos de 1880 e 1930*. Dissertation an der Universidade Federal do Rio Grande do Sul, Curitiba 2007, S. 50–65; Maria Lucia Bressan Pinheiro, Neo-Gothic Architecture in Rio de Janeiro and in São Paulo, Brazil, in: Checa-Artasu/Niglio (Hgg.), *El Neogótico*, S. 101–115.

in Riberão Preto, vom Schweden Karl/Carlos Ekman (1866–1940).[178] Erste Pläne für den neogotischen Monumentalbau in São Paulo machte der Deutsche Maximilian Hehl (1861–1916), da die Stadt seit 1908 Erzbischofssitz war.[179] Ähnliche Vielfalt boten die Kirchen, die später Kathedralen wurden, vom Kolonialstil für *Nossa Senhora* in Manaus (1858 begonnen)[180] über den Klassizismus in Maceió (*N.S. dos Prazeres*, 1859 unter der Teilnahme Pedros II. geweiht[181]) und den Neobarock der *Basílica Velha*, dem erhaltenen Vorgängerbau der heutigen Kathedrale in Aparecida (begonnen 1845, mit bayrischen Malereien[182]) bis zur französischen Gotik (ab 1882 im Kaisermausoleum zu Petrópolis[183]) und zu Regionalstilen gemäß der Herkunft der Siedler.[184]

8.2.5 Afrika

8.2.5.1 Neuanfänge auf einem alten Erdteil

Vergleicht man die Entwicklung architektonischer Präsenz des Katholizismus von der französischen Revolution bis zum Anfang des 20. Jahrhunderts in Afrika mit anderen westkirchlichen Konfessionen, vor allem mit dem Anglikanismus, blieb der Katholizismus bereits aufgrund der räumlichen Nähe zu den europäisch-katholischen Kerngebieten vorne. Vergleicht man jedoch die katholische Präsenz in Afrika mit derjenigen in Amerika, sind die Unterschiede trotz gemeinsamer Anfänge in der Reformationszeit immens: In Amerika fand sich schon Mitte des 19. Jahrhunderts ein Siedlungsraum, der seiner katholischen Erschließung nahe

---

178 Percival Tirapeli, Percursos da arte sacra paulista: do Vale do Paraíba Imperial a capital e interior ecléticos, in: Tirapeli/Pereira (Hgg.), *Patrimônio Sacro*, S. 133–154, hier S. 142–144.
179 Paula Vermeersch, A construção da catedral da Sé, São Paulo 1913–1954, in: Borngässer/Klein, *Neugotik global*, S. 219–226, hier S. 219–221; Maria Beatriz Portugal Alburquerque, The São Paulo Cathedral and its Architect Builder, in: Checa-Artasu/Niglio (Hgg.), *El Neogótico*, S. 116–123; Tirapeli, A catedral da sé de São Paulo, in: Tirapeli/Pereira (Hgg.), *Patrimônio Sacro*, S. 109–119; Borngässer, Gótico, S. 150–151.
180 Ana Paula de Souza Rabelo, *Do templo de taipa ao templo de pedra: A construção da Igreja Matriz de Manaus (1858–1878)*. Magisterarbeit an der Universidade Federal do Estado do Amazonas 2008.
181 Tharcila Maria Soares Leão, *A história da paisagem da Praça Dom Pedro II em Maceió-AL*. Dissertation an der Universidade de Pernambuco, Recife-PE 2010, S. 60–61.
182 Magno Francisco de Jesus Santos, „Os factos para apadrinhar a arte". Thomas Georg Driendl e as pinturas da Matriz Basílica de Aparacedia, in: *Tempo* 24/2 (2018), S. 253–279.
183 S. Vermeersch, A construção, S. 222; Borngässer, Gótico, S. 147–148.
184 Lombardisch-gotisch ist z. B. der Dom zu Caxias do Sul (1893–1899); s. Grazziotin, *Pressupostos*, S. 37 f.

war, ja sie im lateinischen Süden fast erreicht hatte. Hier dagegen existierte ein Kontinent, der abgesehen vom in Europa politisch wie kulturell stets präsenten islamischen Norden fast ins Vergessen zurückgefallen war, kaum mehr als Ruinen für die lateinische Christenheit aufwies und selbst bei seinem Neuanfang im frühen 19. Jahrhundert lange nur mühsam über die ersten Schritte hinauskam. Bis in die 1830er Jahre beschränkte sich hier die katholische Anwesenheit auf wenige Stützpunkte meist des iberischen Katholizismus (während Frankreich wenig über die im 18. Jahrhundert gegründete Station Saint-Louis-du-Sénégal hinaus präsent war, hier jedoch ab 1763 mit einem Apostolischen Vikar). Die Situation war umso befremdlicher, als der Kontinent zwar ein alter Hort des Christentums war, doch die Kopten und Äthiopier unter sich blieben.[185] Dazu waren nichtbischöfliche Protestanten und die Anglikaner aktiv, und der Islam expandierte südwärts.

Nun war die nachnapoleonische Restauration Frankreichs zumindest in Nordafrika machtvoll genug, um die Konfrontation von westkirchlich-bischöflicher und muslimischer Welt zum Sieg des katholischen Christentums zu führen, politisch wie religiös – wobei freilich von dem Priester und Missionstheoretiker Charles Lavigerie (1825–1892), dem Gründer des für Afrika bestimmten Ordens der Weißen Väter, ein gewaltfreies Christentum gemeint war. Südlich der Sahara lagen die Dinge komplizierter. Bereits für die christliche Präsenz allgemein. Denn zwar hatte diese Präsenz Ende des 15. Jahrhunderts begonnen, doch war wenig davon seit dem 18. Jahrhundert geblieben, und spätere Versuche, sich dort festzusetzen – etwa auf Madagaskar – blieben zeitweise nur begrenzt erfolgreich. Lange dem europäischen Gedächtnis entfallen war die 1652 gegründete niederländisch-calvinistische Kapkolonie, das Kerngebiet der heutigen Republik Südafrika.[186] Mehr noch: So wenig das Christentum südlich der Sahara schon stärker präsent war, so wenig war die Region überhaupt erkundet. Wenn aber die Erkundung erfolgte, folgten Kolonisierung und Mission primär seitens der Kolonialmächte, und hier standen Katholiken und Anglikaner und andere Protestanten im Wettbewerb – wobei oft koloniale Interessen die Oberhand behielten,[187] wie zuvor in der *Conquista* und den Kreuzzügen. Dazu

---

185 Marginal blieb lange die iberische Halbinsel. Erwähnt wurde der Dom in Luanda. Hinzu kam 1778 die Insel Fernando Poo mit einem Festlandstreifen (Spanisch Guinea), seit 1855 mit dem Bischofssitz in Santa Isabel (Malabo) und der Elisabethkathedrale (1897–1916), an die „königliche" Gotik von León erinnernd. Vgl. Oscar Scafidi, *Equatorial Guinea* (Chalfont St. Peter: Bradt Travel Guides, 2015), S. 131; B. Klein, Gothic Architecture in Africa from Colonial to Postcolonial, in: Borngässer/Klein (Hgg.), *Global Gothic*, S. 160–177, hier S. 163–164.
186 Für Madagaskar und Südafrika s. Sundkler/Steed, *A History of the Church in Africa*, S. 72 und S. 64 ff.
187 Lt. Sundkler/Steed kombinierten die Kolonialisten „humanitarism and imperialism", s. *A History of the Church in Africa*, S. 97 ff.

waren infolge der oft willkürlichen Grenzziehungen bei der europäischen Landaufteilung neue ethnische Konflikte vorprogrammiert.[188]

Angesichts dieser (kirchen)politischen Ambivalenzen, mit denen das europäische Christentum der Neuzeit in die Welt Afrikas eintrat, wundert es gerade für das in jeder Hinsicht gegenüber dem Norden vielfältigere südliche Afrika nicht, dass hier bis ca. 1900 wenig nennenswerte Sakralarchitektur überdauert hat. Bereits die Erschließung der Region erfolgte spät, die Aufteilung in europäische Herrschaftsgebiete erst seit der Berliner Konferenz 1884/1885.[189] Dazu existierte lange keine Stadtkultur, aufgrund technischer und logistischer Probleme gab es erst seit den 1850er Jahren Kirchen, die bis zu 500 Personen fassten, größere Dome (d. h. ca. 60 m lang) entstanden lange nur in Departementszentren.[190] Oft wurden ganze Bauteile importiert,[191] komplexere Konstruktionen waren noch um 1970/80 nicht die Regel;[192] bis in die 1930er Jahre selten war die Glasmalerei.[193]

8.2.5.2 Die frankophonen Gebiete – Mission als Restauration nationaler Größe

So wenig Lavigerie als bekanntester Befürworter eines missionarisch wie kulturell erfolgreichen Frankreich die kolonialen Ambitionen seines Landes missbilligte, aber ebenso religiöse Zwangsmaßnahmen ablehnte und damit die Weißen Väter prägte,[194] war doch Frankreichs entscheidener kolonialer Beginn in Afrika

---

188 Aus katholischer Sicht vgl. Tony Terwase Famave, *Fostering Dialogue and Engagement: The Role of the Catholic Church in Nigeria*. Dissertation an der Santa Clara University Berkeley 2019, S. 10 ff.
189 Reinhard, *Die Unterwerfung*, S. 950 ff.
190 Beispiele Jacques Soulillou (Hg.), *Rives Coloniales. Architectures de Saint-Louis à Douala*, Marseille: Editions Parenthèses/Editions de l'Orstom, 1993.
191 In Tanganyika setzten Ordensleute noch 1901 für den Dom in Dar es Salaam die Bedachung im deutschen Mutterhaus zusammen; vgl. Christine Eggert, Transnationale Architekturen. Benediktinermission, Räume und Repräsentationsbauten, in: *Österreichische Zeitschrift für Geschichtswissenschaften* 24 (2013), Nr. 2, S. 47–69, hier S. 54 f.; Albert Babajide Adeboye, Existing Materials, Current Style and Ecclesiastical Architecture in Nigeria, in: *International Journal of Innovative Research and Development* 4/3 (2015), S. 216–220.
192 S. Antoni Folkers, The restauration of St. Joseph's Cathedral, in: ders., *Modern Architecture in Africa* (Amsterdam: SUN, 2010), S. 324–331; ders., The completion of the Mater Misericordia (!), ebenda, S. 332–339.
193 Am Beispiel Nigerias s. Stephen Folàrànmí/Jonathan Imafidor, The Use of Stained-Glas in Selected Churches in Ibadan, Nigeria, in: H. Odeyinka, B. Aluko u. a. (Hgg.), *Responsive Built Environment, Issues, Strategies and Policies in the Developing World* (Konferenzbericht der Obáfémi Awólowo University, January 2015), S. 97–107, hier S. 98.
194 Zu Lavigeries Strategie s. Jean-Claude Ceillier, *Histoire des Missionaires d'Afrique (Pères Blancs). De la fondation par Mgr Lavigerie à la mort du fondateur (1868–1892)* (Paris: Karthala, 2008), S. 36–37.

ein *coup de force* im politisch wie kulturell wenig unterwürfigen muslimischen Norden: Es waren die Eroberung von Algier 1830 – vormals Teil des osmanischen Reiches – und die martialische Verwandlung der Region in eine Kolonie.[195] 1832 wird die *Ketchahoua*-Moschee konfisziert, umgebaut und 1860 zur *Cathédrale de St-Philippe*.[196] Im benachbarten Constantine wird die *Souk-el-Ghozel*-Moschee 1838 zur *Cathédrale de N.-D.-des-Sept-Douleurs*, ihre Kuppel nach dem Modell von Florenz umgestaltet, ihr *minbar* zur Kanzel.[197] Später plante man für Algier sogar ein gänzlich neues erzbischöfliches Zentrum mit Kathedrale.[198] Doch so staatspolitisch motiviert all dies anmutet – vom Klerus des kolonialen Frankreich wurde derlei eminent theologisch interpretiert, nämlich als neuer Initiationspunkt der geistlichen Mission Algeriens für Afrika,[199] um die glorreiche Vergangenheit des afrikanischen Christentums und Frankreichs zu erneuern.[200] Von hier ist zu verstehen, dass durch die Initiative Lavigeries – seit 1867 Erzbischof von Algier – ab 1875 im benachbarten Tunesien das altkirchliche Erzbistum Karthago neu erstand, voreinst Bischofssitz des hl. Cyprian und 1270 der Ort, wo König Louis IX auf einem Kreuzzug starb. Hier folgte auch 1884–1890 eine neobyzantinisch-maurische Kathedrale mit Reliquien der hll. Cyprian und König Ludwig, bald *Cathédrale Primatiale* Afrikas, Pilgerort[201] und Kampfansage des katholischen Frankreich an das laizistische,[202] wobei ersteres natürlich royal blieb und Lavigerie über der Sterbestätte des Königs eine Kapelle baute.[203] Sogleich nach Vollendung des Domes von

---

195 S. Zeynep Çelik, *Empire, Architecture, and the City. French-Ottoman Encounters 1830–1914* (Seattle-London: University of Washington Press, 2008), S. 10 ff.
196 Gilbert Houlet, *Afrique Centrale. Les Républiques d'Expression Française* (Paris: Hachette, 1962), S. 33; Çelik, *Empire, Architecture, and the City*, S. 123 (1830); Amel Bellala, Sur les traces de la première cathédrale d'Alger, in: *Livraisons d'Histoire de l'Architecture*. Varia III 38/2019, S. 63–73.
197 Çelik, *Empire, Architecture, and the City*, S. 123.
198 Çelik, *Empire, Architecture, and the City*, S. 89. Großbauten folgen auch sonst, so bis 1900 neubyzantinisch in Annaba, dem Bistum Hippo Regius des hl. Augustinus, s. D. Auzias/J.-P. Labourdette, *Algérie* (Paris: petit futé, 2020/2021), S. 308.
199 „Tel est l'avenir de cette Église [...]: faire de la terre algérienne le berceau d'une nation grande, généreuse, chrétienne [...]. En un mot répandre autour de nous les vraies lumières d'une civilisation dont l'Evangile est la source et la loi" (nach Ceillier, *Histoire*, S. 29).
200 „L'Église et la France se sont unies pour relever ces gloires du passé" (bei Ceillier, *Histoire*, S. 28).
201 A.L. Delatte, *Un Pèlerinage aux Ruines de Carthage et au Musée Lavigerie*, Lyon: X. Devain, 1906².
202 S. Ceillier, *Histoire*, S. 105–107; Daniel E. Coslett, (Re)Creating a Christian Image Abroad. The Catholic Cathedrals of Protectorate-Era Tunis, in: Gharipour (Hg.), *Sacred Precincts*, S. 353–375.
203 „[...] s'élève sur le lieu de la mort de saint Louis [...], digne de notre France" (Ceillier, *Histoire*, S. 105).

Karthago legte er auch den Grundstein für *Saint-Vincent-de-Paul* in Tunis, stilistisch dem Dom in Karthago nahe und direkt gegenüber der *Résidence Générale* Frankreichs gelegen.[204] Man muss aber hinzufügen, dass nicht überall in der Region die Beziehung von Islam und Christentum so gespannt war wie im frankophonen Nordafrika, wie Ägypten zeigt. Zwar war auch hier – von Napoleon I 1798–1801 – eine Okkupation versucht worden, aber gescheitert, und andererseits hatte Muhammad Ali Pascha (um 1770–1849) nach Regierungsbeginn 1805 Reformen eingeleitet, zu denen Religionsfreiheit gehörte.[205] So waren bald katholische Missionare aktiv bis in den seit 1840 osmanischen Sudan, es folgten Dome. Hier waren freilich etliche Architekten Italiener, so im ohnehin architektonisch „italienischen" Alexandria mit dem neobarocken Katharinendom, auch der Grabstätte von Vittorio Emanuele III, dem letzten italienischen König (1869–1947),[206] ab 1908 im sudanesischen Khartoum.[207]

Bekanntlich ist Lavigeries Vision eines von Algerien und Tunesien her neu christianisierten Afrika eine bloße Vision geblieben. Auch die frühe sakrale Präsenz Frankreichs südlich der Sahara zeigte sich wie bei anderen Konfessionen nur in Kleinbauten – während sich auch in den südlicheren Gegenden, in die Frankreich expandierte, der Islam etablierte und keineswegs nur marginale Zentren hatte. Stets anspruchslos war aber die französische Sakralarchitektur auch hier nicht mehr. Man betrachte den klassizistischen Dom von Saint-Louis-du-Sénégal, Kirche jener 1763 gegründeten Apostolischen Präfektur, geweiht 1828, zwar kaum mehr als eine kleine Basilika, aber mit der massiven Doppelturmfassade effektvoll.[208] Doch waren die meisten Bauten bis zum 20. Jahrhundert in der Tat zurückhaltend, z. B. für das 1863 gegründete Apostolische Vikariat in Dakar/Sénégambia/Sénégal, 1880 geweiht, später durch einen Neubau ersetzt,[209] auch für das 1863 gegründete Apostolische Vikariat Gabun die in Libreville errichtete Alte Kathedrale *Ste-Marie* 1864, einschiffig, von simpler Neogotik, mit den Gräbern der ersten

---

204 Çelik, *Empire, Architecture, and the City*, S. 95–96; ausführlich Silvio Moreno, *La Cathédrale de Tunis „Saint Vincent de Paul et Sainte Olive". Une lecture chrétienne de son histoire et sa symbolique*, Tunis: Edition de l'Auteur. Imprimerie FINZI, 2018.
205 Sundkler/Steed, *A History of the Church in Africa*, S. 124 ff.
206 Der Architekt, Serafino da Bacceno, war Franziskaner; s. C. Ludwig (Hg.), *The Churches of Egypt*, S. 52–53; Cristina Pallini, Architettura italiana ad Alessandria. La città come „opera architettonica", in: *Controspazio* 5 (2001), S. 22–31, hier S. 22.
207 Bernhard Streck, *Sudan. Steinerne Gräber und lebendige Kulturen am Nil* (Köln: DuMont, 1982), S. 247.
208 Vgl. Diego de Selva, *Dakar et le Sénégal* (Paris: Hachette, 1972), S. 64; Alain Sinou, Le Sénégal, in: Soulillou (Hg.), *Rives Coloniales*, S. 31–62, hier S. 42.
209 Paule Brasseur, À propos de la cathédrale de Dakar, in: *Mémoire Spiritaine* 10 (1999), S. 109–117. Zum Neubau s. u. S. 297–298.

Apostolischen Vikare.[210] Mit 40 m × 12 m bescheiden wurde auch in Brazzaville *Sacré-Cœur*, im Kernbau 1892–1894 von Prosper Philippe Augouard (1852–1921), dem ersten Bischof.[211] Ähnlich klein waren die Kirchen, die später Kathedralen wurden, etwa *Sacré-Cœur* in Grand-Bassam/Côte d'Ivoire, auf eine Holzkirche von 1896 zurückgehend, dann durch einen neoromanischen Steinbau ersetzt.[212] Repräsentiver baute man bald auf Madagaskar, zumal man mit England um die Vorherrschaft stritt: Englische Freikirchler waren ab 1818 aktiv, ein katholischer Apostolischer Vikar seit 1848, ein anglikanischer Bischof seit den 1870er Jahren.[213] Frankreich hinwiederum machte das Land zur Kolonie: Ab 1871 bauten Jesuiten den neoromanischen Dom in Fianarantsoa;[214] 1873–1878 folgte in französischer Gotik der Dom in Antananarivo;[215] und seit ca. 1900 waren Repräsentationsbauten überall gängig. Erwähnt sei der neogotische Dom für das Apostolische Vikariat Dahomey (Benin) in Ouidah – dem Zentrum des Voodoo/Vodun-Kultes – von 1903–1909. Die 58 m × 14 m × 15 m große Kirche ist zugleich ein Kontrastbau zum benachbarten Tempel der *Dangbé*-Schlange[216] und ausgestattet mit den Fenstern aktueller französischer Heiliger wie Bernadette Soubirous (1844–1879).[217] Eine Sonderstellung besaßen im frankophonen Westafrika die wilhelminischen Kolonien, da sie erst ab 1918 zu Frankreich gehörten und bis dahin für den Dombau recht bedeutungslos waren. Gotischrepräsentiv ist nur *Sacré-Cœur* im togolesischen Lomé, 1902 begonnen, vom Ordens-

---

210 Gilbert Houlet, *Afrique Centrale*, S. 198–199; Michel Assoumou Nsi, *L'Église Catholique au Gabon. De l'Entreprise Missionaire à la Mise en Place d'une Église Locale 1844–1982*. Dissertation an der Université de Pau et des Pays de l'Adour 2011, S. 61–62.
211 Houlet, *Afrique Centrale*, S. 99–100, dort noch – wie manchmal auch sonst – als *Saint-Firmin* bezeichnet.
212 *AAS* (1982), S. 971–972; Organisation des Nations Unies […], *Proposition d'inscription de la ville historique de Grand-Bassam sur la liste du patrimoine mondial, République de Côte d'Ivoire*, Janvier 2012, S. 22.
213 Sundkler/Steed, *A History of the Church in Africa*, S. 487 ff., bes. S. 495 ff.; Jocelyn Rabeson, Jesuits and Protestants in Nineteenth-century Madagascar, in: Robert Aleksander Maryks/Festo Mkenda (Hgg.), *Encounters between Jesuits and Protestants in Africa*, Jesuit Studies 13 (Leiden-Boston: Brill, 2018), S. 171–193. Schon 1883–1889 entstand auch die anglikanische *Saint Lawrence Cathedral* in Antananarivo (Clarke, *Anglican Cathedrals*, S. 48).
214 Rabeson, Jesuits and Protestants, S. 185; Claude Janicot, *Madagascar* (Paris: Hachette, 1955), S. 225.
215 Janicot, *Madagascar*, S. 183.
216 Enock Gbonsou, *Architecture religieuse et art du vitrail au Bénin: la basilique de Ouidah (1907–1909) et la cathédrale de Porto-Novo (1925–1940)*. Magisterarbeit an der Université Diderot Paris7 2016/2017, S. 101–123, bes. S. 113–122.
217 Gbonsou, *Architecture religieuse*, S. 170 ff.

bruder Franz Hopfer (1856–1936) aus Österreich, nach dem Modell der Steyler Mutterkirche.[218] Eine Sonderstellung hatte auch der Belgische Kongo, dem König in Brüssel direkt unterstellt, ohne eine feste Hauptstadt bis 1930.[219] Doch schätzte man für größere Stützpunkte auch hier Repräsentation, z. B. in Coquilhatville (Mbandaka) *St-Eugène* 1910–1914, mit normannisch-romanischer Fassade, 60 m × 13 m × 17 m groß,[220] und *Notre-Dame* in Stanleyville (Kisangani) (Abb. 42), 1913 geweiht.[221] Einfachere Bauten dominieren aber, sogar für den Dom *Sainte-Anne* in der späteren

Abb. 42: Stanleyville (Kisangani). Römisch-katholische Kathedrale. Die Kirche macht bereits in der Fassade den ästhetischen Machtwillen Europas auch in der kolonialen Provinz sichtbar, doch ebenso die sozial und durch das Klima bedingte Einfachheit vieler Kolonialkirchen.

---

218 Thierry Lulle, Le Togo, in: Souillou (Hg.), *Rives Coloniales*, S. 171–206, hier S. 179; Klein, Gothic Architecture in Africa, S. 162.
219 Sundkler/Steed, *A History of the Church in Africa*, S. 763.
220 Auzias/Labourdette, *République Démocratique du Congo* (Paris: petit futé, 2015), S. 303.
221 J. Omasombo Tshonda (Hg.), *République démocratique du Congo. Tshopo. Laborieuse construction politico-administrative coloniale muée en bastion du nationalisme congolais* (Tervuren: Afrika. Museum. Musée Royal de l'Afrique centrale, 2020), S. 173–174.

Hauptstadt Léopoldville (Kinshasa) von 1913.[222] Noch kaum erschlossen war das ab 1918 belgische (zuvor wilhelminische) Rwanda-Burundi.

8.2.5.3 Die anglophonen Gebiete – Kathedralen im Wettbewerb der Konfessionen

Wenn im frankophonen Afrika katholischer Konfession – besonders in den französischen Kolonien – die Tendenz bestand, bischöfliche Kirchen auch als Symbole royaler Größe zu verstehen (also nicht nur als Gegensymbole zum Islam, sondern auch zu „heidnischen" Regionalkönigen), dann weniger im anglophon-anglikanisch dominierten Afrika oder im wilhelminischen Kolonialreich. Auch die Zahl der Kirchen blieb geringer. Das schloss nicht aus, dass an Zentren – oft auch den Stützpunkten anderer Konfessionen – ebenfalls bald Großbauten entstanden, z. T. auch als Gegenmodelle zu nicht-katholischen christlichen Sakralbauten.

Nun war der Katholizismus im muslimischen Nordafrika neben den bald frankophon dominierten Regionen auch im später anglophon dominierten Ägypten schon präsent, oft durch Italiener, wenngleich hier früh auch die anglikanische CMS wirkte. Er entwickelte aber auch andernorts im anglophonen Afrika bald eine stabile Präsenz, nämlich dort, wo die Anglikaner ebenfalls früh begonnen hatten – am Kap der Guten Hoffnung. Denn zwar war hier durch im 17. Jahrhundert eingewanderte niederländische Calvinisten der Protestantismus schon gegenwärtig, aber 1805 unterlagen die Niederländer den Engländern. Doch wurden diese jetzt wie in der Heimat gegenüber den Katholiken toleranter, und ab 1837 folgten Apostolische Vikariate in der neuen britischen Kolonie. Es ist aber typisch für die katholische Präsenz in Südafrika, dass sie zunächst ethnisch eingegrenzt blieb: Bezeichnend ist *St Mary's Cathedral* in Cape Town – schon von 1840–1841: Die neugotisch-nüchterne eintürmige Kirche ist – abgesehen vom Außenbau des Deutschen Carl Otto Hager (1813–1894) – irischer Herkunft,[223] und auch andernorts waren vor allem die Iren aktiv.[224] Aber natürlich blieb der lokale Katholizismus insgesamt übernational, und der Gründerbischof des 1903–1904 ge-

---

222 Houlet, *Afrique Centrale* u. a., S. 112–113; Auzias/Labourdette, *République Démocratique du Congo*, S. 231.
223 Colin Barr, *Ireland's Empire. The Roman Catholic Church in the English Speaking World, 1829–1914* (Cambridge: Cambridge University Press, 2020), S. 195–197.
224 Ein Beispiel ist in Port Elizabeth die *St Augustine's Cathedral*, 1861–1866, nach dem Vorbild einer gotischen Kirche bei Dublin erichtet; s. A.D. Herholdt mit G.H.H. Nesbit und H. E. Steenkamp, *Eight beautiful Gothic revival Churches of Port Elizabeth* (Port Elizabeth: Ad Hoc Publishers, 1994), S. 95–107.

bauten neogotischen Domes von Durban war Franzose.[225] Bis 1918 noch zum wilhelminischen Kolonialreich gehörte das benachbarte Südwest-Afrika/Namibia, ab 1892 Apostolische Präfektur, später Teil der Kapkolonie. Hier entstand 1906–1908 die pfarrkirchengroße neoromanische Marienkathedrale in Windhoek, doppeltürmig, wieder von Ordensarchitekten.[226]

Von Anfang an übernational war die Kirche von Rom auch in anderen anglophonen Regionen Afrikas südlich der Sahara. Ein Beispiel ist ihre Präsenz in Tanganyika mit der vorgelagerten, muslimisch dominierten Insel Zanzibar – wobei auf Zanzibar ab 1873 das *British Empire* regierte, während Tanganyika 1890–1918 wilhelminisch war.[227] Zunächst war Zanzibar das Ziel, zumal hier die Anglikaner bereits aktiv waren. Rasch waren französische Spiritaner vor Ort. Bereits 1898 war die Josephskathedrale vollendet, in ihrer Fassade ein ferner Nachklang des Doms von Marseille.[228] In Tanganyika arbeiteten ab 1887 deutschsprachige Benediktiner, ebenso der Münchener Kirchenarchitekt Hans Schurr (1864–1934).[229] Er schuf 1897/1898–1908 für das Apostolische Vikariat mit *Saint Joseph* in Dar es Salaam einen rheinisch-gotischen Dom.[230] Ansehnlicher wurde aber der von einem französischen Ordensbruder entworfene und 1914–1925 realisierte neoromanisch-doppeltürmige Dom *U.L.F.* auf dem *Rubaga Hill* in Kampala, der Hauptstadt der britischen Kolonie Uganda und des paganen Königreiches Buganda. Freilich war er auch das katholische Schlusswort zu langwierigen politischen, religiösen und konfessionellen Konflikten in der Region, die im Martyrium katholischer und anglikanischer Christen 1880/1886 unter König Mwanga II. (1868–1903) ihren Höhepunkt fanden – wenngleich in der Folgezeit sich Mwanga selbst dem Christentum näherte.[231] Aber der Dom wurde auch ein Konkurrenzbau zu den Anglikanern, da auf dem *Namirembe Hill* bereits deren großer gotischer Dom stand,[232] und die damals größte katholische Kirche

---

225 Vgl. D. J. Potgieter, *Standard Encyclopedia for Southern Africa*, Bd. 4 (Cape Town: NASOU, 1971), S. 303.
226 Isabelle Rispler, „Lands of the Future:" *German-Speaking Identity, Networks, and Territoriality in the South Atlantic, 1820–1930*. Dissertation an der University of Texas/Sorbonne, Paris 2017, S. 209; Klein, Gothic Architecture in Africa, S. 164.
227 Zur ostafrikanischen Küstenregion s. Sundkler/Steed, *A History of the Church in Africa*, S. 519–521.
228 S. Mary Fitzpatrick, *Tanzania, Zanzibar & Pemba* (Melbourne/Footscray u. a.: Lonely Planet Publications, 1999), S. 153.
229 Egger, Transnationale Architekturen, S. 49 ff.
230 Folkers, The Restoration, S. 325–330; Egger, Transnationale Architekturen, S. 54 f.; B. Klein, Gothic Architecture in Africa, S. 168.
231 Ausführlicher Sundkler/Steed, *A History of the Church in Africa*, S. 576–577.
232 Zur anglikanischen Kathedrale s. u. S. 236.

Afrikas.²³³ Unauffällig sind dagegen die sonstigen regionalen Kirchen der Zeit, die später Kathedralen wurden. Genannt seien für Deutsch-Ostafrika der kleine Dom der *hl. Therese* für das Apostolische Vikariat Tabora,²³⁴ neoromanisch, und *Christ-König* in Kwiro (Bistum Mahenge), einer Missionsstation von 1902, dann 1908 vom Schweizer Adolf Gaudy (1872–1967) errichtet. Der heutige, ebenfalls neoromanische Bau stammt aber erst von 1938 und ist seit 1965 Kathedrale.²³⁵

8.2.6 Asien

8.2.6.1 Architektonische Fortschritte zu einem stabilen Katholizismus

Auch in Asien blieb der Katholizismus den anderen westkirchlichen Konfessionen und ihren Missionen voraus, fast wie in Lateinamerika: Schon seit dem 16. Jahrhundert stand er hier ja unter dem Schutz lokaler Potentaten bzw. der kolonialen Verwaltungen Spaniens und Portugals. Gewiss blieb er überall – außer den Philippinen – eine Minderheit gegenüber den stabilen Landesreligionen, doch unter den Ortskirchen stieg er einigerorts zur größten Konfession auf. Mehr noch, sieht man von den auf den Philippinen und in Goa schon seit dem 16. Jahrhundert existierenden Kirchenprovinzen ab, war auch im sonstigen Asien in etlichen Regionen die Hierarchie in Entstehung, als in Afrika noch wenig von katholischer Präsenz gesprochen werden konnte. Architektonisch lebte überall ein facettenreicher Historismus weiter, und vorhandene indigene Sakralbauformen blieben lebendig.

8.2.6.2 Vom Vorderen Orient bis an die Grenzen des *British Empire*

All das ändert aber nichts daran, dass zumindest in Vorderasien der katholischen Expansion besonders enge Grenzen gesetzt waren, obwohl die Osmanen seit ca. 1830 toleranter wurden. Immerhin wurde in Istanbul nach dem Ende des kurzlebigen lateinischen Patriarchats für den Apostolischen Vikar 1846 die *Cathédrale du Saint-Ésprit* in italienischer Neorenaissance gebaut;²³⁶ auch die unierten Kirchen entfalteten

---

233 Mark R.O. Olweny, *Monumental through Design. Identity by Definition. The Architecture of Uganda Prior to Independence.* Wissenschaftliche Arbeit an der University of Adelaide 1998, S. 9.
234 *TCD*, S. 320 und S. 322.
235 Staatsarchiv St. Gallen, Signatur W 027/139: Kwiro-Mahenge (Tansania). Zum Neubau Maia Green, *Construction of 'Religion' and the Perpetuation of 'Tradition' Among Pogoro Catholics, Southern Tanzania*. Dissertation an der London School of Economics and Political Science 1993, S. 45–47; *AAS* 57 (1965), S. 209–210.
236 Paolo Girardelli, Architecture, Identity, Liminality: on the Use and Meaning of Catholic Spaces in Latin Ottoman Istanbul, in: *Muqarnas* Vol. 22 (2005), S. 233–264 (Harvard University), hier S. 233.

sich weiter, mit wachsendem Selbstbewusstsein z. B. nach 1830 im osmanischen Syrien. Bald bauten die Maroniten die *Mar Antonios*-Kathedrale in Damaskus,[237] und die Kuppel, mit der sie 1873 Aleppos Eliaskathedrale krönten, erinnert von fern wieder an St. Peter in Rom.[238] Ab 1830 schufen auch die Melchiten Kathedralen, so in Aleppo den klassizistischen Dom *U.L.F. Entschlafung*[239] und 1833–1834 als neogotische Hallenkirche einen Dom gleichen Namens (*U.L.F. al-Niah*) in Damaskus.[240] Freilich waren es gerade auch diese letztgenannten Bauten, die von späteren islamistischen Attacken und Bürgerkriegen nicht verschont wurden.

Weitaus ungehinderter expandierte der Katholizismus auf dem indischen Subkontinent und war tatsächlich bald auf dem Weg, hier die größte christliche Konfession zu werden. Allerdings war dies vergleichsweise einfach, weil in der Region die Stellung des *British Empire* und seiner Staatskirche lange unklar war: Das Mogulreich blieb bis 1858 ein Machtfaktor,[241] während die Engländer erst nach Niederschlagung des indischen Aufstandes 1858 die Dominanz gewannen. Erleichtert wurde auch das Wachstum des katholischen Christentums (infolge des Kastenwesens sogar durch kollektive Übertritte aus dem Hinduismus).[242] Seinen Einfluss verlor in Goa zudem der *Padroado,* so dass über die katholisch-hierarchische Organisation des Subkontinents endgültig wieder von Rom aus entschieden wurde. So entstanden seit der 1. Hälfte des 19. Jahrhunderts viele Apostolische Vikariate und mit ihnen Bischofskirchen, bis 1886 unter dem Protest des Erzbischofs von Goa auch die lateinische Hierarchie errichtet wurde.[243] Großbauten wurden die überall entstehenden Kirchen allerdings meistens nicht, auch nicht die als Kathedralen designierten Bauten (so wenig wie die Kirchen anderer Konfessionen), aber aufgrund der unterschiedlichen Orden vielfältig oder so opulent wie die iberisch anmutende Kathedrale in Kolkata, *Our Lady of the Holy Rosary* (die „Portugiesi-

---

237 Irmina Nockiewicz, *Churches and Holy Places in Syria Needing Reconstruction. Rebuilding the destroyed homes of Christ and His People 2018* (Königstein: ACN Aid to the Church in Need International, 1.–2. Auflage 2018), S. 17.
238 Bernard Heyberger, Alep, capitale chrétienne (XVIIe–XIXe siècle), in: ders. (Hg.), *Les Chrétiens du monde arabe. Un archipel de terre d'Islam* (Paris: Éditions Autrement – collection. Mémoires n° 94, 2003), S. 49–67, hier S. 64. Nockiewicz, *Churches,* S. 8.
239 Nockiewicz, *Churches,* S. 15.
240 Demeter, *Lens on Syria,* S. 41.
241 Preeti Sharma, *Begum Sumru* (Delhi: Academic Excellence, 2009), S. 1.
242 Eyre Chatterton, *A History of the Church of England in India since the Early Days of the East India Company* (London u. a.: SPCK, 1924), S. 324; Niclas Kinell, *Christianity in Banaras. A mapping of Christian congregations and case study on two Catholic churches. Kristendom i Banaras. En kartläggning av kristna församlingar och en fallstudie på två katolska kyrkor.* Wissenschaftliche Arbeit an der Universität Karlstad 2017, S. 5.
243 Pallath, *The Catholic Church in India,* S. 96 ff.

sche Kirche") von 1797–1799;[244] ähnlicher Art, aber französischen Ursprungs ist die *Immaculate Conception Cathedral* in Pondicherry (Puducherry), 1770–1791.[245] Und so vielfältig die Bauherren in der Nationalität waren, so unterschiedliche Genese hatten die Bauten. Die lateinische Kathedrale von Sardhana geht sogar auf Geheiß einer lokalen Potentatin zurück – bekannt als Begum Sumroo (1753–1836), aus einfachen Verhältnissen, Gattin eines deutschen Söldners, der im Dienst eines regionalen Adeligen zu einem Herrschaftsgebiet gelangt war und ihr dieses nach seinem Tod hinterließ. Mit den anglikanischen Kolonialherren verstand sie sich gut und unterstützte ihre Bischöfe sogar finanziell; doch sie trat zum Katholizismus ihres Ehemannes über und rief italienische Missionare ins Land. So entstand 1820–1829 *Our Lady of Graces,* wieder an die Peterskirche in Rom erinnernd, auf Wunsch der Begum seit 1834 Dom eines Apostolischen Vikariats[246] und nach ihrem Tod mit ihrem Grabmal von Adamo Tadolini aus Bologna (1788–1868), einem Schüler von Antonio Canova (1757–1822).[247] Bald ließ die Begum auch *Saint Joseph* in Meerut bauen,[248] stilistisch vergleichbar dem Dom in Sardhana, heute die römische Kathedrale der Stadt. Opulenz und Detailreichtum wurden wieder allerorts angestrebt. Für das 1845 gegründete Apostolische Vikariat Agra schufen Italiener 1848 den heutigen neobarocken Dom.[249] In Bangalore folgten sogar zwei Dome, *Saint Patrick's* 1841–1844 und ab 1851, renaissancehaft, *Saint Francis Xavier,* 1932 fertiggestellt.[250] In Madras (Chennai) wurde 1894 der heutige neogotische Bau errichtet.[251] Wieder als Renaissance-Bau folgte die 1897 geweihte Erlöserkathedrale in Krishnagar,[252] erneut neugotisch 1905 *Holy Name* in Bombay (Mumbai), ab 1912 *Saint Joseph's* in Trivandrum (Thiruvanatapuram).[253] In einem gotisierten Kerala-Stil entstand bis 1887 der syro-malabarische Dom in Changanassery (Abb. 43).[254]

---

244 Pereira, *Baroque India*, S. 411; Pijush Kanti Roy, *Churches in Calcutta*, S. 35–37.
245 Pereira, *Baroque India*, S. 163.
246 Thomas, *Churches in India*, S. 19–20; Sood, *Landmark Churches*, S. 146–153.
247 Ignacimuthu/Raj/Michael, *Catholic Shrines*, S. 284–286; Thomas, *Churches in India*, S. 19–20.
248 Sharma nennt als Baudatum 1826, *Begum Sumru*, S. 86.
249 Peck, *Agra*, S. 133.
250 B. Narasingaraja Naidu, *New Perspectives in Indian Church History: Karnataka*, Bangalore (masch.) 2019, S. 23 ff.; *AAS* 32 (1940), S. 347.
251 Sood, *Landmark Churches*, S. 54–61; Nagy, *Catholic Shrines*, S. 118 ff.; Peter Scriver/Amit Srivastava/Pedro Guedes, Neo-Gothic in India. Autonomy, Fusion, Exuberance, in: Borngässer/Klein (Hgg.), *Global Gothic,* S. 98–109, hier S. 107.
252 James Soren (Hg.), *Catholic Directory of Krishnagar 2013* (Krishnagar: St. Joseph Training Institute of Printing, 2013), S. 61–62.
253 Zu Mumbai *JISA* 25 (2014), S. 4; zu Trivandrum Scriver u. a., *Neogothic in India*, S. 109.
254 Auch bei Thomas, *Churches in India*, S. 18.

Abb. 43: Changanassery. Syro-malabarische Kathedrale. Sie ist ein älteres Beispiel für die ästhetische Vermittlung zwischen ursprünglich sehr unterschiedlichen Konfessionen in Indien. Eine Vorliebe für die Gotik ist aber erkennbar.

Prestigebauten entstanden auch in den heutigen Nachbarländern Pakistan, Ceylon/Sri Lanka und Burma/Myanmar, obwohl in den strikt muslimischen bzw. buddhistischen Regionen seltener: In Pakistan wurde lediglich ein Dom neu konzipiert, nämlich für Lahore: neobyzantinisch, 1907 geweiht, vom Flamen Eduard Dobbeleers (1861–1921).[255] Auf effektvolle Präsenz angelegt ist freilich auch in Karachi *Saint Patrick,* neogotisch, 1881 vollendet, Kathedrale seit 1948: Der Kirche wird 1927–1931 am Ende der zum Eingang aufsteigenden Freitreppe ein großes *Christ the King*-Monument zur Ehre des 1925 gestifteten Christ-König-Festes und des Papstes aufgestellt, zudem mit dem Christuswort *Tu es Petrus* (Mt 16,18).[256] Mit *Saint Lucia*

---

[255] Safdar Ali Shah/Syed Javaid A. Kazi, *Churches of Pakistan* (Lahore: Mansoor Rashid, 2010), S. 38–47.
[256] Shah/Kazi, *Churches of Pakistan,* S. 98–105; Anila Maeem (Hg.), *Christ the King Monument St. Patrick's Cathedral, Karachi. State of Conservation Report,* Karachi: University of Engineering and Technology, 2012.

in Colombo erhielt 1873–1902 Ceylon einen vergleichbar ansehnlichen Dom, dazu den größten des Landes: einen Neorenaissance-Bau wieder mit einer Fassade à la Sankt Peter.[257] Und ihm folgt ab 1909 im burmesischen Rangoon (Yangon) Joseph Cuypers' neogotische *Saint Mary's Cathedral* – fast zeitgleich mit seinem in Haarlem errichteten prestigiösen Dom.[258]

8.2.6.3 Von Vietnam bis auf die Inseln

Es blieb aber auch in den Nachbarregionen das Interesse an katholischer Repräsentanz groß, waren doch die römische Tradition lang und die kolonialen Bedingungen meist günstig. Beispielhaft ist Vietnam, wo die Mission auch den Verfolgungen der Nguyen-Dynastie (1802–1883) nicht erlag.[259] Darüber hinaus war Frankreich seit Mitte des 19. Jahrhunderts militärisch präsent, die Mission belebte sich, es folgten neue Apostolische Vikariate. Die Situation stabilisierte sich weiter während der französischen Herrschaft 1885–1945.[260] Kirchenpolitisch tonangebend wurden wieder die *Missions Étrangères de Paris* (MEP). Von Vietnam her wirkte der frankophone Katholizismus auch in China und Korea.

Versteht man Vietnam nicht nur als Ort alter Präsenz des kolonialen, sondern ebenso des katholischen Frankreich, ist begreiflich, dass auch die zeitgleiche Sakralarchitektur so florierte wie zeitgleich einigerorts in Afrika – gefördert durch Paul-François Puginier (1835–1892) als Apostolischen Vikar seit 1868 und Mitglied der MEP: Respektabel (67,2 m × 31 m × 23,1 m) ist bereits seine gotische Basilika in Kien-Khê (So Kiê) von 1877–1882, erster Dom der Erzdiözese Hanoï.[261] 1886 wurde *Saint-Joseph* in Hanoï geweiht, auf dem Terrain einer Pagode,[262] mit einer Fassade, die wieder an *Notre-Dame* in Paris erinnert (der Rest ist neoromanisch) und französischen Glasma-

---

257 Gavin Thomas u. a., *Sri Lanka* (London: Rough Guides, 6. überarbeitete Auflage, 2018), S. 76. Zeitgleich entstanden die späteren Dome in Kandy, *Saint Anthony's*, und Galle, *Saint Mary's*. s. Sagara Jayasinghe, Identity Crisis of Post-Colonial Church in Sri Lanka. in: *Proceedings Book ARCASIA Design Analysis Forum*, Ayutthaya, Thailand 2015, S. 6–22, hier S. 6–7.
258 Simon Richmond, *Myanmar (Burma)* (London: Lonely Planet Publications, 2014[12]), S. 45.
259 Nguyen Quang Hung, *Katholizismus*, S. 56 ff.
260 Nguyen Quang Hung, *Katholizismus*, S. 68 ff.; Charles Keith, *Catholic Vietnam. A Church from Empire to Nation* (Berkeley u. a.: University of California, 2012), bes. S. 28 ff.
261 Alain Guillemin, L'architecture religieuse, S. 260.
262 Michael Pouyllau, Structures Urbaines et Modèle Territorial de Hanoï, in: *Mappemonde* 52 (1998.4), S. 30–34, hier S. 32.

lereien.²⁶³ Ähnlich romanisch-gotisch ist der Dom von Saigon (Ho-Chi-Minh-Stadt) von 1877–1880, dessen Vorgänger von 1835 vielleicht ebenfalls eine Pagode ersetzt.²⁶⁴ Neobarock mit indigenem Schmuck stellt sich der erste Dom in Hué dar; doch folgte später ein moderner Neubau.²⁶⁵ Indigener noch zeigt sich *N.-D.-du-Rosaire* in Phât Diem (Abb. 44), vom einheimischen Priester-Architekten Trân Van Luc (1825–1899), 1875–1891, Kathedrale seit 1961, mit dreitürmig-pagodenhafter Fassade, insgesamt 80 m × 24 m × 16 m groß.²⁶⁶

Abb. 44: Phat Diêm. Römisch-katholische Kathedrale. Man sieht, wie deutlich bereits in Zeiten europäisch-kolonialen Hochgefühls ein indigenes Idiom artikuliert werden konnte. Doch war die Kirche ursprünglich keine Kathedrale.

Gegenüber Vietnam blieb das Königreich Thailand unabhängig, dazu mit einem monolithisch-nationalbewussten Buddhismus, der dem Christentum wenig Spielraum zur Expansion gab, wenngleich auch hier die MEP repräsentative Kirchen (und spätere Kathedralen) bauten.²⁶⁷

---

263 Arnauld le Brusq, *Villes et Architectures Coloniales au Viêt-Nam (1860–1945)*. Dissertation an der Universität Paris IV – Sorbonne, 1999, S. 118–119; Guillemin, L'architecture religieuse, S. 260; Andrew Forbes u. a., *Vietnam* (London: DK Eyewitness Guides, Penguin/Random House, 2007), S. 175.
264 Le Brusq, *Villes*, S. 116–118; Forbes u.a., *Vietnam*, S. 67.
265 Vgl. *Le Brusq, Villes*, S. 120–121; Thu Huong Thi Vu/Tuan Dung Nguyen, Vietnam. Contemporary Religious Architecture as a Rare Good, in: *AARC* 8 (2021), S. 28–47, hier S. 36. Zum Neubau s. u. S. 313.
266 Guillemin, L'architecture religieuse, S. 268–269. Ein Foto bei Keith, *Catholic Vietnam*, S. 168. Die Maße nach Guillemin, L'architecture religieuse, S. 269.
267 Wichtig sind *U.L.F.* in Bangkok (1909–1918), neoromanisch, und in Chanthaburi (1906–1909), neogotisch, letztere Kirche 58 m × 23 m groß; s. Jongmeewasin, *Pilgrim Routes*, S. 53 ff., S. 110–111 und S. 112–113.

Auch China blieb trotz großer kolonialer Einflüsse eigenständig, bis zum Widerstand, wie sich am lang dauernden Ritenstreit ablesen lässt: Während die Jesuiten Ahnen- und Konfuziuskult in der Mission als einen lokalen Brauch beließen, waren andere Orden und die Päpste unduldsamer, so dass der Kult 1645 durch die *Propaganda fide* untersagt wurde. Als Folge war in China ab 1724 das Christentum zeitweise verboten.[268] Doch war das Land seit der 2. Hälfte des 19. Jahrhunderts für Christentum und Katholizismus erneut offen. Viele Orden wurden wieder aktiv, oft wieder frankophon – von den MEP bis zu Neugründungen wie die belgische *Congregatio Immaculatae Cordis Mariae* (Scheutisten), deren Architekten sogar Kirchbau-Handbücher schrieben.[269] Begreiflich ist also, dass für die neuen Dome weiterhin oft das frankophone Europa initiativ war.[270] Sogleich am Anfang stand ein Großbau: die Kathedrale von Gouangzhou (Kanton), „one of the most impressive neo-Gothic structures in East Asia" (78.70 m × 35 m).[271] Ihr Bauherr war Philippe-François Guillemin (1814–1886) von den MEP und Apostolischer Vikar, der Architekt – von *Ste-Clotilde* in Paris inspiriert – Léon Vautrin (1820–1884). Napoléon III – schon als Mentor der Neuen Kathedrale von Marseille hervorgetreten – förderte das 1863 begonnene Projekt finanziell; und als sich die Vollendung 1873 aus Geldmangel verzögerte, bewilligt die *Assemblée nationale* neue Mittel.[272] Ähnlich repräsentativ geriet die *Beitang*-Kathedrale (Nordkirche) in Peking, eine Ergänzung zur *Nantang*-Kathedrale (Südkirche), nach Entwurf von Bischof Alphonse Marie Favrier (1837–1905) 1886–1888: Die Fassade erinnert neu an *Notre-Dame* in Paris.[273] Kontinuierlich arbeiteten französische Ordensarchitekten auch

---

[268] Ernesti, *Konfessionskunde*, S. 57–58; Meier, *Bis an die Ränder der Welt*, S. 111–117; Reinhard, *Die Unterwerfung*, S. 642 ff.

[269] Thomas Coomans, A pragmatic approach to church construction in Northern China at the time of Christian Inculturation: The handbook „Le missionaire constructeur", 1926, in: *Frontiers of Architectural Research* 2014 Vol. 3 (June), S. 89–107; Narae Kim, *Architecture des Missions Étrangères en Corée (Père Coste 1847–1897)*. Dissertation an der Université de recherches Paris Sciences et Lettres 2020, S. 103.

[270] Anthony E. Clark und Amanda C.R. Clark, Building for the Senses. A Resurgence of Sacred Architecture in China, in: *JISA* 25 (2014), S. 10–18; Coomans, Western, Modern and Postmodern Gothic Churches in Twentieth Century China: Styles, Identites, and Memories, in: Borngässer/Klein, *Global Gothic*, S. 179–201.

[271] So jedenfalls Guillén-Núñez, The Catholic Revival, Zitat und Maße S. 293.

[272] Ménonville, *Les Aventuriers de Dieu*, S. 155–156.

[273] Ménonville, *Les Aventuriers de Dieu*, S. 151–152; Sweeten, *China's Old Churches*, S. 113–130; Anthony Clark, Beijing's „New" Cathedral. Renewal of a Classical Monument, in: *JISA* 34 (2018), S. 15–19.

in der Provinz. Schon 1849 wurde die indigene Architektur adaptiert, z. B. bei *Saint Joseph* von Guyang, wo man dem neogotischen Bau einen Pagodenturm voranstellte.[274] Doch blieb man stilistisch meist französisch, auch mit Byzantinismen à la Marseille wie im 1916 geweihten Dom *Saint-Joseph* von Tianjin.[275] Konservativ waren auch der belgische Scheutist und Pugin-Adept Alphonse de Moerloose (1856–1932) mit dem gotischen Dom in Xuanhua 1903–1906[276] oder der schottische Protestant William Dowdall (1842–1929) in der Jesuitenhochburg Shanghai mit der gotischen Ignatiuskathedrale (vollendet 1910).[277] Ähnlich erfolgreich wirkte man auf Taiwan (auch kontinuierlicher, da die Insel nach 1945 den politischen Umbrüchen weniger ausgesetzt war, die auf dem Festland geschahen). Überlebt hat hier z. B. *Holy Rosary* in Kaohsiung (1860). Die *Immaculate Conception Cathedral* von Taipei von 1911–1914 wurde nach Zerstörung im II. Weltkrieg (1945) durch einen Neubau ersetzt.[278]

Obwohl sich nach 1918 das Bild in China architektonisch noch ausdifferenzieren wird, setzten sich auch außerhalb Chinas die MEP in ihren Vorstellungen durch, wie Korea zeigt. Hier war dem Orden bereits 1827 die Arbeit anvertraut,[279] kam allerdings erst – nach Christenverfolgungen, die durch einen Vertrag zwischen Frankreich und Korea beendet wurden – 1887 in Gang. Längst standen auch MEP-Architekten zur Verfügung. Eine Leitfigur war Eugène-Jean-Georges Coste (1846–1896), bereits ab 1887 in Seoul tätig. Hier begann er 1892 auf dem *Jonghyeon Hill* die gotische *Conceptio Immaculata*-Kathedrale und vollendete sie 1896, Symbol des örtlichen Katholizismus (mit Gräbern koreanischer Märtyrer in der Krypta) und lange Koreas größte Kirche.[280] Coste initiierte auch weitere Kir-

---

274 Clark/Clark, Building for the Senses, S. 13. Der in der Kulturrevolution zerstörte Bau wurde 2004 erneuert.
275 Ménonville, *Les Aventuriers de Dieu*, S. 159; Sweeten, *China's Old Churches*, S. 212–218.
276 Thomas Coomans/Wei Luo, Exporting Flemish Gothic Architecture to China: meaning and context of the churches of Shebiya (Inner Mongolia) and Xuanhua (Hebei) built by missionary-architect Alphonse de Moerloose in 1903–1906, in: *Relicta* 9 (2012), hier S. 237–247.
277 Coomans/Wei Luo, Exporting, S. 251; Guillén-Núñez, The Catholic Revival, S. 292–297.
278 Vgl. Marco Lazzarotti, Meeting of Cultures and Architectural Dialogue: The Example of the Dominicans in Taiwan, in: *Religions* (=MDPI) 2022/13 (1094), in: https://doi.org/10.3390/rel13111094, S. 1–14, hier S. 8–9.
279 Narae Kim, *Architecture des Missions Étrangères*, S. 24.
280 Mark Peterson, *Korea's Religious Places* (Seoul: Academy of Korean Studies. Seoul Selection, 2016), S. 81–82. In-Hwan Hwang/Jin Jeon, Spatiality of Two Urban Religious Spaces in Seoul: A Case Study of Myeong-Dong Cathedral and Bongeun Buddhist Temple Precinct, in: *Journal of Asian Architecture and Building Engineering* 14/3 (2015), S. 625–632, bes. S. 627–629.

chen – auch spätere Dome, z. B. in Daegu *U.L.F. von Lourdes*, 1902 vollendet. Die Neoromanik wählte er hier, da in kleineren Städten ein „einfacherer" Stil angemessen sei.[281]

Auch auf den Inseln verstärkte die Kirche von Rom weiter ihre Präsenz, wenngleich unterschiedlich rasch. Langsam blieben die Fortschritte auf den bis 1898 spanischen Philippinen: Denn wie das Land bislang wenig spanisches Interesse fand, so auch im 19. Jahrhundert: Das Patronatssystem galt noch, die Errichtung der Diözesen erfolgte von Spanien aus, jedoch die Aufforderung der Bischöfe, neue zu schaffen (die Bevölkerung war auf 8–10 000 000 Menschen gewachsen!), wurde von der Krone weitgehend ignoriert.[282] So ist von neuen Domen lange Zeit wenig zu berichten. Zu nennen ist lediglich der neue Dom für das alte Bistum Naga City von 1808–1843, der seine noch barocke Gestalt nie verlor. Für das einzige neue Bistum – Jaro mit Sitz in Ilo Ilo – wurde bis 1874 ein romanisch-eklektizistischer Dom errichtet.[283] Dazu kommen später zu Kathedralen erhobene Pfarrkirchen, meist klassizistisch-eklektizistisch von Ende des 19. Jahrhunderts,[284] bisweilen modern ergänzt wie in Calboyag.[285]

In Japan existierte der Katholizismus nach der Katastrophe in Nagasaki 1597 lange nur im Untergrund weiter, bis Frankreich 1858 wenigstens für Ausländer Kultusfreiheit erreichte.[286] Der nun folgende Neubeginn lag z. T. ebenfalls in Nagasaki, wo 1861–1864 die MEP die neogotische *Ōura-Tenshudō*-Kirche/*Kirche der 26 Märtyrer* bauten, die Kirche aber bis zur völligen Religionsfreiheit 1873 nur als „französische Kirche" freigegeben war.[287] Doch wirkte sie – heute Konkathedrale der Erzdiözese – als Initiationsbau. Eine zweite Kathedrale der Stadt folgte ab 1895–1925 mit der neoromanischen *Saint Mary's/Urakami Church*, damals der

---

281 Narae Kim, *Architecture des Missions Étrangères*, S. 69 und S. 95.
282 Delgado/Gutiérrez, *Die Konzilien auf den Philippinen*, S. 180.
283 Zu Naga City Dusik, *Philippinen* (Köln: DuMont Buchverlag, 1986), S. 242–243; zu Ilo Ilo s. Layug, *A Tourist Guide*, S. 156.
284 Beispiele bei Layug u. a. für Maasin (*A Tourist Guide*, S. 210), Dipolog (S. 211), Lingayen (S. 32).
285 Layug, *A Tourist Guide*, S. 210, nennt die Kirche lakonisch „a blending of Spanish and modern design"
286 Mayazaki, Roman Catholic Mission, S. 4–5; s. a. Beate Löffler, *Fremd und Eigen. Christlicher Sakralbau in Japan seit 1853* (Berlin: Frank und Timme, 2011), S. 32 f.; Montane, *Sacred Space*, S. 262–263.
287 Dallas Finn, *Meiji Revisited. The Sites of Victorian Japan* (New York: Weatherhill, 1995), S. 12–13; Chad R. Diehl, *Resurrecting Nagasaki: Reconstruction, the Urakami Catholics, and Atomic Memory, 1945–1970*. Dissertation an der Columbia University 2011, S. 13; Löffler, *Fremd und Eigen*, S. 67–69; S. 339; Montane, *Sacred Space*, S. 261.

größten Kirche Ostasiens.[288] Auch anderswo begann das japanische Christentum neu, z. B. in Yokohama, wo die *Sacred Heart/Yamate Church* 1862 entstand, ein erster Vorgänger der heutigen Kathedrale, und in Sapporo mit der Schutzengel-Kirche/*Kitachijo Church*, 1891 gegründet, in der heutigen Gestalt 1916 geweiht, ab 1952 Kathedrale.[289] Groß sind die Kirchen außer der *Urakami Church* alle nicht.[290]

Erfolgreicher als im Japan des Kolonialzeitalters war man dagegen stets im muslimischen Indonesien; aber der Status einer Minderheitskirche wurde auch hier nie überwunden, und die katholische Hierarchie wurde erst 1961 errichtet. Doch obwohl schon 1808 die niederländische Kolonialregierung die katholische Mission zuließ[291] und Christentum und Islam nicht durch Kreuzzugserfahrungen entzweit waren, gibt es auch hier kaum Repräsentationskirchen etwa in der Art etlicher zeitgleich gebauter zukünftiger Dome Indiens. Die meisten Bauten blieben erneut klein, einschiffig und in einem simplen, häufig gotisierenden Historismus. Noch auf 1879 geht der Mariendom der Jesuitenmission Medan zurück; der heutige Bau ist von 1905, romanisch-gotisch und wurde 1928 erweitert.[292] Eine Kirche von 1896 ist *U.L.F.* in Bogor, neogotisch;[293] die neogotische Kathedrale zu Makassar von 1898 erhielt erst 1938 einen Turm.[294] Eine größere Ausnahme – indes von vornherein Bischofskirche und Hauptstadtkathedrale – ist nur der doppeltürmig-dreischiffige neogotische Mariendom in Jakarta von 1899–1901. Der 60 m × 20 m große Bau, entstanden nach Plänen des Jesuitenmissionars Antonius Dijkmans (1851–1922) und des Architekten Marius J. Hulswit (1862–1921), hat eiserne Turmspitzen aus den Niederlanden.[295]

---

288 Diehl, *Resurrecting Nagasaki*, S. 18; S. 116–117; Löffler, *Fremd und Eigen*, S. 116–118; S. 339.
289 Zu Yokohama Hiroshi Watanabe, *The Architecture of Tokyo. An architectural history in 571 individual presentations* (Stuttgart-London: Axel Menges, 2001), S. 107; zu Sapporo s. Löffler, *Fremd und Eigen*, S. 84–86.
290 Die Ōura-Kirche misst 33 m × 18 m, die in Sapporo 30 m × 14 m (Löffler, *Fremd und Eigen*, S. 67 und S. 86), die *Urakami Church* sogar 65 m × 25 m (Löffler, *Fremd und Eigen*, S. 118), nach 1945 wurde sie noch größer.
291 Aritonang/Steenbrink, *A History of Christians in Indonesia*, S. 137 ff., bes. S. 139. Reinhard, *Die Unterwerfung*, S. 808 ff.
292 Syahrin Harahap/Amroeni Drajat/Hasna Nasution, The Contribution of Tong A Fie in Creating Religious Harmony in North Sumatera Medan, Indonesia, in: *IOSR Journal of Humanities and Social Sciences* 23/6, Ver. 4 (2018), S. 76–81, hier S. 80.
293 Emmelia Tricia Herliana, Menciptakan Kesinambungan Visual Antara Bangunan Lama Dan Daru Secara Kontekstual Di Dalan Lingkunan Gereja Katedral Bogor, in: *Universitas Atma Jaya Yogyakarta. Seminar Stone, Steel and Straw. Building Materials and Sustainable Environment*, Yogyakarta 2013, S. II.155–II.170.
294 Ahmad Yunani, Gereja Hati Yesus Yangmaha Kudus – Katedral, in: *Jurnal Lektur Keagamaan* 15/1 (2017), S. 125–148 (mit engl. Zusammenfassung).
295 Ishan Ali-Fauzi u. a., *Disputed Churches in Jakarta*, Melbourne Asian Law Centre, Centre for Islamic Law and Society, Melbourne Law School, The University of Melbourne 2012, S. 44–48;

Stattlicher hinwiederum wurden die Kathedralen des fünften Kontinents, in Australien.

8.2.7 Die Vollendung der universalen Kirche – die Dome Australiens und des Umfelds

So mühsam zwar der Weg der katholischen Welterschließung vom indischen Subkontinent nach Ostasien war und durch welche Fährnisse er im 19. Jahrhundert auch führte – jeder, der wie der tridentinisch-global denkende Ignatius von Loyola von einer letztlichen Identität zwischen universaler Christenheit und katholischer Weltkirche überzeugt war und von Indonesien oder einem anderen asiatischen Diasporaland her Australien betrat, seit Ende des 18. Jahrhunderts eine weitere britische Kolonie, konnte sich hier fast am Ziel auch einer geographisch allmählich real werdenden katholischen Universalität fühlen; außerdem hatte das Land, das ihn erwartete, zwar als Strafkolonie begonnen, besaß jedoch durch die europäische Einwanderung selbst bereits christliche Traditionen. Allerdings waren die Konflikte im römisch-anglikanischen Miteinander lange erheblich: In der ersten Dekade des neuen Jahrhunderts war der Katholizismus noch verboten (zumal es 1798 in Irland noch eine Rebellion gegeben hatte, und auch in Australien konnten Katholiken der Komplizenschaft verdächtigt werden).[296] Englands Staatskirche gab hier aber schon früher als in Kanada ihre Vorherrschaft auf: Schon 1818 trennten sich Staat und Kirche, konfessionelle Privilegien entfielen.[297] Die ersten katholischen Geistlichen waren offiziell seit 1820 aktiv, und Iren gründeten die älteste katholische Gemeinde.[298] Gerade hier setzte aber auch ein interkonfessioneller Dombauwettbewerb ein: 1821 erfolgte die Grundsteinlegung für *St Mary's Church* in Sydney durch Gouverneur Lachlan Macquarie (1762–1824), einen schottischen Freimaurer; 1835 wurde die Kirche Kathedrale. Nach ihrer Zerstörung durch Brand 1865 begann 1868 der Pugin-Schüler William Wardell (1823–1899) ihren 107 m langen und 25 m breiten

---

C. C. van Dullemen, *Tropical Modernity. Life and Work of C.P. Wolff Schoemaker* (Amsterdam: SUN, 2010), S. 102–103; Stefan Loose, *Indonesien* (Ostfildern: Stefan Loose-Travelhandbücher, 2016³), S. 151. Hinzuzurechnen ist noch die zukünftige Kathedrale im früher portugiesischen Larantuka, in fantasievoller Neogotik von 1901, später erweitert (S. 507).
296 Joan Mooney, *St Mary's Cathedral Sydney Australia* (Sydney: Catholic Communications, 1993), S. 16.
297 Ruth Powell, Australia, in: Goodhew (Hg.), *Growth and Decline in the Anglican Communion. 1980 to the Present*. Routledge Contemporary Ecclesiology (London-New York: Routledge, 2017), S. 194–224, hier S. 195.
298 Zum irisch-australischen Katholizismus Barr, *The Irish Empire*, S. 288 ff.

Neubau, demonstrativ mit einer Kapelle für alle irischen Heiligen, dazu doppelt so groß wie den im Bau befindlichen örtlichen anglikanische Dom.[299] Auch andernorts war auf dem Kontinent der katholische Dombau schon im Gang, mit ähnlicher Energie wie bei der katholischen Wiedergeburt im Mutterland: Ein weiterer – 103 m × 56 m großer – Wardell-Bau wurde ab 1858 in Melbourne mit *St Patrick* errichtet.[300] Und oft blieben Größe und Repräsentation Maximen im Wettbewerb mit den Anglikanern. So wurden 1912–1928 – mit Ausnahme der Spitzen der Fassadentürme – Wardells Pläne in Sydney durch die irischstämmigen Architekten John Francis Hennessy Sr. (1853–1924) und seinen Sohn John Francis (Jack) Jr. (1887–1955) zu Ende verwirklicht, mit einer neuen großen Krypta als Grablege für die Gründer des australischen Katholizismus.[301] Klein ist zwar der neogotische Dom in Perth von 1863–1865, aber wieder dezidiert „römisch", zumal der regionale Katholizismus irischstämmig war und der benediktinische Bischof das päpstliche Unfehlbarkeitsdogma befürwortete: Der Bau ist der *Conceptio Immaculata* geweiht, der Architekt ebenfalls ein Benediktiner, außerdem Italiener, und auch das Interieur erhielt italienischen Charakter.[302] Überdies war bald eine Erweiterung in Aussicht, sie erfolgte allerdings viel später.[303] Bei Brisbanes *St Stephen's Cathedral,* ebenfalls in den 1860er Jahren begonnen, um die Jahrhundertwende noch Baustelle, wurde die Vollendung zeitweise nicht einmal mehr erwogen, da man an einen monumentaleren Ersatz dachte.[304] In Neuseeland baute man größenmäßig weniger ambitioniert, dafür pragmatischer und stilistisch einfallsreicher: Wohl begann man wieder neogotisch,[305] aber populär wurde als Dombauer der Palladio-Adept Francis Petre (1847–1918), zumal wegen seiner Liebe zu progressiven Techniken.

---

299 Mooney, *Saint Mary's Cathedral,* S. 6–7. Zur anglikanischen Kathedrale s. u. S. 242.
300 Sarah Zahradnik (Hg.), *Architectural Guide Australia* (Berlin: DOM Publishers, 2019), S. 224/ Nr. 103; Barbara Borngässer/Bruno Klein, Gothic Down Under, in: Borngässer/Klein (Hgg.), *Global Gothic,* S. 85–97, hier S. 88.
301 John W. East, *Australia's First International Architect. A Sketch of the Life and Career of Jack F. Hennessy junior* (Brisbane: Selbstverlag des Verfassers, 2013), S. 12–13.
302 Odhran O'Brien, Beyond Melbourne: Nineteenth-Century Cathedral Building in the Diocese of Perth, in: *Journal of the Australian Catholic Historical Society* 39 (2018), S. 45–54.
303 Adam Wysokowski, Unusual Rebuilding Method of Historic St Mary's Cathedral in the Capital of Western Australia, in: *Civil and Environmental Engineering Reports* (CEER) 21/2 (2016), S. 147–159.
304 S. East, Jack F. Hennessy, S. 15. Zum geplanten Neubau s. S. 320.
305 So in Auckland, s. John Stacpool, *Colonial Architecture in New Zealand* (Wellington: Reed, 1976), S. 36.

Von seinen Hauptwerken in Christchurch und Wellington erlag *die Blessed Sacrament Cathedral* in Christchurch jedoch 2011 einem Erdbeben.[306]

Die Kathedralen der wenigen französischen Südsee-Kolonien orientierten sich an Paris.[307]

8.3 Die bischöflichen Reformationskirchen

8.3.1 Innerprotestantische Ausdifferenzierungen

Wenn jetzt nach den fern gelegenen Domen der Restauration im katholischen Australien die geographisch näheren Dome der Restauration des bischöflich-protestantischen Europas in den Vordergrund rücken, bleibt von den bisherigen Überlegungen her als Gemeinsamkeit beider Regionen eine überkonfessionelle neue Empfänglichkeit für das Sakrale, zumal im Sinne vorreformatorischer Zeiten. Es ging dabei diese Gemeinsamkeit in dem Maße weit, in dem sie partiell den nicht-bischöflichen Protestantismus einschloss, die schottischen Calvinisten und deutschsprachigen Lutheraner. Dabei war diese Neu-Sakralisierung älterer sakraler Welten nicht ohne romantische Elemente, aber ebenso mitgetragen von der Skepsis gegenüber einer zu Ende gedachten oder zu Ende denkbaren Aufklärung. Doch sei erneut daran erinnert, dass in den Westkirchen neben den römisch-katholischen und protestantischen Unterschieden die innerprotestantischen Unterschiede weiter existieren. Denn obwohl die romantische Wertschätzung vergangener Sakralität selbst den schottischen Calvinisten ein neues Gefühl für ihre Kathedralen gab, war für die Protestanten eine ähnliche Liebe wie in der Kirche von Rom zur mittelalterlichen Theologie nirgends denkbar. Eine größere Rolle spielte hier für die neue Mittelalterrezeption dagegen das nationale Erbe. Skandinavien zeigt das Phänomen z. B. in der Pflege der Nationalsprachen und der Entfaltung einer spezifisch „skandinavischen" – auch konfessionell bedingten – Identität in Politik, Ethik, Lebensgefühl usw., während das Luthertum als hierarchische Ins-

---

306 Zu Christchurch s. Stacpool, *Colonial Architecture*, S. 143–144; Peter und Linda Murray, Art. „Australia, New Zealand, and the Pacific", in: dies., *The Oxford Dictionary of Christian Art and Architecture*, 2. Ausgabe von Tom Devonshire Jones (Oxford: OUP, 2013), S. 42–47, hier S. 43; auch zu Wellington.
307 Vgl. die *Cathédrale St-Michel* in Rikitea von 1839–1841, 53 m × 19 m groß; dazu Pierre-Antoine Gatier, Dominique Touzeau u. a., *Mémorial et découvertes. Saint Michel, la renaissance* (Paris: Haut-Commissariat de la République en Polynésie Française, 2011), bes. die Beiträge von Gatier und Touzeau, S. 3–5.

titution nicht angetastet wurde.[308] Indes dachten die bischöflichen Reformationskirchen auch hier unterschiedlich. Besonders der z. T. ebenfalls hochkirchliche Anglikanismus erfuhr zeitgleich mit dem Neuerwachen des römischen Katholizismus eine neue Blüte, so dass nicht nur der Episkopat aufgewertet wurde, sondern auch die architektonische Restauration theologisch fundiert.[309] Und das war verständlich: Immerhin hatte der Anglikanismus durch die Evangelikalen auch Nähe zum nicht-bischöflichen Protestantismus und zur Freikirchlichkeit bewahrt, die ein „katholisches und apostolisches", für manche Protestanten aber eher „papistisches" Selbstverständnis nicht gefördert hatte; und obwohl freikirchliches Denken (falls es nicht in neue Denominationen führte wie den Methodismus) stets im Schatten der Staatskirche gestanden hatte, war es lebendig geblieben, ja Objekt anglikanisch-evangelikaler Faszination. Und selbst wenn staatstreue Anglikaner Spaltungen missbilligten, wussten auch sie Wesleys Ansatz bei der Reformation nicht ohne Enthusiasmus als *evangelical revival* zu deuten, als Impuls eines neuen geistlichen Aufbruchs im Land und darüber hinaus.[310] Entsprechend entstand mit der *Church Missionary Society* (CMS) eine neue evangelikale Missionsgesellschaft, die zudem die Kooperation mit deutschen Pietisten schätzte.[311] Freilich stellten solche „protestantischen" Tendenzen den Anglikanismus als Konfession weiterhin in Frage: das Gewicht seiner bischöflichen Verfasstheit, seines sakramentalen Lebens, des Amtspriestertums, der Messliturgie mit Weihrauch und *processionals*, die Liebe zur mittelalterlich-architektonischen Sakralität, kurzum, alles was neben dem reformatorischen Element ebenfalls seine Identität ausmachte, aber neue Nähe zu Rom schuf und als Fortbildung der Hochkirchlichkeit einen *catholic revival*. Dem entsprach jedoch ebenso eine wachsende Distanz zu anglikanischer Staatskirchlichkeit, besonders zur Bevormundung der Kirche durch den Staat.[312] Den Evangelikalen wiederum blieb der Episkopalismus zu romfreund-

---

308 Paradigmatisch für Finnland Kaius Sinnemäki, Anneli Portman u. a. (Hgg.), *On the Legacy of Lutheranism in Finland. Societal Perspectives*. Studia Fennica Historica 25, Helsinki: Finnish Literature Society, 2019.
309 Detailliert Steffen Weishaupt, *The Development of the Concept of Episcopacy in the Church of England from the Nineteenth to the Mid-twentieth Centuries*. Dissertation an der University of Oxford 2012.
310 Gustav A. Krieg, *Die anglikanische Kirchenmusik – historisch und praktisch. Einführung und Repertoirekunde* (Köln: Verlag Dohr, 2020), S. 147–150.
311 Vgl. Eugene Stock, *The History of the Church Missionary Society. Its Environment, Its Men and Its Work* Vol. I (London: CMS, 1899), bes. S. 31–44; S. 82–91.
312 Detailliert Weishaupt, *The Development*, S. 195 ff.

lich und ein Feind des religiösen Pluralismus.³¹³ Zudem konnten vor allem in den Kolonien zwischen evangelikaler Mission und dem Ortsbischof Spannungen entstehen, selbst wenn dieser evangelikal war: Kraft seines Amtes repräsentierte er ja weiterhin primär hierarchische Ordnungen statt persönlicher Frömmigkeit.³¹⁴

Ungeachtet dieser Spannungen ist jedoch der *catholic revival* im Anglikanismus ebenso im Auge zu behalten wie der vorangegangene *evangelical revival*, da ersterer zeitweise so wirksam war wie der letztere: Theologisch förderte ihn die Oxfordbewegung mit ihrem Konzept kirchlichen Lebens, vor allem ästhetisch und liturgisch, ähnlich die 1839 gegründete *Cambridge Camden Society* (CCM). Dabei wurde erneut in der Pugin-Nachfolge die Gotik kultiviert, wenngleich gut anglikanisch-staatskirchlich besonders die englische.³¹⁵ Auch neue hochkirchliche Missionsgesellschaften folgten, z. B. die *Universities' Mission to Central Africa* (UMCA) mit ihrem Interesse am repräsentativen Sakralbau, aber weniger an viktorianischer Standardgotik.³¹⁶ Doch darf man die Differenzen der Richtungen nicht überbewerten. Staatskirchliches Bewusstsein hatten auch die Evangelikalen, und auch ihre Bischöfe fühlten sich als Teil einer hierarchischen Gesellschaft – wie denn die Kirche von England in den Kolonien ihre Hierarchie manchmal mit lokalen politischen Hierarchien in Einklang brachte.³¹⁷ Außerdem waren viele Evangelikale Romantiker genug, um die Erhabenheit großer Kulträume zu schätzen und für neue Kathedralen zu plädieren.³¹⁸ Erst recht konnten sich beide Richtungen unter dem Gedanken der spirituellen Welterschließung verbinden – teilten ihn doch auch freikirchliche Liederdichter wie Isaac Watts, und Architekten der Staatskirche mit freikirchlicher Sozialisation beteiligten sich gern.

---

313 Guillermo R. Cavieses Araya, *A (New) Ecclesiology of the Anglican Communion. Rediscovering the Radical and Transnational Nature of the Anglican Communion*. Dissertation an der University of Leeds 2019, S. 114 ff.
314 S. *Joan Plubell Mattia, Walking the Rift: Alfred Robert Tucker in East Africa. Idealism and Imperialism 1890–1911*. Dissertation an der Universität Birmingham 2007, S. 123 ff.; Weishaupt, *The Development*, S. 65 ff.
315 Simeon Hawkins, *King, Bishop, Knight, Pioneer: the Social and Architectural Significance of Old Saint Paul's Church, Emily Place, Auckland. 1841–1885*. Magisterarbeit an der Universität Auckland 2020, S. 18 ff.
316 Zur UMCA s. Sundkler/Steed, *A History of the Church in Africa*, S. 530; G. Alex Bremner, The Architecture of the Universities' Mission to Central Africa. Developing a Vernacular Tradition in the Anglican Mission Field, 1861–1909, in: *Journal of the Society of Architectural Historians*, Vol. 68, Nr. 4 (December 2009), S. 514–539.
317 In Uganda standen Bischöfe im Rang eines *kabaka*/König, Dekan und Priester im Rang eines *saza/chief*/Häuptling, Katecheten im Rang eines *muruka/chief*, s. Sundkler/Steed, *A History of the Church in Africa*, S. 849–850.
318 Clarke, *Anglican Cathedrals*, S. 3 ff., bes. S. 8.

8.3.2 Skandinavien – Die bleibende Bedeutung der Kathedrale als Predigtraum

Anders lagen die Dinge in Skandinavien; denn wenn der Historismus in den Westkirchen mit seiner Liebe zum Mittelalter zumindest bei Katholiken und hochkirchlichen Anglikanern dazu tendierte, ein voraufklärerisches Lebensgefühl zu restaurieren, traf das für die bischöflichen Reformationskirchen hier weniger zu – auch weil die mittelalterlichen Praktiken wie Heiligen- und Reliquienkult, die z. B. in Schweden die Reformation überlebt hatten, im 17./18. Jahrhundert beseitigt wurden, gewiss zunächst unter Luthers Leitmotiv des *solus Christus*, aber bald im aufklärerisch akzentuierten Kampf gegen Aberglauben.[319] Und zwar wurden in der Zeit danach manchmal die alten, z. T. baufälligen Dome erneuert, in Schweden durch den Viollet-le-Duc-Adepten Hugo Zetterwall (1831–1901) mit seinen Restaurationen in Lund und Uppsala,[320] im norwegischen Trondheim zunächst durch den Deutschen Heinrich Ernst Schirmer (1814–1887).[321] Aber neue Dome entstanden ohne mittelalterlichen Überschwang, obwohl auch in Skandinavien Neoromanik und Neogotik im Lauf des 19. Jahrhunderts beliebter wurden. So gab es in Schweden zwar 2 Neubauten, aber wenig aufwendig – zunächst in Göteborg, nach Brand des Vorgängerbaus 1804–1815 in einfachem Neoklassizismus: kreuzförmig, ohne Seitenschiffe, flach gewölbt und mit mächtigem Turm, mit Ausstattung des Vorgängers.[322] Den Neoklassizismus wählte man – nach Zerstörung des Vorgängers durch die Zarenarmee – auch 1846 für den Neubau in Härnosand. Die 1894 vollendete neugotische Pfarrkirche von Luleå (einer jungen Provinzhauptstadt im Norden), schon 1904 Kathedrale, ist ein einschiffiger Predigtraum.[323] Auch die norwegischen Neubauten wurden primär nüchterne, z. T. wieder einschiffige Predigträume wie 1862 in vereinfachter Neogotik der Dom in Tromsø für das neue Bistum Hålogaland, eine große Holzkirche. Schirmer vollendete 1868 einen kleinen neoromanischen Neubau für das wieder hergestellte Bistum Hamar. Schließlich folgte allerdings bis 1885 der neogotische Dom in Kristiansand, dreischiffig, mit Holzdecke, 70 m × 39 m groß.[324] Neu konzipierte Dome gab es sonst keine. Für Dänemark ein weiterer Nationalbau wurde jedoch *U.L.F.* in Kopenha-

---

319 Eine Zusammenfassung bei Zachrisson, *Mellan fromhet och vidskepelse*, S. 301 ff.; dies., Images, passim.
320 Zeitler, *Schweden*, S. 299–307 und S. 561–574.
321 Barüske, *Norwegen*, S. 77 ff.
322 Hansson, *Göteborgs eller Gustavi Domkyrka*, S. 13 ff.
323 Zu Härnösand s. Zeitler, *Schweden*, S. 206, zu Luleå s. S. 294. Der Bau misst 54 m × 35 m; s. a. das Informationsheft der Domkirkoförsamling, Luleå 2017.
324 Zu Tromsø s. Holger Wolandt, *Knaurs Kulturführer in Farbe. Norwegen*, hg. von Marianne Mehling (Augsburg: Weltbild Verlag, 1998), S. 200; zu Hamar S. 74–75; zu Kristiansand S. 112.

gen (Abb. 45), klassizistisch, seit 1921 Kathedrale: Errichtet wurde er anstelle der alten Stiftskirche. Nach deren Zerstörung unter Napoleon I folgte er bis 1829, mit den Apostelstatuen im Langhaus und der Christusgestalt von Bertel Thorvaldsen (1770–1844) in der asketischen Apsis ein sehr protestantisches Monument von Christian Frederik Hansen (1756–1845).[325] *St.-Nikolai* im damals russischen Helsinki, Dom seit 1959, gewann für Finnland nach dem I. Weltkrieg ebenfalls Nationalcharakter: Der Berliner Carl Engel (1778–1840) plante den Bau als klassizistische Einkuppelkirche, allerdings ließ ihn der Zar analog zur Petersburger Isaakskathedrale auf 5 Kuppeln erweitern.[326] Ein Nationalbau für Grönland wurde endlich die hölzerne Erlöserkirche

Abb. 45: Kopenhagen. Lutherischer Liebfrauendom. Die Hauptkirche Dänemarks ist das Muster einer *National Church* mit reformatorischer Ikonologie, aber ohne das bürgerliche Interieur norddeutscher Dome.

---

325 Zu Kopenhagen s. Zeitler (Hg.), *Dänemark*, S. 170 f. und S. 174. Ein anderer Nationalbau wurde der Dom in Viborg von 1864–1867, eine Replik des Vorgängers. Sein Akademismus war umstritten. Doch diente der Bau nach dem preußisch-dänischen Krieg auch der Identität des Landes; s. Zeitler (Hg.), *Dänemark*, S. 380–381; Jokilehto, *A History of Architectural Restoration*, S. 392.
326 Sari Miettinen, *The Cathedral of Helsinki*, Helsinki: Domkirchengemeinde, 1994. Auch Engels klassizistische Kirchen in Oulu und Lapua wurden später Dome, s. Lilius/Zeitler, *Finnland*, S. 171, S. 194; Otto M. Schneider, *Knaurs Kulturführer in Farbe. Finnland*, hg. von Marianne Mehling (München: Droemer Knaur, 1988), S. 134.

von 1849 in Nuuk, entstanden aus der Missionstation Hans Egedes (1686–1758), Dom seit 1993, ein später Nachfolger des nie vollendeten Domes in Garđar.[327]

Alles in allem war der Historismus in Skandinavien besonders in seinen mittelalterlichen Varianten jedoch ohnehin früh vorbei, wie *St. Johannes* im finnischen Tampere zeigt, ein Jugendstil-Bau von 1902–1904 aus Granit, fast eine Zentralkirche, Kathedrale seit 1923. Erst recht hat die Ikonologie des Baues – z. B. das Fresko „Garten des Todes" des vom schwedischen Mystiker Emanuel Swedenborg (1688–1772) angeregten Hugo Simberg (1873–1917) von 1904–1906[328] und Magnus Enckells (1870–1925) Altarbild „Auferstehung der Toten" von 1906–1907 – nichts mehr mit Historismus zu tun.[329]

8.3.3 Der Anglikanismus – Kathedralen zwischen *evangelical* und *catholic revival*

8.3.3.1 Die Britischen Inseln – Die Rückkehr der Hochkirchlichkeit

Tatsächlich lässt sich die neue protestantische Hochkirchlichkeit im Dombau an den britischen Inseln besser beobachten als an Skandinavien, da hier für den Anglikanismus das Mittelalter näher stand. Nötig waren neue anglikanische Dome im calvinistischen Schottland, wo der anglikanische Bevölkerungsanteil aber 1792 nur 5% betrug (marginal war er auch in Wales),[330] doch von nun an durften auch die Anglikaner Kirchen bauen,[331] wobei sich jedoch unter den (durchweg neugotischen) Kathedralen kaum Großbauten befanden.[332]

Allerdings waren Domneubauten auch im alten Königreich England nicht vorrangig; Bewegung kam aber zumindest in die Frage nach neuen Diözesen, da die Zahl der bisherigen seit Henry VIII unverändert war, die Bevölkerung jedoch gewachsen und z. T. – in den Industriegebieten des Nordens – kirchlich unterversorgt[333] (u. a. mit der Folge, dass die Teilnahme am liturgischen Leben

---

327 (Stadt Nuuk), *Bevaringsværdige bygninger og bydele* (Nuuk: Grønlands Hjemmestyre Økonomidirektoratet, 1990), zur Kathedrale S. 3 und S. 25.
328 Nina Kokkinen, Hugo Simberg's Art and the Widening Perspective into Swedenborg's Ideas, in: Karl Grandin (Hg.), *Emanuel Swedenborg, Exploring a „World Memory"* (Stockholm: Swedenborg Foundation Publishers, 2013), S. 246–266.
329 Lilius/Zeitler, *Finnland*, S. 242–244.
330 Weishaupt, *The Development*, S. 116; Davie, *Religion in Britain*, S. 99 f. und S. 101 f.
331 Galloway, *The Cathedrals of Scotland*, S. viii–ix.
332 Vgl. den Neubau 1816–1817 in Aberdeen, bis heute turmlos; s. Galloway, *The Cathedrals of Scotland*, S. 8–12. Ein Großbau ist *Saint Mary's* in Edinburgh, von George Gilbert Scott, 1874–1917, 84.6 m × 20.8 m groß (Galloway, *The Cathedrals of Scotland*, S. 74–79).
333 Orme, *The History*, S. 191.

zurückging[334]). Indes waren in der – eben auch vom Parlament abhängigen – Staatskirche die Vorgehensweisen z. T. langwierig, weil die evangelikalen Parlamentsmitglieder nicht immer für Domneubauten zu gewinnen waren.[335] Doch wirkte der architektonische Elan des Katholizismus herausfordernd, und es wurden bald weitere Kirchen zu Kathedralen erhoben, etwa die Stadtkirche zu Blackburn, eine der ältesten neogotischen Kirchen Englands.[336] Für 2 Diözesen kamen sogar Neubauten hinzu: Für das ländliche Truro entstand ab 1880 ein großer frühgotischer Dom von John Loughborough Pearson (1817–1897);[337] 1904 wurde in Liverpool die *Christ Church Cathedral* von Giles Gilbert Scott (1880–1960) begonnen.[338] Neue Kathedralen folgten auch für die Anglikaner Irlands, so der stattliche Dom in Cork, *Saint Fin Barre* 1864–1870 von William Burgess (1827–1881) und kleine Neubauten, meist als Ersatz für verfallene Vorgänger.[339]

8.3.3.2 Amerika – Episkopalismus als schwieriges Erbe

Schon früh hatte die neue Hochkirchlichkeit auch den Anglikanismus der Neuen Welt erreicht, auch die Vereinigten Staaten von Amerika – die aber erst 1784 mit Samuel Seabury (1729–1796) einen im Land geborenen anglikanischen Bischof erhielten.[340] Freilich besaßen Amerikas Anglikaner bald nicht mehr die Sonderrechte des Mutterlandes. Zwar hatten sie im seit 1763 englischen Kanada bis 1854 ein Monopol;[341] in den USA blieben sie aber eine kleine Minderheit inmitten calvinistischer und oft biblizistisch-fundamentalistischer Denominationen bzw. eines expansiven Katholizismus. Sie nannten sich bald zudem (*Protestant*) *Episcopal Church*, um sich von England abzugrenzen, und nach 1776 reduzierten sie sich weiter, weil die Royalisten nach Kanada oder Großbritannien emigrierten.[342] Repräsentative Kathedralen blieben zudem selbst im kolonialen Kanada rar, und in den USA nahm deren Errichtung nicht immer ein gutes Ende, wie sich zeigen wird. Darüber hinaus war die anglikanische Installation von Kathedralen in den USA weiterhin kein Standard (wie

---

334 Rowe, *The Roles of the Cathedral*, S. 213.
335 Orme, *The History*, S. S. 191 und S. 196.
336 New, *A Guide to the Cathedrals of Britain*, S. 37–39.
337 G.H. Cook, *The English Cathedral*, S. 336–337.
338 G.H. Cook, *The English Cathedral*, S. 337–340.
339 Für Cork s. Galloway, *The Cathedrals of Ireland*, S. 58–62; auch weitere Beispiele bei Galloway.
340 Weishaupt, *The Development*, S. 103 ff.
341 Wendy Fletcher, Canadian Anglicanism and Ethnicity, in: Bramadat/Seljak, *Christianity*, S. 138–167, hier S. 141.
342 Teresa F. Morales, *The Last Stone is Just the Beginning: A Rhetorical Biography of Washington National Cathedral*. Dissertation an der Georgia State University 2013, S. 40.

denn etliche Diözesen bis heute keine Kathedralen haben). Doch entstanden auch im anglikanischen Nordamerika viele neu konzipierte Dome, begreiflicherweise zunächst in Kanada, wo Ende des 18. Jahrhunderts immerhin der Dom in Québec errichtet worden war. Als im engeren Sinne Initialbau für den oben beschriebenen inneranglikanischen *catholic revival* zu nennen ist indes die Kathedrale der Kleinstadt Fredericton, 1845 vom hochkirchlichen Gründerbischof konzipiert. Klugerweise war das Modell auch keine Bischofskirche, sondern die gotische Pfarrkirche im englischen Snettisham, weil sie – so der Bischof – als ideale Mitte zwischen Pfarrkirche und Kathedrale dem begrenzten Potential von Kolonisten entgegenkomme. Auch sonst blieben die Beziehungen zwischen der Kolonialdiözese und dem anglikanischen Mutterland freundlich: Der Architekt der 52 m × 20 m × 18 m großen Kirche, Frank Willis (1822–1857), stammte aus Exeter; sein Mit-Architekt war der angesehene William Butterfield (1814–1900).[343] Ab 1857 baute Willis die *Christ Church Cathedral* für die kürzlich gegründete Diözese Montreal, schon 65 m lang, 30 m breit,[344] und zwischenzeitlich (1847) entwarf George Gilbert Scott den Dom in Saint John's.[345] Neue, z. T. stattliche Dome folgten, z. B. 1907–1910 *All Saints* in Halifax, von dem US-Amerikaner Ralph Adams Cram (1863–1942), auch beteiligt an *Saint John the Divine* in New York.[346] Mit Ausnahme des klassizistischen Kuppelbaus in Kingston (heute von 1899–1900) sind sie gotisch.[347] Aber es entstanden auch Kleinbauten wie in Prince Rupert, zugleich eine Kathedrale und *Parish Hall*.[348] Dazu wurden wieder neugotische Pfarrkirchen zu Kathedralen, z. B. *Christ Church* in Ottawa,[349] oft klein wie *Christ Church* in Vancouver von 1894–1895,[350] häufig zunächst nur *pro cathedrals*. Und falls der Neubau fehlschlug (was öfter vorkam), wurden solche Bischofskirchen zur endgültigen Kathedrale wie *St Luke's* in Sault Sainte-Marie.[351] Prestigebauten waren jedenfalls selten.

Noch schwieriger lagen die Dinge in den USA. Denn während die kirchlichen Verbindungen zwischen dem Mutterland und der Kolonie Kanada weitergingen, war davon in den USA keine Rede. Im Gegenteil fanden die dortigen Anglikaner wenig Sympathie bei ihren Landsleuten. Andererseits waren in den USA Überle-

---

343 Richardson/Richardson, *Canadian Churches*, S. 70–77, das bischöfliche Urteil S. 71–72.
344 Die Baugeschichte bei Frank Davidson Adams, *Christ Church Cathedral*, Montreal: Burton's Ltd., 1941; Clarke, *Anglican Cathedrals*, S. 58–59.
345 Richardson/Richardson, *Canadian Churches*, S. 83–85.
346 Clarke, *Anglican Cathedrals*, S. 53.
347 Zu Kingston s. Richardson/Richardson, *Canadian Churches*, S. 199–203.
348 Clarke, *Anglican Cathedrals*, S. 73.
349 Vgl. Richardson/Richardson, *Canadian Churches*, s. u.
350 Zur Baugeschichte von *Christ Church*, Vancouver, s. Richardson/Richardson, *Canadian Churches*, S. 330–332.
351 Clarke, *Anglican Cathedrals*, S. 64.

gungen zur Errichtung einer Nationalkirche für die neue Hauptstadt Washington nach der Unabhängigkeitserklärung noch vorhanden, als überkonfessionellen Kultbau schon bei dem Washingtoner Stadtgründer Pierre L'Enfant (1754–1825). Doch bereits 1792 brachte sie auch der erste anglikanische Bischof von Maryland vor, wobei er eine anglikanische Kirche meinte, fand aber keinen Beifall[352] – während neben dem Katholizismus besonders calvinistische Konfessionen expandierten. Erst recht schritt ein überkonfessionell-erweckungsbewegter Protestantismus voran, und das Jahrhundert hindurch verstärkte sich die Tendenz zu Kultbauten, wie sie schon Latrobe initiiert hatte. Zugleich bekamen die letzteren Räume ein schärferes Profil, z. B. indem sich die Neigung zu Auditorien verstärkte – oft mit Sitzanordnung eines Amphitheaters,[353] halbkreisförmig und vorn mit einer Bühne für Prediger und Gottesdienstleitung. Zusätzlich verbreiteten sich *Multipurpose Churches* mit Anbauten für kulturelle und soziale Zwecke, auch mit *dining halls*. Hier nahm zudem die Tendenz zum Großbau weiter zu wie bei der 1891 eröffneten *Grace Baptist Church* in Philadelphia für 4500 Personen.[354] Doch blieben die Bauten Orte der Bekehrung, strategisch gut platziert und seit den 1920er Jahren massenmedial hoch gerüstet,[355] so dass die heutigen *Megachurches* näher rückten.[356] Und bei aller architektonischen Modernität wurde weiterhin ein biblizistisches Christentum angestrebt. Erfolgreich blieben neben den Methodisten charismatische Richtungen, seit ca. 1900 vornehmlich die Pfingstkirchen.[357] Auch ihre Emotionalität förderte die Expansion, nicht zuletzt ihr apokalyptisches Bewusstsein, aus dem sie die Idee des muslimischen Antichristen erneuerten und neue Feindbilder entdeckten wie den expandierenden Marxismus.[358]

---

[352] Insgesamt Morales, *The Last Stone*, S. 34–36.
[353] Loveland/Wheeler, *From Meetinghouse to Megachurch*, S. 33 ff.
[354] Loveland/Wheeler, *From Meetinghouse to Megachurch*, S. 75–80. Der Bauherr, Rev. Russell H. Conwell, vermerkt: „God, in His providence is moving His church […] upward […], requiring us 33 ff. to use the new instrumentalities He has placed in our hands for the purpose of saving the greatest number of human souls" (bei Loveland/Wheeler, *From Meetinghouse to Megachurch*, S. 66).
[355] Vgl. Rakestraw, Seeking Souls, S. 29 ff.; für die neuere Zeit Hinsenkamp, Neues Spiel?, S. 215–216.
[356] Hunt, Introduction: The Megachurch Phenomenon, in: ders. (Hg.), *Handbook of Megachurches*, S. 1–20.
[357] Walter J. Hollenweger (Hg.), *Die Pfingstkirchen*. KdW, Bd. 7 (Stuttgart: Evangelisches Verlagswerk) 1971; Michael Wilkinson, The Emergence, Development, and Pluralisation of Global Pentecostalism, in: Stephen Hunt (Hg.), *Handbook of Global Christianity. Themes and Developments in Culture, Politics, and Society*. HCR, Bd. X (Leiden-Boston: Brill, 2015), S. 93–112; ausführlich auch M. Hinsenkamp, Neues Spiel?, passim.
[358] Stephen Hunt, Forcing the Kingdom. The 'Over-realised' Eschatology of Christian Postmillenarianism, in: ders., *Handbook of Global Contemporary Christianity. Movements, Institutions, and Allegiance*. HCR Bd. XII (Leiden-Boston: Brill, 2016), S. 243–275.

Freilich haben die Anglikaner zeitgleich mit ihrer sich stabilisierenden diözesanen Organisation unbeirrt neue (neugotische) Kathedralen errichtet. Regional lagen die Anfänge im Mittleren Westen; und wie in Kanada waren die Bauten eher klein, wenngleich ihre Fülle überrascht – aber auch weniger hochkirchliche Anglikaner im Land liebten die Tradition.[359] Initiiert hat die Entwicklung allerdings der hochkirchliche Bischof Benjamin Whipple (1822–1901) in der Präriestadt Fairibault bei Milwaukee,[360] der Architekt des 1861 begonnenen Baues war J. Renwick, Erbauer von *Saint Patrick's* in New York.[361] Auch weitere Präriestädte erhielten kleine Dome, bis 1887 entstand z. B. in Fond-du-Lac *Saint Paul's*, mit einem Stein der *Westminster Abbey*, in Fargo nach 1913 die *Gethsemane Cathedral*,[362] auch *Holy Trinity Cathedral* in Nebraskas Metropole Omaha von 1880–1883.[363] Ein aufwendiger Bau in englischer Gotik wurde dagegen *St Paul's* in Detroit 1908–1919, wieder von Cram, im Altar mit einem Stein aus *Canterbury*.[364] Auch im Osten und Süden gab es kleine Dome, etwa in Bethlehem die *Church of the Nativity* von 1863/64 und 1885–1887 erweitert, bevor sie die *Kathedra* erhielt (Abb. 46).[365] Hier folgten aber mehr Großbauten, z. B. in Albany *All Saints'* (Langhaus und Querschiff entstanden 1884–1888;

Abb. 46: Bethlehem. *Cathedral of the Nativity.* Sie vermittelt stilistisch, im Baukonzept (z. B. mit dem massiven Seitenturm) und in ihrer bescheidenen Größe das Bild, das etliche anglikanische Kathedralen der USA-amerikanischen Provinz bieten.

---

359 So jedenfalls Downey,. The Smaller Cathedral, S. 786.
360 *(AGS) Minnesota, A State Guide*, New York: The Viking Press, 1938, S. 422–423.
361 Clarke, *Anglican Cathedrals*, S. 193–194.
362 Zu Fond-du-Lac s. Clarke, *Anglican Cathedrals*, S. 184–185, zu Fargo S. 198–199.
363 S. James M. Robbins jr., *A History of the Episcopal Church in Omaha from 1856 to 1964*. Dissertation an der University of Omaha 1965 (masch.), S. 54–56 und S. 64–69.
364 Clarke, *Anglican Cathedrals*., S. 186–187; Marten, *Tradition*, S. 60–61.
365 Clarke, *Anglican Cathedrals*, S. 163; Siobhán McC. Ardizzone (Hg.), *Cathedral Church of the Nativity. Parish Profile, Bethlehem Pennsylvania:* Bethlehem: Dean and Rector, 2022.

der Chor bis 1904), an Canterbury orientiert (110 m × 40 m), doch unvollendet, bis heute turmlos – aber sogar mit einem Chorgestühl von 1665 aus Brügge.[366] Auch in Denver folgte 1903–1911 ein Prestigebau, der nie ganz fertig wurde.[367] 1892 wurde das Bistum Washington gegründet, die Anglikaner erreichten sogar die Errichtung einer *National Church*,[368] und so wurde der Grundstein der u. a. von Philip Hubert Frohman (1887–1972) entworfenen heutigen *Peter-Pauls*-Kathedrale 1907 gelegt. Aber obwohl man sich von der Idee eines nationalen Triumphbaus zum Ruhm anglikanischer Staatskirchlichkeit verabschiedet hatte (und die Errichtung des monumentalen Gebäudes fast das ganze Jahrhundert dauerte),[369] wirkt die auf 160 m Gesamtlänge und 55 m Querhauslänge angelegte Kirche, doppeltürmig und mit einem Vierungsturm à la York u. a., sehr angelsächsisch und anglikanisch, mit 2 *Kathedras* jeweils für den Ortsbischof und den Leitenden Bischof des US-amerikanischen Anglikanismus (letztere ein Stuhl mit Steinen der englischen Abtei Glastonbury), und mit ihren *Memorials* nationaler Größen als Pantheon des frommbürgerlichen US-Amerika. Wenig später begann auch der Monumentalbau von *Saint John the Divine* in New York (Abb. 47), auf 183 m Länge und 71 m Breite angelegt, von George Lewis Heins (1860–1907) und Christopher Grant LaFarge (1862–1931) und neobyzantinisch konzipiert. Bis 1911 war die Chorpartie mit Chorumgang und Kapellenkranz beendet. Seit 1911 setzte Ralph Adams Cram den Bau fort. Er wählte die französische Gotik in Gestalt einer fünfschiffigen Hallenkirche, und in der großzügigen Fassadengliederung ließ er sich von Bourges inspirieren. Auch eine normannische Vierung war vorgesehen, aber man schloss die Chorpartie – in Erwartung der Vollendung des Gesamtbaues – zunächst durch eine Kuppel von Rafael Guastavino Sr. (1842–1908) und Jr. (1872–1950) ab, während der Bau des Langhauses erst in den 1920er Jahren begann.[370] Es lohnt sich jedoch ebenso, auf die im

---

366 *(AGS) New York. A Guide to the Empire State* (New York: OUP, 1940), S. 193; John G. Waite/Robert A. Petito jr., *Architectural History*, Albany 2003; (Diözese von Albany), *The Cathedral of All Saints in the City and Diocese of Albany Congregation Profile* (Albany: The Episcopal Diocese of Albany, Greenwich NY: Selbstverlag der Autoren, 2016), S. 3–4 und S. 5.
367 Clarke, *Anglican Cathedrals*, S. 192–193; Bains u. a., *Historic Houses of Worship Tour*, S. 5–6; Emily Zimbrick-Rogers, „A Dream of Common Prayer?": A Case Series of Eucharistic Prayers in Their Context. Magisterarbeit an der University of the South, Sewanee 2021, S. 24.
368 Nancy S. Montgomery (Hg.), *A Guide to Washington Cathedral* (Washington D.C.: Double Dot Press, 1965), S. 15; *(AGS) Washington. City and Capital*, S. 465–473; Clarke, *Anglican Cathedrals*, S. 170–177; Marten, Tradition, S. 54–55.
369 Morales, *The Last Stone*, S. 54.
370 Clarke, *Anglican Cathedrals*, S. 153–160; Hussam Dugum, *Structural Assessment of the Guastavino Masonry Dome of the Cathedral of Saint John the Divine*. Masterarbeit am Massachusetts Institute of Technology 2013; zur Baugeschichte einschließlich der Biographie der Kuppelkonstrukteure S. 13–19, zur Kuppel S. 29 ff.

Abb. 47: New York. *Cathedral of Saint John the Divine.* Anders als Abb. 46 zeigt sich hier der US-amerikanische Anglikanismus imperial. Das Foto dokumentiert ein Baustadium seit den 1920er Jahren, d. h. nach der Planänderung zur Hochgotik und dem Abschluss des Langhauses. Man beachte den Stilbruch zwischen Langhaus und Chor.

Lauf der Zeit zu Kathedralen erhobenen Kirchen zu schauen, meist wieder kleine Bauten, aber z. T. mit kolonialen Traditionen: Die älteste, *Trinity and Saint Philip's* in Newark, ist von 1741–1743 und zeittypisch klassizistisch, wird aber 1809–1810 gotisiert, während *Saint Paul's* in Boston von 1819–1820 als erstes lokales Beispiel des *Greek Revival* gelten kann (Neubaupläne gingen fehl).[371] Auch sonst siegte überall wieder die Neogotik – von *Saint John's* in Providence/Rhode Island (1810) und *Saint John's* Wilmington/Delaware (1857–1858) über *Saint Paul's* in Erie (1866) bis zur *Cathedral Church of the Advent* in Birmingham/Alabama (1880er Jahre);[372] oft mit großen Vorgängern im Sinn: Pittsburghs 1872 geweihte *Trinity Cathedral* ist

---

[371] Zu Newark s. Clarke, *Anglican Cathedrals*, S. 160; zu Boston s. *(AGS) Massachusetts. A Guide to its Place and People* (Boston: The Riverside Press, 1937), S. 161; Clarke, *Anglican Cathedrals*, S. 145.

[372] Zu Providence, Wilmington und Erie s. Clarke, *Anglican Cathedrals*, S. 143–144, S. 163–164 bzw. S. 164–165; zu Erie s. a. Downey, The Smaller Cathedral, S. 790.

von *Ste-Chapelle* in Paris inspiriert,[373] die 1887–1892 erbaute *Christ Church* in Nashville, Hauptkirche einer Diözese seit 1984, erhält einen Stein von *York Minster*.[374] Ein Echo der romanischen Dome Norditaliens ist allerdings *Holy Savior* in Philadelphia (1906), bekannt durch Wandmalereien von Edwin Blashfield (1840–1936). Kathedrale ist die Kirche (wieder nach einem fehlgeschlagenen Neubau) erst seit 1992.[375]

Im Übrigen blieb der Anglikanismus auch in Lateinamerika aktiv, wenngleich marginal, und neu konzipiert wurden Dome nur in den britischen Kolonien Antigua (wo 1845–1848 der neoklassizistische Dom in Saint John's entstand) und in British Guayana (mit Butterfields neogotischem Dom in Georgetown, einer Holzkirche von 1889–1892).[376] Anderswo wurden kleinere Kirchen mit der Zeit zu Kathedralen, in weiteren Kolonien[377] und – oft neogotisch-einschiffig – für anglikanische Auslandsgemeinden in den spanisch- bzw. portugiesisch-sprachigen Staaten, z. B. in Lima (1846), Valparaíso (1858), Porto Alegre (1900–1903),[378] heute Zentren für zunehmend indigener gestimmte anglikanische Teilkirchen.

8.3.3.3 Afrika – Episkopale Präsenzbauten und Zeichen gegen Sklaverei

Im Vergleich zum Eintritt des iberischen und französischen Katholizismus in die afrikanische Kirchen- und Architekturgeschichte traten die Anglikaner viel später ein, auch unauffälliger als Frankreich. Ihr Arbeitsschwerpunkt lag zunächst in Ägypten, wo Muhammad Ali Pascha 1805 Reformen eingeleitet hatte. Hier wurde ab 1818 bereits die CMS aktiv, zunächst zur Unterstützung der koptischen Kirche bei ihren Reformen,[379] doch bald war für die Anglikaner Alexandrias mit der Markuskirche bereits die Pro-Kathedrale für das zukünftige Bistum Kairo in Planung. Das realisierte Konzept schuf 1846 James Wild (1814–1896) als altchristliche Basilika mit Orientalismen. Dabei ging es ihm durchaus um eine Verbeugung vor der regionalen

---

373 zu Birmingham Zimbrick-Rogers, „A Dream of Common Prayer?", S. 61 ff.; zu Pittsburgh Clarke, *Anglican Cathedrals*, S. 168–169.
374 *(AGS) Tennessee. A Guide to the State* (New York: Hastings House, 1939), S. 195.
375 Robert L. Woodbury, An Empty Stage of Heaven. Apprehended New Episcopal Architecture, in: *JISA* 10 (2005), S. 15–21. Zum gescheiterten Neubau s. u. S. 329.
376 Zu Saint John's und Georgetown s. Clarke, *Anglican Cathedrals*, S. 79–81 und S. 81–82.
377 Port-of-Spain/Trinidad 1816–1818 und Kingstown/Bahamas 1820, s. Clarke, *Anglican Cathedrals*, S. 83–86; 78–79.
378 Zu Lima Maurice Sinclair/John Corrie, The Anglican Province of South America, in: Goodhew (Hg.), *Growth*, S. 249–266, hier S. 256; zu Valparaíso Michelle Prain Brice, El Legado de William Henry Lloyd. Neogótico y Modernización en Valparaíso, in: Checa-Artasu/Niglio (Hgg.), *El Neogótico*, S. 145–156; zu Porto Alegre s. Barbara Schäffer, *Porto Alegre, Arquitetura e Estilo – 1880 a 1930*. Magisterarbeit an der Universidade do Rio Grande do Sul 2011, S. 57.
379 Sundkler/Steed, *A History of the Church in Africa*, S. 124 ff.

Kultur – einerseits um ein Abbild der Alten Kirche (wie sie in Gestalt der koptischen Kirche noch nachwirkte) wie um ästhetische Konzilianz gegenüber den Muslimen.[380] 1876 folgte in Kairo die erste *All Saints*-Kirche,[381] 1912 in Khartoum eine weitere Kirche dieses Namens, beide waren ab 1920 die ersten Kathedralen für das neue Bistum Ägypten–Sudan (haben aber beide neuen Kirchen Platz gemacht).[382]

Nun wird sich zeigen, dass mit diesen Anfängen wie bereits für die Kirche von Rom eine Entwicklung eingeleitet wurde, die gleichermaßen kompliziert war und im muslimischen Ägypten erneut begrenzt. Weitaus erträglicher wurden die südlicheren Regionen. Ein Paradigma ist die britisch dominierte Westafrikanische Küste, bekannt als Goldküste, seit langem Handelsregion und Sklavenumschlagplatz. Früh verbreitete sich durch die SPG Hochkirchlichkeit, so in Ghana,[383] zeitweise mit Hinnahme des Sklavenhandels.[384] Und obwohl die Anglikaner hinter Presbyterianern und Methodisten eine Minderheit blieben,[385] wurde Accra das protestantisch-kirchliche Zentrum der Goldküste und *Holy Trinity* 1893–1894 in englischer Frühgotik errichtet. Ihr Architekt Aston Webb (1849–1930) war schon mit dem Londoner Victoria-Albert-Museum hervorgetreten.[386] Die Kirche wurde 1916 Kathedrale[387] und ist bis heute bekannt als *The Governor's Church*.[388] Bescheidener verhielt es sich in Sierra Leone, nach portugiesischen Anfängen und nach dem britischen Verbot der Sklaverei 1807 eine britische Kolonie für befreite Sklaven;[389] dazu wurde die Region ein Zentrum der CMS und nichtbischöflicher Protestanten, mit der kleinen neogotischen anglikanischen *St George's Church* in Freetown. Den Grundstein legte 1819 Charles MacCarthy (1764–1824) – Ire, Gouverneur 1816–1824,

---

380 Mark Crinson, *Empire Building. Orientalism and Victorian Architecture* (London-New York: Routledge, 1996), S. 111 ff.; C. Ludwig (Hg.), *The Churches of Egypt*, S. 56–59.
381 Duane Alexander Miller, Small and Unthreatening in Cairo. Trinity Friday in All Saints' Cathedral, in: *Anglican and Episcopal History* 84/1 (March 2015), S. 69–75, hier S. 70–71.
382 Zu Khartoum s. Streck, *Sudan*, S. 247.
383 John S. Pobee, *The Anglican Story in Ghana. From Mission beginnings to Province of Ghana*, Kaneshie-Accra: Amanza Limited, 2009.
384 Daniel Pratt Morris-Chapman, Ecclesia Ghana. Realising Afro-Catholicism in Ghana, in: *Studia Historiae Ecclesiasticae* 41/1 (2015), S. 86–104.
385 Statistische Informationen bei Daniel Eshun, Ghana, in: Goodhew, *Growth*, S. 57–76.
386 Die Daten Pobee, *The Anglican Story*, S. 133–136.
387 Pobee, *The Anglican Story*, S. 151–152.
388 Cephas N. Omenyo & Abraham N.O. Kwakye, Authentically African, Authenically Anglican, in: dies. (Hgg.), *Trajectories of Religion in Africa. Essays in Honour of John S. Pobee* (Leiden: Brill, 2014), S. 127–141, hier S. 127.
389 Befreit wurden sie von Sklavenschiffen durch die britische Marine, s. Sundkler/Steed, *A History of the Church in Africa*, S. 181 ff.

Katholik, doch interkonfessionell beliebt –, und 1852 folgte das Bistum.[390] Auch Nigeria, ebenfalls evangelikal, wurde ein Zentrum der Sklavenbefreiung, und auch hier wurde Repräsentation lange nicht in den Vordergrund gestellt. Missionskirchen und -bischöfe gab es zwar früh, aber etablierte Bischofsstädte mit Kathedralen und Bischofsresidenzen erst ab 1918. Erwähnt sei für die 1845 gegründete Mission Badagry *Saint Thomas*: neugotisch, aus Bambus, von dem noch heute populären Missionar Henry Townsend (1815–1886),[391] Dom seit 2005, heute ein Neubau.[392] Auch andere neuere Dome haben frühe Anfänge.[393] Von ihnen erhalten ist für die 1846 gegründete Mission Abeokuta die *St Peter's Cathedral*, heute ein einschiffiger neogotischer Kleinbau von 1898, mit Holzdecke.[394] Von 1900–1902 stammt *Saint Matthew's Cathedral* in Benin City, eine ähnliche einfache gotische CMS-Kirche.[395]

Ein Bild liefern im Übrigen die historischen Anfänge der *Christ Church Cathedral* in Lagos: in ihrer ältesten Gestalt ist sie 1869 fertig, und der sie weihte, war Samuel Ajayi Crowther (um 1809–1891), entlassener Sklave und erster einheimischer anglikanischer Bischof. 1919 wurde sie eine der ersten Dome des Landes, doch kurz darauf durch den heutigen Bau ersetzt.[396]

Allerdings entwickelten sich auch im Osten des Kontinents Zentren, welche die Facetten des Anglikanismus in seiner bischöflichen Architektur zeigten, erneut als Fanal gegen den Sklavenhandel. Ein Zentrum wurde der Stützpunkt in der Sultanatshauptstadt Zanzibar (Abb. 48), mitbegründet durch den Afrika-Forscher und (freikirchlichen) schottischen Missionar David Livingstone (1813–1873) und geprägt durch die hochkirchliche, aber staatskirchenkritische und ästhetisch durch die frühe Kirche und die Byzantiner angeregte *Universities' Mission of Central Africa* (UMCA),[397] im Übrigen keineswegs fixiert auf die viktorianische Gotik, distanziert

---

390 Clarke, *Anglican Cathedrals*, S. 35; Sundkler/Steed, *A History of the Church in Africa*, S. 179 ff.
391 Caroline Sorensen-Gilmour, *Badagry 1784–1865. The Political and Commercial History of a Pre-Colonial Lagoonside Community in South West Nigeria*. Dissertation an der University of Sterling 1995, bes. S. 232 ff; Albert Babajide Adeyobe, Globalization and Ecclesiastical Architecture in Nigeria, in: *International Journal of Innovative Research and Development* (ISSN 2278 – 2011 [Online]), S. 309–315, hier S. 312.
392 Vgl. www.dioceseofbadagry.org.
393 Clarke, *Anglican Cathedrals*, S. 38, nennt die ersten Dome in Bonny (1887) und Ondo (1892 geweiht).
394 Eine Abbildung O. J. Ediae/E.P. Enoma/O.S. Ibobo/I.C. Ezema/E.N. Ekhaese, A Study of the Effects of Architectural Forms on Sound Quality in Church Buildings, in: *Nigerian Journal of Environmental Sciences and Technology NIJEST* Vol. 1, No. 1, March 2017, S. 43–54, hier S. 49.
395 S. Johnson Olaosebikan Aremu/Michael Ediagbonya, Trade and Religion in British-Benin Relations, 1553–1897, in: *Global Journal of Social Sciences Studies* 4/2 /2018), S. 78–90, hier S. 87.
396 Clarke, *Anglican Cathedrals*, S. 36–37. S. u. S. 332–333.
397 Zur Kirchenpolitik und Ästhetik der UMCA Bremner, *The Architecture*, bes. ab S. 516.

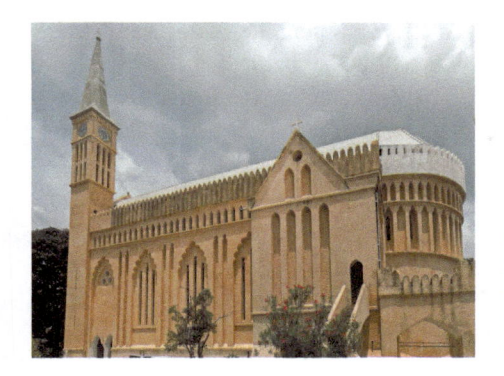

Abb. 48: Zanzibar. Anglikanische Kathedrale. Stilistisch ist der gotisch grundierte Bau ein anglikanisches Unikat. Auch die Neogotik der hochkirchlichen Dome Afrikas ist meist konventioneller.

von der *East Indian Company* und vom Sklavenhandel. Zanzibar wurde sogar ein Ort, wo 1873 dieser Handel durch den Sultan selbst abgeschafft wurde, motiviert durch Bischof Edward Steere (1828–1882) – der etwas später (1875) im benachbarten Masasi (heute in Tanzania) sogar Siedlungen für befreite Sklaven schuf[398] und auf Zanzibars altem Sklavenmarkt als Signal gegen die Sklaverei 1873–1877 die *Cathedral Church of Christ* errichtete.[399] Den Entwurf lieferten er persönlich und sein Architekt Charles Hayward (1830–1905), die Bauleute waren vorwiegend frühere Sklaven. Die Neogotik trat zurück; stattdessen wirkte *Saint Mark's* von Alexandria nach; aber es ging um mehr als um orientalisches Kolorit, sondern die Bauherren hatten einen christlichen Universalstil im Auge, sogar mit Rekurs auf die sizilianischen Normannen.[400] Von Zanzibar inspiriert ist der Dom in Mombasa/Kenia von 1903–1905, ein Zentrum der CMS,[401] wo Bischof James Hannington (1847–1885) aktiv war, aber auf einer Expedition in das Königreich Buganda ermordet wurde. Die Kirche wurde auch seine *Memorial Church*, angeregt von seinem Nachfolger Alfred R. Tucker (1849–1914);[402] trotz ihrer orientalischen Kuppel ist sie nüchterner als der

---

[398] Oraph Joseph Mhena, *The Significance of Inculturation for Evangelism: A case study of the Anglican Church in the Diocese of Masasi, Tanzania*, Magisterarbeit am Protestant Episcopal Theological Seminary in Virginia, Alexandria 2021, S. 25.
[399] Clarke, *Anglican Cathedrals*, S. 42–43; Sundkler/Steed, *A History of the Church in Africa*, S. 520–521.
[400] Insgesamt Bremner, *The Architecture*, S. 523.
[401] Zu den Anfängen der Mission in Kenya s. Joseph D. Galgalo, Kenya, in: Goodhew (Hg.), *Growth*, S. 114–127. Zur Kathedrale s. Sarah Longair, *Cracks in the Dome. Fractured Histories of Empire in the Zanzibar Museum 1897–1967* (London-New York: Routledge, 2015), S. 76–81; Briggs/Williams, *Kenya*, S. 204.
[402] Mattia, *Walking the Rift*, S. 119 und S. 170.

Dom von Zanzibar. Dazu kamen kleinere Missionskirchen, die später Kathedralen wurden, auch im benachbarten wilhelminischen Tanganyika.[403]

Sinn für den Prestigebau besaß man auch in Zentralafrika und in den südlicheren Regionen, unabhängig davon, ob die Missionen hochkirchlich oder evangelikal waren. Das gilt sogar im abgelegenen Nyassaland (Malawi), wieder von der UMCA geprägt,[404] wo in der 1892 gegründeten Diözese Likoma Island 1903–1909 die neugotische *Saint Peter's Cathedral* entstand, 107 m × 28 m groß.[405] Wichtiger wurde das benachbarte – wie Nigeria vornehmlich evangelikal missionierte – Uganda, wo in der Hauptstadt Kampala auf dem *Namirembe Hill* mit *Saint Paul's Cathedral* die jetzige Kirche des anglikanischen Primas von Uganda steht, ein Bau des Londoners Arthur Beresford Pite (1861–1934), errichtet 1915–1919 auf dem Terrain einiger Vorgängerbauten. Seine Bedeutung wird dadurch unterstrichen, dass Pites erster Entwurf zunächst dem Dom von Liverpool galt. Aber obwohl die *Namirembe Cathedral* kleiner ist als der Bau in Liverpool, fasst sie 3000 Personen;[406] dazu wurde sie eine *National Cathedral* im unabhängigen, aber politisch lange instabilen Uganda, und ihre Kanzel hatte Ausstrahlung: Als der Oberkommandeur der Armee Idi Amin (um 1928–2003) den Präsidenten Milton Obote (1924–2005) stürzte und sich 1971–1979 zum Diktator machte, predigte Erzbischof Janani Luwum (*1922) gegen ihn und wurde daraufhin 1977 ermordet.[407]

Weniger dramatisch präsentierte sich der Anglikanismus in Südafrika, aber ebenfalls früh – zumal irische Katholiken seit den 1830er Jahren schon im Land präsent waren und eine Herausforderung für die Kirche von England darstellten. Die Mission war wieder hochkirchlich ausgerichtet, initiiert durch die SPG und ab 1848 durch Bischof Robert Gray (1809–1872).[408] Theologisch umstritten, da er gegen den liberalen Kollegen und kritischen Bibelexegeten John William Colenso

---

403 Genannt sei Masasi, *Sts Mary and Bartholomew,* 1909 geweiht, Kathedrale seit 1925, s. Clarke, *Anglican Cathedrals,* S. 43–44; 1904 wurde *St Michael and All Angels* in Korogwe geweiht, Kathedrale seit 2020; vgl. A.E.M. Anderson-Morshead, *The History of the Universities' Mission 1859–1909,* London: UMCA 1909[5], S. 327–328.
404 Sundkler/Steed, *A History of the Church in Africa,* S. 479 ff.; James Tengatenga, *The UMCA in Malawi. A History of the Anglican Church 1861–2010,* Zomba: Kachere Series, 2010.
405 Clarke, *Anglican Cathedrals,* S. 39–40; Tengatenga, *The UMCA,* S. 116–118.; Bremner, *The Architecture,* S. 533–534; B. Klein, Gothic Architecture in Africa, S. 170. Andere Kirchen wurden auch hier später zu Domen, so 1995 in Nkhotakota *All Saints',* z. T. von 1894, s. Tengatenga, *The UMCA,* S. 3 und S. 11.
406 Clarke, *Anglican Cathedrals,* S. 46–47; Klein, Gothic Architecture in Africa, S. 168 (das Patrozinium *Sacred Heart* bei Klein ist irrtümlich). Zum Vorgängerbau Sundkler/Steed, *A History of the Church in Africa,* S. 849–850.
407 Vgl. Alfred Olwa, *Missionary of Reconciliation. The Role of Doctrine of Reconciliation in the Preaching of Bishop Festo Kivengere of Uganda between 1971 and 1988* (Carlisle: Langham Monographs, 2013), S. 176.
408 Zur Missionsgeschichte Barbara Bompani, South Africa, in: Goodhew (Hg.), *Growth,* S. 128–144.

(1814–1883) von Pietermaritzburg einen Ketzerprozess führte,⁴⁰⁹ war Gray aber organisatorisch erfolgreich: Bis zu seinem Tod 1872 hatte er die Kirchenprovinz mit 5 Diözesen etabliert, und etliche Kathedralen wurden sogleich als solche konzipiert (auch Colensos Dom⁴¹⁰) oder rasch dazu erhoben – stets in englischer Gotik, vielfach ansehnlich, u. a. von George Gilbert Scott, der mit seinem Sohn John Oldrid Scott (1841–1913) den Dom in Grahamstown schuf. Ab 1897 folgte mit *Saint Alban's* in Pretoria ein Großbau, obwohl man lange über den Chor nicht hinauskam.⁴¹¹ Ab 1901 kam als wichtigster Dom – auch als *National Cathedral – Saint George's* in Cape Town in dezenter Backsteingotik dazu, mit oktogonalem (immer noch unvollendetem) Campanile und einer Ausstattung, die heute bis zur Glasmalerei von Gabriel Loire (1904–1996) reicht.⁴¹² Auch ihre Kanzel gewann politische Ausstrahlung, wenngleich anders als in Kampala. Sie wurde im 1961 zur Republik gewordenen – aber noch von der weißen Oberschicht gelenkten – Staat zum Ort der Auseinandersetzung mit dem kolonialen Erbe.⁴¹³

8.3.3.4 Asien – neue Kathedralen im Schatten britischer Kolonialpolitik

Auch in Asien verstärkte der Anglikanismus seine Aktivitäten – wenngleich wieder weniger als die Katholiken und primär auf dem indischen Subkontinent.⁴¹⁴ Erneut dominierte die CMS,⁴¹⁵ und kompromisslos hochkirchlich waren auch die Bischöfe nicht,

---

409 Jonathan A. Draper, The Trial of Bishop John William Colenso, in: ders. (Hg.), *The Eye of the Storm. Bishop John William Colenso and the Crisis of Biblical Inspiration* (Pietermaritzburg: T. and T. Clarke, 2003), S. 306–325. Allerdings protestierten auch Evangelikale gegen Colenso (Culbertson, *Evangelical Theology*, S. 52–64).
410 Clarke, *Anglican Cathedrals*, S. 28; s. a. die Broschüre von Ian Darby, *Cathedral of the Holy Nativity Pietermaritzburg* (Pietermaritzburg: L. Backhouse Ltd., o. J.), S. 6.
411 Zu Grahamstown und Pretoria Clarke, *Anglican Cathedrals*, S. 26–28 und S. 31–32.
412 S. Ruth Allsopp (u. a. Hgg.), *The Cathedral Church of St George the Martyr Cape Town*, Cape Town: Creda Communications, 1998. Auch hier gab es aber Kleinbauten, z. B. in George *Saint Mark's Cathedral*, von Sophy Gray (1814–1871), der Gattin Bischof Grays. Vgl. Clarke, *Anglican Cathedrals*, S. 33. Ein Museum ist heute der Dom Colensos in Pietermaritzburg (Darby, *Cathedral of the Holy Nativity*, S. 6). Doch konnte man für neue Bistümer noch auf stattliche Bauten zurückgreifen, etwa 1970 auf *Saint Mary's* in Port Elizabeth, z. T. von 1820, durch Butterfield 1860–1862 umgebaut, wieder mit einem Stein aus der *Westminster Abbey*, s. Herholdt u. a., *Eight beautiful Gothic Revival churches*, S. 67–85.
413 Vgl. Megan Greenwood, *Watchful Witness. A Study of the Crypt Memory and Witness Centre of St George's Cathedral and its Bearing Witness Exhibition Process*. Magisterarbeit an der University of Cape Town 2017.
414 Überregional wichtig ist nur für das 1841 gegründete Bistum Jerusalem die neogotische *Collegiate Church of St George*, 1910 vollendet; Clarke, *Anglican Cathedrals*, S. 120–122; Heyer, *Kirchengeschichte*, S. 176–186.
415 Eugene Stock, *The History of the Church Missionary Society*, Vol. 1, S. 144 ff.

etwa im 1813 gegründeten Bistum Calcutta (Kolkata).[416] Aber Prestigebauten waren erneut wichtig, da die Stadt Zentrum der Ostindischen Kompanie war: So entstand die neue Hauptkirche hier sogleich als Kathedrale, nämlich *Saint Paul's*: 1839–1849, neogotisch, mit einer Vierung wie der *Bell Harry Tower* in Canterbury.[417] Bald war sie auch ein Zentrum des gesamten anglikanischen Indien und Ort vieler Bischofsweihen. Dazu kam 1871–1891 mit *All Saints'* in Allahabad ein zweiter Mittelpunkt, filigranspätgotisch, Bischofskirche seit 1893, von einem Zeitzeugen als schönste Kirche Indiens bezeichnet.[418] Neue Dombauten folgten aber lange nicht: Über Dekaden blieb es bei Garnisonkirchen und Kirchen für Zivilgemeinden, die allerdings z. T. später eine *Kathedra* erhielten – bis 1947 für weitere anglikanische Bistümer, danach für die neuen bischöflichen Kirchengemeinschaften, zu denen sich die Anglikaner mit bislang nicht-bischöflichen Protestanten zusammenschlossen.[419] Stilistisch dominierten zunächst bei Kirchbauten mit anglikanischen Traditionen wieder Einflüsse von Wren und Gibbs, so bei *Saint George's* in Madras (Chennai), im Original 1816 geweiht, Kathedrale seit 1842 (Abb. 49).[420] Zeitgleich (1808–1812) entstanden *Saint Mark's* von Bangalore, dann sukzessiv erweitert und ca. 1912 nach dem Vorbild von *Saint Paul's* in London vollendet, Kathedrale ab 1961. und *Saint George's* in Agra von 1826, Kathedrale ab 1976.[421] Dazu kam eine einfache Neogotik, von Kottayams *Holy Trinity*, Kathedrale seit 1879, bis *All Saints* in Nagpur, Kathedrale seit 1903.[422] Auch kleine Holzkirchen wie *All Saints*, Shillong (1897), Pro-Kathedrale seit 1915, fehlten nicht.[423] Nach 1947 wurden die Stiltraditionen bei den zu Kathedralen erhobenen Kirchen der Epoche vielfältiger, da die neuen Denominationen z. T. etwa aus dem deutschsprachigen Protestantismus kamen. Genannt sei der 1791 gegründete Missionsstützpunkt Nazareth (Tamil Nadu). Die englisch-neogotische *Saint John's Cathedral* hat ihre Anfänge allerdings 1806, als die SPCK und CMS die Region übernahmen, stammt aus den

---

416 Z.B. Reginald Heber (1783–1826), auch als Liederdichter bekannt; s. a. Stock, *The History*, S. 189; Weishaupt, *The Development*, S. 73 ff.
417 Pijush Kanti Roy, *Churches in Calcutta*, S. 31–33; Clarke, *Anglican Cathedrals*, S. 10–13.
418 Clarke, *Anglican Cathedrals*, S. 19 f; Scriver u. a., *Neo-Gothic in India*, S. 101; Chatterton, *A History*, S. 299 f.
419 Ausführlich s. S. 339.
420 Pereira, *Baroque India*, S. 412; Chatterton, *A History*, S. 123 ff.; Clarke, *Anglican Cathedrals*, S. 24.
421 Zu Bangalore Frank Penny, *The Church in Madras being the History of the Ecclesiastical and Missionary Action of the East India Company* [...] *from 1805 to 1835* (Vol. II, London: Smith, Elder, & Co., 1912), S. 68 ff.; Naidu, *New Perspectives*, S. 15 ff.; zu Agra vgl. Peck, *Agra*, S. 147.
422 Zu Kottayam s. Clarke, *Anglican Cathedrals*, S. 24; zu Nagpur s. Chatterton, *A History*, S. 322; Clarke, *Anglican Cathedrals*, S. 20.
423 Der Bau fasst 130 Personen. S. Chatterton, *A History*, S. 331; Clarke, *Anglican Cathedrals*, S. 21.

Abb. 49: Madras. Anglikanische Kathedrale. Man sieht, wie konsequent die Sakralästhetik der Gibbs-Epoche exportiert worden ist.

1920er Jahren und erhielt die *Kathedra* erst 2003.[424] Seit den 1830er Jahren kamen Kirchen der Basler Mission dazu:[425] 1970 wurde ihre Friedenskirche in Mangalore (Mengaluru) als *Shanti/Peace Cathedral* zur Bischofskirche, in einfacher Gotik von 1862;[426] 2015 folgte die 1855 vollendete Kirche in Calicut (Kozhikode), mit einem jüngeren Turm in rheinischer Romanik.[427]

Ebenfalls wenig neue Dome wurden im heutigen Pakistan konzipiert. Ein Neubau entstand aber auch hier, nämlich für das 1877 errichtete Bistum Lahore 1883–1887 die stattliche neogotische *Resurrection Cathedral* von John Oldrid Scott, doppeltürmig und mit reicher Glasmalerei.[428] Dazu kamen später einige zu Kathedralen erhobene Kirchen, oft wieder Garnisonkirchen.[429] Auf ähnliche Weise fasste der Anglikanismus im

---

424 H.R. Pate, *Madras District Gazetteers, Tinnevelly*, Vol. 1, Madras: Superintendent. Government Press, 1917, S. 94–97, S. 503–504; Vasannth Prekuma, On the Cover. St. John's Cathedral, in: Fabiola Jacob (Hg.), *Bulletin EānMé* (griech. = unless/wenn nicht, vgl. Joh 20,25), *St. Thomas English Church. CSI Madras*, October 2021, S. 8.
425 C. Stolz, *Die Basler Mission in Indien. Zugleich als Festschrift zum 50jährigen Jubiläum der Kanara-Mission*, Basel: Verlag der Missionsbuchhandlung 1884.
426 Stolz, *Die Basler Mission*, S. 50.
427 S. Stolz, *Die Basler Mission*, S. 103–104; s. a. Riley Edwards-Raudonat u. a. (Hgg.), „*Mission Moves". Team Visit II to the Church of South India 2015*, Stuttgart: ems. Evangelical Mission in Solidarity, S. 3 und S. 6. Zu Calicut s. a. Ravindran u. a. (Hgg.), *Masterplan*, S. 92. Hier auch eine Abbildung der *Shanti Cathedral*.
428 Jan Morris/Simon Winchester, *Stones of Empire. The Buildings of the Raj* (Oxford: OUP, 1983), S. 176 f.; Shah/Kazi, *Churches of Pakistan*, S. 30–37; Clarke, *Anglican Cathedrals*, S. 18–19.
429 Originell ist in Karachi *Holy Trinity Cathedral*, 1855 geweiht, neoromanisch-klassizistisch, mit Tonnengewölbe; s. Shah/Kazi, *Churches of Pakistan*, S. 112–117; die anderen Bauten sind wie-

buddhistischen Burma Fuß, repräsentativ in Rangoon (Yangon) – Bistum seit 1877 – mit der 1902 vollendeten neugotischen *Trinity Cathedral*,[430] sonst mit einfachen Kirchen, die später Kathedralen wurden wie *Christ Church* zu Mandalay von 1869–1873, neoromanisch, mit einem Taufbecken von Queen Victoria[431] und *St Paul's* in Toungoo von 1878.[432] Vergleichsweise wenig geschah auch weiter östlich auf dem Kontinent. So entstanden in China zwar Kathedralen, aber 1949 folgte nach der marxistischen Revolution eine Zwangsfusion aller Protestanten, und die Kirchen wurden außer im britischen Hongkong oft profaniert oder zerstört.[433] Als protestantische Gemeindekirche noch genutzt wird nur *Holy Trinity* in Shanghai, neogotisch, von 1868–1870.[434] Dazu kommt als Relikt des *Empire* die Hauptkirche der früheren britischen Kolonie Hong Kong. Es ist die *Saint John's Cathedral* (1847–1859), zunächst Garnisonkirche, ab 1849 Bischofskirche, auf dem *Government Hill* platziert, durch die CMS geprägt,[435] bald auch chinesische Gemeindekirche.[436] Aus anderen Gründen am Rand steht Korea, da die Region nur im Fokus der hochkirchlichen SPG war, während nicht-bischöfliche Missionen seit den 1880er Jahren jenen evangelikalen Protestantismus inaugurierten, der außer dem Katholizismus das Land prägte.[437] So ist für den Anglikanismus zunächst nur zu erwähnen die 1900 vollendete Kirche *St Peter and St Paul* in Ganghwa (Abb. 50), erste Bischofskirche des Bistums Seoul, schon indigen: außen ein koreanisches Hanuk-Haus, innen chinesisch ornamentiert.[438]

---

der neogotisch, z. B. *Saint John's Cathedral* in Peshawar, 40 m × 23 m groß; s. Shah/Kazi, *Churches of Pakistan*, S. 66–69.
430 Clarke, *Anglican Cathedrals*, S. 16–18.
431 S. W.C.B. Purser, *Christian Mission in Burma*, Westminster: SPCK, 1911, S. 117–118.
432 Henry Paget Thompson, *Into all Lands. The History of the Society for the Propagation of the Gospel in Foreign Parts 1701–1950* (London: SPCK, 1951), S. 391.
433 S. Clarke, *Anglican Cathedrals*, S. 131–133.
434 Ausführlicher Huang, *The Spreading*, S. 324–330.
435 Stock, *The History of the Church Missionary Society* Vol. I, S. 461–474, bes. S. 471 ff.
436 Clarke, *Anglican Cathedrals*, S. 133; Stuart Wolfendale, *Imperial to International. A History of St John's Cathedral Hong Kong* (Hong Kong: Hong Kong University Press, 2013), zur neueren Entwicklung bes. S. 271–289; James Ellis, Anglican Indigenization and Contextualization in Colonial Hong Kong. Comparative Case Studies of St John's Cathedral and St Mary's Church, in: *Mission Studies* 36 (2019), S. 219–246, bes. S. 224 ff.
437 S. Andrew Eungi Kim, South Korea, in: Goodhew, *Growth*, S. 177–193, hier S. 186–90, zur SPG S. 189. Zu den nicht-bischöflichen Anfängen z. B. Sung-Deuk Oak, Presbyterian Mission Methods and Policies in Korea 1876–1918, in: Wonsuk Ma/Kyo Seong Ahn (Hgg.), *Korean Church. God's Mission. Global Christianity*. Regnum Edinburgh Global Christianity Vol. 26 (Oxford: Regnum Books International, 2015), S. 32–47.
438 Masao Takenaka, *The Place Where God Dwells. An Introduction to Church Architecture in Asia*, Hongkong-Kyoto: Christian Conference of Asia/Pace Publishing, 1995, S. 12; Jeong-Ku Lee, *Architectural Theology in Korea*. Dissertation an der Universität Birmingham 1998, Seoul: Dongyun, 2011, S. 160 ff.

Abb. 50: Ganghwa. Anglikanische Kathedrale. Die größenmäßig bescheidene Kirche lässt außen nicht mehr ihre Funktion erkennen; ein lokaler Referenzbau wurde sie aber ebenso wenig.

Ähnlich wenig zu berichten ist von den Inseln. Nur einige neugotische Kleinbauten überlebten in Japan, erst später Kathedralen, ästhetisch marginal, aber Dokumente der hier ebenfalls hochkirchlichen Missionsgeschichte: 1945 zerstört wurde z. B. *Saint Andrew's* in Tokyo, als Pro-Kathedrale 1879 begonnen, und nach Erdbeben 1894 erneuert.[439] Erhalten blieb in Kyoto *Saint Agnes*, 1901 geweiht (ursprünglich als *Holy Trinity*).[440] Marginal blieb auch der philippinische Anglikanismus; er entstand erst nach dem Abzug Spaniens 1898 und der Übernahme der Region durch die USA. In Manila folgte 1905–1907 mit *St Mary and St John* ein Dom, als *National Cathedral* wie in Washington konzipiert, aber im spanischen Kolonialstil; er fiel freilich 1945 dem II. Weltkrieg zum Opfer.[441]

Wie für die Kirche von Rom wurde für die Kirche von England die Geschichte des Dombaus auf dem Fünften Kontionent wieder ertragreicher.

---

439 Alfreda Arnold, *The Light of Japan. Church Work in Japan* (London: Church Missions Publishing, 1905), S. 66–67.
440 Clarke, *Anglican Cathedrals*, S. 133; Löffler, *Fremd und Eigen*, S. 79–82 (sie datiert die Weihe auf 1902). Die Kirche misst 24 × 18 m (Löffler, *Fremd und Eigen*, S. 81); O. Niglio, Gothic Revival in Japan in the Early Period of Occidentalizing. Experiences between Religious and Civil Architecture, in: Borngässer/Klein (Hgg.), *Global Gothic*, S. 203–209, hier 206–207.
441 Zu den anglikanischen Anfängen in Manila bis zum *Missionary District* 1901 s. Ben B. Ngaya-an, *Mission Policies of the Episcopal Church in the Philippines (ECP), 1901–1980. Their Contribution to the Regional Character of the Church*. Dissertation an der Middlesex University London 2015, S. 27–61; zur ersten Kathedrale s. Clarke, *Anglican Cathedrals*, S. 214–215; Ngaya-an, S. 73 und S. 146. Zum Neubau s. S. 342.

8.3.3.5 Englands Wiederkehr – Australien und die Südsee

In der Tat – wenn sich die Kirche von Rom bei ihrer Etablierung in Australien am Ziel ihrer Welterschließung sehen konnte, trifft dies auch für die Anglikaner zu (wobei zur Definition dieses Ziels ihnen aber statt des Tridentinums Isaac Watts' *Jesus shall reign* näher lag). Sogar geringfügig früher konnten sie sich am Ziel fühlen. Es war ja auch die Region, die Anglikaner und Katholiken in Sydney fast gemeinsam betreten hatten und kulturell und ästhetisch prägen sollten – allerdings keineswegs einträchtig (wenngleich beide die Neogotik favorisieren).[442] In Sydney hatten die Konfessionen auch ihre zeitgleichen – ebenfalls nicht konfliktlosen – Anfänge im Dombau: Als die Anglikaner hier 1819 den Grundstein für den Vorgänger ihrer heutigen *Saint Andrew's Cathedral* legten, folgten die Katholiken ab 1821 unverzüglich mit dem Vorgängerbau der heutigen *St Mary's Cathedral*.[443] Als die Anglikaner seit 1837 – ab 1846 unter der Ägide des Londoners, aber in Australien bekannten Edmund Blacket (1817–1883)—ihre heutige, recht kleine *Saint Andrew's Cathedral* bauten und 1868 vollendeten (nach Yorker Vorbild und mit Steinen aus *Saint Paul's*),[444] wurde Wardells in der Folgezeit gebauter katholischer Dom doppelt so groß. Parallel dazu standen die beiden Diözesen im Wettstreit: Der erste katholische Bischof der Stadt wurde 1834 eingesetzt, der erste anglikanische folgte 1836.[445] Dazu lieferten die hier in Theologie und Liturgie fast puritanisch gestimmten Anglikaner[446] den ritualbewussten irischen Katholiken einen frömmigkeitsmäßigen Kontrapunkt. Dem anglikanischen Dom von Sydney entsprechen ästhetisch die meisten Hauptstadt-Kathedralen der anderen australischen Bundesstaaten, z. B. in Melbourne, *Saint Paul's*, von Butterfield.[447] Diejenige von Brisbane plante zunächst William Burgess, Domarchitekt von Cork, dann folgte unter John Loughborough Pearson – Domarchitekt in Truro – ein Neubau, noch lange nach 1910 unvollendet.[448]

---

442 Zur Frühgeschichte s. neben Powell, Australia, z. B. Muriel Porter, *The New Puritans. The Rise of Fundamentalism in the Anglican Church*, Melbourne: Melbourne University Press, 2006, S. 33 ff.; Roy M. Hazlewood, *Characteristics and Correlates of Anglican Religiosity in the Dioceses of Sydney and Newcastle: An Historical and Sociological Study*. Dissertation an der Edith Cowan University Perth 2008, S. 11–18.
443 Zur römisch-katholischen Kathedrale s. o. S. 218–219.
444 Der Bau ist nur 50 m × 20 m groß; insgesamt s. (Diocese of Sydney), *Hand-Book of St. Andrew's Cathedral*, (Sydney: Joseph Cook & Co, 1868); Clarke, *Anglican Cathedrals*, S. 89–92.
445 Hazlewood, *Characteristics and Correlates*, S. 15.
446 Vgl. neben der Arbeit von Porter auch Andrew Fraser, „Puritans in Babylon". The Impact of Global Christianity on Sydney Anglicans, in: *The Occidental Quarterly* 17/2 (2017), S. 33–48.
447 Clarke, *Anglican Cathedrals*, S. 98–101; Zahradnik (Hg.), *Architectural Guide Australia*, S. 222/ Nr. 101; Borngässer/ Klein, Gothic Down Under, S. 85–86.
448 Zu der Zeit bis 1955 s. Clarke, *Anglican Cathedrals*, S. 105–106; s. a. Zahradnik (Hg.), *Architectural Guide Australia*, S. 404–405/Nr. 209.

In der Provinz waren die Dome in der Regel bescheidener und von unbekannteren Architekten,[449] aber stets neugotisch. Auch in Neuseeland herrschte die Neogotik, wobei erneut das Mutterland ästhetisch omnipräsent war:[450] George G. Scott schuf den repräsentativen Dom von Christchurch; *Saint Paul's* in Dunedin schloss sich bis zur Kopie an englischen Kathedralen an.[451] Der erste anglikanische Dom der Hauptstadt Wellington war allerdings lange ein hölzerner Kleinbau von 1864–1868, da die Pläne des Neubaus sich erst ab 1939 realisierten,[452] In der noch vom *British Empire* dominierten Monarchie Hawaii legte Kamehameha V. (1830–1872, König 1863) in Honolulu 1867 den Grundstein der *Saint Andrew's Cathedral*,[453] später fasste der Anglikanismus im übrigen Pazifik Fuß.[454]

8.4 Die Ostkirchen

8.4.1 Kathedralen der orientalischen Kirchen – Neue Begegnungen mit Europa und die architektonischen Folgen

Auch in den Zeiten, in denen sich von Westeuropa aus der Historismus entwickelte, besaßen die Ostkirchen – die orientalischen wie die orthodoxen – nicht nur in Europa weiterhin die Neigung, bei sich selbst zu verbleiben, besonders dort, wo ihre Umgebung nicht-christlich war. Mehr als früher waren sie aber von den Wandlungen Westeuropas und seinen neuen globalen Expansionen auf unterschiedliche Weise betroffen. Doch offensiver wurde auch das nach Napoleon sich wieder festigende Zarenreich. Aber die Begegnungen mit Westeuropa verlie-

---

449 Z.B. vgl. zu Armidale den Kanadier John Horbury Hunt (1838–1904), s. Clarke, *Anglican Cathedrals*, S. 96.
450 Simeon Hawkins, *King, Bishop, Knight, Pioneer: the Social and Architectural Significance of Old Saint Paul's Church, Emily Place, Auckland. 1841–1885*. Magisterarbeit an der University of Auckland 2020.
451 Zu Christchurch und Dunedin s. Clarke, *Anglican Cathedrals*, S. 115–116 und S. 118; zu Christchurch s. a. Stacpool, *Colonial Architecture*, S. 109 f.
452 Stacpool, *Colonial Architecture*, S. 89–90; detailliert Chris Cochran/Russel Murray mit Michael Kelly und Elizabeth Cox, *Old Saint Paul's Conservation Plan* (Wellington: Heritage New Zealand, 2016), S. 17 ff.
453 Clarke, *Anglican Cathedrals*, S. 210–212; Sarah Mieko Tamashiro, *Seedtime and Harvest. The Establishment of the Hawaiian Reformed Catholic Church, 1855–1870*. Magisterarbeit an der University of Hawaii, Mānoa 2018, S. 100–103.
454 Immerhin wurde die 1886 erbaute *Holy Trinity Church* in Suva/Fiji-Inseln bereits 1908 Bischofskirche. Der heutige Bau kam aber viel später zustande (Clarke, *Anglican Cathedrals*, S. 119).

fen nicht überall martialisch und waren bisweilen produktiv, wie die koptische Kirche im seit 1805 politisch und weltanschaulich reformfreudigen Ägypten zeigt.

Die koptische Kirche hat diese Reformen zu nutzen gewusst, auch die innerchristliche Liberalisierung des Klimas mitgetragen, wobei man der CMS zugeneigt war[455] (während der islamische Widerstand wuchs[456]). Zudem war Patriarch Petrus VII. (im Amt 1809–1852) mit dem Reformer Muhammad Ali befreundet und lehnte es ab, dem Wunsch des Zaren in Petersburg zu folgen und die Kopten unter seinen Schutz zu stellen.[457] Und das neue koptische Selbstgefühl war früh bemerkbar. Schon 1800 baute Patriarch Markus VIII. (im Amt 1796–1809) in Kairos Stadtteil Azbakeya eine erste Markuskathedrale, die allerdings erst unter Cyrillos IV. (1854–1861) und Demetrios (1861–1870) ihre heutige Gestalt erhielt,[458] doch mit ihrer doppeltürmig-gotisierenden Fassade ein Leitbau wurde. Ab 1819 entstanden auch in Alexandria eine Markuskathedrale (heute eine Rekonstruktion von 1950–1952) und in Khartoum Anfang des 20. Jahrhunderts die doppeltürmige Marienkathedrale.[459]

Doch war die interreligiöse Kommunikation nicht überall so fruchtbar wie bei den Kopten. Man kann es am Dombau in Armenien ablesen, das ab 1878 ein Teil des Zarenreiches und Objekt der Russifizierung war. Aber man leistete indigenen Widerstand; auch architektonisch pflegte man ein nationales Idiom, daheim wie z. B. in Gyumri 1874–1886 mit der Marienkirche (ab 1920 Kathedrale) und bei den Auslands-Armeniern wie in Bukarest 1911–1915 mit der Kathedrale der *hll. Engel*, inspiriert von Etschmiadzin und Ani.[460] Weitaus schwieriger war die Lage noch im türkischenTeil des Osmanischen Reiches. So hatte hier wie zuvor bereits in Ägypten seit den 1830er Jahren eine Liberalisierung begonnen: Mit der Gleichstellung der Einwohner waren rasch Armenier sogar am Hof in Istanbul tätig, etwa die Balyan/Balian-Familie: Aus ihr waren Kirkor (1764–1831) und Sohn Karapet/Garabed (1800–1860) Balyan Ahnherren einer Mäzenaten- und

---

455 Sundkler/Steed, *A History of the Church in Africa*, S. 129–130.
456 Sameh Hanna, *Forced Out of the Walls: The Effects of Egypt's Civil Uprising on the Kasr Dobra Evangelical Church (A Case Study)*. Dissertation am Knox College und der Toronto School of Theology 2018, bes. S. 42 ff.
457 Mikhail, Die koptische Kirche, S. 58.
458 KHS-Burmester, *A Guide*, S. 80–81; Mikhail, Die koptische Kirche, S. 77; C. Ludwig (Hg.), *The Churches of Egypt*, S. 174–177.
459 Zu Alexandria s. C. Ludwig (Hg.), *The Churches of Egypt*, S. 48–51; zu Khartoum s. Streck, *Sudan*, S. 249.
460 Zu Gyumri s. Flaig, *Armenien*, S. 324. Zu Bukarest s. Edvard Jeamgocian, *Catedrala Armeană din București* (Bukarest: Editura Ararat, 2008), S. 131 ff. und S. 149.

Architektendynastie, die neben Kirchen und Moscheen etliche imperiale Bauten des Landes entwarf.[461] Kirkor Balian baute bereits 1828 Istanbuls neue (noch erhaltene) armenische Marienkathedrale in Kumkapı, zwar noch als schlichte dreischiffige Basilika ohne Kuppel, und der Turm entstand erst 1902;[462] doch folgten bald (zuvor untersagte) Kuppelkirchen und für die über 50 Provinzdiözesen, die bis 1914 entstanden,[463] z. T. Kathedralen in einem westlich-historistischen Eklektizismus mit armenischer Fundierung und muslimischen Anteilen.[464] Doch wieder gewann ein islamischer Nationalismus die Oberhand; Tod und Exil der Armenier kamen näher, die meisten ihrer Kirchen wurden am Anfang des neuen Jahrhunderts profaniert oder zu Moscheen. Ähnliches erlebten die syrisch-orthodoxen Gemeinden.[465]

Weitgehend friedlich blieben die Dinge dagegen in Indien, nicht zuletzt aufgrund von Initiativen ökonomisch-pragmatisch denkender hinduistischer Potentaten. So bauten z. B. die Assyrer die *Marth Mariam*-Kathedrale in Thrissur (Trichur) im alten Kerala-Stil, da hier der Maharaja von Cochin 1796 zur Förderung des Handels eine neue Gemeinde gegründet hatte. Vollendet wurde sie 1814/1815 von einem Nachfolger.[466]

---

461 S. Pars Tuğlaci, *The Role of the Balian Family in Ottoman Architecture* (Istanbul: Yeni Çığır Bookstore, 1990), bes. S. 5–84 zu Kirkor und S. 87–302 zu Garabed Balian, dem Architekten des Sultanspalastes in Istanbul.
462 Freely/Sumner-Boyd, *Istanbul*, S. 396; Tuğlaci, *The Role of the Balian Family*, S. 5–9; S. 63–64; Alyson Wharton, *The Architects of Ottoman Constantinople. The Balyan Family and the History of Ottoman Architecture*, London-New York: I.B. Tauris, 2015, zu Karapet Balyan S. 56–75, zur Kathedrale S. 63.
463 Die Zahl bei Gazer, Streifzüge, S. 90.
464 Alyson Wharton, Identity and Style, Armenian-Ottoman Churches in the Nineteenth Century, in: Gharipour (Hg.), *Sacred Precincts*, S. 76–105; dies., Localism in the Late-Nineteenth-Century Armenian Churches of Ottoman Upper Mesopotamia, in: Maximilian Hartmuth (Hg.), *Christian Art under Muslim Rule* [...] (Leiden: Nederlands Instituut voor het Naabije Oosten. Nino Publications, 2016), S. 19–60.
465 Krikorian, Die Geschichte der armenischen Kirche, S. 38–42; Dinno, *The Syrian Orthodox Christians*, S. 167–171.
466 Thomas Oommen, Marth Mariam Big Church (Valiapally) at Thrissur, in: *ISRJ Indian Streams Research Journal* Vol. 6/10 (November 2016), S. 1–6.

8.4.2 Die Kathedralen der Orthodoxie – Wegmarken zu einer neuen Rechtgläubigkeit

8.4.2.1 Das Zarenreich

Freilich – wenn für die Geschichte der Konfessionen im Spiegel ihrer Bischofskirchen auch die Orientalen weiterhin ihre Beiträge leisten, bleiben die Kathedralen der aus dem byzantinischen Reich erwachsenen Kirchentümer wichtiger, bereits für die unmittelbare Epoche nach Napoleon. Hier ist die Entwicklung der russischen Orthodoxie in einen neuen Konservatismus besonders bemerkenswert, da sie seit Peter I. zeitweise Kontakte zu Westeuropa hatte. Dabei ist die Geltung der Entwicklung für das Zarenreich sogar noch weiter zu fassen als bisher, zunächst für dessen westliche Regionen, da sich das polnisch-litauische Großreich auflöste: So waren nach 1793 bereits Teilgebiete Litauens, Weißrussland und der heutigen Ukraine Einflussbereiche der russischen Staatskirche, ab 1815 auch das polnische Kernland (während der deutschsprachige Teil Westpolens preußisch wurde und Galizien habsburgisch). Vom sibirischen Osten des Zarenreiches aus expandierte die Orthodoxie sogar bis nach Japan.

Als Ursache des neuen Konservatismus sind – sieht man von Ansätzen bei Peter I. ab – erneut die Folgen der französischen Revolution zu nennen, nämlich in Gestalt Napoleons und seiner Invasionskriege, da seine ab 1812 absehbare Niederlage einen neuen Triumphalismus im Zarenreich auslöste, und er wiederum erweckte 1815 ein neues gesamteuropäisch-royales Lebensgefühl auf dem Wiener Kongress.

Sind Kathedralen als konfessionelle Repräsentationsbauten auch ein architektonischer Reflex des allgemeinen epochenbedingten Lebensgefühls der Konfessionen, verwundert nicht, dass der Verzicht auf die seit dem Barock in der Orthodoxie beliebt gewordenen westlichen Stilprinzipien zugunsten der Besinnung auf „authentischere" – nämlich voraufklärerische – Traditionen begann. Das war keine abrupte Abkehr von der unmittelbaren Vergangenheit. Zwar war der Barock à la Rastrelli oder Tschewakinski vorbei, aber der Klassizismus des absolutistischen Frankreichs hatte zeitweise noch genügend imperiale Züge, um attraktiv zu sein. Das gilt umso mehr als zwar Napoleon als Gegner Russlands, Verräter der christlichen Monarchien und des Christentums verächtlich war, nicht verächtlich aber das sakrale Königtum Konstantins I., Wladimirs d.Hl. und der Heiligen Allianz, die man 1815 in Wien geschmiedet hatte; und insofern blieben Kathedralen zwar Ausdruck eines royalen Bewusstseins, wurden aber nicht zwangsläufig Ausdruck nationalistischer Ideen. Dementsprechend hatte Alexander I. (1777–1825, Zar 1801) als einer der Sieger über Napoleon keine übertriebenen patriotischen Anwandlungen zu national-russischer Sakralarchitektur; vielmehr war er – noch Erbe der Aufklärung – die meiste Zeit seines Lebens der Idee eines christlichen Gesamteuropa verpflichtet und fand sogar Interesse an westkirchlicher Mystik, z. B. an den Quäkern oder Franz von Baader (1763–1841).[467] Es ist also keine Ironie der Architekturgeschichte, dass ein Protagonist des Klassizismus in Russland, nämlich Auguste de Montferrand (1786–1858), Franzose war, umso weniger als er – zuvor an Napoleons Russland-Invasion beteiligt – in den Dienst des Zaren trat und, obwohl Katholik, sogar in „seiner" Petersburger Kathedrale beigesetzt werden wollte.[468] Freilich: Unter den Bedingungen der Restauration nach 1815 ist ebenso wenig verwunderlich, dass zeitgleich mit Montferrand der diesem Klassizisten sehr unähnliche baltische Architekt Konstantin Thon (1794–1881) im Zarenreich zu wirken begann. Und auch er wurde eine Leitfigur im Land – aber für patriotische Ziele, nämlich für staatskirchliche Präsenz durch byzantinische Größe und einen Architekturstil, der – gern „pseudorussisch" genannt – mit altrussischen Schmuckmotiven überladen war, besonders mit dem *Kokoschnik*.[469] Und eben dieser Stil lieferte mit eklektizistischen Nuancen bis zum Ende des Zarenreichs Baumodelle, Signets herrscherlicher, nationaler und militärischer Pracht.

Im Kontext der wachsenden Zentrierung des russischen Imperiums auf die westlichen Regionen spiegelt sich der Weg vom transnationalen Klassizismus zur neobyzantinischen Architektur zunächst im Dombau der Hauptstadt Sankt-Petersburg wider, wie denn hier die klassizistische Sakralarchitektur Höhepunkte erreichte, anfänglich selbst noch im Angesicht politischer Turbulenzen. Hier baute Andrej Worochinin (1759–1815) die Kathedrale *U.L.F. von Kazan* 1801–1811 – heute Kathedrale des Erzbischofs.[470] Doch ornamentaler Überschwang war ihm noch fremd, und nationalistische Assoziationen mied er (Kuppel und Kolonnaden erinnern an die römische Peterskirche). Da die Kirche jedoch in einer Zeit errichtet wurde, die z. T. noch durch Napoleons Russlandfeldzug und seine bevorstehende Niederlage bestimmt war, war schon sie prädestiniert, ein neues Nationaldenkmal zu werden. Erst recht ein Siegeszeichen wurde in der Folgezeit Montferrands *Isaaks*-Kathedrale, für die er die Baulei-

---

467 Onasch, Kirchengeschichte, S. 112–114; zu Alexander I. s. Konstantin Akinsha/Grigorij Kozlov/Sylvia Hochfield, *The Holy Place. Architecture, Ideology, and History in Russia* (New Haven-London: Yale University Press, 2007), S. 9 ff. u. ö.
468 Gauthier/Buss, *Sankt-Petersburg*, S. 151.
469 Ein *Kokoschnik* ist ein Mauerbogen, in der altrussischen Baukunst als Ersatz für das Pendentif unter der Kuppeltrommel verwendet, im Historismus als Schmuckmotiv, vgl. Eliasberg, *Russische Baukunst*, S. 9.
470 Hamel, *Russland*, S. 302–304.

tung ab 1818 übernahm; aber ein neuer Leitbau für eine Architektur staatskirchlicher Macht wurde sie ebenfalls nicht, sondern ein „Pantheon russischer und europäischer Kunst",[471] allerdings 111 m × 97 m × 101 m groß.[472]

Wichtiger für die Zeit bis zur Oktoberrevolution wurde indes, dass zeitgleich mit der Entstehung der Kasaner Kathedrale in Petersburg für Moskau erste Pläne zur *Christ-Erlöser*-Kathedrale entstanden, anfänglich einer Gedächtniskirche zum Sieg über Napoleon. Auch hier gewann zunächst der Klassizismus – mit Entwürfen bekannter Architekten: Giacomo Quarenghi (1744–1817) steuerte gut aufklärerisch einen Plan nach dem Modell des römischen Pantheons bei. Worochinin war origineller, da er zwar wieder eine Kuppelkirche à la St. Peter vorschlug, aber eine Zwiebelkuppel wählte, den Bau volkstümlich ornamentierte und so den Neobyzantinismus anbahnte.[473] Gemäß der irenischen Religiosität Alexanders I. siegte aber 1816 der Schwede Karl Magnus Vitberg (1787–1855) mit einem Entwurf aus drei aufeinander gesetzten Baukörpern als Symbol der Trinität und der drei Stadien des Christuslebens – mehr als 200 m hoch.[474] Ein Baubeginn erfolgte 1820; aber die Idee war dem Klerus suspekt, galt bald als unrealisierbar, und der heutige Bau wurde konventioneller (s. u.) – wie auch Alexander I. immer konservativer wurde.[475] Doch brachte der Klassizismus Spuren der Aufklärung auch in die Provinz. Montferrand entwarf vor der Petersburger Isaakskathedrale bereits 1822 in Nischnij Nowgorod die Verklärungskathedrale,[476] Vassilij Stasow (1769–1848) in Omsk die Nikolauskathedrale 1829/33–1849.[477] Im ukrainischen Odessa folgte die Verklärungskathedrale 1794–1808, 96 m × 46 m groß, nach Zerstörung in der Sowjetunion 1936 heute jedoch eine Rekonstruktion zwischen 1999 und 2010.[478]

---

471 Gauthier/Buss, *Sankt-Petersburg*, S. 145. Zur Baugeschichte Hamel, *Russland*, S. 291–295.
472 Für die Epoche tritt Moskau zurück. Zu nennen ist nur die Epiphanias-Kirche im Stadtteil Jelochowo, 1835–1845. Sie schwand auch – nach der marxistischen Profanierung der *Uspenskij*-Kathedrale als Patriarchalkirche genutzt – 1989 wieder aus dem Bewusstsein; s. Kempgen, *Die Kirchen und Klöster Moskaus*, S. 570–571.
473 Zu Quarenghi und Worochinin s. Akinsha/Kozlov/Hochfield, *The Holy Place*, S. 13–14.
474 Akinsha u. a., *The Holy Place*, S. 3 ff.; zur Symbolik S. 14–16: Für Christus symbolisiert die Unterkirche seine Geburt und die Dunkelheit des Grabes, der mittlere Bau, ein griechisches Kreuz, symbolisiert Christus-selbst (mit Fries zu seinem Leben), die Kuppelrotunde der Oberkirche ist Symbol seiner Auferstehung (S. 16).
475 Zum Scheitern des Projekts und zum Zaren Akinsha/Kozlov/Hochfield, *The Holy Place*, S. 34–41.
476 Auzias/Labourdette, *Saint-Pétersbourg*, S. 53.
477 William C. Brumfield, Tara and Omsk: Western Siberia Architecture Heritage in Historical Context, in: *Journal of Siberian Federal University. Humanities & Social Sciences* 10 (2017/10), S. 1462–1484, hier S. 1471.
478 Die Unterkirche wurde 2002 neu geweiht, die Oberkirche 2003; s. D. Yu. Benik/N.F. Bobrova/D. V. Aleksa, Contribution of academician V.P. Filatov to reconstruction of Transfiguration Cathe-

Spätestens nach dem Tod Alexanders I. hatte der politische Konservatismus aber ohnehin die Orthodoxie eingeholt, zumal der Zar selbst schon in seinen letzten Lebensjahren eine Wende vollzogen hatte; und diesem Konservatismus entsprach in der Folgezeit Thon, indem er Worochinins Entwicklung zu einem neurussischen Stil fortsetzte, ab 1831 von Alexanders Nachfolger Nikolaus I. (1796–1855) gefördert, bald Hofarchitekt und im gesamten Reich tätig: Seine Entwürfe galten sogar als verpflichtend: zwar ebenfalls noch vom Klassizismus ausgehend, aber rasch den nationalkirchlichen Wünschen des neuen Zaren untergordnet: In dessen Dienst war Thon ja auch 1831 getreten, also exakt in dem Jahr, in welchem Nikolaus das aufständische Polen besiegt hatte und damit die Orthodoxie vor dem Westen bewahrte.[479] So waren Thons Modelle folgerichtig erneut die Moskauer Kremlkirchen, vor allem *U.L.F. Entschlafung*. Diesem Sinn für Selbstdarstellung entsprach die Platzierung der neuen Gedächtniskirche von *Christ Erlöser*: in einem Dreieck, dessen andere Eckpunkte Kreml und Basiliuskathedrale sind.[480] Auch die Ikonologie der Fassaden feiert die neue Staatskirchlichkeit pompös.[481] Aktiv war Thon auch mit Kathedralen in der Provinz, z. B. *Christi Himmelfahrt* in Jelez.[482] Andere Architekten folgten mit immer reicherem Dekor, z. B. in Kronstadt mit der Nikolaus-Marine-Kathedrale (1903–1911), nach dem Modell der *Hagia Sophia* in Konstantinopel, 83 m × 63 m groß, ein Prestigebau von Zarenreich und Orthodoxie gleichermaßen.[483] In der Provinz schloss man sich an, z. B. ab 1897 mit der *Alexander Newski*-Kathedrale in der jungen sibirischen Stadt Nowonikolajewsk (heute Nowosibirsk),[484] aber ebenso im ukrainischen Kiew mit der Kathedrale des *hl. Wladimir* von 1862–1896 (anfänglich wie Kiews *Hagia Sophia* als Dreizehnkuppelkirche geplant),[485] auch im noch zaristischen Finnland und Baltikum: In Helsinki zog die Kathedrale von

---

dral in Odessa, in: *Journal of Ophthalmology* (Ukraine) 2017/6, S. 79–82; Di Luca/Ragozin, *Ukraine*, S. 145.
479 Insgesamt Akinsha/Kozlov/Hochfield, *The Holy Place*, S. 49 ff.
480 Akinsha/Kozov/Hochfield, *The Holy Place*, S. 52.
481 Die Fassaden zeigen neben NT-Szenen und russischen Heiligen den Sieg über Napoleéon, Polen und die Muslime. Vgl. Akinsha/Kozlov/Hochfield, *The Holy Place*, S. 61 ff.
482 Richmond, *Russia*, S. 245.
483 Richmond, *Russia*, S. 237; Gauthier/Buss, *Sankt-Petersburg*, S. 14–19.
484 A. Navolotskaya, History of Nikolaevsk City Formation (1877–1905), in: *XIII International Scientific Conference Architecture and Construction 2020*. IOP Conf. Series: Materials Science and Engineering 953 (2020/012042).
485 Peter Knoch/Heike Maria Johenning, *Architekturführer Kiew* (Berlin: DOM publishers, 2015), S. 62–63.

U.L.F. Entschlafung von 1868 die Blicke jetzt ähnlich auf sich wie die lutherische Nikolaikirche. Unmittelbar am Palast des russischen Statthalters entstand 1894–1900 auf dem Domberg in Tallinn eine weitere Kathedrale des *hl. Alexander Newski*,[486] nicht zur Freude der Esten.[487] 1894–1916 folgte die *Alexander Newski*-Kathedrale in Warschau: Zwar wurde sie im seit 1918 unabhängigen Polen wieder abgerissen, aber errichtet wurde sie noch mit der Selbstgefälligkeit des Eroberers, denn es werde (so der russische Generalgouverneur)

> [...] durch ihre Präsenz [...] die russisch-orthodoxe Kirche der Welt und den unruhigen Polen verkünden, dass in den westlichen Weichselgebieten unwiderruflich die [...] orthodoxe Macht gestärkt werde. Ähnlich wie bei dem Militär sollte die Macht der russisch-orthodoxen Kirche zunehmen [...] und die ruhige Zuversicht verbreiten, dass [...] die [...] russische Nation von keinem Handbreit Boden zurückweichen werde.[488]

Auch die Liebe zum Schutzpatron Alexander Newski ist machtpolitisch gefärbt: Der Heilige hatte 1242 den Deutschen Orden besiegt.[489] Nicht überall siegte aber der Nationalismus. Nicht als Eroberer wirkte nach 1840 der später kanonisierte Bischof Innokentij Weniaminow (1797–1879) im seit 1799 russischen – 1867 von den USA erworbenen – Alaska, wo er in Sitka 1844–1848 seine Michaelskathedrale baute,[490] ebenso begründete er die bald indigene, von Moskau unabhängige, multiethnische *Orthodox Church in America*.[491] Architektonisch friedlich etablierten sich die Orthodoxen auch in Japan durch Bischof Nikolaj (1836–1912), auch er interessiert an der Landeskultur und als Nikolaj von Japan später kanonisiert.[492] Ihm baute der ab 1877 im Lande ansässige Brite Josiah Conder (1852–1920) in Tokyo 1891 die Auferstehungskathedrale,[493] und wieder löste sich die Orthodoxie bald

---

486 Zu Helsinki s. Otto M. Schneider, *Finnland*, S. 37; zu Tallinn Mäeväli, *Architecture and Art Monuments in Tallinn*, S. 30–32; Pullat, *Die Geschichte der Stadt Tallinn*, S. 151.
487 „The ostentatious décor of the [...] cathedral produces a cheap effect", bei Mäeväli, *Architecture and Art Monuments in Tallinn*, S. 30–31.
488 Bei Piotr Zubowski, Zwischen Sacrum und Profanum. Das Problem des russisch-orthodoxen Sakralbaus in Warschau in der Zeit der zweiten polnischen Republik (1919–1939), in: *Biuletyn Polskiej Misji Historycznej* 12 (2017), S. 105–134, hier S. 110.
489 Bremer, *Zwischen Kreuz und Kreml*, S. 114.
490 (U. S. Department of the Interior National Park Service. Alaska Regional Office), *Sitka's National Historic Landmarks. A Window into Alaska's Past*, Fairbanks 2013.
491 S. Inga Leonova, Constantin Pertzoff and the Quest for American Orthodox Architecture, in: *The Wheel* 1 (2015), S. 36–43, hier S. 36–37.
492 Helen J. Ballhatchet, The Modern Missionary Movement in Japan: Roman Catholic, Protestant, Orthodox, in: Mullins (Hg.), *Handbook*, S. 35–68, hier S. 52–57.
493 Watanabe, *The Architecture of Tokyo*, S. 66; Löffler, *Fremd und Eigen*, S. 298.

von Moskau.[494] Doch überragte der Turm der Kathedrale in seiner Erbauungszeit sogar den Kaiserpalast.[495] Indes ging auch anderswo in Asien die von Russland ausgehende Expansion der Orthodoxie bald eigene Wege – spätestens nach 1917/ 1918, z. B. in Korea.[496]

8.4.2.2 Der Balkan und Griechenland

Naturgemäß hatte die übrige europäische Orthodoxie der russischen in ihrer politischen wie spirituellen Bedeutung wenig Vergleichbares an die Seite zu stellen, denn zumindest die Balkanstaaten waren erst nach dem russisch-türkischen Krieg ab 1878 von den Osmanen frei (Albanien erst ab 1912/1913): So war zwar in Serbien Belgrad seit den 1830er Jahren die Hauptstadt des späteren Königreichs, aber z. B. Novi Sad war noch habsburgisch, Bosnien mit dem Zentrum Sarajevo osmanisch. Und architektonisch hatten die neuen orthodoxen Kathedralen der Region im Außenbau wenig Byzantinisches an sich und blieben mit den zeitgleichen katholischen Domen der Habsburger fast verwechselbar. Genannt sei die neoklassizistische Michaelskathedrale Belgrad, 1837–1840, d. h. kurz nach der Unabhängigkeit gebaut (während die Pläne zur Nationalkirche des hl. Sawa erst ab 1895 konkret wurden).[497] Neobarock sind *St. Georg* in Novi Sad, eine Saalkirche, nach Zerstörung des ersten Baues im Ungarnaufstand 1848/1849 neu 1851–1853 gebaut von Gustav Scheib aus Budapest,[498] und der Dom in Sarajewo, 1863–1874.[499]

An eigene Traditionen anknüpfen konnte Rumänien, da in seinen Zentren Curtea d'Argeş und Bukarest längst bedeutende Bischofskirchen existierten; und für das nach 1878 entstehende neue Königreich wurde Curtea de Argeş zur Krönungskirche ausgebaut.[500] Freilich hinterließ auch Habsburg seine Spuren, so im walachischen Iaşi, wo 1833 der Österreicher Gustav Freywald in italienischer Spätrenaissance die Kathedrale begann und nach konstruktionsbedingtem Baustopp erst 1880–1886 der Rumäne Alexandru Orăscu (1817–1894) den viertürmigen

---

494 Michael John Sherrill, Christian Churches in the Postwar Period, in: Mark H. Mullins (Hg.), *Handbook*, S. 163–180, hier S. 178, Anm. 1.
495 Ballhatchet, The Modern Missionary Movement, S. 54; Löffler, *Fremd und Eigen*, S. 32.
496 S. (Metropolit) Ambrose-Aristotle Zographos (Song-Am Cho), Orthodox Witness in the Korean Peninsula. A Historical Approach, in: Ma/Ahn (Hgg.), *Korean Church*, S. 100–113, bes. S. 101–104.
497 Karin Boeckh, Die orthodoxe Kirche in Serbien als historische Institution, in: *Südosteuropa* 7/8 (2011), S. 18–21; Rohdewald, Sava, S. 594.
498 Moser, *Serbien*, S. 175; Branislav Knežević (Hg.), *Novi Sad* (Novi Sad: Grafomarketing, 2015), S. 17–18.
499 freytag & berndt, *Bosnien-Herzegowina. Kultur-Reiseführer* (Wien: freytag und berndt 2016), S. 54.
500 Vătăşianu, Einleitung, S. 424 f. S. a. Zach, Der Fürstenhof in Argeş, S. 107–108.

Großbau ohne Kuppel mit einem Portikus beendete.[501] Doch auch in Rumänien wuchs das Nationalbewusstsein, so im bis 1918 habsburgischen Sibiu (Hermannstadt), bei dessen Kathedrale abgesehen von der Doppelturmfassade wieder die *Hagia Sophia* in Konstantinopel nachwirkt;[502] und wie in Serbien wurde der Wunsch nach einer Nationalkathedrale konkreter.[503] Rascher noch schuf sich Bulgarien als orthodoxe Nation neu: Bald nach Gewährung der Religionsfreiheit durch den Sultan 1865 entstand in Sofia der neobyzantinische Dom *Sv. Nedelja,* nach einem Attentat 1925 neu errichtet.[504] 1900 war die Demetriuskathedrale von Widin vollendet.[505] Russen bauten *U.L.F. Entschlafung* in Warna (1886) und Sofias *Alexander Newskij*-Kathedrale (1904–1912), letztere zugleich ein bulgarischer Dank an die russische Zarenarmee für die Rettung vom Islam.[506]

Anders als die übrigen Balkanländer war Griechenland seit 1833 nicht mehr osmanisch – abgesehen von Kreta, das erst ab 1913 griechisch war. Für den neu zu konstituierenden Staat sah man schon ab 1821 wieder eine Monarchie und ein Staatskirchentum vor, und beides wurde 1833 endgültig etabliert.[507] Dabei wirken die organisatorischen Anfänge dieser Staatskirche geradezu improvisiert, zumal sie ab 1829 in der provisorischen Landeshauptstadt Navplia liegen; und sie war seit den Kreuzzügen, d. h. seit dem 13. Jahrhundert, ein politischer, kultureller, religiöser Zankapfel zwischen (Franken,) Venezianern und Osmanen: Hier wurde die unter den Osmanen als Moschee genutzte kleine *Hagios Georgos*-Kirche des 16./17. Jahrhunderts (ab 1823 ausgemalt und mit Campanile versehen) kurzzeitig *National Church* für den neuen König und Zentrum seiner Zeremonien, später auch Bischofskirche.[508] Bald aber folgten überall im Land neue Sakralbauten. Da die Monarchie aus dem einstigen Heiligen Römischen Reich stammte, fehlten

---

501 Vătășianu, Einleitung, S. 439.
502 Vătășianu, Einleitung, S. 279, S. 453; Birgitta Gabriela Hannover Moser, *Rumänien* (Berlin: Trescher Verlag, 2016⁵), S. 193.
503 Lavinia Stan/Lucian Turcescu, Politics, National Symbols and the Romanian Orthodox Cathedral, in: *Europa-Asia Studies* 58/7 (2006), S. 1119–1139; Andreea Mihalache, Between Church and State: The Competition for the Romanian Patriarchal Cathedral, Bucharest, 2002, in: Magnus Rönn/Reza Kazemian/Jonas E. Andersson (Hgg.), *The Architectural Competition. Research, Inquiries and Experiences* (Stockholm: Axl Books, 2010), S. 491–507.
504 Georgi Stanishev (Hg.), *Architectural Guide Sofia* (Berlin: DOM publishers, 2019), S. 64.
505 S. University of Craiova (Hg.), *Cross-border Religious Heritage*, S. 12.
506 Zu Warna s. Berbenliev, *Bulgarien*, S. 399; zu Sofia ders., S. 393, und Stanishev (Hg.), *Architectural Guide Sofia*, S. 121.
507 Panaiotis Poulitsas, Die Beziehungen zwischen Staat und Kirche in Griechenland, in: Bratsiotis, *Die Orthodoxe Kirche* II, S. 38–48.
508 Konstantinou u. a., *Griechenland,* S. 393; Details bei Reinhold Friedrich, König Otto von Griechenland. Die bayerische Regentschaft in Nauplia 1833/34 (München: Allitera Verlag, 2015), zur Kathedrale S. 211–213.

deutschsprachige Architekten nicht; zu ihnen gesellte sich der dänische Klassizist Theophil Hansen (1813–1891), auch mit dem Schinkel-Kreis vertraut.[509] Aber primär kehrte der Byzantinismus wieder. Am Anfang standen noch einfache Basiliken, etwa – nach Zerstörung des Vorgängers 1820 durch die Osmanen – 1832 *Hagios Athanasios* in Ioanina[510] oder aus den 1840er Jahren die Alte Kathedrale von Patras, vom Klenze-Schüler Lysandros Kaftanzoglou (1811–1885).[511] Z. T. hatten die Kirchen – etwa auf den Inseln – venezianische Vorläufer wie in Chania/Kreta, kurz nach 1850, eine quasi barocke Basilika ohne Kuppel und mit Seitenturm,[512] während z. B. 1854 im kretischen Hierapetra *Hagios Georgos* wieder eine quasi byzantinische Basilika ist.[513] Aber in der Regel siegte die Kreuzkuppelkirche,[514] bei Kathedralen meist doppeltürmig. Und mögen die Bauten oft standardisiert wirken, tragen sie doch zur nationalen Identät bei. Früh anerkannt war die Neue Kathedrale von Athen (Abb. 51) von 1840–1845, nach einem Entwurf von Theophil Hansen und Kollegen, 40 m × 20 m groß, zwar in der Westkirche wegen ihres Eklektizismus manchmal belächelt,[515] aber eine *National Cathedral* und ein Referenzbau für etliche weitere Kathedralen.[516] Manche Bauten wurden zudem wichtig für die lokale Frömmigkeit, z. B. durch ihre Ikonen. Beispiele sind die Kathedrale *Ypapanti tou Sotiros/Darstellung des Herrn* in Kalamata (begonnen 1859) mit einer wundertätigen Marienikone aus der frühen Os-

---

509 Natalie Bairaktaridis, *Theophil Hansen. Die griechisch-orthodoxe Kirche am Fleischermarkt in Wien*. Diplomarbeit an der Universität Wien 2008, S. 8 ff.
510 (Municipality/Diocese of Ioannina), Vissarion Vakaros u. a., *Ioannina* (2020), S. 28–29.
511 Charis A. Apostolopoulos, O palaiós kai o néos naós tou Agiou Andrea stēn Patra (griech.)/ Die alte und neue Kirche des hl. Andreas in Patras, in: Elene T. Saranti und Demetrios D. Triantaphyllopoulos (Hgg.), *O Apostolos Andreas stēn Istorika kai tēn Technē* (griech.)/*Der Apostel Andreas in Geschichte und Kunst* (Patras: Universität der Peloponnes, 2013), S. 227–242.
512 Michalis G. Andrianakis/Kostas D.Giapitsoglou, *Christian Monuments of Crete* (Heraklion: Synodical Committee for Religious Tourism of the Church of Crete – N.G.O. Filoxenia, 2014), bes. S. 69 und S. 342–343.
513 Andrianakis/Giapitsoglou, *Christian Monuments of Crete*, S. 69 und S. 223.
514 Sotiriou, Die Kunst, S. 175.
515 Nelson, *Hagia Sophia*, S. 195, nennt ihre Fassade „at the same time Romanesque, Byzantine, Gothic, Renaissance, and neoclassical."
516 Vgl. Bairaktaridis, *Theophil Hansen*, S. 13–14, S. 17; Sotiris Voyadjis, O Ierós Kathedrikós Naós tōn Athenōn (griech.)/The Athens Cathedral, in: Bd. II (*Praxis*) zum *Symposium zur neugriechischen Sakralarchitektur (26.–27. November 2010)* (Athen: Universität. Byzantinisches und christliches Museum, 2012), S. 39–64 (griech.). Als Nachbau vgl. z. B. die *Evangelistria* in Amphissa von 1869 (Voyadjis, S. 51). S. a. auf Chios die Kathedrale der *hll. Minas, Viktor und Vinzenz* (1888), dazu Dimitrios Lagos/Panoraia Poulaki, Religious Monuments and Sustainable Tourism, in: *Journal ‚Sustainable Development, Culture, Traditions'* 1a/2a (2014), S. 78–92.

Abb. 51: Athen. Griechisch-orthodoxe Kathedrale. Der Bau hat von westkirchlicher Seite nicht viel Anklang gefunden, aber er ist vielleicht auch durch das akademische Äußere ein Modell für einige Dome Griechenlands und der Auslandsgriechen.

manenzeit oder die *Hagios Nikolaos*-Kathedrale von Alexandrupolis (1892–1901) mit dem Gnadenbild der *Panagia Trifotissa* aus dem 13. Jahrhundert.[517]

Auch sonst wirken weiterhin Architekten aus dem Umfeld des früheren Heiligen Römischen Reiches mit. Genannt sei der Hansen-Schüler Ernst Ziller (1837–1923) z. B. mit der 1890 begonnenen Kathedrale von Aigion,[518] auf ihn geht auch

---

517 Zu Kalamata s. Rossiter, *Griechenland*, S. 361, zu Alexandrupolis s. Maria Kitsati/Syrmo Kapoutsi/Areti Amaxopoulous, in: *CHAIN (=Cultural Heritage Activities Network, Amsterdam), Las otras orillas, Sevilla and other places* 16–25/11/17, S. 80.
518 Marilena Z. Kisamati (Hg.), Ernestos Tsiller. Architektōn/*Ernst Ziller. Architekt* (Athen: Gemäldegalerie und Alexandros Soutzos-Museum, 2010), hier S. 262–263 (griech.).

die 1914 geweihte *Hagios Gregorios Palamas*-Kathedrale in Thessaloniki zurück.[519] Ähnliche Bauten folgen bis hin zur 1908 begonnenen (lange unvollendeten) Neuen *Hagios Andreas*-Kathedrale in Patras, vom Ziller-Schüler Anastasios Metaxas (1862–1937), oder *Hagios Minas* in Herakleion,[520] weitere lokale Architekten schlossen sich an wie in Neapolis mit der *Megale Panagia*.[521] Umgekehrt suchten Griechen im deutschsprachigen Raum Inspiration, seit der Wende zum 20. Jahrhundert sogar vom Jugendstil. Das gilt z. B. für Aristoteles Zachos (1871/1872–1939), der in seinen Entwürfen den Stil 1908 in den Kirchenbau einführte, als hier noch sakraler Akademismus herrschte.[522] Byzantinisch blieb der Architekt zwar in der *Hagios Dimitrios*-Kathedrale zu Siatista (1911–1928), aber er schloss den 32 m × 20 m großen Bau durch einen romanischen Vierungsturm ab. Doch wurde die Kirche später von anderer Seite ornamental vereinfacht und die Vierung 1952–1953 durch eine byzantinische Kuppel ersetzt.[523] Jenseits des Mittelmeeres ging dagegen die griechisch-orthodoxe Sakralarchitektur recht individuell weiter. Im Libanon wurde 1764 in Beirut *St. Georg* nach dem Erdbeben von 1756 als Basilika wiedererrichtet, noch mit alten byzantinischen Mosaiken.[524] Nach der Georgskathedrale von 1732–1735 in el-Mina bei Tripoli (Trāblus) – fast einem Kreuzfahrerbau – folgte in Tripoli 1862–1873 die heutige Basilika. Im ägyptischen Alexandria entstand für die Griechen 1844–1856 die byzantinisch-gotisierende Kathedrale *U.L.F. Verkündigung*.[525]

---

519 Vgl. Georgios K. Termentzoglou, *Enkainia Neōterōn Naōn tēs Thessalonikēs (1912–2011)/Inaugurations of Modern Churches in Thessaloniki (1912–2011)*. Dissertation an der Aristoteles-Universität in Thessaloniki 2013, S. 14–20.
520 Zu Patras s. Apostolopoulos, *Die alte und die neue Kirche des hl. Andreas*, S. 227 ff.; zu Herakleion s. Gassiot-Talabot, *Griechenland*, S. 825.
521 Andrianakis/Giapitsoglou, *Christian Monuments of Crete*, S. 69.
522 Vgl. Helen Fessas-Emmanouil, Reconciling Modernity and Tradition. The Balcanic Relevance of Aristoteles Zachos (1871–1939). Architectural Appraisal and Work, in: Carmen Popescu/Carmen Teodorescu, *Genius Loci. National et Regional en Architecture entre Histoire et Pratique*. Konferenzberichte Bukarest 1999 und 2000 (Bukarest: Simetria, 2002), S. 142–149, hier S. 144. Zu Zachos s. die gleiche Autorin in Fessas-Emmanouil/ Emmanuel V. Marmaras, *Dodeka Ellenes Architektones tou Mesopolemou. Twelve Greek Architects of the Interwar Period* (Herakleion: Crete University Press, 2005), S. 3–48 (griech.-engl.).
523 Fessas-Emmanouil/Marmaras, bes. S. 17–19.
524 Skaf/Assaf, *Une nouvelle approch*, S. 225.
525 Zu el-Mina und Tripoli vgl. Georges Berbary, Les iconostases des églises *Saint-Georges* d'el-Mina et de Tripoli: un modèle antiochine, in: May Davie (Hg.), *Un métissage de cultures. L'architecture sacrée du diocèse orthodoxe de Tripoli*. Tome 1 (Beirut: Publication de l'Université de Balamant, 2016), S. 283–325. Zu Alexandria s. Donald Malcolm Reid, *Whose Pharaos? Archaeology, Museums, and Egyptian National Identity from Napoleon to World War I* (Berkeley: University of California Press, 2002), S. 150.

Aber auch für die Auslandsgriechen blieb die Tradition nahe. Ihnen baute in London John Oldrid Scott 1877–1882 eine neue *Hagia Sophia* (seit 1923 Kathedrale) mit derjenigen von Konstantinopel als Modell.[526] Und 1892 in Chicago erstand mit *U.L.F. Verkündigung* Hansens Athener Metropolis neu.[527] Freilich entwickelte sich in den USA nach den russischen Anfängen in Alaska die *Orthodox Church of America* schon multiethnisch weiter, und für sie schuf Louis Sullivan (1856–1946) 1903 ihre *Holy Trinity Cathedral:* trotz einiger russischer Konventionen schon mit Nähe zum Jugendstil.[528]

---

[526] New, *A Guide to the Cathedrals of Britain*, S. 441–443; Nelson, *Hagia Sophia*, S. 107–108.
[527] Nelson, *Hagia Sophia*, S. 195.
[528] Inga Leonova, The Quest for American Orthodox Architecture: Modernism Meets Tradition, in: Cyril Hovorun (Hg.), *Sacred Architecture in East and West* (Los Angeles: Huffington Ecumenical Institute/Marymount Institute Press, 2019), S. 185–210, hier S. 188–194.

9 Die Kathedrale zwischen neuen Bilderstürmen, weltanschaulich-religiösen Pluralisierungen und Restaurationen

9.1 Die Zeitenwende nach 1918

Für eine Betrachtung der Konfessionsgeschichte als Dombaugeschichte auf ihrem Weg in die Gegenwart ist sinnvoll, unmittelbar nach dem I. Weltkrieg zu beginnen: Hier liegen tiefe Einschnitte nicht nur für Europa vor. Doch auch in Europa änderte sich die Lage radikal, nicht zuletzt durch die politische Neugliederung: So kehrten national wichtige Kathedralen nach Ende der wilhelminischen und K.-und-k.-Monarchie in die polnische bzw. französische Identität zurück. Dazu hinterließ das Habsburger Reich neue Einzelstaaten, wo Kathedralen wieder zu Nationalkirchen wurden (z. B. Prag[1]). In der neuen Sowjetunion verlor das Christentum fast die Existenz; und seit 1945 wurde es in den marxistisch okkupierten Republiken des Ostens ebenfalls marginalisiert – außer im monarchischen Griechenland, das sich weiterhin als „Schatzmeister kat'exochen der Orthodoxie" sah.[2]

Große Wirkungen hatten die europäischen Wandlungen aber auch für die Neugliederung des Christentums außerhalb Europas. Das besagt zwar weniger für Amerika, Australien und Neuseeland, da sich hier die Staaten bereits im 19. Jahrhundert etabliert hatten und mit ihnen die bischöflichen Konfessionen der Westkirche. Nicht überall bedeutend war der Einschnitt auch in Asien: Erneut existierten die meisten Staaten bereits, z. T. christlich organisiert – wobei aber Chinas Sakralarchitektur in der Kulturrevolution der 1960er/1970er Jahre Bilderstürmen erlag. Tiefer noch war der Einschnitt in Afrika, besonders südlich der Sahara, da sich die Aufteilung in jene Kolonialgebiete vollendete, die seit dem II. Weltkrieg unabhängig wurden. Dazu begann die Zeit, in der sich auch das bischöfliche Christentum stabilisierte: Nun entstanden die katholischen Hierarchien, oft zugleich mit der Entstehung der Staaten, auch die meisten anglikanischen Kirchenprovinzen.

Darüberhinaus folgten allerorts neue Konflikte, schon zwischen den Nationen besonders Europas und Asiens seit Ende der 1930er Jahre, auch Stammeskonflikte.[3]

---

1 Hier feierte man 1929 das 1000jährige Wenzelsjubiläum, s. Bartlová, Der Prager Veitsdom, S. 257.
2 P. Bratsiotis, Die geistigen Strömungen und die religiösen Bewegungen der orthodoxen Kirche Griechenlands, in: ders. (Hg.), *Die orthodoxe Kirche* II, S. 49–69, hier S. 49.
3 Zu Nigeria Jenkins, *The Next Christendom. The Coming of Global Christianity* (London-New York: OUP, Erste Auflage 2002, Ausgabe 2011³), S. 172–174 (für 2003) und S. 215–218 (für 2011³); Dimokpala Christopher Chukwudi, *Conflict Resolution and Peace Building: the Impact of Muslim-*

Es sind aber ebenso oft interreligiöse Konflikte, häufig zwischen Christentum und Islam. Nicht minder sind es neue kirchlich-staatliche Konflikte, vor allem nach der Genese neuer politischer Ideologien seit den 1920er Jahren. Wechselvoll entwickelten sich Jahrzehnte später auch z. B. im südlicheren Afrika die Spannungen zwischen den Kirchentümern und den jüngeren Staaten mit ihren neuen sozialen Schichten, politischen Hierarchien und Totalitarismen; und wieder ergab sich, dass Kathedralen Brennpunkte politischer Interessen wurden.[4] Nicht ignoriert seien schließlich die christlich-ästhetischen Konflikte: Es stellte sich ja zunehmend die Frage, welche Gestalten des Kirchenbaues noch möglich seien, nachdem der Historismus seine globale Faszination verloren hatte und man in den Freikirchen bisweilen auf traditionelle Kirchenarchitektur ganz verzichtete.[5] Dazu koppelte sich diese Frage nicht nur in Afrika und Asien neu mit dem Problem indigener Sakralbauten, nachdem fast überall die Kolonialherrschaften zu Ende waren,[6] die früheren Kolonialstaaten erkannten, dass die nichtchristlichen Religionen keineswegs dem westeuropäischen Denken erlegen waren, wie man bisweilen vorausgesagt hatte,[7] aber sich fragten, ob ihre Dominanz wenigstens ästhetisch überdauerte. Dabei stand bei der Akzeptanz indigener Kunst allerdings mehr auf dem Spiel als eine oberflächliche Übernahme von Lokalkolorit, nämlich die Frage, ob man auch anderweitig bereits religiös besetzte Symbole in das Christentum integrieren konnte, ohne dessen Identät zu gefährden.[8] Besonders der Protestantismus hatte Antworten zu geben, da er gerne alle sakrale Symbolik gegenüber der Predigt für irrelevant erklärte und die indigenen Kirchentümer ästhetisch im Stich ließ.[9] Seitens der offiziellen (vornehmlich) protestantischen Kirchentümer der Weltchristenheit außerhalb der Kirche von Rom wurde das Problem global spätestens 1966 auf der *East Asian Christian Conference* (später: *Christian Conference of Asia*) artkuliert, da zumindest für diese Region erstmals nach der Gestalt eines indigenen Christentums gefragt wurde – wo doch das europäische Christentum stets kulturelle Vielfalt gezeigt habe und den jungen

---

Christian Dialogue Forum (MCDDF) in Nigeria. Magisterarbeit an der Norwegischen Hochschule für Theologie 2013, S. 30 ff.
4 Sundkler/Steed, *A History of the Church in Africa*, S. 901 ff.
5 Loveland/Wheeler (Hgg.), *From Meetinghouse to Megachurch*, S. 127 ff.; Rakestraw, Seeking Souls, S. 29 ff.
6 Takenaka, *The Place Where God Dwells*, S. 12; Jayasinghe, Identity Crisis, S. 6.
7 Raiser, *Ökumene im Übergang*, S. 80 f. und S. 91 f.
8 Beispiele bei Philip Jenkins, *The Next Christendom*, für 2002 S. 112 ff., für 2011[3] S. 140 ff.; Theo Sundermeier/Volker Küster (Hgg.), *Das schöne Evangelium. Christliche Kunst im balinesischen Kontext*. Studia Instituti Missiologici Societatis Verbi Divini 51, Nettetal: Steyler Verlag, 1991; zum Synkretismus und zur Entwicklung nach dem II. Vatikanum s. Bowie, The Inculturation Debate, S. 68 ff. bzw. S. 85 ff.
9 Charakteristisch ist die Kritik von Takenaka, *The Place Where God Dwells*, S. 11.

Kirchen keine architektonischen Standards aufzwingen dürfe.[10] Größer wurde zudem im bischöflichen Protestantismus, besonders im Anglikanismus, das Wissen um die Problematik nationalkirchlicher Traditionen.[11] Überkonfessionell schließlich stellte sich im weltanschaulich pluralisierten westkirchlichen Europa schon die Frage, inwieweit Kirchenbau hier noch sinnvoll sei, da die Gesellschaft aus eigener Perspektive seiner großenteils nicht mehr bedurfte. Die Frage wurde umso dringlicher, als hier das westkirchliche Christentum mit seinem Einfluss auf die Frömmigkeitspraxis des globalen Norden seit den 1970er Jahren zurückging und besonders in West-, Mittel- und Nordeuropa, partiell auch Nordamerika einer nachchristlich-rational dominierten Lebenspraxis wich. Und wenn es in der südlichen Hemisphäre neue Vitalität entfaltete, wuchsen hier die freikirchlichen, evangelikalen, charismatischen Denominationen ebenso rapide.[12]

9.2 Die Kirche von Rom

9.2.1 Der Weg in den nachkonziliaren Katholizismus und die architektonischen Folgen

9.2.1.1 Katholische Wandlungen und das II. Vatikanische Konzil als Wegstadium

Wenn man die Geschichte der römischen Bischofskirchen seit der Reformation Revue passieren lässt, war sie stets eine Geschichte der Wirkungen des Tridentinums, hin zu einem neuen Triumphalismus bis in die 1960er Jahre.[13] Umgekehrt freilich konnte nicht-römischen Betrachtern diese Kirche anachronistisch erscheinen – nämlich als Ort dogmatischer Setzungen, denen sich zu verweigern das Heil gefährdete: zeremonienreich und ästhetisch vielfältig, aber fremdartig; ein Schutzraum der Gläubigen bei Verfolgung, aber feindlich gegenüber der Modernität. Dabei wirkte diese Christlichkeit mancherorts zwar monolithisch – und war es tatsächlich –, aber ebenso als Parallelgesellschaft in einer pluralen Welt.[14] Und deren Abkehr vom Katholizismus war seit der französischen Revolution weiterge-

---

10 Takenaka, *The Place Where God Dwells*, S. 11–12.
11 Vgl. Araya, *A (New) Ecclesiology*, S. 68–108, am Beispiel Japan, Malawi, Lateinamerika.
12 Jenkins, *The Next Christendom* schon in der Ausgabe von 2002, S. 3–5, S. 55 ff., für 2011³ s. S. 69 ff.
13 Die Epoche endete mit Pius XII. Katholischerseits spricht man bei ihm von der letzten Perfektionierung des Ultramontanismus, auch in der „Weltpräsenz der katholischen Kirche" (R. Lill, Der Ultramontanismus, S. 77).
14 McGowan, Roman Catholicism, S. 65, am Beispiel Kanadas. Er sieht Änderungen erst ab ca. 1965.

gangen – in Westeuropa so weit, dass im 21. Jahrhundert die Zahl der Katholiken selbst in katholischen Kernländern z. T. kaum noch die 50%-Marke erreichte.[15]

Doch waren umgekehrt seit den 1920er Jahren Wandlungen im Selbstbild der katholischen Kirche im Gange – bis sie im 1959 von Johannes XXIII. eröffneten II. Vatikanischen Konzils manifest wurden, besonders im Dekret *Lumen Gentium* von 1964: Jetzt wurde die Kirche nicht mehr hierarchisch, sondern als Volk Gottes definiert, und das Bischofsamt verlor die klerikale Aura.[16] Dem entsprach eine Liberalisierung hin zu einer Kirche des Dialogs – mit den katholischen Regionalkirchen, den Reformationskirchen, anderen Religionen und der Säkularität. Auch verschoben sich die Maximen für die Kommunikation zwischen Kirche und Gesellschaft allgemein. Es schwanden europäisch-koloniale Anmaßungen gegenüber den Teilkirchen Afrikas und Asiens oder den neuen Staaten.[17] Auch eine Abkehr von Koalitionen mit Feudalregimen fand statt, nicht zuletzt im traditionell katholischen Lateinamerika. Umgekehrt verloren sozialrevolutionäre Gedanken den Feindbild-Charakter – zumindest wenn Dialoge möglich waren.[18] Man kann diese Entwicklung auch für den Kultus kaum überschätzen, besonders infolge der neuen Rolle von Priester und Laien: An die Stelle der lateinischen Klerikerliturgie trat ja die landessprachliche Kommunikation aller, an die Stelle des Hochaltars der Volksaltar,[19] von dem aus die Messe *versus populum* gefeiert werde. Parallele Innovationen lassen sich im Kirchenbau verfolgen, auch für Kathedralen, sogar mit Wirkung auf den hochkirchlichen Anglikanismus.

---

15 Loek Halman, Patterns of European Religious Life, in: Staf Hellemans/Peter Jonkers (Hgg.), *A Catholic Minority Church in a World of Seekers* [...] (Washington: The Council for Research in Values and Philosophy, 2015), S. 21–70, u. a. S. 62. Eine Ausnahme ist England, vgl. David Voas/Steve Bruce, Religion. Identification, behaviour and belief over two decades, in: J. Curtice u. a. (Hgg.), *British Social Attitudes: The 36th Report*, London: The National Centre for Social Research, 2019.
16 McGowan, Roman Catholicism, S. 69; s. a. Kilde, *Sacred Power*, S. 185 ff, bes. S. 189 f.
17 Bischof Augustine Ndubueze Echema vermerkt: „The Second Vatican Council produced a role change for non-western peoples. They were to be no longer merely receptors but also contributors to salvation history [...]." Foreword (S. xvi) zu Emmanuel Chinedu Anagwo/Benedict Emokiniovo Ukutegbe (Hgg.), *Dynamics of Inculturation in Africa* (FS Patrick Chukwudezie Chibuko), Benin City: Floreat Systems Publications, 2021.
18 Prien, *Das Christentum*, S. 377 ff., S. 402 ff.; Hümmer-Hutzel, *Religion und Identität*, S. 54–55 und S. 58–59.
19 Joy M. Price schreibt 2013: „Among both Catholics and Protestants, there was a growing movement to relocate the the altar away from the chancel wall. Where once a member of the clergy had his [...] back to the congregation as he faced the altar, new liturgical innovations encouraged the minister, priest, or pastor to face the congregation and the altar during the celebration of communion" in *Temples for a Modern God. Religious Architecture in Postwar America* (New York: OUP, 2013), S. 149.

9.2.1.2 Neue Kirchen für den Bischof in der Gemeinde – Von historistischen Triumphen zur sozialen Bescheidenheit

Hier ist nun ein umfassenderer Blick auf die sakrale Architektur des 20. Jahrhunderts hilfreich; denn obwohl sich die offizielle Abkehr des Katholizismus von traditionalistischer Kirchlichkeit erst im II. Vatikanischen Konzil zeigte, war Traditionalismus bereits Anfang des 20. Jahrhunderts wenigstens architektonisch fragwürdig. Im deutschsprachigen Bereich begann die Abkehr von ihm in den 1900er Jahren, auch als Reform im Sinne von Pius X., nämlich als Verjüngung der architektonischen Inhalte hin auf einen „christozentrischen" Kirchenbau, d. h. auf einen offenen Raum hin, in dem der Altar unverstellt sei (d. h. z. B. Seitenschiffe fehlen oder ganz unbetont sind)[20] und die Gemeinde durch *participatio actuosa* (Pius X.) Teil der Liturgie werde.[21] Solche Verjüngungen begegnen im deutschsprachigen Raum bei Otto Wagner (1841–1918) mit *St. Leopold* in Wien 1902; auch das Bauhaus bahnt den Weg, etwa sein Repräsentant Ludwig Mies van der Rohe (1886–1969), Freund architektonischer Abstraktion, aber in seiner Suche nach Spiritualität inmitten der neuen Nüchternheit architektonischer Formen auch Adept des Theologen Romano Guardini (1885–1968) und Anreger von Rudolf Schwarz (1897–1961), der 1930 *Corpus Christi* in München baute.[22] Zeitgleich (1930–1932) errichtete Dominikus Böhm (1880–1955) in Köln *St. Engelbert* und verwendete parabolische Strukturen.[23] Für Frankreich gehörten die Brüder Auguste (1874–1954) und Gustave Perret (1876–1952) hierher mit *N.-D.-du-Raincy* von 1922/1923,[24] bald einem globalen Leitbau auch für Kathedralen, und Le Corbusier (1887–1965)[25] mit der Wallfahrtskirche *N.-D.-du-Haut* in Ronchamp (1950–1954), einem ähnlich populären Modell.[26] Dabei ging es weniger um bloßes Experimentieren mit verbesserter Technologie, sondern einen neuen überzeugenden Sakralstil, partiell auch

---

20 Adam, *Gottes Volk*, S. 66.
21 Luigi Monzo, *croci e fasci. Der italienische Kirchenbau in der Zeit des Faschismus 1919–1945*, Bd. I–II. Dissertation am Karlsruher Institut für Technologie 2017, Bd. I, S. 179 ff.
22 Ein Überblick Kilde, *Sacred Power*, S. 175 ff.; Karla Cavarra Britton, Prologue: The Case for Sacred Architecture, in: dies. (Hg.), *Constructing the Ineffable. Contemporary Sacred Architecture* (New Haven: Yale University Press, 2010), S. 12–23; Mark A. Torgerson, *An Architecture of Immanence. Architecture for Worship and Ministry Today* (Grand Rapids-Cambridge: Eerdmans, 2007), S. 43 ff.; Lieb, *Himmelwärts*, S. 143–144; Cezary Wąs, The Ideological Sources of Ludwig Mies van der Rohe's Architecture: Comments on Letters from Lake Como by Romano Guardini, in: *TEKA Kommisji Urbanistiky i Architektury* 50 (2022), S. 357–373.
23 Torgerson, *An Architecture of Immanence*, S. 104–107; Lieb, *Himmelwärts*, S. 140–142.
24 Britton, Prologue, S. 15–17; Freigang, *Meisterwerke*, S. 301.
25 Britton, Prologue, S. 18.
26 Britton, Prologue, S. 14; Freigang, *Meisterwerke*, S. 313; Lieb, *Himmelwärts*, S. 149–152; Kilde, *Sacred Power*, S. 182 ff.

im Dialog mit protestantischen Konzepten.[27] Dem folgten rasch Initiativen, die Messe umzugestalten (vor allem durch eine Liturgie in der Landessprache und *versus populum*).[28] Auch die Päpste förderten die Entwicklung, selbst der autokratische Pius XII. (1876–1958, Papst 1939), wie 1947 seine Enzyklika *Mediator Dei* zeigt: Wie er neue Kirchenmusik akzeptierte, so neue sakrale Architektur – falls sie nicht den frommen Sinn beleidige.[29] Noch stärker gefordert wurde ein zeitgemäßer Kirchenbau seit dem Dekret *Sacrosanctum Concilium* 1963 unter Johannes XXIII. (1881–1963, Papst 1958), ebenso bauliche Diversität für Ethnie und Region.[30] Dem entsprach bald auch katholischerseits eine individuellere Frömmigkeit statt bloßer Obödienz gegenüber Hierarchien, Dogmen und geheiligten Symbolen.[31]

Daraus folgten detailliertere Maximen zum Kirchenbau, zunächst allgemein, aber erst recht für Kathedralen: Nicht nur wurden in ihnen liturgisch-architektonische Ideen weitergedacht, sondern gerade hier galt Vorsicht mit Triumphalismus. In den USA hat man als Modelle sogar *Meetinghouses* empfohlen, ja Multifunktionsbauten.[32] Doch blieben solche Überlegungen marginal, ja wurden kritisch gesehen[33] und selten verwirklicht.[34] Generell aber wurde zum Verzicht auf den Langbau geraten, da er die hierarchische Sicht der Kirche fördere.[35] Stattdessen wurde eine Raumgestaltung angeregt, die eine zentrale Aufstellung des Altars ermögliche, für eine Kirche als Familie, die sich um den Tisch des Herrn versammle. So entfallen

---

27 Adam, *Gottes Volk*, S. 66. Ausführlich Fábio Müller, *O templo cristão: Permanências simbólicas & conquistas figurativas*. Magisterarbeit an der Universidade do Rio Grande do Sul, Porto Alegre 2006, S. 32 ff.
28 In Deutschland war Romano Guardini führend, s. Monzo, *croci e fasci*, Bd. I, S. 215, Anm. 11.
29 Zitate bei Price, *Temples*, S. 119.
30 Price, *Temples*, S. 152–153.
31 Vgl. Hagspiel-Keller zu Karl Rahner (1904–1984) und Franz-Xaver Kaufmann (*1934), *Freikirchen*, S. 66–67. Price zitiert den interkonfessionell tätigen lutherischen Architekten Edward Sovik (1918–2014): „A generation ago, when a competition was held for the design of a new cathedral to replace the ancient one at Coventry [...], the program described a church structure as essentially ‚a shelter for an altar'. Such a statement [...] would be unacceptable now. A house of worship is [...] is a shelter for people. It is not the table that makes a sacrament; it is the people and what they do [...]." (*Temples*, S. 147–148). S. a. Torgerson, *An Architecture of Immanence*, S. 147 ff.
32 Price, *Temples*, S. 154, zu einer Tagung 1964 in Dubuque; s. a. Adam, *Gottes Volk*, S. 82–86.
33 Z.B. Adam, *Gottes Volk*, S. 84–86; Walter Zschokke, Architekten und Sakralbau – eine schwierig gewordene Beziehung, in: Marcus Nitschke u. a. (Hgg.), *Raum und Religion. Europäische Positionen im Sakralbau. Deutschland – Österreich – Polen* (Salzburg-München: Verlag Anton Pustet, 2005), S. 53–60, hier S. 56–57.
34 Das heißt nicht, dass nicht auch multifunktionale Pfarrzentren diözesane Zentren wurden.
35 „Both Catholic and Protestant liturgists started arguing that the longitudinal, basilican, nave-chancel arrangement of the Middle Ages, with professional clergy [...] singing the mass [...] in front of a largely passive congregation, was itself a change from the greater congregational participation of early Christian times." (Price, *Temples*, S. 148–149).

die früheren Privatmessen und zahllosen Seitenkapellen. Gewicht erhält neben der Taufkapelle nur die Sakramentskapelle, da die Messe *versus populum* durch eine anderweitige Platzierung des Tabernakels als auf dem Hauptaltar möglich sei. Signifikant sind auch die neuen Grundsätze für die *Kathedra*: Ein Baldachin gehöre nicht zu ihr (außer er sei denkmalspflegerisch zu bewahren), und sie sei nur zur liturgischen Sichtbarkeit des Bischofs erhöht.[36] Mit alledem ist schließlich eine stilistische Abkehr von der Tradition angezeigt. Damit war aber global kein linearer Weg in die Moderne gemeint, da der Historismus nach 1945 fortexistierte, z. T. zwar stilisiert, nicht selten aber bis zur architektonischen Replik.[37] Und obwohl viele Zweckbauten entstanden, behielt man das Bild der Himmlischen Stadt im Gedächtnis und blieb konzeptionell vielfältig.[38] Dazu förderten auch die Päpste Benedikt XV. (1854–1922, Papst 1914)[39] und Pius XI. (1857–1939, Papst 1922) die Indigenisierung, und schon 1925 gab es im Vatikan eine Ausstellung indigener Sakralkunst.[40]

Nun mag man diese Entwicklungen primär als kultbezogene Geschehnisse für in sich geschlossene Kultgemeinden betrachten. Doch bedeuten sie mehr, besonders für Kathedralen, da diese als Leitbauten christlicher Kommunikation auf Augenhöhe *mit* und *für* diese Gesellschaft und repräsentativ für andere Kirchenräume ein besonders kritisches Wirkungspotential beanspruchten – nämlich gegenüber versteinerten kirchlichen Hierarchien wie dem ästhetischen Zentrismus Europas. Dabei entspricht den Wandlungen eine Funktionserweiterung der Bauten, von Räumen klerikal-kultischer Repräsentanz zu solchen des Dialogs, in Regionen staatlich-kirchlicher Konflikte – zumal in Afrika – auch zu Schutzräumen bei politischen, oft ethnisch oder ökonomisch bedingten Gewaltexzessen zu Orten der Versöhnung. Ähnliches geschieht im Anglikanismus in seinen früheren Kolonien.

---

36 Price, *Temples*, S. 149, Adam, *Gottes Volk*, S. 115–116.
37 Price, *Temples*, S. 126 ff. und S. 128 ff., am Beispiel der USA der 1940er und 1950er Jahre.
38 Zur Himmlischen Stadt s. D. McNamara, Bearers of the Heavenly Jerusalem. Vatican II and Development in Church Architecture, in: *JISA* 15 (2009), S. 37–40; zur Vielfalt der Konzepte schreibt Adam: „Es gibt kaum eine geometrische Figur, die [...] unbeachtet geblieben wäre: Kreis, Kreissegment und Kreissektor, Halbkreis, Oval, Parabel und Ellipse, [...] Trapez und verschiedene Polygone [...]" (*Gottes Volk*, S. 75).
39 Vgl. das Sendschreiben *Maximum illud* von 1919; s. Anthony E. und Amanda C.R. Clark, Building for the Senses: A Resurgence of Sacred Architecture in China, in: *JISA* 25 (2014), S. 10–18.
40 Aritonang/Steenbrink (Hgg.), *A History of Christianity in Indonesia*, S. 926.

9.2.2 Europa

9.2.2.1 Neue Spannungsfelder in der Alten Welt

Wie vielschichtig sich aber auch immer die neuere Entwicklung des globalen Dombaus in seinem kulturellen Kontext darstellt – von den bisherigen Überlegungen her kann für ihre Darstellung auch im Katholizismus Europa der Ausgangspunkt sein; und weiter bleibt das Bild facettenreich. Ja gerade im sich zur Neuzeit hin öffnenden Katholizismus wachsen die innereuropäisch-katholischen Differenzen noch – nämlich zwischen seinem langen tridentinisch akzentuierten Konservatismus und einer Frömmigkeit, die aus Desinteresse an hierarchischen Frömmigkeitspraktiken sogar Dombauten bisweilen hintanstellte, während die Gesellschaft abseits weltanschaulicher Vorgaben ohnehin ihres Weges ging.

9.2.2.2 Von Anpassungen an die Mächtigen zur sozialen Vielfalt – Süd- und Westeuropa

Im Detail lässt sich die katholische Umorientierung wie bisher anhand Süd- und Westeuropas konkretisieren, da hier die Frage großer Prestigebauten noch aktuell war – einige von ihnen noch unvollendet, andere erst in Planung. Wie sollte man mit ihnen umgehen? Immer seltener galten sie ja als Gütezeichen einer Kirche, die sich sogar im Einklang mit einem christlich-totalitären Staatswesen verstehen mochte.[41]

Es lohnt sich der Blick auf die iberische Halbinsel. Natürlich wurden in Spanien die historistisch begonnenen Kathedralen vollendet, wobei aber – politisch bedingt – der Abschluss erst lange nach dem II. Weltkrieg erfolgte, dazu vereinfacht – allerdings noch in der franquistischen Diktatur: Als erstes wurde der Neue Dom von Vitoria fertiggestellt,[42] aber ohne die geplante Doppelturmfassade; Madrid folgte später: Immerhin wurde in diesem Falle zur Vollendung 1944 ein neuer Wettbewerb initiiert, da man im wieder autoritär gelenkten Land für die gotische Kirche eine klassizistische Fassade als Pendant zum Königspalast wünschte (und erhielt), doch innen wurde der Entwurf von Cubas ebenfalls reduziert, die Kirche allerdings erst in der neuen Demokratie 2003 vollendet.[43] Dazu entstand 1988–2001 eine „moderne" neue Kathedrale im portugiesischen Bragança – also in einem Staat, der ebenfalls eine faschistische Führung besessen hatte, aber längst eine Demokratie war, außerdem

---

41 Derlei muss aber nicht stets gelten. So sind große Wallfahrtskirchen ebenso Funktionsbauten der Volksreligiosität; s. Agnieszka Gąsior zum Marienheiligtum Licheń, in: Bahlcke u. a. (Hgg.), *Religiöse Erinnerungsorte*, S. 439–447.
42 Vgl. Klein, Gothic in Europe, S. 37.
43 Merten, Die Almudena-Kathedrale, S. 154–156.

wurde die Kirche ein einfacher Funktionsbau.[44] Nicht obsolet war auch der Domneubau in Italien, wobei lange historistische Großbauten unverdächtig blieben; und wieder wurde diese Architektur nach dem Sieg des Faschismus (1922) im Jahr 1929 durch eine neue Allianz von Staat und Kirche legitimiert.[45] Entsprechend wurde 1934 der Dom in Cerignola originalgetreu beendet und erhielt die nach Erdbeben 1930 neu konzipierte Stadt Avezzano bis 1942 eine klassizistische, 88 m × 30 m große Kathedrale.[46] Das schloss zwar bis 1945 sakrale Modernität nicht mehr aus, wie Armando Bernabiti (1900–1970) zeigt, z. B. mit *San Francesco d'Assisi* von 1936–1939 im 1912–1943 italienisch besetzten Rhodos, aber die Kirche wurde erst 1946 Kathedrale.[47] Doch siegte nach 1945 auch in Italien (mit Ausnahmen[48]) die Modernität überall, z. T. noch repräsentativ. So wird *Cristo Rè* in La Spezia – Dom der 1927 gegründeten Diözese – zwar im ersten Planungsstadium ebenfalls noch im Faschismus konzipiert,[49] aber erst 1956–1975 errichtet und nun als ein moderner Rundbau.[50] Außen fast futuristisch zumal durch ihre filigran durchbrochene, von ferne fast gotisierende Fassade wirkt in Taranto die neue Konkathedrale *Gran Madre di Dio,* die der Stararchitekt Gio Ponti (1891–1979) 1964–1971 errichtete.[51] Allerdings waren auch später eklektische Nachklänge für Domneubauten nicht verpönt, obwohl diese Kirchen kaum Wirkungsgeschichte hatten.[52] In Frankreich wiederum stand man bei der Vollendung von historistischen Großbauten vor ähnlichen Problemen wie in

---

44 Luis Carlos Monteiro, *Sé Catedral Nossa Senhora Rainha* (Bragança: União das Freguesias de Sé, Santa Maria e Meixedo, 2018), zur Baugeschichte S. 2–5.
45 Ernesti, *Konfessionskunde,* S. 55–56.
46 Simonette Ciranna/Patrizia Montuori, Sebastiano Bultrini (1867–1936), ingegnere, architetto e urbanista: dall'attività romana tra le due guerre alla ricostruzione della Marsica post-sismo del 1915, in: Salvatore D'Agostino/Giulio Fabricatore (Hgg.), *History of Ingeneering* [...]. *Proceedings of the International Conference* [...] *Naples, 2014 May 19th–20th.* Vol. II (Napoli: Cuzzolin, 2014), S. 1195–1206, hier S. 1203–1204. S. a. die Dome von Pescara und Latina (Monzo, *croci e fasci,* Bd. I, S. 1000 und S. 996).
47 Vgl. Giovanni Boraccessi, Argenti della liturgia cattolica nella cattedrale di Rodi, in: *Arte Cristiana* Nr. 879 (Novembre-Dicembre 2013), S. 440–450, hier S. 441.
48 In La Storta steht *Sacri Cuori di Gesù e Maria,* der stattliche neoromanische Dom des Bistums Porto-Santa Rufina, vollendet 1955, s. Lanfranco Petroselli (Hg.), La Cattedrale di La Storta, in: *Le Croci. Style and Communication,* Edizione 5, Aprile 2015, S. 2.
49 S. Monzo, *croci e fasci,* Bd. I, S. 630 ff.; Abb. Bd. II, S. 301 ff.
50 Monzo, *croci e fasci,* Bd. I, S. 630 ff.
51 S. Maria Antonietta Crippa/Carlo Capponi (Hgg.), *Gio Ponti e l'architettura sacra. Finestre aperte sulla natura, sul mistero, sul Dio* (Mailand: Silvana Editoriale, 2005), u. a. Adele Simioli, Gran Madre di Dio, concattedrale di Taranto 1964–1971, S. 178–187.
52 Zu nennen ist der nach dem Erdbeben 1980 an anderer Stelle bis 2003 neu gebaute Dom in Conza della Campania, s. P. Pierangelo Pirotta (Hg.), *S. Erberto e la Cattedrale di Conza,* Conza: Pro Loco „Compsa", 2005.

Spanien. Diejenige von Lille stand noch aus; und die Baufortsetzung folgte in einer ersten Etappe 1922–1974, wobei das Gewölbe des Langhauses vereinfacht wurde, erst recht vereinfacht 1990–1999 die ursprünglich doppeltürmig geplante Fassade (die Kirche erhielt einen freistehendem Turm).[53] Aber auch historistisch inspirierte Neubauten entstanden noch. Hierher zu rechnen ist *Ste-Geneviève* in Nanterre bei Paris, eine neobyzantinische Wallfahrtskirche mit einigen Vorgängerbauten für die Pariser Schutzheilige, 1924 begonnen. Freilich, beendet wurde sie – wie die Abteikirche in Saint-Denis seit 1966 Kathedrale einer neuen Vorortdiözese – 1974 ohne Langhaus.[54] Indes folgten noch 2 Dome für neue Diözesen im Pariser Großraum, klein, doch von einer Modernität, die keine historistischen Kompromisse einging, aber in ihrer optischen Diskretion den kulturellen Pariser Vorstadt-Pluralismus einkalkulierte, ohne den Anspruch eines christlichen Symbolbaus aufzugeben. Es ist in Évry (Abb. 52) Mario Bottas (*1943) *Cathédrale de la Résurrection*, zylinderförmig, mit abgeschrägtem, baumbepflanztem Dach, 1992–1995.[55] Innen ist die Kirche wieder ein von oben eröffneter Lichtraum und betont die Idee der Kathedrale durch die schlichte *Kathedra* nur wenig, umso mehr dafür die Eucharistie im Sinne der frühen Christen: Der Altar ist das Zentrum, das Tabernakel in der Sakramentskapelle verweist ikonologisch auf die Urkirche.

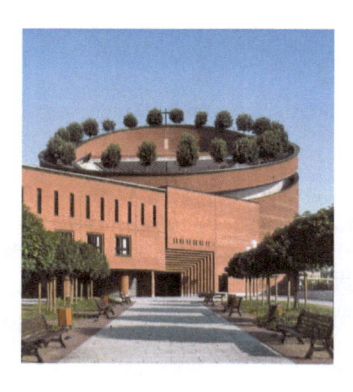

Abb. 52: Évry. Römisch-katholische Kathedrale. Man versteht, dass sich im Katholizismus das Ansehen des Architekten M. Botta gehalten hat. Sie entspricht den Forderungen einer Bischofskirche nach dem II. Vatikanum und belohnt das Bemühen um sakrale Unverwechselbarkeit im vielgesichtigen Großraum Paris.

2015 folgt die Kathedrale von Créteil: Der Bau aus zwei verschieden großen, aufgerichteten Betonschalen, mit freistehendem Turm (und freihängender Glocke)

---

53 Vienne, *Lille*, S. 201 ff.
54 *AAS* 59 (1967), S. 212–214; zur Architektur der Kirche s. Paroisse de Ste-Geneviève (Hg.), *Découvrir la Cathédrale Sainte-Geneviève de Nanterre*, Nanterre: La Paroisse Sainte-Geneviève, 2013.
55 Emma Lavigne, *Évry. La cathédrale de la Résurrection*, Paris: éditions du patrimoine, 2000; Freigang, *Meisterwerke*, S. 327.

vermittelt im Hochhausviertel Bescheidenheit, als *cathédrale ‚discrète'*,[56] aber wieder mit ästhetischem Anspruch. Noch mehr vom Großbau löste man sich in den Niederlanden: In Breda wurde 1968 die Barbarakathedrale profaniert, und der Bischof zog in eine Vorstadtkirche.[57] Überhaupt wurden im Lande den Domen die Ortsgemeinden vorgeordnet.[58]

Größere Bereitwilligkeit zu Großbauten gab es noch auf den Britischen Inseln, auch in Konkurrenz zu den Anglikanern.[59] So entwarf Edwin Lutyens – Mitplaner von New Delhi – ab 1930 für Liverpool in Konkurrenz zur anglikanischen *Christ Church Cathedral* eine Renaissance-Kathedrale, mit einer Kuppel größer als die der Peterskirche. Da sie aber wegen Geldmangels bis 1958 nie über die Krypta hinauskam,[60] folgte ein Richtungswechsel.[61] Es entstand ein Bau u. a. in Annäherung an Brasília, Modell für die neuen Dome in Clifton und Middlesbrough.[62] Marginal blieben die Dome in Schottland, alle historistisch und erst später Bischofskirchen.[63] In Irland entstanden jedoch noch 3 traditionelle Großbauten, als größter in Galway (1957–1965), neoklassizistisch, 91 m lang, 48 m breit.[64] Wenig zu berichten ist vom sonstigen Westeuropa und aus dem skandinavischen Norden.[65]

9.2.2.3 Dome zur Stabilisierung von Traditionen – Deutschsprachige Gebiete und das Umfeld des alten Habsburger Reiches

Wenig passierte auch im deutschsprachigen Mitteleuropa und im Umfeld des alten Habsburg, zumal es hier – wie in West- und Nordeuropa – weniger um neue katholische *revivals* oder gar Expansionen ging, sondern um die Wahrung des Bestandes, die weitere Wiederherstellung einer in 2 Weltkriegen und vom Staatsmarxismus

---

56 *JISA* 29 (2016), S. 4; Marie-Pierre Étienney (Hg.), *Créteil, la cathédrale déployée* (Strasbourg: Éditions du Signe, 2015), S. 9.
57 De Jong, Anderhalve eeuw, S. 32–33. 2001 wurde die erwähnte Antoniuskirche Kathedrale (S. 41).
58 „Kathedralen zijn niet meer nodig, wel parochiekerken" (bei de Jong, Anderhalve eeuw, S. 33). Der Bischof schrieb 1968 zum Umzug: „Een kerk wordt opgebouwd daar waar de mensen heergaan […]" (S. 41).
59 Stabil blieb auch der Katholizismus in den letzten Jahren, vgl. die Statistiken bei Voas/Bruce, Religion.
60 Britton, Prologue, S. 22; Orme, *The History*, S. 224; Norman, *Das Haus Gottes*, S. 296.
61 New, *A Guide to the Cathedrals of Britain*, S. 243–246; Orme, *The History*, S. 244–247.
62 New, *A Guide to the Cathedrals of Britain*, S. 96–99; Orme, *The History*, S. 245.
63 So misst der Dom von Paisley 30 m × 15 m (Galloway, *The Cathedrals of Scotland*, S. 145–150).
64 Galloway, *The Cathedrals of Ireland*, S. 111–113.
65 Genannt seien für 1925–1929 *Christ König* in Reykjavík, neugotisch, Dom seit 1968 (Brannström, *Architecture – Culture – Nation*, S. 32–33); und für 2017 *St. Olaf* Trondheim 2017, s. den Bericht in *JISA* 31 (2017), S. 5.

nach 1945 behinderten Kirchlichkeit und die Neuordnung der hierarchischen Organisation. (So wurden nach der Vereinigung West- und Ostdeutschlands 1989 im früheren Ostdeutschland neue Diözesen errichtet). Überall innerhalb des beschriebenen Raumes wurden jedoch meist vorhandene Kirchen zu Kathedralen, davon als – ästhetisch außerdem unauffälliger – Neubau nur *St. Eberhard* in Stuttgart aus der deutschen Nachriegsmoderne (1952–1955) und seit 1978 Konkathedrale des Bistums Rottenburg.[66] Neue Dome wurden nur auf dem Balkan im Umfeld der früheren K.-und-k.-Monarchie konzipiert, meist zum Ersatz alter Bauten. Zu den meist nachhistorischen Neubauten gehört in Ex-Jugoslawien der neue Dom in Skopje, nach Erdbeben bis 1977 noch im Marxismus modern errichtet.[67] Eine ältere Kirche ersetzten der Dom *U.L.F.* im rumänischen Iași, ein Zentralbau von 1992–2005, im Durchmesser 38 m groß,[68] und in Albanien der moderne Paulusdom 1993–2002 in Tirana.[69] Eine stattliche Neorenaissance-Kirche wurde jedoch im neuen Bistum Pristina/Kosovo wieder der 2017 vollendete Dom der *hl. Theresa von Kalkutta*.[70]

9.2.2.4 Neue Dome für ein konservatives Lebensgefühl – Polen und das alte Zarenrenreich

Trotz aller politischen Katastrophen bis 1918 und nach 1939 ging aber Polen seinen Weg zumindest konfessionspolitisch konsequent weiter, auch gegenüber dem Staatsmarxismus bis 1989 wie ohnehin gegenüber den protestantischen bzw. orthodoxen Nachbarn; und nach 1918 erneuerte sich das kirchliche Leben rasch: Die alten Dome in Gnesen und Krakau wurden wieder polnisch-katholische Zentren; 1927 begann der Bau der stilisiert neoklassizistischen Kathedrale in Kattowitz;[71] nach Rückkehr der preußischen Teile Polen-Litauens in den neuen Staat ab 1945 wurden die Dome in Cammin und Marienwerder restauriert, Pfarrkirchen zu Kathedralen (z. B. in Stettin und Danzig) und der Dom von Kattowitz fertiggestellt. 1972 begann der Bau der avancierten *Herz-Jesu*-Kirche in Rzeszow (Abb. 53), Dom seit 1992.[72] Noch unter

---

66 Georg Ott, Zur Baugeschichte der St. Eberhardkirche in Stuttgart, in: *Rottenburger Jahrbuch für Kirchengeschichte* 6 (1987), S. 195–220.
67 Snežana Filipova, Cultural and Religious Geography in the Medieval and New Age Period in Today's Republic of Macedonia, in: *Proceedings 2018. International Scientific Conference Geobalcanica 2018. 15–16th May 2018*, Ohrid, Republic of Macedonia, S. 317–323, hier S. 318.
68 Alina-Ștefana Ozarchevici u. a., *Ghid Turistic al Judetului Iași*. Project Erasmus 2015 (Iași: Associația EU-RO-IN, 2015), S. 21–22.
69 Peters, Katholische Kirchbauten, S. 98–99; Dietze/Alite, *Albanien*, S. 129–130.
70 *JISA* 32 (2017), S. 7.
71 Dmitriev u. a., *Polen*, S. 68.
72 Grażyna Ryba, *Katedra Rzeszowska 1977–2002. Historia – Sztuka – Twórcy – Idee*, Kraków: Edition Avalon, 2007.

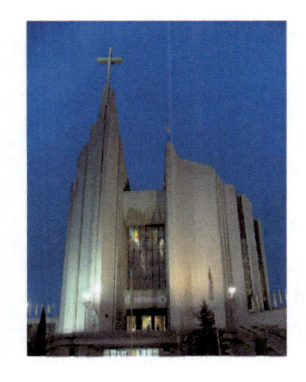

Abb. 53: Rzeszow. Römisch-katholische Kathedrale. Als eine noch im Marxismus gebaute Kirche wirkt sie als beinah lapidare Ansage des religiösen Selbstbewusstseins im postmarxistischen Polen.

dem vergehenden Staatsmarxismus folgten ab 1981 ca. 3000 Kirchenbauten.[73] Vergleichbar – wenngleich durch das byzantinische Erbe noch konservativer – ist die Ukraine, bis 1989 Teil der Sowjetunion. Zum einen erholte sich wie in Polen der lateinische Katholizismus – in der Kathedralenarchitektur zwischen Lemberg und Kiew bzw. Odessa, zwischen Gotik und Historismus.[74] Noch mehr gewannen die bis dahin verbotenen unierten Kirchen. Hier folgten neben der Rückgabe älterer Dome auch einige byzantinisch stilisierte Neubauten. Hierher gehört in Kiew die Kathedrale *Christi Auferstehung*, von einem lokalen Architekten ab 2000 geplant, Sitz des unierten Erzbischofs ab 2005, geweiht 2013, mit einem Sozialzentrum.[75] Doch die katholischen Neubauten reichen sogar bis Sibirien, in andere frühere Sowjetrepubliken und weiter, stilistisch bunt. Neogotisch ist der doppeltürmige lateinische Dom im kasachischen Karaganda (2012 vollendet), altarmenisch der armenisch-unierte Dom zu Gyumri/Armenien (begonnen 2010).[76] Die neuere Architektur repräsentie-

---

[73] Cezary Wąs, Widerstand der Blüte gegen die Wurzeln, in: Nitschke u. a. (Hgg.), *Raum und Religion*, S. 31–42, hier S. 31.

[74] S. Krzysztof Rejman/Oleksiy Sukhyy, *Roman Catholic Church in Ukraine: History and Modern Times*, Rzeszów: Oficyna Wydawnicza Politechniky Rzeszowskiej, 2020, ab S. 91.

[75] Insgesamt s. Mikhailo Kobryn/Olena Lyovkina/Hennadii Khrystokin, Development of the Greek Catholic Church in Independent Ukraine: Persons, Historical Heritage, and New Trends, in: George Fox University, *Occasional Papers on Religion in Eastern Europe* 40/3 (2020): Religious Communities in Contemporary Ukraine since Independence, S. 52–72, hier S. 61 und S. 64; Bohdan Cherkes/Svitlana Linda, Church Construction and the City in Ukraine after 1990. Social and Semantic Dimensions, in: *Środowiski Mieszkaniowe. Housing Environment* (Crakow University of Technology) 41 (2022), S. 15–26, hier S. 22.

[76] Zu Karaganda s. den Bericht in *JISA* 23 (2013), S. 5; zu Gyumri s. Dum-Tragut, *Armenien*, S. 275.

ren z. B. die Dome im sibirischen Irkutsk, geweiht 2000, und zeitgleich im mongolischen Ulan Bator (mit indigenen Elementen).[77]

9.2.3 Amerika

9.2.3.1 Zwischen Konservatismus, Avantgardismus und neuen Restaurationen

So wie Amerika kulturell weiterhin Europa nahe blieb, entwickelte es sich zumindest regional zu einem nachkonziliaren Katholizismus in der Art Westeuropas. Es geschah aber ohne die Katastrophen der Alten Welt – vom Spanischen Bürgerkrieg über die Diktaturen, ideologischen Zersplitterungen und Verwüstungen mancher Teile Europas bis 1945 bzw. 1989 und hin zur Neuordnung Osteuropas danach. Doch waren diese Ereignisse für die Neue Welt nicht bedeutungslos, besonders nicht durch die nach 1914 steigenden Einwanderer- und Flüchtlingsströme, die auch Architekten einschlossen und die bischöflichen Auslandskirchen wachsen ließen. Doch blieb hier der fromme Konservatismus größer, auch in der Architektur.

9.2.3.2 Nordamerika – Anzeichen eines Neo-Historismus?

Man kann es bereits an der Entwicklung in Nordamerika ablesen, dass über lange Zeit ungebrochener, ja triumphalistischer der amerikanische Katholizismus blieb als derjenige in Europa. Das frankophone Kanada kultivierte seine bisherige sakrale Lebenswelt noch Anfang der 1960er Jahre,[78] z. B. mit etablierten Kirchenarchitekten wie Louis-Napoléon Audet (1881–1971), seit den 1910er Jahren ähnlich produktiv wie vormals Victor Bourgeau. Als in Salaberry-de-Valleyfield 1933 der alte Dom abbrannte, ersetzte Audet ihn 1934–1935 durch die heutige *Cathédrale de Sainte-Cécile* in aufwendiger Hochgotik und mit reicher Ausstattung.[79] In modernisierend-eklektizistischer Neogotik schuf er für das 1936 gegründete Bistum Moncton bis 1940 *N.-D.-de l'Assomption* als Dom der ältesten franko-kanadischen Stadt, mit Fenstern zur Geschichte Akadiens;[80] für Sherbrooke baute Audet 1956–1957 seine gotisierende schon 1914–1917 begonnene Kathedrale *Saint-Michel* mit verbesserter Technologie zu Ende, wobei die à la *Notre-Dame* von Paris geplante Fassade

---

77 Zu Irkutsk s. *Letter of the Holy Father John Paul II to Cardinal Jan Pieter Schütte* vom 28-8-2000 (Vatikan: Libreria Editrice Vaticana, 2000). Zur Kathedrale von Ulan Bator s. Cruz, La Catedral, S. 73; *AAS* 94 (2002), S. 512–513.
78 Lefebvre, *The Francophone Roman Catholicism*, bes. S. 109–115.
79 Les Amis de la Cathédrale (Hgg.), *Salaberry-de-Valleyfield*, S. 4–27.
80 Salagnac, *Canada* u. a., S. 404.

aber Torso blieb.[81] Dann schufen andere Architekten Moderneres, größenmäßig moderat: bisweilen avanciert, so mit parabolisch-hyperboloider Bedachung ab 1961 in Nicolet,[82] häufiger funktional wie 1958–1960 in Baie Comeau oder – mit freihängenden Glocken – in Sainte-Anne-de-la-Pocatière von 1969–1970,[83] aufwendiger – oktogonal mit verschachtelten Dächern – *Holy Family* in Saskatoon 2012 als Konkathedrale.[84] Im einst frankophon-repräsentativen Zentrum Saint-Boniface wurde nach Brandverlust des neobyzantinischen Domes 1968 ein 1972 geweihter hölzerner Neubau in die konservierte Ruine integriert,[85] „only a sober and functional meeting place".[86] Das war nicht das Ende sakraler Ästhetik – wie z. B. der Dom in Trois Rivières 1962–1964 ein avanciertes Mausoleum für den Klerus erhielt.[87] Doch gab es ebenso wenig im anglophonen Kanada weitere Großbauten, obwohl der Historismus beliebt blieb, z. B. – wenngleich stilisiert – die Neogotik in Calgary (1955–1957).[88]

Entwicklungen zur neuen Bescheidenheit lassen sich auch in den USA wiederfinden, aufgrund des großen katholischen Bevölkerungsanteils sogar in höherem Maße. Aber man blieb im Ganzen konservativer und trotz vatikanischer Reformen einigerorts ambitiös (mit wie bislang steigender Zahl der Diözesen[89]): Ganz schwand das Interesse selbst an Monumentalbauten nicht; Modernität wurde nicht stets zum Gütezeichen und Historismus kein Schimpfwort: Anders als in Europa wurden unvollendete Großbauten stilgetreu fertiggestellt, besonders aufwendig und mit verschwenderischem neogotischen Intérieur 1954 die 111 m × 50 m große *Sacred Heart Cathedral* in Newark.[90] Ebenso wurden römische Bindungen weiter demonstriert, z. B. mit dem Dom in Superior als einer Variante von *Sa. Maria Maggiore* (1927 geweiht);[91] neu erweckt wurde das iberische Erbe im 1940 geweihten neuen Dom von Toledo: im Außenbau stilistisch-singulär in neoplateresker Gotik (wenngleich innen im konventionellen Neoklassizismus).[92]

---

81 Bettina Marten, Ecclesiastical Gothic in Twentieth- and Twenty-First-Century Canada, in: Borngässer/ Klein (Hgg.), *Global Gothic*, S. 75–83, hier S. 79–80.
82 Richardson/Richardson, *Canadian Churches*, S. 109.
83 S. Répertoire du Patrimoine culturel du Québec, in: www.patrimoine-culturel.gouv.qc.ca zur Cathédrale de Saint-Jean-Eudes bzw. zur Cathédrale Sainte-Anne-de-la-Pocatière.
84 *JISA* 21 (2012), S. 6.
85 Richardson/Richardson, *Canadian Churches*, S. 354–360; Fauchon/Harvey, *Saint Boniface*, S. 76.
86 *Winnipeg Tribune* vom 20. Januar 1970, zit. in City of Winnipeg. *Historical Buildings*, S. 8.
87 Vgl. Dubois/Michaud (Hgg.), *Évaluation Patrimoniale*. S. 10–39.
88 Richardson/Richardson, *Canadian Churches*, S. 344–345; Marten, Ecclesiastical Gothic, S. 80.
89 Mitte 2022 betrug die Zahl der (lateinischen) Erzdiözesen 33, der Diözesen 159.
90 S. u. a. Merten, Tradition, S. 55.
91 *(ASG) Wisconsin. A Guide to the Badger State* (New York: Duell, Sloan and Pearce, 1941), S. 298.
92 S. Marten, Tradition, S. 50 (auch Abbildung).

Vergleichsweise lange blieb der Historismus auch nach 1945 lebendig, obwohl er nicht mehr selbstverständlich war; denn als man 1955 in Joliet für die neue Diözese den Dom vollendete, wählte man den Neoklassizismus nur in gründlicher Stilisierung.[93] Doch einigerorts war auch die Modernität bereits gegenwärtig wie bei dem Art-Déco-Architekten William F. Kurke (1889–1965) für die Cathedral of the Holy Spirit in Bismarck, die aber erst ab 1942 entstand und in schnörkelloser Neuer Sachlichkeit vollendet wurde.[94] Früh hat man sogar seitens der Hierarchie solche Innovationen beschworen, schon 1948 in Chicago auf einer Kirchenbautagung, wo der Ortsbischof voran ging,[95] aber die meisten Diözesen blieben ästhetisch vorsichtig.[96] Freilich wurden erst durch das II. Vatikanum mit seiner Liturgiereform die Maximen zu nachhistorischen Entwicklungen transparenter, besonders für die Beziehung zwischen neuer liturgischer Funktionalität und ästhetischen Innovationen. Noch Gebrauchskunst eines Architekten-Priesters ist in Alaska die Sacred Heart Cathedral in Fairbanks für die 1962 gegründete Diözese, 1962–1966, ein 55 m × 19 m großer Saal;[97] saalhaft, doch artifizieller, ist auch für die alte Diözese Lincoln/Nebraska die Cathedral of the Risen Christ von 1963–1965.[98] Bald zog man Zentralbauten vor, größenmäßig moderat und ästhetisch schlichter wie in Jefferson City (1967–1968)[99] oder in Dodge City, 2001 geweiht,[100] avancierter im „theater-in-the-round"-Format 1972–1976 in Burlington nach Brandverlust des Keely-Baues 1972,

---

93 (Diözese Joliet,) *History of the Joliet Diocese: presented on the occasion of the dedication of the Cathedral of St. Raymond Nonnatus, May 26, 1955*, Joliet 1955.
94 Frank Louis Vyzralek/Louis N. Hafermehl, National Register of Historic Places: The Cathedral Area Historic District, Bismarck 1980, auch in: https://npgallery.nps.gov/NRHP/GetAsset/NRHP/80002908_text. Ein Überblick für die katholischen USA seit den 1950er Jahren Torgerson, *An Architecture of Immanence*, S. 80–89.
95 „I think the day is gone when we are going to try to do things in Tudor Gothic, or in French Gothic, or in Italian Romanesque. [...] Perhaps they should have been gone a long time ago", bei Price, *Temples*, S. 92.
96 Ein Beispiel ist Edward J. Schulte (1890–1975), zwischen Neogotik und Neuer Sachlichkeit changierend, aber auch die örtlichen Lebenswelt aufgreifend, z. B. im Dom von Salina von 1951–1953, wo silo-ähnliche Formteile die ländliche Region assoziieren. Insgesamt s. für die USA Price, *Temples*, S. 130.
97 Patty Walter, Sacred Heart Cathedral Parish in Fairbanks Alaska, in: *The Alaskan Shepherd* 44/6 (2006), S. 1–6.
98 Gretchen M. Garrison, *A History Lover's Guide to Lincoln* (Charleston: The History Press, 2020), S. 140–141.
99 Jay Nies, Renovation plans presented for cathedral Saint Joseph, in: *The Catholic Missourian* 64 (2020), Nr. 10, S. 1 und 23.
100 Michael J. Crosbie (Hg.), Portfolio of Recent Catholic Churches, in: *Faith & Form* XXXVI/3 (2003), S. 12–13.

von Edward Larrabee Barnes (1915–2004), einem Schüler von Walter Gropius (1883–1969) in Boston. Der Dom wurde später wegen der schwindenden Gemeinde aufgegeben.[101] Spektakulär geriet jedoch die nach Erbebenverlust der *Francis of Sales*-Kathedrale entstandene, vom Rudolf Schwarz-Adepten Craig Hartman entworfene und 2008 fertiggestellte *Christ the Light Cathedral* in Oakland (benannt nach dem Konzilsdekret *Lumen Gentium*) mit ihrem leicht gestreckten und nach außen leicht gebogenen Baukörper, im Eingangsbereich mit Anklängen an eine Bischofsmitra, dazu mit einem gotisierenden Pantokrator im Altarfenster (inspiriert von der Christus-Skulptur in Chartres).[102] Aber der erste US-amerikanische Monumentalbau diesseits des Historismus war nach seiner Vollendung 1959 zwar wieder eine Kirche nach den Vorstellungen des II. Vatikanum, aber in ihrer repräsentativen Doppeltürmigkeit mit engen Bindungen an die Île-de-France-Gotik, nämlich *Mary our Queen* in Baltimore, 114 m × 80 m groß. (Die ersten Pläne zum Neubau waren sogar noch historistisch.[103]) Ähnlich gotisch empfunden und ungefähr ebenso geräumig wurde der neue Hallenbau von *Saint Joseph's* in Hartford von Otto Reinhold Eggers (1882–1962) und Daniel Paul Higgins (1886–1953), auch sie zunächst Adepten des Historismus. Errichtet wurde der Bau 1960–1962 zügig nach Zerstörung der stattlichen Keely-Kathedrale durch Brand 1956 und mit großen Glasmalereien zum Leben Jesu von Jean Barillet/Paris (1912–1997) ausgestattet, im Chor mit *Christus in der Glorie* durch ein Mosaik, das zu den weltgrößten gehört.[104] Als Aufsehen erregendes Ergebnis des II. Vatikanums wiederum präsentiert sich in San Francisco (Abb. 54) der neue Großbau *Saint Mary of the Assumption* von 1967–1971, entstanden auf Initiative des damaligen Erzbischofs Joseph McGucken (1902–1983) direkt nach Erdbebenverlust des Vorgängers 1962.[105] Die Planung übernahmen einheimische Architekten, dazu die Italiener Pietro Belluschi (1899–1994) bzw. Pier Luigi Nervi (1891–1979) und der Argentinier Eduardo Catalano (1917–2010). So entstand ein Bau, der bald kaum weniger ikonisch war als die römischen Kathedralen von Tokyo und

---

101 Vgl. City of Burlington (Hg.), (Dorset/VT: Department of Planning and Zoning, 2011), S. 27; Liisa Reimann, *History of the Cathedral of the Immaculate Conception*, S. 4; Karyn Norwood, The Architects Behind the Cathedral of the Immaculate Conception, in: *The Sentinel*, Burlington (Spring 2019), S. 5.
102 Matthew Alderman, The Lonely God. Oakland's Cathedral of Christ the Light, in: *JISA* 15 (2009), S. 11–15; *JISA* 32 (2017), S. 4; Marten, Tradition, S. 73.
103 John Dorsey/James D. Dilts, *A Guide to Baltimore Architecture*, S. 332.
104 Shelley Wolf, A Cornerstone of Faith, in: Karin A. Avitabile (Hg.), *Catholic Transcript. The Magazine of the Archdiocese of Hartford* (Hartford: Archdiocese of Hartford, January-February 2020), S. 6–7.
105 Gabriele Neri, Lo studio sperimentale della cattedrale di San Francisco. Apice e declino di modelli fisici, in: ders., *Capolavori in miniatura. Pier Luigi Nervi e la modellazione strutturale* (Mendrisio: Academy Press, 2014), S. 219–273.

Abb. 54: San Francisco. Römisch-katholische Kathedrale. Bereits von der Eleganz des Baukörpers her kann verständlich sein, dass die Kirche Popularität gewann. Sie steht allerdings auch im Zentrum einer religiös und kulturell anspruchsvollen Erzdiözese.

Brasilia:[106] ein Zentralraum, dessen quadratischer Unterbau mit einer Seitenlänge von 77 m vermittels einer parabolisch-hyperboloiden Struktur in ein griechisches Kreuz übergeht.[107] Freilich, insgesamt kehrte nach dem ästhetischen Höhepunkt in San Francisco die traditionelle Architektur zurück: Konventioneller geriet der neue Dom in Los Angeles von 1998–2002 vom Spanier Rafael Moneo (*1937), letztlich wieder ein polygonaler Saal mit Campanile. Man hat dem Bischof und dem Architekten für den den 120 m langen Bau fehlende soziale Sensibilität nachgesagt;[108] doch war Moneos Idee plausibel, einen modernen Licht-Raum als Transzendenzsymbol zu schaffen, aber mit Respekt vor der Tradition.[109] Außerdem war der Bau unaufdring-

---

106 S. u. S. 317 und S. 289–290.
107 S. neben Neri vor allem M. Torgerson, *An Architecture of Immanence*, S. 124–125.
108 Christoph Zehnder, Constructing a New Cathedral, in: *JISA*, Herbstausgabe 1998, S. 4.
109 R. Moneo, Architecture as a Vehicle for Religious Experience. The Los Angeles Cathedral, in: Britton (Hg.), *Constructing the Ineffable*, S. 158–169, hier S. 167: „I did not want technological innovation to become a fundamental issue in the building of a cathedral, as it was, for example in the

lich, in seiner Kargheit geeignet zur Wahrnehmung seines transzendenten Sinnes und zum Empfang der Eucharistie am schlichten Hochaltar.[110] Andernorts ging jedoch ein aufwendiger Historismus weiter, z. B. ab 2002 mit der *Sacred Heart Cathedral* in Houston, in einer Romanik à la Pisa, laut dem Gründerbischof als Indiz für die ‚historischen und kulturellen Werte' der Diözese.[111] Bis 2017 folgte in Raleigh anstelle der 1924 zur Kathedrale erhobenen kleinen neogotischen *Sacred Heart Church* die große neopalladianische *Holy Name Cathedral*.[112] In Knoxville wurde der kleine Funktionsbau von 1956 durch eine 2019 vollendete große Neorenaissance-Kathedrale abgelöst, laut dem Gründerbischof frei von flüchtigen Baumoden und zeitlos wie der Dom von Florenz.[113] Auch Architekten liebten den sakralen Neohistorismus – als „postmoderne" Protestaktion gegen die vermeintlich arrogante Moderne.[114]

Gegenüber den letztgenannten Bauten sind die meisten sonstigen US-amerikanischen Bischofskirchen weniger profiliert. Zwar ist ein neuer Akademismus à la Raleigh nicht die Regel, aber ebenso wenig das ästhetische Wagnis. Meist weniger profiliert sind außerdem die zu Kathedralen erhobenen Bauten. Einige gehören zum älteren Historismus wie die genannte *Saint Matthew's Cathedral* in Washington, andere wie die neoromanische Pfarrkirche in Venice (1980, Dom seit 1984), verwenden ihn nur noch stilisiert (auch die quasi romanischen Glasmalereien eines spanischen Dominikaners).[115] Andere sind Zweckbauten wie in Santa Rosa *Saint Eugene*, auf 1950 zurückgehend, aber bisweilen nachträglich neohistoristisch modifiziert, d. h. im vorliegenden Fall 2016 „bischöflich" mit einem italienischem Altarbaldachin geschmückt.[116] Die Schutzengelkirche des Stararchitekten Paul Revere Williams (1894–1980) in Las Vegas von 1962–1963, Dom seit 1995, ist ein Langzelt,

---

Middle Ages; rather, I sought a direct, solid, rational construction and a careful selection of materials that would be the keys to defining the character of the building [...]."
110 Kilde, *Sacred Power*, S. 191.
111 Vgl. die Nachricht in *JISA* 6 (2002), S. 6.
112 Joel Pidel, What Good Shall Come Out of Nazareth?, in: *JISA* 32 (2017), S. 11–18.
113 *JISA* 33 (2018), S. 4; Jim Wogan, Elevating us to God. Architects give form to the Diocese of Knoxville's cathedral vision, in: *The East Tennessee Catholic Magazine. The Magazine of the Catholic Diocese of Knoxville* Vol. 6/1 (Jan. 2018), S. 6–9. Für konservative Architekten war zudem Polystilistik ein Zeichen katholischer Universalität, z. B. Denis McNamara, Built Form of Theology. The Natural Sympathies of Catholicism and Classicism, in: *JISA* 12 (2006), S. 20–24.
114 Vgl. D. McNamara, A Decade of New Classicism. The Flowering of Traditional Church Architecture, in: *JISA* 21 (2012), S. 18–24, hier S. 19.
115 (Diözese von Venice), *The Windows of Epiphany Cathedral*, Venice: Epiphany Cathedral, o. J.; *AAS* 76 (1989), S. 765–767.
116 *AAS* 54 (1962), S. 839–841; zur Umgestaltung s. William Riccio, St. Eugen's Cathedral (Santa Rosa, CA) Retro-Fitting Sanctuary, in: *New Liturgical Movement. Novus Motus Liturgicus. Sacred Liturgy & Liturgical Arts*, April 06, 2016; www.newliturgicalmovement.org/2016/04/st-eugenes-cathedral-santa-rosa-ca.html.

das in einen dreieckigen Rahmen gespannt ist.[117] Ästhetisch exzeptionell ist *Christ Cathedral* in Orange (Abb. 55), allerdings eine Kirche mit umwegiger Geschichte. Begonnen hat sie als *Drive-in*-Kino, das zur calvinistischen Kultstätte umgebaut wurde und ab 1958 vom Austro-Amerikaner Richard Neutra (1892–1970) mit entsprechenden Gebäuden versehen. Mit dem Wachstum der Gemeinde entstand nach Plänen von Philip Johnson (1906–2005) bis 1980 der Glasbau der als *Crystal Cathedral* von Garden Grove bekannten *Megachurch* – sogar Modell für ähnliche Kulträume.[118] Die Gemeinde geriet aber in Finanznöte, das Gebäude wurde 2012 vom römischen Bistum Orange erworben und zur Bischofskirche umgebaut: zwar vom Originalkonzept her zunächst weiterhin „a functional shed", doch als großer Lichtraum auf dem Grundriss eines vierzackigen Sterns zugleich „a striking aesthetic object".[119] Tatsächlich hat er wie viele *Megachurches* wenig Assoziationen an traditionelle Kirchen, da Johnson bei dem Entwurf neben *Sainte-Chapelle* von Paris den *Crystal Palace* von London vor Augen hatte (wobei allerdings der *Crystal Palace* als säkulare Variante der *Sainte-Chapelle* deutbar ist), obwohl Johnson bei der Planung auch an den Kölner Dom dachte.[120] Den Umbau bis 2019 leiteten lokale Architekten und ein theologischer Berater der Diözese: Jetzt dominiert den alten Prediger-Raum ein großer Altar mit einem Baldachin bzw. das Bronze-Tabernakel des Berliners Egino Weinert (1920–2012). Dazu kommen ein Schrein mit dem Gnadenbild *U.L.F. von La Vang* für die vietnamesischen Katholiken der Region und ein oktogonales Baptisterium.[121]

Stilistisch unterschiedlich sind die unierten Dome, z. T. auch pragmatisch entworfen.[122]

---

117 Das Grundstück stiftete ein nachdenklicher Vertreter der Glücksspiel-Branche. S. Dorothy Wright, Paul Revere Williams: La Concha Motel and other Las Vegas Projects 1947–1962, in: *Nevada. Historical Society Quarterly* 55/1–4 (2012), S. 136–146; hier S. 142; *AAS* 87 (1995), S. 677–679.
118 Erica Robles-Anderson, The Crystal Cathedral: Architecture for Mediated Congregation, in: *Public Culture* 24/3 (2012), S. 577–599, hier S. 579.
119 Karsten Harries, Untimely Meditations on the Need for Sacred Architecture: Britton (Hg.), *Constructing the Ineffable*, S. 48–59, die Zitate S. 55; Torgerson, *An Architecture of Immanence*, S. 125–127; eine Beschreibung auch bei Robles-Anderson, The Crystal Cathedral, bes. S. 591–593.
120 Robles-Anderson, The Crystal Cathedral, S. 595.
121 Arthur A. Holquin, From Crystal to Christ: Planning for a New Cathedral, in: Hovorun (Hg.), *Sacred Architecture in East and West*, S. 211–225.
122 So werden Kirchen anderer Konfessionen erworben, z. B. New York die armenisch-unierte Kathedrale, vgl. Willensky/White, *AIA Guide to New York City*, S. 159; eklektizistisch ist *Saint Thomas* in Chicago, syro-malabarisch, 2008 vollendet, mit Barockfassade und Portikus, der Rest im Kerala-Stil; s. *JISA* 15 (2009), S. 8.

Abb. 55: Orange. Römisch-katholische Kathedrale. Auch als ehemalige *Megachurch* hat die Kirche im Konzept so viele Anklänge an alte Sakralbauten, dass ihr Übergang in die neue Funktion bruchlos wirkt und sie zum Kern eines neuen Architektur-Ensembles geworden ist.

9.2.3.3 Lateinamerika – Zwischen Religion und Politik, Bautradition und Bauexperiment

Aber auch das katholische Nord- und Lateinamerika bleiben trotz aller Unterschiede religiös verwandt, nämlich in ihrer z. T. tridentinisch getönten Kirchlichkeit.[123] Außerdem gingen in Lateinamerika wie in Nordamerika die politischen und weltanschaulichen Umbrüche seit Anfang des Jahrhunderts weniger dramatisch vonstatten als in Europa. Dabei war Lateinamerika lange homogener als Nordamerika, da dem religiösen Konservatismus oft ein politischer entsprach, manifest in neuen Allianzen mit Staats-Hierarchien und nicht frei von Totalitarismen. Andererseits hatte auch in Lateinamerika die Pluralisierung des Religiösen begonnen, früh

---

[123] So wird die Existenz von Kathedralen theologisch noch mit R. Bellarmin fundiert: Sie beherbergen den „coetus hominum ejusdem christiana professione colligati, sub regimine legitime pastorum, et praecipue unius Christi in terris vicarii Romani Pontificis" (De Ecclesia III/Art. 2), s. Erwin Giovanno González Lara, *Valorización y nuevo desarollo del conjunto arquitectónico de la catedral de San Marcos, Guatemala.* Lizenziatenarbeit an der Universidad de San Carlos 1998, S. 23.

z. B. im ab 1889 republikanischen Brasilien. Aktiv wurden die Freikirchen, beflügelt durch den ökonomischen Einfluss der USA.[124] Und dieser religiösen Pluralisierung entsprach eine politisch-ideologische und ästhetische. So blieb zwar auch der Laizismus stabil, bisweilen aggressiv, wie die mexikanische Revolution ab 1910 zeigt, die die Bischöfe z. T. ins Exil trieb.[125] Doch wurde bei der Gesamtentwicklung Lateinamerikas ebenso die kulturelle Erbschaft Europas im Blick behalten – zwar auch (und nicht immer abgeneigt) in ihren politischen Totalitarismen in Süd- und Mitteleuropa, aber auch mit ihrer ästhetischen Modernität im weltlich-sakralen Bereich: Spätestens nach dem Zweiten Weltkrieg wurde in Mexiko und anderswo mit hyperbolisch-paraboloiden Betonstrukturen gearbeitet,[126] 1947 in der Dominikanischen Republik auf dem Bauwettbewerb um die neue Wallfahrtskirche bzw. Kathedrale in Higüey.[127] In Brasilien betrat Oscar Niemeyer (1907–2012) die Bühne. Seit den 1930er Jahren Adept von Le Corbusier,[128] schuf er 1940–1945 *São Francisco de Assis* in Pampulha, von Ronchamp inspiriert[129] und mit einem auf die Spitze gestellten Campanile[130] – wenngleich bis 1959 der konservative zuständige Erzbischof die Weihe versagte, u. a. wegen der kommunistischen Neigungen ihres Architekten, aber auch wegen des ästhetischen Konzepts.[131] Doch bald folgten sogar Kathedralen, welche architektonische Modernität mit der Liturgik einer weniger hierarchischen, erst recht totalitarismus-kritischen Katholizität verbanden – bis zu einem Experimentierwillen, der dem US-amerikanischen Neo-Historismus noch ferner stand und auch sonst im Katholizismus kaum Parallelen hatte. Zeitgleich gingen die anderen Künste – z. B. die Malerei – auf der Suche nach einer neuen katholischen Sakralität diesen Weg mit, auch im Dialog mit der Theologie des II. Vatikanums,[132]

---

124 Hümmer-Hutzel, *Religion und Identität*, S. 79 ff.; Alberto Hernández, A la buena de Dios: arquitectura religiosa en el paisaje de Tijuana, in: Checa-Artasu/García/Nochebuena (Hgg.), *Territorialidades*, S. 65–80.
125 Prien, *Das Christentum*, S. 362 ff.
126 Britton, Prologue, S. 23.
127 Zur neuen Kathedrale in Higüey s. u. S. 281–282.
128 Rodrigo Cristiano Queiroz, *Oscar Niemeyer e Le Corbusier: Encontros*. Dissertation an der Universidade de São Paulo 2007, S. 21 ff. u. ö.
129 Queiroz, *Oscar Niemeyer*, S. 315 ff.
130 Márcio Antonio de Lima Junior, *O traço moderno na arquitetura religiosa paulista*. Dissertation an der Universität von São Paulo 2016; Ana Paula Borghi de Avelar, *A arquitetura moderna religiosa brasileira nas revistas Acrópole e Habitat entre os anos de 1950 a 1971*. Dissertation an der Universidade de Uberlândia 2017, zu Pampulha S. 26–30.
131 Scottá, *Arquitetura religiosa*, S. 50–59; Guilherme Maciel Araújo (Hg.), *Óscar Niemeyer em Belo Horizonte* (Belo Horizonte: Fundação Municipal de Cultura. Museu de Arte da Pampulha, 2013), S. 37; de Avelar, *A arquitetura moderna*, S. 28–30; Renan Alex Treft, *Apropriações Arquitetônicas. O Neocolonial na Diocese de Limeira*. Magisterarbeit an der Universität von São Paulo 2021, S. 125 ff.
132 Sartorelli zu Cláudio Pastro, *Pastro*, S. 75–78.

neu mit der alten Kirche, ja mit der Religionsphänomenologie wie in Brasilien bei Cláudio Pastro.[133] Zusätzlich wurde der soziale Ort des lateinamerikanischen Katholizismus immer deutlicher neu definiert: Denn bei aller Rücksicht auf das Empfinden der Gläubigen[134] ging die liturgisch-ästhetische Neuausrichtung hin zur Kommunikation des Gottesvolkes auf Augenhöhe mit seiner Lebenswelt über eine päpstliche Anweisung an in sich geschlossene Kultgemeinden hinaus und signalisierte den Willen, keine Nähe zu politischen Hierarchien mehr zu suchen, selbst wenn diese als freundliche Diktaturen Beistand verhießen. So entsprach sie jenen Dekreten des Konzils, welche die liturgische Kommunikation auf eine gerechte Gesellschaft weiterdachten (*Gaudium et Spes*), eine Kirche der Armen[135] und eine Theologie der Befreiung,[136] nun oft sogar mit marxistischen Beiklängen.[137] Das Schweigen der Kirche zumal gegen politisch konservative Totalitarismen fand zunehmend ein Ende. Es schwanden in den Kathedralen die Grabmäler totalitärer Schutzherren und machten den Opfern Platz.

Blickt man von hier aus zunächst auf Mittelamerika und Mexiko, stand freilich wie andernorts trotz aller Innovationen die – erneut anders als in Westeuropa stilgerechte – Vollendung unvollendeter Großbauten voran (bei weiterhin wachsender Zahl der Diözesen[138]). Charakteristisch ist der Dom in Toluca. Die Stadt war ja 1950 Bischofssitz geworden und der Bautorso zur Kathedrale. Am Originalplan hatte man nichts auszusetzen, 1978 wird die 86 m × 46.70 m große Kirche geweiht[139] und zeigt, dass die Gegenreformation noch lebt. Den Eindruck verstärkt neben den vielen Seitenkapellen die angegliederte Gemäldesammlung, die herkunftsmäßig fast die ganze lateinamerikanische Kirchengeschichte umfasst.[140] Aber vorbei ist die Kolonialzeit ein Jahrzehnt später noch nicht: Erst 1990 wird die 1884 begonnene neobarocke *Catedral del Señor de Tabasco* in Villahermosa in stilistischer Vereinfachung vollendet und von Johannes Paul II. geweiht.[141] Stattlich – 97 × 45 × 26 m groß – ist die 1931 begonnene Kathedrale in

---

133 Zu C. Pastros Bezügen auf Rudolf Otto (1869–1937) und Mircea Eliade (1907–1986) s. Sartorelli, *Pastro*, S. 29 ff.; zu Romano Guardini S. 43 ff.
134 S. de Avelar, *A arquitetura moderna*, S. 36 ff.
135 Prien, *Die Geschichte*, S. 898 ff.
136 *Ein Überblick bei Prien, Das Christentum*, S. 402 ff.; zu Pastro bes. Sartorelli, *Pastro*, S. 77.
137 Zu Brasilien Queiroz, *Oscar Niemeyer*, S. 33.
138 Mitte 2022 gab es 19 Erzdiözesen, 75 Diözesen.
139 Jarquín, *La Catedral de Toluca*, S. 131 und S. 95. Die Maße S. 109.
140 Zu ihr gehören u. a. Nicolás Rodríguez Juárez (18. Jahrhundert), Juan Sánchez Salmerón (17. Jahrhundert), der Brüder Arellano (2. Hälfte 17. Jahrhundert), Miguel Cabrera (18. Jahrhundert); s. Jarquín, *La Catedral de Toluca*, S. 159 ff.
141 Delio R. Carillo Pérez, *Senderos de la Historia*, S. 64.

Chilapa, in stilisiert-französischer Neogotik.[142] Neokolonial wiederum ist in Tijuana der Neubau von 1949–1956, allerdings aus einer älteren Kirche entstanden.[143] Doch wieder nähert sich in den 1960er Jahren die Moderne. Z.T. wurden ältere Dome umgebaut[144] und (meist kleinere) Neubauten errichtet: *San José* in Tapachula von 1958–1980 ist im ersten Entwurf von 1958 – ein Nebeneinander von 2 Hexagonen mit dem Altar in der Mitte – schon eine Vorwegnahme der vatikanischen Liturgiereform, das Endresultat aber konventioneller.[145] Der Dom in Ecatepec (1998–1999) hat den populären Fächer-Grundriss.[146] Auch in Tijuana begann ein avancierter Neubau.[147]

Ähnlich wie in Mexiko stellt sich die Entwicklung im übrigen Mittelamerika dar. Auch hier wurden nach 1918 historistische Großbauten selten. Im Grunde ist nur die Alte Kathedrale in Managua zu nennen, von dem Belgier Paul/Pablo Dambach, in der Fassade *St-Sulpice* zu Paris ähnelnd, 1938 geweiht, außen mit Skulpturen zur Kirchengeschichte Mittelamerikas und seiner spanischen Traditionen.[148] Als Symbol episkopaler Kooperation mit der Diktatur Anastasio Somozas (1896–1956) und „Hofkirche" seiner Familie ist sie aber nach dem Erdbeben von 1972 Ruine.[149] Die historistischen Bauten, die andernorts bis in die 60er Jahre folgten, sind kleiner, in Nicaragua z. B. der Dom von Jinotega (1952–1956), im Bürgerkrieg nach der Somoza-Diktatur als Gefängnis zweckentfremdet, Kathedrale seit 1991,[150] oder zeitgleich der von San Marcos in Guatemala (1953–1959).[151] Aber wie in den USA hatte man längst vor dem II. Vatikanum in Mittelamerika die Moderne entdeckt. Ihr nähert sich im dominikanischen Puerto Plata schon in den 1930er Jahren

---

142 Moreno (u. a. Hgg.), *Guerrero*, S. 152–153.
143 David Piñera Ramírez/Pedro Espinoza Meléndez/Pahola Sánchez Vega, Las vicisitudes de la catedral de Tijuana: sus orígenes como pequeño templo madera, in: *Letras Históricas*. Universidad de Guadalajara, 22 (2020), S. 87–118.
144 Zu Ciudad Juárez vgl. Liliana Aguirre Reyes, *Lugares Emblematicos y Representativos de Ciudad Juárez*. [...] Magisterarbeit an der Universidad Autónoma de Ciudad Juárez 2015, S. 54–55.
145 Vgl. Ivan San Martín Córdova, In Search of an Architectural American. Seven catholic cathedrals in the xxth century, in: *Arquitectura y Cultura* Vol. 9, Nr. 9 (Diciembre 2017), Universidad de Santiago de Chile, S. 25–27.
146 Córdova, In Search, S. 34. Der Gründerbischof gehörte allerdings zur Hochfinanz (S. 33).
147 S. Ramírez/Meléndez/Vega, Las vicitudes, S. 112.
148 P. Tirapeli, Catedrais neoclássicas na América Latina, in: Tirapeli/Pereira, *Patrimônio Sacro*, S. 41–58, hier S. 46; María Teresa Gámez Martínez, *El Valor Turistico de la Restauración de la Catedral de Santiago de Managua dentro de su Entorno Urbano*. Lizentiatenarbeit an der Universidad Americana UAM Managua 2005, S. 41–47.
149 Martínez, *El Valor Turistico*, S. 29.
150 S. Harlan Oliva Regidor, *San Juan de Jinotega. Una mirada de la historia* (Managua: EDITARTE, 2014), S. 30–31; *AAS* 94 (1991), S. 640–641.
151 Vgl. Erwin Giovanno González Lara zum Dom in San Marcos (*La Valorización*).

San Felipe in weitgehend stilisierter Gotik, Kathedrale seit 1996, schon 1933 aber auch vom Diktator Rafael Trujillo (1891–1961) mit einer Statue des Schutzpatrons ausgestattet und später gefördert.[152] In Costa Rica war *Notre-Dame-du-Raincy* bald nach 1945 Modell. Konservativer blieb zwar der doppeltürmige Dom in San Isidro de El General von 1956–1960, ein rechteckiger Stahlbeton-Bau mit großem Westfenster,[153] aber gerade in diesem Land hat man bald differenziertere Formen angestrebt, z. B. 2010 mit der polygonalen Halle von *Sagrado Corazón de Jesús* in Limón.[154] In gewisser Hinsicht nachvollziehbar ist, dass dabei aus Gründen der Konvention neue Großkirchen nicht überall verpönt waren, etwa in der salvatorianischen Metropole San Salvador. Der hier 1956 begonnene, nach dem Bürgerkrieg von 1980–1992 erst 1995–1999 beendete Bau ist noch eine vorsichtig stilisierte Renaissance-Kuppelkirche, dazu mit historischem Inventar.[155] Doch ist die Kathedrale für die Neuorientierung des lateinamerikanischen Katholizismus im Umgang mit modernen Potentaten auch besonders bewegend, da sie das Grab des später kanonisierten Erzbischofs Óscar Arnulfo Romero (1917–1980) in der Krypta beherbergt, also an die Stelle politischer Potentaten in der Tat eines ihrer Opfer trat: Als Oberhaupt der katholischen Kirche von El Salvador, aber ebenso Protagonist einer Kirche der Armen betrachtete Romero seine eigene Kathedrale skeptisch und erwirkte sogar einen Baustopp zugunsten der Finanzierung sozialer Aufgaben.[156] Er erlag jedoch am Ende selbst jener Militärdiktatur und politischen Klasse, die seine Ermordung befahl.[157]

Schon avanciert ist die Wallfahrtskirche/Kathedrale *N.S. de la Altagracia* im dominikanischen Higüey (Abb. 56), von französischen Architekten, geweiht 1971: ein lateinisches Kreuz mit z. T. parabolischen Bauteilen und mit einem parabolischen Bogen darüber.[158] Allerdings hat man ihr ästhetische Armut nachgesagt.[159] Ein neuer Trutzbau – und konventioneller – ist dagegen der Dom in La Vega (1977–1992), ein Stahlbeton-Oktogon mit romanisierenden Anklängen.[160] Pittoresk

---

152 Siladi (Hg.), *Un pueblo unido por la fé*, S. 160–167; *AAS* 89 (1997), S. 154–156.
153 Sanou Alfaro (Hg.), *Costa Rica*, S. 475 und S. 529–530.
154 Marco Tulio Murillo Quesada, *Arquitectura y Espiritualidad*. Proyecto Final de Graduación an der Universidad de Costa Rica, San José de Costa Rica 2015, S. 66 ff.
155 Raimundo/Rauda, *Estudio de la evolución*, S. 173 ff.
156 Dazu James R. Brockman, *Oscar Romero* (Freiburg/Schweiz: Paulusverlag, 1990), neben S. 192.
157 Raimundo/Rauda, *Estudio de la evolución*, S. 173–196.
158 Vgl. Siladi u. a. (Hgg.), *Un pueblo unido por la Fe*, S. 107–124; Estebán Fernández-Cobián, Los grandes santuarios marianos de peregrinación en Latinoamérica. La mirada desde el Concilio Vaticano II, in: *AARC* 4 (2015), S. 136–155, hier S. 144–145.
159 Fernández-Cobian, Arquitectura religiosa contemporánea. El estado de la cuestión, in: ders. (Hg.), *Arquitecturas de lo Sagrado, Memoria y proyecto* (La Coruña: Universidade da Coruña. Netbiblo S.L., 2007), S. 8–37, hier S. 24.
160 Siladi u. a. (Hgg.), *Un pueblo unido por la Fe*, S. 77–91.

geriet der Neubau in Managua, 1991–1993 vom Mexikaner Ricardo Lagorreta Vilchis (1931–2011): ein Quader, über dem 64 kleine Kuppeln aufsteigen.[161] Stilistisch bunt sind die Kirchen des 20. Jahrhunderts, die Kathedralen wurden. Einen gotisierenden Eklektizismus liefert *San Pedro* im dominikanischen San Pedro de Macorís, 1954 vollendet;[162] durch die geometrisch-elementare Fassade nähert sich *San Eugenio de la Palma* im kubanischen Ciego de Ávila der Moderne, 1947–1952 gebaut, Dom seit 1996.[163] Neu an *N.-D.-du-Raincy* erinnern in Costa Rica *N.S. del Carmen* in Cartago, 1954–1960, Kathedrale seit 2005,[164] und in Ciudad Quesada, *San Carlos*, 1950–1979, Dom seit 1995.[165]

Abb. 56: Higüey. Römisch-katholische Kathedrale. Von oben zeigt der vorrangig als Pilgerkirche konzipierte Großbau auch durch das Ambiente, dass für seine Liturgien das Massenereignis einkalkuliert ist.

---

161 Córdova, In Search, S. 31–32. Lagorreta nannte als Inspiration die Tempelarchitektur von Cholula, s. Arghiris, *Costa Rica* u. a., S. 186. Córdova, S. 32, dachte an die Moschee von Córdoba.
162 Virgilio A. Hoepelman, *Guía de Arquitectura San Pedro de Macorís* (San Pedro de Macorís: Edición AECID: Cooperación Internacional para el Desarollo, 2019), S. 49–51.
163 Maria Dolores Gil Pérez/José Rodríguez Galadi, *Camagüey. Ciego de Avila, Guía de Arquitectura y Paisaje/An Architectural and Landscape Guide* (Sevilla-Camagüey: Junta de Andalucía, 2008), S. 312; *AAS* 88 (1996), S. 609–610.
164 Ofelia Sanou Alfaro (Hg.), *Costa Rica*, S. 312–313; *AAS* 97 (2005), S. 772–773.
165 Ofelia Sanou Alfaro (Hg.), *Costa Rica*, S. 475; *AAS* 87 (1995), S. 1086–1088.

Ein Blick von Mittelamerika aus in das hispanophone Südamerika, zunächst in den Norden, zeigt auch für das katholische frühere *Gran Colombia* das Interesse, optisch präsent zu bleiben, sei es in anti-laizistischer Beharrung, sei es später in größerer Dialogbereitschaft.[166] Dabei siegte allerdings lange die Neigung, unvollendete historistische Großprojekte traditionell zu beenden wie 1931 in Medellín den neoromanischen Dom. In Cuenca wurde die so anspielungsreich „römisch" konzipierte – 103 m × 45 m große – Kathedrale zur liturgischen Nutzung weitergebaut, aber u. a. wegen statischer Probleme nie ganz vollendet.[167] In französischer Hochgotik entstand 1924–1970 in Guayaquil sogar ein völlig neuer Großbau.[168] Dabei war die Beziehung von konservativer Kirchlichkeit und säkularer Republik aber keineswegs immer angespannt: Im kolumbianischen Manizales brannte die alte Kathedrale 1926 ab, aber es folgte 1928–1939 in einer Allianz von Kirche, internationalem Bauwettbewerb und Bürgerstolz *N.S. del Rosario* als gotisch-eklektizistischer Stahlbetonbau des Franzosen Julien Polti (1877–1953), mit einem 113 m hohen Zentralturm und vier 62 m hohen Ecktürmen[169] – am Ende ein spirituelles wie soziales Navigationszentrum der Stadt.[170]

Doch wuchs auch im Norden Südamerikas schon vor dem II. Vatikanum das Interesse an Modernität, wenngleich zunächst zurückhaltend. Noch konservativ geriet z. B. die neue Kathedrale im ekuadorianischen Ambato, errichtet ab 1954 nach Erdbeben: Hier wurde ähnlich wie in San Salvador eine große Neorenaissance-Kirche stilisiert wiedererweckt.[171] Neu experimentierte man dagegen in Kolumbien bei der seit der Bistumsgründung 1932 geplanten Marienkathedrale in Barranquilla, vom Italiener Angiolo Mazzoni (1894–1979). Unumstritten war Mazzoni nicht: Ursprünglich in seiner Heimat Futurist, lieferte er im Faschismus historistische Auftragsbauten, auch

---

166 Vgl. William E. Plata/Helwar H. Figueroa Salamanca, Iglesia, resistencia, pacífica y no violencia. La Diócesis de Barrancabermeja, Colombia (1988–2002), in: *Anuário de Historia Regional y de las Fronteras* Vol. 22/1 (2017), S. 137–168.
167 Torres Hidalgo, *Cuenca*, S. 87 ff.; María Soledad Moscoso Cordero, La Arquitectura Neogótica en El Ecuador. La Expresión Física de la Renovación de la Iglesia Ecuatoriana durante el Siglo XIX, in: Checa-Artasu/Niglio, *El Neogótico*, S. 297–317.
168 Gloria Gallardo Zavala (Hg.), *Guayaquil es mi destino para vivir la ruta de la fé* (Guayaquil: Alcaldía. Dirección de Turismo y Promoción Civica, 2014), S. 16–18.
169 Kevin Echeverry Bucurú, Catedral Basílica de Manizales. Nuestra Señora del Rosario. Construcción única en su género, Manizales, Colombia, in: *edA. Esempi di Architettura* August 2019, S. 1–28.
170 Camilo Ernesto Lozano Rivera/Claudia Piedrahíta Patiño, La Catedral como faro. Acercamiento etnográfico a la Catedral de Manizales a través de un boceto de Luis Guillermo Vallejo, in: *Maguaré* Vol. 27/2 (2013), S. 167–198, bes. S. 184–185, S. 195–196 u. ö.
171 Toscano Pinto/Paulina Abigail de las Mercedes, *Ruta Turística de las Iglesias Patrimoniales del Cantón Ambato, Provincia Tungurahua*. Arbeit an der Universidad Regional Autónoma de los Andes, Ambato 2018.

Kirchen.¹⁷² Später kehrte er zur Avantgarde zurück. Auch seine 1955 begonnene Kathedrale ist davon inspiriert, aber aus technischen Gründen im Ergebnis 1982 schlichter, obwohl 92 m × 38 m × 38 m groß. Mit der Bronze-Plastik des *Cristo Libertador Latinoamericano* von Rodrigo Arenas Betancourt (1919–1995) siegt der große Gestus auch innen.¹⁷³ Ähnlich experimentell wirkt der Domneubau von 1959–1969 im venezolanischen Barquisimeto: parabolisch-hyperboloid, innen ein wenig an Brasília erinnernd.¹⁷⁴ Wiederum an Ronchamp erinnert im venezolanischen San Felipe die 1969–1973 gebaute Philippuskathedrale von Erasmo Calvani (1915–2007). Eine neue sozial wichtige Bischofskirche steht in Barrancabermeja/Kolumbien, nämlich die romanisierend-moderne *Maria Inmaculada* von 1952, Kathedrale seit 1962 – bald Ort der Befreiungstheologie und dann der politischen Vermittlung bei den Unruhen 1988–2002.¹⁷⁵

Auch indigene Ikonologie wurde wichtiger. So wird der in der Außenfassade bereits indigen ornamentierte Dom in Riobamba nun auch indigen ausgemalt, 1986 mit dem *Cristo del Poncho* von Adolfo Pérez Esquivel (*1931), dem *Cristo Mestizo* von Oswaldo Viteri (*1931) und dem Kreuzweg von Pablo Sanaguano (*1964).¹⁷⁶

Weniger zum Monumentalen neigte man im hispanophonen Süden, obwohl man auch hier lange repräsentativen Historismus schätzte, etwa für den gescheiterten Neubau im argentinischen Santa Fé.¹⁷⁷ Im chilenischen Concepción wurde immerhin nach Erdbebenverlust des Vorgängers 1928 noch 1963 ein Großbau in stilisierter Neoromanik vollendet¹⁷⁸ und 1999 im argentinischen La Plata der vor 100 Jahren begonnene Dom: mit einer Fassade à la Köln, einer Vierung mit Nähe zum Frankfurter Dom, mit Querhaus-Apsiden, gotischen Skulpuren außen und Südtiroler Schnitzereien wie bayrischen Glasmalereien innen.¹⁷⁹ Die – in den Di-

---

172 Monzo, *croci e fasci*, Bd. II, S. 425, Abb. 1830 und 1831.
173 Lemus, *El caribe colombiano*, S. 215 f.; zur Christusplastik s. Córdova, In Search, S. 23–25.
174 Fernández-Cobián, Arquitectura religiosa contemporánea, S. 24. Weiter tritt Peru zurück, mit Ausnahme des 1965 durch Erdbeben zerstörten kolonialen Domes von Huánuco, dem ein Funktionsbau folgte, s. Félix Murillo Alfaro (Hg.), *Conociendo Huanuco* (Lima: Dirección Nacional de Estadistica e Informatica Departamental, 2000), S. 75–76.
175 Zu San Felipe s. *AAS* 59 (1967), S. 210–212; Fernández-Cobián, Santuarios, S. 150. Abbildung S. 150. Zu Barrancabermeja vgl. Plata/Salamanca, *Iglesia*, passim, zur Kathedrale S. 143.
176 Alvarado, *La Iglesia de la Catedral*. S. 15–29; Cecibel, *Análisis evolutivo*, S. 12.
177 Erinnert sei auch an den Umbau 1957 für die Kathedrale in Mendoza Vgl. Eliana Bórmida/Graciela Moretti (Hgg.), *Mendoza. Guía de arquitectura/An architectural guide* (Mendoza-Sevilla: Junta de Andalucía, 2005), S. 179.
178 Fernández-Cobián, Catedrales chilenas, S. 227.
179 B. Klein, Neugotische Architektur auf der Iberischen Halbinsel und in Lateinamerika, S. 18; Pablo de la Riestra, Gothic and Neo-Gothic in the Architecture of the Cathedral of La Plata, in: M. Zago (Hg.), *The Cathedral of La Plata*, S. 30–69.

mensionen in der Regel weniger ambitiöse – argentinische Moderne setzt ein in Comodoro Rivadavia mit *San Don Bosco*, im Innenraum noch gotisierend, 1947 begonnen (als *San Pedro Damian*), und zwar im 1944–1955 dauernden Konflikt von Katholizismus, dem laizistischen Diktator Juan Perón (1895–1974) und einer lokalen Militärjunta. Zum Dom wurde die Kirche 1957, vollendet Ende der 1970er Jahre:[180] Eine Deutung des kirchlich-sozialen Konflikts zur Zeit ihrer Entstehung gibt 1978 das farbenreiche Chorfresko *La Visión de Don Bosco* der lokalen Künstlerin Dolores Ocampo de Morón (1930–2017) – zu Don Boscos Vision der Kirche als Schiff im Sturm.[181] Zeitgleich (1979) im Land vollendet wurde *San Juan Bautista* in San Juan de Cuyo, konzipiert nach Erdbebenverlust der Kolonialkathedrale 1944, stilistisch weniger historistisch.[182] Noch avancierter, doch kleiner, ist *N.S. de la Asunción* in Avellaneda, 1971 begonnen, in der oktogonalen Fassade Berlins Kaiser-Wilhelm-Gedächtnis-Kirche ähnelnd.[183] Meist funktional mit historistischen Anklängen schuf man pfarrkirchengroße Neubauten in Chile,[184] während eine Modernität wie in Chillán die Kathedrale *San Bartolomé* aus den 1960er Jahren mit parabolisch-einschiffigem Innenraum selten ist.[185] Das besagt nicht, dass nicht auch in dieser Region bis in die neuere Zeit vor allem bei *National Churches* historistische Kontinuitäten geschaffen wurden, zumindest in noch archaischeren Regionen wie Paraguay. Wichtig ist im auf ca. 1600 zurückgehenden Marienwallfahrtsort Caacupé die Kirche *U.L.F.*, erst 1941–1980 errichtet anstelle einer sukzessiv erweiterten Kapelle, Kathedrale seit 1967. Der einheimische Architekt Miguel Ángel Alfaro Decoud (1888–1969) entschied sich bei dieser größten Kirche des Landes für eine stilisierte Renaissance.[186]

Bei aller Pluralisierung lebendig und kreativ blieb der Kathedralenbau in Brasilien, ja von einem noch gesteigerten Willen zu großen Kirchen. Zwar ist

---

180 Soil Brohman (Hg.), *Cincuentenario de Comodoro Rivadavia 1901 – 23 de Febrero – 1951*, Comodoro Rivadavia 1951, S. 100–101; *AAS* 49 (1957), S. 653–662.
181 Silvia Elida Pinto, Manifestaciones artísticas que forjan identidad, arte, política e ideología: sentido y significado de las producciones sociales artisticas en Comodoro Rivadavia, Provincia de Chubut, in: *ASRI Arte y Sociedad. Revista Investigación* 11 (2016); in: https://dialnet.unirioja.es/servlet/articulo?codigo=7279245.
182 María Elvira Sentegna/Esther Solera u. a., Arquitectura estatal moderna en el eje cívico de la ciudad de San Juan, Argentinia, in: *Cuadernos de Viviendo y Urbanización* Vol 5/No. 10 (2012), S. 334–347, hier S. 342.
183 Eine Beschreibung bei Rudi Varela, *En Torno a la Parroquia Nuestra Señora de la Asuncion. Con la inclusión de la Capilla Santa Teresa en Lanús,* Buenos Aires: Obispado de la Diócesis Avellaneda – Lanús, o. J.
184 Beispiele bei Fernández-Cobián, Catedrales chilenas, z. B. in Villarica von 1950–1958 und Temuco von 1978–1991 (S. 227 und S. 231).
185 Córdova, In Search, S. 21–23.
186 Fernández-Cobián, Los grandes santuarios, S. 140–143; *AAS* 59 (1967), S. 1029–1030.

diese Lebendigkeit auch eine Folge des katholischen Bevölkerungswachstums,[187] obwohl die Region konfessionell Ähnlichkeit mit den USA entwickelte; denn lange von einer katholischen Obrigkeit umhegt, nahm durch Einwanderer und Freikirchen die religiöse Vielfalt zu, so dass die Zahl der Katholiken z. T. wie partiell in den katholischen Kernländern Europas unter 50% sank.[188] Doch gerade in Brasilien muss man sich die Teilnahme der katholischen Bevölkerung an Domprojekten immer noch engagiert vorstellen – wie denn diese Kirchen bisweilen sogar noch als Trutzburgen gegen Protestanten[189] und Laizisten dienten. Und obwohl nicht stets Leitbauten entstanden, sind die Ergebnisse – oft vor Ort geplant, an lokalen Kunstakademien thematisiert und im Bau von Generationen begleitet – regionale Geschichtsdokumente. Den Neokolonialstil wählte man für den neuen Dom von Diamantina 1933–1940, nach Abriss des 1854 zur Kathedrale erhobenen Kolonialbaus.[190] Fantasievoll-eklektizistisch bei der Dominanz von Romanik und Renaissance ist in Ilheus *São Sebastião* (1931–1961), mit einem eigenwillig runden und überkuppelten Portikus, 4 Türmen und Kuppel;[191] neoromanisch wird der Dom in Leopoldina, nach Abriss des Vorgängers 1928 begonnen; Kathedrale seit 1942, vollendet 1965.[192] Zeitgleich lebte die Neogotik weiter, auch durch die Vollendung älterer Bauten, so bis 1969 in Petrópolis, Dom ab 1946,[193] oder durch die 1909 von Hehl entworfene, aber erst 1967 abgeschlossene Kathedrale in Santos.[194] Bereits 1954 vollendet ist jedoch Hehls Dom in São Paulo, 111 m × 60 m groß und im Land eine Ikone des sakralen Historismus.[195] Auch weiter folgt Historismus:

---

[187] Die Bevölkerung wuchs seit ca. 1950 bis zu den 2020er Jahren von etwa 50 auf über 200 Milionen. Anfang 2022 hatte die Region 46 lateinische Erzdiözesen und 220 Diözesen.
[188] So in Rio de Janeiro, vgl. João Fernandes da Silva, *O crescimento da população evangélica e sus implicações na cidade de Uberlândia*. Dissertation an der Universidade Federal de Uberlândia 2018, S. 105; 2016 waren schon fast 30% protestantisch (S. 107).
[189] So bei Frade, *Arquitetura sagrada*, S. 50.
[190] Rahyan de Carvalho Alves, *Patrimônio histórico arquitetônico e urbanístico de Diamantina-MG. paisagem e lugar para vivência dos insiders*. Dissertation an der Universade de Minas Gerais 2021, S. 193–194; Tirapeli, A Catedral da Sé de São Paulo, S. 111.
[191] Tiraveli/Pereira, *Patrimônio Sacro*, S. 388.
[192] Jussara Fernandes Reis, Em Direção aus céus: a construção da Catedral de São Sebastião e Instalação da Diocese em Leopoldina – MG, in: *XVII Encontro Regional (ANPUH-MG) 24 a 27 de Julho de 2012*, Mariana–MG.
[193] Vgl. die kommentierte Abbildung bei Tirapeli/Pereira, *Patrimônio Sacro*, S. 391.
[194] Mónica Cardoso de Lima, *Os vitrais da catedral de Vitória–ES e seus doadores nas décadas de 1930 e 1940*. Dissertation an der Universidade Federal do Espírito Santo, Vitória 2009, S. 30.
[195] S. Frade, *Arquitetura sagrada*, S. 82–85; Tirapeli, *Patrimônio Colonial*, S. 149–150.

zwischen 1921 und 1986 ein Neorenaissance-Dom in Porto Alegre,[196] 1938/1939–1978 *San José* in Fortaleza, ein neuer Dom à la Köln.[197] *N.S. das Dores* in Limeira, 1970 geweiht, wählt wieder den Kolonialstil.[198] Allerdings wird die Stilwahl bisweilen etwas sprunghaft begründet, z. B. bei der Dombauplanung in Belo Horizonte seit den 1920er Jahren.[199]

Doch gab es auch seit den 1930er Jahren vorsichtige Innovationen. Typisch für diese Epoche wirkt durch die stilisierte Romanik *Sa. Terezinha* in Uberlândia 1933–1941, Dom seit 1961.[200] Ein ähnlicher Bau folgt 1944–1960 in Guaxupé.[201] Der Moderne nähert sich in der 1933 gegründeten Hauptstadt des Staates Goiás *Sa. Maria Auxiliadora* in Goiânia, nach Plänen eines Salesianers 1937–1966 erbaut, Kathedrale seit 1956.[202] Besonders bekannt für solche Stilisierungen wurde der Kirchenarchitekt Benedito Calixto de Jesus Neto (1906–1972),[203] zwar noch ein Freund des konservativen Neokolonialstils,[204] aber auch eines Historismus mit vorsichtigen Neuerungen. Ein Beispiel gibt *Bom Jesus* von Cuiabá, 1968–1973 errichtet auf dem Terrain eines abgerissenen historistischen Domes. Es ist ein noch neoromanisch inspirierter Stahl-

---

[196] Barbara Schäffer, *Porto Alegre*, S. 66.
[197] Amanda Cristina Almeida de Albuquerque, *Catedral Metropolitana de Fortaleza: O Perfil dos seus Visitantes*. Bachelorarbeit am Centro de Ensino Superior do Ceará, Fortaleza 2013, S. 29–37.
[198] Renan Alex Treft, *Apropriações arquitetônicas. O neocolonial na Diocese de Limeira*. Magisterarbeit an der Universidade de São Paulo 2021, bes. S. 131–141.
[199] Die alte Kolonialkirche wurde nach Erhebung Belo Horizontes zur Hauptstadt 1891 – inspiriert vom Neubau in São Paulo (Cardoso de Lima, *Os Vitrais*, S. 30) – 1911–1923 durch die Pfarrkirche *N.S. da Boa Viagem* ersetzt und Prokathedrale. Nach Vollendung der renaissancehaften Bischofsresidenz 1929 entwarf der Austro-Brasilianer Clemens Holzmeister (1886–1983) einen entsprechenden Dom, den Entwurf löste Niemeyer ab (s. u. S. 292). S. Luiz Felipe César Martins de Brito, *Paisagem imaginada e poder religioso. a catedral como espelho*. Dissertation an der Universidade Federal de Minas Gerais, Belo Horizonte 2017, S. 60 ff.
[200] Rogério Antônio Alvez, *Matriz de Santa Terezinha do Menino Jesus: Ideal de progresso e modernização em Uberlândia (1880–1941)*. Magisterarbeit an der Universidade Pontificia de Goiás 2018, Goiânia 2018, S. 116–131; *AAS* 54 (1962), S. 420–422.
[201] Ausführlich Emerson Ricciardi-Souza, *Catedral Diocesana de Guaxupé. Patrimônio Histórico de um povo de fé*. Wissenschaftliche Arbeit an der Pontifícia Universidade Católica de Minas Gerais, Guaxupé 2016.
[202] Patricia Bueno Godoy, A Cruz de Anhanguera, in: *IX Encontro de História da Arte – UNICAMP* (2013), S. 295–302; *AAS* 49 (1957), S. 184–187.
[203] Zu Neto s. Treft, *Apropriações arquitetonicas*, S. 133 und S. 206; Adriano Santos Godoy, A Modernização Neobizantina da Imagem de Aparecida/The Neo-Byzantine Modernization of Aparecida's Image, in: *GIS – Gesto Imagem e Som – Revista de Antropología* 7/1 (2022), S. 1–28, hier S. 5, Anm. 4.
[204] Zum *movimento neocolonial* s. Treft, *Apropriações artitectonias*, S. 119 ff.; zu Neto S. 149 ff.

betonbau, einschiffig, mit kantiger Doppelturmfassade, 100 m × 40 m groß.²⁰⁵ Einen noch konventionelleren und größeren Neubau hatte Neto schon für Aparecida (Abb. 57) entworfen, da seit 1930 die *Conceição Aparecida* Patronin Brasiliens war und die Pilgerzahlen wuchsen. Der Grundstein wurde 1946 gelegt,²⁰⁶ doch der Bauprozess der romanisch-byzantinischen Kuppelkirche begann erst 1955. Dabei änderte man den Plan vom lateinischen Kreuz mit Chorapsis und der Statue U.L.F. hinter dem Altar hin zum griechischen Kreuz ohne Apsis, mit Zentralaltar und der Figur der *Aparecida* im Querhaus.²⁰⁷ Die Innengestaltung des 180 m × 168 m großen Raumes beaufsichtigte ab 1996 Erzbischof Aloísio Lorscheider (1924–2007),²⁰⁸ noch ein Teilnehmer des II. Vatikanums. Netos Stilmodell war der in den 1920er Jahren begonnene romanisch-byzantinische Monumentalbau der *Conceptio Immaculata* in Washington, umgekehrt strebte Neto einen Kontrast zum noch unvollendeten gotischen Dom in São Paulo an.²⁰⁹ Die erste Weihe folgte 1980 durch Johannes Paul II. Ein Ort päpstlicher Besuche (durch Benedikt XVI. und Franziskus) blieb sie auch danach,²¹⁰ aber Kathedrale wurde sie erst 2016,²¹¹ vollendet 2017. Als Nationalbau erhielt sie eine brasilianische Ikonologie von Cláudio Pastro.²¹²

Doch setzte sich auch im brasilianischen Dombau die Moderne durch, gemäß der Pluralisierung der Region in vielfältiger Gestalt, auch infolge der innerkirchlichen Pluralität nach dem II. Vatikanum. Wohl ist die Tradition nicht vergessen, etwa bei *São Francisco Xavier* in Joinville aus den 1960er Jahren, mit einem von 2 ineinander geschobenen Halbkuppeln überdachten Gemeinderaum und Campanile.²¹³ Funktionsarchitektur fehlt nicht, etwa – als Saalkirche mit Campanile – der Dom von São José de Rio Preto, aus den 1970er Jahren, der aber durch die Gemälde

---

205 Ricardo Silveira Castor, *Arquitetura moderna em Mato Grosso: diálogos, contrastes e conflitos*. Dissertation an der Universidade de São Paulo 2013, S. 215 ff.; 262–267.
206 Zum Folgenden vgl. Lucas Antônio Gobbo Custódio, *Santuário Nacional de Aparecida: liturgía, inculturação e devoção na obra de Cláudio Pastro*. Dissertation an der Faculdade de São Bento de São Paulo 2017, S. 27 ff.
207 Godoy, Modernization, S. 5.
208 Zur letzten Bauphase Godoy, Modernization, S. 18–28.
209 Custódio, *Santuário Nacional*, S. 26; Godoy, Modernization, passim.
210 Vgl. Adriano Santos Godoy, *Aparecida: espaços, imagens e sentidos*. Magisterarbeit an der Universidade Estadual de Campinas 2015.
211 Bis dahin waren die alte Basilika Kathedrale, vgl. *AAS* 51 (1959), S. 90–94, und die Kirche in Guaratinguetá.
212 Adriano Santos Godoy, A Brasilidade da arquitetura da Basilica de Aparecida, in: Nochebuena/Melo, *Diseño y Método*, S. 203–215, hier S. 205 ff.; ders. The Neo-Byzantine Modernization, S. 12 ff.
213 Fárida Mirany De Mira, *Arquitetura Moderna em Joinville. A Catedral Diocesana São Francisco Xavier*. Magisterarbeit an der Universität von Joinville 2012.

Abb. 57: Aparecida. Römisch-katholische Kathedrale. Ähnliches wie für Higüey (Abb. 56) gilt hier für diesen zentralen brasilianischen Wallfahrtsort – allerdings in der konventionellen Architektursprache, die auch sonst Netos Dome charakterisiert.

und Fenster fast magische Farbwirkungen erzielt.[214] Funktionalität strebt auch der Holz- und Glasbau von *San José* in Macapá an (2006).[215] Daneben stehen allerdings Experimentalkirchen, mehr als in den USA und vielfach kühner – oft zwar als Ersatz für ältere Bauten, aber ebenso in jenen expandierenden Neustädten, die bald Bischofssitz wurden. Ein Initiationspunkt wurde Niemeyers *N.S. Aparecida* in der neuen Hauptstand Brasília, von Le Corbusier beeinflusst, 1959–1970 zeitgleich mit der Stadt und ihrem Erzbistum entstanden.[216] Dabei wurden diese Anfänge umso spektakulärer, als die Kirche rasch „one of Niemeyer's most vivid and influential icons" wurde,[217] vielleicht auch „o mais significativo templo católico dos brasileiros",[218] repräsentativ in der Stadtmitte. So entstand ein Zentralbau mit 16 nach

---

214 Amanda Patricia Tagliaro, *Das escrituras às imagens: uma análise dos vitrais da Sé Catedral de São José de Rio Preto*. Bachelorarbeit an der Universidade de Uberlândia-MG 2020.
215 Stefan Loose (Hg.), *Brasilien* (Berlin: Loose Travel Handbücher, 2014⁴), S. 648.
216 Zu Brasília s. F. Müller, *O Templo cristão*, S 272 ff.; ders., Catedral de Brasília, 1958–70: Redução e Redenção, in: *Cadernos de Arquitetura e Urbanismo (Belo Horizonte)* vol. 10/11 (2003), S. 9–33; Queiroz, *Niemeyer*, S. 329 ff.; Borghi de Avelar, *A arquitetura moderna*, S. 82 ff. und S. 161 ff.; Scottá, *Arquitetura religiosa*, S. 79–91; Cláudia Estrela Porto, Soluções Estruturais na Obra de Oscar Niemeyer, in: *Paranoá: Cadernos de Arquitetura e Urbanismo (Brasília)* Vol. 15/15 (2015), S. 25–51, hier S. 33–35; Pedro Alberto Palma dos Santos, *Métrica, proporção e luz. Arquitetura sagrada moderna no Brasil*. Dissertation an der Universidade de São Paulo 2015, S. S. 138–148. Marginal ist Niemeyers Militärkathedrale *N.S. da Paz* in Brasília, vgl. Scottá, *Arquitetura religiosa*, S. 264–284.
217 Alan Weintraub/Alan Hess, *Oscar Niemeyer. Buildings* (New York: Rizzoli, 2009), S. 242.
218 Fábio Müller, A Catedral de Brasília, S. 9.

innen gebogenen Säulen, sich zu einer Krone (Dornenkrone?) fügend (die Symbolik schillert[219]), 70 m im Durchmesser, 40 m hoch und für 4000 Personen, mit abstrakter Glasmalerei zur Meditation und schwebenden Engeln im Inneren.[220] Und zugleich erweckte Niemeyer die mittelalterliche Kathedrale zu neuem Leben: den großen freien Raum, der sich zur Unendlichkeit öffnet, technisch auf der Höhe der Zeit,[221] in der elementaren Form vielleicht auch als späten katholischen Universalbau.[222] Doch innovativ war die sakrale Provinzarchitektur ebenso. Beinahe sensationell geriet im 1947 gegründeten Maringá (Abb. 58) *N.S. da Glória* von 1958–1972: ein Kegel mit 50 m Durchmesser und 124 m Höhe; laut dem Architekten José Augusto Bellucci (1907–1998) geformt wie eine Rakete, zumal zeitgleich die Weltraumfahrt begann.[223] 1966 folgt in Bragança Paulista wieder ein von Ronchamp inspirierter Dom.[224] Überhaupt entstehen derlei Kathedralen oft in jungen Städten, z. B. in Jales, geweiht 1974,[225] und *Cristo Redentor* in Boa Vista, von Padre Mário Fiameni 1967–1972.[226] Es folgt 1974–1978, wieder fächerförmig, in Cascavel *N.S. Aparecida*, von Gustavo Gama Monteiro (1925–1995).[227] Das Dach ist gefältelt – auch als „Mantel" U.L.F. Ähnlicher Art ist in Castanhal *Maria Mãe de Deús*, 2002–2011.[228] Auf andere Art originell ist *N.S. de Guadalupe* in einem multireligiösen Stadtviertel von Foz do Iguaçu, begonnen 2005: Erinnerungen an Marienheiligtümer im Namen und in den Fenstern verbinden sich mit chinesischen Tempeldächern über einem kreuzförmigen Baukörper.[229]

---

219 F. Müller assoziiert u. a. eine Lotosblume und den Heiligen Berg als Weltmittelpunkt (Catedral de Brasília, S. 26; O templo cristão, S. 311); s. a. Porto, Soluções Estruturais, S. 33–35.
220 S. Niemeyer, A Catedral, S. 8/9; Scottá, *Arquitetura religiosa*, S. 189–237; Córdova, In Search, S. 28–30.
221 Niemeyer, A Catedral. Er sieht ohnehin als Aufgabe des Architekten, „criar os grandes espaços livres" (S. 8).
222 F. Müller nennt Niemeyers Konzeption „ao mesmo tempo hierárquica, espartana, democrática e liturgicamente correta" (A Catedral, S. 15; O templo cristão, S. 303).
223 Jonas Jorge da Silva, *O templo e a cidade: memórias sobre a construção da Catedral de Maringá*. Dissertation an der Universidade Estadual de Maringá 2011; Valéria Zamboni de Souza, *Ressonâncias da arquitetura brutalista nos edifícios das Catedrais de Maringá e de Cascavel*. Dissertation an der Universidade Estadual de Maringá 2015, bes. S. 29–60.
224 Vgl. de Avelar, *Arquitetura moderna*, S. 107 ff.; dos Santos, *Métrica, proporção e luz*, S. 186–198.
225 Vgl. de Avelar, *Arquitetura moderna*, S. 66.
226 Claudia H.C. Nascimento/Almerizio O. Pinheiro Neto/Aramuru S. Borges Junior u. a., Modernidade e Contemporaneidade na Arquitetura Pública de Boa Vista-RR, in: I *SAMA – Seminario de arquitetura moderna na Amazônia 17, 18 et 19 de fevereiro de 2016*, hier unter 3.1.
227 Vgl. de Souza, *Ressonâncias*, S. 64–84; AAS 70 (1978), S. 388–390.
228 Vgl. *JISA* 10 (2005), S. 10.
229 Carlos Eduardo Pinto Procópio, O Catolicismo e sua Publicidade: Reflexões a partir da Construção da Catedral de Nossa Senhora de Guadalupe (Foz do Iguaçu/Brasil), in: *Ciencias Sociales y Religión/Ciências Sociais e Religião*, Porto Alegre 20/29 (2018), S. 63–86.

Abb. 58: Maringá. Der römisch-katholische Dom ersetzt die kleine *Matriz* einer 1947 gegründeten Stadt mit bald einer halben Million Einwohnern. Als experimentelle Monumentalkirche für die seit dem II. Vatikanischen Konzil üblichen Gemeindeliturgien ist sie typisch für etliche neue Großstädte der brasilianischen Provinz.

Bisweilen brauchen solche Projekte Geduld, etwa in Palmas, der jungen Hauptstadt des Bundesstaates Tocantins, bei deren Planung man auch Brasília als potentielles Vorbild berücksichtigte.[230] Entsprechend lange strittig blieben manche Gebäude im Stadtzentrum, lange ungebaut. Das gilt auch für die örtliche *Catedral do Divino Espirito Santo*, bereits seit den 1970er Jahren in der Planung. Dabei zeigt z. B. in der Folgezeit Paulo Henrique Paranhos mit seinem kühnen, spiralförmigen Entwurf den Einfluss Niemeyers.[231] Doch die Bischofskonferenz beauftragte einen eigenen Architekten und beließ es zunächst bei einer Pro-Kathedrale, während ab 2015 die endgültige, 2022 noch unfertige pyramidenförmige Kathedrale emporwuchs.[232] Ohnehin fand nicht jede avancierte Kathedrale Beifall, zumal wenn für

---

[230] Lucimara Albieri de Oliveira, *Centros urbanos e espaços livros publicos. Produçãos e apropriaçãos em Palmas/TO*. Dissertation an der Universität von São Paulo 2016, S. 220 und 222.
[231] Zu Paranhos s. Igor Lacroix, *Roteiro de Produção CAEDEM para projeto paramétrico e fabricação digital em arquitetura*. Dissertation an der Universidade de Brasília 2020, S. 110–121. Zu anderen Entwürfen Wesley dos Santos Lima/Kelly Cristina Fernandes de Oliveira Bessa, Os significados politico-identitários dos edifícios monumentales e das inscrições no chão institucional da Praça dos Girassóis em Palma, TO, in: *Revista Cerrados, Montes Claros – MG* 20/1 (2022), S. 279–312, hier S. 292.
[232] S. https://catedraldepalmas.com.br/o-projeto; Lima/Bessa, Os significados político-identitários, S. 292–294.

sie ein vertrauter Vorgängerbau im Namen der Modernität beseitigt wurde. 1964 wich in Caruaru der historistische Dom *N.S. das Dores* der jetzigen, 1975 vollendeten Sichtbeton-Pyramide (wobei man die markante Oberflächenstruktur des Außenbaus bald weiß cachierte).[233] In Erechim verschwand der populäre historistische Dom *San José* zugunsten des heutigen, 1977 geweihten quaderhaften Neubaus.[234] Auch opulente neue Großbauten wurden nicht stets gefeiert. So erinnert der Zentralbau des heutigen Domes zu Rio de Janeiro von 1964–1976 in seiner sich nach oben verjüngenden, in 76 m Höhe flach abgedeckten Gestalt an die Maya-Pyramide in Chichen-Itzá, d. h. an alte sakrale Traditionen des Kontinents, wirkt aber als Rundbau mit 106 m Durchmesser zugleich wie ein Echo von Brasília und ein wenig epigonal – obwohl das Buntglas dem Innenraum Mystik verleiht.[235] Dazu steht er in einem Geschäfts- und Bankenviertel, wo sakrale Traditionen wenig Ausstrahlung haben.[236] Umgekehrt wurde die technologisch virtuos konzipierte, nüchterne Neue Kathedrale in Natal, eine trapezförmige 1988 geweihte Halle, eher ein Bau kirchlich-städtischer Selbstpräsentation und nur eine lokale Ikone.[237] Überregionale Referenzbauten wurden dagegen 2 weitere Niemeyer-Kathedralen: *Cristo Rei* von Belo Horizonte, ab 2006 geplant, 2012 begonnen, 2023 noch unvollendet, wieder ein Zentralbau. Niemeyer hat die Kuppel mit 60 m Durchmesser an einer 100 m hohen Struktur aufgehängt, und der für 3000 Personen bestimmte Innenraum wird durch ein Außengelände für 20 000 Personen ergänzt;[238] ähnlich konzipiert ist *São João Batista* in Niterói, ab 2000 geplant, 2023 noch im Bau – mit 80 m Durchmesser und 65 m Kuppelhöhe, innen für 5000, außen für 15 000 Personen.[239] Ein neuer Dom mit

---

233 Giovanna Maria Lima Silva/Maria Izabel Rego Cabral, Invcestigação sobre a demolição da Catedral de Nossa Senhora das Dores: uma análise historica-arquitetônica, in: *Revista brasileira de iniciação cientifica* 11 (2024), S. 1–26.
234 Ana Paula Prilla Molozzi, *A „danação" da cultura edificada. a demolição da igreja matriz de Erechim.* Graduiertenarbeit an der Universidade Federal da Fronteira Sul Erechim 2017.
235 Dos Santos, *Métrica, Proporção e Luz*, S. 161–170; Segre/dos Santos/de Souza, Um paradoxo patrimonial, zum Innenraum S. 73.
236 Segre/dos Santos/de Souza, Um paradoxo patrimonial, S. 76, schreiben: „A Catedral tournouse um marco turístico, um asterisco no mapa de turismo, mas não confere à área uma identidade enquanto marco religioso."
237 Luciano César Bezerra Barbosa, *Ícones Urbanas da Cidade de Natal. Desenvolvimento Urbano na Cidade de Sol e Mar*, Natal: Universidade Federal do Rio Grande do Norte (UFRN), 2018, S. 165–173, vgl. bes. S. 172.
238 De Brito, *Paisagem imaginada*, S. 106 ff.
239 Scottá, *Arquitetura religiosa*, S. 118–122; s. a. das Booklet *Nova Catedral São João Batista, o sonho irá se tornar realidade,* Mitra Arquidiocesana de Niterói, Niterói 2000 und 2013; Porto, *Soluções Estruturais*, S. 45.

Nähe zu Brasília für 2000 Personen folgt auch in Goiânia, ebenfalls 2023 noch unvollendet.[240]

Auch die nachträglich zu Kathedralen erhobenen oft großen neuen Sakralbauten des Landes reichen vom Historismus – etwa von *São João Baptista* des wieder vom Kölner Dom begeisterten deutschen Immigranten Simon Gramlich (1887–1968) in Santa Cruz do Sul, begonnen 1928, Dom seit 1960[241] über die gleichnamige eklektische Kirche Gramlichs in Rio do Sul – 1950–1957, Dom seit 1968[242] – bis zu D. Böhms 1953 begonnener Kirche *San Pablo* in Blumenau, Dom seit 2000. Der 75 m × 23 m × 15 m große Bau, rechteckig mit Campanile, dokumentiert die deutsche Nachkriegsmoderne, aber im dreischiffigen Innenraum ebenso weitere Nachklänge von *N.-D.-du-Raincy*.[243] Wie aber auch immer die Stilpräferenzen der Bauten aussehen – zwar bleibt im Fokus stets der Kult, in herausragenden Fällen sogar als *experiência religiosa em massa*;[244] aber ebenso wird z. B. in Goiânia 1968 während der Militärdiktatur der Dom zum Asyl gegenüber Polizeiattacken bei politischen Unruhen;[245] und auch für Neubauten mit hohem kirchlichen Repräsentationspotential wie in Belo Horizonte ist Ziel, einen der Gesamtgesellschaft dienenden Begegnungsraum zu schaffen und ein Zentrum für religiöse Stadtentwicklung.[246]

In eine partiell andere Welt führt wieder der neuere katholische Dombau Afrikas.

---

240 Isabella de Sousa Silveira, *Catedral Metropolitana de Goiânia. Caderno Teórico do Projeto de Arquitetura e Urbanismo. Proposta Teórica e Memorial*. Abschlussarbeit an der Pontificia Universidade Católica de Goiás, Goiânia 2022.
241 Thayse Fagundes e Braga, Simon Gramlich and the Neo-Gothic Churches in Southern Brazil, in: Borngässer/ Klein, *Neugotik global*, S. 243–249; *AAS* 52 (1960), S. 65–67.
242 Iria Aparício Kruger, *Catedral de Rio do Sul, Santa Catarina-Brasil*, Rio do Sul: Clube de Autores, 2019; *AAS* 61 (1969), S. 654–656.
243 So B. Borngässer, Neugotik und Moderne im Süden Brasiliens: Die Kirchenbauten Gottfried Böhms, in: Borngässer/Klein (Hgg.), *Neugotik global*, S. 251–262; dos Santos, *Métrica, Proporção e Luz*, S. 93–99; *AAS* 92 (2000), S. 658–659.
244 Fabricio Garcia Terrezza, *Catolicismo e Estratégias do Reposicionamento Socıorreligioso: a Catedral Cristo Rei, em Belo Horizonte*. Dissertation an der Universidade FUMEC Belo Horizonte 2017, S. 65.
245 Teresinha Maria Duarte, *Se as Paredes da Catedral Falassem. A Arquitetura de Goiânia e o Regime Militar (1968/1985)*. Dissertation an der Universidade Federal de Goiás, Goiânia 1996, bes. S. 49 ff.
246 Vgl. dazu auch Terrezza, *Catolicismo*, bes. S. 74 ff.

9.2.4 Afrika – Kirchenpolitische Niederlagen und hierarchische Stabilisierungen im Horizont der Dekolonisation

So wie der Wiederbeginn der afrikanischen Dombaugeschichte im 19. Jahrhundert mühsam war, war es noch die Entwicklung diesseits der 1920er Jahre: Südlich der Sahara konsolidierten die meisten Staaten sich nur langsam, um erst nach 1945 selbstständig zu werden. Politisch federführend blieben Frankreich, Belgien und das britische *Empire*, die iberischen Staaten blieben marginal, Deutschland verließ 1918, Italien 1945 die Bühne. Aber das Christentum wuchs. Wohl häuften sich Konflikte. Doch entstand im südlicheren Afrika ein neuer Schwerpunkt des Katholizismus (allerdings ebenso von Freikirchen und einheimischen Sekten[247]). So folgten nach 1918 rasch neue Diözesen und ab 1945 Kirchenprovinzen.[248] Auch die Zahl der Kathedralen wuchs, wobei Architektenmissionare aktiv blieben und Europäer bis in die 1960er Jahre die Leitung hatten.[249] An den Rand traten nur die 1918 politisch marginalisierten Kolonialstaaten, wenngleich sich die Beiträge von Architekten und Missionaren aus Deutschland und Österreich in den 1920er Jahren wieder stabilisierten. Aber soweit noch Herrschaftsgebiete der südeuropäischen Länder existierten, blieben Spanien und Italien historistisch: Eine Replik der römischen Peterskirche baute man noch 2011 in Mongomo/Äquatorialguinea (früher Spanisch Guinea).[250] Auch der Historismus in den italienischen Ex-Kolonien blieb für den Dombau dauerhaft charakteristisch, zumal im unierten Äthiopien. Hier zeigte er sich nicht nur im faschistisch okkupierten Addis Abeba 1936 bei *U.L.F. Geburt,* in italienisierender Romanik und mit offenem Dachstuhl,[251] son-

---

247 Vgl. für den Belgischen Kongo Anna Verhoeve, Conflict and the Urban Space: The Socio-Economic Impact of Conflict on the City of Goma, in: Koen Vlassenroot/Timothy Raeymaekers (Hgg.), *Conflict and Social Transformation in Eastern RD Congo* (Gent: Academia Press, 2004), S. 103–122, hier S. 114.
248 So hatte die *République Démocratique du Congo* (Belgisch Kongo) 1959 7 Apostolische Präfekturen, 26 Diözesen, 6 Erzdiözesen; 2022 waren es 48 Diözesen, 6 Erzdiözesen; Nigeria hatte 1962 10 Diözesen, 3 Erzdiözesen, 2021 waren es 48 Diözesen, 9 Erzdiözesen; Tanzania hatte 1964 17 Diözesen, 2 Erzdiözesen; 2021 waren es 27 Diözesen, 7 Erzdiözesen.
249 Michael Patrick Olatunji Fagun, Bischof von Ado-Ekiti, zur Lage im nigerianischen Binnenland noch in den 1950er–1960er Jahren, in: M.P.O. Fagun, *Ekiti Diocese and My Stewardship* (Port Harcourt: Cornel Printz Resources, 2017), S. 19.
250 Scafidi, *Equatorial Guinea*, S. 198.
251 Ferruccio Canali, Addis Abeba „Italiana": Il Piano Regolatore e la Serie delle sue Varianti (1936–1939), in: ders. (Hg.), *Modelli della Città di „Borghi di Fondazioni Italiani" in Italia, nel Mediterraneo e in Oltremare,* Firenze 2013 (2015), S. 63–126, hier S. 73. In Libyen existieren noch heute 2 profanierte Dome: in Tripoli, 1923–1928 (Klein, Colonial Gothic in Africa, S. 165), und Bengasi 1929–1939 (Monzo, *croci e fasci,* Bd. II, S. 411).

dern noch z. B. 1957 in Emdibir mit *S. Antonio di Padova*[252] und 1969 in Adigrat mit *Holy Saviour*.[253] Letztere Kirchen haben jedoch Fresken nach Art äthiopischer Kirchenmalerei, in Emdibir vom Nationalkünstler Afewerk Tekle (1932–2012). Für Portugal war jedoch schon während des Faschismus ein doktrinärer Historismus in den für architektonische Experimente aufgeschlosseneren Kolonien mit der 1944 vollendete Kathedrale von Lourenço Marques (Maputo) erledigt, wieder einer Kirche à la *N.-D.-du-Raincy*,[254] Diesen Historismus ließen auch etliche zeitgleich gebaute Kirchen hinter sich, die später Kathedralen wurden, erst recht die neuen Dome nach 1945.[255]

Trotz politischer und sozialer Verzögerungen dokumentieren also insgesamt bereits diese Länder, dass auch das katholische Afrika neue Bahnen wagte: Längst hatte ja auch dieser Kontinent seine eigene Kirchengeschichte, mit überregionalen Zentren wie für die Märtyrer Ugandas.[256] Und diese Geschichte verlangte ihre eigene Darstellung in bildender Kunst, Musik und Tanz.[257]

Verfolgt man aber nun den katholischen Dombau in Afrika von seinen neueren Anfängen her im Blick auf die wichtigeren – nämlich anglophon und frankophon dominierten Regionen – des Kontinents und im historischen Detail, war gerade im muslimischen Nordafrika des 19. Jahrhunderts die koloniale Präsenz Europas in Gestalt Frankreichs lange offensiv, jedoch früh auch innovativ. 1912 wurde zusätzlich Marokko (außer Tanger) französisches Protektorat und Schauplatz sakraler Bautätigkeit. So entstand nach einem Entwurf von Adrien Laforgue (1871–1952) in ihrem ersten Stadium 1919–1921 die Kathedrale in Rabat, erweitert 1934–1938: als doppeltürmige Basilika mit großem Vierungsturm noch die Gotik assoziierend, besonders innen, doch im Baukörper und unter dem architektoni-

---

252 Egidio Todeschini (Hg.), *Cristianesimo, Arte in Etiopia. La cattedrale cattolica di Emdibir*, Clusone: Equa editrice, 2015.
253 Philip Briggs erinnert an den Florentiner Dom, *Ethiopia*, S. 327.
254 Ausführlich Ana Furtado, *A Catedral de Nossa Senhora da Conceição de Lourenço Marques: cópia ou inovação do seu arquiteto?* Dissertation an der Universidade de Lisboa 2016.
255 S. für Angola die Dome in Sá da Bandeira (Lubango) von 1939, Nova Lisboa (Huambo) von 1943, Benguela (1963–1968), Sumbe (1966); vgl. Cláudia Cardoso dos Santos, *A Igreja Moderna em Angola. Espaço Litúrgico, Social e Urbano. Três Casos de Estudo.* Magisterarbeit an der Universidade de Coimbra 2019, S. 90 und S. 149–169.
256 Vgl. Justus Dahinden/M. Niermann, Wallfahrtskirchen und Pfarreizentren in Uganda (Ostafrika), in: *Bauen + Wohnen* 23/6 (1969), S. 228–232, bes. S. 228–230.
257 Stefan Mbunga, Afrika, in: Karl Gustav Fellerer (Hg.), *Geschichte der katholischen Kirchenmusik* Bd. II (Kassel u. a.: Bärenreiter, 1976), S. 332–338; Joel Obetia, *Worship and Christian Identity in Uganda: A Study of the contextualization of Worship in the Anglican, Roman Catholic and independent churches in the West Nile and Kampala areas of Uganda.* Dissertation an der University of Leeds 2008, S. 146 ff.

Abb. 59: Rabat. Römisch-katholische Kathedrale. Die Kirche wirkt zwar in ihrer Modernität inmitten der Kolonialkirchen der Zeit ungewohnt, hat aber in Marokko zeitgleiche Entsprechungen.

schen Motto von *unité, simplicité, pureté* geometrisch-kühl die Gotik überschreitend (Abb. 59), in den Fassadentürmen von fern sogar Minarette assoziierend.[258] Dabei war der Bau nicht einmal mehr singulär, da 1930–1946 Paul Tournon (1881– 1964) – zunächst noch dem Historismus zugetan[259] – im benachbarten Casablanca den Großbau von *Sacré-Cœur* bereits in einer ähnlichen Stilistik baute.[260] Doch änderte sich in Nordafrika die kirchliche Lage nach der Unabhängigkeit der Staaten abrupt. Endgültig wurde klar, dass Lavigeries missionarische Visionen durch den Islam an ihre Grenzen kamen und sich Kirchen als Zeichen religiöser Triumphe in solche der Niederlagen verwandelten: Aufgelöst wurde das Erzbistum Karthago und die *Cathédrale Primatiale* zum Museum;[261] in Algier und Constantine wurden die Dome wieder zu Moscheen und durch andere Bischofskirchen ersetzt,[262] profa-

---

[258] Vgl. Simon Ducros, Architecture et urbanisme à Rabat: le cas d'Adrien Laforgue (1871–1952) au début du XXe siècle et de l'avenue Dar-el-Makhzen à partir des fonds d'archives du Protectorat marocain, in: *Livraisons d'Histoire de l'Architecture* 44 (2023), S. 86–102, bes. S. 90–91, hier auch das Zitat. Im franquistischen Spanien gab es nach 1938 für Tanger historistische Pläne. Doch folgte 1951–1961 ein moderner Dom. S. Alberto Darias Príncipe, La arquitectura al servicio del poder: la catedral de Tánger como catarsis de las frustraciones coloniales españolas, in: *Anuario de estudios atlánticos* 60 (2015), S. 765–816.
[259] Für den Dombauwettbewerb in Manizales hatte er noch einen neoklassizistischen Entwurf eingereicht, vgl. Bucurú, Catedral Basílica de Manizales, S. 10.
[260] Miriam Simon, Paul Tournon (1881–1964), un architecte catholique, in: *Livraisons d'Histoire de l'Architecture* 27 (2014), S. 75–116, bes. S. 102 und S. 115.
[261] J. A. Schweitzer, Art. „Tunesien", in: LThK^2, Bd. 10 (1965), Sp. 403.
[262] Ein wichtiger Ersatz in Algier wurde *Sacré-Cœur*, 1956 begonnen, mit hyperboloidem Turm, 52 m × 35 m groß. Vgl. Amina Kermadj/Mokrane Timsit, *Cathédrale sacré cœur d'Alger, un héri-*

niert wurde *Sacré-Cœur* in Casablanca. Doch schwanden die meisten katholischen Gemeinden durch die Rückkehr der Mitglieder nach Frankreich ohnehin.
Es zeigt indes die fortdauernde Lebendigkeit des im I. Vatikanum konservativ stabilisierten frankophonen Katholizismus, dass unabhängig von Misserfolgen in Nordafrika im Süden sogar neue sakrale Großbauten entstanden, z. T. Klassiker neuerer afro-französischer Sakralarchitektur. Wohl gab es hier wieder lange Konventionelleres wie in Bangui/Oubangui Chari/République Centrafricaine die neoromanische *Notre-Dame*-Basilika, anstelle der 1931 durch Orkan zerstörten Kirche des Apostolischen Präfekten bis 1937 errichtet. Kurzzeitig war sie eine skurrile *National Cathedral*, da sie sich der selbsternannte „Kaiser" Jean-Bédel Bokassa (1921–1996) zur Krönung ausgesucht hatte;[263] zeitgleich gab es neue klassizistische Hauptstadt-Kathedralen wie in Porto Novo *Immaculée-Conception*[264] und *U.L.F.* in Conakry, neoromanisch-neobyzantinisch (1932–1937), von Charles-Albert Wulffleff (1874–1941).[265] Größere Dome dieser Art entstanden auch in der Provinz, manchmal noch bis zur Stilkopie wie im madegassischen Antsirabé ab 1924 als Replik einer neogotischen Pfarrkirche in Frankreich.[266] Neoromanisch-byzantinisch ist der Dom in Douala/Kamerun (1936).[267] Andernorts wurde der Historismus modern stilisiert, auch mit religiös-nationalem Flair, etwa 1932–1933 in verfremdeter Neogotik *Ste-Jeanne-d'Arc* in Katiola/Côte d'Ivoire.[268] Doch fehlen indigene Elemente nicht: Wichtig ist im Sénégal die 70 m × 40 m große *Cathédrale de N.-D. des Victoires* in Dakar von 1923–1929, eine *Cathédrale du Souvenir Africain* für die Opfer des I. Weltkriegs und der Kolonialkriege. Denn zwar geriet der stilisiert-neobyzantinische Bau (wieder von Wulffleff) auch patriotisch – mit der ursprünglichen Außeninschrift *À ses morts d'Afrique la France reconnaissante*,[269] die Grundsteinle-

---

tage, une histoire, un patrimoine à préserver. Magisterarbeit an der Université Mouloud Mammeri Tizi-Ouzou 2019/2020, S. 29 ff.
263 Yves Boulvert, *Bangui 1889–1989. Points de vue et témoignages* (Paris: Ministère de la Coopération et du Developpement, 1989), S. 142–143; S. 250; AAS 48 (1956), S. 115; Brian Titley, *Dark Age. The Political Odyssey of Emperor Bokassa* (Montreal u. a.: McGills-Queens University Press, 1997), S. 92.
264 Vgl. Gbonsou, *Architecture religieuse*, S. 124 ff., bes. S. 136–160.
265 Odile Goerg, La Guinée Conakry, in: Soulillou (Hg.), *Rives Coloniales*, S. 80–104, hier S. 100.
266 Père Jean-Louis Razafindrakoto, Histoire du diocèse d'Antsirabé, in: *Le Clocher. Bulletin paroissial* Nr. 390, Caudan (Novembre) 2014, S. 4–5.
267 Jacques Soulillou, Le Cameroun, in Soulillou (Hg.), *Rives Coloniales*, S. 289–314, hier S. 307.
268 Eugene Ouattara, *Église Catholique et Culture Tagbana (1908–1977)*. Dissertation an der Université Felix Houphouet Boigny, Abidjan 2015, S. 142–143. Eine Abbildung S. 143.
269 Sie lautet heute *À la Vierge Marie Mère de Jésus le Sauveur* (Brasseur, À propos de la cathédrale, S. 109).

gung vollzog der Gouverneur, die Weihe 1930 der Pariser Erzbischof –, doch war der Islam nicht mehr nur Feindbild: Die Türme im *style néo-soudanais* ähneln den Minaretten der Moschee von Djenné.[270] Auch integrierte man den Historismus in die Architektur der Region. Ein Beispiel ist der Dom zu Ouagadougou (Abb. 60) in Obervolta/Burkina Faso von 1934–1936, errichtet unter Joanny Thevenoud (1978– 1949), dem ersten Apostolischen Vikar der Kolonie.[271] Es ist eine altchristliche Basilika, doch wie die örtliche Architektur aus Lehm; und die Front mit 2 ungleich hohen Türmen blieb absichtsvoll fragmentarisch.[272]

Abb. 60: Ouagadougou. Römisch-katholische Kathedrale. Die Kirche zeigt, dass man in Europas Kolonien auch bei repräsentativen *National Churches* nicht die Architektursprache von Eroberern sprechen musste (und dennoch europäische Traditionen beibehalten konnte).

Jedoch wäre verwunderlich, wenn der Historismus im frankophonen Afrika noch lange dominiert hätte, wo doch in Rabat früh experimentiert wurde. So folgten längst vor dem II. Vatikanum schon modernere Dome, in klarer Geometrie, oft stattlich, ab 1942 *U.L.F.* im madegassischen Majunga (Mahajanga) für das Apostolische Vikariat, Bistum seit 1956, 47 m × 20 m groß,[273] 1951 im kamerunischen Yaoundé,[274] 77 m × 32 m groß, 1958 im gabunischen Libreville der neue Marien-

---

270 Vgl. de Selva, *Dakar et le Sénégal*, S. 36; Sinou, Le Sénégal, S. 52 (hier auch eine Abbildung).
271 Wenceslas Michel Tiendrebeogo, *Le Développement de l'Église-Famille de Dieu du Burkina-Faso: Le Cas de l'Archiocèse de Ouagadougou*. Magisterarbeit an der Université Laval in Québec 2008, zur Kathedrale S. 32.
272 B. Klein, Gothic Architecture in Africa, S. 160–161.
273 Tolojanahary H. Andriamitantsoa, *Majunga. Une métropole régionale dans un pays en voie de developpement*. Dissertation an der Université d'Antananarivo/Blaise Pascal Clermont Montferrand II 2009, S. 331; Janicot, *Madagascar* u. a., S. 341; *AAS* 48 (1956), S. 115–116.
274 Houlet, *Afrique Centrale*, S. 399.

dom, einfacher.[275] Häufig wurden die Kirchen wieder optisch markant platziert wie in Bouaké/Elfenbeinküste *Ste-Thérèse* 1961–1975 am Markt,[276] oder 1976 in Korhogo *St-Jean-Baptiste*.[277] Auch das Experiment findet sich, so in Abidjan (Abb. 61) *Saint-Paul*, 1985 von Johannes Paul II. geweiht. Die Kirche fällt bereits durch den kruzifix-haften Turm vor der Fassade auf. Sie beherbergt aber nicht nur Fenster zur Geschichte des Paulus, sondern auch zu Afrikas Kirchengeschichte.[278] Daneben fehlen Zweckbauten für wachsende Gemeinden nicht, z. B. bei *Saint-Joseph* in Sangmélima/Kamerun, 2015 geweiht, 75 m lang und bis zu 65 m breit;[279] doch war die Größe einer Kirche immer weniger Maßstab, ob sie auch Kathedrale sein könne, und das Misstrauen gegen Gigantomanie wuchs: So entstand zwar in Yamoussoukro, der neuen Hauptstadt der Elfenbeinküste und Geburtsort von Präsident Félix Houphouët-Boigny (1905–1993) 1985–1990 *N.-de-la-Paix* als Replik der römischen Peterskirche für 18 000 Personen.[280] Bei der Gründung der neuen Diözese 1992 wurde die *Kathedra* aber in der nüchternen, 40 m × 17 m großen Augustinuskirche von 1963–1964 aufgestellt.[281] Eine analoge Entwicklung zeigt sich im Belgischen Kongo. Auch hier gab es unter royalen Vorzeichen noch historistische Großbauten, so in Élisabethville (Lubumbashi) (Abb. 62) *Saint Pierre et Saint Paul*, aus den 1920er Jahren, neoromanisch,[282] ähnlich *N.-D.-de-Sept-Douleurs* in Kisantu, 1926–1936.[283] In kleineren Stützpunkten war man bescheide-

---

275 Michel Assoumou Nsi, *L'Èglise Catholique*, S. 61; Auzias/Labourdette (Hgg.), *Bénin* (Paris: petit futé 2012³), S. 145.
276 Mamadou Bamba, L'Évolution de l'Église Catholique à Bouaké 1925–1975, in: *Revue Africaine d' Anthropologie*, Nyansa-Pô Nr. 17 (2014), S. 25–42.
277 Navigué Félicien Coulibaly, *Missionaires Catholiques*, S. 108–109. Eine Abbildung S. 110.
278 Nnamdi Elleh, *Architecture and Power in Africa* (Westport/CT-London: Praeger, 2002), S. 110–112.
279 Cornelius Stiegemann, Sie bau(t)en eine Kathedrale – Neue Domkirchen der letzten fünf Jahre (21.07.2019) https://katholisch.de/artikel/22316-sie-bauten-eine-kathedrale-neue-domkirchen-der-letzten-fuenf-jahre.
280 S. Laura Vendrik, *The Dutch Saint Peter's. Imitation in the Aesthetic Formation of Roman Catholicism*. Dissertation an der Universität Utrecht 2020, S. 40–46.
281 AAS 84 (1992), S. 825–826; s. a. www.mairieyamoussoukro.ci/yamoussoukro/tourisme.
282 Sundkler/Steed, *A History of the Church in Africa*, S. 774; AEC 2012–2013, S. 237; Jean Omasombo Tshonda (Hg.), *République démocratique du Congo. Haut-Katanga. Lorsque les richesses économiques det pouvoirs politiques forcent une identité régionale*. Tome 1 [...] (Tervuren: Afrika. Koninklijk Museum voor Midden Afrika. Musée Royal de l'Afrique, 2015), S. 202–204; Klein, Gothic Architecture in Africa, S. 166.
283 Auzias/Labourdette, *République démocratique du Congo*, S. 268.

Abb. 61: Abidjan. Römisch-katholische Kathedrale. Sehr anders als der Bau Abb. 60 zeigt die Kirche, dass sakraler Avantgardismus aus Europa in Afrika immer noch geschätzt wird.

ner. Schon stilisiert-neoromanisch ist der zukünftige Dom in Boma von 1920, mit einer westwerk-ähnlichen Fassade;[284] stilisiert die Gotik in Molegbe 1928–1932[285] oder Léopoldville (Kinshasa) mit dem Neubau von *N.-D.-du-Congo* 1947–1949;[286] bescheidener wurde oft auch die Moderne, z. B. in Bukavu *N.-D.-de-la-Paix,* ab 1949, eine spitzbogenhafte Konstruktion auf einem Kreuzgrundriss.[287] Aber wieder bauten sich nachkoloniale Potentaten Monumente. In Goma finanzierte Marie-Olive Lembe di Sita Kabila (*1976), Gattin des Ex-Präsidenten Laurent Kabila (1939–2001) die 2003 begonnene heutige Kathedrale – einen avancierten Großbau mit nach innen gebogenem, aufsteigendem Dach, ab 2022 z. T. schon liturgisch genutzt.[288] Ohne Kritik blieb

---

284 Auzias/Labourdette, *République démocratique du Congo*, S. 279.
285 Thsonda (Hg.), *République démocratique du Congo, Nord-Ubangi. L'État-Zaïre englué dans l'identité ethnique de Mobutu* (Tervuren: Africamuseum, 2019), S. 170–171.
286 Auzias/Labourdette, *République Démocratique du Congo*, S. 231.
287 Sean Rorison, *Democratic Republic Congo. Republic Congo* (Chalfont St. Peter: Bradt Travel Guides, 2012²), S. 222; *AEC*, S. 191.
288 *AEC*, S. 211; Verhoeve, Conflict and the Urban Space, S. 103 und S. 115; zum Stand 2022 s. Abbé Gabriel Luanda (Hg.), *Construire Ensemble*. Magazine 2 (Juin 2022), S. 11 (auf der Rückseite eine Abbildung der Kirche).

diese neue Allianz von Kirche und Staat aber nicht.[289] In der ab 1918 belgischen Kolonie Rwanda-Burundi entstanden zwar noch historistische Großbauten wie in Butare (Astrida) und 1936 geweiht,[290] dienten aber in der unabhängig gewordenen Region während des folgenden Bürgerkrieges auch als Asyle wie in Kabgayi.[291] Später dominierte hier eine historistisch getönte Moderne.[292]

Abb. 62: Élisabethville (Lubumbashi). Römisch-katholische Kathedrale. Sie demonstriert gegenüber Abb. 60 und 61 das koloniale Gesicht des christlichen Afrika noch in seiner politischen Ambivalenz, doch mit Empathie für europäische Stil-Traditionen.

Nun sind die anglophon-dominierten Regionen Afrikas weiter keine Zentren des kolonialen Katholizismus und Prestigekirchen seltener; aber vielfältig blieben der Historismus und die Moderne facettenreich. Selbst in Nordafrika stieg die architektonische Präsenz. Allerdings ist die Lage z. T. tragisch, etwa im seit 2011 unabhängi-

---

289 S. Laurent Larcher, *L'Église en République démocratique du Congo (encore) face au pouvoir* (Paris: ifri. Institut français des relations internationales, mai 2018), bes. S. 19–27, zur Kathedrale S. 23, Anm. 42.
290 Hans-Ulrich Duwendag/Wolfgang Völker, *Ruanda und die Deutschen. Missionare als Zeitzeugen der Kolonialgeschichte* (Münster: LIT Verlag, 2017), S. 173–174.
291 Philipp Briggs/Janice Booth, Rwanda (Chalfont St. Peter: Bradt Travel Guides, 2009), S. 120.
292 Vgl. *N.-D. Regina Mundi* in Bujumbura/Burundi 1956–1962, s. D. Auzias/J.-P. Labourdette, Burundi, Paris 2011/2012, S. 168.

gen, politisch instabilen Süd-Sudan. So existieren zwar auch hier Neubauten, oft aber noch vor der Unabhängigkeit gebaut wie *U.L.F. Königin* in El Obeid, neoitalienisch, 1971 vollendet.[293] Und der Bestand ist durch militärische Aktionen so gefährdet wie im Vorderen Orient. Ertragreicher blieb das südlichere Afrika. Ein Beispiel ist Ghana – eine Region, die heute christlich ist, aber das bischöfliche Christentum eine Minderheit. So entstand zwar die neogotische Kathedrale von Cape Coast, *Saint Francis of Sales,* heute von 1928, doch kein Prestigebau wie in Dakar. Eher ein solcher – romanisch-gotisch eklektisch – wurde der Dom von Kumasi, *Saint Peter* von 1927–1929.[294] Und erneut findet sich indigene Kunst wie bei *Our Lady of Seven Sorrows* in Navrongo, ein Lehmbau der 1920 Jahre, 1925 statisch stabilisiert, ab 1956 Kathedrale. Ein 1980 geplanter Neubau aus Beton blieb glücklicherweise unrealisiert (stattdessen rekonstruierte man 1992 den Turm). So blieb die Kirche eine simple stilisiert-neoromanische Basilika mit Flachdecke, „nur" pfarrkirchengroß, aber sie bewahrte die Wandmalerei einheimischer Kunstschaffender von 1972, in der sich biblische und einheimische Motive begegnen.[295] Doch bahnte sich nach 1945 auch die funktionale Moderne an. Genannt sei die *Holy Spirit Cathedral* in Accra, einem Ende der 30er Jahre gegründeten Steyler Missionszentrum, wo schon vor der 1950 erfolgten Bistumsgründung für die wachsende Gemeinde ein sakraler Großbau anvisiert wurde, den dann ein Schweizer Missionar schuf.[296]

Auf eine vergleichbare Weise entwickelte sich der Dombau in Nigeria, einem religiös expansiven Staat, heute dem ‚größten christlich-muslimischen Land der Erde'.[297] Erneut führt der Weg von historistischen – doch bisweilen schon repräsentativen – Missionskirchen zu einer europäisch angeregten Modernität bzw. zur Indigenisierung: Wohl haben auch historistische Missionskirchen aus der Zeit nach dem I. Weltkrieg als spätere Kathedralen überlebt, z. B. *St Anne's* in Ikot Ekpene, neoromanisch, auf 1918 zurückgehend,[298] und es baut ein französischer Missionar 1934 mit der *Holy Cross Cathedral* in Lagos noch eine flamboyante

---

293 Sophie und Max Lovell-Hoare, *South Sudan* (Chalfont St. Peter: Bradt Travel Guides, 2013), S. 195–196.
294 Zu Cape Coast und Kumasi Sundkler/Steed, *A History of the Church in Africa,* S. 719 und S. 723.
295 Thierry Joffroy (Hg.), *Navrongo Cathedral. The merge of two cultures.* Villefontaine: Éditions CRATerre-EAG, 2014.
296 Joseph Kwasi Addai, A History of Divine Word Missionaries in Ghana 1938–2010. Magisterarbeit an der University of Ghana, Legon 2012, S. 38.
297 So ein katholischer Bischof, s. Emmanuel Chiwetalu Ossai, *The Impact of Religion on Interreligious Peace. Evidence from Zones of Peace in Abuja.* Dissertation an der University of Edinburgh 2021, S. 29.
298 Vgl. Michael I. Edem, *Dominic Ignatius Ekandem 1917–1995. The Prince who became a Cardinal. The Vanguard of Catholicism in Nigeria,* Bloomington: Xlibris, 2016, S. 154; Abbildung S. 144.

„royale" Gotik weiter;[299] aber wenn bei der *Holy Trinity Cathedral* von Onitsha (1920–1935) noch die Romanik des deutschen Spiritaners Franz Hermanns (1899–1994) dominiert, ist heute der Bau ebenso die Heimstatt eines indigenen Katholizismus: Er ist zugleich eine Pilgerstätte zum Grab des sel. Trappistenbruder Cyprian Iwene Tansi (gest.1964), in der Region durch Heilungswunder anerkannt.[300] Auf andere Weise gehen andere Kirchen in die Nachkolonialzeit, z. B. durch eklektizistische Modernisierung die (spätere) *Holy Cross Cathedral* in Benin City von 1926,[301] wieder anders die *Maria Assumpta*-Kathedrale im 1950 gegründeten Bistum Owerri: Begonnen wurde sie noch 1954 unter einem europäischen Bischof, vollendet unter einem einheimischen,[302] stilistisch mit einer renaissance-haften Vierungskuppel geschmückt, am Ende der Bauzeit der Neuen Sachlichkeit verpflichtet. Ähnlich wandelt sich Mariendom in Ibadan von seinen neoromanischen Anfängen 1954 in den 1980er Jahren zur Moderne.[303] Und obwohl noch 1961 die Neogotik nicht vorbei ist wie bei *Our Lady of Fatima* in Jos,[304] wiegt nun allerorts die Moderne vor, wenn auch häufiger im Sinn schlichter Funktionalität. Das gilt z. B. bei mit *Saint Patrick's* in Ado-Ekiti, unmittelbar nach Gründung des Bistums 1972 errichtet;[305] bescheiden ist *Saint Sebastian* in Ijebu-Ode, nach Gründung des Bistums 1969 errichtet, aber zum 100jährigen Pfarrjubiläum 2011 mit einer einheimischen Fiberglas-Statue des Schutzpatrons geschmückt.[306] Ein einfacher Saal ist in Osogbo *Saint Benedict*, nach 1977 erbaut, Kathedrale seit 1995.[307] Doch fehlen Großbauten nicht, oft historisierend, aber stets mit weitem, freundlichem Hauptraum für viel liturgische Bewegung. Typisch ist *Saint Patrick's* im 1977 gegründe-

---

299 Lizzie Williams, *Nigeria* (Chalfont St. Peter: Bradt Travel Guides,. 2008), S. 148–149.
300 *Spiritan Newsletter USA-East* Jan.–Febr. 1994 (Arch CSSp USA 28E-61); Edwin Chukwudi Ezeozeke, *The Identity of the Catholic Church in Igboland, Nigeria*. Dissertation an der Johannes-Paul-II-Universität Lublin 2018, S. 154.
301 Aremu/Ediagbonya, Trade and Religion, S. 87.
302 Rose Adaure Njoku, *The Advent of the Catholic Church in Nigeria. Its Growth in Owerri Diocese* (Owerri: Owerri Assumpta Press, 1980), S. 189–190.
303 Patrick O'Neill, *The Catholic Faith in Ibadan Diocese* (Ibadan: Ibadan Daystar Press, 1981), S. 86; Foláràmní/Imafidor, The Use of Stained-Glass, S. 104 f.
304 S. Alexander Dung, The Archdiocese of Jos, Nigeria. The Historical, Administrative and Parochial Development, in: Mariusz Boguszewski/Rafał Pokrywiński (Hgg.), *Catholic Church in selected African countries. Historical-pastoral perspectives* (Pelplin: Bernardinum, 2021), S. 41–62, hier S. 51.
305 Zu Ado-Ekiti Fagun, *Ekiti Diocese*, S. 6, 16, 19 u. ö. Die erste 1936 errichtete Kirche der Stadt war eine kleine aus Lehm gebaute Kopie der katholischen Kathedrale von Lagos (S. 16).
306 Emi Rod Adoh/Babatunde Samuel Olufeni, Art in the Service of the Church in Yorubaland of South-Western Nigeria: an Appraisal, in: *European Scientific Journal*, Special Edition, vol. 2 (2014), S. 466–473, hier S. 469.
307 Richard A. Olaniyan, *In the Service of God. The Catholic Church in Oyo Diocese 1884–1994* (Ile-Ife: Obafemi Awolowo University Press, 1994), S. 22–23; *AAS* 87 (1995), S. 605–606.

ten Bistum Awka bald nach der Bistumsgründung errichtet,[308] romanisierend auf elliptischem Grundriss, für 6000 Personen;[309] hierher gehören auch der 2000 vollendete *Mater Dei*-Dom in Umuhaia[310] und *Saint Theresa* in Nsukka für das 1990 gegründete Bistum, aus technischen Gründen mit langer Bauzeit (1991–2020), romanisierend mit Campanile, für 5500 Personen.[311] Besonders ambitiös entwickelte sich der Dombau in der neuen Hauptstadt Abuja, wo 1989 das Bistum entstand. Hier diente zwar lange der Zentralbau von *Our Lady Queen of Nigeria* aus den 1980er Jahren als Prokathedrale, aber schon Gründerbischof Dominic Ignatius Ekandem (1917–1995) veranlasste die Errichtung der *Zwölf-Apostel*-Kathedrale. Der im philippinischen Architektenbüro RF Cemine (Rodolfo F. Cemine) entworfene und 2023 vollendete Bau wirkt in seiner heutigen Gestalt wie ein Echo auf Niemeyers an einer übergreifenden Struktur „aufgehängten" Zentralbauten in Belo Horizonte und Niterói, in jedem Fall als Kontrast zur gotisierenden protestantisch-interkonfessionellen Hauptkirche der Stadt und zur Hauptmoschee konzipiert und als integrativer Beitrag zur Religionsvielfalt in der friedebedürftigen Metropole.[312]

Ähnlich breit entwickelte sich in Ostafrika das Stilspektrum bis ins 21. Jahrhundert. Natürlich gab es weiterhin Historismus wie im einst wilhelminischen Tanganyika, wo deutschsprachige Benediktiner in den Kathedralen ihrer bischöflichen Abteien zeigten (meist in stilisierter Romanik), dass man auf repräsentative Großbauten nicht verzichten mochte (nicht einmal auf Westwerke), etwa 1935–1938 in Ndanda mit der *Maria-Hilf*-Kathedrale und 1943–1948 in Peramiho mit *St. Benedikt*.[313] Bis zur Kopie neoitalienisch wurde noch der neue Dom in Dodoma, 1963 vollendet, sogar mit neoromanischen Malereien (obwohl u. a. mit den Märtyrern von Uganda).[314] Ihr folgte bis 1997 der stilistisch vergleichbare Kiliansdom in Mbinga,

---

308 Ezeokeke, *The Identity*, S. 160.
309 Okah Theophilus Nwankwegu, *Ecumenical Centre for Ebony State. A Study in Acoustics Control*, Projektarbeit an der University of Nigeria Campus 2013, S. 189–195 (auch Abbildungen).
310 Ezeokeke, *The Identity*, S. 169.
311 Mercy Maina, Plans Underway for Dedication of Nigerian Cathedral after 29 Years of Construction, in: *Aciafrica. Association for Catholic Information in Africa*, 18 November 2020; in: https://aciafrica.org/news/2368/plans-underway-for-dedication-of-nigerian-cathedral-after-29-years-of-construction.
312 *AAS* 81 (1989), S. 1185–1186; Edem, *Ekandem*, S. 373–376; eine Abbildung www.archify.com/ph/photo/detail/154545. Zur protestantischen Hauptkirche s. Nwankwegu, *Ecumenical Centre*, S. 172–181.
313 Egger, Transnationale Architekturen, S. 58 und S. 60.
314 The United Republic of Tanzania, *Dodoma National Capital City Masterplan (2019–2039)* (Dodoma: Ministry of Lands, Housing and Human Settlements Development, 2019), S. 100; s. a. *TCD* 2020, S. 204.

durch den damaligen Bischof der Partnerdiözese Würzburg geweiht.[315] Nach 1945 folgte aber auch Modernes, wieder repräsentativ in früher Moderne wie *Christ the King* in Moshi[316] oder die kurz nach 1960 von einem Benediktiner gebaute nüchterne Kathedrale des hl. *Mathias Mulumba* in Songéa,[317] aber auch Individuelles wie die Kathedrale des Bistums Iringa in Kihesa.[318] Reich blieben die Interieurs, z. B. ab 1963 vom Benediktiner Polykarp Ühlein (1931–2022) in den Domen des hl. *Andreas Kaggwa* zu Lindi[319] und Songéa ausgemalt.[320] Aufsehen erregte der Dom in Bukoba (Abb. 63): Der ursprüngliche Architekt – George Vamos (1910–1999) aus Ungarn, nach seiner Flucht aus Europa seit den 1940er Jahren in Nairobi und Schöpfer des dortigen Jomo Kenyatta-Mausoleums – hatte die Kirche als Basilika quasi modernbyzantinisch mit Querhaus, Kuppel und Campanile geplant, war aber auch inspiriert vom Goldenen Tempel im indischen Amritsar. Nach der Weihe 1968 verfiel sie bis 1988, und 1991 begann der Neubau: Auf den Campanile wurde verzichtet; die Kuppel ersetzt jetzt ein schlanker runder Vierungsturm mit 4 Strebebögen. Innen bestattet ist Laurean Rugambwa (1912–1997), der erste afrikanische Kardinal.[321]

In Kenia verlief die Domgeschichte parallel, initiiert u. a. wieder durch Spiritanermissionare, aber auch durch katholische Immigranten in Bewegung gehalten. Sie begann u. a. in Mombasa, ab ca. 1892 durch Einwanderer aus Goa, mit der neoromanischen doppeltürmigen *Heilig-Geist*-Kirche, 1923 vollendet, Dom seit 1955,[322] oder in Kisumu mit der neogotischen Kirche der *hl. Theresa* von 1926, ab 1953 Bischofskirche.[323] Bis 1957 folgte in Nyeri für das zeitgleich gegründete Bistum die modernisiert-neogotische *Maria Consolata*-Kathedrale mit Bischofsgrä-

---

315 *TCD* 2020, S. 180. Zur Weihe der Kirche vgl. Diözese Würzburg, Pressemitteilung vom 27.3.2008.
316 Daniela Eiletz-Kaube/Sabine Jorke/Steggi Kordy, *Kenia. Tansania* (Ostfildern: DuMont, 2012), S. 331; *TCD* 2020, S. 212.
317 Egger, Transnationale Architekturen, S. 62.
318 Sie hat eine pyramidenförmige Vierung; s. *TCD* 2020, S. 105.
319 S. TCD, S. 160. Zur Ausmalung vgl. Joachim Rogosch, Gott und die Farbe Rot. P. Polykarp Uehlein bemalt seit mehr als 50 Jahren Kirchen in Afrika, in: *Münsterschwarzacher Ruf in die Zeit*, Februar 2019, S. 6–8; hier S. 7.
320 Egger, Transnationale Architekturen S. 62–63; *TCD*, S. 304.
321 A. Folkers, The completion of the Mater Misericordia, S. 332–339; *TDE*, S. 30.
322 Selma Carvalho, The Goan pioneers of Mombasa, in: *Kenya Past and Present*. National Museum Society 44 (2017), S. 23–30, hier S. 29–30; *AAS* 47 (1955), S. 661–663.
323 Bethwell A. Ogot, *Kisumu 1901–2001. From an Inland Port to First Millennium City* (Kisumu: Anyange Press Limited, 2016), Abb. S. 57.

Abb. 63: Bukoba. Römisch-katholische Kathedrale. Anders als in Élisabethville – aber ähnlich wie *Saint-Paul* in Abidjan – wirkt auch dieser Bau repräsentativ-europäisch, zeigt aber ebenso, dass Sakralkunst auch in der Provinz anspruchsvoll bleiben kann, ohne pompös zu werden.

bern und dem Grab der sel. Ordensfrau Irene Stefani (1891–1930).[324] Dazu kamen Funktionsbauten, von Nairobis *Holy Family Cathedral* (1960–1963) für 4000 Personen[325] bis in die Provinz, oft zeitnah zur Bistumsgründung gebaut: Großkirchen wie in Embu *Sts Peter and Paul* 1986,[326] kleine Dome wie *Sacred Heart Cathedral* in Kericho, 2015 vollendet, von einem englischen Architekten, aus lokalem Baumaterial und einschiffig.[327] Selbst Bauexperimente gibt es. Dazu gehört die 1975 begonnene *Christ the King Cathedral* in Nakuru – im konservativen Rom als „oval shaped rugby ball design" apostrophiert, aber auch ein Asyl für 7–10 000 Flüchtlinge bei den Stammesunruhen 1992.[328] Avanciert ist auch die 1989 geweihte *Sacred Heart Cathedral* in Eldoret, noch vom bischöflichen Gründer der Diözese – John Joseph Njenga (1928–2018) – konzipiert, ein weiterer Asylraum für 1992.[329]

---

[324] A.J. Misiko/E. Muguthu, Interpretation at Nyeri Italian War Memorial and Cultural Heritage Tourism: Opportunities and Challenges, in: *Journal of Applied Sciences; Engineering and Technology for Development JASETD* Bd. 3, 1 (2018), S. 50–71, hier S. 55.
[325] Norman, *Das Haus Gottes*, S. 302; Philipp Briggs/Lizzie Williams, *Kenya* (London u. a.: DK Eyewitness Travel Books, 2011²), S. 30.
[326] Briggs/Williams, *Kenya*, S. 329.
[327] Kalinda Kathinji, Globalist Architecture in Kenya: The Sacred Heart Cathedral of Kericho, in: *JISA* 34 (2018), S. 29–31.
[328] www.im.va/content/gdm/en/mondo/porte-della-misericordia.event.cathedral-of-christ-the-king-nakuru-catholic-diocese-of-nakuru.html; zu den Unruhen s. J. Mwangi J. Macharia, *The Role of the Catholic Church in Assisting the Poor in the Catholic Diocese of Nakuru.* Magisterarbeit an der University of Nairobi 1995, S. 157.

Ähnlich wie in Nigeria liegen die Dinge in Uganda: Wieder sind Christen die Mehrheit, aber der Anglikanismus hat aus Gründen der Tradition Priorität. Doch zeigte auch die katholische Kirche große Präsenz, wenngleich außer in Rubaga in älterer Zeit weniger in Großbauten, sondern ästhetisch. In detailreicher Neogotik entsteht 1929 die Kirche in Masaka, ab 1939 Sitz des Apostolischen Präfekten Joseph Kiwanuka (1899–1966), des ersten indigenen Bischofs,[330] in detailreicher Neoromanik zeitgleich der Dom in Kabale, *Our Lady of Good Shepherd/of Rushoroga*,[331] in italienischer Renaissance *Saint Joseph's Cathedral* in Gulu, gegründet von Comboni-Missionaren (1911/12), später Sitz eines Apostolischen Vikars.[332] Solche Kirchen gibt es viele; mit der Zahl der Bistümer wuchs auch die der Dome und das Interesse an der Moderne, am Multifunktionsbau und an Indigenität. Heraus ragt *Saint Noa Mawaggali* von Mityana (Abb. 64), vom Zürcher Justus Dahinden (1925–2020), geweiht 1968, Dom seit 1981: Der saalhafte Hauptraum wird von 3 Baukörpern umgrenzt, die wie Kegel-Ausschnitte geformt sind, Bantu-Häusern ähnlich; mit den Schiebewänden wirkt der Bau als offenes Haus mit viel Außenfläche für Versammlungen und Festlichkeiten. Die Sitze sind Bodenerhebungen. Der Turm ist ein Trommelturm.[333] Dazu gibt es Funktionsbauten, etwa für das 1991 gegründete Bistum Kotido der Zentralbau der *Good Shepherd Cathedral*, 2011 geweiht.[334] Außerdem sind die Neubauten zahlreich, und die Dimensionen wachsen: Wo ältere Dome zu klein werden wie der bisherige Funktionsbau in Soroti, folgt in den 2020er Jahren die *Regina Caeli Cathedral* für 4000 Personen.[335]

Etwas später als in Uganda stabilisierte sich der Katholizismus in Südrhodesien (Zimbabwe): Zwar entstand nach dem schon vor dem ersten Weltkrieg errichteten Dom von Bulawayo bereits 1924–1925 der von Salisbury (Harare),

---

329 Zur Vita Njengas s. *Eulogy of the Late John Joseph Njenga, the Archbishop Emeritus of Mombasa*, Mombasa: John Njenga Foundation, 2020; zur politischen Geschichte der Kathedrale Cornelius Korir, *Amani Mashinani/Peace of the Grassroots. Experience of Community Peacebuilding in the North Rift Region of Kenya*, Eldoret: Catholic Diocese of Eldoret. The Seed Studio, Nairobi, 2009, S. 72–73.
330 S. a. die Seite des World Monuments Fund zur Kathedrale https://wmf.org/project/masaka-cathedral.
331 Fr. Lucian Twinamatsiko u. a. (Hgg.), *Kabale Diocese. Celebrating the Golden Jubilee* 1966–2016, o.O. 2016.
332 Robert Nyeko Obol, *The Parish Jubilee Year Celebration as a Time for Christian Renewal*. Dissertation an St. Mary Seminary and Graduate School of Theology Cleveland 2010, S. 4–5; S. 7–8.
333 S. ausführlich den Artikel von Dahinden/Niermann, Wallfahrtszentren und Pfarrzentren; *AAS* 73 (1981), S. 689–690.
334 Philip Lokel u. a., Kotido Diocese celebrates silver jubilee anniversary in grand style, in: *New Contact* 4/9 (2016), S. 3–4.
335 S. den Spendenaufruf im *Daily Monitor*, Kampala, Wednesday, January 01, 2020, s. a. https://monitor.co.ug/uganda/news/national/soroti-catholic-diocese-seeks-shs8b-for-cathedral-1867574.

Abb. 64: Mityana. Römisch-katholische Kathedrale. Die Kirche ist Werk eines auch sonst in Afrika als Kirchenarchitekt bekannten Europäers, in der großen Nähe zur Landeskultur aber selten.

doppeltürmig und neogotisch.[336] Die weiteren Dome folgten in der Regel nach 1945, vielfach Zentralbauten.[337] In Nordrhodesien (Zambia) begann man 1932–1933 in Livingstone mit der neogotischen Kirche *Saint Thérèse of Lisieux*, seit 1959 Kathedrale. Dann siegte die Moderne – etwa mit der repräsentativen *Child Jesus Cathedral* in Lusaka von 1989–2006.[338] Expandiert ist auch die Kirche Südafrikas, schon seit den 1930er Jahren dem akademischen Historismus abgewandt. Eine vom Jugendstil inspirierte Neogotik zeigt 1934 in Pretoria die einschiffige *Sacred Heart Cathedral*.[339] Ähnlich vom Jugendstil inspiriert ist *U.L.F.* in Maseru/Lesotho, 1955 vom Utrechter Ed Payens (1899–1978), seit 1961 *Cathedral of Our Lady of Victories*. Schon eine nüchterne neue Funktionalität nach europäischem Muster entwirft der gleiche Architekt mit der *Sacred Heart Cathedral* 1963–1964 in Bloemfontein.[340] Vergleichbar ist *Maria Regina Mundi* in Johannesburg; ein Zentralbau ist in Oudtshoorn *Saint Saviour's*, 1967 geweiht.[341] Zeitgleich wurden weitere neuere Missionskirchen zu Bischofskirchen, so 1978 in Mohale's Hoek/Lesotho *Saint Patrick's*, kurz nach 1962 errichtet.[342]

---

336 B. Klein, Gothic Architecture in Africa, S. 167 (auch Abbildung).
337 Vgl. die Seite der Bischofskonferenz von Zimbabwe zu www.zcbc.co.zw.
338 Zu Livingstone *AAS* 42 (1950), S. 201; *AAS* 51 (1959), S. 793–796; Hugo F. Hinfelaar, *History of the Catholic Church in Zambia 1895–1995* (Lusaka: Bookworld Publishers, 2004), S. 141–142. Zu Lusaka s. Hinfelaar, *History*, S. 384.
339 L. Cumming-George, *Architecture of South Africa* Volume Two (Cape Town: The Specialty Press of South Africa, 1934), S. 32.
340 Zu Maseru und Bloemfontein s. Johan Swart (Hg.), *architecture from the archives 1. shared heritage album* (Pretoria: Architectural Archives of the University of Pretoria, 2021), S. 11 und S. 29–31 (Abbildungen).
341 Zu Johannesburg Doreen Greig, *A Guide to Architecture in South Africa* (Cape Town: Howard Timmins, 1971), S. 173; zu Oudtshoorn s. Lizzie Williams, *South Africa Handbook* (Bath: Footprint Travel Guides, 2012[11]), S. 245.
342 S. M. Sekoati, The History of the Roman Catholic Church in Lesotho 1862–1989. Magisterarbeit an der Universität von Pretoria 2001, S. 84–85.

9.2.5 Asien, Australien, Neuseeland und der Pazifik – Neue Wege auf den alten Missionspfaden

Auch in Asien, Australien, Ozeanien wuchs der Katholizismus weiter, doch aufgrund der unterschiedlichen religiösen und politischen Konditionen wie bislang ungleichmäßig. So blieben überall Islam und der Buddhismus stabil, ebenso stabil blieb die buddhistisch-shintoistische Identität Japans,[343] und im kommunistischen China wurde eine exakte Beschreibung der religiösen Lage infolge der kirchenpolitischen Isolation des Landes schwierig, erst recht schwierig wurden Aussagen zur Größe des christlichen Bevölkerungsanteils. Angesichts des offensiven Islams im Vorderen Orient hatten hier wie alle Christen auch die lateinischen einen schweren Stand, obwohl sogar neue Kathedralen errichtet wurden.[344] Ähnliche Opfer wurden die unierten Kirchen,[345] bisweilen über lange Zeit;[346] aber auch bei ihnen gibt es Domneubauten: angesiedelt zwischen Adaptionen mesopotamischer Architektur wie die beiden chaldäischen *Mar Yousef*-Kathedralen in Bagdad und im kurdischen Ankawa (1952–1956) (Abb. 65)[347] und einer Rezeption der Moderne wie bei *Our Lady of Salvation* in Bagdad (syrisch-katholisch, 1968 geweiht).[348]

Lebhaft blieb umgekehrt – sieht man von China und Nordkorea ab – die kirchliche Entwicklung entlang der alten Missionspfade, von Goa aus bis auf die Philippinen und in die Südsee.[349] Typisch sind Indien[350] und Südkorea (wo 1962

---

[343] Zu Thailand s. Charles F. Keyes, Why the Thai are not Christians. Buddhist and Christian Conversion, in: Robert Hefner (Hg.), *Conversion to Christianity. Historical and Anthropological Perspectives on a Great Transformation* (Berkeley u. a.: University of California Press, 1993), S. 259–284. Zu Japan vgl. Sherrill, Christian Churches in the Postwar Period, S. 177.
[344] Vgl. in Awali/Bahrain für das Apostolische Vikariat Nordarabien 2014 *U.L.F. von Arabien*, vgl. *JISA* 26 (2014), S. 9.
[345] Albert Hisham Naoom, *Guide for the journalists. In occasion of Pope's Francis visit to Iraq (5–8 March 2021)*, Rom 2021, S. 6–9.
[346] Für die Chaldäer s. F. Kristian Girling, *The Chaldean Catholic Church. A study in modern history, ecclesiology and church-state relations (2000–2015)*. Dissertation an der University of London 2015.
[347] Zu *Mar Yousef* in Bagdad s. Naoom, *Guide for the Journalists*, S. 2–4. Vgl. auch *Mar Yousef* in Ankawa (1981; 2017 erweitert), chaldäisch; s. Girling, The Chaldean Catholic Church, S. 182–183.
[348] Naoom, *Guide for the Journalists*, S. 2–4.
[349] 1907 gab es eine Erzdiözese mit 4 Diözesen (Delgado/Gutiérrez, *Die Konzilien auf den Philippinen*, S. 180), 1961 gab es 7 Erzdiözesen mit 27 Diözesen (S. 182); Mitte 2022 bestanden 16 Erzdiözesen mit 58 Diözesen.
[350] 1960 existierten in Indien 16 Erzbistümer und 49 Bistumer, 2022 34 Erzbistümer mit 130 Bistümern.

Abb. 65: Ankawa. Chaldäische Kathedrale. Die Kirche versucht auch für politisch und religiös instabile Regionen, die Identität einer alten Konfession zur Sprache zu bringen.

die Hierarchie entstand),[351] und der neuen Christentums-Expansion entsprach eine Expansion im Dombau, die derjenigen in Afrika nicht nachstand, auch nicht in der Indigenisierung, bis in Liturgie, die Musik und den Tanz.[352] Erfolgreich blieb man besonders in Indien. In den 1930er Jahren gewann der Dombau hier sogar noch einmal imperiales Gewicht, nämlich nach dem 1912 begonnenen Umzug der indischen Hauptstadt von Kalkutta nach New Delhi: Der Architekt Henry Medd (1895–1977) gehörte zum Team von Edward Lutyens, und dieser war 1911–1931 nicht nur Chefplaner der neuen Hauptstadt, sondern hatte auch den ersten Entwurf für die katholische Kathedrale von Liverpool geliefert.[353] Er demonstrierte mit der neoklassizistischen, 1934 vollendeten *Sacred Heart Cathedral* der neuen Metropole, dass Europas Historismus seinen langen Atem behielt. Ähnliches zeigte sich auch andernorts im Land wie in Bangalores renaissancehafter Neuer Kathedrale und der neogotischen *Saint Philomena's Cathedral* in Mysore (1933–1936), wieder mit einer Fassade à la Köln, bis hin zur weiterhin gotisch-stilisierten *Kind Jesus*-Kathedrale in Salem von 1988–1991.[354] Jedoch war zumindest der kolonial-repräsentative Historismus seit der Unabhängigkeit Indiens 1947 auch hier nicht mehr selbstverständlich. Das schloss zwar europäische Stil-Dominanz noch

---

351 Youngji Kang, Religious Prosperity Calling Cultural Progress. Architectural Discourses on Korean Catholic Churches (1979–1994), in: *The Kyoto Conference on Arts, Media & Culture 2020* (Nagoya: The International Academic Forum [IAFOR] 2020), S. 43–59. Die Hierarchie umfasste Mitte 2022 3 Erzbistümer und 12 Bistümer.
352 S. Andrew D. McCredie, Asien, in: Fellerer (Hg.), *Geschichte der katholischen Kirchenmusik*, Bd. II, S. 340–343.
353 Najibur Rahman, *Colonial Architecture in Metropolitan India: Imperial Power and State Architecture in the Town of Delhi*. Dissertation an der Aligarh Muslim University, Aligarh 2006, zur Kathedrale s. S. 71.
354 Zu Mysore s. Scriver u. a., Neo-Gothic in India, S. 105–106; zu Salem s. Ignacimuthu/Raj/Michael, *Catholic Shrines*, S. 143–144.

nicht aus, z. B. in der Neuen (syro-malabarischen) Thomaskathedrale in Pala (kurz nach der Bistumsgründung 1950 gebaut), noch romanisierend, oder bei *St Mary Help of Christians* in Shillong, 1973 geweiht – einschiffig und von nüchterner, gleichsam europäischer Modernität.[355] Aber es wurden auch die Assoziationen an die indigene Ästhetik noch häufiger: Außen an Hindu-Tempel erinnert *Saint Mary's Cathedral* in Varanasi (Benares) aus den 1990er Jahren. Innen wird Christus auf einem Gemälde im Lotossitz dargestellt,[356] als dem alten Sitz der Götter.[357] Ähnlich an indigene Bauformen schlossen sich die Dome in Rajkot (*Prem Mandir/Sacred Heart*) an, 1993 begonnen,[358] und *Mary Help of Christians* in Kohima von 1986–1991. Letzterer Bau, die katholische Hauptkirche im schon protestantisch missionierten *Nagaland*, wurde besonders signifikant: Wenn er außen die Haus-Architektur der Naga-Stämme adaptierte und innen Merkmale ihrer Malerei – dann als Zeichen katholischer Inkulturation in dem ethnisch wie konfessionell zerrissenen Gebiet.[359]

Auch die sonstigen Dome aus der Zeit vom Ende des 20. Jahrhunderts bis in die ersten Dekaden des 21. Jahrhunderts zeigen in Indien die Abkehr von einem plakativen europäischen Historismus. Sie meiden aber ebenso die bisweilen abstrakte Modernität Europas oder die Adaption konkreter fremdreligiöser Modelle, sondern haben stattdessen mit ihren oft kleingliedrigen, polystilistischen und turm- und wie bei Hindu-Tempeln statuenreichen Baukörpern ein sehr individuelles, vor allem fantasievolles Äußeres, z. B. die Auferstehungskathedrale in Diphu, unter dem indischen Gründerbischof der Diözese 1986–1987 entstanden;[360] oder sie kombinieren kühl-flächige Architektur und hoch emotionale Frömmigkeit wie 2009–2010 bei der Kathedrale in Miao mit ihrer kahlen Fassade, die ein fast nazarenischer Christus ziert. Auch die Unierten ordnen sich hier ein: Gotisierend wirkt zwar noch die doppeltürmige

---

355 Zur Alten (noch portugiesischen) und Neuen Kathedrale in Pala s. Sood, *Landmark Churches*, S. 48–53. Zu Shillong s. Thomas, *Churches in India*, S. 18; bei Thomas auch eine Abbildung (Nr. 13).
356 S. Kinell, *Christian Churches in Banaras,* Anhang, Beispiel 6.
357 Naela Aamir/Aqsa Malik, From Divinity to Decoration. The Journey of Lotus Symbol, in: *Pakistan Social Science Review*, Vol. 1/1 (December 2017), S. 201–225; Sundermeier, Religion und Kunst in Bali, in: Sundermeier/Küster, *Das schöne Evangelium*, S. 43–67.
358 Ignacimuthu/Raj/Michael, *Catholic Shrines*, S. 28–30.
359 Thomas John, *Impact of Catholic Church on Naga Society*. Dissertation an der Nagaland University, Campus Kohima 2013, S. 156–157; S. 184–185; Chongpongmeren Jamir, *Segmentation, Unity, and Church Divided: A Critical History of Churches in Nagaland 1947–2017*. Dissertation an der Middlesex University 2019, S. 171 ff.
360 www.jubiledelamisericorde.va/content/gdm/pt/mondo/porte-della-misericordia.event.cathedral-of-the-risen-lord-diocese-of-diphu.html; John Parathinkal Kuriako, *Inculturation and Dialogue at the Mission of the Catholic Church among the Karibis in the Diphu Diocese, Assam*. Dissertation an der Universität Innsbruck 2022, S. 71–72.

syro-malabarische *Child Jesus Cathedral* in Mysore, 2001 begonnen, Dom seit 2010,[361] aber schon 1973–1974 entstand die syro-malankarische *Saint John's Cathedral* in Tiruvalla (Abb. 66), vom Quäker Laurie Baker (1917–2007): ein stufenhaft aufsteigender Rundbau,[362] auch in Einzelelementen der regionalen Architektur gemäß.[363]

Weniger ertragreich bleibt der Dombau im muslimischen Pakistan, wo er zwischen Historismus und Modernität changiert. *Holy Redeemer* von Multan von 1940 ist ein gotisierender Saal mit Kuppel, ein moderner Rundbau mit historistischen Heiligenmosaiken ist *Sts Peter and Paul* von Faisalabad, 1990 geweiht.[364] In Myanmar entstand 2019 nach Erdbebenverlust des Vorgängers die neogotische *Sacred Heart Cathedral* zu Pekhon.[365]

Abb. 66: Tiruvalla. Syro-malankarische Kathedrale. Man sieht erneut, dass auch diesseits kolonialer Ästhetiken Europäer ein indigenes Christentum visualisieren können.

Schreitet man schließlich jenseits des *British Empire* noch einmal den Weg zu Ende ab, den seit dem 19. Jahrhundert katholische Missionare, Architekten und Bischöfe bis nach Ostasien gingen, so war er – weiter abgesehen von China – auch in der Folgezeit zwar mancherorts gefährdet, aber selten gänzlich erfolglos.

Ein Beispiel ist Vietnam, wo nach der japanischen Okkupation im II. Weltkrieg 1945 die französische Kolonialherrschaft endete und die Umgestaltung zu einem marxistischen Staat begann; sie setzte sich fort ab 1954 mit dem Rückzug der Franzosen und der Teilung des Landes in den katholisch dominierten Süden und den marxistischen Norden. Bekanntlich waren die Folgen für die katholische Kirche komplex; denn zwar wurde 1960 für beide Landesteile die Hierarchie errichtet; zwar herrschte auch im Norden Religionsfreiheit, doch ebenso eine katholische Iso-

---

361 Zu Miao Ignacimuthu/Raj/Michael, *Catholic Shrines*, S. 17–19; zu Mysore dies., S. 33–35.
362 Gautam Bhatia, *Laurie Baker, Life, Work, Writings* (New Delhi: Viking, 1991), S. 183–188.
363 S. Thomas George, *Theology*, S. 99.
364 Zu Multan und Faisalabad s. Shah/Kazi, *Churches of Pakistan*, S. 86–87 und S. 76–77.
365 *JISA* 35 (2019), S. 7.

lierung von der Außenwelt, während im Süden eine neue Allianz zwischen dem katholisch regierten Staat und der Kirche existierte. Aber die Religionsfreiheit blieb nach dem Sieg der Marxisten im Süden 1975 bestehen.[366] So verlief die architektonische Entwicklung seit der späten Kolonialzeit bis in die Gegenwart recht kontinuierlich (zusammen mit derjenigen der Diözesen[367]) vom Historismus zur Moderne. Zwar waren französisch-nationale Dome wie in Hanoï nicht mehr anvisiert, aber die Zeit neuer ansehnlicher Stadtkirchen – und späterer Kathedralen – aus europäischem Geist war noch nicht vorüber. Erinnert sei an den neoromanisch-klassizistischen Bau in Dalat, der 1931 begonnen wurde und während der japanischen Okkupation beendet.[368] Modernität folgte während der Teilung des Landes im Süden, so der Neubau in Hué (*Phu Cam Cathedral*), von Ngô Viêt Thu (1927–2000) ab 1963, wieder doppeltürmig, innen durch die parabolische Struktur an gotisierende Bauten D. Böhms erinnernd.[369] Selbst im seit 1975 marxistischen geeinten Vietnam wurden neue Kathedralen gebaut, etwa 2004 für das Bistum Lang Son: Die Kirche mit ihrem Pagodenturm steht wieder jenseits kolonialer Anmaßungen.[370]

Als Geschichte gestörter Perspektiven ließe sich allerdings nur die Entwicklung in China verstehen. Gewiss entstanden bis in die 1940er Jahre noch Kirchen, die bei der Gründung der Hierarchie 1946 Kathedralen wurden, meist im Geist des europäischen Historismus entworfen. Ihre Gründer waren wie bisher oft französische Missionare[371] oder belgische Scheutisten wie in Hohhot;[372] und deutsche Missionare in der vormals wilhelminischen Kolonie Qingdao vollendeten

---

366 Nguyen Quang Hung, *Katholizismus*, S. 108 ff.; S. 131 ff.; S. 171 ff.; S. 213 ff.; S. 248 ff.; S. 329 ff.
367 Mitte 2022 gab es neben den 3 Erzdiözesen 24 Diözesen.
368 A. le Brusq, *Villes*, S. 121–122; Forbes, *Vietnam*, S. 120.
369 Eine Abbildung B. Klein, Gothic Going Global. About this Book, in: Borngässer/Klein, *Global Gothic*, S. 9–11, hier S. 9; Thu Huong Thi Vu/Tuan Dung Nguyen, Vietnam, S. 36. Weniger aufwendig ist z. B. der Dom von Vinh Long, 1964–1967 (S. 37).
370 Zur Geschichte der Kirche www.giaoxugiaohovietnam.com/LangSon/01-Giao-Phan-LangSon-ChinhToa.htm. Allerdings wurde der neobarocke Dom von Bui Chu nach 2020 durch einen historistischen Nachbau ersetzt (Thu Huong Thi Vu/Tuang Dung Nguyen, Vietnam, S. 33 und 39). Doch folgten auch in Thailand moderne Dome wie *Saint Michael's Cathedral* in Tha Rae, eine MEP-Gründung von 1884; s. Sitta Kongsasana, *The Architectural Heritage Conservation and Management Plan for the Udom-Dech-Wathana Mansion, Tha-Rae, Muang, Sakon Nakhon, Thailand*. Dissertation an der Silpakorn University 2013, S. 4–6.
371 Sweeten, *China's Old Churches*, S. 274–281.
372 Thomas Coomans/Wei Luo, Exporting Flemish Gothic Architecture to China: meaning and context of the churches of Shebiya (Inner Mongolia) and Xuanhua (Hebei) built by missionary-architect Alphonse De Moerloose in 1903–1906, in: *Relicta. Heritage Research in Flanders* 9 (2012), S. 219–262, hier S. 251.

hier 1932 den rheinisch-neoromanischen Michaelsdom,[373] während die im Stil eines indigenen Tempels 1938 errichtete *Sacred Heart Cathedral* in Dali noch eine architektonische Ausnahme war.[374] Doch nach im Gefolge des Bürgerkriegs, nach dem Sieg des Marxismus ab 1949 und durch die Unruhen der Kulturrevolution stand der Katholizismus auch in seiner Sakralarchitektur stets grundsätzlich zur Disposition. Zwar wurden nach den Wirrungen etliche Kirchen restauriert,[375] ja es entstanden neue. Doch da dem Katholizismus eine staatlich protegierte Nationalkirche zur Seite gestellt wurde, blieb seine Zukunft als „römische" Kirche ungewiss. So ist zwar der neogotische Neubau der *Sacred Heart Cathedral* in Charbin von 2003 wieder die Hauptkirche einer älteren römischen Diözese.[376] Aber der als europäisch-chinesische Stil-Synthese errichtete und 2019 geweihte Dom *Sts Peter and Paul* von Ningde gehört vielleicht der staatlichen Teilkirche.[377] Uneingeschränkt weiter ging der Dombau nur auf Taiwan, rasch nach 1945 z. B. mit dem modernen Neubau der *Immaculate Conception Cathedral* in Taipei.[378]

Anders als im religionspolitisch labilen China blieb die katholische Kirchengeschichte Koreas eine größere Erfolgsgeschichte, seit dem I. Weltkrieg mit derjenigen Vietnams vergleichbar, wenngleich erneut mit Unterbrechungen (und ab 1953 nur im Süden). Auch hier folgen ab ca. 1890 nach Verfolgungen Stabilisierung, neue Apostolische Vikariate und Kathedralen. Doch schon 1912 wird Korea von Japan okkupiert und gerät in dessen Eroberungskriege bis 1945. Nach dem folgenden (1953 beendeten) Koreakrieg wird zwar das Christentum im Norden nahezu beseitigt, kann sich aber im Süden entfalten, und der Katholizismus wird größte Konfession.[379] Allerdings ist für die japanische Ära des Landes von 1912 bis 1945 wenig zu berichten. Danach ging Kirchenbau im Süden wie anderswo im Historismus weiter, z. B. mit dem neoromanischen Dom in Chuncheon.[380] Doch

---

373 Annette Faber, Und trotzte allen Zeiten: Neoromanik im Fernen Osten. Bauuntersuchung an St. Michael in Qingdao, eine bayerisch-chinesische Zusammenarbeit, in: *Denkmalpflege Informationen* Nr. 144 (November 2009), S. 71–75; Thomas Coomans, Western, Modern and Postmodern Gothic Churches in Twentieth-Century China: Styles, Identities, and Memories, in: Borngässer/ Klein, *Global Gothic*, S. 178–201, hier S. 188–189.
374 Clark/Clark, Building for the Senses, S. 12.
375 Vgl. das Panorama bei Sweeten, *China's Old Churches*, und bei Clark/Clark, *Building for the Senses*.
376 Coomans, Western, Modern and Postmodern Gothic Churches, S. 198.
377 zu Ningde vgl. Stiegemann, Sie bau(t)en eine Kathedrale (s. o.).
378 Lazzarotti, *Meeting of Cultures*, S. 9.
379 In Südkorea gab es Mitte 2022 3 Erzdiözesen und 12 Diözesen.
380 Insgesamt Kim Jung shin, Soyangno Catholic Church in Chuncheon. Pioneer in Korea's Modern Church Architecture, in: Sung-hee Yeo/Jun-eun Park (Hgg.), *Korean Heritage* Bd. 4/1 (Dae Jeon: Cultural Heritage Administration, 2011), S. 42–45.

findet sich schon 1953 in Cheonggju mit *Holy Family* ein indigener Bau: Die Basilika mit Campanile, von Maryknoll-Missionaren und dem Architekten Tae-Bong Park, Kathedrale ab 1962, ähnelt konfuzianischen Tempeln.[381] Auch eine europäische Moderne entwickelt sich, z. B. 1962 in Daejeon, wieder ein Bau à la *N.-D.-du-Raincy*,[382] 1979 in Masan *Sacred Heart/Yangduk Cathedral* von Kim Swoo Geun (1931–1986).[383] Ein neoromanischer Eklektizismus lebt dagegen in der 2016 vollendeten Konkathedrale *Saint Francis* von Daegu wieder auf,[384] 100 m lang, mit polygonaler Vierung, als Pendant der bereits bestehenden Kathedrale zum 100jährigen Diözesanjubiläum errichtet und als neues Kulturzentrum.

Im Übrigen setzte in der Inselwelt Ostasiens die katholische Kirche ihre architektonische Stabilisierung regional differenziert fort. Auf dem alten Weg blieben die Philippinen, doch seit der Befreiung vom Patronatswesen 1898 unter günstigeren Umständen. Denn nun war man zwar der neuen Kolonialmacht der USA untergeordnet; aber anders als bei den spanischen Kolonialherren war Freiheit zur Errichtung von Diözesen gegeben,[385] und es folgten (historistische) Dom-Neubauten – z. B. in Baguio 1920–1936 *San Sebastian* vom Scheutisten Leo Vendelmans.[386] Allerdings brachte der II. Weltkrieg neue Zerstörungen, wenngleich rasch wieder Neubauten entstanden wie die gotische Kathedrale in Cagayan de Oro[387] und 1954–1958 der neoromanisch-eklektische Großbau in Manila.[388] Bald folgten auch moderne Kirchen (oft mit alter Ausstattung), funktional in den 1950er Jahren wie

---

381 Myongji Kim/Jeong-Woo Lee, Architectural Features of *Naedeok-dong* Cathedral, Cheongju Diocese under Jurisdiction of Maryknoll Missionaries, in: *Journal of Korea Academia-Industrial cooperation Society* 21/9 (2020), S. 259–268; *AAS* 54 (1962), S. 552–555.
382 Vgl. www.jubiledelamisericorde.va/content/gdm/en/mondo/porte-della-misericordia.html?country=asia
383 Youngji Kang, *Religious Prosperity*, S. 47.
384 Sang-Keun Yoo (Hg.), *Together Towards Tomorrow* (Seoul: POSCO E&C Sustainability Report, 2015–2016), S. 54.
385 Mitte 2022 betrug die Zahl der Erzdiözesen 16, der Diözesen 58. Dazu kamen u. a. 7 Apostolische Vikariate.
386 Thomas Coomans/Wei Luo, Missionary Builders: Scheut Fathers as Church Designers and Constructors in Northern China: *Leuven Chinese Studies* 39 (2018), S. 333–364, hier S. 339.
387 Luzile Mae B. Satur, Transformation of Cagayan de Oro 1945–1980 from a traditional town to an urban centre, in: Andrea Gaynor u. a. (Hgg.), *Transformations, Booms, Busts and Other Catastrophes. Proceedings of the 11th Australasian Urban History/Planning History Conference* (Crawley: The University of Western Australia, 2012), S. 306–321; Mikhail Angelo Bautista u. a. (Hgg.), *Go 10. A Travel Guide and Tourism Directory Around Region 10* (Davao del Norte: Tourmakers Philippines Inc., 2007), S. 12.
388 Ausführlich (auch zu den zerstörten Vorgängerbauten) Dusik, *Philippinen*, S. 126–128.

in Dagupan³⁸⁹ oder nach 1970 mit neuen Anklängen an Ronchamp für Davao.³⁹⁰ Fast experimentell wirkt der Dom in Zamboanga von 1998–2001 (Abb. 67).³⁹¹ Auch zu Kathedralen erhobene Bauten des 20. Jahrhunderts fehlen nicht, meist wieder historistisch. Aber wie auch die Kirchen stilistisch ausfallen – stets sind sie innen bunt und farbenfroh.

Abb. 67: Zamboanga. Römisch-katholische Kathedrale. Gemessen an der oft eklektizistischen Sakralarchitektur der Philippinen ist diese Kirche in ihrer Modernität homogen. Ein Referenzbau wurde sie dennoch nicht.

Auch Japan hat seit Ende des 19. Jahrhunderts Kontinuitäten geschaffen – weiterhin als kleine Minderheitskirche (aber wachsend³⁹²), architektonisch – und mit Zeugnissen der Zwischenkriegszeit³⁹³ – mancherorts im fast akademischen Historismus bis hin zum 1959 beendeten fast originalgetreuen Wiederaufbau der 1945 durch eine Atombombe zerstörten *Urakami Cathedral* in Nagasaki (die Fassade des Stahlbetonbaus wurde 1980 mit Ziegeln überkleidet)³⁹⁴ und zum neogotischen

---

389 Layug, *A Tourist Guide*, S. 32.
390 Layug, *A Tourist Guide*, S. 214.
391 Defense Language Institute. Foreign Language Center, Cultural Orientation, in: *Chavacano* (Monterey: DLFLC, 2019), S. 34.
392 Vgl. Sherrill, *Christian Churches in the Postwar Period*, S. 171. 2022 gab es 3 Erzbistümer und 13 Bistümer.
393 Vgl. die *Herz-Jesu*-Kathedrale in Yokohama von 1933; s. Watanabe, *The Architecture of Tokyo*, S. 107; Löffler, *Fremd und Eigen*, S. 314.
394 Die 1945 zerstörte Kathedrale sollte als Mahnmal dienen, wurde aber fast rekonstruiert, vgl. Diehl, *Resurrecting Nagasaki*, S. 216 ff.; sie misst heute 80 m × 40 m (Löffler, *Fremd und Eigen*, S. 116–118).

Betonbau der doppeltürmigen *Peter-Pauls*-Kathedrale am neuen Bischofssitz Nagoya 1962.[395] Aber auch dieser Historismus war bald obsolet, wie der Jesuit Hugo Enomiya-Lasalle (1898–1990) zeigt: Zeuge des zeitgleich mit Nagasaki erfolgten Atombombenabwurfs in Hiroshima, begleitete er hier die Konstruktion jener Kirche von 1950–1954, die 1959 als *U.L.F. vom Frieden* zur Kathedrale des neuen Bistums wurde.[396] Entworfen vom einheimischen Katholiken Togo Murano (1891–1984), verrät sie zwischen altkirchlicher Basilika und neuer Sachlichkeit die deutsche Abkunft des Mentors, auch in der Ausstattung.[397] Näher der Moderne steht Eikichi Hasebe (1885–1960) mit dem 1962 vollendeten hallen-haften Mariendom in Osaka, zwar mit dem Denkmal der Märtyrerin Gratia Hosokawa (1563–1600) vor der Fassade als einem christlichen Glaubensbekenntnis, aber mit dem indigen inspirierten Fresko *U.L.F. von Japan* Teil der regionalen Kultur.[398] Deutlicher noch zeigt diese Indigenität der Schweizer Missionar Karl Freuler (1912–2000), zusätzlich beeinflusst u. a. vom Japaner Kenzo Tange (1913–2005). Seine Marienkathedrale (*Kawaramāchi Church*) in Kyoto von 1967–1968 nimmt auf rechteckigem Grundriss die Gestalt eines Tempels an.[399] Und so gering die Zahl und meist das Ausmaß neuer Dome sind,[400] wurde *U.L.F.* in Tokyo von 1961–1964 weit bekannt, ein Bau Tanges selbst, aus 4 Betonschalen[401] – Inspiration sogar für die neue *Saint Mary's Cathedral* in San Francisco. Andere Domneubauten sind wieder schlichter.[402]

Rascher wuchs der Katholizismus in Indonesien, weiterhin als Minderheit, doch mit neuen historistischen Kirchen präsent, die später Kathedralen wurden.[403] Aber auch sie blieben lange unscheinbar, oft einschiffig, z. B. Anfang der 1920er Jahre *Sacred Heart/Hati Kudus Yesus* in Surabaya[404] und 1922 *Saint Peter*

---

395 https://en.japantravel.com/aichi/nunoike-cathedral/1033; *AAS* 55 (1963), S. 135–136.
396 Ursula Baatz, *Hugo M. Enomiya-Lassalle. Ein Leben zwischen den Welten*, Zürich-Düsseldorf: Benziger, 1998.
397 Baatz, *Enomya-Lassalle*, S. 165 f., S. 186, S. 197; Löffler, *Fremd und Eigen*, S. 338.
398 Löffler, *Fremd und Eigen*, S. 324; ausführlich Kambayashi Hirokazu, *The Story of Osaka Cathedral. A little guide through the centuries*, Osaka 2019.
399 Zu Freulers Biographie und zur Kathedrale s. Fabrizio Brentini, *Karl Freuler. Architektur für die Kirche. Japan 1948–1968* (Baden/Schweiz: Verlag Lars Müller, 1992), S. 7–15 und S. 116–124; s. a. Löffler, *Fremd und Eigen*, S. 211 ff. Zeitgleich wächst im Land das Interesse an den frühen indigenen Kirchen, s. Arimura, The Catholic Architecture, S. 54–57.
400 Die Kathedrale in Kyoto misst 43 m × 15 m.
401 Watanabe, *The Architecture of Tokyo*, S. 130–131.
402 Vgl. den Neubau in Sendai. S. Löffler, *Fremd und Eigen*, S. 293.
403 Es gab Mitte 2022 10 Erzbistümer und 27 Bistümer im Land.
404 Laksmi Kusima Wardani/Avela Isada, Gaya Desain Kolonial Belanda Kada Interior Gereja Katolik Hati Kudus Yesus Surabaya, in: *Dimensio Interior* 7/1 (Juni 2009), S. 52–64 (mit engl. Summary).

in Bandung, von C.P. Wolff Schoemaker (1882–1949), mit offenem Dachstuhl, geradezu calvinistisch karg, zunächst sogar ohne Buntglasfenster.[405] Doch dann wandelt sich die Landschaft zusehends: Bereits eine deutlich stilisierte romanische Saalkirche ist *Mary Queen of the Holy Rosary* in Semarang von 1927–1928,[406] mit hexagonalem Chor; 1931 ähnlich stilisiert ist die Theresienkathedrale in Padang.[407] Einen neugotisch-eklektizistisch dominierten Jugendstil präsentiert 1934 die stattliche doppeltürmige Marienkathedrale in Malang von Henri Estourgie (1885–1964).[408] Parallel zu diesen Stilwandlungen findet sich schon 1925 indigene indonesische Sakralkunst auf der genannten vatikanischen Ausstellung, bald folgen Kirchen mit indigenen Bauformen und Schmuckmotiven,[409] unter ihnen bald zukünftige Kathedralen – von *Saint Gemma Galgani Cathedral* in Ketapang auf Borneo aus den 1960er Jahren mit Motiven der lokalen Dayak-Kunst[410] bis zu *Holy Spirit* in Den Pasar auf Bali von 1993–1998, außen fast verwechselbar mit einem regionalen Hindu-Tempel.[411] Solche Bauten wurden sogar Anziehungspunkt muslimisch-interreligiöser Reflexion wie *Christ the King* in Purwokerto aus den 1980er Jahren.[412] Doch der Historismus blieb populär: Noch eine selbstbewusste – obwohl modifizierte – und reichgegliederte Neogotik präsentiert *Christ the King* 1957 in Sintang, dreischiffig.[413] Pontianaks neuer Dom von 2015 ist sogar

---

[405] Zu Bandung s. van Dullemen, *Tropical Modernity*, S. 202, S. 246; s. a. S. 103–108.
[406] Augi Sekatia/Erni Setyowati/Gagoek Hardiman, On the Comparison, hier S. 1423; s. a. dies., The Effectivity of Down Ventilation towards Thermal Comfort and PMV (Predicted Mean Vote) in Katedral Church, Semarang, in: *AGORA Jurnal Arsitektur*, Volume 15, Nomor 2, Desember 2015, S. 39–52.
[407] *AAS* 53 (1961), S. 246; Lucas Partando Koestoro u. a. (Hgg.), Padang, Kota Andaleh Di Pesisir Barat Sumatera Barat (Medan: Balai Arkeologi, 2007), S. 50–51.
[408] Timoticin Kwanda, *H.L.J.M. Estourgie and Son: Architects in Surabaya and Beyond (1920–1958)* (Surabaya: Petra Christian University, 2018), S. 60–62.
[409] Aritonang/Steenbrink (Hgg.), *A History of Christianity in Indonesia*, S. 926 und S. 929.
[410] Karin Oscarina/Lintu Tulistyantoro/Grace Setiati Kattu, Akulturasi Budaya Pada Interior Gereja Katolik (Studi Kasus: Gereja Gemma Galgani Ketapang, Kalimantan Barat), in: *Dimensi Interior (Jurnal Desain Interior = Zeitschrift der Universitas Kristen Petra, Surabaya)* Vol 17/1 (Februari 2019), S. 29–37 (engl. Zusammenfassung).
[411] Vivian Nathalia Surjadi, *Relasi Fungsi, Bentuk, dan Makna Inkulturasi Arsitektur pada Bangunan Gereja Paroki Katedral Roh Kudus di Denpasar*. Dissertation an der Parahyangan University Bandung 2020.
[412] Vgl. Shinta Nuryana, *Kedukan Perungan Perspektif Tolal Agama Katolik (Studi Kasus Gereja Katedral Dan Santoyosep di Purwokerto)*. Dissertation an der Universitas Islam Negeri Purwokerto 2022 (engl. Summary).
[413] Elsas Carlina Apriyanthy, Berdirinya Keuskupan Sintangdi Kalimantan Barat, in: *Historia: Jurnal Program Studi PendidikanSejarah* Vol. 7 7/2 (2019), S. 175–188.

ein weiteres Echo der römischen Peterskirche;[414] dabei ist einigerorts das indigene Flair eher Beiwerk. So wurde die einschiffige neogotische Marienkathedrale in Palembang von 1948 ab 2018 für eine Gemeinde von 900 Personen bei neogotischer Grundierung durch indigene Bauelemente angereichert, aber das alte Interieur behalten.[415] Auch bei größeren Bauten wurde diese Stilmischung beliebt, z. B. 2014 bei Sanggaus *Sacred Heart Cathedral* und dem 2019 geweihten Mariendom in Samarinda für 2000 Personen, einschiffig, mit einer Fassade à la Köln und wieder mit Dayak-Motiven.[416] Wie jedoch schon im römischen und unierten Indien diente die Kargheit moderner Kirchen Europas nirgends als Modell.[417] Umgekehrt war zumindest eine demonstrative indigene Sakralarchitektur in Indonesien nicht immer politisch opportun. Ein Prüfstein ist das überwiegend christliche West Papua mit seiner Tendenz zur Unabhängigkeit und das Paradigma die *Christ the King Cathedral* in Jayapura, entworfen vom Indonesier Antonius Herry Purnomo (*1962): Der 2006 begonnene Originalbau entstand im Geist „grüner" Architektur, aus lokalem Material und in regionalen Formen. Innen dominierten Schnitztechniken der Papua-Ethnien. Biblischen Figuren gab Donatus Moiwend (gest. 2018) Papua-Identität. 2014 wurde der Bau preisgekrönt.[418] Aber 2012–2023 wurde der Diözese ein gotisierender, aus Papua-Sicht „westlich"-fremder Neubau aufoktroyiert (u. a. mit der Begründung der wachsenden Gemeinde) und die kurz zuvor entstandene Kathedrale abgerissen.[419] Doch ließen sich nicht überall im Land indigen-christliche Unabhängigkeitswünsche durch ästhetisch unverbindlichere Dome neutralisieren. Das gilt

---

414 Paul Harding/Brett Atkinson/Anna Kaminski, *Borneo* (London: Lonely Planet Publishers, 2019[5]), S. 232.
415 Zum Dom in Palembang s. Adreana Ayu Yolanda Tamba, *Redesain Katedral St. Maria Palembang*. Bachelorarbeit an der Sriwijaya University Palembang 2018 (mit engl. Summary); s. a. Parliza Hendrawan, in: https://nasional.tempo.co/read/1707456/fakta-gereja-katedral-st-maria-di-palembang-dipuji-dubes-vatikan (vom 27.3.2023).
416 *AAS* 53 (1961), S. 246; Stiegemann, Sie bau(t)en eine Kathedrale.
417 Vgl. Stiegemann, Sie bau(t)en eine Kathedrale.
418 S. Hedianyanto W. Husaini (Hg.), *Punghagaan Karya Konstruksi Indonesia 2014* (Jakarta: Badan Pambinaan. Kementerian Pekerjaan Umum = Ministry of Public Works and Housing, 2015), S. 46–51; Michael Cookson/ Stuart Kirsch/Jason MacLeod, Angels in West Papua. In Memoriam Donatus Moiwend, in: *Pacific Arts. Journal of Pacific Arts Association* 21/1 (2021), S. 51–59.
419 Details bei Natan Naftali Teba, Rencana Bongkar Katedral Jayapura Selamatkan Jejak Allah Inkulturasi Akan Dihilangkan = Plan zum Abriss der Kathedrale: Retten Sie Gottes Spuren; die Inkulturation wurde beseitigt, in: *Suara Papua* vom 20.7.2015 (www.suarapapua.com/2015/07/20/rencana-bongkar-katedral-jayapura-selamatkan-jejak-allah-inkulturasi-akan-dihilangkan); Florry Koban, Perombakan Katedral Jayapura Sebuah Ancaman Bagi Warisan Budaya Papua = Umbau der Kathedrale von Jayapura: eine Bedrohung für Papuas Kulturerbe, in: *Suara Papua* vom 24.7.2015 (www.suarapapua.com/2015/07/24/perombakan-katedral-jayapura-sebuah-ancaman-bagi-warisan-budaya-papua); Lambertus Magai, Pemberkatan Gereja Katedral Kristus Raja, Jaya-

für das bis 1976 portugiesische, bis 1996 indonesisch okkupierte, ab 2002 unabhängige Osttimor. Die 1988 im Beisein des indonesischen Präsidenten Suharto (1921–2008) geweihte, stilisiert-neogotische Hauptstadtkathedrale in Dili besänftigte gegen alle Hoffnungen der Besatzer nicht den Unabhängigkeitswillen der katholisch dominierten Ex-Kolonie.[420]

Lange hinwiederum blieben im benachbarten Australien der *ecclesia triumphans*-Gedanke des katholischen Europa lebendig und das Interesse an Monumentalität, wohl auch im Wettstreit mit der alten anglikanischen Kolonialmacht. So brachte John Cyril Hawes (1846–1956), erst Anglikaner, später römischer Priester-Architekt, für Perth 1923 einen neoromanischen Neubau ins Gespräch.[421] Ja noch einmal griff man im Land zu den Sternen, nämlich auf Initiative des irisch-stämmigen Kardinals James Duhig (1873–1965) in Brisbane, für den vollständigen Neubau einer *Holy Name Cathedral* anstelle der unvollendeten *Saint Stephen's Cathedral*. Konzipiert wurde er von Jack F. Hennessy Jr. so monumental wie Lutyens' geplante Neorenaissance-Kathedrale in Liverpool und in der Vierungskuppel von ferne noch einmal an St.-Peter in Rom erinnernd. Tatsächlich wurde 1928 der Grundstein gelegt, nach 1935 folgte jedoch die Baueinstellung, und man begnügte sich mit der Vollendung von *Saint Stephen's*.[422] Und da auch in Australien der Historismus lange gültig war (Hawes ging mit seinem 1938 vollendeten Dom zu Geraldton noch vom spanischen Kolonialbarock aus[423]), vollendete man 2000 in Sydney die Domfassade mit den bislang fehlenden Turmspitzen stilgerecht.[424] Aber unantastbar war der Historismus nach 1945 auch in Australien nicht mehr: In Perth war die in den 1920er Jahren geplante aufwendige neogotische Domerweiterung jetzt erledigt, denn die tatsächliche Erweiterung geschah 2006–2009 modern;[425] und für Neubauten bevorzugte man ohnehin die Moderne, optisch unaufdringlich, aber anspruchsvoll: So ist *St Mary Star of the Sea* in Darwin, 1962 vollendet, von Ian Ferrier (1929–2000), außen quaderhaft-nüchtern, innen aber mit parabolischen Bögen,[426]

---

pura = Segnung der Christkönigs-Kathedrale der Diözese Jayapura (www.nabire.net/pemberka tan-gereja-katedral-kristus-raja-keuskupan-jayapura vom 16.1.2023).
420 S. María José Rodrigues Garrido, *As Lideranças Religiosas no Processo de Independência de Timor-Leste*. Dissertation an der Universität Lissabon 2016, S. 113.
421 Vgl. John J. Taylor, *Sui Generis: The Design Work of Architect-Priest Monsignor John Cyril Hawes (1876–1956)*. Magisterarbeit an der Universität York 2001, S. 72.
422 John W. East, *Jack F. Hennessy junior*, S. 15–17. Hier auch eine Abbildung des Entwurfs.
423 Taylor, *Sui Generis*, S. 64 und S. 82–85.
424 Murray/Murray u. a., *Australia*. S. 43.
425 S. Wysokowski, Unusual Re-building Method, S. 152–156; Borngässer/Klein, Gothic Down Under, S. 94.
426 Murray/Murray u. a., *Australia*, S. 43; Borngässer/Klein, Gothic Down Under, S. 94.

wobei der Bau für die konfessionell nicht expansive Region doch nur pfarrkirchengroß bleibt.⁴²⁷ Ähnlich zwischen Bescheidenheit und Anspruch bewegt sich der Dom zu Hamilton/Neuseeland (1975 vollendet, Umbau 2008).⁴²⁸ Erneut meldeten sich aber indigene Traditionen, z. B. Assoziationen zu Geisterhäusern im Mariendom in Port Moresby/Neuguinea (vollendet 1969), wieder von Ferrier,⁴²⁹ oder zum Maoristil in den 1990er Jahren bei der Domerweiterung in Auckland.⁴³⁰ Reich blieb oft die Ausstattung wie im australischen Parramatta 2003 mit Skulpturen, Glasmalerei u. a.⁴³¹

9.3 Die bischöflichen Reformationskirchen

9.3.1 Episkopale Solidarität bei schwindender kirchlicher Sichtbarkeit – Die *Porvoo Communion*

Wendet man den Blick von der Geschichte des Katholizismus und seiner Kathedralen her seit den 1920er Jahren auf die Kirchen der Reformation – und zwar zunächst auf die nicht-bischöflichen wie die bischöflichen –, dann liegt es freilich weiterhin in der kritisch-sichtenden Distanz des Protestantismus zu sakralen Traditionen, dass man sich weniger zu einer Neuorientierung genötigt sah. Weniger antagonistisch war auch die Position gegenüber der zeitgenössischen Kultur und Wissenschaft – während man umgekehrt säkularer Symbolkritik wie in der Aufklärung nicht auswich und gegebenenfalls ältere Traditionen preisgab. Allerdings wuchs auch im durch die Aufklärung hindurchgegangenen europäischen und von hier geprägten außereuropäischen Protestantismus – weiterhin: ob bischöflich oder nicht – die Spannung zwischen seinen in der Reformation von ihrem biblischen Fundament her formulierten *essentials* und der gesamtgesellschaftlichen Entwicklung. Das betraf auch den Klerus; denn aufgrund seiner Abkehr von den römischen Weihen und der Einkehr ins bürgerliche Berufsleben war er in die immer weniger konfessionell gebundene Zivilgesellschaft eingebunden, damit aber zugleich konfrontiert mit der „Überkomplexität" der modernen Lebenswelt

---

427 S. Roy M. Hazlewood, *Characteristics and Correlates of Anglican Religiosity in the Dioceses of Sydney and Newcastle. An Historical and Sociological Study*. Masterarbeit an der Edith Cowan University Perth 2008, S. 1–9; Saskia Ebejer, *The Changing Face of Australia. From Secular to Post-Secular Identity*. Dissertation an der University of Notre Dame Australia 2018, S. 32.
428 Denise Irvine, *Cathedral of the Blessed Virgin Mary Hamilton*: Roman Catholic Diocese of Hamilton, 2009.
429 Murray/Murray u. a., Australia, S. 43.
430 Murray/Murray u. a., Australia, S. 46 und S. 43.
431 Murray/Murray u. a., Australia, S. 46.

und ihren profanwissenschaftlich zureichend plausibilisierbaren Bewältigungsmechanismen;[432] und inwieweit er mit seinen biblisch fundierten Lösungsmodellen noch wahrgenommen werden konnte, war immer weniger klar – falls man sich nicht wie im deutschsprachigen Protestantismus entschloss, im Gespräch mit Bibelkritik und Philosophie die symbolisch-mythischen Sprachgestalten des Christentums für eine rational geprägte Gesellschaft neu verständlich zu machen. Eine Initiationsgestalt dafür mit Wirkungen auch im Anglikanismus war Rudolf Bultmann (1884–1976).[433] Sofern andererseits im bischöflichen Protestantismus die apostolische Sukzession galt, führte die Spannung zwischen traditionellem Christentum und moderner Zivilgesellschaft dazu, dass man mit nahezu allen Protestanten das II. Vatikanum begrüßte,[434] dass aber 1992 ebenso die *Porvoo Communion* entstand – beides mit gutem Grund. Denn zwar konnte man seitens des Protestantismus nach dem hierarchisch herabgestimmten II. Vatikanum auch im Katholizismus protestantische Anliegen verwirklicht finden; angesichts zunehmender weltanschaulicher Individualisierung konnte dabei aber ebenso für Protestanten nicht nur eine geistliche Kommunikationsverbesserung notwendig sein, sondern erst recht eine neue theologisch fundierte *Sichtbarwerdung* einer Kirche, die ihre Aufgabe wieder in der Mission sah – insbesondere in der sich weltanschaulich individualisierenden westlichen Welt, mehr noch als in den fremdreligiösen Welten Asiens oder Afrikas.[435] Obwohl die apostolische Sukession bei deutschsprachigen Lutheranern kein Thema wurde,[436] inspirierte sie unter anglikanischem Impuls die US-amerikanische *Evangelical Lutheran Church in America* und die Lutheraner Kanadas[437] zur Adaption episkopaler Verfassungen. In Afrika taten es nordeuropäisch lutherische Missionen. So ist die *Evangelical Lutheran Church in Tanzania* zwar eine deutsche Gründung, aber hier siegte ab 1959 das skandinavisch-bischöfliche System als Zei-

---

432 Vgl. Kerle, *Der Pfarrberuf als Profession*, S. 201–208.
433 Aus Sicht eines Zeitgenossen Walter Schmithals, *Die Theologie Rudolf Bultmanns. Eine Einführung*, Tübingen: J.C.B. Mohr (Paul Siebeck), 1966. Zur Entmythologisierung biblischer Texte vgl. bes. S. 254 ff.
434 S. z. B. Torgerson, *An Architecture of Immanence*, S. 25 ff.; Orme, *The History*, S. 244 ff.
435 Eckerdal, *Apostolic Succession*, S. 60 ff.
436 Risto Saarinen, The Porvoo Common Statement and the Leuenberg Concord – Are They Compatible?, in: Tjørhom (Hg.), *Apostolicity and Unity*, S. 258–269, hier S. 268–269; Steffen Weishaupt, The Columba Declaration und episkopalistische Ekklesiologie. Hoffnung für *Meissen* nach *Porvoo* im Hinblick auf das ‚Historische Bischofsamt'?, in: *Zeitschrift für Theologie und Kirche* 114/1 (2017), S. 82–118.
437 Für die USA s. die Deklaration *Called to Common Mission* (1999/2000) Zu den kanadischen Lutheranern s. u. S. 326–327

chen christlicher *fellowship*.[438] Ab 1913 entwickelte sich von Dänemark aus die *Lutheran Church of Christ in Nigeria*, die größte lutherische Kirche im Land, bischöflich seit 1973, mit einem Erzbischof seit 2016.[439] In der 1948 von Schweden etablierten *Evangelical Lutheran Church in Kenya* wirkte 1996 bei der ersten Bischofsweihe sogar ein römischer Bischof mit.[440] Dass durch den Episkopalismus aber auch der Paternalismus wieder stabilisiert wurde, lässt sich ebenso zeigen.[441]

Freilich blieb auch im episkopalen Protestantismus das Bischofsamt nicht sakrosankt. So verstärkte Skandinaviens aktive lutherische Minderheit – Hüterin eines christlichen *vicarious memory* für die Gesellschaft[442] – zeitgleich mit der Bildung der *Porvoo Communion* den Kontakt mit den Freikirchen bis in die Liturgie.[443] In England – wo die Anglikaner als Angehörige der *Porvoo Communion* ebenfalls zur Minderheit wurden[444] – äußerten sogar Bischöfe Skepsis an Gottesdienst und Bischofsamt. Bekannt wurde John A.T. Robinson (1919–1983) von Woolwich,[445] inspiriert u. a. durch Bultmanns Kritik am mythischen Weltbild der Bibel und durch Paul Tillich (1886–1965) mit seiner Rede von Gott als Tiefe der Welt. So empfand Robinson die Symbolik der Liturgie (vgl. das *Gloria in excelsis Deo*) als obsolet.[446] Richard Holloway als Bischof von Edinburgh (*1933) definierte die Bibel als Poesie zur Existenz-

---

438 S. Nehemia Godwin Moshi, *Stretching the Drum Skin. An Analysis of Power Relations in Leadership Development and Succession in the Evangelical Lutheran Church in Tanzania-Northern Diocese 1942–1993* (Åbo [Turku]: Åbo Akademi University Press, 2016), S. 190–192.
439 Zu Nigeria s. Innocent Webinumen Anthony, *Missional Discipleship Within the Lutheran Church of Christ in Nigeria*. Masterarbeit am Luther Seminary in St. Paul/Minnesota 2020, bes. S. 2 ff. und S. 7.
440 Martti Arkkila, *African Church or Western Mission? The Evangelical Lutheran Church in Kenya Seeks Her Identity 1968–1996* (Åbo [Turku]: Åbo Akademi University Press, 2021), S. 34 ff., bes. S. 224–225.
441 S. N. G. Moshi, *Stretching the Drum*, S. 190 ff.; Sundkler/Steed, *A History of the Church in Africa*, S. 866–868.
442 S. Grace Davie, *Religion in Modern Europe* (Oxford: OUP, 2000), S. 38 ff.
443 Das schwedische Gesangbuch von 1986 bezieht Freikirchen ein. Insgesamt Ninna Edgardh/Per Petterson, The Church of Sweden: A Church for All, Especially the Most Vulnerable, in: Anders Bäckström/Grace Davie u. a. (Hgg.), *Welfare and Religion in 21st Century Europe: Volume 1. Configuring the Connections*, S. 39–56.
444 Lt. Voas/Bruce, *Religion*, S. 5, sank der Anteil der Anglikaner auf 10%; s. a. Stephen W. Sykes, The Doctrine of the Church in the Porvoo Common Statement, in: Tjørhom (Hg.), *Apostolicity and Unity*, S. 89–97, hier S. 91.
445 Vgl. sein Buch *Honest to God*/dtsch. *Gott ist anders,* München: Christian Kaiser Verlag, 1964. Zu Robinson s. a. John Shelby Spong, *A New New Christianity for a New World. Why Traditional Faith is Dying and How a New Faith is Being Born* (San Francisco: HarperSanFrancisco, 2001), S. XI–XII.
446 *Gott ist anders*, S. 31–32 und S. 94–95.

erhellung. Da deren Ziel für ihn auch atheistisch deutbar war,[447] wurde ihm sein Amt ebenfalls suspekt – wie bisweilen US-amerikanischen Kollegen.[448]

Umgekehrt schlugen andere anglikanische Bischöfe konservativere Wege ein, indem sie sich auf die missionarischen Aspekte ihres Amtes bezogen und eine ähnliche Funktion für ihre Kathedralen entwickelten;[449] so entstanden auch Modelle für Evangelisationen[450] nach Art der Freikirchen, die von den USA aus auch im alten Mutterland wuchsen.[451] Ebenso verstärkten Anglikaner anderer Ex-Kolonien den britischen Evangelikalismus.[452]

9.3.2 Skandinavien – Dombauten in einer Spätphase und Neuanfänge in Jungen Kirchen

Dennoch war die Zeit der Kathedralen im bischöflichen Protestantismus nicht vorbei. Das gilt bereits in Skandinavien. Für neue Diözesen wurden aber meist vorhandene Kirchen zu Domen gemacht. Nur in Norwegen entstanden bis 1957 in gemäßigter Moderne noch 2 pfarrkirchengroße Neubauten, ein ähnlich großer 1956–1963 im alten isländischen Bistum Skálholt.[453] Es waren aber im weltanschaulich pluralisierten Skandinavien vermutlich die letzten lutherischen Domneubauten.[454] Damit war sakrale Repräsentation allerdings auch für das bischöfliche Luthertum nicht vorbei, wie das skandinavisch gefärbte Luthertum Afrikas mit

---

447 *Doubts and Loves. What is Left of Christianity* (London u. a.: Canongate Books, 2001 und 2002), S. 54–55.
448 Zu Holloway s. a. Spong, *Why Christianity Must Change or Die/Was sich im Christentum ändern muss* (engl. 1998, dtsch Düsseldorf: Patmos, 2004), S. 208–209.
449 Vgl. Rowe, *The Roles of the Cathedral*, S. 219–241.
450 S. Sabrina Müller, *Fresh Expressions of Church. Ekklesiologische Beobachtungen und Interpretationen einer neuen kirchlichen Bewegung*. Dissertation an der Universität Zürich 2015, Zürich: TVZ, 2016, bes. S. 41 ff. und 65 ff.
451 Ein Überblick bei Andrew Atherstone/John Maiden (Hgg.), *Evangelicalism and the Church of England in the Twentieth Century*, Woodbridge: The Boydell Press, 2014; zum charismatischen Anglikanismus seit John Wesley ausführlich Gunstone, *Anglican Pentecostals*, bes. S. 49 ff.
452 R. Burgess, Megachurches and `Reverse Mission`, in: Hunt (Hg.), *Handbook of Megachurches*, S. 243–268.
453 Es sind die Dome von Bodø (1956) und Molde (1957), vgl. Wolandt, *Norwegen*, S. 37 und S. 136. Zu Skálholt s. Kristjánsson, *Churches of Iceland*, S. 42–45.
454 S. Bäckström/Davie, A Preliminary Conclusion: Gathering the Threads and Moving On, in: dies. (Hgg.), *Welfare and Religion*, S. 183–197, S. 191; Henrik Lindblad/Eva Löfgren, *Religious buildings in transition. An international comparison* (Göteborg: University of Gothenburg, 2016), S. 19–33; Kimo Kääriainen/Maarit Hytönen u. a., *Church in Change. The Evangelical Lutheran Church of Finland from 2000 to 2003* (Tampere: Church Research Institute. Publication 55, 2005), bes. S. 20 ff.

der Einführung des Episkopats 1960–1987 zeigt,[455] auch architektonisch nicht. So erhielten in z. B. Tanzania auch die Hauptkirchen lutherischer Diözesen den Status von Kathedralen, etwa in Dar es Salaam die deutsche Kirche von 1899–1902 oder die modernen Hauptkirchen in Moshi und sehr avanciert in Dodoma (vollendet 1990),[456] Jünger sind auch die lutherischen Dome in Nigeria, z. B. in Jimeta für das Bistum Yola und die erzbischöfliche Kathedrale in Numan, wo Dänen 1913 die erste Johanneskirche gebaut hatten.[457] Aber so, wie bei alledem neue hochkirchliche Tendenzen erkennbar waren, blieb trotz der Adaption indigener und charismatischer Elemente in den Liturgien (Tanz; Zungenrede)[458] wie in den anderen bischöflichen Konfessionen die Grundform der Messe lebendig.[459]

9.3.3 Der Anglikanismus – Kathedralen einer sich auseinanderentwickelnden Konfession

9.3.3.1 Die Britischen Inseln – Traditionspflege, Stagnation und neue Spiritualität

Vergleichbar der Lage in Skandinavien ist diejenige in manchen anglikanischen Regionen, besonders auf den Britischen Inseln, allerdings aufgrund der unterschiedlichen Frömmigkeitsformen immer konfliktträchtiger, und zwar mit Wirkung weltweit: Dabei zeigt sich, dass ganze Teilkirchen sich mitunter befehdeten. Beispielhaft ist die Diskussion über die Zulassung von Frauen zum Priesteramt. Zwar ordinierte die US-amerikanische *Episcopal Church* schon 1947 die erste Frau und 1989 die erste Bischöfin,[460] doch im Königreich England wurde die erste Bi-

---

455 Die Datierung bei Sundkler/Steed, *A History of the Church in Africa*, S. 866.
456 Zu Dar es Salaam s. Henry Rimisho, Evolution of Church Architecture in Stable Communities. The case of Dar es Salaam City-Tanzania, in: *International Research Journal of Engineering and Technology (IRJET)* 5/03 (2018), S. 3093–3107, hier S. 3103; zu Moshi s. The Lutheran World Federation. Lutheran Communion in Africa, *60 Years of Marangu Conference*. Moshi-Marangu, Kilimanjaro – Tanzania 20–24 May, Genf: The Lutheran World Federation, 2015, S. 4; zu Dodoma s. The United Republic of Tanzania, *Masterplan*, S. 101.
457 Zu Jimeta und Numan s. David Windibiziri, *Reflections and Presentations* (Numan: The Lutheran Church of Christ in Nigeria, 2022), S. 357 und S. 5.
458 Windibiziri, *Reflections*, S. 181–182.
459 Vgl. die Liturgien u. a. für *Moshi Cathedral* im Programmheft der *Marangu Conference*, S. 33–43.
460 Spong, *Was sich im Christentum ändern muss*, S. 9–10; Sheryl A. Kujawa-Holbrook, North American Anglicanism. Competing Factions, Creative Tensions, and the Liberal-Conservative Impasse, in: Jeremy Morris (Hg.), *The Oxford History of Anglicanism*. Volume IV. *Western Anglicanism, c. 1910–Present* (London: OUP, 2017), S. 362–396, hier S. 378.

schöfin erst 2014 geweiht: Manche Hochkirchler hielten wie Katholiken und Orthodoxe die Frauenordination für ungültig, da zu den Aposteln keine Frauen gehörten, manche Evangelikale lehnten liturgisch agierende Frauen, gar Bischöfinnen, mit Berufung auf Paulus ab (1 Kor 14,33–35).[461]

Dennoch war die Ära der Kathedralen als ‚Schaufenstern der Nation' ähnlich wie in Skandinavien auch auf den Britischen Inseln noch nicht vorbei.[462] Sogar Monumentalbauten gab es zu vollenden, nämlich bis 1978 den 189 m × 60 m großen Dom in Liverpool. Selbst neue Diözesen entstanden, obwohl meist bestehende Kirchen zu Kathedralen erhoben wurden. Aber einige wurden historistisch erweitert – z. B. in Bradford 1951–1964 durch Edward Maufe (1882–1974) – und es folgten noch 2 Neubauten, nämlich in Guildford im *Art-déco*-Stil von Maufe, entworfen 1931, geweiht 1961, und der moderne Nachfolgebau für den kriegszerstörten Dom in Coventry, von Basil Spence (1907–1976). Die 1962 geweihte Kirche inspirierte sogar einen Neubau in Australien.[463] Indes wurde auch in England der Dombau obsolet: Wohl ist historisch erklärlich, dass Maufes Dom in Guildford noch die normannische Gotik variiert;[464] doch war Coventry sogar zuerst dem Historisten Gilbert Giles Scott zugedacht (der ablehnte),[465] also einer älteren Generation, während in *evangelical revivals* bereits eine neue Religiosität entstand, ohne Interesse an Hochkirchlichkeit.[466] Das langjährige Domprojekt in Oban/Schottland wurde seit 1988 abgebrochen. Auch wurden schon Diözesen vereinigt und in Irland anglikanische Dome ersatzlos profaniert.[467]

9.3.3.2 Amerika – Neue Stagnationen und regionale Expansionen

In Nordamerika liegen die Dinge für den Anglikanismus ähnlich. Das gilt bereits für Kanada, eines jener Länder, wo er zunächst eine Nationalkirche war, sich aber

---

461 S. Charlotte Methuen, Frauenordination in der Church of England – Befürworter, Gegner und die Five Guiding Principles, in: *Materialdienst des Konfessionskundlichen Instituts Bensheim* 2019/1, S. 2–5.
462 Dazu Davie, *Religion in Britain*, S. 137.
463 Zu Bradford und Guildford s. Orme, *The History*, S. 242 und S. 236–237. Zum australischen Geraldton s. u. Zu Guildford s. a. B. Klein, Gothic in Europe, S. 34.
464 S. G.H. Cook, *The English Cathedral*, S. 355–356; s. a. New, *A Guide to the Cathedrals of Britain*, S. 184–189.
465 Orme, *The History*, S. 243.
466 Hollenweger (Hg.), *Die Pfingstkirchen*, S. 137 ff.; Davie, *Religion in Britain*, S. 107–109; Burgess, Megachurches, S. 247 ff.
467 Zum Domprojekt in Oban s. Galloway, *The Cathedrals of Scotland*, S. 142ff. Zusammengelegt wurden die Diözesen Bradford, Ripon und Wakefield, vgl. Orme, *The History*, S. 260. Zu Irland vgl. den Dom von Elphin (Galloway, *The Cathedrals of Ireland*, S. 95–97 und S. 209) und für 1998 den Dom in Achonry (1820–1830), s. Galloway, *The Cathedrals of Ireland*, S. 1–3; zu Achonry s. a. *Sligo. Draft Record of Protected Structures* 2011–2017 (Sligo: Country Council. June 2010), S. 13.

in die Konfessionslandschaft integrierte (2001 erfolgte die Union mit den Lutheranern[468]), aber auch hier zurückging.[469] Doch entstanden wie in England zeitweise weitere Diözesen. Für die *Kathedra* wurde wie bisher meist eine vorhandene (oft bescheidene) Kirche gewählt wie 1975 in Corner Brook.[470] Neubauten kamen wenige dazu – neugotisch in Victoria (vollendet 1954),[471] funktional-modern in Edmonton *All Saints'* 1954–1956,[472] ganz individuell 1970–1972 im Bistum *The Arctic* in Iqaluit (Abb. 68): Die durch einen Brand 2005 zerstörte und 2010–2012 erneuerte kleine Kirche hat die Form eines Iglu.[473]

Abb. 68: Iqaluit. Anglikanische Kathedrale. Die Kirche ist für anglikanische Kirchbauten singulär, aber identitäts-stiftend für die regionale Inuit-Bevölkerung und schon deshalb bedeutsam.

Etwas länger im Kurs blieben in den USA die anglikanischen Kathedralen, wenngleich auch hier die konfessionellen, besonders liturgischen Bindungen an Gewicht verloren.[474] Dabei reagierte man auch seitens der Bischöfe auf letztere Entwicklung nicht selbstgefällig – sei es, dass man das Gespräch mit protestantischer Bibelkritik führte und das traditionelle Christentum mit seiner Symbolik, nicht zuletzt

---

468 Bryan Hillis, Outsiders Becoming Mainstreams: The Theology and Ethnicity of Being Lutheran in Canada, in: Bramadat/Seljak (Hgg.), *Christianity*, S. 247–286, hier S. 265.
469 Wendy Fletcher, Canadian Anglicanism, S. 147 ff.
470 Ein Beispiel ist 1975 die Diözese Corner Brook. Vgl. *The Cathedral of St. John Corner Brook, Newfoundland Labrador*. Parish Profile, Corner Brook 2017, S. 8 ff.
471 Clarke, *Anglican Cathedrals*, S. 71–73.
472 Clarke, *Anglican Cathedrals*, S. 69.
473 Richardson/Richardson, *Canadian Churches*, S. 336 und 338; Jim Bell, Rebirth of an Arctic Church „a glorious moment", in: *Nunatsiaq News* Jun[e] 5, 2012.
474 Jeremy Bonner, The United States of America, in: Goodhew (Hg.), *Growth*, S. 227–248, bes. S. 236. S. a. Kujawa-Holbrook, North American Anglicanism, bes. S. 364–366.

mit seinen Liturgien hinterfragte,[475] sei es, dass man mit dem nicht-bischöflichen Evangelikalismus sympathisierte. Doch blieb das Bischofsamt als solches intakt, wie auch immer interpretiert, lange mit repräsentativen Bischofskirchen. Erneut stand die Vollendung älterer Bauten voran, mit Erfolg für Memphis bereits 1919–1926[476] und Washington,[477] wo 1990 der Monumentalbau vollendet wurde. Weniger erfolgreich war man allerdings schon mit *Saint John the Divine* in New York: Zwar wurde nach dem Entwurf von Cram die Kirche bis zu dessen Tod gebaut, der Weiterbau seit ca. 1942 jedoch zunehmend eingestellt und der vorhandene Torso (bestehend aus Chorpartie, der mit der provisorischen Vierungskuppel abgedeckten Vierung, dem Langhaus und der fragmenthaften Fassade) zur Nutzung beibehalten.[478] Der monumentale Bau entwickelte sich in den letzten Jahrzehnten zwar zu einer veritablen Herberge sakraler Kunst vom Spätmittelalter bis zur Gegenwart, hinterlässt aber den Eindruck einer Baustelle. Immerhin folgten einigerorts im Land bis in die 1960er Jahre noch zu Ende gebrachte historistische, meist neogotische Neubauten. Der größte ist *Grace Cathedral* zu San Francisco 1911–1964.[479] Hier unternahm man noch einmal erfolgreich, einen Dom aus dem Geist der Île-de-France-Gotik wiederzuerwecken, u. a. mit einem flämischen Retabel von ca. 1520 und der Replik der Türen Lorenzo Ghibertis (um 1378–1455) aus dem Baptisterium in Florenz.[480] Aber während der US-amerikanische Katholizismus bei seinen Domen zeitlich meist mit raschen Bauergebnissen aufwartete – auch bei Großprojekten wie in New York, San Francisco oder Los Angeles – ließ sich im Anglikanismus davon nicht reden: Zwar wurden auch hier bisweilen größere Bauten zügig fertig, noch 1959–1980 in englischer Gotik *St Philip's Cathedral* in Atlanta.[481] Oft war aber die Baugeschichte sogar kleinerer Dome lang, kompliziert, diskontinuierlich und das Ergebnis unsicher. Nur in einfacher Gotik wurde in Reno die ab 1922 geplante pfarrkirchengroße Kathedrale 1946–1949 nach 15jährigem Baustopp vollendet (und der Turm folgte

---

475 Eine Zentralgestalt war zeitweise Bischof John Shelby Spong (1931–2021) von Newark, wieder im Gefolge von Bultmann, Bonhoeffer, Tillich, Robinson, u. a. mit *Why Christianity Must Change or Die*, s. o. S. 324, Anm. 448.
476 *(AGS) Tennessee*, S. 230; zur Vorgeschichte Clarke, *Anglican Cathedrals*, S. 181 f.
477 Morales, *The Last Stone*, S. 3; S. 201–213.
478 Vgl. Dean and Chapter (Hgg.), *The Cathedral Church of Saint John the Divine*, New York: Caltone Lithographers Ltd., 1965[17].
479 James Harvey Mitchell Jr., *The Gargoyles of San Francisco: Medievalist Architecture in Northern California 1900–1940*. Magisterarbeit an der San Francisco State University 2016, S. 33–43; Marten, Tradition, S. 59–60.
480 Mitchell, *The Gargoyles of San Francisco*, S. 41; (Domkapitel) *Visitor Guide*, San Francisco 2016, S. 2.
481 Vgl. St. Agnes Guild (Hg.), *The Cathedral of St. Philip, Atlanta, Georgia*, Atlanta: The Conger Printing Company, Inc., 1988.

erst danach).⁴⁸² Bisweilen verabschiedete man sich aus Geldmangel vom Originalplan, so in Seattle, wo der 1929/1930 begonne neogotische Bau in moderner Reduktion fertig wurde.⁴⁸³ Mit einer Fertigstellung von *Saint John the Divine* in New York kann nicht mehr gerechnet werden; erst recht ein monumentales Fiasko wurde der Dombau in Baltimore: Zwei Projekte wurden anvisiert (1909 und 1929), das letztere wieder so prätentiös wie in New York. Aber fertiggestellt wurde nur die neogotische *Parish Hall*, u. a. von Ph. H. Frohman, einem Architekten der *National Cathedral* in Washington,⁴⁸⁴ und 1955 zur Kathedrale erhoben. Ein ähnlicher Fehlschlag war der gotische Dom in Philadelphia, bis 1932 im Bau, sogar noch größer geplant als *Saint John the Divine* (mit 2 Querschiffen und 2 Zentraltürmen!), die Kirche kam nie über die *Lady Chapel* hinaus.⁴⁸⁵ Unkomplizierter entstanden noch 2 kleine Dome: in Burlington, nach Brand des Vorgängers 1971–1973 im kantigen Stahlbeton,⁴⁸⁶ und die neue *Gethsemane Cathedral* in Fargo, nach Brandverlust des Vorgängers 1989–2003 in stilisiert-einfacher „Prärie-Gotik" als Multifunktionsbau errichtet.⁴⁸⁷ Dabei zeigt diese Kirche, wie wenig der US-amerikanische Anglikanismus noch auf Repräsentation fixiert war – und manchmal an die Stelle eines Domes ein *Cathedral Shrine*, d. h. Tagungszentrum trat wie für die Diözese West Virginia.⁴⁸⁸ Das schließt wie in Kanada nicht aus, dass noch ältere Kirchen zu Kathedralen wurden wie 1992 in Philadelphia.⁴⁸⁹ Umgekehrt wurden aber ebenso Dome ersatzlos profaniert: 2011 wurde *Saint John's Cathedral* in Wilmington ein Wohnzentrum,⁴⁹⁰ 2012 *Saint John's Cathedral* in Providence ein Museum des Sklavenhandels.⁴⁹¹ Andere Kathedralen gerieten in finanzielle Schwierigkeiten.⁴⁹² Allerdings entsprach

---

482 S. National Register of Historic Places Registration Form Reno/Nevada, vom 5/12/2020, S. 33.
483 Clarke, *Anglican Cathedrals*, S. 214; Onyekachi I. Ejimofor, *Cathedral for Nike Diocese. Anglican Communion in Alulu, Nike (A Study on Modern Symbolic Architectural Expressions of Anglican Liturgy)*. Magisterarbeit an der University of Nigeria, Enugu Campus, 2012 S. 168–172.
484 Dorsey/Lits, *A Guide to Baltimore Architecture*, S. 323–324.
485 Norman, *Das Haus Gottes*, S. 278. Hier auch ein Modell der Kirche. Zur heutigen Bischofskirche s. o.
486 Vgl. City of Burlington (Hg.), *Modern Architecture Survey* (Burlington 2011), S. 25–26.
487 Stephen A. Kliment, In this modestly-scaled house of worship. Moore/Andersson capture the regional spirit of northern Great Plains, in: *Architectural Record. Design Portfolio* 3/1994, New York, S. 62–65.
488 Es ist der *Cathedral Shrine of the Transfiguration*, Orkney Springs, s. Clarke, *Anglican Cathedrals*, S. 170.
489 S. o. S. 232.
490 https://villageofstjohn.org/look-back.
491 Episcopal Diocese of Rhode Island, Providence, Rhode Island, *Chief Financial Officer. Start Date: January 2022*. https://episcopalri.org, Providence: Carney Sandoe & Associates, 2022, S. 6.
492 Eine Problemskizze anhand der Paulskathedrale in Erie bei Downey, The Smaller Cathedral, S. 790.

dem Akzeptanzverlust des US-Anglikanismus auch der Sachverhalt, dass die *Episcopal Church* gegen hierarchisch bedingte soziale Diskriminierungen (feudale Strukturen wie Sklavenhandel, Missachtung menschlicher Diversität) besonders kritisch reagierte, selbst wenn solche Diskriminierungen sich auf biblische Vorbilder beriefen.[493] Das wiederum führte z. B. zu Konflikten mit einem Paternalismus, der für konservative Anglikaner oft konstitutiv war (einschließlich der Ablehnung eines weiblichen Klerus und „unbiblischer" Geschlechterrollen).[494] Entsprechend gab es konservative Abspaltungen von der *Episcopal Church* wie die *Anglican Church in North America* 2009, und schwierig wurde das Gespräch zwischen der *Episcopal Church* und den Anglikanern Afrikas oder Asiens.[495]

Auf bescheidenem Expansionskurs blieb das anglikanische Lateinamerika, zunächst anglophon orientiert, z. T. hochkirchlich, später charismatisch gefärbt.[496] Auch bischöfliche Zentren kamen nach 1918 dazu, wobei ihre Dome meist noch als britisch-anglikanische oder US-amerikanische (episkopale) Pfarrkirchen fungiert hatten und erst später die *Kathedra* erhielten, aber auch in die lateinamerikanische Lebenswelt einbezogen wurden. So wirkt in Panamá *San Lucas* in Ancón 1922–1923 als Nachklang von *S. Paolo fuori le Mura* in Rom – ein Bau der *Episcopal Church* – noch sehr europäisch, „indigener" ist schon der neoromanische Dreifaltigkeitsdom in Port-au-Prince von 1929, da er später von Voodoo-Künstlern ausgemalt wurde, allerdings seit dem Erdbeben 2010 Ruine.[497] Unmittelbar als Teil einer neuen Hauptstadt von einem ihrer Stadtplaner konzipiert ist Glauco Campellos (*1934) 1961 konzipierte *Igreja da Resurreição* in Brasilia, ein zwei Jahre danach vollendetes Langzelt, Kathedrale seit 1984,[498] 1980–1989 bauten 4 örtliche Architektinnen (!) den Saalbau der *Catedral do Bom Samaritano* in Recife, ein lokaler Künstler gestaltete ihn aus.[499]

---

493 Charakteristisch ist Bischof Spong mit *The Sins of Scripture. Exposing the Bible's Texts of Hate to Reveal the God of Love*, San Francisco: HarperCollinsPublishers, 2005.
494 S. Kujawa-Holbrook, North American Anglicanism, bes. S. 364–373 und S. 377–384. Ein Zentralproblem war die Abwertung sexueller Minderheiten (s. Spong, *The Sins of Scripture*, S. 113–119).
495 Jenkins, *The Next Christendom*, für 2002 S. 202 ff., für 2011³ S. 255 ff.
496 Vgl. den Beitrag von Sinclair/Corrie, South America, bes. S. 253–256.
497 Zu Ancón s. Clarke, *Anglican Cathedrals*, S. 161; Tejeira Davis, *Panamá*, S. 328. Zu Port-au-Prince s. Crain, *Historic Architecture*, S. 208–209; Patrick Delatour, The Significance of the Holy Trinity Murals, in: Kurin, *Saving Haiti's Heritage*, S. 146–165.
498 Taciana Assumpção Vaz, O Olhar do Arquiteto sobre Brasília. Dissertation an der Universidade de Brasília 2012, S. 17–33.
499 Carolina Mapurunga Bezerra Coutinho, *Artes Plásticas Integradas à Arquitetura na Obra de Petronio Cunha*. Dissertation an der Universidade Federal de Pernambuco, Recife 2016, S. 61 ff. und S. 83–84.

Derlei beseitigte nicht alle historischen anglikanischen Konservatismen auf einen Schlag: So war die Liturgie in Argentinien bis 1977 englisch. Doch förderten die Konflikte mit Totalitarismen wie im Katholizismus das soziale Engament, z. B. ab 1973 während der Militärdiktatur in Chile.[500]

9.3.3.3 Afrika – Zwischen kolonialer Repräsentation und sozialer Versöhnung

In seiner frömmigkeitsgeschichtlichen Entwicklung dem anglikanischen Lateinamerika etwas vergleichbar ist das anglikanische Afrika, wo der Anglikanismus im Unterschied zu den vorwiegend von Europa aus besiedelten Kolonien weniger dem britischen Mutterland ähnelte, andererseits durch die gesellschaftlich-religiösen Ordnungen und europäischen Missionsgesellschaften (interkonfessionell) konservativ-paternalistisch geprägt war. Doch wie der Katholizismus traf dieser Anglikanismus weiterhin auf einen offensiven Islam, vor allem in Nordafrika: Aber hatte die CMS noch missionarische Zurückhaltung gezeigt und in Alexandria mit *Saint Mark's* ästhetische Diskretion, kam nach 1918 im britischen Ägypten 1936–1938 im *Art-déco*-Stil Kairos *All Saints' Cathedral* dazu – mit dem mächtigen Turm wieder Symbol kolonialer Präsenz.[501] Aber 1978 wurde die Kirche auf Befehl des muslimischen Staates durch eine Neubau andernorts ersetzt, doch mit Zugewinn an Bedeutung: Mit seiner Krone à la Brasilia wurde er Zentrum einer arabischen Gemeinde, mit koptischen Malereien, indigenen Liturgien und Asyl für Opfer des Islamismus.[502] Parallel dazu wurde in Khartoum *All Saints' Cathedral* 1971 auf Staatsbefehl in eine Abteilung des Nationalmuseums umgewandelt und durch einen Neubau an anderer Stelle ersetzt.[503] Etwas anders liegen die Dinge im weithin christlichen Bürgerkriegsland Südsudan. Hier war zwar der Anglikanismus dominant,[504] aber (abgesehen vom historistisch inspirierten Dom in Juba[505]) desinteressiert an Repräsentationsbauten, dafür umso mehr an Stärkung der Frömmigkeit, an Lebenshilfe und politischen Dialogen.

Doch für den Anglikanismus wurde das südlichere Afrika typischer, hier wuchs er auch besonders, vor allem in Nigeria, ab 1914 und nach dem Bürger-

---

500 Zu Argentinien s. Sinclair/Corrie, South America, S. 256; zu Chile s. Araya, *A (New) Ecclesiology*, S. 221 ff.
501 Arthur Burrell, *Cathedral on the Nile. A History of All Saints Cathedral, Cairo*, Oxford: Amate Press, 1984.
502 Alexsa McDowall, *A Religious Space as a Place for Migrants in Cairo*. Graduiertenarbeit an der Amerikanischen Universität Kairo 2020.
503 Peter Gwynavay Hopkins (Hg.), *The Kenana Handbook of Sudan* (London u. a.: Routledge, 2007), S. 861.
504 2022 gab es im Land 58 Diözesen mit Erzdiözesen.
505 S. Clarke, *Anglican Cathedrals*, S. 38.

krieg der 1970er Jahre durch evangelikale Erweckungen gefördert. Und obwohl im Lande überall protestantische *revivals* und *Megachurches* zunahmen, wurde die *Church of Nigeria* neben dem Katholizismus die stärkste Konfession, wobei mit raschem weiterem Wachstum gerechnet wird.[506]

Aufgrund des evangelikalen Charakters der Kirche Nigerias und ihres raschen Wachstums ließe sich nun erwarten, dass die Frage nach exzeptionellen Kathedralen kein Zentralthema wäre. Tatsächlich verachtete man den Pragmatismus der *Pentecostals* auch nicht stets, sondern baute Kirchen sogar im Sinn von Industriearchitektur.[507] Entsprechend begnügten sich manche Diözesen lange mit *pro cathedrals*. Doch behielt man stets reguläre – vorrangig neu konzipierte – Dombauten im Auge und für sie auch höhere Maßstäbe. Einen Überblick über die Leitvorstellungen bietet O. Ejimofor als Architekt. Neben einheimischen Domen hat er u. a. *Saint Patrick's* in Dublin vor Augen, und wenn er „simplicity of architecture" fordert, gilt doch: „The scale and monumentality associated with a traditional image of a cathedral, *is to crush the worshippers with awe*." Sein Ansatz ist die Liturgie des BCP. Es sind bis zu 20 Priester vorgesehen, dazu Chor, Orgel, Glocken.[508] Doch ging das anglikanische Afrika liturgisch andernorts schon neue Wege,[509] obwohl bis in die 1960er Jahre England das Modell war.[510]

Lange war das Zentrum nach dem I. Weltkrieg die neue *Christ Church Cathedral* von Lagos. Der Prince of Wales war 1925 zum Baubeginn anwesend; und obwohl der Architekt J. Bagan Benjamin, nach seiner Abstammung Afro-Brasilianer, ansässig in Sierra Leone, eine fast indigene Neogotik schuf,[511] enthielt das Schiff wieder einen Stein aus Canterbury,[512] und der Bau setzte bis in die 1960er Jahre liturgisch europäische Standards, wenngleich mit indigenen Ansätzen. Immerhin gab es früh Choräle in Yoruba, obwohl noch nach europäischen Modellen. Für die koloniale Oberschicht blieben zwar die Liturgien englisch, dazu kam ab 1895 ein Knabenchor wie an den anglikanischen Kathedralen Englands, aber seit 1914 mit

---

506 2020 hatte man schon 160 Diözesen mit 14 Erzbischöfen; die Prognosen bei Todd M.Johnson/ Gina A. Zurlo, The changing demographics of global Anglicanism, 1970–2010, in: Goodhew, *The Growth*, S. 37–53, hier S. 50.
507 Adeboye, Globalization, passim; ders., Effects of Industrial Revolution on Ecclesiastical Architecture in Nigeria: A Case Study of Faith Tabernacle of Ota, in: *International Journal of Management, Information, Technology and Engineering* Vol. 3/2 (Feb. 2015), S. 27–34.
508 Die Details in *Cathedral for Nike Diocese*, passim. Das Zitat S. 224 Hervorhebung G.A.K.
509 Sundkler/Steed, *A History of the Church in Africa*, S. 916; Joel Obetia, *Worship*, S. 138 ff.
510 Für Kampala Joel Obetia, *Worship*, S. 148.
511 Albert Adeboye/Ekundayo Adeyinka Adeyemi, Characteristics of Early Ecclesiastical Architecture in Lagos State in Nigeria, in: *Arts and Design Studies* Vol. 19 (2014), S. 19–24, hier S. 22.
512 Clarke, *Anglican Cathedrals*, S. 36–37; Adeboye, Globalization, S. 313; B. Klein, Gothic Architecture in Africa, S. 169.

einheimischem Dirigenten.⁵¹³ Ähnlichen Stils (doch kleiner und nicht als Kathedrale konzipiert) ist *Saint Jude's* in Ebute Meta, 1928, heute Dom des Bistums *Lagos Mainland*,⁵¹⁴ und der Historismus ist noch im 21. Jahrhundert im gotisierenden Dom von Lokoja lebendig.⁵¹⁵ Doch schon 1949 wird ein dezidiert moderner Bau begonnen, nämlich für das 1922 gegründete Bistum *On the Niger* in Onitsha, wo die Kathedrale aber jetzt erst zustande kam (Abb. 69). Aber *All Saints* wurde wieder ein Repräsentationsbau – mit Campanile/*Belfry* und parabolischen Säulen innen: Den Grundstein legte der Generalgouverneur, der Architekt Richard Scholefield Nickson (gest. 1984) stammte aus England (nach seinem Tod folgte der Nigerianer David Chikwuelum Ifejika) und die Weihen etlicher Partien (z. B. 1952 der *Lady Chapel* und 1982 des *Chapter House*) vollzogen englische Bischöfe. Erst 1992 war der Turm vollendet.⁵¹⁶ Avantgardisten wie z. B. die Katholiken Abidjans waren die Anglikaner aber wieder nirgends. Oft bevorzugten sie eine schlichte Funktionalität wie in Ikeja mit der *Bishop Vining Memorial Church*, nach 1964, ab 1999 Dom der Diözese *Lagos-West* mit einem großen medizinischen Zentrum.⁵¹⁷ Doch Evangelikalismus und Dombau schlossen sich nicht aus, wie denn in Oyo der neogotischen *St Michael's Church* der CMS die neue *St Michael's Cathedral* zur Seite gestellt wurde.⁵¹⁸ Und in Ibadan wurde die *St James Cathedral* aus den 1990er Jahren zwar ein weiterer Funktionsbau, aber mit im Lande hoch bewerteter Glasmalerei. Elaborierter ist in Enugu die von Ifejika entworfene oktogonale *Cathedral of the Good Shepherd* von 1992–2000, für 3000 Personen, ebenfalls mit viel Glasmalerei und *Lady Chapel*.⁵¹⁹ Besonders repräsentativ, aber trotz moderner Verfremdung eine gotische Saalkirche mit Campanile ist in der neuen Hauptstadt

---

513 Godwin Sadoh, Thomas Ekundayo Phillips: Pioneer in Nigerian Hymn Composition, in: *The Diapason* 99/3 (2008), S. 29–33; Celebrating the Cathedral Church of Christ Choir, Lagos, Nigeria, at Ninety, in: *The Diapason* 99/9 (2008), S. 25–29.
514 Zur Datierung der Kirche Adeboye, Globalization, S. 314.
515 Adeboye, Globalization, S. 314.
516 Ejimofor, *Cathedral for Nike Diocese*, S. 141–148; s. a. den Tagungsbericht zum Church of Nigeria (Anglican Communion) *Standing Committee Meeting Holding at All Saints' Cathedral Church, Onitsha, Diocese on the Niger. Monday 8th to Friday 12th February*, 2021, S. 1–13. https://docplayer.net/203533785-Church-of-nigeria-anglican-communion-standing-committee-meeting-holding-at-all-saints-cathedral-church-diocese-on-the-niger.html.
517 Richard A. Ayodele Adekoya, *The Diocese of Lagos West of the Anglican Communion Church of Nigeria as Agent of Social and Political Change in the Society*. Dissertation an der Bangor University, Wales 2013, S. 75 und S. 89.
518 Odunlami Oludare/Sogbesan Oluwatoyin, Anglicanism and Architecture in Oyo Town, in: *International Journal of Civic Engineering, Construction and Estate Management* Vol. 9/2 (2021), S. 52–62.
519 Zu Ibadan s. Foláránmi/Imafidor, The Use of Stained-Glass, S. 102–103; zu Enugu s. Ejimofor, *Cathedral for Nike Diocese*, S. 133–141; Nwankwegu, *Ecumenical Centre*, S. 181–188.

Abb. 69: Onitsha. Anglikanische Kathedrale. Die repräsentative Kirche zeigt, dass auch für anglikanische Dome Funktionalität nicht das alleinige Maß geworden ist.

Abuja die *Cathedral of the Advent* von 1998–2001, für 3000 Besucher.[520] Dazwischen stehen meist geräumige, historisch gefärbte Funktionsbauten wie in Yola *St John's* von 1990, zeitgleich mit der Gemeinde gegründet.[521] *Works in progress* finden sich wie *St Cyprian's* in Nike, ein Saal von 1984, nach der Bistumsgründung 2007 für ca. 2 500 Personen erweitert.[522] Manchmal dauern die Projekte aber so lange wie bei *St Paul's* in Nsukka, hervorgegangen aus einer 1927 gegründeten CMS-Mission, im Bürgerkrieg auch Spital, Dom seit 1994. Doch der ab 2008 geplante Neubau war noch 2014 unvollendet.[523]

Auch in Ghana wuchs der Anglikanismus, anders als in Nigeria weiterhin hochkirchlich, dazu eine Minderheitskirche gegenüber nicht-bischöflichen Protestanten und im Wachstum regional unterschiedlich.[524] Doch folgten nach Accra weitere Kathedralen, wenngleich wenige Neubauten.[525] Zwar weniger expansiv als in Nigeria, war aber auch in Ostafrika der Anglikanismus vital präsent und

---

520 John A. Donnelly, A Theology of Abundance. A Nigerian Experience, in: *The Living Church*, September 16 (2001), S. 8–9.
521 Dike Abel Arinzechukwu, *Appraisal of Archbishop Joseph Abiodin Adetiloye's Primacy in the Anglican Church of Nigeria 1988–1999*. Dissertation an der Nnamedi Azikiwe University Awka 2016, S. 139.
522 Ejimofor, *Cathedral for Nike Diocese*, S. 148–153, S. 217–219.
523 Chineda G. Onah/Kingsley S.E. Obeta (Hgg.), *Anglican Diocese of Nsukka at 20. Growth, Relevance and Future* (Nsukka: Deus Refugium Printing Press, 2014), S. 8 ff., S. 16 und S. 126.
524 Paul Gifford, Paradigm Shift, in: Kwasi Konadu/Clifford C. Campbell (Hgg.), *The Ghana Reader. History, Culture, Politics* (Durham-London: Duke University Press, 2016), S. 422–427, hier S. 422 und S. 425–427; Daniel Eshun, Ghana, bes. S. 63 f. 2021 hatte die Kirche 11 Diözesen.
525 Vgl. *Saint Andrew's Cathedral* in Sekondi, 1933–1936, zwischen Romanik und Renaissance changierend. S. Pobee, *The Anglican Story in Ghana*, S. 141. Modern ist *Saint Cyprian's Cathedral* von Kumasi, 1968 begonnen, Kathedrale seit 1973, mit Kreuzweg-Fresken 1998 von Alex Amofa (*1940), vgl. Pobee, *The Anglican Story in Ghana*, S. 241; s. a. Atta Kwami, Kumasi Realism: Alex Kamofa, in Konadu/Campbell, *The Ghana Reader*, S. 415–421, hier S. 416 und S. 420.

durch *evangelical revivals* beflügelt. Doch blieb die *Church of Kenya* ähnlich wie der Anglikanismus in Ghana eine Minderheit, aber lange repräsentativ. Noch im I. Weltkrieg – nämlich 1917 – legte in Nairobi der Gouverneur den Grundstein für die doppeltürmig-neogotische *National Church* von *All Saints* in Nairobi. 1924 wurde sie Kathedrale; bis 1952 wurde sie phasenweise vollendet. Die Fenster zeigen englische Heilige und Gestalten des anglikanischen Afrika. George VI und Elizabeth II stifteten Bibeln.[526] Dann kommen wieder Kleinbauten dazu, erst später zu Kathedralen erhoben, aber schon im nachkolonialen Geist: 1955 entsteht in Fort Hall (Murang'a) mit *Saint James and All Martyrs* eine Kirche in simpler Moderne, doch Mahnmal für die Opfer der Mau-Mau-Rebellion (1952–1960), mit Fresken von Rekiya Elimoo Njau (bis 1959).[527] Auch Großbauten wie 1984 *Saint Paul's* in Embu, einschiffig, mit offenem Dachstuhl, wirken indigen bis hinein in die Liturgie. Anschaulich beschrieb ein protestantisch-peruanischer Missiologe den Weihegottesdienst:

> Anglican Bishop David Gitari presided over the gathering that lasted from 9:00 in the morning until around 2:00 in the afternoon. It was an unforgettable worship service attended by over 5000 people who represented many African churches [...]. There were [...] many choruses with their musicians and orchestras who participated at different times throughout the service. What caught my attention my attention were the conversations and dialogue that were sung not spoken, back and forth between the different choruses [...] There were a host of different African instruments: drums of various shapes and sizes, wind instruments, and guitars [...]. This was not a Western Anglican service which utilized parts of the liturgy composed for the Anglican Church; it was also a service, in which African idiosyncrasies and identity were readily apparent.[528]

Bei der wachsenden Zahl der Diözesen hielt der Dombau aber nicht immer Schritt. Oft blieben wieder *pro cathedrals* die Zentren. So ist der Dom in Kiambu (Diözese *Mount Kenya South*) *Saint James,* eine simple Ziegelsteinhalle mit Glockenträger;[529] auch die Freude an Architektur und das logistische Engagement verkürzten die Baugeschichte nicht immer, wie der Dom in Thika zeigt: Zu oft

---

[526] Gilbert E.M. Ogutu, *Celebrating the Past: Seizing the Future. All Saints Cathedral Church in Nairobi Centenary (1917–2017). Background History, Architectural Design and Spirituality* (Nairobi: Wajee Nature Park, 2017), S. 13; S. 30 ff.
[527] *The Murang'a murals*, ed. by Harold F. Miller, Nairobi: CreateSpace Independent Publishing Platform, 2014.
[528] (Ruben) Tito Paredes, Ecclesiological Traditions and the Construction of Autochthonous Identities, in: *Journal of Latin American Theology* 13/1 (2018), S. 97–116, hier S. 112–113.
[529] Diocese of Mt. Kenya South. Strategic Plan 2011–2015 (Kiambu: Bishop Magua House, 2011), S. 29.

stellen sich Defizite in den finanziellen Ressourcen ein, ebenso in der Qualifikation, Koordination und Kooperation der Beteiligten.[530]

Anders als in Kenia etablierte sich der Anglikanismus in Tanganyika/heute Tanzania, erst später, da die Region – zur wilhelminischen Zeit Deutsch-Ostafrika – erst nach 1918 an Großbritannien überging. Doch hatte die Entwicklung der anglikanischen Präsenz auf Zanzibar gezeigt, dass auch die südlicheren Nachbarregionen Kenias im Blick waren. Schon ab 1875 war in Tanganyika das Masasi-Distrikt ein Zentrum, 1926 das Bistum gegründet und die 1909 vollendete Kirche *Saints Mary and Bartholomew* in Mtandi ab 1929 zur Kathedrale erweitert. 1927 folgte die CMS-Diözese Dodoma, 1932–1933 mit dem kleinen Rundbau der *Cathedral Church of the Holy Spirit*. Größeres entstand in Dar es Salaam mit *St Alban* von 1934, an Zanzibar erinnernd, für eine Gemeinde „from the governor himself downwards",[531] Kathedrale seit 1963 –, dann Moderneres wie *All Saints'* im 1991 gegründeten Bistum Mpwapwa[532] oder *Saint Paul's* im 2001 etablierten Bistum Kondoa, 2021/22 noch im Bau.[533] Weiter stieg die Zahl der Diözesen.[534] Aber manchmal steht die *Kathedra* für lange Zeit in einem Betsaal aus den 1990er Jahren wie seit 2010 in der *pro cathedral* von *Saint Luke's* in Tarime.[535]

Historisch näher dem Anglikanismus Nigerias und Kenias hinwiederum steht der Anglikanismus Ugandas, auch er evangelikal geprägt. Hier wuchs er ähnlich rasch wie in Nigeria und mit ihm die Zahl der Diözesen und Kathedralen[536] – wobei aber der Großbau von *Saint Paul's* in Kampala zunächst ein Unikat blieb und weitere Dome schlichte Missionskirchen waren, z. B. für das Bistum *Ankole* in Ruharo *St James*, ein Ziegelbau der 1930er Jahre, wieder in vereinfachter Neogotik.[537] Zeitgleich entstand der Dom von Kitgum, noch aus Lehm, später restauriert;[538] aber wie-

---

530 Gatugu John Maina, *Factors Influencing Completion of Construction Projects by Church Organization: Case of Anglican Church of Kenya, St Andrew's Cathedral Archdeanconry, Thika, Kiambu County*. Magisterarbeit an der University of Nairobi 2014, vgl. bes. S. 65–68.
531 Zu Mtandi und Dodoma s. Clarke, *Anglican Cathedrals*, S. 43–46; zu Dar es Salaam s. Sundkler/Steed, *A History of the Church in Africa*, S. 848.
532 Stephen u. Sylvie Barbor (Hgg.), *Companion Diocese of Mpwapwa Tanzania Handbook* (Rochester: Diocese of Rochester, 2020²), S. 4.
533 Barbor/Barbor, *Handbook*, S. 2; hier der Link zu den *Companion Dioceses*, von dort zu *Kondoa* und *Projects*.
534 2022 hatte die Provinz 28 Diözesen.
535 Die Diözese entstand 2010, s. www.anglicantarime.org/parishes.
536 2022 hatte die Kirchenprovinz 38 Diözesen.
537 S. Grace Patrick Karamura, *The Interplay of Christianity, Ethnicity and Politics in Ankole, Uganda, 1953–1993*. Dissertation an der University of Leeds 1998, S. 60 ff. und S. 171. www.ankolediocese.org.
538 S. Wokorach-Oboi, Kitgum Cathedral in Sorry State, in: *New Vision* vom 17. November (2004) www.newvision.co.ug/news/1092960/kitgum-cathedral-sorry.

der ein politischer Vermittlungsort.[539] Und wenn solche historistischen Kirchen – z. B. *Emmanuel Cathedral* in Mvara (Diözese *West Nile*) – später Zweckbauten Platz machten,[540] waren diese manchmal kaum größer, z. B. in Kotido (Diözese *North Karamoja*) der Saalbau der *Christ Church Cathedral*.[541] In die Politik gerieten sie aber genauso, etwa in Bugembe (Diözese *Busoga*) die *Christ Cathedral:* Zu ihren finanziellen Förderern bei ihrer Errichtung in den 1970er Jahren gehört Idi Amins Gegner Milton Obote, um sich zur Rückkehr ins Amt die Hilfe des anglikanischen Episkopats zu sichern.[542] Doch auch Großbauten folgten, z. B. *All Saints'* auf dem *Nakasero Hill* in Kampala: vor 1914 eine Hospitalkirche, seit 1972 Dom der neuen Hauptstadtdiözese, ab 2004 in gemäßigter Moderne auf 5000 Plätze erweitert, vom neuen anglikanischen Präsidenten Yoweri Museveni (*1944) mitfinanziert und 2022 vollendet.[543] Doch blieb der Klerus nach den Erfahrungen mit Diktaturen bei Menschenrechtsfragen wachsam.[544] Es folgen auch Missionen in Rwanda und Burundi, so in Buyé/Burundi, wo eine kleine neogotische Kirche der 1930er Jahre 1951 erste Kathedrale wurde. Moderneres folgte mit *Holy Trinity* in Bujumbura.[545] Wieder boten die Kirchen Raum zur politischen Versöhnung.[546]

Hochkirchlich blieb das übrige südlichere Afrika und kleiner die Zahl der Diözesen. Sogleich ein Repräsentationsbau war aber in Südrhodesien der Dom in Salisbury (Harare) von 1913–1938[547] – unviktorianisch wie in Zanzibar, nämlich

---

539 Jenny Taylor, Taking Spirituality Seriously: Northern Uganda and Britain's ‚Break the Silence Campaign', in: *The Round Table*, Vol. 94, Nr. 382, S. 559–574.
540 Obetia, *Worship*, S. 236.
541 Vgl. Church of Uganda. North Karamoja Diocese. Diocesan Half-Year Report: January–February 2016, S. 4.
542 Paul Gifford, *African Christianity. Its Public Role* (London: Hurst & Company, 1998), S. 124–133, bes. S. 130.
543 Historisches bei Julius Izza Tabi, *The Challenge of African Christianity to Human Rights. Exploring the response of the Diocese of Kampala in the Anglican Church of Uganda*. Magisterarbeit an der Norwegian School of Theology, 2017, S. 20 f.; s. a. Andante Okanya, Museveni donates sh500 to All Saints Cathedral, in: *New Vision*, November 5, 2018, S. 3.
544 Charakteristisch ist die Arbeit von Tabi, *The Challenge;* bezeichnend ist auch die hier beschriebene mögliche Kollision von universalen Menschenrechten und biblischen Wertesetzungen, vgl. z. B. S. 80–103.
545 Zu Buyé s. Thierry Bahizi, *Mission on the Margins. The Work of the Anglican Diocese of the Anglican Diocese of Bujumbura in the Community of Bujumbura*. Magisterarbeit an der University of South Africa, S. 29–31; zu Bujumbura vgl. ders., *The response of the Anglican Diocese of Bujumbura to the challenge of urbanization in Burundi*. Dissertation an der University of South Africa 2016, S. 74.
546 So geschah die Domweihe in Ruhengeri/Rwanda 2004 bei Anwesenheit des Staatspräsidenten, s. Phillip Cantrell, The Anglican Church of Ruanda: domestic agenda and international linkages, in: *Journal of Modern African Studies* 45/3 (2007), S. 333–354, hier S. 333.
547 Clarke, *Anglican Cathedrals*, S. 39.

neoromanisch mit freiem Glockenturm – allerdings mit seinen militärischen *Memorials* auch Zeichen britischer Dominanz.[548] Kleinere Missionskirchen kamen dazu, so in Blantyre/Malawi *Saint Paul's*, geweiht 1922,[549] nach Bistumsgründung 1980 mit einer *Lady Chapel* ausgestattet.[550] Nach 1945 folgte Moderneres, z. B. in Zambia, wo in Ndola ab 1955 die *Cathedral of the Nativity* entstand[551] und 1957 Königinmutter Elizabeth (1900–2002) in Lusaka (Abb. 70) den Grundstein von *Holy Cross* legte, einem 1962 vollendeten Großbau der ersten Moderne, als *National Cathedral*, im unabhängigen Zambia auch ein Vermittlungsort in der Politik.[552] Architektonisch repräsentativ blieb ebenso das hochkirchliche Südafrika, wo außer dem Dom in Pretoria derjenige in Cape Town vollendet wurde (mit einem weiteren Zentrum der Versöhnung).[553] Evangelikale Missionsunternehmen lagen demgegenüber wieder fern,[554] aber ebenso neue hochkirchliche Prestige-

Abb. 70: Lusaka. *Holy Cross Cathedral.* Wie *All Saints* in Onitsha gehört Zambias *National Cathedral* zu den gewichtigeren neueren anglikanischen Domen Afrikas, ist aber gegenüber Abb. 69 konventioneller. Der Altarbaldachin zeigt Hochkirchlichkeit mit altkirchlichen Zügen.

---

548 Farai Mutamiri, *A Critical Historical Evaluation of the Anglican Diocese of Harare's Decade of Turmoil, 2002–2012*. Dissertation an der Universität Pretoria 2017, bes. S. 60–68.
549 Tengatenga, *The UMCA*, S. 225.
550 Tengatenga, *The UMCA*, S. 9.
551 Clarke, *Anglican Cathedrals*, S. 40.
552 Nelly Mwale, The Anglican Cathedral of the Holy Cross in Zambian Church History, in: *Studia Historiae ecclesiasticae* 47/1 (2021), S. 1–19, bes. S. 6 ff.
553 Zu Cape Town s. Margaret Greenwood, *Watchful Witness*. Wissenschaftliche Arbeit an der Universität Pretoria 2017.
554 Bompani, South Africa, S. 137. Als ältere Expansion zu nennen ist die nach Moçambique, wo u. a. 1938 *St Augustine's* in Macienegeweiht wurde, Dom seit 1943 (Clarke, *Anglican Cathedrals*, S. 33). Dazu entstand in Namibia 1925 *Saint George's Cathedral* in Windhoek, dorfkirchengroß, s. Clarke, *Anglican Cathedrals*, S. 34.

bauten. Eine Ausnahme wurde die neue – pfarrkirchengroße – *Nativity Cathedral* in Pietermaritzburg (1971–1976), Gemeindekirche und Kulturzentrum.[555]

9.3.3.4 Von Asien in die Südsee – Nachkoloniale Zentren in alten Herrschaftsgebieten

Freilich machte sich die neue Expansion des Anglikanismus auch in Asien und Ozeanien bemerkbar – wenngleich geringer als im südlicheren Afrika (zumal hier kaum Regionen evangelikal waren wie Nigeria oder Uganda, andere jedoch hochkirchlich). Überdies überschritt hier der Anglikanismus kaum die Kolonialgrenzen, die er Ende des 19. Jahrhunderts erreicht hatte. Erst recht blieb seine Expansion gegenüber dem Katholizismus geringer, auch die Zahl neuer Kathedralen, schon auf dem indischen Subkontinent. Zwar behielt die *Church of England* auch hier lange ihre traditionellen Strukturen, ja 1930 schlossen sich die Diözesen zur *Church of India, Burma and Ceylon* zusammen. Es entstand danach auch eine gewichtige neue Kathedrale als Beispiel indigener Architektur. Es ist die 1939 geweihte *Epiphany Cathedral* in Dornakal (Abb. 71) angeregt von Samuel Azariah (1874–1945), dem ersten einheimischen Bischof. Der Außenbau assoziiert im Langhaus Hindutempel, die Fassade u. a. den muslimischen Taj Mahal in Agra.[556] Allerdings löste sich diese Provinz bald sukzessiv durch Unionen mit nicht-bischöflichen Kirchen (Methodisten usw.) auf – 1947 in die Kirche von Südindien (CSI),[557] 1970 in die Kirche von Nordindien (CNI) und Pakistan, 1974 in die Kirche von Bangladesch. Dabei wurde zwar das episkopale System beibehalten, aber die Schaffung von Kathedralen ähnlich wie im bisherigen Anglikanismus eine Ermessensfrage. Indes erwies der indische Subkontinent ein letztes Mal als staatskirchliche Domäne Englands, und zwar in der neuen indischen Hauptstadt New Delhi: Fast zeitgleich mit Dornakal entstand hier eine Kirche, die bald eine weitere *National Cathedral* war, in Indien wohl erst der dritte anglikanische Repräsentationsbau nach *Saint Paul's* in Kolkata und *All Saints'* in Allahabad – nämlich die *Cathedral of the Redemption*. Sie entstammte zwar schon dem Wettbewerb, den Edwin Lutyens 1925 zur Stadtgründung initiiert hatte und Henry Medd gewann, auch Architekt der römisch-katholischen Kathedrale. Der Neorenaissance-Bau – an Palladios *Il Redentore* zu Venedig erinnernd – wurde 1927–1931 neben dem Palast des Vizekönigs errichtet; Türme

---

555 Kenneth Hallowes, A new Cathedral-Centre for Pietermaritzburg, in: *Natalia. Natal Society Foundation* 1 (1971), S. 31–34; eine Gesamtdarstellung bei Ian Darby, *Cathedral of the Nativity Pietermaritzburg*, Pietermaritzburg: L. Backhouse Ltd., o. J.
556 Thomas, *Churches in India*, S. 16; s. a. Clarke, *Anglican Cathedrals*, S. 24.
557 Exemplarisch Anderson Jeremiah, The Church of South India, S. 147 ff.

und Kuppel folgten 1935, die *Kathedra* allerdings erst 1947.[558] Und obwohl auch in den seit 1947 entstandenen Unionskirchen mit Ausnahmen aus deutschsprachigen Missionen meist Kirchbauten anglikanischer Traditionen zu Kathedralen wurden,[559] gab es nicht nur bei den Anglikanern (weiterhin in der Regel historistische) Neubauten, z. B. die *Immanuel Cathedral* in Ernakulam von 2005–2006, Bischofskirche seit 2017;[560] vielmehr kamen jetzt auch neuere Kirchen aus dem nicht-bischöflichen Protestantismus anglophoner Tradition als weitere Kathedralen dazu;[561] auch die Liturgie indigenisierte sich, sogar mit Tanz als der Antwort auf die getanzten hinduistischen Schöpfungsmythen.[562]

Abb. 71: Dornakal. Anglikanische Kathedrale. Der Bau gehört ebenfalls zu den bekannteren anglikanischen Kathedralen: Fast mutig sind die außerchristlichen Stil-Assoziationen, da auch das multireligiöse Miteinander auf dem Subkontinent nie ganz spannungslos war.

Nun sind die Kirchenunionen bislang Ausnahmen: Im sonstigen Asien blieben die bisherigen anglikanischen Kirchenprovinzen bestehen, ja es wurden neue gegründet, z. B. mit dem Zentrum Singapur – seit 1972 Ausgangsort bischöflich ge-

---

558 Clarke, *Anglican Cathedrals*, S. 21–22; Rahman, *Colonial Architecture in Metropolitan India*, S. 68–69.
559 Beispiele s. o. S. 239.
560 Vgl. Jacob John u,.a. (Hgg.), *Immanuel. Monthly Bulletin of CSI Immanuel Cathedral, Ernakulam* 13/4, April 2017 (Ernakulam: CSI Immanuel Cathedral Church Office, 2017), S. 4.
561 Vgl. für die CSI die früher methodistische Kirche in Medak, in englischer Spätgotik, 1914–1924, mit viel Glasmalerei; s. Scriver u. a., Neo-Gothic in India, S. 105–106, methodistischen Ursprungs ist auch für die 1978 gegründete CSI-Diözese Karimnagar die zeitgleich gebaute kleine neogotische Kathedrale der Stadt; s. Surya Prakash (Hg.), *Karimnagar Diocese 133 Years and Beyond. Church of South India Karimnagar Diocese. A Story of Transformation (1879–2012)*, Medak 2012.
562 Vgl. Sundermeier, *Religion und Kunst auf Bali*, S. 73–75.

förderter Erweckungsbewegungen – mit 3 neuen Bischofssitzen in Malaysia und Brunei[563] und z. T. mit neuen Domen in einer funktionalen Moderne.[564] Ebenfalls auf anglikanische Identität bedacht blieben die anderen Regionen, etwa Sri Lanka, hochkirchlicher als Indien oder Singapur. Es ist ebenso eine Region, in der die Indigenisierung seit den 1950er Jahren voranging, verständlicherweise, da das Land nach dem Ende der portugiesischen Herrschaft 1556 bis zur Unabhängigkeit 1948 noch 2 Herrschaften ertrug.[565] Mentor der nachkolonialen Sakralarchitektur war Lakdasa de Mel (1902–1976), aus alter ceylonesischer Familie. Als Gründerbischof der Diözese Kurunegala initiierte er die von Wilson Peiris 1950–1960 gebaute *Cathedral of Christ the King*, inspiriert mit der oktogonalen Vierung u. a. vom Buddhatempel zu Kandy, aber ebenso als Zentrum der anglikanischen Gemeinden wahrnehmbar, da diese durch Symbole im Raum vertreten wurden.[566] Dabei wurde diese Kirche – noch als Saalbau entworfen – durch ihr Oktogon Modell für Peiris' artifizielle *Cathedral of Christ the Living Saviour* in Colombo von 1968–1973, einen Zentralraum für 2000 Personen. Sie näherte sich außerdem wieder der Idee einer Nationalkathedrale, da an ihr auch der Walliser Tom Neville Wynne-Jones (1893–1979) mitwirkte, zeitweise *Chief Architect of Ceylon*.[567] Freilich, jenseits des *British Empire* verlieren sich auch seine anglikanischen Kathedralen weiter; keine existieren in Vietnam und Umgebung; nach der Zwangsfusion der Protestanten in China fehlen sie auch dort. Auf dem Festland gibt es nur eine neue Ausnahme für Hong Kong mit der indigenen *Holy Trinity Cathedral* in Kowloon von 1936–1937: Es ist ein Saal mit offenem Dachstuhl, von einem einheimischen Architekten, innen chinesisch ornamentiert, außen als konfuzianischer Tempel abgedeckt.[568] Hochkirchlich blieb auch Südkorea, erst recht eine Minderheitskirche ohne größere Expansion, obwohl 2 Diözesen hinzukamen.[569] Und jetzt wurde die indigene *Ghangwa-Church* 1917–1926 durch den Neubau des großen altchristlich-neoromanischen Domes in Seoul kontras-

---

563 Daniel Wee, Singapore, in: Goodhew (Hg.), *Growth* S. 159–176.
564 Z.B. als moderne Saalkirche *Saint Thomas* in Kuching, vgl. Clarke, *Anglican Cathedrals*, S. 214–215.
565 Jayasinghe, *Identity Crisis*, S. 6 ff. Es war die niederländische Herrschaft bis 1796 und die englische bis 1948.
566 Joan De Mel, *Lakdasa De Mel. God's Servant – World citizen – Lanka's son* (Delhi: I.S.P.C.K., 1980), S. 59 ff., S. 71 ff. und S. 91; Clarke, *Anglican Cathedrals*, S. 22–23; Takenaka, *The Place Where God Dwells*, S. 44–45; Nilan Cooray (Hg.), Quarterly Tours No. 19, Colombo 2011: National Trust – Sri Lanka (=National Trust for National and Cultural Heritage) 27th August 2011.
567 Takenaka, *The Place Where God Dwells*, S. 42–43; Jayasinghe, *Identity Crisis*, passim.
568 Puay-peng Ho u. a., *Historical cum Social Study on Kowloon City in connection with Kai Tak area*, Hong Kong: Antiquities and Monuments Office, 2009, S. 122–129.
569 2005 gab es bei 14 Millionen Protestanten 65 000 Anglikaner, s. A. Eungi Kim, South Korea, in: Goodhew (Hg.), *Growth*, S. 177–196, hier S. 188. Zu den Diözesangründungen S. 185.

tiert; er war allerdings bei der Weihe nur zur Hälfte vollendet. Endgültig fertig war er nach kriegsbedingten Unterbrechungen und finanziellen Engpässen erst 1996.[570] Auch bei den neuen Diözesen wurden historistische Kirchen für die *Kathedra* ausgewählt.[571] Marginal blieb auch die Kirche von Japan, quantitativ wie architektonisch. Ihre Dome waren auch nach 1945 meist unauffällig, z. B. *Christ Church* in Sendai 1957.[572] Ein kleines Pendant zum Dom Tanges wurde der Neubau von *Saint Andrew's* in Tokyo 1996;[573] avancierter auch *Christ Cathedral* in Sapporo 2001.[574] Nach Zerstörung der alten Kathedrale im philippinischen Manila 1945 wurde hier bereits 1962 ein moderner Neubau geweiht.[575]

Überwiegend zurück ging sogar der Anglikanismus im Umkreis Australiens, im Staat Australien selbst bis 1981 noch als *Church of England* bezeichnet,[576] mit Wachstum nur noch im evangelikalen Bistum Sydney.[577] Neue Dome, architektonisch retrospektiv, entstanden meist als Ersatz älterer: Abgeschlossen wurde der Dom von Brisbane 2009 nach dem Originalplan.[578] Der noch neugotisch begonnene Dom von Townsville wurde zwar modern vollendet,[579] aber auch diesseits des Historismus lebte englische *Cathedral Architecture* fort: *Holy Cross* in Geraldton von 1962–1964 für die 1960 neu gegründete Diözese – ein später Konkurrenzbau zur örtlichen katholischen Kathedrale – hat Anklänge an Coventry und besitzt Steine aus der *Westminster Abbey*.[580] Auch in Neuseeland ging der Anglikanismus zurück.[581] Unvollendete

---

570 Jeong-Ku Lee, *Architectural Theology*, S. 196; J.E. Hoare, The Anglican Cathedral Seoul 1926–1985, in: *Transactions of the Royal Asiatic Society, Korea Branch* Vol. 61 (Seoul: Seoul Computer Press, 1986), S. 1–14; Park Won-Sook (Hg.), Seoul Architectural Guide (Seoul: Samseong Munhwa, 2015), S. 84.
571 Vgl. in Busan die *Saint Saviour's Cathedral* 1924 (https://colonialkorea.com/2015/05/23/busan-part3).
572 Löffler, *Fremd und Eigen*, S. 295.
573 Watanabe, *The Architecture of Toyko*, S. 214; Löffler, *Fremd und Eigen*, S. 301.
574 Löffler, *Fremd und Eigen*, S. 292.
575 Ngaya-an, *Mission Policies of the Episcopal Church in the Philippines*, S. 181.
576 Powell, Australia, S. 202.
577 Ebejer, *The Changing Face of Australia*, S. 32; Porter, *The New Puritans*, S. 9 ff. und S. 65 ff. Zu Sydney vgl. Hazlewood, *Characteristics and Correlates*, S. 8–31; Fraser, „Puritans in Babylon", S. 33–34.
578 Zahradnik (Hg.), *Architectural Guide Australia*, S. 404–405/Nr. 209.
579 Vgl. Clarke, *Anglican Cathedrals*, S. 105–106; s. a. Queensland Heritage Register Nr. 600887.3.
580 Joan Downes, *The Cathedral Church of the Holy Cross, Western Australia*, Geraldton: Holy Cross Cathedral Chapter, 1986. Moderner ist der nach 1974 entstandene kleine Domneubau in Darwin: eine Zeltkirche mit dem Portikus des durch Orkan zerstörten Vorgängers, s. Zahradnik (Hg.), *Architectural Guide Australia*, S. 377/Nr. 189.
581 Zur Statistik Noel William Derbyshire, *An Anatomy of Antipodean Anglicanism: The Anglican Church in New Zealand 1945 to 2012*. Dissertation an der Massey University, Albany, New Zealand, 2013, Bd. I, S. 332 ff.

(stets neugotische) Dome wurden in konservativer Moderne beendet,⁵⁸² Neubauten waren wieder Ersatz für ältere, so die ab 1938 in Wellington geplante neue Paulskathedrale (Abb. 72). Der romanisierende Bau, als *National Cathedral* nahe am Parlament errichtet, mit seiner Flachdecke an die Basiliken der frühen Kirche erinnernd, wurde 1954 in Anwesenheit von Elizabeth II begonnen und 2001 vollendet.⁵⁸³ Expansiv blieben nur die Missionen der Südsee und Neuguineas.⁵⁸⁴

Abb. 72: Wellington. Anglikanische Kathedrale. Für das *Christus*-Dorsale an der Chorwand – 1990 von der Engländerin Beverley Shore Bennett (*1928) – hat wohl der *Christus*-Teppich (1962) im Chor der *Coventry Cathedral* von Graham Sutherland (1903–1980) Inspiration geliefert.

9.4 Die Ostkirchen

9.4.1 Kathedralen der orientalischen Kirchen – Konfessionelle Identität in architektonischer Vielfalt und neuen Bedrohungen

Auch nach 1918 verstanden sich die Ostkirchen – die orientalischen und orthodoxen – nur wenig als Teil der Entwicklungen im Westen, ja sie trugen vielmehr z. T. noch

---

582 So in Auckland, s. Murray/Murray u. a., Australia, S. 43; Borngässer/Klein, Gothic Down Under, S. 95–96.
583 Vgl. Chr. Cochran/R. Murray zusammen mit M. Kelly und E. Fox, *Old Saint Paul's Conservation Plan*, S. 64 ff.; Michael Blain, *Wellington Cathedral of S Paul. A History 1820–2001*, Wellington: Victoria University Press, 2002.
584 Auch hier entstand Traditionelles, z. B. in den 1950er Jahren die Kathedralen in Dogura/Neuguinea und in Suva/Fiji Islands (Clarke, *Anglican Cathedrals*, S. 106–107 und S. 119). Ein Zweckbau von 1961–1968 ist *Saint Barnabas Cathedral* in Honiara/Solomon Islands, s. *Solomon Islands Historical Encyclopaedia 1893–1978*. https://solomonencyclopaedia.net/biogs/E000258b.htm.

ihre eigenen uralten interkonfessionellen Konflikte aus.[585] Ebenso wenig waren sie durch die kulturellen Umbrüche des Westens berührt, auch nicht durch die Katastrophen, die 1914 und 1939 in Europa begannen. Einigerorts wurden sie jedoch in ihrem Lebensraum erschüttert, gewiss nicht alle gleich heftig: Im Bestand intakt, aber nicht ohne islamistische Attacken blieben die orientalischen Kirchen Nordafrikas und Indiens, geschlagen wurde aber das armenische Kerngebiet, und neue Katastrophen erlebten die orientalischen Kirchen Vorderasiens.

Stabil blieben in Ägypten die Kopten. Hier entstanden sogar weitere Monumentalkirchen, stilistisch in neuer Nähe zu anderen Ostkirchen und zu westlicher Sakralarchitektur, z. B. 1950–1952/1985–1990 die romanisch-eklektizische Patriarchatskirche des *hl. Markus* in Alexandria.[586] Als Ergänzung der alten Patriarchatskirche in Kairo folgten dort 1965–1968 eine weitere – 100 m × 36 m große – Markuskathedrale als modernisierte Basilika[587] und für 8000 Personen 2017–2019 die stilverwandte *Christi-Geburts*-Kathedrale.[588] Dazwischen (1996–2000) steht die große doppeltürmige *St Michael's Cathedral* in Assuan (Abb. 73).[589] Im Bestand stabil blieb auch die Kirche in Äthiopien, bis 1974 Staatskirche, aber unter einigen Turbulenzen wie 1959 bei Erlangung ihrer Selbstständigkeit und 1993/1994 bei der Abspaltung der Kirche von Eritrea.[590] So entstanden während der Monarchie lange Zeit nach dem Bau von Aksum – z. T. noch unter der italienischen Besetzung – Neubauten, wie nach einem modernisierenden italienischem Entwurf in Asmara/Eritrea mit *Ende Mariam* aus den 1930er/1940er Jahren.[591] Polystilistik zeigt die Dreifaltigkeitskathedrale in Addis Abbeba von 1930–1942, d. h. zu Beginn der Regierung Haile Selassies (1892–1975) errichtet und seine Hof- und Grabkirche. Dazu wurde sie der Hauptstadt-Sitz des Patriarchen, doch mit ihren martialischen royalen Fresken ebenso ein neues, umstrittenes Beispiel für

---

585 Verghese, Beziehungen zu anderen Kirchen und ausländischen Missionen in Äthiopien, in: ders. (Hg.), *Die koptische Kirche*, S. 200–207, hier S. 201.
586 C. Ludwig (Hg.), *The Churches of Egypt*, S. 48–51.
587 C. Ludwig (Hg.), *The Churches of Egypt*, S. 179–181.
588 S. Abdelmoeti Abuzaid, Ägypten, Kairo: Der Staatliche Informationsdienst (SIS). Al-Almiria Druck, 2020, S. 19 und S. 50.
589 Metropolit Hedra, Christian Aswan in the Modern Era and the History of Its Cathedral, in: Gabra/Takla (Hgg.), *Christianity and Monasticism*, S. 175–185.
590 Oeldemann, *Die Kirchen*, S. 79 f.; Stéphane Ancel/Éloi Ficquet, The Ethiopian Orthodox Tewahedo Church (EOTC) and the Challenges of Modernity, in: Gérard Prunier/Éloi Ficquet (Hgg.), *Understanding Contemporary Ethiopia. Monarchy, Revolution and the Legacy of Meles Zenawi* (London: Hurst Publishers, 2015), S. 63–91, bes. S. 74 und 80.
591 Maristella Casciato, Da campo militare a capitale. Asmara colonia italiana e oltre, in: *Incontri. Rivista Europea di Studi Italiani* 28 (2013), S. 44–57, hier S. 53.

Abb. 73: Assuan. Koptische Kathedrale. Der Bau zeigt die zunehmend selbstbewusste koptische Präsenz im muslimischen Ägypten.

das mögliche Selbstbild von Staatskirchen.[592] Unverfänglicher ist in Aksum der neobyzantinische Kuppelbau der 1965 vollendeten neuen *Mariam Sion*-Kathedrale. Mit der alten Marienkirche, der Kapelle der Bundeslade und der 2005 vollendeten Patriarchenresidenz vervollständigt sie das geistliche Zentrum.[593] Auch nach dem Ende von Monarchie 1974 und Militärdiktatur 1991 folgten in äthiopischen Bischofsstädten Neubauten.[594]

Weitaus stärker war das armenische Christentum angefochten, zunächst im osmanischen Anatolien: 1915 wurde das Katholikosat Sis aufgelöst. Ein Exil fand es im libanesischen Antelias, wo 1938–1940 die neue Kathedrale im altarmenischen Stil entstand.[595] Doch auch in den Gebieten des alten Zarenreichs wurde die armenische Kirche nach der Oktoberrevolution nahezu zerschlagen und erst nach 1989 restauriert. Jetzt folgten Neubauten – konservativ stilisiert wie in Jerewan bei dem Dom des *hl. Gregor des Erleuchters*.[596] Ungehindert blieb der Dombau in Ägypten oder unter Schah Mohammad Reza Pahlavi (1919–1980) in Persien, auch

---

[592] Briggs, *Ethiopia*, S. 180; s. Jason E. Craig, *Haile Selassie and the Religious Field: Generative Structuralism and Christian Missions in Ethiopia*. Magisterarbeit an der Temple University Philadelphia 2010, bes. S. 28 ff.
[593] Ein Überblick bei Woldeyohannes, *Aksoum*, S. 245 ff., S. 252, S. 263; Ancel, Architectural innovation, S. 497.
[594] Ancel nennt neben der 2004 geweihten 70 m × 25 m großen (historisierend-polystilistischen) Kathedrale *des Erlösers* in Addis Abeba die zeitgleich vollendete Kathedrale *U.L.F.* in Debre Marqos, 50 m × 20 m groß und die 65 m × 35 m große Kathedrale *des hl. Gabriel* in Meqele.
[595] Dadoyan, *The Armenian Catholicosate*, S. 91 ff.
[596] Dum-Tragut, *Armenien*, S. 124.

in der Neuen Welt.⁵⁹⁷ Wie die Armenier verloren aber in Anatolien seit 1924 auch die Syrisch-Orthodoxen ihre Heimat.⁵⁹⁸ Für sie folgten einige neue (historistische) Kathedralen in Syrien, z. B. *St. Georg* in Hassaké und – nach dem Umzug des Patriarchen 1959 hierher – *St. Georg* in Damaskus, zeitweise mit dem Grab von Patriarch Ignatius Yakoub III. (1913–1980).⁵⁹⁹ Die Zukunft bleibt jedoch für die kriegsbedrohte Region offen.⁶⁰⁰ Fragil ist auch die Existenz der assyrischen Kirche des Ostens. In der iraqischen Heimat ist die Hoffnung auf Frieden noch lebendig, so im kurdischen Ankawa/Erbil, wo 2004–2008 die *Mar Yohanna Cathedral* entstand, assyrische Bauelemente und europäische Moderne verbindend.⁶⁰¹ Pragmatisch hat man sich im Exil etabliert. So dienen in den USA für die Ost-Diözese in Chicago drei kleine historistisch-modernisierende Kirchen dem Bischof, neben der *Saint George's/Mar Gewargis Cathedral* (1986 geweiht) *Mar Sargis* und im Vorort Roselle *Mart Mariyam*. Auch andernorts ist die Architektur der Assyrer unauffällig, wenngleich ostkirchliche Bautraditionen weiterleben, z. B. bei der *Saint Hurmizd Cathedral* in Fairfield/Australien, 1989 begonnen.⁶⁰²

Im Vergleich zum bürgerkriegsbedrohten Vorderen Orient freundlicher blieb die Lage in Indien, z. B. für die Jakobiten. Auch sie schätzten weiterhin die Tradition, so für die 2004–2008 im Kerala-Stil errichtete und 2008 von Patriarch Ignatius Zakka I. geweihte kleine Kathedrale des *hl. Athanasius Paulose* in Puthencruz, architektonisch kaum von der Kathedrale in Angamaly (s. Abb. 19) unterschieden.⁶⁰³ Umgekehrt betrat man in der seit 1912 von den Jakobiten unabhängigen malanka-

---

597 In Kairo entsteht 1924–1927 als altarmenische Kreuzkuppelkirche die Kathedrale des *hl. Gregor des Erleuchters*, vgl. C. Ludwig, *The Churches of Egypt*, S. 130–131; für Teheran vgl. die doppeltürmige *Sarkis*-Kathedrale von 1964–1970 nach Entwurf des einheimischen Architekten Mirza Koutchek. Siehe S. Kenneth Frampton/Hasan-Uddin Khan (Hgg.), *World Architecture 1900–2000: A Critical Mosaic. Volume 5. The Middle East* (Wien-New York: Springer), 2000, S. 118–119. Altarmenisch ist in New York *St Vartan* 1968. S. Willensky/White, *AIA Guide to New York City*, S. 206; stilisiert wiederum die Kathedrale von Burbank, geweiht 2010, s. die Gesamtdarstellung von Diran Avagyan (Hg.), *Who We Are*, Burbank/California: The Ambassadors of Faith of the Western Diocese of the Armenian Church, 2015.
598 S. Kiraz/Joseph, *The Syriac Church of Antioch*, S. 13; Dinno, *The Syrian Orthodox Christians*, S. 221 ff.
599 Zu Hassaké s. Ignatius I. Zakka Iwas, *The Syrian Orthodox Church of Antioch*, neben S. 44; zu Damaskus Mani Rajan, *Martyrs, Saints & Prelates of the Syriac Orthodox Church*, Vol. I (Kottayam: The Travancore Syriac Orthodox Publishers, 2007), S. 129; Oeldemann, *Die Kirchen*, S. 71.
600 Dinno, *The Syrian Orthodox Christians*, S. 302–304.
601 P. Maguesyan, Mesopotamia Heritage, in www.mesopotamiaheritage.org/en/monuments/la-cathedrale-mar-yohanna-al-maamadan-dankawa.
602 Mooken, *History of the Assyrian Church of the East*, S. 193 und S. 196.
603 Vgl. Malankara Syriac-Christian Resources: *Puthencuriz St. Athanasius Cathedral*, in: www.syriacchristianity.info/ch/StAthanasiusCh.htm.

risch orthodoxen syrischen Kirche bereits mit der blockhaft-modernen 1968 geweihten Marienkathedrale in New Delhi/Hauz Khaz neue Bahnen.[604]

9.4.2 Kathedralen der Orthodoxie – zwischen neuen Bilderstürmen und Kanonisierungen

Freilich waren auch die orthodoxen Kirchen von den Katastrophen nach 1918 nicht unberührt, wie denn die russische Orthodoxie 1918–1989 das primäre Opfer der Oktoberrevolution war. Zwar blieb die Hierarchie erhalten, und nach Abdankung von Nikolaus II. wurde 1917 eine Synode einberufen, auf der das Patriarchat neu erstand,[605] und dieses konnte zum Staatsmarxismus ein begrenztes Gegengewicht bilden. Doch die kirchlichen Aktivitäten wurden auf den Kultus beschränkt, viele Diözesen aufgelöst, zahllose Kirchen erlagen neuen Bilderstürmen – zumal die historischen Bauten des zaristischen Absolutismus aus dem 19. und frühen 20. Jahrhundert. Sie wurden profaniert oder zerstört wie die *Christ-Erlöser*-Kirche in Moskau 1931.[606] Ähnliches geschah in der Provinz – bis zur Kirchenlosigkeit, so dass von einer Epoche des Dombaus 1918–1989 mit wenigen Ausnahmen nicht die Rede sein kann, auch nicht in den nach 1918 annektierten weiteren Regionen.

Nun hat sich die politische Lage wieder geändert, zunächst zögerlich seit der 2. Hälfte der 1980er Jahre, d. h. in der Spätzeit der Sowjetunion und auch nur regional. Ab 1989 jedoch erhielt die Orthodoxie im früheren Zarenreich ein neues Gesicht: Durch den Zerfall des Staates und die politische Neugliederung der Region gliederte diese sich auch in neue oder restituierte Teilkirchen; zugleich erfolgte eine religiöse Renaissance: Aufgelöste Diözesen wurden wiederbelebt und weitere errichtet, profanierte Kathedralen restauriert, zahlreiche Kirchen zu Kathedralen gemacht und neue Kathedralen gebaut. Zugleich erneute sich die Nationalkirche: Der 1918 ermordete Nikolaus II. wurde kanonisiert; sein Leichnam 1998 in die *Peter-Pauls*-Kathedrale in Petersburg überführt, eine Gedächtniskirche entstand über der Hinrichtungsstätte in Swerdlowsk.[607] 2018–2020 folgte bei Moskau unter öffentlicher Absegnung durch den Patriarchen Kyrill (*1940, Patriarch 2009) und den Präsidenten Wladimir Putin (*1962) der Bau einer neuen Kathedrale der

---

604 Daniel, *The Orthodox Church of India*, S. 456; s. a. Thomas, *Churches in India*, Abb. Nr. 33.
605 Onasch, Kirchengeschichte, S. 126 ff; Pitirim, *Die Russische Orthodoxe Kirche*, S. 59 ff.; Bremer, *Kreuz und Kreml*, S. 104–107.
606 Akinsha u. a., *The Holy Place*, S. 111 ff., bes. S. 119 ff.
607 Akinsha u. a., *The Holy Place*, S. 164–165; Bremer, *Kreuz und Kreml*, S. 193–194.

Armee.[608] Ikonographisch kommen zwar die neuen Märtyrer Russlands – so die Opfer der Diktatur ab 1918 – zu Ehren, aber auch Alexander Newski als Verteidiger der Orthodoxie hat wieder seine Gemeinde.

Unabhängig von der Restauration der russischen Orthodoxie seit 1989 bleibt die Epoche zwischen 1918 und 1989 aber ebenso in unserem Kontext folgenreich; denn bei allem noch zu bedenkenden ästhetisch-religiösen Konservatismus, der sich 1918–1989 durchgehalten hat, ist für die Zeiten des marxistischen Totalitarismus auch von einer Epoche architektonischer Isolation zu reden. Sie wiegt umso schwerer, als in der Dekade vor 1914 sich Tendenzen entwickelt hatten, über den Historismus – besonders den pseudorussischen Stil – hinauszukommen, seine ornamentale Plerophie zu überwinden und dafür die mittelalterliche Sakralarchitektur, den Jugendstil und ähnliche „westliche" Strömungen mit neuerer Technologie zu verbinden. Freilich handelte es sich bei den vorliegenden Bauten weniger um Äußerungen der Amtskirche als um private Aufträge,[609] so dass in der offiziellen Orthodoxie sich ab 1989 ästhetischer Stillstand und Neokonservatismus nicht widersprachen, ja unter nach-marxistischen Bedingungen neue ästhetische Abgrenzungen erfolgen konnten. Als Vorzeichen lässt sich die schon 1984 begonnene Nikolauskathedrale in Murmansk verstehen,[610] eine Variante z. B. der Kathedrale *U.L.F.* in Tscheboksary aus dem 17. Jahrhundert: Am Ende des Staatsmarxismus und am Anfang der christlichen Revitalisierung Russlands versinnbildlichte sie auch nach 1989 den sakralarchitektonischen Stillstand des Landes: Ästhetisch begann ja die christliche Revitalisierung, in Szene gesetzt durch Patriarch Alexej II. (1929–2008) und Präsident Boris Yelzin (1931–2007), 1994 sogleich mit einem Wiederaufbau: nämlich mit der Wiederherstellung von Thons *Christ-Erlöser*-Kirche. Dabei betraf diese Wiederherstellung außer der Restauration eines Staatsmonuments auch die Installation einer neuen Patriarchalkirche gegenüber der *Uspenskij*-Kathedrale im Kreml. Dass die neue *Christ-Erlöser*-Kirche umstritten ist – z. B. als technizistisch mechanisierte Reproduktion einer staatskirchlich-chauvinistischen Vergangenheit –, ist begreiflich, zumal die Ausmalung von früheren Vertretern des

---

[608] Oleg Kurzakov, Risse in Patriarch Kirills Machtvertikale?, in: *Religion und Gesellschaft in Ost und West (RGOW)* 2020/12, S. 25–27, hier S. 26.

[609] Vgl. William Craft Brumfield, New Directions in Russian Orthodox Church Architecture at the beginning of the Twentieth Century, in: *Siberian Federal University. Humanities and Social Sciences* 1 (2016/9), S. 5–40.

[610] Richmond u. a., *Russia & Belarus* (Melbourne/Footscray u. a.: Lonely Planet Publications, 2006), S. 368.

sozialistischen Realismus geliefert wurde.[611] Kritik kam aus dem Ausland[612] wie von einheimischen Experten.[613] Dabei gab die Kirche das Signal zu einer umfassenden nationalen Rekonstitution und Erweiterung des vor 1918 vorhandenen Kathedralenbestandes aus dem Geist der Restauration mit den Mitteln von Heute, zusätzlich in den unabhängig gewordenen Staaten Belarus und der Ukraine, sofern die dortige Orthodoxie nach 1989 Moskau treu blieb. Entsprechend entstanden (und entstehen) neben Rekonstruktionen stilgemäße Neubauten.[614] Als Rekonstruktion sei *U.L.F. Entschlafung* in Jaroslawl von 1215 genannt, 1937 gesprengt, bis 2010 wieder errichtet.[615] Aber so lebhaft die Rekonstruktionen vonstatten gingen, trat auch bei den von Grund auf neu konzipierten Kathedralen der Neo-Historismus grenzenlos in Erscheinung, wobei lediglich der pseudorussische Stil fehlt und Bauformen à la *Uspenskij*-Kathedrale Moskau dominieren. Ein Beispiel ist die 1999–2001 aus Beton errichtete Kathedrale der *Verklärung Christi* in Abakan – dem Zentrum von Chakassien, erst seit 1931 Stadt. Dabei schwingen bei diesen Neubauten häufig politische Ansagen mit, mit Reminiszenzen an die zaristische Vergangenheit: So steht die nach dem Moskauer Modell gebaute, 2011 geweihte Kathedrale im 1929 als Straflager gegründeten Magadan (Abb. 74) als Fanal des christlichen Russlands gegen das stalinistische auf dem Terrain des Lagers.[616] Sie schwingen mit im seit 1945 russischen Königsberg (Kaliningrad)[617] und in Belarus.[618] Nicht immer aber erfolgte die Errichtung eines Baues im Einvernehmen der geistlichen und weltlichen Hierarchien einerseits und der Gesellschaft andererseits, wie der seit 2010 initiierte Neubau der 1930 abgerissenen Katharinenkathedrale in Jekaterinburg (Swerdlowsk) bis 2019 zeigte.[619] Allerdings lässt sich sogar im kulturell sehr anders geprägten unabhängigen

---

611 Akinsha u. a., *The Holy Place*, S. 153 ff. und S. 161–162.
612 Richmond, *Russia*, S. 91; Nina Chabelnik, *Modernist Architecture and Religion in the Soviet Union: The Case of the Palace of the Soviets and the Cathedral of Christ the Saviour*. Magisterarbeit an der Concordia University Montréal 2021.
613 „Thus, in the temples of the modern period [...] the combined reinforces concrete structure was ‚clothed' in the [...] functional segments of church construction [...]." Vgl. Bogdan Anatolievitch Ershov u. a., The Development Trends of Church Architecture in Russia, in: *Proceedings of the INTCESS2018 – 5th International Conference of Education and Social Sciences*, 5–7 February 2018, S. 369–373, hier S. 370.
614 Mitte 2022 betrug die Zahl der Kathedralen allein für die Russländische Föderation ca. 195.
615 Richmond, *Russia*, S. 153; hier ein irrtümliches Patrozinium (*U.L.F. Verkündigung*)
616 Zu Abakan s. Richmond, *Russia*, S. 496; zu Magadan s. *JISA* 21 (2012), S. 8.
617 Richmond, *Russia*, S. 289. S. a. Akinsha u. a., *The Holy Place*, S. 161–162.
618 Vgl. die Rekonstruktion der *Uspenskij*-Kathedrale in Witebsk (Nigel Roberts, *Belarus*, S. 266–267) oder die neue Auferstehungskathedrale in Brest 2003 (S. 213 und S. 320).
619 Die von Bischof und Gouverneur vorgeschlagenen Standorte (u. a. eine der wenigen Grünflächen der Stadt) mussten nach Bürgerprotesten verlegt werden. Vgl. L.V. Daineko u. a., Socio-Cultural Impact of Church-Building in Russia (the Case of the Cathedral of Saint Martyr Catherine in

Georgien dieses Phänomen staatlich-kirchlicher Machtdemonstration beobachten: So wurde nach 1989 in Batumi die romanisch/gotische katholische Marienkirche von 1898–1902 gegen den Willen der Katholiken zur orthodoxe Kathedrale.[620] Ein zuvor im Land nicht vorstellbarer Prachtbau wurde in Tbilissi die 2004 vollendete neue *National Cathedral*, altgeorgisch stilisiert (mit gotischen Elementen), größer als die Kathedrale des Katholikos in Mzcheta; in Poti wurde die ab 1906 nach dem Modell der *Hagia Sophia* in Konstantinopel errichtete, in sowjetischen Zeiten zum Theater umgebaute Kirche als *Auferstehung Christi*-Kathedrale für die neue Diözese 2005–2013 rekonstruiert und im Beisein des Staatspräsidenten geweiht.[621] Dem entspricht, dass man für das neue Georgien trotz politischer Annäherung an Westeuropa neue Nähe zur russischen Orthodoxie beobachtet.[622]

Abb. 74: Magadan. Russisch-orthodoxe Kathedrale. Die Hauptkirche des neuen Bistums ist typisch für viele neue russische Kathedralen, durch ihre quasi standardisierte Gestalt auch bezeichnend für den oft pragmatischen Kirchbau in bislang kirchenlosen Städten des Landes.

Etwas kleiner waren die politisch-weltanschaulichen Turbulenzen der Orthodoxie auf dem Balkan, da hier bis 1945 die Kirchen öffentlich agieren durften; reglementiert waren sie allerdings durch den von der Sowjetunion aus verbreiteten Staats-

---

Ekaterinburg), in: IOP Publishing. *International science and technology conference „Earth Science"* IOP Series: Earth and Environmental Science 666 (2021) 062082, S. 1–9; zur alten Kathedrale S. 4.
620 Boris Komakhidze, Negotiating Urban Religious Space in Batumi: The Case of Catholics and Protestants, in: *New Diversities* 23/2 (2021), S. 65–78, bes. S. 72–76.
621 Zu Tbilissi s. Kvastiani/Spolanski/Sternfeldt, *Georgien*, S. 158–159; zu Poti s. Boris Komakhidze, The Visibility of Georgian Hagia Sophia: Urban Religious Transformations in Poti, Georgia, in: *Urbanities* 12/1 (2022), S. 76–92.
622 Z.B. Giga Mukutadze, *The Orthodox Church and Democracy – The Case of Georgia.* Magisterarbeit an der Universität Brno 2023, S. 20–22.

marxismus 1945 bis ca. 1990 auch hier, wenn nicht wie in Albanien verboten.[623] Abgesehen von letzterer Ausnahme behielt aber das staatskirchliche Bewusstsein Bestand mit Tendenz zum Triumphalismus. So verfolgte man in Serbien den Neubau der *St.-Sawa*-Kathedrale in Belgrad weiter, wobei bei einem Wettbewerb der Entwurf der heutigen Kirche (91 m × 77 m) – wieder nach Modell der *Hagia Sophia* in Konstantinopel – gewann. 1935 begann der Bau; vollendet wurde er 1985–1990,[624] die Schlussweihe geschah 2020.[625] Auch in Rumänien entstanden Neubauten nach 1918, alle historistisch;[626] nach 1989 bevorzugte man Stilisierungen. Charakteristisch ist der neue Dom von Curtea de Argeş aus den 2010er Jahren, im Grunde eine vergröberte Replik des alten Domes. Rasch war er auch eine neue royale Grablege und Ort staatlich-kirchlichen, ja militärischen Zeremoniells, durch den Patriarchen abgesegnet, etwa bei der Umbettung der im Exil verstorbenen Königinmutter Elena (1896–1982).[627] Ein historistisch-stilisierter Bau wurde auch die Neue Kathedrale in Bukarest, obwohl zeitgemäßere Entwürfe im Wettbewerb 2002 vorlagen, 126 m lang, 68 m breit, mit 132 m hoher Kuppel.[628] Hier ordnen sich die neuen Dome der Provinz ein – von Baia Mare, Oradea oder Suceava[629] bis Arad und Buzău.[630] Weniger gebaut wurde in Bulgarien, aber nach 1989 die lokale Sakralarchitektur als „orthodoxer Stil" kanonisiert und dieser in der Kathedrale zu Loveč (2005–2014) neu verwirklicht.[631] Doch existieren Stilinnovationen wie in Nord-Mazedonien *St. Kliment von Ohrid* zu Skopje (Abb. 75) von 1972–1990: Es ist ein Zentralbau mit Kuppel,

---

[623] Dietze/Alite, *Albanien*, S. 83–84.
[624] Boeckh, Die orthodoxe Kirche in Serbien, S. 18–21; Rohdewald, Sava, S. 596. Dann folgen historistische Neubauten wie 2014 in Podgorica, eine doppeltürmige Kreuzkuppelkirche; vgl. *JISA* 25 (2014), S. 4.
[625] Komakhidze, The Visibility, S. 77.
[626] Genannt sei die 1923–1933 errichtete Kathedrale von Cluj-Napoca, vgl. Vătăşianu, Einleitung, S. 419.
[627] Ausführlich Alexandru Briciu/Gabriel Rădulescu, Repatrierea Reginei-mamă Elena a României şi reênhumarea ei la Curte de Argeş, in: *Revista BOR* (=Biserică Ortodoxă Română) 2019/3, S. 116–131.
[628] S. Mihalache, *Between Church and State*; zum Alternativentwurf des Architekten Augustin Ioan (*1965) s. bes. S. 497–400; s. a. Lavinia Stan/Lucian Turcescu, Politics, National Symbols and the Romanian Orthodox Cathedral, in: *Europe-Asia Studies*, Vol. 58, Nr. 7 (2006), S. 1119–1139; *JISA* 25 (2014), S. 9; Božidar Manić/Ana Niković/Igor Marić, Relationship between Traditional and Contemporary Elements in the Churches of the Millenium, in: *Facta Universitatis. Architecture and Civil Engineering* 13 (2015), S. 283–300, bes. S. 288.
[629] Liviu Andreescu, The Construction of Orthodox Churches in Post-Communist Romania, in: *Europe-Asia Studies* 59 (2007), S. 451–480, hier S. 472.
[630] Iustin Cionca (Hg.), Aradul Cultural. *Patrimonial material şi imaterial arădean* (Arad: Aradul Cultural, 2000), S. 30; Andreescu, The Construction, S. 473.
[631] Manić u. a., Relationship, S. 285.

Halbkuppeln und polygonalem Campanile, die *National Cathedral* eines jungen Staates auf der Suche nach religiöser Identität.[632] Auch Albanien zeigt Modernität, nämlich in Tirana mit der 2012 im Beisein des Staatspräsidenten geweihten *Auferstehung Christi*-Kathedrale, einem Zentralbau mit parabolischem Campanile, doch historistischer Ikonostas.[633]

Abb. 75: Skopje. Mazedonische Kathedrale. Auch sie gehört zu den avancierten orthodoxen Kirchen, allerdings als das Sakralzentrum einer multiethnischen Region.

Anders als in den Balkanstaaten entwickelte sich in Griechenland nach 1918 und 1945 die Orthodoxie kontinuierlich weiter, bis 1974 noch in einer Monarchie, dazu mit Erhalt der seit 1830 gepflegten Staatskirchlichkeit[634] und eines meist akademischen Byzantinismus im Kirchenbau.[635] Doch blieb die Bautätigkeit lebhaft: So kehrte noch im bis 1913 osmanischen Kreta Heraklions byzantinische *Hagios Titos*-Kirche, seit dem 13. Jahrhundert Wallfahrtsstätte für die Reliquien des Paulus-Schülers Titus, unter den Venezianern lateinische Kathedrale, ab 1669 Moschee genutzt (und nach einem Erdbeben 1856 neu errichtet) 1925 in die Orthodoxie zurück.[636] Auch bisher unvollendete neue Kathedralen wurden fertiggestellt wie die *Megale Panagia* in Neapolis auf Kreta, innen 1962–1965, 1974 die neue Andreaskathedrale in Patras. Auch zahllose Neubauten wurden nach 1918 konzipiert, weiter im Dialog mit lokalen Traditionen wie für Bischof Dionysius die 1948 vollendete Kathedrale in Zakynthos – aber bei Verwendung neuester Technologien im erdbebenreichen

---

632 S. Popović, Kliment von Ohrid, S. 497–498; s. a. Božidar Manić u. a., Relationship, S. 285.
633 *JISA* 23 (2013), S. 7; Dietze/Alite, *Albanien*, S. 130–131. Die sonstigen Neubauten sind konventionell, z. B. in Korçë 1994 und Berat, 2002 begonnen (Dietze/Alite, *Albanien*, S. 208, bzw. S. 83 und S. 193–194).
634 Panaiotis Poulitas, Die Beziehungen zwischen Staat und Kirche in Griechenland, in: Bratsiotis (Hg.), *Die orthodoxe Kirche* II, S. 38–48.
635 Kritisch Fessa-Emmanouil, Reconciling Modernity and Tradition, S. 146.
636 Dermitzakis, *Shrines in a Fluid Space*, S. 177–185. Die Reliquien waren 1669–1966 in Venedig.

Land.[637] Stilistisch siegte in der Tat die Konvention. Das Ergebnis kann eine einfache dreischiffige Basilika sein wie 1956 in Rethymno die neue Marienkathedrale;[638] aber oft sind es auch aufwendige Kuppelbauten wie 1956–1964 in Piräus die *Hagia Triada*, entstanden nach der Zerstörung des Vorgängers 1944 durch Brand,[639] oder in Larissa die nach Kriegszerstörung des Vorgängers 1941 am Ende der 1970er Jahre vollendete neobyzantinische *Agios Achillios*-Kathedrale.[640] Doch fallen – wenngleich selten – originellere Ausnahmen auf: In Rhodos ist die Kathedrale *U.L. F. Verkündigung* ein Wiederaufbau der 1856 zerstörten Johanniterkirche von 1925–1926. Aber der Bau entstand während der italienischen Besetzung als lateinischer Dom und wurde erst nach dem II. Weltkrieg griechisch-orthodox.[641] Moderneres schuf erneut A. Zachos. Zwar verblieb seine *Hagios Nikolaos*-Kathedrale in Volos (1921–1932) im Neobyzantinismus – doch war die ca. 23 × 20 m große Kirche z. T. bereits von anderer Hand vorgeplant.[642] Avancierter war Zachos in Korinth, mit seinem – 30 m × 20 m großen – Neubau der *Hagios Pavlos*-Kathedrale, errichtet 1933–1937 nach dem Erdbeben von 1928, denn er wagte trotz eines weiteren Rekurs auf Konstantinopel insgesamt eine architektonische Versachlichung.[643] Doch Beifall fand seine Modernität kaum, und sein Œuvre erfuhr nach seinem Tod einige konservative Korrekturen.[644] Auch neuere Kirchenmalerei fand im Lande lange wenig Beifall, wenn sie die byzantinischen Traditionen verließ. Das gilt z. B. für die 1926–1932 erfolgte Ausmalung der Kathedrale von Amphissa durch Spiros Papaloukas (1892–1957) mit Anklängen an Henri Matisse (1869–1954).[645]

Jedoch hat die Orthodoxie ihren weiteren Weg in andere Länder und Kontinente meist kaum weniger konservativ fortgesetzt. Und obwohl dies mit unter-

---

637 Vgl. Melek Tendürüs u. a., Long-term effect of seismic activities on archaeologycal remains: A test study for Zakynthos, Greece, in: *The Geological Society of America*. Special Paper 441 (2010), S. 145–156, hier S. 148. Hierher rechnen kann man noch die Kathedrale von Elasson oder den Neubau in Arta.
638 Andrianakis/Giapitsoglou, *Christian Monuments of Crete*, S. 258–260.
639 Zu Neapolis Andrianakis/Giapitsoglou, *Christian Monument of Crete*, S. 184; zu Patras und Piräus Rossiter, *Griechenland*, S. 414 und S. 198.
640 Nikolaos Ath. Papatheodoru, Ierós Naós Achillíou Larísis (griech.), in: *Polis Achilliou* 1 (2019), S. 103–144.
641 R. Janin, Art. „Rhodos", in: LThK², Bd. 8 (1962), Sp. 128; Rossiter, *Griechenland*, S. 791 und S. 795; Boraccessi, Argenti della liturgia cattolica, S. 440–441. Zur heutigen lateinischen *San Francesco*-Kathedrale s. o.
642 Ausführlich Fessas-Emmanouil, *Dodeka Ellenes Architektones/Twelve Greek Architects*, S. 30–34.
643 Fessas-Emmanouil/Marmaras, *Dodeka Ellenes Architektones. Twelve Greek Architects*, S. 34–35.
644 S. a. Fessas-Emmanouil, Reconciling Modernity and Tradition, S. 146–147.
645 Vgl. I(oannes) Liritzis u. a., Mortar Analysis of Wall Painting at Amfissa Cathedral for Conservation – Restauration Purposes, in: *Mediterranean Archaeology and Archaeometry* 15/3 (2015), S. 301–311.

schiedlichen Nuancen geschah, blieben heimatliche Modelle populär. Für Russland wirken Bauten im Horizont von *U.L.F. Entschlafung* in Moskau weiter. Sie wirken in Europa in Berlins Auferstehungskathedrale 1936–1938 (von einem deutschen Architekten)[646] und in der 2016 vollendeten neuen Kathedrale des Moskauer Patriarchates in Paris, auf anderen Kontinenten in Washington mit *Saint Nicholas* aus den 1950–1960er Jahren.[647] Vergessen ist aber das zaristische Erbe bei *Saint Nicholas* in Seoul von 1967–1978, von einem koreanischen Architekten in Annäherung an griechische Traditionen entworfen, Kathedrale seit 2004, im japanischen Sendai (1998) näherte man sich den russischen Stilisierungen vor dem I. Weltkrieg.[648] Doch oft an die alte Heimat denken auch die Auslandsgriechen, z. B. an Hansens Kathedrale in Athen bei der 1951 begonnenen *Hagia Sophia* in Washington, während die Bischofskirche *Hagia Triada* in Bonn (vollendet 1979) den byzantinischen Kreuzkuppelbau fast akademisch fortsetzt.[649] Doch keineswegs ist in der Neuen Welt das byzantinisch-slawische Erbe noch überall sakrosankt. Denn zwar kann eine Abweichung von den nationalen Traditionen wie bisher pragmatisch motiviert sein, etwa wenn man sich zum Erwerb und Umbau eines älteren Sakralbaus genötigt sieht – so in Toronto bei der *Orthodox Church outside of Russia,* deren Kathedrale für das Bistum *Montreal and Canada* die *Beth Jacob*-Synagoge von 1922 ist, oder bei der griechischen Kathedrale in Baltimore, zuvor einem presbyterianischen Auditorium.[650] Aber auch sonst wandeln sich die Stilpräferenzen meist vorsichtig weiter: In New York hat die griechische *Trinity Cathedral* von 1927–1928 trotz ihrer Byzantinismen Nähe zur Romanik. Für die Ukrainer lebt zwar Kiews *Hagia Sophia* fort, aber stilisiert wie in der 1962 vollendeten Kathedrale von Winnipeg. Für griechisch-orthodoxe Verhältnisse schon avanciert ist *U.L.F. Entschlafung* in Denver (1961–1972), von Frank Lloyd Wright (1867–1961) – eine einzige, fast unmittelbar auf den Boden gesetzte goldene Halbkuppel.[651] Die Kirche ist als Kathedrale freilich exzeptionell, da sie erst 1974 Bischofskirche wurde. Und 1955/56 hatte Wright in Milwau-

---

646 S. Börsch-Supan, *Kunstführer Berlin*, S. 316.
647 Zu Paris s. *JISA* 31 (2017), S. 6; zu Washingtons *Saint Nicholas* s. Nelson, *Hagia Sophia*, S. 189.
648 Zu Seoul s. Zographos (Song-Am Cho), Orthodox Witness, S. 110–111; zu Sendai s. Löffler, *Fremd und Eigen*, S. 298.
649 Zu Washingtons *Hagia Sophia* s. Nelson, *Hagia Sophia*, S. 188–189; zu Bonn s. Karl Baedeker, *Bonn* (Ostfildern-München: Karl Baedeker Verlag, 1989), S. 104.
650 Zu Toronto s. Richardson/Richardson, *Canadian Churches*, S. 266–267; zu Baltimore s. Dorsey/Dilts, *A Guide to Baltimore Architecture*, S. 280–281.
651 Zu New Yorks *Trinity Cathedral* s. Nelson, *Hagia Sophia*, S. 195; zu Winnipeg s. insgesamt M. Petersen, *Holy Trinity Ukrainian Orthodox Metropolitan Cathedral*, Winnipeg: Historical Buildings & Resources Committee, 2019); zu Denver s. Bains u. a., *Historic Houses of Worship Tour*, S. 5–6.

kee zwar bereits einen ähnlichen Bau geschaffen, doch wieder als Pfarrkirche.[652] Zeitgleich ging jedoch die multiethnische *Orthodox Church in America* schon über Sullivans genannte *Trinity Cathedral* in Chicago hinaus, fern aller nationalen Stil-Reglements:[653] Für diese Kirche baute der Weißrusse Constantin A. Pertzoff (1899–1970) – in der Neuen Welt Schüler von Walter Gropius – 1959–1960 die parabolische *Holy Trinity Cathedral* in Boston (mit einem entsprechenden Vierungsturm, der aber 1990 durch eine stilfremde russische Zwiebelkuppel ersetzt wurde).[654]

Jedoch bleiben in der Orthodoxie Bauexperimente für Kathedralen selten. Stattdessen gilt oft noch, dass westlicher Stilwille nur Sakralräume für säkularisierte Kulte produziere;[655] aber wie in Zukunft die Dinge liegen, muss hier nicht entschieden werden.

---

652 Bains u. a., *Historic Houses of Worship Tour*, S. 5; I. Leonova, The Quest for American Orthodox Architecture, S. 195–200.
653 I. Leonova, Orthodox Architecture in the New Century, in: *Faith & Form* 39/2 (2006), S. 10–13; The Quest for American Architecture, bes. S. 200–205.
654 Vgl. I. Leonova, The Quest for American Architecture, S. 205.
655 S. Miroslaw Tartaryn, Canada's Eastern Christians, in: Bramadat/Seljak (Hgg.), *Christianity*, S. 287–329, hier S. 316.

Dritter Teil: **Beobachtungen und Perspektiven**

10 Rückblick: Die Kathedrale im globalen Kontext

10.1 Die Kathedrale zwischen architektonischer Lebendigkeit und hermeneutischer Widersprüchlichkeit

Lässt man die Geschichte des Dombaus als Paradigma für die Lebendigkeit christlicher Konfessionen noch einmal Revue passieren, bestätigt sich, wie bunt das Bild ist – ungeachtet aller Differenzierungen im Detail: Noch immer werden von bischöflichen Kirchengemeinschaften neue Diözesen gegründet und bekommen „ihre" Kathedrale, Räume zur Verbreitung der christlichen Botschaft in der Welt. Eine Diözese erweist sich für einen einzigen Bischof zu groß und muss geteilt werden wie in manchen *Megacities* der Moderne, man braucht also wieder eine geeignete Kathedrale – sei es dass man eine ältere Kirche umgestaltet oder eine neue baut. Oder die bisherige Kathedrale ist zerstört oder zu klein, aber da keine noch bestehende Kirche für die *Kathedra* geeignet ist, ist auch hier ein Neubau nötig. Und oft ist solch ein Neubau ein technisches, finanzielles, ästhetisches Wagnis.

Doch obwohl der soeben beschriebene Modus bei der Errichtung von Kathedralen stets zu ihrer Geschichte gehört hat, so wenig ließen sich die Gründe für diese Errichtung in der Überlegung bündeln, hier sei schlicht ein ästhetisch attraktives Verfahren zur Verbreitung alter Überzeugungen weiter lebendig. Erst recht nicht bestünde die primäre Bedeutung dieser Bauten darin, ein bestimmtes Segment der Kultur- und Religionsgeschichte neben anderen auf dem Weltanschauungsmarkt zu platzieren: Vielmehr sind Kathedralen Räume, denen nichts weniger als universale Bedeutung auf diesem Markt zuerkannt worden ist – nämlich Schauplätze der christlichen Interpretation und Mitgestaltung *des Weltgeschehens insgesamt* zu sein: Rechenschaft geben wollen ja in diesen Symbolräumen christlicher Weltsicht Menschen von der Präsenz eines transzendenten Bezugspunktes für dieses Geschehen, der aller menschlichen Vernunft vorausgeht, aber seinen historisch konkreten Anfang in ebenso konkreten Personen nimmt und durch sie zur Sprache bringt, was vor und jenseits aller Sprache steht,[1] aber nicht im Unsagbaren verbleiben will.[2] Und schwerlich lässt sich leugnen, dass diese Rede Gehör gefunden hat und findet: Nach Prognosen dürfte das Weltchristentum im Jahr 2025 ca. 2800 Millionen Menschen

---

1 Ludwig Wittgenstein, *Tractatus Logico-Philosophicus* Nr. 7.
2 Christoph Stölzl, Kirchen als europäische Erinnerungsorte, in: Nitschke u. a. (Hgg.), *Raum und Religion*, S. 43–46; Christian Norberg-Schulz, Zwischen Himmel und Erde, in: Oliver Prange (Hg.), *Mario Botta und die Architektur des Sakralen* (=*Du* 906 – Mai/Juni), Zürich 2021, S. 40–43.

umfassen und mehr als die Hälfte davon in bischöflichen Kirchen. Auch die Mitgliederzahl dieser Kirchen steigt, nicht nur im Katholizismus (der auf mehr als 1300 Millionen Menschen prognostiziert wird), sondern auch in den Ostkirchen und bischöflichen Reformationskirchen (insgesamt mit bis zu 400 Millionen Mitgliedern).[3]

Doch hat ein Bild wie das soeben gemalte sehr unterschiedliche Facetten und bedarf etlicher Abschattierungen. Wohl hat die Aura, die sich um Kathedralen gebildet hat, sich bis in ferne Weltregionen bewahrt; wohl sind umgekehrt die Bilderstürme auf sie im Namen des „richtigen" Gottes oder der Modernität vorbei – wie auch die Kathedralen säkularisierter europäischer Großstädte nicht liturgisch tot sind. Im Gegenteil, es wächst sogar noch die theologische Reflexion darüber, wie ihr kulturelles, spirituelles und konfessionelles Potential zu nutzen ist, zumal sie als herausgehobene Kirchen einer Region über dem Alltag der Gemeindekirchen stehen.[4] Freilich bleiben alle Bilder der idealen Kathedrale Vergangenheit, vor allem in Westeuropa, immerhin einer der frühesten Regionen für Dombauten überhaupt. Denn leben ältere und neuere Dome auch hier im religiösen Bewusstsein weiter, sind sie längst im gleichen Maße vom übergreifenden – überkonfessionellen und überchristlichen – kulturellen Gedächtnis in Besitz genommen worden, bis hin zur Nutzung für sehr unterschiedliche kulturelle, politische, pädagogische *Events*.[5] Dabei mag es zwar sogar so sein, dass die Kirchen für dieses Gedächtnis noch zu den wichtigsten Bauten überhaupt gerechnet werden, zu den Zeugnissen ‚eines universalen kulturhistorischen Wertes', doch streifen sie zumindest aus europäischer Sicht in der Funktion als Kulträume schon die Grenzen zur Belanglosigkeit.[6] Aber es sind auch spirituell gefärbte Hymnen auf sie rar geworden, vielleicht eine Domäne konservativer Repräsentanten bischöflicher Kirchentümer.[7] Unverständlich ist die Zurückhaltung nicht: Besonders wenn als der maßgebliche Typus der „Kathedrale" vornehmlich royale Großkirchen aus der (französischen) Gotik figurieren, kann eine solche Eloge auf hierarchische Architektur auch Nachsicht gegenüber Totalitarismen einschließen,[8] und umso verständlicher ist umgekehrt, dass selbst Theologen bischöflicher Konfessionen einen „Abschied von der Kathedrale" (Herbert Muck) nicht zur kulturgeschichtlichen Apokalypse hochstili-

---

3 Die Prognose bei Jenkins, *The Next Christendom*, Ausgabe 2011³, S. 76.
4 Rowe, *The Roles of the Cathedral*, bes. S. 95 und S. 106. Zu den Standardliturgien Duphorn, *Uses and Issues*, S. 18 ff.; Krieg, *Die anglikanische Kirchenmusik*, S. 23 ff.
5 Beispiele bei Duphorn, *Uses and Issues*, S. 21–27; Rowe, *The Roles of the Cathedral*, S. 153–168.
6 Aufschlussreich Lindblad/Löfgren, *Religious buildings in transition*, passim; das Zitat S. 8.
7 Vgl. Muck, *Gegenwartsbilder*, S. 48–63.
8 Ein umstrittenes Beispiel ist Sedlmayrs Buch zur Entstehung der Kathedrale. Vgl. Maria Männig, Kunstgeschichte mit Konsequenzen: Hans Sedlmayr, in: *Nkf (NEUE kunstwissenschaftliche forschungen)* 2 (2016), S. 28–39; Catharina Felke, *Die Kunstkritik in der Wiener Nachkriegspresse von 1945 bis 1950*. Magisterarbeit an der Universität Wien 2016, bes. S. 39–50 (Lit.).

sieren.⁹ Aber ohnehin ist in West-, Mittel- und Nordeuropa Kirchenbau kein Schwerpunkt mehr, bzw. der Schwerpunkt hat sich auf Gemeindekirchen verlagert, dazu auf Meditationsräume für ein breites Publikum.¹⁰ Dem entspricht die weltanschauliche Disposition der beteiligten Kunstschaffenden: „Kirchenarchitekten" werden seltener, selbst in traditionell christlichen Regionen und bei Auftragsbauten, und wenn Architekten neuerer Sakralarchitektur den Typus der Kathedrale als Referenzbau wählen, erregt ihr Vorgehen oft Befremden, nicht zuletzt wegen des Verdachts der Gigantomanie.¹¹ Das schließt ihre Transzendenzoffenheit nicht aus,¹² ebenso wenig für ihr Publikum: Der kleinste gemeinsame Nenner, unter dem man sich in den Bauten heimisch fühlt, ist aber kaum christlich-konfessionell spezifizierbar, sondern es ist jene Erfahrung des Numinosen, die sie auslösen können – z. B. durch Größe, Akustik, Farbenspiel.¹³ Aber selbst wenn man hier ein neues Bedürfnis nach der Begegnung mit dem Heiligen wahrnimmt (Jäggi) und die Schaffung von Sakralbauten – Kirchen, Synagogen, Moscheen – noch als „Königsweg" der Architektur benennt (Prange)¹⁴ mit gewichtigen christlichen Beiträgen,¹⁵ wäre für Westeuropa nur von einem Sehnsuchtsthema zu reden,¹⁶ weniger konfessionell inspiriert¹⁷ als durch Hegel und die Romantiker¹⁸ oder die Liebe zu alten Kulturen und religiös visionslos.¹⁹

---

9 Muck, *Gegenwartsbilder*, S. 52–58.
10 S. Sabine Kraft, Räume der Stille, in: Nitschke u. a. (Hgg.), *Raum und Religion*, S. 47–52; Jäggi, Architektur und Sakralität, S. 29; Lieb, *Himmelwärts*, S. 157 ff.
11 Walter Zschokke, Architekten und Sakralbau – eine schwierig gewordene Beziehung, in: Nitschke u. a. (Hgg.), *Raum und Religion*, S. 53–60, besonders S. 56.
12 Ingrid Quintana Guerrero, O espaço sagrado em Oscar Niemeyer e alguns dos seus desdobramentos na America Latina, in: Paolo Bruna/I.Quintana Guerrero (Hgg.), *Quatro ensaios sobre Óscar Niemeyer* (São Paulo: Ateliê Editorial, 2017), S. 247–334.
13 Erne, *Hybride Räume der Transzendenz*, S. 126; Juhanni Pallasmaa, Light, Silence, and Spirituality in Architecture, in: Bermudez (Hg.), *Transcending Architecture*, S. 19–32; empirische Untersuchungen bei Rowe, *The Roles of the Cathedral*, S. 175 und S. 223 ff.
14 Jäggi, *Architektur und Sakralität*, S. 24; Prange, *Mario Botta*, Vorwort (Sakrale Architektur von Mario Botta).
15 Vgl. Araújo, *Niemeyer em Belo Horizonte*, S. 67.
16 Marcus Nitschke, Kirchenbau – eine verlorene Aufgabe?, in: ders. u. a. (Hgg.), *Raum und Religion*, S. 11–22, hier S. 11.
17 Halman, *Patterns*, S. 63–66; H. Joas, *Braucht der Mensch Religion? Über Erfahrungen der Selbsttranszendenz* (Freiburg u. a.: Herder, 2004), S. 12 ff.; s. a. die europäische Übersicht bei Davie, *Religion in Britain*, S. 71 ff. Doch auch Australiens christlicher Anteil sinkt auf die 50%-Marke, vgl. Ebejer, *The Changing Face of Australia*, S. 32. Uruguay ist so säkular wie Westeuropa. S. Virgina Garrard, *New Faces of God in Latin America. Merging Forms of Vernacular Christianity* (Oxford: OUP, 2020), S. 3.
18 Guerrero, *Espaços*, S. 260 ff., bes. S. 269–270.
19 Vgl. die Beobachtungen Duphorns, *Uses and Issues*, S. 40–41.

Indes muss man zugeben, dass die Kathedrale in der Vielfalt ihrer Erscheinungen auch aus christentumsfreundlicher Sicht und für mittel- und westeuropäische Betrachter nicht nur ein interkonfessionell archaisches Phänomen bleibt, sondern sich sogar widersprüchlich darstellt, insbesondere wenn man den Anspruch vernimmt, dass von ihrer *Kathedra* aus die endgültige Wahrheit über die Welt verkündet werde. Zweifellos: Für die Anfänge des Christentums war diese Überzeugung plausibler, etwa für die Mäzene, Kleriker, Architekten, Bauleute von *San Giovanni in Laterano* in Rom, nicht nur einem architektonischen Signal für jene konstantinische Zeitwende von den alten Tempeln zu neuen Kultbauten, sondern höchst konkret für jenen Ersatz des antiken Gottkönigs durch den in die Geschichte einbrechenden Pantokrator. Gewiss, in dieser Wende des Christentums kann man auch die politische Saturierung einer Religion argwöhnen, die bald theologisch guten Gewissens Intoleranz und eine (neue) Sakralisierung der ihr gewogenen Staatsmächte nach sich zog,[20] und in der Verkultung des Christentums lässt sich sein beginnender Niedergang in mechanisch praktizierte Riten und Symbole befürchten,[21] doch bis an die Grenze zur Aufklärung war in der sich architektonisch und liturgisch visualisierenden Religion die Hoffnung lebendig, dass die universale Verfikation ihres Wahrheitsanspruchs nicht mehr allzu lange ausbleibe oder, wenn sie es dennoch tue, doch ohne Zweifel geschehen werde.[22] Man kann unter diesem Blickwinkel noch die Kathedralen der Île-de-France sehen, in ihren maßlosen Dimensionen, den Licht-Bild-Programmen, den musikalischen Ekstasen der Notre-Dame-Schule. Ja Nachwirkungen dieses Denkens lassen sich vielleicht noch in den frühen Domen des iberischen Amerika entdecken: neu generiert durch den Wunsch zur Befreiung aller Welt von den „Heiden", der sodann die Erfüllung aller Ekstasen durch den wiederkommenden Christus folgen werde. Und sofern Kathedralen über Jahrhunderte weltanschauliche Avantgardebauten waren, waren sie es auch kulturgeschichtlich, der antizipatorisch erfüllte Wunsch nach einem besseren Leben, in dieser Welt zwar noch nicht realisierbar – da das Ende der Dinge in der Hand des transzendenten Gottes liege –, aber zu ahnen.[23] Freilich zeigte sich, dass mit dem spirituellen und religiös-spekulativen Denken auch das empirische voranschritt, geistliche Zu-

---

20 Vgl. das Nachwort von K. Flasch zu Augustins *De vera religione*, S. 215–230, bes. S. 220–221; Joas, *Die Macht des Heiligen*, S. 446 ff. und 467 ff.
21 Für die französische Christentumsgeschichte vgl. Delsol, *La Fin de la Chrétienté*, S. 29–31.
22 Die Protestanten begründeten in der Reformation sogar noch die Erfindung des Buchdrucks endzeitlich, da durch sie das Evangelium rascher global bekannt werde (Krieg, *Deutscher Kirchengesang*, S. 601).
23 Bezeichnend ist auch, dass am Ende des ersten Milleniums zwar die Endzeiterwartung stieg und die Befreiung Jerusalems als der Himmlischen Stadt in die Vorstellungswelt kam, aber im Heiligen Römischen Reich auch die Zeit der bischöflichen Monumentalbauten begann (Flasch, *Das philosophische Denken*, S. 199).

kunftshoffnungen sich auf ihre irdische Verwirklichung fokussierten, und schon im Spätmittelalter lösten sich bürgerliche Denk- und Lebensweisen aus ihrem theologischen, gar endzeitlich gestimmten Rahmen, auch von der hierarchischen Kirche mit ihren Ansprüchen. Neue Einschnitte brachten Renaissance, Humanismus und Reformation. Das änderte zwar zunächst nichts an der Kathedrale als einem kirchlich-hierarchischen Repräsentationsbau, besonders nicht im nachtridentinischen Katholizismus – war dieser doch in seiner Expansion in alle Erdteile begriffen. Aber auch der Anglikanismus nahm – wenngleich zögerlicher und pathosloser – an der Entwicklung teil (wie denn *Saint Paul's* in London eher englisches Bewusstsein repräsentiert als bischöfliches). Und obwohl auch nicht-bischöfliche Reformationskirchen neue Kirchentypen einbrachten und diese in Konkurrenz zu den Bischofskirchen traten, blieb das Interesse an bischöflicher Repräsentation groß, zumal in Zeiten politischer und religiöser Restaurationen, des Historismus, neuer kolonialer Expansionen Europas.

Zumindest aus westkirchlicher Perspektive konnte freilich die Entwicklung als ambivalent begriffen werden – hin auf ein Verständnis von Christentum, das in seinen Leitbauten anzeigte, dass es bald eher eine Religion der Bewahrung sei als der Hoffnung, und die Hoffnung zu einer beschworenen Erinnerung werde; überdies sei es mehr und mehr Bestandteil einer Welt, in der die Wahrheit kein Monopol des Christentums ist, sondern in der sich christliche Überzeugungen im Wettbewerb mit anderen erst zu bewähren haben, als die *endgültige* Wahrheit von „absoluter" Bedeutung nur für fromme Individuen, aber vergänglich als eine ‚historisch-relative Entwicklungskonstruktion' (Troeltsch).[24] Obsolet wurden hierarchische Abstufungen in einem Universum, das kein räumliches und ontologisches Oben und Unten, kein qualitatives Mehr und Weniger kennt, und aus neuzeitlicher Sicht schien das Ende der Theologie schon im Mittelalter nahe:[25] Bereits damals drohte ja alle Gottesmeditation kraftlos zu werden in einem leeren All und in jenem unendlichen Horizont, den später Nietzsche beschrieb.[26] Und auch aus architektonischer Sicht konnte schließlich das Christentum als Religion erscheinen, die in diesem Wettbewerb immer unzeitiger wurde, zu einem System lediglich rational *inszenierter* Überzeugungen vermittels architektonischer Repliken. Ein frommer Konservatismus war damit zwar nicht vorbei; doch oft mischte er sich mit einer religiös drapierten Feier der Macht, aggressiv gegen Liberalismus, Pluralismus, Modernität. Umgekehrt sind rational-empirische Weltsichten oft überzeugender als religiös-symbolisch oder metaphysisch fundierte und fin-

---

[24] *Die Absolutheit des Christentums und die Religionsgeschichte* (Gütersloh: Gütersloher Verlagshaus Gerd Mohn, 1985²), S. 11–131, hier S. 92.
[25] Sloterdijk, *Sphären II*, S. 550 und S. 554.
[26] Sloterdijk, *Sphären II*, S. 552 und 557.

den zumindest im lateinischen Europa ein breiteres Publikum. Dementsprechend aber sind auch apokalyptische Szenenbilder zum Ende des traditionellen Christentums – entworfen als Schreckensvisionen vom Sieg einer zu Ende gedachten Vernunft – eher europäisch-westkirchlicher Herkunft, gerne aus den Reformationskirchen;[27] aber in der Tat beobachten ihre (bisweilen selbst bischöflichen) Autoren auch, wie wenig sogar repräsentative Kirchlichkeit einschließlich des Bischofsamtes überhaupt noch wahrgenommen wird. Das gilt ebenso für Nordamerika.[28] Aber dem Katholizismus Westeuropas sind ihre Beobachtungen ebenso wenig fremd.[29]

Allerdings ist die Perspektive noch stärker zu differenzieren: Denn beziehen wir letztere Bemerkungen zur hermeneutischen Widersprüchlichkeit der Kathedrale auf die Dombaugeschichte insgesamt, so verhalten sich etliche Bauten als Paradigmen der Christentumsgeschichte diesen Bemerkungen gegenüber sperrig, besonders für die Zeit seit den 1980er Jahren. Denn so wenig die Christentumsgeschichte global zu Ende ist, auch nicht der Dombau, so entsprach dieser ästhetisch ebenso wenig den (west)europäischen Kriterien architektonischer Geschichtsentwicklung. Denn mochte mancherorts (z. B. in Westeuropa, den USA, vielleicht in Ländern wie Brasilien) der Dombau seit dem Historismus beinahe linear auf eine europäisch inspirierte Moderne zulaufen (aber auch hier nicht ausnahmslos), sind anderswo Kategorien wie Konservatismus, Historismus usw. oder Fortschritt, Modernität usw. global ungeeignet, das Phänomen der Kathedrale im konkreten konfessionellen, sozialen, architekturgeschichtlichen Kontext präzise zu beschreiben. Es ließ sich ja zeigen, dass der architekturgeschichtliche Weg der Kathedrale weniger linear von der Vergangenheit in die Moderne führte, sondern – jedenfalls wieder global – in die Koexistenz divergierender Stile, fast im Sinne universaler Zeitgleichheit.[30] Und da ließen sich entwicklungsgeschichtliche, gar stilgeschichtliche Bewegungen wenig ausmachen. Architektonisch waren allenfalls bestimmte Tendenzen erkennbar. So waren Bauten im Sinne einer experimentellen Moderne global selten – mit den häufigsten Ausnahmen im römischen Katholizismus; selten waren auch indigene Bauten wie in Xi'an, Mityana oder Den Pasar – wobei auch diese Bau-

---

27 Ein Beispiel liefert Holloway, *Doubts and Loves*, S. 3–18.
28 S. Spong, *Was sich im Christentum ändern muss*, S. 208–211, bes. S. 209.
29 Vgl. Staf Hellemans, Will the Catholic Church Remain Relevant? The Evolution of its Offer After 1800, in: Hellemans/Jonkers, *Envisioning Futures*, S. 42–71; s. a. Jenkins, *The Next Christendom*, für 2002 s. S. 8–10, für 2011[3], S. 11–13.
30 Ob aber die Entwicklung global als Weg in eine Postmoderne zu beschreiben ist (D. McNamara u. a.), ist fraglich, da nur in der westlichen Welt eine (sakrale) „Moderne" existiert bzw. überschritten werden kann.

ten katholisch sind bzw. der Katholizismus die meisten repräsentativen Ausnahmen lieferte.[31] Und mag in den bischöflichen Reformationskirchen die Indifferenz gegenüber avancierter und indigener Sakralarchitektur insoweit begreiflich sein, als die Frage nach dem sichtbaren – nicht nur über das „Wort" vernehmbaren – Christentum als Institution allenfalls im hochkirchlichen Anglikanismus ein Thema war,[32] ist eine indigene Stilistik auch im Katholizismus nicht die Regel. Interkonfessionell gängig wurde ein architektonischer Funktionalismus mit optionaler Nähe zu indigenen Stilen, während europäische Baumaximen fast immer gegenwärtig blieben und Historismus selten verachtet wurde, nicht einmal in Westeuropa.[33] Auf analoge Weise gängig blieb dieses Modell in der Orthodoxie. Dass dabei für die historistischen Anteile außerhalb der byzantinischen Welt die Neogotik die Hauptrolle spielte, ist von ihrer europäisch-nordamerikanischen Dominanz seit dem 19. Jahrhundert her erklärlich[34] – obwohl im außereuropäischen Christentum oft Kritik gegen Eurozentrismus erhoben wurde, allerdings Europas Stildiversität den aus Europa abkünftigen Jungen Kirchen ebenso Anlass gab, die eigene Individualität zu profilieren.[35] All dies schließt nicht aus, dass in neuerer Zeit immer mehr indigene oder indigen gefärbte Sakralarchitektur in *allen* Kirchengemeinschaften entstanden ist.[36] Zumindest für Kathedralen, die repräsentativ konzipiert sind, scheint jedoch ein europäischer Konservatismus beliebt geblieben zu sein – wenngleich wieder mit Ausnahmen im europäischen (Évry, Tarent) und mehr noch im außereuropäischen Katholizismus.

Freilich ist zu fragen, ob die europäische Sakralarchitektur oder westeuropäisches Stilgefühl überhaupt ein Maßstab zur Beurteilung der Dombaugeschichte sein müssen. Stattdessen könnte sinnvoll sein, sich diese Geschichte erneut von den zeitübergreifenden *frömmigkeits*geschichtlichen Optionen her anzuschauen, von denen die episkopalen Konfessionen her zu verstehen sind, denn diese Optionen sind dauerhafter als jedes stilgeschichtliche Detail.

---

31 Umgekehrt scheint die Wahl des kognitiven und ästhetischen Ghettos für manche junge Kirchen gegenüber dem Synkretismus immer noch eine Alternative zu sein. Vgl. Takenaka, *The Place Where God Dwells*, S. 10.
32 S. Takenakas Kritik an der protestantischen Allmacht der Kanzel (*The Place Where God Dwells*, S. 11).
33 Vgl. z. B. den Rückbau von Pugins Kathedrale im englischen Shrewsbury 1984, dazu *JISA* 38 (2020), S. 5.
34 Zu neueren eurozentrischen Tendenzen s. Bowie, The Inculturation Debate, S. 71.
35 Aufschlussreich Takenaka, *The Place Where God Dwells*, S. 11–12.
36 Aritonang/Steenbrink, *A History of Christianity in Indonesia*, hier S. 925–949; Theo Sundermeier u. a. in *Christliche Kunst – weltweit. Eine Einführung*. Christliche Kunst, Bd. I, Frankfurt: Otto Lembeck, 2007; ders., mit Soo-Il Chai, *Christliche Kunst in Japan und Korea*. Christliche Kunst, Bd. IV, Frankfurt: Otto Lembeck, 2010.

10.2 Die Kathedrale als Paradigma konfessionellen Lebens in sich pluralisierenden Öffentlichkeiten

10.2.1 Die orientalische und ostkirchliche Option – die Kanonisierung von Raum, Bild, Liturgie

Wohl die konservativste Frömmigkeit als Impuls des Dombaus repräsentieren die Ostkirchen: Hier sind Kathedralen noch am konsequentesten Symbolbauten der Transzendenz, Antworten auf die Erfahrungen einer übernatürlichen Wirklichkeit, *in* der irdischen Welt zugleich *ausgegrenzt aus ihr* und der Stilgeschichte enthoben, erst recht durch Reliquien, Ikonen, Riten: Im *Sanctissimum* wird die Tempelliturgie von Jerusalem gegenwärtig und der Blick auf die Himmlische Stadt möglich,[37] denn sein Altar ist von Gott selbst geweiht, ja ein realeres Zeichen göttlicher Präsenz als alle Welt draußen.[38]

Sicherlich lässt sich das diese Erfahrung umschließende Lebensgefühl voraufklärerisch nennen, wie religiöse Erlebnisse der gerade beschriebenen Art denn auch in Gesellschaften am selbstverständlichsten akzeptiert werden, wo sakrale Räume und heilige Zeiten interreligiös nichts Fremdes sind, dementsprechend auch christliche Epiphanien nicht anstößig, sondern als sakramentale Beiklänge der Eucharistie auch ihrerseits neue heilige Räume schaffend, in denen die natürliche Welt offen wird für die übernatürliche. Ein Beispiel sei das koptische Ägypten, wo nicht nur sakrale Großbauten weiterhin entstehen, sondern auch Wundererscheinungen im großen Stil stattfinden. Spektakulär war das Wunder von Zaytoun, einem Vorort von Kairo: Ein Jahr lang offenbarte sich *Unsere Liebe Frau* der koptischen Christenheit und zahllosen Muslimen (einschließlich des Staatspräsidenten Nasser!), sogar in Heilungen.[39] Ähnlich liegen die Dinge für andere orientalische Konfessionen, z. B. in Äthiopien und im Indien der Thomaschristen. Mit alledem ist nicht unbedingt geistliche Bewegungslosigkeit vorprogrammiert, auch nicht in den langlebigen sakralen Monarchien des christlichen Ostens wie Äthiopien. Einerseits war die 1959 erreichte Unabhängigkeit vom Patriarchat Alexandria und Herstellung einer eigenen Hierarchie eine Befreiung, förderte aber anderer-

---

37 Gertrud J.M. van Loon, The Art of Coptic Churches, in: C. Ludwig (Hg.), *The Churches of Egypt*, S. 30–37, hier S. 30.
38 „When Patriarch Benjamin consecrated the church in the Monastery of St. Macarius in Wadi al-Natrun, the hand of God took over the anointment of the altar. Witnessing this miracle, Benjamin uttered the words: ‚How dreadful is this place! This is none other but the house of God and this is the gate of heaven' (Gen. 28:17)", nach van Loon, The Art of Coptic Churches, S. 30.
39 Sundkler/Steed, *A History of the Church in Africa*, S. 924–925.

seits den sakral-imperialen Zentralismus im Land umso mehr.⁴⁰ Umgekehrt waren das Ende von Monarchie 1974 und marxistischer Diktatur (s. o.) auf Dauer keine religiöse Katastrophen, da die Staatsführung pragmatisch blieb,⁴¹ sich die royale Bevormundung erledigte, der ost-westkirchliche Kontakt verstärkte und mit ihm die Skepsis gegen gesellschaftliche Totalitarismen, auch wenn sie sich geistlich gerierten.⁴²

Vergleichbar sind die orthodoxen Kirchentümer Europas. Dabei ist es sinnvoll, sich zum Verstehen der hier vorliegenden Überzeugungen nicht auf die liturgische Religiosität zu fokussieren. Man berücksichtige vielmehr auch orthodoxe Gesellschaften mit lediglich empathischen *Erinnerungen* an diese Traditionen, selbst wenn sie nicht mitvollzogen werden. Das gilt in der slawischen Orthodoxie auch als Gegenpol zur Zerstörung religiöser Ritualpraxis durch den Marxismus.⁴³ Dabei kommt den Regionen entgegen, dass sie noch vielfach in Symbiose mit Gesellschaften stehen, in denen die Zugehörigkeit zu national protegierten Kirchengemeinschaften fast als Voraussetzung der individuellen Identität galt (Russland, Rumänien usw.), bis heute sakral gefärbte monarchische Züge trägt (bzw. die Erinnerung an Monarchien kultiviert) und dass deren Beharrung marxistische Diktaturen überlebt hat. Erinnert sei für Russland an die Kanonisierung von Zar Nikolaus II. nach 1989, die Transferierung seiner Reliquien in die *Peter-Pauls*-Kathedrale von Petersburg, an den Bau einer Kirche über seiner Hinrichtungsstätte und an die Errichtung einer neuen Armeekathedrale bei Moskau. Ähnliches ließ sich in Rumänien (Curtea de Argeş) und Serbien (Belgrad), selbst im religiös pluralen Albanien (Tirana) beobachten. Damit ist begreiflich, dass Fragen der Ästhetik hinter pragmatischen Lösungen zurückstehen können wie bei der Ausmalung der *Christ-Erlöser*-Kathedrale in Moskau durch ehemalige Vertreter des sozialistischen Realismus; und ebenso ist begreiflich, dass sich für zeitgenössische Kirchen die Frage nach Modernität nicht unbedingt zu stellen braucht (um die Bauten zeitgemäß zu machen), da jede Kathedrale kraft ihres spirituellen Gehaltes und ihres Bezugs zur Gesellschaft, die dieses Gehaltes bedarf, bereits zureichend „modern" ist – sowohl als Referenzbau wie als Symbol, das die innere Einheit von Kirche und Gesellschaft in ihrem Lebensgefühl repräsentiert: Man vergleiche als Monument gegen den Stalinismus die über einem Gulag errich-

---

40 Craig, *Haile Selassie*, S. 38.
41 Karbo, *Religion and social cohesion in Ethiopia*, S. 46.
42 Craig, *Haile Selassie*, S. 43–65.
43 Lt. Löfstedt nennen sich die meisten Russen „orthodox", aber wenige praktizieren, s. ders., Megachurches in Russia and Other Parts of the Former Soviet Union, in: Hunt (Hg.), *Handbook of Megachurches*, S. 284–301. Lt. Kurzakov (Risse in Kirils Machtvertikale?, S. 25) werden offiziell bisweilen 75 Prozent der Bevölkerung als orthodox bezeichnet, der Anteil am liturgischen Leben an Sonntagen beträgt aber nur 0,5 Prozent.

tete Kathedrale zu Abakan und als Symbol neuer politischer Präsenz die – plausiblerweise nach dem Modell der Moskauer *Uspenskij*-Kathedrale errichtete – *Christ-Erlöser*-Kathedrale in Kaliningrad. Nicht anders lagen die Dinge z. T. bei den neuen Bischofskirchen des Moskauer Patriarchates in der Ukraine und Belarus. Aber auch in anderen slawisch-orthodoxen Regionen lässt sich diese Haltung wahrnehmen – etwa in der bulgarischen Forderung nach Kanonisierung der Sakralarchitektur.[44] Und das besagt, dass die Isolation großer Teile der Ostkirchen von den Architekturgeschichte Westeuropas ab 1918 für diese Kirchen letztlich ohne Belang war: Da die religiös prästabilisierten symbolischen Kontinuitäten als Kennzeichen einer Kathedrale gewichtiger blieben als Zeitgenossenschaft mit der Lebenswirklichkeit, wurden neue ästhetische Impulse von außen nicht vermisst. Dass die Prinzipialisierung einer unabhängigen sakralen Sphäre, die historischen Wandlungen wie wissenschaftlicher Reflexion entzogen ist, in westlich-aufgeklärten Gesellschaften auf Widerspruch stößt, muss im Übrigen nicht betont werden – umso weniger, als sich die Distanz zwischen der Orthodoxie und der Westkirche nach 1989 zumindest für die Russland verstärkt hat, aber auch auf gesamt-ökumenischer Ebene.[45]

Derlei bedeutet nicht, dass der insgesamt zu beobachtende religiöse Konservatismus nicht auch eine überkonfessionelle, ja allgemein ästhetische Attraktivität besäße. Erinnert man sich an Europas mittelalterliche Dome, war ja bereits hier die ästhetische Faszination nicht ausgeschlossen – wie gerade auch aus orthodoxer Sicht die Kontemplation des Sakralen einen Eigenwert besitzt und man versucht, sakrale Objekte für einen religiösen Tourismus zu nutzen – Landschaften und Orte, Kirchen, Riten und Lebensformen, zur Förderung (inter)religiöser Verständigung.[46] Hinzuzufügen ist zudem, dass diese Attraktivität in der Weltorthodoxie zunehmend vielfältiger in Erscheinung tritt, vor allem in religiös und konfessionell pluraleren Regionen. So wuchs das ästhetische Spektrum der Orthodoxie z. B. auf dem Balkan bereits in der K.-und-k.-Monarchie und erneut seit den 1980er/1990er Jahren – etwa in Albanien und Mazedonien, wo Kontakt zur Moderne gesucht wurde, und auch nach 1990 waren hier religiöser Traditionalismus und staatlich-kirchlich kanonischer Kollektivismus nicht stets sakrosankt, z. B. in Serbien[47] – in

---

44 Manić u. a., Relationship, S. 285 f.
45 Bremer, *Kreuz und Kreml*, S. 220.
46 Vgl. Lagos/Poulaki, *Religious Movements*, S. 78–79; s. a. Serafim Polyzos/Spiyros Naiavis, Spatial Analysis of Religious Tourism in Greece, in: *Tourism Today* (Nikosia, Zypern) 13 (2013), S. 79–93; Dalibor Redžić, Religious tourism as a factor of tourism development in Greece. A case study of the Monastery of St. Nectarios in Aegina, in: *Hotel and Tourism Management* Vol 7/1 (2019), S. 105–114.
47 Bojović, *L'Église Orthodoxe Serbe*, S. 243 ff., bes. S. 248–249.

ästhetischen Fragen nicht einmal innerhalb der Hierarchie.[48] Erst recht zeigten sich Anzeichen ästhetischer Pluralität außerhalb Europas, etwa bei der assyrischen Kirche des Ostens oder der US-amerikanischen Orthodoxie.

10.2.2 Die römische Option – Sakrale Binnenwelten in gewandelten Gesellschaften

Grundsätzlich ist die Option der Kirche von Rom in ihrer Weltsicht ähnlich wie in der Orthodoxie: Auch hier bleibt der sakrale Raum von der profanen Wirklichkeit ausgegrenzt – „geweiht" im sakramentalen Sinne – und symbolisch-kontemplativ zu fassen, so wie die liturgischen Texte „heilige" Texte sind und ihre Vermittler Sakralität besitzen. Demgemäß wird – weiterhin ähnlich wie in der Orthodoxie – im Kirchenbau auch hier gelegentlich ein neuer Stilkanon initiiert und seine Durchsetzung seitens konservativer Architekturtheoretiker und Architekten zur Pflicht erklärt bis zum Neohistorismus[49] – da die Symbolisierung von Transzendenz im theologisch legitimen Sinne außerhalb der Tradition unvorstellbar sei.[50] Und wie zu Zeiten des Tridentinums und I. Vatikanums wurde diese Sphäre zum Kampfplatz einer neuen *ecclesia militans* gegenüber einer feindlichen Umwelt, nämlich „dem Fortschritt, dem Liberalismus und der modernen Kultur."[51] Mehr noch: Manchmal werden die Feinde gut ultramontan im lateinischen Christentum selbst gewittert, als die fünfte Kolonne eines „entirely secular avantgarde-modernism in architecture": Hier treten neben den Reformatoren oder dem Protestanten Dietrich Bonhoeffer ebenso (westeuropäisch-)katholische Theologen als fehlgeleitete Adepten des II. Vatikanischen Konzils oder Krypto-Protestanten auf.[52]

---

48 Božidar Manić/Dragana Vasiljević Tomić/Ana Niković, Contemporary Serbian Orthodox Church Architecture: Architectural Competitions Since 1990, in: *Spatium* 35 (2016), S. 10–21; ein Zitat von Bischof Pavle (später Patriarch): „[The Orthodox Church] does not believe the [...] archieved aesthetics should be simply copied [...]. I believe [...] that we should [...] find new architectural expressions." (S. 18, Anm. 5).
49 Für US-Amerika im Gefolge des Neohistorismus charakteristisch Duncan Stroik, The Architecture of the Sacred, in: *Symmetry: Culture and Science* 30/1 (2019), S. 91–107.
50 Charakteristisch ist wieder D. Stroik, Transcendence, where hast thou gone?, in: Julio Bermudez (Hg.), *Transcending Architecture*, S. 239–246.
51 Lapidar Fiedrowicz, *Ecclesia Militans*, S. 46 ff. Das Zitat S. 49.
52 Charakteristisch Cezary Wąs, Holy Place – Sacred Space – Area of Transcendence. Transformations of the concept of cultic sites in the 20th century, in: *Quart* 4/46 (2019), S. 44–69, bes. S. 51–53; das Zitat S. 52; für US-Amerika wieder bezeichnend ist Stroik, Church Architecture Since Vatican II, in: *The Jurist* 75 (2015), S. 5–34.

Doch hat sich in der Tat auch die Kirche von Rom zunehmend den Fragen neuerer Aufklärungen gestellt, skeptischer gegenüber weltanschaulichen Antagonismen, konzilianter gegenüber differenzierteren Positionen, weniger geneigt, anderen die eigenen Ideen aufzureden, aber damit auch eher gewillt, Positionen anderer zu übernehmen.[53]

Jedoch entwickelten sich solche religiösen Transformationsprozesse weder überall gleich noch gleich rasch. Offener traten sie im westlichen Mitteleuropa und in Westeuropa zutage. Wieder waren sie partiell marginal, z. B. für Irland, wo bis in die 1960er Jahre noch repräsentative Dome entstanden – wobei jedoch hinzuzufügen ist, dass der Kampf um die nationale Identität gegenüber England noch nicht beendet war.[54] Stabil blieb auch der englische Katholizismus, und Domneubauten folgten hier bis in die 1980er Jahre, in Spanien, Italien und Portugal bis in die 2000er Jahre, später sogar noch im laizistischen Frankreich. Im Heiligen Römischen Reich entstanden nach 1871 in Deutschland keine neuen Dome mehr und im Habsburger Reich – außer in Linz – nur auf dem Balkan. Die Niederlande hatten zwar nach 1853 einen *catholic revival*. Aber gerade hier schwand der Triumphalismus,[55] während die Religiosität sich weiter ausdifferenzierte.[56] Dem entsprach für die genannten Teile Europas umgekehrt, dass die Präsenz bischöflich-repräsentativer Kirchengebäude im öffentlichen Raum keineswegs allerorts als Bereicherung verstanden wurde bzw. wird, gar von jenem religiösen Tourismus geredet werden kann, der in der europäischen Orthodoxie thematisiert wurde.

Besonders konservativ, ja restaurativ blieb jedoch die Situation in Teilen des katholischen östlichen Mitteleuropas und Osteuropas – konkreter: in den Regionen, in denen politisch und weltanschaulich die Geschichte anders verlief als in Westeuropa und im Heiligen Römischen Reich. Denn wenn hier nach dem Ende des Staatsmarxismus ein neuer *catholic revival* möglich wurde, dann im Rekurs auf einen neo-tridentinischen Katholizismus – besonders in Polen als einem zurückkehrenden Schwerpunkt hierarchischer Repräsentation: hin zu neuen Manifestationen der *ecclesia triumphans,* verstärkt allerdings durch Erinnerungen an politische, kulturelle und konfessionelle Repressionen durch die nicht-katholischen Nachbarn

---

53 Bruce, *Religion in the Modern World*, S. 69 ff. Für den Katholizismus s. Staf Hellemans/Peter Jonkers (Hgg.), *Envisioning Futures for the Catholic Church*, Washington: The Council for Research in Values and Philosophy (=Cultural Heritage and Contemporary Change Series VIII, Christian Philosophical Studies 23), 2018.
54 Bruce, *Religion in the Modern World*, S. 62.
55 „De tijd van het byzantinisme, van de triomferende kerken, van pracht en praal in luisterijke liturgische shows is vorbij, zeker in het Nederlandse katholicisme" (bei de Jong, Anderhalve eeuw, S. 33).
56 Kennedy/Zwemer, *Religion in the Modern Netherlands*, S. 266–267.

Preußen und Russland. Und wurden auch keine neuen Kathedralen errichtet – u. a. nicht, weil durch die Rückgewinnung preußisch-protestantischer Regionen alte Kathedralen ihrer früheren Bestimmung zugeführt wurden und Bürgerkirchen zu Kathedralen erhoben –, so entstand doch erst nach 1991 die 2004 geweihte Wallfahrtsbasilika *U.L.F. von Licheń*, größte Kirche des Landes, in ihrem pathetischen (auch zuhause strittigen) neoklassizistischen Historismus und mit neuen Anklängen an die römische Peterskirche eine weitere Trutzburg des katholischen Polen gegen die Moderne und ein neuer Protest gegen ihre mutmaßlichen Absolutheitsansprüche.[57] Dabei ist wenig verwunderlich, dass die unierten Kirchen in Polen wie östlich davon die Meinung teilen – zumal sie sich in den Zeiten der deutschen Besatzung wie der früheren Sowjetunion durch die Zeit des Nationalsozialismus und Staatsmarxismus sowohl in ihrer Wertebewahrung wie Organisation nicht erfolglos im Untergrund hindurch gerettet haben[58] und als Kontrapunkt gegen gesellschaftlich-aufklärerischen Wandel bestätigt sahen. Das besagt nicht, dass nicht z. B. in Polen infolge der nach 1989 beginnenden weltanschaulichen Pluralisierungen die *ecclesia militans* in Gestalt markanter Kirchbauten noch die gleiche Faszination besäße wie während des Umbruchs. So wurden z. B. die meisten in den 1980er Jahren begonnenen Neubauten noch unter dem Marxismus vollendet, während nach 1989 die Energie erlahmte.[59]

Doch partiell lockerten sich die kirchlichen Bindungen auch im außereuropäischen Katholizismus. Für Amerika sei Kanada genannt: Denn wenn man hier zwar z. B. für den frankophonen Landesteil lange architektonische Repräsentativität erstrebte, aber das Interesse an Repräsentationsarchitektur auch hier verlor, offenbarte das erneut zwar kein Ende der katholischen Gesellschaft, doch Einbrüche in praktizierter Kirchlichkeit.[60] Dem entspricht, dass neuerdings selbst traditionsreiche Dome in die Krise gerieten.[61]

Eine größere Vitalität zu beobachten war weiterhin in den katholischen USA und in Lateinamerika, obwohl auch hier die Kirchlichkeit die kultischen Bindungen verlor und selbst in den USA ein kurz zuvor gebauter Dom wie in Burlington wie-

---

57 Gąsior, Das Mariensanktuarium in Licheń., bes. S. 446; für die konservativ-katholische Bewertung des „Modernismus" typisch Wąs, Widerstand der Blüte, passim, bes. S. 38; s. a. Barbara Bielecka, Marienheiligtum in Licheń, in: Nitschke u. a. (Hgg.), *Raum und Religion*, S. 96–97.
58 Ausführlich s. Krykunov, *A Study of the Ukrainian Greek-Catholic Church*, bes. S. 230–234.
59 Bezeichnend ist für Warschau die 2003 begonnenen Nationalkirche der *Göttlichen Vorsehung*: Der Bau kam aus Geldmangel schon 2004 ins Stocken. S. Wąs, Widerstand, S. 42; zum Sakralbau seit ca. 1980 in Polen s. a. Nitschke, Kirchenbau, S. 11.
60 Lefebvre, The Francophone Catholic Church, S. 32.
61 Ein Extremfall ist die Schließung der Kathedrale von Rimouski 2014 wegen unbezahlbarer Reparaturen; s. Thiot/Vignola/Beaudry, Saint-Germain-de-Rimouski: parcours, mémoires et récits d'un objet d'histoire et de culture, in: dies. (Hgg.), *La Cathédrale*, S. 9–22, hier S. 11–13.

der profaniert wurde.[62] Mancherorts jedoch wurden nicht nur neue Diözesen errichtet, sondern blieb der Dombau ein Gemeinschaftswerk von Diözese und Stadt, wie konservativ auch die Frömmigkeit war[63] und wie sehr (besonders in Lateinamerika) sogar die *ecclesia militans* im tridentinischen Sinne fortlebte – sei es dass man die Waffen der Religion gegen den Laizismus gebrauchte wie z. B. 1926 durch Christkönig-Prozessionen im ekuadorianischen Guayaquil,[64] sei es umgekehrt, dass Dome neue Ziele laizistisch-antikirchlicher Übergriffe wurden wie im mexikanischen Mérida 1914/1915[65] oder im sandinistischen Jinotega/Nicaragua 1985.[66] Aber auch wo der Katholizismus Dialogbereitschaft bis in die Architektur hinein signalisierte, wurde seitens der Verantwortlichen auf seine Aussagekraft für römische Traditionen geachtet,[67] und zwar aus plausiblen Gründen: Gerade in Lateinamerika blieb es ja oft dabei, dass auch unspektakuläre Bauten ihre Funktion als Wegzeichen zur Transzendenz vital demonstrierten (und in dieser Funktion in Anspruch genommen wurden): durch die Präsenz ihres Klerus, ihre Standard-Liturgien für die Laien und deren Lebenszyklen (nicht nur also durch exzeptionelle Großereignisse), für Heiligenfeste und nationale Feiertage.[68] Dabei scheute man sich aus ähnlich plausiblen Gründen seitens der offiziellen Kirche wieder keineswegs, nach mittelalterlichen Modellen Kathedralen – mehr als in Europa – zu Bestandteilen eines *Turismo Religioso* zu machen und für die örtliche Wirtschaft zu nutzen, falls die Traditionen attraktiv genug waren, gar Teil des immateriellen Kulturerbes wie im brasilianischen Goiás.[69] Und wenn auch im hispanophonen Amerika und in Brasilien die Einsicht wuchs, nicht mehr in einer konfessionell bzw. religiös intakten Welt zu leben, sondern in Zeiten selbst katholischer Abkehr von der sakralen Tradition als dem Fixpunkt von Individuum und Kollektiv,[70] während die weltanschauliche Pluralisierung fortschritt[71] – dann sollte man besonders für Brasilien den Wettbewerb

---

62 Vgl. für die USA Kenneth Langdon, The Afterlife, in: *The Sentinel*, Burlington (Spring) 2019, S. 8.
63 Vgl. da Silva zur Kathedrale in Maringá (*O templo e a cidade*); s. a. den unsignierten Artikel Nova Contrareformatio in: *JISA* 34 (2018).
64 So am Dom die Christ-König-Prozession, vgl. Zavala (Hg.), *Guayaquil es mi destino*, S. 22–23.
65 Vgl. Martín, *La devoción del Cristo de las Ampollas*, S. 143 ff.
66 Regidor, *Jinotega*, S. 33.
67 Procópio, O Catolicismo, zur Kathedrale von Foz do Iguaçú, S. 74 ff.
68 Für die kleine Kathedrale in Punta Arenas/Chile s. José Luis Adolfo Mancilla Pinto/Diego Rafael Paillacar Almonacid/Segundo German Levitureo Mansilla, *La Catedral del Sagrado Corazón de Jesús de Punta Arenas como centro arquitectónico y civico-cultural*, Diplomarbeit an der Universidad de Magallanes, Punta Arenas 2012; zur Architektur s. S. 47–64.
69 Vgl. z. B. Barbosa/Barbosa, *A Importância das Igrejas Católicas [...] na Cidade de Goiás* zum kirchlichen Volksleben der Stadt.
70 Terrezza, *Catolicismo*, S. 17 ff. und 26 ff.
71 Hümmer-Hutzel, *Religion und Identität*, 58–62; Terrezza, *Catolicismo*, S. 33.

nicht unterbewerten, den die Expansion von Evangelikalen und Charismatikern hervorgebracht hat. Vielleicht lässt sich z. b. am Bau der Wallfahrtskirche/Kathedrale zu Aparecida beobachten, dass die Änderung des ursprünglichen Entwurfs – der Verzicht auf eine Chorapsis mit dem Hochaltar bzw. der Statue der *Aparecida* zugunsten des Altars im Zentrum des Baus unterhalb der Vierung (und der Platzierung der *Aparecida* im Querhaus) – eine Antwort auf den evangelikalen Vorwurf der „Mariolatrie" war und eine Rückkehr zu einer christozentrischen Kirchenarchitektur.[72] Vermutlich wird man zu diesem brasilianischen Wettbewerb auch die Allianz zwischen Katholizismus und experimenteller Architektur im Dombau rechnen können.

Wie freilich Lateinamerika religiös konservativ blieb, blieb auch Afrika bestimmt vom Glauben an das Übernatürliche (trotz „westlicher" Religionskritik auch hier).[73] Das gilt umso mehr, als außer dem Islam die einheimischen Religionen weiter gewachsen sind und auch der Katholizismus seine eigene sakrale Landschaft entwickelt hat. Erinnert sei noch einmal an Onitsha, wo die koloniale *Holy Trinity Cathedral* nach 1964 zum örtlichen Schrein des sel. Cyprian Iwene Tansi wurde; und wenn hier im Gefolge indigener Theologie Analogien zwischen Heiligen- und Ahnenverehrung entstanden, dann weil sowohl Heiligen als auch Ahnen die gleiche heilende Präsenz in der Gesellschaft zugemessen wird.[74] Viel besuchte Wallfahrtsorte in Uganda sind auch die Wirkungsstätten der unter Mwanga II. getöteten Christen.[75]

Entsprechend blieb in Afrika mit Ausnahme des muslimischen Nordens auch der katholische Dombau – wie für die bischöflichen Kirchen allgemein – eine Normalität, als religiöses wie ästhetisches Ereignis.[76] Ähnlich lagen die Dinge in Asien, so für Indien: Denn abgesehen davon, dass hier religiöse Vielfalt stets üblich war und das Christentum einen hohen Stellenwert hatte (auch als Aufstiegsmöglichkeit für niedere Kasten[77]), blieb seine Welt besonders ostkirchlicher- und katholischerseits eingebettet in einen Hinduismus, mit dem sich kommunizieren

---

72 Godoy, Modernization, S. 11 ff.
73 Für die Igbo-Religion s. Burgess, *The Civil War Revival*, S. 93 ff.; aus philosophischer Sicht vgl. Emmanuel Kelechi Iwuagwu, A Philosophical Appraisal of Miracle in the Light of Its Multiple Claims in the Contemporary Nigerian Society, in: *Journal of Philosophy, Culture and Religion* 38 (2018), S. 64–72.
74 Vgl. Francis Chuks Madukasi, A Comparative Analysis of Sainthood and Ancestor Veneration in Traditional Religion: A Case Study of Reverend Fr. Michael Cyprian Iwene Tansi, in: *International Journal of Innovation Research and Development* 10/1 (January 2021), S. 114–125, u. a. S. 115.
75 S. Dahinden/Niermann, Wallfahrtskirchen und Pfarrzentren, S. 232.
76 Zu Kampala s. William Monteith, *Heart and Struggle: Life in Nakasero Market 1912–2015*. Dissertation an der Universität von East Anglia 2016, S. 82 ff. und 188 ff.
77 Vgl. z. B. Sonja Thomas, *From Chattas to Churidars*, S. 50 ff.

ließ – bis in die Kultstätten hinein als den Herbergen einer Transzendenz, die das Dasein empirisch-fassbar so verwandeln kann wie im europäischen Mittelalter, wo neben die alten Götterwelten die katholischen Pilgerzentren getreten sind und der kosmische Tanz dem Christus auf dem Lotus gilt. Beinah der sakramentale Realismus des europäischen Mittelalters kennzeichnet den folgenden Satz über die überregionalen Kultstätten des katholischen Indien von Theologen des Landes:

> Shrines and pilgrim centres play an important role in the lives of the Catholic faithful. [...]. They offer people a chance to see the world under God's transforming influence. [...]. There are countless stories of people affected by the graces and blessing received from such visits.[78]

Ebenso werden die Segnungen solcher Pilgerfahrten dokumentiert, zum Beweis für Lebenserneuerung als Transsubstantiation der natürlichen Welt ins Übernatürliche. Auch amtierende Geistliche stehen manchmal im Ruf von Wundertätern und Heiligen.[79]

Analoges zeigt sich in Ostasien. Zwar bleibt auch hier oft die Dominanz der alten Religionen mit ihren sakralen Stätten wie in Japan, während katholische Erinnerungsorte wie in Nagasaki im Lande selten sind. Anders liegen die Dinge in Süd-Korea, wo der Katholizismus im Süden ab 1945 schon eine neue Sakralgeschichte schuf,[80] die ihre Kräfte im Wettbewerb mit Schamanismus, Buddhismus, Konfuzianismus entfaltet,[81] leibhaftig im Kult und seiner Ästhetik wie als Beitrag zur Nationalkultur, selbst mit Nähe zum religiösen Tourismus.[82]

10.2.3 Zwischen den Fronten – die bischöflichen Reformationskirchen

Erinnert man noch einmal an die Reformen, die der Katholizismus seit der 2. Hälfte des 20. Jahrhunderts auf sich genommen hat, um nicht zu einer Parallelgesellschaft zu mutieren, so mag der Protestantismus gegenüber dem Katholizismus zwar

---

78 Ignacimuthu/Raj/Michael, *Catholic Shrines*, Vorwort (unpaginiert).
79 Ein Beispiel bei Oomen, Marth Mariam, S. 3, für die Kathedrale in Thrissur.
80 Min Hwi Kim, *Pilgrimage in Service of Mission in the Context of the Contemporary Korean Church*. Dissertation an der Jesuit School of Theology an der Santa Clara University, Berkeley 2018. bes. S. 81 ff.
81 Chuong Kwo Cho, *Han and the Pentecostal Experience: A Study of the Growth of the Yoido Full Gospel Church in Korea*. Dissertation an der Universität Birmingham 2010, S. 49 ff. und S. 73 ff.
82 Min Hwi Kim, *Pilgrimage*, zur Diözese Suwon, S. 234 ff.; zum religiösen Tourismus S. 17 ff. und S. 48 ff.

immer noch moderner sein, offener gegenüber historischen Wandlungen und entsprechenden Traditions- und Symbolkritiken, blieb aber auch in seiner bischöflich-konservativen Variante trotz der *successio apostolica* gegenüber der Historie ungeschützter: Zwischen den Fronten eines rechthaberischen Klerikalismus mit universalen Ansprüchen und eines ähnlich anspruchsvollen Individualismus hatte er sich ja durch Hintansetzung der sakramentalen Dimension des Christentums, ritualisierter sakraler Lebensweisen und entsprechender ästhetischer Ausdrucks- und Kommunikationsformen weitgehend einer Symbolik entledigt, die den Katholizismus stets stabilisiert hatte. Nun wurde zwar deutlich, dass das episkopale Prinzip im nachreformatorischen Christentum auch im Protestantismus die Frage des sakramentalen Lebens wachgehalten hat, insofern auch eine bestimmte Offenheit gegenüber historisch beständigen ‚sakralen Welten', auch im Sakralbau bisweilen mit erheblichem ästhetischen Aufwand – wenngleich aufgrund der Vorordnung des Verbalen gegenüber dem Non-Verbalen keineswegs so fundamental wie in den Ostkirchen und einem konservativen Katholizismus.[83] Insofern ist umgekehrt ebenso plausibel, dass man sich im Luthertum Skandinaviens trotz seiner sakramentalen Grundierung mit einer *civic religion* zu begnügen begonnen hat, d. h. auch damit, für biographische Schwellensituationen zwar durch *rites de passage* die Zuständigkeit zu behalten, aber sonst offen zu sein für die soziale Begegnung,[84] und zwar weniger im Rahmen einer ritenreichen ‚Staatskirche' als einer ‚Bürgerkirche' mit ethischen Zielen. Das schien umso plausibler, als gerade in Skandinavien die liberalisierenden Wirkungen der Aufklärung erheblich waren, während im religionsaffinen Bevölkerungsteil seit den 1970er Jahren die (interreligiöse) Vielfalt zugenommen hat.[85] Entsprechend ist der Staatskirchenstatus des skandinavischen Luthertums keineswegs überall noch selbstverständlich. Zwar lässt sich noch Treue zur öffentlichen Religionspraxis beobachten, wie auf den Färöer Inseln, seit 1990 mit einer eigenen bischöflichen Leitung gegenüber der Kirche von Dänemark, ab 2007 einer neuen Staatskirche.[86] Hier existieren selbst Überlegungen zur definitiven Vollendung des mittelalterlichen Domes von Kirkjubøur zur liturgischen Nutzung;[87] und obwohl auch auf diesen Inseln

---

83 Vgl. Takenaka, *The Place Where God Dwells*, S. 11.
84 Zur *civic religion* s. Bäckström/Davie (Hgg.), *Welfare and Religion*, Appendix 3, zur Bibliographie für 2000, S. 209. Zu einigen *Rites de Passage* vgl. Davie, *Religion in Western Europe*, S. 71 ff.
85 Am Beispiel Schweden Ninna Edgardh/Per Petterson, The Church of Sweden: A Church for All, Especially the Most Vulnerable, in: Bäckström/Davie (Hgg.), *Welfare and Religion*, S. 39–56.
86 Christophe Pons, The Anthropology of Christianity in the Faroe Islands. What the fringes of the Faroe Religious Configuration have to say about the Christianity, in: Firouz Gaini (Hg.), *Among the Islanders of the North. An Anthropology of the Faroe Islands* (Tórshavn: Faroe University Press, 2011), S. 80–131, hier bes. S. 84; s. a. Eliasen, *Churches of the Faroe Islands*, S. 4 ff. und S. 40 ff.
87 Eliasen, *Churches of the Faroe Islands*, S. 55.

Freikirchen an Boden gewinnen, vollzieht sich derlei weiterhin in einer Gesellschaft, die mit frommer Vitalität alle Beobachtungen zu einer sich in den globalen Süden verlagernden Christlichkeit zu widerlegen scheint.[88] Andernorts im Norden hat man jedoch begonnen, auf den Status der Staatskirchen zu verzichten, 2000 in Schweden und 2017 Norwegen[89] – was freilich nichts am Ernst der Teilnahme an ihren Angeboten ändern muss.[90] Darüber hinaus eröffnete die *Porvoo Communion* gerade in Skandinavien neue interkonfessionelle Dialoge.[91] Doch ist ebenfalls zu vermerken, dass sogar Protagonisten der *Porvoo Communion* zum Katholizismus konvertierten, da aus ihrer Sicht die bischöflichen Reformationskirchen an Sichtbarkeit nichts dazugewannen.[92]

Auf den Britischen Inseln lagen die Dinge ähnlich, hat sich das gesellschaftliche Leben vom Anglikanismus fortentwickelt, besonders wenn er seinen Sinn für Hochkirchlichkeit bewahrte (so dass erneut eine Konversion attraktiv werden konnte[93]). Quasi west- und nordeuropäisch-säkulare Verhältnisse fanden sich jedoch ebenso etwa in Kanada, wo Prognosen sogar von einem ‚unvermeidlichen Ende der anglikanischen Präsenz in der kanadischen Gesellschaft' gesprochen haben.[94] Vielleicht noch plakativer spiegelt der US-amerikanische Anglikanismus die Situation wider, wie seine Dombaugeschichte zeigt: Zwar ging er in Washington und New York noch selbstbewusst mit neuen Monumentalbauten ins 20. Jahrhundert hinein, für Baltimore und Philadelphia sogar mit ehrgeizigen neuen Projekten – aber nicht sonderlich erfolgreich. Nun mögen solche Großprojekte auch katholischerseits bisweilen fehlgeschlagen sein, schon im religiös stabilen mittelalterlichen Beauvais oder Siena, selbst im katholischen Nordamerika wie bei Keelys Kathedrale für

---

[88] Pons, The Anthropology, S. 81.
[89] Per Petterson, State and Religion in Sweden: Ambiguity Between Disestablishment and Religious Control, in: *Nordic Journal of Religion and Society* 24/2 (2011), S. 119–135, hier S. 120–121; Lise Paulsen Galal/Louise Lund Liebermann/Magdalena Nordin, Routes and relations in Scandinavian interfaith forums, in: *Social Compass* 65/3 (2018), S. 329–345.
[90] Zu Schweden s. Petterson, State and Religion, S. 120–124.
[91] Z.B. Tiit Pädam, *Ordination of Deacons in the Churches of the Porvoo Communion*. Dissertation an der Universität Uppsala 2011; *Communion in Growth. A Report from the Lutheran-Catholic Commission for Finland*, Helsinki: Grano, 2017.
[92] Genannt sei Ola Tjørhom 2003. Vgl. ders., *Visible Church – Visible Unity. Ecumenical Ecclesiology and „The Great Tradition"*, Collegeville: Liturgical Press, 2004; zu Tjørhoms Konversion s. a. das Vorwort zum Tjørhoms Buch von Geoffrey Wainwright, S. xii; s. a. Ola Tjørhom, Living in communion: visible unity and the Porvoo Statement, in: *Theology* 214/5 (2021), S. 332–340.
[93] Bezeichnend ist die Gründung des Persönlichen Ordinariates *Our Lady of Walsingham* durch Benedikt XVI., einer Diözese für konvertierte Anglikaner, s. *AAS* 101 (2009), S. 985–990.
[94] Bei Wendy Fletcher, Canadian Anglicanism, S. 150.

Brooklyn. Nicht alle Großprojekte kamen selbst in Lateinamerika oder in Australien zustande, sondern erlagen ihrer Gigantomanie wie im argentinischen Santa Fé oder im australischen Brisbane; und wenn sie nicht wegen Unausführbarkeit gestoppt wurden, gerieten sie nach dem Tode des Bauherrn in Misskredit.[95] Aber es war auffällig, dass man sich anglikanischerseits sogar bei kleineren Projekten häufiger am Ende für eine reduzierte Lösung entschied und Domneubauten in neuerer Zeit weniger hinzu gekommen sind, während man umgekehrt überlegte, kleine Diözesen im Mittleren Westen der USA aufzulösen.[96] Alledem entspricht, dass zwar in Kanada und den USA die Diözesen noch zahlreich sind, die Kathedralen aber im Vergleich mit den römischen meist unauffälliger, standardisierter, kein Resultat architektonischer Experimente. Das schließt ihre Attraktivität nicht aus, aber sie zeigt sich weniger kulturell (außer bei Prestigebauten) als durch Evangelisationen.[97] Damit ist auch von einem religiöser Tourismus, wie er regional in der Orthodoxie und im Katholizismus erkennbar war, in den bischöflichen Reformationskirchen zumindest aus europäisch-nordamerikanischer Perspektive weit weniger zu reden, da die Faszination der Bauten anders als in symbolisch-sakramental fokussierten Kirchentümern nicht mehr von ihren theologisch-ontologischen Qualitäten abhängt, die sie zu Symbolbauten machten, sondern auf individuellen Urteilen beruht (bis zur Bewunderung ihrer technischen Avanciertheit).

Nun trifft gleichwohl zu, dass auch die bischöflichen Reformationskirchen gewachsen sind, z. B. das bischöfliche Luthertum Afrikas. Während aber seine Expansion geographisch eingegrenzt blieb, ist der Anglikanismus mittlerweile weltweit präsent, auch durch zahlenmäßige Expansion: Global hat er sich ja zeitweise verdoppelt, z. B. zwischen 1970 und 2010 von ca. 47 bis auf ca. 86 Millionen,[98] wobei sich auch für ihn das Gewicht auf die südliche Hemisphäre verlagert hat (allerdings Australien und Neuseeland nicht dazuzurechnen sind, da hier die Situation eher „europäischen" Charakter trägt). Zumindest am Rande zeigte sich letzterer Sachverhalt bereits im vormals homogen-katholischen Lateinamerika: Hier setzte der Ang-

---

95 Ein Beispiel ist die Basilika von Yamoussoukro, vgl. Elleh, *Architecture and Power*, S. 42 ff.; Julia Gallagher/Dennis Larbi Mpere/Yah Ariane Bernadette N'Djoré, State Aesthetics and State Political Architecture in Ghana and Côte d'Ivoire, in: *African Affairs* 120/480 (2021), S. 333–364, bes. S. 357 ff. Allerdings wurde der Bau nicht zur Kathedrale erhoben.
96 Bonner, The United States of America, S. 230.
97 Bekannt ist die *Cathedral of the Advent* in Birmingham/Alabama, s. Zimbrick-Rogers, „A Dream of Common Prayer?", S. 61 ff.
98 Goodhew, Growth and decline in the Anglican Communion, in: Goodhew (Hg.), *Growth*, S. 3–33, hier S. 3.

likanismus zwar moderat, aber beständig jene Aufwärtsentwicklung fort,[99] die in Nordamerika schon ihr Ende fand, in Brasilien sogar mit neuen Dombauten.[100] Bemerkenswert ist jedoch, dass er global gerade dort sein expansives Potential nicht verloren hat, wo eine evangelikale Frömmigkeit mit ekstatischen Beiklängen Anknüpfungspunkte bereithielt, wie sie schon im Methodismus existierte; und diese Beobachtung lässt sich vielleicht begreiflich machen. Zunächst: Hier wie dort bot sich die Möglichkeit, die eigene religiöse Individuierung erlebnishaft weiter zu kultivieren, zumal der Protestantismus in seiner Hochschätzung der freien Entscheidung gegenüber sakramental etablierten kirchlichen Institutionen bei westlichen Soziologen bisweilen als die „moderne Religion" *par excellence* gilt.[101] Erinnern wir an Afrika, vor allem an Nigeria und Uganda, lässt sich ein zweiter Grund anführen: Hier entwickelte er auch das Potential, seine Mitglieder evangelistisch-charismatisch zu motivieren (auch Bischöfe[102]) – ohne Berührungsängste gegenüber geistlichen *crusades*, misstrauisch gegenüber nicht „wiedergeborenen" Christen und möglichem Identitätsverlust.[103] In anderen – hochkirchlichen – Regionen wie Ghana lagen die Dinge weniger emphatisch, ja das Interesse am Anglikanismus schien z. T. gesunken zu sein, während freikirchliche Charismatiker die Anglikaner überholten.[104] Das schloss nicht aus, dass der Anglikanismus gerade auch als bischöfliche Konfession im Bewusstsein blieb.[105] So bewahrten Kathedralen ihr Ansehen, ja gewannen neue Funktionen dazu, besonders als liturgisch wie sozial versöhnliche Räume in zerstrittenen Regionen. Erinnert sei an die Dome in Kairo oder Embu. Auch als medizinisches Zentrum konnte man die Kirchen nutzen, z. B. *St Paul's Cathedral* in Nsukka.[106]

Ambivalenter wiederum verhielt es sich in Asien. Auf dem indischen Subkontinent sind durch die CSI und CNI zwar Kirchentümer nach anglikanisch-episkopalen

---

[99] Für Argentinien sprechen Sinclair/Corrie von „a capacity for multiplying" (South America, S. 255).
[100] Vgl. die *Catedral do Bom Samaritano* in Recife, s. Coutinho, *Artes Plásticas Integradas*, S. 83–84.
[101] Peter Berger/Thomas Luckmann, *Modernität, Pluralismus und Sinnkrise. Die Orientierung des modernen Menschen* (Gütersloh: Verlag Bertelsmann Stiftung, 1995), S. 53.
[102] R. Burgess, Nigeria, in: D. Goodhue (Hg.), *Growth*, S. 77–97, hier S. 87: „Due to the strongly hierarchical nature of Anglican ecclesiology, bishops play an important role in shaping the missionary vision [...]. Taking into account other variables such as [...] financial capacity, the fastest-growing dioceses tend to be those that are led by bishops with conservative evangelical credentials, receptivity to Charismatic spirituality [...] and a strong commitment to [...] evangelism."
[103] Emmanuel C. Ibezim u. a., Diocese of Nsukka – Challenges and Prospects, in: Onah/Obeta (Hgg.), *Anglican Diocese of Nsukka at 20*, S. 119–126.
[104] Eshun, Ghana, S. 64 und S. 68.
[105] Es gibt sogar *diocesan anthems*, Nsukka vgl. Onah/Obeta (Hgg.), *Anglican Diocese of Nskukka at 20*, S. 47 ff.
[106] Onah/Obeta (Hgg.), *Anglican Diocese of Nskukka at 20*, S. 88 ff.

Vorgaben entstanden, aber die Teilkirchen behielten ihr nicht-episkopales Gepräge.[107] Die protestantische Skepsis gegenüber einer Verdinglichung des Sakralen bedeutet zwar umgekehrt immense Impulse für eine biblisch fundierte protestantische Lebenspraxis im Alltag.[108] Die Frage ist aber, ob CSI und CNI im ritualreichen hinduistischen Indien gegenüber katholischen und ostkirchlichen Liturgien ästhetisch attraktiv bleiben, da ihre Hochkirchlichkeit nur für die anglikanische Teilkirche – und hier nur partiell – existiert.[109] Der Anglikanismus Koreas oder Japans wiederum könnte zu marginal sein, als dass er als signifikanter wahrgenommen würde. Außerdem behielt er zumindest in Korea lange ein britisches Gesicht: Erst 1965 gab es einen einheimischen Episkopat, und bis 1993 unterstand er Canterbury.[110] Wohl schon deshalb hatte der Anglikanismus gegenüber den anderen Konfessionen wenig Gewicht, auch ästhetisch – wie denn der lange unvollendete Dom in Seoul kein Leitbau wurde;[111] und gefragt hat ein koreanischer Theologe angesichts der anglikanischen Hochkirchlichkeit im Land, ob die Konfession von seinen Landsleuten nicht einfach als (marginale) Variante des Katholizismus wahrgenommen werde.[112]

---

[107] Anderson Jeremiah, The Church of South India, S. 151.
[108] Vgl. im *Monthly Bulletin of CSI Immanuel Cathedral Ernakulam*, S. 1, das von Mt. 16,24 inspirierte Motto „Cross: Self Giving Lover" und die folgenden christentums- und gesellschaftspädagogischen Angebote.
[109] Charakteristisch ist Paul Thomas: „The Catholics and the Orthodox Syriens have taken particular care to cultivate church-life. Their hierarchical organisations, rituals like the High Mass celebrated by more than one priest in brilliant vestments to the accompaniment of music by choir and organ, the architecture and the size of churches, illuminations, decorations and processions on festal occasions, all add grandeur to worship seldom found in other denominations" (*Churches in India*, S. 17 f.). Reservierter sind seine Sätze zur CSI und CNI (S. 22–24).
[110] Peterson, *Religious Places*, S. 95.
[111] Hoare, The Anglican Cathedral, S. 9–10.
[112] A. Eungi Kim schreibt (South Korea, S. 189): „In fact, Koreans tend to vaguely think that there is no significant difference between Anglicanism and Catholicism, except for the fact that Anglican priests are allowed to get married."

11 Diesseits der Traditionen

11.1 Von der Kathedrale zur *Megachurch*

Nun wird man wenigstens für Teile Europas vermuten können, dass die Blüte der traditionellen Konfessionen vorbei ist, und zwar irreversibel[1] – und wenn eine Rückkehr der Religion konstatiert wird und das Christentum Gegenstand neuen Interesses, dann meist nicht zur Restitution christlicher Gemeinschaft.[2] Erst recht vorbei ist für Teile Europas die von Duby beschriebene Zeit der Kathedralen, zumindest für die in Westeuropa beheimateten Konfessionen (vielleicht mit Ausnahme der Kirche von Rom[3]). Andererseits gilt: während in dem Maße, in dem trotz reformatorischer und aufklärerischer Kritik an sakralen Hierarchien das bischöfliche System als solches auch im Protestantismus nicht erledigt ist, behielt auch dieser vielfach Sinn für Repräsentation – sei es für Großveranstaltungen, sei es für den großen Kirchenraum jenseits hierarchischer Bedeutsamkeiten, wie bereits das hugenottische Frankreich zeigte; aber auch der expandierende globale Protestantismus – ob bischöflich oder nicht – hat zumindest in Afrika und Asien in seinem Selbstverständnis mitunter emphatische Züge.[4] Doch lässt sich noch weiter differenzieren; denn auffällig ist zugleich etwas Anderes: Gerade dort, wo westkirchlich-bischöfliche Konfessionen nicht nur traditionsgemäß etabliert sind, sondern engagiert den Dombau vorantreiben (Katholizismus und afro-asiatischer Anglikanismus), ist auch – mit Ausnahme Europas fast allerorten – im nichtbischöflichen Protestantismus das Interesse an repräsentativen Kulträumen weiter lebendig – bis zu jenen als *Megachurches* definierten Bauten, neben den USA also in Lateinamerika, im Afrika südlich der Sahara, in Teilen Asiens.[5] Mehr noch: Partiell treten diese Kulträume schon mit den alten Kathedralen in Konkurrenz – da auch sie sich „Kathedralen" nennen. Historisch stehen sie den Freikir-

---

1 Hunt, Introduction, S. 11.
2 S. z. B. Jean-Luc Nancy, Dekonstruktion des Christentums (frz. 2005, dtsch. Zürich-Berlin: diaphanes, 2008), S. 7–8.
3 Vgl. D. Paul Sullins, Beyond Christendom: Protestant – Catholic distinctions in coming global Christianity, in: *Religion* 36 (2006), S. 197–213.
4 Jake Otonka, Beyond the Rhetoric of the ‚Next Christendom'? An Examination of the Integrity of the Christian Faith in Nigeria, in: *Scriptura* 117 (2018/1), S. 1–18; für Äthiopien s. den Lutheraner Samuel Deressa, The Shift of Christianity to the Global South and the Need for Discipleship and Church Health, in: *Word & World* 40/4 (2020), S. 363–373; für Korea Hyung Jin Park, The Journey of the Gospel and Being a World Christian, in: *TTJ (=Torch Trinity Journal, Seoul)* 13/1 (2010), S. 83–98.
5 Kaum berührt sind neben Europa Australien und Neuseeland, s. Percy, „Your Church Can Grow!", in: Hunt (Hg.), *Handbook of Megachurches*, S. 103–127, hier S. 104.

chen nah,⁶ doch auch ihre leitenden Geistlichen nennen sich gern „Bischof". Ihre Tendenz ist fundamentalistisch, und charismatische Gemeinden wiegen vor.⁷ Damit gehören auch nicht alle freikirchlichen Großkirchen hierher. So wird gelegentlich auch die *Riverside Church* in New York, ab 1928 entstanden,⁸ ein Großbau à la Chartres mit viel Kulturvermittlung⁹ *Megachurch* oder *protestant cathedral* genannt, ist aber eher „the world's most prominent institutionalization of Protestant liberalism."¹⁰ Auch nicht alle afrikanischen *Megachurches* sind doktrinär-fundamentalistisch, sondern stehen weiter im Dialog mit den alten, vornehmlich angelsächsisch-calvinistischen protestantischen Konfessionskirchen wie das ökumenische Zentrum in Abuja oder die ab 2019 entstehende *National Cathedral* in Accra für 5000 Personen, von David Adjaye (*1966).¹¹

Freilich – so wenig die *Megachurches* mit religiösem Fundamentalismus und Charismatikertum einfach identisch sind, sondern z. T. noch Nähe zu den überkommenen nicht-bischöflichen Reformationskirchen besitzen, stellen sie erst recht keine quasi historisch-kontinuierliche Entwicklung aus den Kathedralen der bischöflichen westkirchlichen Konfessionen dar. Genese und Geschichte der *Megachurches* sind ja sehr anders verlaufen als die der Kathedralen, wie sich zeigte: nämlich hervorgegangen aus dem calvinistischen Kontext einer anti-hierarchischen, teilweise bilderstürmerischen Christlichkeit mit protestantischer Individualisierung – wie denn diese Kirchen zumindest im Blick auf Nordamerika religiös primär einen „indulgent individualism" repräsentieren,¹² fern aller konfessionell-dogmatischen Reglementierungen. Keineswegs ist auch das Vorhandensein von *Megachurches* ausschließlich dort zu registrieren, wo sich bereits zahlreiche Kathedralen der alten bischöflichen Konfessionen etabliert haben, wie die *Yoido Full Gospel Church* von David Yonggi Cho (1936–2021) im koreanischen Seoul zeigt, also in einem Land zwar mit repräsentativen römisch-katholischen Domen, dessen Christentum insgesamt aber calvinistisch

---

6 John Gordon Melton registriert die Anbindung an ca. 50 Denominationen, s. ders., Toward a Typology of the Megachurch, in: Hunt (Hg.), *Handbook of Megachurches*, S. 68–83, hier S. 73.
7 Robles–Anderson schreibt: „By designing for *mediated congregation* churches like Crystal Cathedral align privated, mobile, and distributed social conditions with a mythical worldview" (The Crystal Cathedral., S. 579; Hervorhebung G.A.K.). Den biblischen Anfang der *Megachurches* findet Hunt Apg 2,41–43, s. Introduction, S. 1.
8 James Hodnut-Beumler, Riverside Church and the Development of American Twenthieth-Century Protestantism, in: Paris (Hg.), *The History of the Riverside Church*, S. 7–53.
9 John Wesley Cook, A Christian Vision of Unity, S. 137–179.
10 Paris (Hg.), Introduction, S. 1.
11 Cruz, La Catedral, S. 78; *JISA* 35 (2019), S. 8.
12 Hunt (Hg.), *Handbook of Megachurches*, Introduction, S. 9.

mit Nähe zum Fundamentalismus geprägt ist.[13] Und wenn auch die *Megachurches* Kathedralen heißen – vor allem dort, wo der Begriff der Kathedrale ohnehin geläufig ist und sich oft auf Großbauten bezieht wie z. B. in den an traditionellen Kathedralen reichen Ländern USA, Brasilien, Nigeria –, wird nicht an das Selbstverständnis bischöflicher Kirchen und ihrer Bischöfe angeknüpft. Hier wirkt eher die Überzeugung nach, in diesen „neuen" Kathedralen die Erhabenheit jener mittelalterlichen Räume zurückgewonnen zu haben, welche die Bauten ähnlich attraktiv macht, wie es seit der Romantik die alten Kathedralen waren oder sind. Ja bisweilen – so in Brasilien – hat sich bereits der Eindruck durchgesetzt, dass mit solchen „neuen" Kathedralen wieder eine *Era das catedrais* begonnen hat.[14] Und obwohl *Megachurches* keine Produkte einer apostolischen Sukzession mehr sind, sehen sich bisweilen ihre Architekten und Bauherren ob dieser Erhabenheit als Erben einer anderen, nämlich ästhetischen Sukzession – wie denn Philip Johnson seine *Crystal Cathedral* auch als Produkt des Wettbewerbs mit den Kollegen zu Konstantinopel, Paris, Reims oder Chartres interpretiert hat.[15]

Doch können solche *Megachurches* als Erben der alten Kathedralen auch Angehörige der tradierten bischöflichen Konfessionen faszinieren: Bei wachsender weltanschaulicher Pluralisierung ist ja selbst im lehramtlich gebundenen Katholizismus das Christentum zur individuellen Erfahrung und Entscheidung geworden. Das gilt zwar besonders in Westeuropa,[16] aber – wie Thomas George gezeigt hat – partiell sogar im frömmigkeitsmäßig z. T. archaischen Indien, wo Religion als kollektives Erleben und Tun noch selbstverständlicher ist.[17] Ebenso wenig müssen im katholischen Afrika Dogmatiken noch ein normatives Prae gegenüber ihrer individuellen Adaption besitzen, sondern es wirkt der Protest gegen liturgische und dogmatische Richtigkeiten bisweilen schon legitim.[18] Umso weniger liegen Gründe vor,

---

13 Zur *Yoido Full Gospel Church* vgl. Thomas Kern, Mega-Kirchen in Südkorea. Eine Fallstudie am Beispiel der Yoido Full Gospel Church, in: Patrick Köllner (Hg.), *Korea 2002. Politik – Wirtschaft – Gesellschaft* (Hamburg: Institut für Asienkunde, 2002), S. 165–196, bes. S. 172–182. Aus koreanischer Sicht Young-hoon Lee, The Life and Ministry of David Yonggi Cho and the Yoido Full Gospel Church, in: *Asian Journal of Pentecostal Studies* 7/1 (2004), S. 3–20. Myung-Soo Park, Globalisation of the Korean Pentecostal Movement. The International History of David Yonggi Cho, in: Ma/Ahn (Hgg.), *Korean Church*, S. 228–241.
14 Umfassend Edlaine de Campos Gomes, *A Era das catedrais da IURD: a autenticidade em exibição*. Dissertation an der Universidade do Estado de Rio de Janeiro 2004.
15 Robles-Anderson, The Crystal Cathedral, S. 595.
16 Zu Erfahrungstheologie und Entscheidungschristentum s. Hagspiel-Keller, *Freikirchen*, S. 67 und S. 370.
17 Thomas George zur *Emerging Church*-Bewegung und sein Plädoyer für neue gesellschaftliche Fragestellungen gegenüber eingefahrenen Denkweisen, *Theology*, S. 22–23.
18 Francis Adoboli, *Charismaticism in the Roman Catholic Church: A Study of the Charismatic Renewel Movement in the Archdiocese of Accra*. Dissertation an der University of Ghana, Accra 2018, S. 83 ff.

den Begriff der Kathedrale für bestimmte (eben römische) Bischofskirchen zu reservieren. Einfacher noch liegen die Dinge im Anglikanismus oder skandinavischen Luthertum. Denn zwar bleiben diese Konfessionen in ihrer bischöflichen Struktur dem Katholizismus nahe, aber die Bedeutsamkeit dieser Struktur war hier nie einheitlich gewichtet. So finden anglikanische Charismatiker Hochkirchlichkeit klerikalistisch. Überdies trat die anglikanische Hochschätzung dieser Frömmigkeitsstruktur erst bei der Entstehung des Methodismus – d. h. unter anglo-katholischen Vorzeichen[19] – stärker hervor bzw. verlor in *evangelical revivals* wieder an Einfluss, und zwar weltweit (falls sie im Anglikanismus jemals überall vorhanden war). Entsprechend waren hier auch die theologische Definition und Gewichtung von Kathedralen eine ähnliche Ermessensfrage wie die Bedeutung, die man der apostolischen Sukzession gibt. Außerdem war in den Nationalkirchen der Reformation der Dombau bzw. die Umwandlung von Pfarrkirchen in Kathedralen auch Resultat royaler und parlamentarischer Beschlüsse, nicht nur ein sakramentaler Akt des Klerus,[20] so dass erneut der Begriff der Kathedrale an theologischem Pathos verliert.

Allerdings ist das Modell von *Megachurches* auch aus religionssoziologischen Gründen im Christentum plausibel, und zwar z. T. wieder konfessionsübergreifend: Im Vergleich zu den „alten" römisch katholischen Kathedralen (erst recht zur Orthodoxie) mit den gewachsenen Bauformen, der universal etablierten Ikonologie (z. B. der Heiligenwelten), dem rituellen Reichtum wie im Unterschied zur liturgisch elaborierten Theologie des hochkirchlichen Anglikanismus ist der Frömmigkeitsrahmen der *Megachurches* wie die Frömmigkeit US-amerikanischer Freikirchen elementarer, sowohl im Bezug auf das *sola scriptura* der Reformation wie auf den *solus Christus* bzw. den göttlichen Geist. Elementarer ist auch das Erscheinungsbild der *Megachurches*, nicht nur architektonisch, sondern bereits in der Theologie – nämlich als einer Christentumsvermittlung, die laien-, ja massentauglich ist, wie für David Yonggi Cho und seine *Yoido Full Gospel Church* in Seoul von einem Adepten betont wird.[21] Auch ästhetisch sind die *Megachurches* nicht kanalisiert: Malerei oder Skulptur sind freigestellt. Schnell fasslich sei die Musik.[22] Elaborierte *cathedral music* wie bei Katholiken bzw. Anglikanern fehlt, auch das musikalische Pathos der

---

19 „[The] ‚essential ministry' of the church is the episcopate, and [...] ‚the repository of the commission which Christ gave to his disciples'"; so bei K. E. Kirk (Hg.), *The Apostolic Ministry* 1946, S. 14, nach Gunstone, *Pentecostal Anglicans*, S. 102.
20 Für England s. Orme, *The History*, S. 191–194; für Schweden am Beispiel Visby s. Zeitler, *Schweden*, S. 165.
21 Tham Wan Yee, *Examining Younggi Cho's Success as a Preacher from the New Paradigm of Spirituality & Religion. A Presentation for the Youngsa Theological Symposium Seoul* 2013.
22 „John D. Witvliet described contemporary Christian music as sounding like ‚commercial popular music' – repetitive, ‚fast-paced', and using ‚simple harmonic structures'. The texts were based on ‚scriptural hymns of praise' and ‚narratives of religious experience.' The language of

slawischen Orthodoxie. Nur zweckdienlich muss die Architektur sein,[23] denn es gibt keine heiligen Räume.

11.2 *Megachurches* als Kompensierung der alten Kathedralen?

Derlei hinwiederum macht begreiflich, dass *Megachurches* zumindest dann beinahe umstandslos die alten Dome ersetzen können – wenn man sich denn mit der reduzierten religiösen Komplexität begnügt, die sie einfordern, obwohl die Räume bisweilen die ästhetische Indifferenz mancher Industriearchitektur besitzen. Doch können sie wie viele Kathedralen oft bereits durch ihre Größe imponieren, als Räume für Zehntausende;[24] und wenn manche von ihnen Anklänge an traditionelle sakrale Großbauten vermeiden, um kirchenfernen Besuchern einen leichteren Zugang zu ermöglichen,[25] sind die Ergebnisse auch für traditionsnahe westeuropäische Rezipienten bisweilen so gelungen wie die *Crystal Cathedral*:[26] Sie entspricht zwar ebenfalls einer Theologie, die Nähe zur älteren Sakralarchitektur mied – den Turm baute Johnson 10 Jahre später[27] – und Nähe zur säkularen Zeitgenossenschaft intendierte,[28] und der Anklang der *Crystal Cathedral* an den Londoner *Crystal Palace* mag technologische Phantasien wecken. Doch der glas-umgrenzte Bau wirkt beinahe als metaphysischer Lichtraum, wobei sein Grundriss – der vierzackige Stern – religiös anspielungsreich ist und der Turm

---

the songs was ‚vernacular, even colloquial, in style, diction, and form" (Loveland/Wheeler, *From Meetinghouse to Megachurch*, S. 227).
23 Loveland/Wheeler, *From Meetinghouse to Megachurch*, S. 127. Adeboye vermerkt zudem, dass aufgrund der Endzeitstimmung mancher Denominationen das Baumaterial sogar vernachlässigt werde, da es ohnehin vergehe (Globalization, S. 312).
24 Loveland/Wheeler, *From Meetinghouse to Megachurch*, S. 178–179, sprechen von bis zu 20 000 Besuchern. Freilich ist das eine Frage der Berechnung. Meist rechnet man die Besucher pro Woche. So finden sich im US-amerikanischen Lakewood bis 58 000 Personen pro Woche ein, in der *Yoido Full Gospel Church* bis 580 000; s. a. Kate Pickering/Goldsmiths, University of London, Expanding Religious Crowds. Containment and Openness in the American Megachurch, in: *Coils of the Serpent* 7 (2020), S. 27–50, hier S. 32.
25 Bill Hybels schreibt: „The typical church is no place for the unchurched" (zit. nach Loveland/Wheeler, *From Meetinghouse to Megachurch*, S. 114).
26 Zu Schuller und der *Crystal Cathedral* s. Loveland/Wheeler *From Meetinghouse to Megachurch*, S. 117 ff.
27 Historisches Loveland/Wheeler, *From Meetinghouse to Megachurch*, S. 153–154; Torgerson, *An Architecture of Immanence*, S. 125–127.
28 Schuller nannte seine Strategie „trying to design a structure that would make an impression on non-churched, secular Americans" (Loveland/Wheeler, *From Meetinghouse to Megachurch*, S. 118. *G.A.K.*).

wieder die Gotik assoziiert, und man begreift, dass solche Bauten bisweilen Ersatz für Wallfahrtskirchen sein können (wobei sie selbst die Kultobjekte sind), ebenso andere *Non-Churches*.[29] Auch die sakral-architektonische Literatur über solche *Meetinghouses* dokumentiert bisweilen die Transzendenz-Ausstrahlung mancher dieser Bauten.[30]

Dass bei diesem Weg von den „alten" Kathedralen im herkömmlichen Sinne zu den *Megachurches* zugleich ein theologisch und religiös-ästhetisch sich wieder wandelndes Christentumsverständnis vorliegt, sei vermerkt (obwohl auch diese Wandlung im Kern auf mittelalterliche Entwicklungen und Entscheidungen der Reformation zurückgeht). Denn wenn der neue „bischöfliche" Hausherr solcher neuen Kathedralen in keine *successio apostolica* mehr hineingestellt ist, dann weil er oft nach seiner Selbstauslegung von Gott selbst zu seinem Amt berufen ist, auch zum Bau seiner Kathedrale,[31] und wenn er zu seinen „Homilien" auf der Bühne erscheint, dann zusätzlich überlebensgroß auf Bildschirmen.[32] Und mögen seine Homilien auch weniger an die Lehrpredigt altkirchlicher Bischöfe erinnern, sondern an charismatische Wanderprediger, stehen die technizistisch überhöhten Inszenierungen biblischer Inhalte, die solchen Predigten zuzuordnen sind, den effektvollen Christentums-Vermittlungen in mittelalterlichen Domen nicht nach, so dass sich hermeneutische Probleme, d. h. die Fragen der angemessener Auslegung von Texten, von selbst erledigen oder zu erledigen scheinen.[33] Berücksichtigt man zusätzlich, dass solche Bauten oft auf die *Full Service Church* abzielen, auf „a quality ministry to the total man for the glory of God" mit seinen vielfältigen Angeboten – dann klingt zwar die sakramentale Dimension alter Kathedralen weiter, nicht nur als eucharistischer Ereignisraum, sondern auch mit den Heiltümern, die sie zu Wallfahrtsorten machten – aber in dem Sinne, dass nun die Sakramente, das eucharistische Mahl und die Heilungswunder in eine menschenfreundliche Bürgerlichkeit mit religiöser Fundierung transponiert wor-

---

29 Vgl. Torgerson zur Kirche der *Willow Creek Community* (*An Architecture of Immanence*, S. 137 ff.).
30 Vgl. Adeboye, Effects of Pentecostalism, S. 2838. In diesem Sinne beschreibt Adeboye auch das *Faith Tabernacle* in Ota/Nigeria: einen Kultbau, der aus drei 110 m langen und radial angeordneten Längsarmen als dem Gemeinderaum besteht, die ihrerseits auf den hexagonalen Altarraum zulaufen. Vgl. ders., Effects of Industrial Revolution, S. 27–34 (Abbildungen).
31 Loveland/Wheeler über den Bischof der *Cathedral of the Holy Spirit* in Decatur (*From Meetinghouse to Megachurch*, S. 160).
32 Loveland/Wheeler, *From Meetinghouse to Megachurch*, S. 230. S. a. Abbildung 67.
33 Loveland/Wheeler, *From Meetinghouse to egachurch*, S. 230 ff. Eine Megakirche in Phoenix bot 1996 ein *Easter Pageant* „including a theatrical reenactment of Jesus' Crucifixion and ascension, flying angels, a laser-light show, and a multicolored ‚dancing fountain' of water" (Loveland/Wheeler, *From Meetinghouse to Megachurch*, S. 183).

den sind, in „therapeutic, educational, recreational, social, and community service programs". Dabei steht oft die Familie voran, in neuer Kommunion in der *Dining Hall* versammelt, zu „food and fellowship" wie in der *Willow Creek Community Church*[34] und in einer Trutzburg zwar nicht gegen Ketzer und Heiden, doch gegen eine transzendenzlose Säkularität.[35] Ebenso wenig zu unterschätzen ist umgekehrt das wiederum technizistisch überhöhte und – medial potenziert – als religiös erfahrene Massenerlebnis, das jenes familiäre Erlebnis umschließt: als Erlebnis von Bewegung, Musik, Körperlichkeit, Licht, Farbe, d. h. als Entgrenzung des Ich bis an die Enden der Erde wie als Gefühl totaler Geborgenheit der auch per Bildschirm anwesenden Teilnehmer in sie alle umfassenden christlichen Narrativ:

> God is building a home. He's using us all – irrespective of how we got there – in what he is building. He used the apostles and prophets for the foundation. Now he's using you, fitting you brick by brick, stone by stone. With Jesus as the cornerstone that holds all parts together.[36]

Wohl lässt sich bei den inszenatorischen Beiklängen solcher Erlebnisse an ihrer religiösen Authentizität in dem Maße zweifeln, als bereits die Architektur mittelalterlicher Dome z. B. mit ihren Außenkanzeln inszenatorische Effekte nicht ausschloss. Und in den Dombezirken im brasilianischen Belo Horizonte und Niterói war das für Tausende von Teilnehmenden angelegte Außengelände ebenfalls eine *experiência religiosa em massa* das architektonische Ziel. Doch technische Avanciertheit und religiöses Erlebnis widersprachen schon im Mittelalter nicht, und auch Luther zog für die Gestaltung des Gottesdienstes *alle* Register der Vermittlung. Freilich muss man mitbedenken, dass sich das Interesse an Massenzeremonien im Umfeld der *Megachurches* oft weiterhin mit einer Utilitarisierung von Glaubenspraktiken verbindet, welche nicht nur auf andere Art bereits an der Kultpraxis mittelalterlicher Kathedralen ablesbar war, sondern auch die Reformation mit ausgelöst hatte – da Gott-selbst diese Praktiken belohne; und das besagt im Sinne einer Vergröberung der Texte Max Webers zur Religiosität des Puritanertums: dass der zum Glauben Berufene nicht nur auf ewiges Leben hof-

---

34 Loveland/Wheeler, *From Meetinghouse to Megachurch*, S. 180 ff. Hier auch die Zitate.
35 Loveland/Wheeler, *From Meetinghouse to Megachurch*, S. 188: „In an ocean of secularism, the full service white mega church served […] as an ‚island' to which the entire family could ‚retreat' for education, fellowship, and recreation."
36 Bei Pickering, Expanding Religious Crowds, S. 35.

fen dürfe, sondern auch auf Wohlstand hier und jetzt;[37] denn ihm werde für seine Frömmigkeit – einschließlich seiner Geldspenden – der Gotteslohn auch im Alltag so vielfältig gegeben wie den Frommen im Alten Testament.[38] Begreiflich dürfte sein, dass dieses Wohlstandsevangelium (*prosperity gospel*) in der Kombination von Gottesgewissheit und Selbstoptimierung als Erfolgsmodell gilt und für die USA als Gütezeichen des *American dream*.[39] Ebenso begreiflich ist aber, dass es als Lebenshilfe in den krisenhaften 30er Jahren in den USA entstand und interkonfessionell attraktiv wurde für eine Kirche der Armen in Schwellenländern[40] – auch als neue Verdinglichung religiöser Praxis:

> The distinguishing characteristic of contemporary prosperity theology is the miraculous quality of the blessing; material welfare is not a [...] byproduct of virtuous living, but it is, ipso facto, God's supernatural gift to the faithful, not unlike [...] glossolalia or faith healing. Although the concept of reliance on an trust in God for physical sustenance has deep biblical roots, the idea that God rewards his faithful with money and well-being is a distinctly twentieth century notion that built up with the advent of radio and television evangelism, where early pioneers of both religious media [...], especially Oral Roberts, exhorted their audiences to send in money to their technologically expensive ministries; in time, this evolved into a ‚theology' that demanded money as a proof of faith, which God would then return to the giver tenfold and more.[41]

Einen zusätzlichen Impetus erhält diese Selbstoptimierung dadurch, dass man sie oft wie Kreuzfahrer und charismatische Evangelikale apokalyptisch deutet, als finalen Streit gegen das Böse, in dem man mit Christus auf der Gewinnerseite steht – also wie bei den alten Kathedralen und ihrer bischöflichen Hausherrn auf Seite der endgültigen Wahrheit.[42]

---

37 Bruce, *Religion in the Modern World*, S. 9–24; Keith Smith, *Max Weber and Pentecostals in Latin America*, S. 4 ff.; S. 12 ff.; Virginia Garrard-Burnett, Neo-Pentecostalism and Prosperity Theology in Latin America: A Religion for Late Capitalist Society, in: *Iberoamericana. Nordic Journal of Latin American and Caribbean Studies*, Vol. XLII/1–2 (2012), S. 21–34, hier S. 23 ff.; Castor Michael Goliama, *The Gospel of Prosperity in African Pentecostalism: A Theological and Pastoral Challenge to the Catholic Church – with Reference to the Archdiocese of Songéa, Tanzania*. Dissertation an der Universität Wien 2013; Isedore Iwejo Nkwocha, *Charismatic Renewal and Pentecostalism: the Renewal of the Nigerian Catholic Church*. Dissertation an der Duquesne University, Pittsburgh 2019.
38 Garrard, *New Faces*, S. 216–217.
39 Catherine Bowler, *Blessed: A History of the American Prosperity Gospel*. Dissertation an der Duke University 2010, bes. S. 224–235. Hier auch (S. 227, Anm. 13) zu den Bezügen zu M. Weber.
40 Zu Lateinamerika Garrard-Burnett, Neo-Pentecostalism, S. 29 ff.; zu Tanzania s. Goliama, *The Gospel of Prosperity*, S. 28 ff.
41 Garrard-Burnett, Neo-Pentecostalism, S. 23–24; dies., *New Faces*, S. 217–218.
42 Hunt, Forcing the Kingdom, S. 249–250.

Als noch nachvollziehbarer erweist sich dieser Wechsel von den „alten" Kathedralen zu den „neuen" als Zeichen für ein neues Christentum, wenn man von den bürgerlichen *Megachurches* Nordamerikas auf die *Megachurches* Südamerikas, Afrikas und Asiens blickt – zumal sie oft angesiedelt sind in Lebenswelten mit niedrigeren ökonomischen Standards und einer archaischeren Religiosität. Denn wenn schon im bürgerlich-christlichen US-Amerika der Glaube an Mirakel und die Wirksamkeit spiritueller Energien gängig ist,[43] so ist in den letzteren Regionen die Überzeugung noch stärker, dass bei richtiger Lebenshaltung göttliche Lebenskräfte im alltäglichen Leben wirksam sein können, auch durch Wunderheiler wie Exorzisten.[44] Genannt seien bereits die benachbarten Megakirchen Mittelamerikas mit Sonntagsgemeinden von 50 000 Personen,[45] in denen sich eine fundamentalistisch grundierte apokalyptische Weltsicht mit einem hoffnungsvollen Blick auf ein Leben verbindet, das der sozialen Verbesserung bedarf.[46] Dabei wirkt durch die Dominanz des Erlebnishaften wieder die Mentalität der Pfingstkirchen weiter – freilich nun auf „neo-pentekostale" Weise, da das Ziel des Glaubens im Sinne des *Prosperity Gospel* wieder schon im irdischen Erfolg liegt.[47] Typischer für Lateinamerika ist vielleicht noch Brasilien mit seiner hierarchisch organisierten *Igreja Universal do Reino de Deús* (IURD), 1977 gegründet von dem katholisch sozialisierten, dann zur Pfingstbewegung konvertierten Geschäftsmann Edir Bezerra Macedo (*1945), auch dem leitenden „Bischof".[48] Auch sie hat okkultische Elemente, für ihre Exorzismen z. B. eine explizite Dämonologie[49] und ist damit ebenso beispielhaft für manche Pfingstkirchen Afrikas,[50] dazu global aktiv.[51] Gerade bei ihren Kulträumen

---

43 S. Bowler, *Blessed*, S. 28 ff., S. 41 ff.; S. 61 ff.; Brad Christerson/Richard Flory, *The Rise of Network Christianity. How Independent Leaders are Changing the Religious Life* (Oxford: OUP, 2017), S. 74 ff.; S. 85 ff.
44 Vgl. Burgess, *The Civil War Revival*, S. 118–120; Opoku Onyinah, Deliverance services and liturgies, in: Ralph Madu u. a. (Hgg.), *International Conference on the Catholic Church and Pentecostal Challenges in the Nigerian Context*, Abuja: Directorate of Social Communications. Catholic Secretariat of Nigeria (CSN), 2016, S. 54–68; Goliama, *The Gospel of Prosperity*, S. 91 ff.
45 Ein Überblick z. B. bei Clifton L. Holland, *A Study of Evangelical Pentecostal Mega-Churches in Central America, 2011–2012*, San Pedro/Costa Rica: PROLADES, o. J. (2012).
46 Hümmer-Hutzel, *Religion und Identität*, S. 83 ff. und S. 157 ff., Garrard, *New Faces*, S. 73 ff.
47 S. Hümmer-Hutzel, *Religion und Identität*, S. 30–31; Garrard-Burnet, Neo-Pentecostalism, S. 25.
48 Garrard, *New Faces*, S. 119.
49 Gomes, *A Era das catedrais*, S. 166–201; Samuel Marques Campos, *O Sacrifício Encantado: Percepções, ritualidades e identidade na Igreja Universal do Reino de Deus*. Dissertation an der Universidade Federal do Pará, Belém 2018, bes. S. 109 ff. Der Autor nennt die IURD „uma igreja [...] de caráter xamânico" (S. 226).
50 Opoku Onyinah, *Akan Witchcraft and the Concept of Exorcism in the Church of Pentecost*. Dissertation an der Universität Birmingham 2002, S. 230 ff.; Burgess, *The Civil War Revival*, S. 119 ff.
51 Die IURD hatte lt. Garrard, *New Faces*, S. 219, schon im Jahr 2000 Stützpunkte in 180 Ländern.

wird zudem Nähe zu alten Domen und US-amerikanischen *Megachurches* erkennbar, da die IURD diese *templos* oft mit allen sozio-kulturellen Einrichtungen als Zeichen der Universalität ausstattet. Es erstaunt nicht einmal, dass sie wieder *catedrais* heißen: Denn nicht nur nennen sich die leitenden Geistlichen erneut „Bischöfe" und sind viele *templos* erhaben.[52] Hier wirkt auch der Gedanke der IURD-Expansion mit und wie bei den Konquistadoren die Freude über Kontinuität und Stärke ihrer Religion[53] – dazu in einer Glaubensgemeinschaft, die sich als ehrwürdiger versteht als ihre Gründung 1977 anzeigt und mit der Kirche von Rom konkurrieren will: In Rio de Janeiro steht der *Templo da Glória do Novo Israel/Catedral Mundial da Fé*, 2008 geweiht, für 15 000 Personen, in São Paulo der *Tempel Salomos*, laut Macedo eine Replik des salomonischen Tempels, für 10 000 Personen,[54] höher als die Christusstatue über Rio de Janeiro[55] und in der Ausstattung erneut Dokument des Wohlergehens.[56] Zur Eröffnung sagte Macedo:

> This temple is [...] something so glorious and spiritual that transcends reason itself [...]. It will certainly [...] prompt a national and worldwide revival.[57]

Und einträchtig beisammen waren wieder geistliche und staatliche Hierarchie – Bischof Macedo und die katholische Staatspräsidentin Dilma Rousseff.[58]

---

52 Beispiele bei Gomes, *A Era das catedrais*, S. 96–129.
53 „Face a seus interlocutores, a IURD aciona a categoria catedral como suporte para a confirmação de sua autenticidade e singularidade, demonstrando sua consolidação e continuidade" (Gomes, *A Era das catedrais*, S. 106).
54 Garrard, *New Faces*, S. 219.
55 Rudolf von Sinner, Pentecostalism and Citizenship in Brazil: Between Escapism and Dominance, in: *International Journal of Public Theology* 6 (2012), S. 99–117, hier S. 100.
56 Ausführlich Gomes, *A Era das catedrais*, S. 130 ff.; s. a. Letícia Jovelina Storto/Marcelo da Silva Figueiredo, Templo de Salomão. Arquitetura, Argumentatividade e Midiatização, in: *Anuário Unesco/Metodista de Comunicação Regional*, Ano 19, Nr. 19 (2015) (=Jb. des UNESCO-Lehrstuhls für Kommunikation an der Universidade Metodista de São Paulo), S. 259–273; Garrard, *New Faces*, S. 219.
57 Nach Garrard, *New Faces*, S. 220. Lt. Gomes will die IURD z. T. auch durch ihre architektonische Polystilistik ihre Universalität erweisen (*A Era das catedrais*, S. 114). Auch Niemeyer hat eine IURD-Kathedrale entworfen, nämlich für Niterói, vgl. Scottá, *Arquitetura religiosa*, S. 121–123.
58 Marques Campos, *O Sacrifício*, S. 68.

12 Perspektiven

Wer die alten Dome mag, Sinn hat für ihren Ursprung und ihre Geschichte, besitzt Gründe, die zuletzt beschriebene Entwicklung der Dombaugeschichte als Verlust zu bedauern – zumal diese Geschichte als Prozess eurozentristischer Globalisierung zwar einiges von der theologisch und politisch ambivalenten Macht europäischer Kolonialherren zu erzählen weiß, aber ebenso von wechselseitiger Integration von Christentum und Gesellschaft fern europäischer Anmaßungen. Von letzterer Beobachtung aus aber wäre eine Option für *Megachurches* als zukünftige Kathedralen bereits dann fraglich, wenn man für das Christentum moralisch-soziale Werte als wichtigere Leitlinien betrachtet als Selbstoptimierung.[1] Darüber hinaus könnte durch die *Megachurches* über die traditionellen Kirchengemeinden und die Konfessionen hinaus eine Anonymisierung des Christlich-Seins *jeder* ekklesialen Gestalt begonnen haben: Schon transformieren sich ja diese neuen Kathedralen durch die sich vervollkommnenden technischen Mediatisierungen in die Virtualität, in eine Netzwerk-Ökumene, in der ein Rückbezug auf leibhaftig präsente Gemeindeleitungen durch Tele-Apostel und ihr Publikum abgelöst würde[2] und die den tradierten protestantischen Konfessionen an Attraktivität überlegen wäre.[3] Auch die Kirche von Rom wäre nicht von der Entwicklung unberührt,[4] zumal der religiöse *full service* – mit Wunderheilungen, Exorzismen und Prophetien – per Bildschirm weitgehend so „funktionieren" kann wie bei älteren Kommunikationsmodellen.[5]

Dies besagt nicht, dass jetzt von einem völligen Abschied vom traditionellen Christentum die Rede sein müsste – sei es bischöflich oder nicht –, nicht einmal im westkirchlichen Europa: Denn so wie hier regional schon eine *reverse mission* aus dem globalen Christentum geschieht, wird dieses globale Christentum weiter faszinieren, selbst wenn dabei die Restauration einer vor-aufklärerischen Christlichkeit

---

1 Vgl. z. B. die Anfragen an Yonggi Cho, so bei Young-Hoon Lee, The Life and Ministry, S. 19–20; Myung Soo Park schreibt „Cho mentioned success but did not generally stress the right means to achieve success and how successful people should spend their blessings", s. Globalisation of the Korean Pentecostal Movement, S. 241.
2 Zu den Netzwerken s. Christerson/Flory, *The Rise of Network Christianity*, bes. S. 15 ff.; Hinsenkamp, Neues Spiel?, S. 213 ff.; dies., *Visionen eines neuen Christentums. Neuere Entwicklungen pfingstlich-charismatischer Netzwerke*, Dissertation an der Universität Göttingen 2023, Bielefeld: transcript Verlag 2024 (im Druck), passim; zu neuen (Tele-) „Hierarchien" Christerson/Flory, *The Rise of Network Christianity*, S. 53 ff.
3 Verweise bei Christerson/Flory, *The Rise of Network Christianity*, S. 3 ff.
4 Vgl. Klaus Krämer/Klaus Vellguth (Hgg.), *Pentekostalismus. Pfingstkirchen als Herausforderung an die Ökumene*, Freiburg u. a.: Herder, 2019; ausführlich zu den interkonfessionellen Vernetzungen Hinsenkamp, *Visionen*, passim.
5 Vgl. die Fallbeispiele bei Christerson/Flory, *The Rise of Network Christianity*, S. 74 ff.

mit paganen oder obskurantistischen Zügen impliziert sein kann (und umgekehrt die Frage nach episkopalen Verfasstheiten christlicher Konfessionen marginal wird).[6] Aber auch für aufgeklärtes Denken ist ein Abschied von der alten Kathedrale nicht zwangsläufig: Denn zwar werden die Kenntnisse über ihren Sinn permanenter Erneuerung bedürfen;[7] darüber hinaus dürfte jede Hoffnung eine Illusion sein, dass ihre Symbolik, gar sakramentale Funktion im traditionellen Sinne in einer zweiten Naivität wiederherstellbar wäre, zumindest nicht für eine dieser Naivität entwachsene Öffentlichkeit.[8] Aber sogar einer empirisch durchsozialisierten Gesellschaft lässt sich die Reflexion über das Transzendente nur schwer austreiben, und so bleibt auch in Westeuropa die Frage nach dem Widerstand von Religion gegen eine zu Ende gedachte Aufklärung offen; und obwohl die Antworten unterschiedlich nuanciert sind,[9] muss sich das Transzendieren des Selbst über sich hinaus – in ein Anderes, dessen das Ich nicht mächtig ist – nicht in eine exklusiv als nach-religiös zu benennende Denkfigur auflösen.[10] Wie dabei die Perspektiven – weiterhin westeuropäisch gedacht – im Christentum und seinen Konfessionen aussehen, ist allerdings ein anderes Problem, da die Weisen des Transzendierens nicht notwendig eine religiöse Institutionalisierung in sich schlössen. Im Gegenteil könnte Skepsis angesagt bleiben gegenüber dem Religiösen, „da die etablierten Religionen – seit vier oder fünf Jahrhunderten [...] überholt" – nur noch „in fundamentalistischer Verkrampfung oder humanistischen Kompromissen" existieren und die Entmythologisierung von Transzendenzideen voranzutreiben sei (Jean-Luc Nancy).[11] Plausibel könnte aber sein, dass der Schwund des konfessionellen Christentums zu neuen interkonfessionell-beweglichen Vernetzungen der bestehenden christlichen Minderheiten führt, bei unterschiedlich starker Identifikation der Mitglieder mit dem neuen Netzwerk, dass sich aber auch die *Specifica* der ursprünglichen Teilkirchen verlören, während die individuelle Position umso gewichtiger wird.[12] Plausibel könnte ebenfalls sein, dass Kathedralen als Referenzbauten auch im westkirchlichen Europa ihre Bedeutung behielten, und sei es durch jenes stellvertretende Gedächtnis

---

6 Ein global differenziertes Zukunftsbild bei Jenkins, *The Next Christendom*, für 2002, S. 79 ff., S. 94–99 (zu Europa); S. 121–127; für 2011³, S. 101 ff., S. 117–125 (zu Europa); S. 151–160.
7 Ohler, *Die Kathedrale*, S. 13.
8 So Werner Jetter, *Symbol und Ritual. Anthropologische Elemente im Gottesdienst* (Göttingen: Vandenhoeck & Ruprecht, 1977), S. 61 f.
9 Halman, Patterns, S. 63 ff. Zum allgemeinen religiösen Markt s. Hagspiel-Keller, *Freikirchen*, S. 25 ff.
10 Dazu Christian Demand, Säkularisation als Mythos, in: Nollert u. a. (Hgg.), *Raum und Religion*, S. 32–39; Joas, *Die Macht des Heiligen*, S. 248 ff. und S. 423 ff.
11 *Dekonstruktion*, das Zitat S. 10, s. a. S. 221–235.
12 Joas, *Glaube als Option*, S. 198; Henk Witte, Kirche als Netzwerk, in: *Ökumenische Rundschau* 65 (2016), S. 358–366, bes. S. 362; Delsol, *La Fin de la Chrétienté*, S. 158 ff.

aktiver Christen für die nachchristliche Öffentlichkeit.[13] Hier ginge es allerdings zunächst um dieses Gedächtnis als Teil der *Cultural Sphere,* nicht um die religiös-existenzielle Relevanz – z. B. um die Fenster von Chartres. Davie erinnert aber für Skandinavien darüber hinaus für *Rites de Passage* an das private Kirchenliedersingen.[14] Zudem dienen auch im protestantisch-bischöflichen Europa Kathedralen und ihr Klerus als Auftraggeber zum Erhalt dieses *Symbolic Memory,* von der bildenden Kunst bis zum *Composer in residence* wie Sven-David Sandström (1942–2019) im Stockholmer Dom.[15]

Freilich wird für die Lebendigkeit der traditionellen Kathedrale in Europa wie außerhalb viel davon abhängen, inwieweit bischöfliche Kirchentümer individuellere Strömungen wie die Charismatiker adaptieren, obwohl sie fast ein Gegenmodell des hierarchischen Christentums sind[16] und sich kaum den alten Konfessionen fügen.[17] Vermutlich mag sich diese Aufgabe für die Orthodoxie wenig stellen, jedenfalls dort nicht, wo sie sich des Schutzes staatlicher Hierarchien sicher sieht und sich berufen weiß, das nationale Erbe zu hüten, wie sich an Russland und seinem staatskirchlichen Machtanspruch erkennen lässt – wenngleich bisweilen schon die Gefahr zum Rückzug in eine orthodoxe Parallelgesellschaft beobachtet wird.[18] Nicht spannungslos war die Situation lange im westkirchlichen Europa, wo nach Zeiten volkskirchlicher Ablehnung charismatischer Richtungen in den 1960er Jahren eine Änderung eintrat.[19] Im afrikanischen und lateinamerikanischen Katholizismus sind die Urteile über die Entwicklung nach wie vor kontrovers,[20] in Asien sind charismatische Bewegungen katholischerseits gegenüber anderen Regionen

---

13 Davie, *Religion in Modern Europe,* S. 162 ff.
14 *Religion in Modern Europe,* S. 168 und S. 170.
15 Beispiele bei Rowe, *The Roles of the Cathedral,* S. 157 ff.; zu Stockholm s. Mark Munson, Settings of Short Sacred Texts in English by Sven-David Sandström, in: *Choral Journal* Vol. 60/9 (April 2020), S. 8–22.
16 Ernesti, *Konfessionskunde,* S. 61.
17 Vgl. Christerson/Flory, *The Rise of Network Christianity,* S. 166–167.
18 Vorsichtig Kurzakov, Risse in Patriarch Kirills Machtvertikale?, S. 26–27.
19 Hollenweger (Hg.) *Die Pfingstkirchen,* S. 301–306; Hagspiel-Keller, *Freikirchen,* S. 45 und S. 173 ff.
20 Für Afrika vgl. z. B. die Ablehnung, da das Lehramt bedroht sei, bei Joseph Kenny, Authority in Pentecostalism: Comparative Theological Perspectives, in: David A. Ogungbile/Akitunde E. Akinade (Hgg.), *Creativity and Change in Nigerian Christianity* (Lagos: Malthouse Press Ltd., 2010), S. 75–78; andererseits wird Integration erhofft wie bei Anthony Iffe Umoren (From Inculturation to „Penteculturation", in: Anagwo/Ukutegbe, S. 25–48), Adoboli und Nkwocha. Zu Brasilien positiv Terrazze, *Catolicismo,* S. 36–37; kritisch Dennis A. Smith/Leonildo S. Campos, Concentrations of Faith. Mega Churches in Brazil, in: Jonathan D. James (Hg.), A *Moving Faith. Mega Churches go South* (New Delhi: SAGE Publications India, 2015), S. 169–190.

sogar mit zeitlicher Verzögerung auf den Plan getreten[21] – was aber an den Abwanderungen zu den Evangelikalen bzw. Charismatikern nichts ändert.[22] In Brasilien ist zumindest die IURD sogar staatlich fast nobilitiert worden, wie die Einweihung von IURD-Kathedralen unter der Präsenz der Staatspräsidentin zeigte und bereits eine Integration ihrer Kultbauten in das nationale Kulturleben geschieht.[23] Besonders kontrovers liegen die Dinge im Anglikanismus aufgrund seiner fragileren Struktur, und obwohl das bischöfliche Prinzip auch bei den Evangelikalen und Charismatikern akzeptiert ist, bleiben die innerkirchlichen Spannungen konstant. Das gilt sogar dort, wo diese weiterhin traditionell ausgetragen werden wie zwischen Puritanern und Hochkirchlern in Sydney und die Liturgie der *Saint Andrew's Cathedral* gut freikirchlich den Charakter geistlicher *meetings* angenommen hat.[24] Zeitgleich erhofft man sich andernorts indigen-charismatische Wandlungen wie z. B. im hochkirchlichen Ghana,[25] im charismatischen Nigeria fordert man sogar „to mobilize Anglicans for evangelism within and without the church".[26] Dem entspricht, dass hier Pfingstgemeinden anfänglich bisweilen von enttäuschten Ex-Anglikanern geleitet wurden,[27] während hochkirchliche Bischöfe für Ritualverstöße Strafen austeilten.[28] Doch haben andere Bischöfe die Charismatisierung vorangetrieben.[29] Ähnlich liegen die Dinge im anglikanischen Uganda, wo es ebenfalls eine Abwanderung zu den Freikirchen und Charismatikern gibt.[30] Und wenn sogar im hochkirchlichen Ghana Bischöfe charismatische Evangelisationen initiieren,[31] könnten hier tiefere Familienspaltungen drohen als diejenigen, welche im Protes-

---

21 Sonja Thomas, *From Chattas to Churidars*, S. 773 f.
22 S. z. B. Leonard Sanyu, Consecutive Apostolic Journeys to Uganda, in: Boguszewski/Pokrywiński, *Catholic Church*, S. 139–155, hier S. 142 ff.; Paul Makundi, The Actual Situation of the Catholic Church in Kenya, in: Boguszewski/Pokrywiński, *Catholic Church*, S. 233–248, hier S. 244.
23 Erinnert sei an den Entwurf O. Niemeyers für die IURD-Kathedrale in Niterói.
24 Porter, *The New Puritans*, S. 5 f.
25 Eshun schreibt zu Ghana, S. 70: „In the current competitive religious market, evangelism involves public proclamation of the word […], openly praying for the sick with the sense of expectation of being healed and in […] casting out demons and witches, which reverberate with the traditional Ghanaian religious understanding. In practice, Anglican clergy are reluctant to do this sort of evangelism."
26 Bei Burgess, Nigeria, S. 83.
27 Anthony O. Nkwoka, Interrogating the Form and the Spirit: Pentecostals and the Anglican Communion in Nigeria, in: Ogungbile/Akitunde *Creativity and Change*, S. 79–94, hier S. 89.
28 Nkwoka, Interrogating the Form, S. 84.
29 Nkwoka, Interrogating the Form, S. 93.
30 Vgl. Sanyu, Consecutive Apostolic Journey, S. 242 ff.
31 Eshun, Ghana, S. 70.

tantismus ohnehin schon existieren.[32] Auch die Forderung nach einem Anglikanismus ohne englisch-nationale *Specifica* dürfte sich verstärken: Die Ablehnung des Episkopats als „papistisch" durch die calvinistische Kirche von Schottland ist für die Anglikaner kein konfessioneller Trennungsgrund mehr;[33] und die Skepsis ihrer lateinamerikanischen Geschwister gegen kirchliche Hierarchien mit einem ultramontanen Katholizismus in ihrem Gedächtnis[34] stellt keinen Verstoß gegen anglikanisches Christsein dar. Erst recht zeigen charismatische Anglikaner auch im englischen Mutterland, dass Episkopalismus ohnehin kein anglikanisches *essential* mehr sein muss – wie denn ihre Pioniere mittlerweile in der Mehrzahl Laien sind.[35] Mit vergleichbaren Problemen könnte im Blick auf die *Pentecostals* auf Dauer das noch junge bischöfliche Luthertum Afrikas zu tun haben.[36]

Andererseits überrascht nicht, dass selbst im aufklärungsfreundlichen Westeuropa die Repräsentanten von *Megachurches* präsent sind (obwohl längst nicht so populär wie in Amerika oder Afrika) – sei es über die Medien oder mit eigenen Kultgebäuden.[37] Dabei dürften jedoch Nachklänge traditioneller geistlicher oder weltlicher Hierarchien eine geringere Rolle spielen, ebenso wenig die Magie außereuropäischer Regionen und Religionen. Aber wer religiöse Großereignisse mag, wird diesen *Megachurches* schon deshalb Faszination abgewinnen können, weil auch in den Volkskirchen liturgische Großereignisse nicht obsolet sind, z. B. auf Kirchentagen oder an Wallfahrtsorten. Allerdings wird man hinter dem hohen Maß an technologischer Inszenierung bei etlichen Liturgien dieser neuen Kathedralen

---

32 Abwägend auch Johnson/Zurlo, The changing demographics, S. 50–51. Ein neues anglikanisch-pentekostales Beispiel für ein Schisma bei Cristiany Morais de Queiroz, *Ethos Anglicano e Movimento Carismático: um estudo etnográfico de suas relações*. Magisterarbeit an der Universidade Federal de Pernambuco 2004.
33 Vgl. die *Columba Declaration* von 2016; s. dazu auch die Überlegungen von Weishaupt, The Columba Declaration, bes. S. 96–97.
34 Vgl. Araya im Einklang mit neuerer anglikanisch-chilenischer Theologie, *A (New) Ecclesiology*, S. 89 ff.
35 Müller, *Fresh Expressions*, zur statistischen Entwicklung s. S. 62–64; zum Kirchenverständnis S. 224 ff., bes. S. 236–245. Das Modell hat aber sogar Wirkungen auf die Kirche von Rom, vgl. Michael Schüßler, „Fresh Ex": Aufbruch in die Kirchenträume von gestern?, in: *Ökumenische Rundschau* 65 (2016), S. 334–344.
36 Bezeichnend für Nigeria sind die Warnungen von Erzbischof Windibiziri, in ders., *Reflections*, S. 181–182.
37 Für Großbritannien s. Burgess, Megachurches, S. 246 ff. und 256 ff. Für den deutschsprachigen Raum vgl. Thomas Klatt, Ein Ausweg für alle Probleme?, in: evangelisch.de vom 16.9.2019 (zur IURD). https://evangelisch.de/inhalte/160118/16-09-2019/die-universalkirche-vom-reich-gottes-ist-auch-deutschland-auf-dem-vormarsch.

ebenfalls eine Vertreibung des Transzendenten argwöhnen können, eine *theologia gloriae*, die bei der Selbst-Inszenierung stehenbleibt – zumal kein Transzendieren die Präsenz des Heiligen garantiert.[38] Argwöhnen könnte man auch eine neue Variante der verdinglichten und auf Erfolg hin kalkulierten Glaubenspraxis, welche die Reformatoren an der Kirche ihrer Zeit kritisierten und mit welcher nun neue Propheten die religiösen Bedürfnisse der Gemeinden in die Hand nehmen; und dann wird zur Frage der Position, ob man nicht Bilderstürmer bisweilen etwas nachsichtig betrachtet. Man beachte, wie in der IURD-Sonntagsliturgie die Messe in einen neuen – merkantilen – Kontext gerät, um sie Macedos Strategie zur Subventionierung seiner medialen Präsenz anzupassen, so in einem Gottesdienst mit 75 000 (!) Teilnehmenden in der *Catedral Mundial da Fé* in Rio de Janeiro:

> As the pastor preaches, sings and admonishes from the well-lighted stage or on the jumbo screen in the side sanctuary to hold an overflow crowd, members of of the congregation pray, speak in tongues, swoon in the Spirit, and shriek with joy [...]. When the time comes for the offertory, seventy-five (!) men and women *obreiros* (workers) step forth, each presenting a bag full of money as a fifty-pound commodity bag.[39]

Doch obwohl alle Gestaltung im Kult zur Selbst-Inszenierung tendiert, wird man schwer widerlegen können, dass auch in „neuen" Kathedralen spirituelle Erfahrungen wie pfingstliche Ekstasen möglich sind, Wahrnehmungen dessen, was außerhalb symbolischer Darstellung unvermittelbar bleibt;[40] und voreilig wäre, derlei Wahrnehmungen von vornherein für fiktiv zu nehmen oder allenfalls als einen subjektiv authentischen, aber irrealen Reflex kundiger Inszenierungen – wenn man denn ernst nimmt, dass für alle religiösen Symbole zwischen dem, was sie zeigen, und dem, was sie meinen, ein Abgrund liegt. Und der *deal with God*[41] in der Hoffnung auf empirisch wahrnehmbaren göttlichen Segen nach menschlichen Vorleistungen zeigt nicht nur ein Vertrauen, das enttäuschbar ist,[42] sondern auch Wohlstand bringen kann.[43] Aber welches Urteil man immer fällt –

---

38 Joas, *Die Macht des Heiligen*, S. 432 ff.
39 Garrard, *The New Faces*, S. 191.
40 Vgl. die vorsichtige Beurteilung von Loveland/Wheeler, *From Meetinghouse to Megachurch*, S. 240.
41 So ein Mitglied der IURD, zit. bei Garrard-Burnett, Neo-Pentecostalism, S. 30.
42 „One must [...] take into account the growing number of individuals who have felt used or abused by the phenomenon of *religious spectacle* – especially who have brought to the altar their desperate need for health or prosperity" (Smith/Campos, *Concentration of Faith*, hier S. 188; Hervorhebung G.A.K.).
43 Garrard-Burnett, Neo-Pentecostalism, S. 30. Skeptisch für Lateinamerika K. Smith, *Max Weber and Pentecostals*, S. 71 ff.

es hängt davon ab, wie man Religion und Christentum definiert: ob man Religion nicht nur als *fascinosum* bedenkt, sondern ebenso als *tremendum,* und ob man das Christentum nicht einfach einer *theologia gloriae* zuordnet, sondern als Überzeugung begreift, in welche bereits ihr Stifter eine *theologia crucis* eingeschrieben hat, die selbst Kathedralen hinter sich lässt.

Literatur in Auswahl

Aufgeführt sind nur die mehrfach erwähnten Veröffentlichungen; die anderen stehen vollständig in den Anmerkungen. Maßgeblich für die Reihenfolge ist der letzte Namensbestandteil (bisweilen als Doppelname), auch wenn z. B. „de" voran steht oder „Junior" folgt.

Aagaard, Johannes, Missionstheologie, in: Vajta (Hg.), *Die evangelisch-lutherische Kirche*, S. 225–249.
Dell'Acqua, Francesca, Early History of Stained Glass, in: Pastan/Schwarz-Kurmann (Hgg.), *Investigations*, S. 23–35.
Acquaviva, Sabino S., *Der Untergang des Heiligen in der industriellen Gesellschaft.* Dtsch. Essen: Ludgerus-Verlag, 1964.
Adam, Adolf, *Wo sich Gottes Volk versammelt. Gestalt und Symbolik des Kirchenraumes.* Freiburg u.a.: Herder, 1984.
Adeboye, Albert Babajide, Globalization and Ecclesiastical Architecture in Nigeria, in: *International Journal of Innovation Research & Development* (ISSN 2278-0211 [Online]), Vol. 2 Issue 13 (2013), S. 309–315.
Adeboye, Albert Babajide, Effects of Pentecostalism on Ecclesiastical Architecture in Nigeria, in: *International Journal of Science and Research (IJSR)* ISSN (Online) 2319-7064, Vol. 3, Issue 6 (June 2014), S. 2836–2841.
Adeboye, Albert Babajide, Effects of Industrial Revolution on Ecclesiastical Architecture in Nigeria: A Case Study of Faith Tabernacle of Ota, in: *International Journal of Management, Information, Technology and Engineering* Vol. 3, Issue 2, Feb 2015, S. 27–34.
Adeboye, Albert Babajide, Existing Materials, Current Style and Ecclesiastical Architecture in Nigeria, in: *Internation Journal of Innovative Research and Development*, Vol. 4, Issue 3 (March 2015) (ISSN 2278-0211 [online]), S. 216–220.
Adoboli, Francis, *Charismaticism in the Roman Catholic Church: A Study of the Charismatic Renewal Movement in the Archdiocese of Accra.* Dissertation an der University of Ghana, Accra 2018.
Adoh, Emi Rod/Babatunde, Samuel Olufemi, Art in the Service of the Church in Yorubaland of South-Western Nigeria: an Appraisal, in: *European Scientific Journal*, Special Edition vol. 2 (2014), S. 466–473.
(AGS) *Tennessee. A Guide to the State*, New York: Hastings Publishing House, 1939.
(AGS) *Washington. City and Capital*, Washington: Government Printing House, 1937.
Akinsha, Konstantin/Kozlov, Grigorij/Hochfield, Sylvia, *The Holy Place. Architecture, Ideology, and History in Russia*, New Haven and London: Yale University Press, 2007.
Alderman, Matthew, The Lonely God: Oakland's Cathedral of Christ the Light, in: *JISA* 15 (2009), S. 11–15.
Alfaro, Ofelia Sanou (Hg.), *Costa Rica. Guía de Arquitectura y Paisaje*, San José-Sevilla: Junta de Andalucía, 2010.
Alttoa, Kaur u. a., *Estland. Lettland. Litauen.* Kunstdenkmäler Baltische Staaten, Leipzig: Edition Leipzig, 1992.
Alvarado, Katherine Elizabeth Dávila, *La Iglesia de la Catedral de la Ciudad de Riobamba, su historia, su compromiso social y religioso.* Wissenschaftliche Arbeit an der Universidad Nacional de Chimborazo Riobamba 2017.
Anagwo, Emmanuel Chinedo/Ukutegbe, Benedict Emikiniovo (Hgg.), *Dynamics of Inculturation in Africa* (FS Patrick Chukwudezie Chibuko), Benin City: Floreat Systems Publications, 2021.

https://doi.org/10.1515/9783111152325-013

Ancel, Stéphane, Architectural innovation of the Ethiopian Orthodox Church, in: Jean-Nicolas Bach u. a. (Hgg.), *Routledge Handbook of the Horn of Africa*. Abingdon: Routledge, 2022, S. 495–503.

Andreescu, Liviu, The Construction of Orthodox Churches in Post-Communist Romania, in: *Europe-Asia Studies* 59 (2007), S. 451–480.

Andrianakis, Michalis G./Giapitsoglou, Kostas D., *Christian Monuments of Crete*, Heraklion: Synodical Committee for Religious Tourism of the Church of Crete – N.G.O. Filoxenia, 2014.

Angenendt, Arnold, *Offertorium. Das mittelalterliche Meßopfer*, Münster: Aschendorff, 2., durchgesehene Auflage 2013.

Apostolopoulos, Charis, O palaiós kai o néos naós tou Agíou Andrea stēn Patra (griech.)/Die alte und die neue Kirche des hl. Andreas Patras, in: Elene Saranti/Demetrios D. Triantaphyllopoulos, *O Apostolos Andreas stēn Istorika kai tēn Technē* (griech.)/ *Der Apostel Andreas in Geschichte und Kunst* (Kongressbericht 17.–19. November 2006), Patras: Universität der Peloponnes, 2013 (griech.), S. 227–242.

Araújo, Guilherme Maciel (Hg.), *Niemeyer em Belo Horizonte*, Belo Horizonte: Fundação Municipal de Cultura. Museu de Arte da Pampulha, 2013.

Araya, Guillermo René Cavieses, *A (New) Ecclesiology of the Anglican Communion. Rediscovering the Radical and Transnational Nature of the Anglican Communion*. Dissertation an der University of Leeds 2019.

Aremu, Johnson Olaosebikan/Ediagbonya, Michael, Trade and Religion in British-Benin Relations, 1553–1897, in: *Global Journal of Social Science Studies* 4/2 (2018), S. 78–90.

Arimura, Rie, The Catholic Architecture of Early Modern Japan: Between Adaptation and Christian Identity, in: *Japan Review* 27 (2014), S. 53–76.

Arghiris, Richard, *Costa Rica, Nicaragua & Panama*, Bath: Footprint Handbooks, 2015².

Aritonang, Jan Sihar/Steenbrink, Karel (Hgg.), *A History of Christianity in Indonesia*. Studies in Christian Mission, Vol. 35, Leiden-Boston: Brill, 2008.

Armanios, Febe, *Coptic Christianity in Ottoman Egypt*, Oxford: OUP, 2015.

Atherstone, Andrew/Maiden, John (Hgg.), *Evangelicalism and the Church of England in the Twentieth Century. Reform, Resistance and Renewal*, Woodbridge: The Boydell Press, 2014.

Augustinus, Aurelius, *De vera religione/Über die wahre Religion*, hg. von Kurt Flasch, Stuttgart: Reclam, 1983.

Aulard, François-Alphonse, *Le Culte de la Raison et le Culte de l'Être Suprême (1793-1794)*, Paris: Félix Alcan Éditeur, 1892.

Auzias, Dominique/Labourdette, Jean Paul (Hgg.), *République Démocratique du Congo*, Paris: petit futé, 2015.

Auzias, Dominique/Labourdette, Jean-Paul (Hgg.), *St-Pétersbourg. Croisière sur la Volga*, Paris: petit futé, 2018/2019.

de Avelar, Ana Paula Borghi, *A arquitetura moderna religiosa brasileira nas revistas Acrópole e Habitat entre os anos de 1950 a 1971*. Dissertation an der Universität von Uberlândia 2017.

Ávila, Cristina, Nas entrelinhas da imagem. Discurso plástico e discurso parenético no barroco mineiro, in: Tirapeli (Hg.), *Arte Sacra Colonial*, S. 190–199.

Baatz, Ursula, *Hugo M. Enomya-Lassalle. Ein Leben zwischen den Welten*, Zürich-Düsseldorf: Benziger, 1998.

Baciocchi, Stéphane/Julia, Dominique, Reliques et Révolution française (1789-1804), in: Philippe Boutry/Pierre-Antoine Fabre/Dominique Julia (Hgg.), *Cultes et usages chrétiens des corps saints des Réformes aux révolutions*, Vol. 2, Paris 2009, S. 483–585.

Bäckström, Anders/Davie, Grace (Hgg.), *Welfare and Religion in 21st Century Europa*, Vol. 1. *Configuring the Connections*, Farnham: Routledge, 2010.

Bahlcke, Joachim/Rohdewald, Stefan/Wünsch, Thomas (Hg.), *Religiöse Erinnerungsorte in Ostmitteleuropa. Konstitution und Konkurrenz im nationen- und epochenübergreifenden Zugriff*, Berlin: Akademieverlag, 2013.
Bains, David u. a., *Historic Houses of Worship Tour – Denver, Colorado*, Denver: American Academy of Religion. Annual Meeting, 2018.
Bairaktaridis, Nathalie, *Theophil Hansen. Die griechisch-orthodoxe Kirche am Fleischermarkt*. Diplomarbeit an der Universität Wien 2008.
Ballhatchet, Helen J., The Modern Mission Movements in Japan: Roman Catholic, Protestant, Orthodox, in: Mullins (Hg.), *Handbook*, S. 35–68.
Bałus, Wojciech/Popp, Dietmar (Hgg.), Polen. Kleinpolen, Bd. II und III, Berlin-München: Deutscher Kunstverlag, 2020.
Bandmann, Günter, *Mittelalterliche Architektur als Bedeutungsträger*, Berlin: Verlag Gebr. Mann, 1994[10].
Barbey, Adelaïde, *Antilles. Haïti – Guayane*, Paris: Hachette, 1986.
Barbor, Stephen and Sylvie (Hgg.), *Companion of Mpwapwa Tanzania Handbook*, Rochester: Diocese of Rochester, 2020[2].
Barbosa, Aline de Sousa/Barbosa, Otávia Xavier, A Importância das Igrejas Católicas para o fortalecimento do turismo religioso na Cidade de Goiás/GO, in: *Revista Territorial, Cidade de Goiás*, Vol. 7/1 (2018), S. 1–14.
Barr, Colin, *Ireland's Empire. The Roman Catholic Churchin the English Speaking World, 1829–1914*, Cambridge: Cambridge University Press, 2020.
Bartlová, Milena, Der Prager Veitsdom, in: Bahlcke u. a. (Hgg.), *Religiöse Erinnerungsorte*, S. 251–259.
Barüske, Heinz, *Norwegen*, Stuttgart u.a.: Kohlhammer, 1986.
Baulig, Josef/Maria, Maia/Mildenberger, Hans/Ziegler, Karl, *Architekturführer Tbilisi*, Saarbrücken: Landeshauptstadt Saarbrücken/Technische Universität Kaiserslautern, 2004.
Baxter, Sylvester, *Spanish-Colonial Architecture in Mexico*, Boston: J.B. Millet 1901.
Becerra, F./Montemurri, A./Ortiz, J./Paccamiccio, M., Restauración y Puesta en Valor de la Catedral Metropolitana de Santa Fé de la Vera Cruz: *1er Congreso Iberoamericano y VIII Jornada „Técnicas de Restauración y Conservación del Patrimonio" 10 y 11 de Septiembre de 2009 – La Plata*, Buenos Aires, Argentina.
Belondi, Laura, The Revelation Becomes Stone in the Cathedral of Saint Bavo, in: *JISA* 25 (2014), S. 22–24.
Berbenliev, Pejo Einleitung, Erläuterungen und Bildauswahl, in: *Kunstdenkmäler in Bulgarien. Ein Bildhandbuch*, hg. von Reinhardt Hootz, München-Berlin: Deutscher Kunstverlag, 1983.
Berger, Peter/Luckmann, Thomas, *Modernität, Pluralismus und Sinnkrise. Die Orientierung des modernen Menschen*, Gütersloh: Verlag Bertelsmann Stiftung, 1995.
Beridse, Wachtang/Neubauer, Edith, *Die Baukunst des Mittelalters in Georgien vom 4. bis zum 18. Jahrhundert*, Wien-München-Berlin: Verlag Anton Schroll & Co., 1981.
Bermudez, Julio (Hg.), *Transcending Architecture. Contemporary Views on Sacred Space*, Washington: The Catholic University of America Press, 2015.
Beuckers, Klaus Gereon, *Der Kölner Dom*, Darmstadt: Wissenschaftliche Buchgesellschaft, 2004.
Binding, Günther, *Was ist Gotik? Eine Analyse der gotischen Kirchen in Frankreich, England und Deutschland 1140–1350*. Darmstadt: Wissenschaftliche Buchgesellschaft, 2000.
Binding, Günther, *Architektonische Formenlehre*. Darmstadt: Wissenschaftliche Buchgesellschaft, 1998[4].
Blair, John L./Cowley, Joyce K. (Hgg.), *The Cathedrals of England*. Edinburgh and London: W. & R. Chambers, 1967.

Biancardi, Cleide Santos Costa, Liturgia, arte e beleza: O patrimônio móvel das sacristias barrocas no Brasil, in: Tirapeli (Hg.), *Arte Sacra Colonial*, S. 42–57.
Boadella, Montserrat Galí (Hg.), *El mundo de las catedrales novohispanas*, Puebla: Instituto de Ciencias, Sociales y Humanidades, Universidad Autónoma, 2002.
Boeckh, Karin, Die orthodoxe Kirche in Serbien als historische Institution, in: *Südosteuropa* 7/8 (2011), S. 18–21.
Böhner, Philotheus/Gilson, Étienne, Christliche Philosophie von ihren Anfängen bis Nikolaus von Cues, Paderborn: Schöningh, 1954³.
Börsch-Supan, Eva und Helmut, *Kunstführer Berlin*, Stuttgart: Philipp Reclam jun., 1991.
Bogaszewski, Mariusz/Pokrywiński, Rafał (Hgg.), *Catholic Church in Selected African Countries. Historical-pastoral perspectives*, Pelplin: Bernardinum, 2021.
Bojović, Boško, *L'Église Orthodoxe Serbe. Histoire – Spiritualité – Modernité*, Belgrade: Institute des Études balkaniques, Académie Serbe des Sciences et des Arts, 2014.
Bompani, Barbara, South Africa, in: Goodhew (Hg.), *Growth*, S. 128–144.
Bonanno, Giovanni (Hg.), *Cattedrali in Sicilia*. Palermo: Mario Grispo/Publisicula Editore, 2000.
Bonilla di Tolla, Enrique (Hg.), *Lima y El Callao. Guía de Arquitectura y Paisaje*, Lima-Sevilla: Junta de Andalucía, 2009.
Bonner, Jeremy, The United States of America, in: Goodhew (Hg.), *The Growth*, S. 227–248.
Bonnet-Laborderie, Philippe, *La Cathédrale Saint-Pierre de Beauvais. Histoire, architecture, décoration*. Tome I: *Les premières cathédrales*, Beauvais: GEMOB, 2006.
Boraccessi, Giovanni, Argenti della liturgia cattolica nella cattedrale di Rodi, in: *Arte Cristiana* Heft 879 (2013), S. 440–450.
Borngässer, Barbara/Klein, Bruno (Hgg.), *Neugotik global – kolonial – postkolonial*. Ars Iberica et Americana Bd. 21, Frankfurt: Verlagsgesellschaft Vervuert, 2020.
Borngässer, Barbara/Klein, Bruno (Hgg.), *Global Gothic. Gothic Church Building in the 20th and 21st Centuries*, Leuven: University of Leuven Press, 2022.
Borngässer, Barbara/Klein, Bruno, Gothic Down Under, in: Borngässer/Klein (Hgg.), *Global Gothic*, S. 85–97.
Borngässer, Barbara, Neugotik und Moderne im Süden Brasiliens: Die Kirchenbauten Gottfried Böhms, in: Borngässer/Klein, *Neugotik global*, S. 251–262.
Borngässer, Barbara, Gótico à la brasileira. Gothicizing Church Building between Amazonia and Rio Grande do Sul, in: Borngässer/Klein, *Global Gothic*, S. 147–159.
Bosshard, Stefan Niklas, *Zwingli, Erasmus,Cajetan. Die Eucharistie als Zeichen der Einheit*, Wiesbaden: Franz Steiner Verlag, 1978.
Boulanger, Robert (Hg.), *Mexique. Guatemala*, Paris: Hachette, 1988.
Bowie, Fiona, The Inculturation Debate in Africa, in: *Studies in World Christianity* Vol. 5/1 (April 1999), S. 67–92.
Bowler, Catherine, *Blessed: A History of the American Prosperity Gospel*. Dissertation an der Duke University 2010.
Brännström, Ylva, *Architecture – Culture – Nation. A Contextual and Comparative Analysis of Dómkirkja and Hallgrímskirkja in Reykjavík*. Bachelorarbeit an der Universität Lund 2007.
Bramadat, Paul/Seljak, David (Hgg.), *Christianity and Ethnicity in Canada*. Toronto u.a.: University of Toronto Press, 2008.
Bramadat, Paul/Seljak, David, Charting the New Terrain: Christianity and Ethnicity in Canada, in: dies. (Hgg.), *Christianity*, S. 3–48.
Brasseur, Paule, À propos de la cathédrale de Dakar, in: *Mémoire Spiritane* 10 (1999), S. 109–117.

Bratsiotis, Panagiotis (Hg.), *Die orthodoxe Kirche in griechischer Sicht*, Teil I und II. KdW, Bd. I/1–2, Stuttgart: Evangelisches Verlagswerk, 1959[1].
Bremer, Thomas, *Konfrontation statt Ökumene. Zur kirchlichen Situation in der Ukraine*. Erfurter Vorträge zur Kulturgeschichte des Orthodoxen Christentums 1/2001), Erfurt: Universität Erfurt, 2001.
Bremer, Thomas, *Kreuz und Kreml. Kleine Geschichte der orthodoxen Kirche Russlands*. Freiburg: Herder, 2007.
Bremner, G. Alex, The Architecture of the Universities' Mission to Central Africa. Developing a Vernacular Tradition in the Anglican Mission Field, 1861–1909, in: *Journal of the Society of Architectural Historians*, Vol. 68, Nr. 4 (December 2009), S. 514–539.
Briggs, Philip, *Ethiopia*, Chalfont St Peter: Bradt Travel Guides, 2019[8].
Briggs, Philip/Williams, Lizzie, *Kenya*, London u.a.: DK Eye Witness Travel Books, 2011[2].
de Brito, Luiz Felipe César Martins, *Paisagem imaginada e poder religioso. a catedral como espelho*. Dissertation an der Universidade Federal de Minas Gerais, Belo Horizonte 2017.
Britton, Karla Cavarra (Hg.), *Constructing the Ineffable. Contemporary Sacred Architecture*, New Haven: Yale University Press, 2010.
Britton, Karla Cavarra, Prologue: The Case of Sacred Architecture, in: Britton (Hg.), *Constructing the Ineffable*, S. 12–23.
Browe, Peter, *Die Eucharistie im Mittelalter. Liturgiehistorische Forschungen in kulturwissenschaftlicher Absicht*. Mit einer Einführung, hg. von Hubertus Lutterbach und Thomas Flammer, Münster: LIT Verlag, 2008[3].
Brown, Leslie, *The Indian Christians of St Thomas. An Account of the Ancient Syrian Church of Malabar*. Cambridge u.a.: Cambridge University Press, Neuausgabe 1982.
Bruce, Steve, *Religion in the Modern World. From Cathedrals to Cults*, Oxford-New York: OUP, 1996.
Brumfield, William, Eastern Motifs in the Ornamentation of Eighteenth-Century Siberian Church Architecture, in: *Journal of Siberian Federal University. Humanities & Social Sciences* 4 (2016/9), S. 745–774.
Brumfield, William C., Tara and Omsk: Western Siberian Architecture Heritage in Historical Context, in: *Journal of Siberian Federal University. Humanities & Social Sciences* 10 (2017/10), S. 1462–1484.
le Brusq, Arnauld, *Villes et Architectures Coloniales au Viêt-Nam (1860–1945)*. Dissertation an der Universität Paris IV – Sorbonne 1999.
Bucurú, Kevin Echeverry, Catedral Basílica de Manizales Nuestra Señora del Rosario. Construcción única en su género, Manizales, Colombia, in: *Esempi di Architettura*, August 2019, S. 1–28.
Burgess, Richard Hugh, *The Civil War Revival and Its Pentecostal Progeny: A Religious Movement Among the Igbo People of Eastern Nigeria (1967–2002)*. Dissertation an der Universität von Birmingham 2004.
Burgess, Richard, Nigeria, in: Goodhew (Hg.), *Growth*, S. 77–97
Burgess, Richard, Megachurches and ‚Reverse Mission', in: Hunt (Hg.), *Handbook of Megachurches*, S. 243–268.
Burrell, Arthur, *Cathedral on the Nile: A history of All Saints Cathedral, Cairo*, Oxford: Amate Press, 1984.
Bury, John, *Arquitetura e Arte no Brasil Colonial*, Brasília: Organização Myriam Andrade Ribeiro de Oliveira, 2006.
Calvin, Johannes, *Unterricht in der christlichen Religion/Institutio Christianae Religionis* (nach der Ausgabe 1559), Neukirchen: Verlag der Buchhandlung des Erziehungsvereins, 1955.
Cameron, Christopher, The Puritan Origins of Black Abolitionism in Massachusetts, in: *Historical Journal of Massachusetts* 39/2–3 (2011), S. 78–107.

Campos, Samuel Marques, *O Sacrifício Encantado. Percepções, ritualidades e identidade na Igreja Universal do Reino de Deus*. Dissertation an der Universidade Federal do Pará, Belém 2018.
Castillo, Ximena Bernal (Hg.), *Fray Domingo de Petrés. En el Nuevo Reino de Granada*, Bogotá: Instituto Distrital de Patrimonio Cultural, 2012.
Castor, Ricardo Silveira, *Arquitetura Moderna em Mato Grosso: diálogos, contrastes e conflitos*. Dissertation an der Universidade de São Paulo, São Paulo 2013.
Cecibel, Huacho Morocho Jhonmayra, *Análisis evolutivo del conjunto arquitectónico de la Catedral San Pedro de Riobamba*. Staatsarbeit an der Universidad Nacional de Chimborazo, Riobamba 2021.
Ceillier, Jean-Claude, *Histoire des Missionaires d'Afrique (Pères Blancs). De la fondation par Mgr Lavigerie à la mort du fondateur (1868–1892)*, Paris: Karthala, 2008.
Çelik, Zeynep, *Empire, Architecture, and the City. French-Ottoman Encounters, 1830–1914*, Seattle-London: University of Washington Press, 2008.
Chatterton, Eyre, *A History of the Church of England in India Since the Early Days of the East Indian Company*, London: SPCK, 1924.
Checa-Artasu, Martín, The Religious Orders and the Expansion of Neo-Gothic Architecture in Latin America, in: Borngässer/Klein (Hgg.), *Neugotik global*, S. 159–169.
Checa-Artasu, Martín M. The Persistence of Neo-Gothic Architecture in Twentieth- and Twenty-First-Century South America, in: Borngässer/Klein (Hgg.), *Global Gothic*, S. 110–125.
Checa-Artasu, Martín [Manuel]/García, J. Jesús/Nochebuena, María Cristina Valerdi (Hgg.), *Territorialidades y Arquitecturas de lo Sagrado en el México Contemporáneo*, Aguascalientes: Universidad Autónoma, 2014.
Checa-Artasu, Martín M./Niglio, Olimpia (Hgg.), *El Neogótico en la Arquitectura Americana. Historia, restauración, reinterpretaciones y reflexiones*, Ariccia/Roma: Ermes. edizioni scientifiche, 2016.
Cho, Chuong Kwo, *Han and the Pentecostal Experience: A Study of the Growth of the Yoido Full Gospel Church in Korea*, Dissertation an der Universität Birmingham 2010.
Christerson, Brad/Flory, Richard, *The Rise of Network Christianity. How Independent Leaders are Changing the Religious Life*. Oxford: OUP, 2017.
City of Burlington (Hg.), *Modern Architecture. Survey Burlington, Vermont*, Burlington: Department of Planning and Zoning, 2011.
City of Winnipeg (Hg.), *St. Boniface Cathedral*, Winnipeg: Historical Buildings Committee, 2012.
Clark, Anthony E., und Clark, Amanda C.R., Building for the Senses: A Resurgence of Sacred Architecture in China, in: *JISA* 25 (2014), S. 10–18.
Clarke, Basil F., *Anglican Cathedrals outside of the British Isles*, London: SPCK, 1958.
Claussen, Peter Cornelius (mit Darko Senekovic), *Die Kirchen der Stadt Rom im Mittelalter 1050–1300*. Bd. 2. *S. Giovanni in Laterano*. Forschungen zur christlichen Archäologie, Bd. XXI, Stuttgart: Franz Steiner, 2008.
Cochran, Chris/Murray, Russell zusammen mit Michael Kelly und Elizabeth Fox, *Old Saint Paul's Conservation Plan*, Wellington: New Zealand Heritage, 2016.
Cook, G.H., *The English Cathedral through the Centuries*. London: Phoenix House, 1957.
Cook, John Wesley, A Christian Vision of Unity: An Architectural History of the Riverside Church, in: Paris (Hg.), *The History of the Riverside Church*, S. 137–177.
Coomans, Thomas, A pragmatic approach to church construction in Northern China at the time of Christian inculturation: The Handbook `Le missionaire constructeur' 1926, in: *Frontiers of Architectural Research* 3 (Juni 2014), S. 89–107.
Coomans, Thomas, Western, Modern and Postmodern Gothic Churches in Twentieth-Century China: Styles, Identities, and Memories, in: Borngässer/Klein (Hgg.), *Global Gothic*, S. 179–201.

Coomans, Thomas und Wei, Luo, Exporting Flemish Gothic architecture to China: meaning and context of the churches of Shebiya (Inner Mongolia) and Xuanhua (Hebei) built by missionary-architect Alphonse de Moerloose in 1903–1906, in: *Relicta. Heritage Research in Flanders* 9 (2012), S. 219–262.

Coomans, Thomas und Wei, Luo, Missionary Builders: Scheut Fathers as Church Designers and Constructors in Northern China, in: *Leuven Chinese Studies* 39 (2018), S. 333–364.

Cordero, María Soledad Moscoso, La Arquitectura Neogótica en El Ecuador. La Expresión Física de la Renovación de la Iglesia Ecuatoriana durante el Siglo XIX, in: Checa-Artasu/Niglio (Hgg.), *El Neogótico*, S. 297–317.

Córdova, Ivan San Martín, In Search of an Architectural Latin-American. Seven Catholic Cathedrals in the XXth Century/Aportaciones Arquitectonicas Latinoamericanas. Inovaciones en siete catedrales catolicas en el siglo XX, in: Rodrigo Vidal Rojas (Hg.), *Revista Arquitectura y Cultura. A+C. Arquitectura y Cultura*, Vol. 9, Nr. 9 (2017), S. 13–39.

Coseteng, Alicia M.L., *Spanish Churches in the Philippines*, Quezon City: New Mercury Print, 1972.

Coslett, Daniel E., (Re)Creating a Christian Image Abroad. The Catholic Cathedrals of Protectorate-Era Tunis, in: Mohammad Gharipour (Hg.), *Sacred Precincts. The Religious Architecture of Non-Muslim Communities across the Islamic World*, Leiden-Boston: Brill, 2015, S. 353–375.

Coulibaly, Navigué Félicien, *Missionaires Catholiques et Sociéte Senoufo de Côte d'Ivoire 1904–1977*. Dissertation an der Université Cocody-Abidjan 2009.

Coutinho, Carolina Mapurunga Bezerra, *Artes Plásticas Integradas à Arquitetura na Obra de Petrônio Cunha*. Dissertation an der Universidade Federal de Pernambuco, Recife 2016.

Craig, Jason E., *Haile Selassie and the Religious Field: Generative Structuralism and Christian Mission in Ethiopia*. Magisterarbeit an der Temple University Philadelphia 2010.

Crain, Edward E., *Historic Architecture in the Caribbean Islands*, Neuausgabe Gainesville: University of Florida Press, 2017.

Crescenzio, Valentina, *La Sicilia Arabo-Normanna nel Regno di Ruggero II. Il Duomo di Monreale. Narrazione d'oro e di luce*, Wissenschaftliche Arbeit am Politecnico di Torino, 2020.

Cruz, Pablo Jesús Lorite, La catedral el principal templo del catolicismo. Aproximación a sus partes, in: de Sevilla (Hg.), *El mundo de las catedrales*, S. 69–90.

Culbertson, Eric Malcolm, *Evangelical Theology 1857–1900*. Dissertation am King's College London (masch.) 1991.

Cumming-George, L., *Architecture in South Africa*, Volume Two, Cape Town 1934.

Custódio, Lucas Antônio Gobbo, *Santuário Nacional de Aparecida: liturgia, inculturação e devoção na obra de Cláudio Pastro*. Dissertation an der Faculdade de São Bento de São Paulo 2017.

Dadoyan, Seta B., *The Armenian Catholicosate from Cilicia to Antelias. An Introduction*, Antelias: The Armenian Catholicosate of Cilicia, 2003.

Dahinden, Justus/Niermann, M., Wallfahrtskirchen und Pfarreizentren in Uganda (Ostafrika), in: *Bauen + Wohnen* 23/6 (1969), S. 228–232.

Damjanović, Dragan, *Bečka Akademija liknovih unjetnosti i hravtska arhitektura historicizna. Hrvatski učenici Friedricha von Schmidta/Croatian Architecture of Historicist Period and the Vienna Academy of Fine Arts. Croatian Students of the Architect Friedrich von Schmidt*, Zagreb 2011/[...], Zagreb: HAZU (=Hrvatska akademija znanosti i umjetnosti/Kroatische Akademie der Wissenschaft und Kunst), 2011.

Daniel, David, *The Orthodox Church of India* (1974). New Delhi: Published by Miss Rachel David, 1986[2].

Darby, Ian, *Cathedral of the Holy Nativity Pietermaritzburg*, Pietermaritzburg: L. Backhouse Ltd., o.J.

Daughrity, Dyron B., A Brief History of Missions on Tirunelveli: From the Beginnings to its Creation as a Diocese in 1896, in: *Indian Journal of Theology* 46/1–2 (2004), S. 67–81.

Davie, Grace, *Religion in Modern Europe. A Memory Mutates.* European Societies, Oxford: OUP, 2000.
Davie, Grace, *Religion in Britain. A Persistent Paradox.* Chichester: Wiley Blackwell, 2015².
Davis, Eduardo Tejeira (Hg.), *Panamá. Guía de Arquitectura y Paisaje*, Panamá-Sevilla: Junta de Andalucía, 2007.
Dehio, Georg/von Bezold, Gustav, *Die kirchliche Baukunst des Abendlandes* Bd. II, Stuttgart: Arnold Bergstrásser Verlagsbuchhandlung, 1901.
Delgado, Mariano/Gutiérrez, Lucio, *Die Konzilien auf den Philippinen*, Paderborn u.a.: Schöningh, 2008.
Delmelle, Joseph, *Cathédrales et Collégiales de Belgique*, Bruxelles: Rossel Edition, 1975.
Delsol, Chantal, *La Fin de la Chrétienté. L'inversion normative et le nouvel âge.* Paris: Les éditions du cerf, 2021.
Demeter, Daniel, *Lens on Syria. A Photographical Tour of Its Ancient and Modern Culture*, Charlottesville: Just World Books, 2016.
Dercsényi, Deszö/Dercsényi, Balasz, *Kunstführer durch Ungarn*, Budapest: Corvina, 1974.
Dermitzakis, Argyri, *Shrines in a Fluid Space. The Shaping of New Holy Sites in the Ionian Islands, the Peloponnese and Crete under Venetian Rule (14th–16th Centuries).* Mediterranean Art Histories, Bd. 6, Leiden-Boston: Brill, 2020.
Deuchler, Florens (Bearb.), *Schweiz und Liechtenstein.* Reclams Kunstführer, Stuttgart: Reclam, 1968².
Diederichs, Christoph L., Ereignis Heiltum. Die Heiltumsweisung in Halle, in: Andreas Tacke (Hg.), *Ich armer sundiger Mensch. Heiligen- und Reliquienkult*, Göttingen: Wallstein Verlag, 2006, S. 314–360.
Diehl, Chad R., *Resurrecting Nagasaki: Reconstruction, the Urakami Catholics, and Atomic Memory 1945–1970.* Dissertation an der Columbia University 2011.
Dietze, Frank/Alite, Shkëlzen, *Albanien. Städte und Landschaften zwischen Mittelmeer und Balkan*, Berlin: Trescher Verlag, 2018.
Diffendal, Anne Polk, *The Society for the Propagation of the Gospel in Foreign Parts and the Assimilation of Foreign Protestants in British America.* Dissertation an der University of Nebraska 1974.
Dinno, Khalid S., *The Syrian Orthodox Christians in the Late Ottoman Period and Beyond. Crisis then Revival.* Piscataway: Gorgias Press, 2017.
Diz, Ana Goy, La Imagen de la Catedral en la Época Colonial: Boadella (Hg.), *El mundo de las catedrales*, S. 17–47.
Dmitriev, Serguiei/Hertlein, Joachim/Mehling, Marianne, *Knaurs Kulturführer in Farbe. Polen*, hg. von Marianne Mehling, München: Droemer Knaur, 1995.
Doggett, Scott/Gordon, Leah, *Dominican Republic & Haiti*, Melbourne u.a.: Lonely Planet Publications, 1999.
Dorsey, John/James D. Dilts, *A Guide to Baltimore Architecture*, Centreville: Tidewater Publishers, 1997³.
Dorta, Henrique Marco, *Fuentes para la História del Arte Hispanoamericano. Estudios y Documentos*, Tomo I–II, Sevilla: Escuela de Estudios Hispano-Americanas, 1951/1960.
Downey, John P., The Smaller Cathedral in the Episcopal Church: A Place of Loss and Hope, in: *Anglican Theological Review* 100/4 (2018), S. 785–792.
Dubois, Martin/Michaud, Hélène (Hgg.), Évaluation patrimoniale du mausolée des évêques de Trois Rivières. Rapport d'évaluation patrimoniale, Culture et Communications Québec: *Patri-Arch*, janvier 2007.
Duby, Georges, *Die Zeit der Kathedralen. Kunst und Gesellschaft 980–1420* (frz. 1976), dtsch. Frankfurt: Suhrkamp, 1980.
van Dullemen, C.J., *Tropical Modernity. Life and Work of C.P. Schoemaker*, Amsterdam: SUN, 2010.
Dum-Tragut, Jasmine, *Armenien*, Berlin: Trescher Verlag, 2014⁷.

Duphorn, Walter, *Uses and Issues – The case of Visby Cathedral. An analysis of values and frictions associated with usage at a venue that is both cultural heritage and an active religious institution.* Masterarbeit an der Universität Uppsala, Visby Campus 2019.
Dusik, Roland, *Philippinen*, Köln: DuMont Buchverlag, 1986.
Eagle, David E., The Growth of the Megachurch, in: Hunt (Hg.), *Handbook of Megachurches*, S. 45–67.
East, John W., *Australia's First International Architect. A Sketch of the Life and Career of Jack F. Hennessy junior*, Brisbane: Selbstverlag des Verfassers, 2013.
Ebejer, Saskia, *The Changing Face of Australia: From Secular to Post-Secular Identity*. Dissertation an der Notre Dame-University von Australien 2018.
Eckerdal, Erik, *Apostolic Succession in the Porvoo Statement. Unity through a deeper sense of apostolicity*. Dissertation an der Universität Uppsala 2017.
Edem, Michael I., *Dominic Ignatius Ekandem 1917-1995. The Prince who became a Cardinal. The Vanguard of Catholicism in Nigeria*, Bloomington: Xlibris, 2016.
Ediae, O. J./Enoma, E.P./Ibobo, O.S./Ezema, I.C./Ekhaese, E.N., A Study of the Effects of Architectural Forms on Sound Quality in Church Buildings, in: *Nigerian Journal of Environmental Sciences and Technology. NIJEST*, Vol.1, No. 1, March 2017, S. 43–54.
Egg, Erich u. a., *Südtirol. Trentino. Venezia Giulia. Friaul. Veneto*. Reclams Kunstführer Italien, Bd. II/2, Stuttgart: Reclam, 1972.
Egger, Christine, Transnationale Architekturen. Benediktinermission, Räume und Repräsentationen, in: *Österreichische Zeitschrift für Geschichtswissenschaften* 24 (2013) 2, S. 47–69.
Ejimofor, Onyekachi I., *Cathedral for Nike Diocese. Anglican Communion in Alulu, Nike (A Study on Modern Symbolic Architectural Expression of Anglican Liturgy)*. Magisterarbeit an der University of Nigeria, Enugu Campus, 2012.
Eliasberg, Alexander, *Russische Baukunst*, München: Georg Müller, 1922.
Eliasen, M.K. Paulina u. a., *Churches of the Faroe Islands*, Tórshavn: Visit Faroe Islands, 2022.
Elleh, Nnamdi, *Architecture and Power in Africa*, Westpoint-London: Praeger, 2002.
Erdmann, Carl, *Die Entstehung des Kreuzzugsgedankens* (1935), Nachdruck Darmstadt: Wissenschaftliche Buchgesellschaft, 1972.
Erne, Thomas, *Hybride Räume der Transzendenz. Wozu wir heute noch Kirchen brauchen*, Leipzig: Evangelische Verlagsanstalt, 2017.
Ernesti, Jörg, *Konfessionskunde kompakt. Die christlichen Kirchen in Geschichte und Gegenwart*, Freiburg u.a.: Herder, 2009
Eshun, Daniel, Ghana, in: Goodhew (Hg.), *Growth*, S. 57–76.
Ezeokeke, Edwin Chukwudi, *The Identity of the Catholic Church in Igboland, Nigeria*. Dissertation der Johannes-Paul-II-Universität Lublin 2018.
Faensen, Hubert, Einführung, in: Hubert Faensen/Wladimir Iwanow, *Altrussische Baukunst*, S. 7–67.
Faensen, Hubert/Wladimir Iwanow (Hgg.), *Altrussische Baukunst*, Berlin: Union Verlag, 1972.
Fagun, M.P.O. (=Michael Patrick Olatunji), *Ekiti Diocese and My Stewardship*, Port Harcourt: Cornel Printz Resources, 2017.
Fagundes e Braga, Thayse, Simon Gramlich and the Neo-Gothic Churches in Southern Brazil, in: Borngässer/Klein, *Neugotik Global*, S. 243–249.
Falkenberg, Wolfgang, *Ecuador. Galápagos*, 9. überarbeitete Auflage, Bielefeld: Reise-Know-How-Verlag, 2010.
Famave, Tony Terwase, *Fostering Dialogue and Engagement: the Role of the Catholic Church in Nigeria*. Dissertation an der Santa Clara University Berkeley 2019.
Fauchon, André/Harvey, Carol J. (Hgg.), *Saint Boniface, 1908–2008. Reflets d'une ville*, Winnipeg 2008.

Fegers, Hans, *Provence. Côte d'Azur. Dauphiné. Rhône-Tal.* Kunstführer Frankreich, Bd. IV, Stuttgart: Reclam 1967.
Fellerer, Karl Gustav (Hg.), *Geschichte der katholischen Kirchenmusik*, Bd. II, Kassel u.a.: Bärenreiter, 1976.
Fernández-Cobián, Esteban, Arquitectura religiosa contemporánea. El estado de la cuestión, in: ders. (Hg.), *Arquitectura de lo Sagrado. Memoria y proyecto*, La Coruña: Universidade da Coruña. Netbiblo S.L., 2007, S. 8–37.
Fernández-Cobián, Esteban, Los grandes santuarios marianos de peregrinación en Latinoamérica. Una mirada desde el Concilio Vaticano II, in: *AARC* 4 (2015), S. 136–155.
Fernández-Cobián, Esteban, Catedrales chilenas del siglo xx. Arquitectura, naturaleza y sociedad, in: Nochebuena/Melo (Hgg.), *Dieseño y Método*, S. 217–245.
Fessas-Emmanouil, Helen, Reconciling Modernity and Tradition. The Balcanic Relevance of Aristotelis Zachos (1871–1939). Architectural Appraisal and Work, in: Carmen Popescu/Ioana Teodorescu (Hgg.), *Genius Loci. National et Regional en Architecture entre Histoire et Pratique* (=Konferenzberichte Bukarest 1999 und 2000), Bukarest: Simetria, 2002, S. 142–149.
Fessas-Emmanouil, Elena/Marmaras, Emmanuel V., *Dodeka Ellenes Architektones tou Mesopolemou. Twelve Greek Architects of the Interwar Period*, Herakleion: Crete University Press, 2005.
Fiedrowicz, Michael (Hg.), *Ecclesia Militans. Die streitende Kirche. Zeugnisse aus der Frühzeit des Christentums*. Fohren-Linden: Carthusianus Verlag, 2017.
Finlay, Moses I./Smith, Denis Mark/Duggan, Christopher, *Geschichte Siziliens und der Sizilianer*. München: C.H. Beck, 2006³.
Flasch, Kurt, *Das philosophische Denken im Mittelalter. Von Augustin zu Machiavelli*, Stuttgart 2000.
Flasch, Kurt/Jeck, Udo Reinhold (Hgg.), *Das Licht der Vernunft. Die Anfänge der Aufklärung im Mittelalter*, München: C.H. Beck, 1997.
Flemming, Johanna/Lehmann, Edgar/Schubert, Ernst, *Dom und Domschatz zu Halberstadt*, Leipzig: Koehler und Amelang, 1990².
Fletcher, Wendy, Canadian Anglicanism and Ethnicity, in: Bramadat/Seljak (Hgg.), *Christianity*, S. 138–167.
Folárànmí, Stephen/Imafidor, Jonathan, The Use of Stained-Glass in Selected Churches in Ibadan, Nigeria, in: H. Odeyinka, B. Aluko u. a. (Hgg.), *Responsive Built Environment, Issues, Strategies and Policies in the Developing World*. Konferenzbericht der Obáfémi Awólowo University, Faculty of Environmental Designs and Management, January 2015, S. 97–107.
Folkers, Antoni, *Modern Architecture in Africa*, Amsterdam: SUN, 2010.
Folkers, Antoni, The Restoration of St. Joseph's Cathedral, in: Folkers, *Modern Architecture in Africa*, S. 324–331.
Folkers, Antoni, The Completion of the Mater Misericordia (!), in: Folkers, *Modern Architecture in Africa*, S. 332–339.
Forbes, Andrew, *Vietnam*, London: DK Eyewitness Travel Guides, Penguin/Random House, 2007.
Frade, Gabriel dos Santos, *Arquitetura Sagrada no Brasil. Sua evolução até as vésperas do Concilio Vaticano II*, São Paulo: Edições Loyola, 2007.
Fraser, Andrew, „Puritans in Babylon": The Impact of the Global Christianity on Sydney Anglicans, in: *The Occidental Quarterly* 17/2 (2017), S. 33–48.
Freely, John/Sumner-Boyd, Hilary, Istanbul (engl. 1972), München: Prestel 1974.
Freigang, Christian, *Imitare ecclesias nobiles. Die Kathedralen von Narbonne, Toulouse und Rodez und die nordfranzösische Rayonnantgotik im Languedoc*, Worms: Wernersche Verlagsgesellschaft, 1992.
Freigang, Christian, *Meisterwerke des Kirchenbaus*, Stuttgart: Reclam, 2009.

Fuhrmann, Franz u. a. (Bearb.), *Salzburg. Tirol. Vorarlberg. Kärnten. Steiermark*. Reclams Kunstführer Österreich, Bd. II, Stuttgart: Reclam, 1961.
Fuhrmann, Manfred, *Latein und Europa. Geschichte des gelehrten Unterrichts in Deutschland von Karl dem Großen bis Wilhelm II*. Köln: DuMont, 2001.
Gabra, Gawdat, The History of Christianity in Egypt, in: C. Ludwig (Hg.), *The Churches of Egypt*, S. 14–21.
Gabra, Gawdat/Eaton-Krauss, Marianne, *The Illustrated Guide to the Coptic Museum and Churches in Old Cairo*, Cairo-New York: The American University in Cairo Press, 2007.
Gabra, Gawdat/Takla, Hany N. (Hgg.), *Christianity and Monasticism in Aswan and Nubia*, Cairo-New York: The American University in Cairo Press, 2016.
Galgalo, Joseph D., Kenya, in: Goodhew (Hg.), *Growth*, S. 114–127.
Gallas, Klaus, *Korfu. Geschichte, Kultur, Landschaft*, Köln: DuMont, 1989².
Galloway, Peter, *The Cathedrals of Ireland*, Belfast: The Institute of Irish Studies, 1991.
Galloway, Peter, *The Cathedrals of Scotland*, New Battle Abbey: Scottish Cultural Press, 2000.
García, Karla Alejandra García/Pérez, Luis Alberto Mendoza, La Catedral Basílica menor e Colima, sus espacios sobre las intervenciones del siglo xx, in: Checa-Artasu/García/Nochebuena, *Territorialidades*, S. 149–159.
Garrard, Virginia, *New Faces of God in Latin America. Emerging Forms of Vernacular Christianity*, Oxford: OUP, 2020.
Garrard-Burnett, Virginia, Neo-Pentecostalism and Prosperity Theology in Latin America: A Religion for Late Capitalist Society, in: *Iberoamericana. Nordic Journal of Latin American and Caribbean Studies*, Vol. XLII/1–2 (2012), S. 21–34.
Gąsior, Agnieszka, Das Mariensanktuarium in Licheń, in: Bahlcke u. a. (Hgg.), *Religiöse Erinnerungsorte*, S. 439–444.
Gassiot-Talabot, Gerald (Hg.), *Griechenland* (frz. Paris 1977), dtsch. Wien u.a.: Molden, 1988.
Gassmann, Günther, Amt und Kirchenordnung, in: Vajta (Hg.), *Die evangelisch-lutherische Kirche*, S. 180–201.
Gauthier, Yves/Buss, Wojtek, *Sankt Petersburg*, Paris: Éditions Flammarion, 2003.
Gazer, Hacik Rafir, Streifzüge durch die 550jährige Geschichte des armenischen Patriarchates von Konstantinopel, in: Ostkirchliche Studien 61 (2012). S. 84–95.
Gbonsou, Enock, *Architecture religieuse et art du vitrail au Bénin: la basilique de Ouidah (1903–1909) et la cathédrale de Porto-Novo (1925–1940)*. Magisterarbeit an der Université Diderot Paris7 2016/2017.
George, Thomas, *Theology in the Architecture of Ancient Churches in Kerala. Re-presents the Philosophic, Art & Aesthetic Dimensions focusing Vastu Vidya in Indian Cultural Traditions*. Christian Heritage Rediscovered – 66, New Delhi: Christian World Imprints, 2018.
Gharipour, Mohammad (Hg.), *Sacred Precincts. The Religious Architecture of Non-Muslim Communities across the Islamic World*, Leiden-Boston: Brill, 2015.
Gifford, Paul, Paradigm Shift, in: Konadu/Campbell, *The Ghana Reader*, S. 422–427.
Girling, F. Kristian, *The Chaldean Catholic Church. A study in modern history, ecclesiology and church-state relations (2003–2013)*. Dissertation an der University of London 2015.
Gnegel-Waitschies, Gisela, *Bischof Albert von Riga. Ein Bremer Domherr als Kirchenfürst im Osten*. Hamburg: August Friedrich Velmede-Verlag, 1958.
Godoy, Adriano (Santos), The Neo-Byzantine Modernization of Aparecida's Image/A Modernização Neobizantina da Imagem de Aparecida, in: *GIS – Gesto Imagem e Som – Revista de Antropología* 7/1 (2022), S. 1–28 (engl.).

Goliama, Castor Michael, *The Gospel of Prosperity in African Pentecostalism: A Theological and Pastoral Challenge to the Catholic Church – with Reference to the Archdiocese of Songéa, Tanzania*. Dissertation an der Universität Wien 2013.
Gomes, Edlaine de Campos, *A Era das catedrais da IURD: a autenticidade em exibição*. Dissertation an der Universidade do Estado do Rio de Janeiro 2004.
Gómez, Lidia E., La Imagen de la Catedral de Puebla desde la Perspectiva del Indígena Urbano, in: Boadella (Hg.), *El mundo de las catedrales*, S. 227–237.
González, Pauline Martha Kulstad, *Hispaniola – Hell or Home?: Decolonizing Grand Narratives about Intercultural Interactions at Concepcion de la Vega (1494–1564)*. Dissertation an der Universität Leiden 2019.
González, Victor Manuel Jiménez, *Chiapas. Guía para descubrir los encantos del estado*, Mexico City-Barcelona 2009.
Goodhew, David, Growth and decline in the Anglican Communion, in: Goodhew (Hg.), *Growth*, S. 3–33.
Goodhew, David (Hg.), *Growth and Decline in the Anglican Communion. 1980 to the Present*. Routledge Contemporary Ecclesiology, London-New York: Routledge 2017.
Government of Western Australia. Heritage Council. St Boniface Anglican Cathedral. inHerit. Our heritage places. Place Nr. 05667.
Grazziotin, Roque M.B., *Pressupostos da prática educativa na Diocese de Caxias do Sul – 1934–1952*. Dissertation an der Universidade de Caxias do Sul 2010.
Gregorio, Roberto de (Hg.), *Rosario. Guía de Arquitectura/An architectural guide*, Rosario-Sevilla: Junta de Andalucía, 2003.
Greiffenhagen, Martin, *Das Dilemma des Konservatismus in Deutschland*, München: R. Piper & Co. Verlag, 1971.
Grueninger, Donat, *„Deambulatorium angelorum" oder irdischer Machtanspruch? Der Chorumgang mit Kapellenkranz – von der Entstehung, Diffusion und Bedeutung einer architektonischen Form*. Wiesbaden: Reichert-Verlag, 2005.
Guerrero, Ingrid Quintana, O espaço sagrado em Oscar Niemeyer e alguns dos seus desdobramentos na America Latina, in: Paolo Bruna/I. Quintana Guerrero, *Quatro Ensaios sobre Oscar Niemeyer*, São Paulo: Ateliê Editorial, 2017, S. 247–334.
Guillemin, Alain, L'architecture religieuse au Viêt Nam sous la colonisation: modèles stilistiques européens et apports autochtones, in: Françoise Douaire-Marsaudon/Alain Guillemin/Chantal Zheng, *Missionnaires chrétiens: Asie et Pacifique IXIe–XXe siècle*, Paris: Éditions Autrement – collection Mémoire/Histoire n° 139, 2008, S. 255–271.
Guillén-Núñez, César, The Catholic Revival and the Architecture of the „New" Society of Jesus in China and Macao. Rising from the Ashes, in: Robert A. Maryks/Jonathan Wright, *Jesuit Survival and Restoration. A Global History 1773–1900*, Leiden-Boston: Brill, 2014, S. 278–298.
Gunstone, John, *Pentecostal Anglicans*, London u.a.: Hodder and Stoughton, 1982.
Hagemann, Volker, *Riga. Tallinn. Vilnius*, Berlin: Trescher Verlag, 2008.
Hagspiel-Keller, Hella, *Evangelische und evangelikale Freikirchen und ihr neuer Aufbruch: Emerging Church am Beispiel Project:gemeinde in Wien*. Dissertation an der Universität Graz 2014.
Halman, Loek, Patterns of European Religious Life, in: Staf Hellemans/Peter Jonkers (Hgg.), *A Catholic Minority Church in a World of Seekers*, Washington 2015 (=Western Philosophical Studies IX. Christian Philosophical Studies XI), S. 21–70.
Hamel, Christine, *Russland. Von der Wolga bis zur Newa: Moskau und Goldener Ring, St. Petersburg und Karelien, Nowgorod, Pskow und Kasan*, Köln^2: DuMont, 2002.

Hamilton, Alistair, *The Copts and the West, 1439–1822. The European Discovery of the Egyptian Church*, Oxford (OUP) 2006.
Hansson, Hans-Olof, *Göteborgs eller Gustavi Domkyrka. Tre domkyrkor under 375 år*, Göteborg: Domkyrko Församlingen, 2008.
Harries, Karsten, Untimely Meditations on the Need for Sacred Architecture: Britton (Hg.), *Constructing the Ineffable*, S. 48–59.
Harris, Anne F., The Reception of Stained Glass, in: Pastan/Schwarz-Kurmann, *Investigations*, S. 202–213.
Hawkins, Simeon, *King, Bishop, Knight, Pioneer: the Social and Architectural Significance of Old St Paul's Church, Emily Place, Auckland. 1841–1885*. Magisterarbeit an der University of Auckland 2020.
Hazlewood, Roy M., *Characteristics and Correlates of Anglican Religiosity in the Dioceses of Sydney and Newcastle: An Historical and Sociological Study*. Dissertation an der Edith Cowan University Perth 2008.
Hedra, Metropolitan, Christian Aswan in the Modern Era and the History of Its Cathedral, in: Gawdat Gabra/Hany N. Takla (Hgg.), *Christianity and Monasticism in Aswan and Nubia*, Cairo-New York: The American University in Cairo Press, 2016, S. 175–185.
Hedstrom, Darlene L. Brooks, The Architecture of Coptic Churches, in: C. Ludwig (Hg.), *The Churches of Egypt*, S. 22–29.
Hellemans, Staf/Jonkers, Peter (Hgg.), *Envisioning Futures for the Catholic Church. Cultural Heritage and Contemporary Change Series VIII*, Christian Philosophical Studies 23, Washington: The Council for Research in Values and Philosophy, 2018.
Henze, Anton u. a., *Rom und Latium*. Reclams Kunstführer Italien, Bd. V, Stuttgart: Reclam, 1981[4].
Henze, Anton u. a., *Nordrhein-Westfalen*. Reclams Kunstführer Deutschland, Bd. III, Stuttgart: Reclam, 1982.
Herholdt, Albrecht D. mit G.H.H. [Hunter] Nesbit und H.E. [Estelle] Steenkamp, *Eight beautiful Gothic revival churches of Port Elizabeth*, Port Elizabeth: Ad Hoc Publishers, 1994.
Hernández, Alberto, A la buena de Dios: arquitectura religiosa en el paisaje urbano de Tijuana, in: Checa-Artasu/García/Nochebuena (Hgg.), *Territorialidades*, S. 65–80.
Herrmann, Christofer, *Mittelalterliche Architektur im Preußenland. Untersuchungen zur Frage der Kulturlandschaft und -geographie*, Petersberg: Michael Imhof Verlag, 2007.
Herrmann, Christofer, Die pomesanische Kapitelsburg und der Dom in Marienwerder, in: Joachim Zeuner/Hartmut Hofrichter (Hgg.), *Burg und Kirche*, S. 231–242.
Heyer, Friedrich, *Kirchengeschichte des Heiligen Landes*, Stuttgart u.a.: Kohlhammer, 1984.
Heyer, Friedrich (Hg.), *Die Kirche Armeniens. Eine Volkskirche zwischen Ost und West*. KdW, Bd. XVIII, Stuttgart: Evangelische Verlagsanstalt, 1978.
Hidalgo, Magdalena Torres (Hg.), *Cuenca. Guía de Arquitectura*, Cuenca/Ecuador-Sevilla: Junta de Andalucía, 2007.
Hinfelaar, Hugo, *History of the Catholic Church in Zambia. 1895–1995*, Lusaka: Bookworld Publishers 2004.
Hinsenkamp, Maria, Neues Spiel? Die pfingstlich-charismatische Bewegung als ein *Game-Changer* des Christentums und Herausforderung für die Ökumene, in: Rebekka A. Klein/Lisanne Teuchert (Hgg.), *Ökumene in Bewegung. Neue Perspektiven der Forschung*, Leipzig: Evangelische Verlagsanstalt, 2021, S. 211–226.
Hinsenkamp, Maria, *Visionen eines neuen Christentums. Neuere Entwicklungen pfingstlich-charismatischer Netzwerke*. Dissertation an der Universität Göttingen 2023, Bielefeld: transcript Verlag 2024 (im Druck).

Hoare, J.E., The Anglican Cathedral Seoul 1926-1985, in: *Transactions of the Royal Asiatic Society, Korea Branch*, Vol. 61 (Seoul: Seoul Computer Press, 1986), S. 1-14.
Hollenweger, Walter J. (Hg.), *Die Pfingstkirchen*. KdW, Bd. VII, Stuttgart: Evangelisches Verlagswerk, 1971.
Holloway. Richard, *Doubts and Loves. What is Left of Christianity?*, London und Edinburgh-New York: Canongate Books, 2001 bzw. 2002.
Holzmann, Franz (u. a.), *Architekt in der neuen Welt. Leben und Werk des Redemptoristen Johannes Baptista Stiehle*, Ostfildern: Schwabenverlag, 1988.
Hood, John C.F., *Icelandic Church Saga*. Dissertation an der Universität Durham (masch.), Bd. I-II, 1943.
Horváth, A./Pattantyús-Ábrahám, Joseph Hild – Architekt, Bauingenieur und Baumeister (Ein Beitrag zum Palladianismus in Ungarn), in: *Periodica Polytechnica Ser. Arch.* Vol. 35 Nr. 3-4 (1991), S. 123-188.
Houlet, Gilbert, *Afrique Centrale. Les Républiques d'Expression Française*, Paris: Hachette, 1962.
Hovorun, Cyril (Hg.), *Sacred Architecture in East and West*, Los Angeles: Huffington Ecumenical Institute. Marymount Institute Press, 2019.
Huang, Shan, *The Spreading of Christianity and the Introduction of Modern Architecture in Shannxi, China (1840-1899). Christian churches and traditional Chinese architecture*. Dissertation an der Escuela Técnica Superior de Arquitectura de Madrid 2014.
Hubala, Erich, *Venedig. Brenta-Villen. Chioggia. Murano. Torcello*. Reclams Kunstführer Italien, Bd. II/1, Stuttgart: Reclam, 1974².
Hümmer-Hutzel, Ruth, *Religion und Identität in Guatemala. Tendenzen kultureller und kollektiver Emanzipierung für die guatemaltekische Bevölkerung unter religionssoziologischen Gesichtspunkten*. Dissertation an der Universität Würzburg 2019.
Hunt, Stephen, Forcing the Kingdom. The `Over-realised' Eschatology of Christian Post-millenarianism, in: ders. (Hg.), *Handbook of Global Contemporary Christianity*. HCR, Bd. XII (Leiden-Boston: Brill, 2016), S. 243-275.
Hunt, Stephen, Introduction: The Megachurch Phenomenon, in: ders. (Hg.), *Handbook of Megachurches*, S. 1-20.
Hunt, Stephen (Hg.), *Handbook of Megachurches*. HCR Bd. XIX, Leiden-Boston: Brill, 2020.
Ibbotson, Sophie/Lovell-Hoare, Max, *Sudan*, Chalfont St. Peter: Bradt Travel Guides, 2017³.
Ibezim, Emmanuel C./Edwin Omeje/Uche Igbokwe, Diocese of Nsukka – Challenges and Prospects, in: Onah/Obetia (Hgg.), *Anlican Diocese of Nsukka at 20*, S. 119-126.
Ignacimuthu, S./Raj, Joseph/Michael, John Britto, *Catholic Shrines & Pilgrim Centres in India*, Bangalore: Claretian Publishers, 2016.
Ignatius von Antiochien, *Sancti Ignatii Epistolae*, in: MPG 5, Paris 1857, Sp. 625-728.
(Mar) Ignatius Zakka I Iwas, *The Syrian Orthodox Church of Antioch at a Glance*, Aleppo: Syrian Orthodox Diocese, 1983.
Jäggi, Carola, Architektur und Sakralität – Geschichte einer Zuschreibung, in: Nollert u. a. (Hgg.), *Kirchenbauten*, S. 23-30.
Janicot, Claude, *Madagascar. Comores, Réunion, Ile Maurice*, Paris: Hachette, 1955.
Jarquín, María Teresa u. a., *La catedral de Toluca. Su historia, su arte y su tesoro*, Toluca: Patronato Arte y Decoro de la Catedral de Toluca, A.C., 1998.
Jaspert, Nikolas, *Die Reconquista. Christen und Muslime auf der Iberischen Halbinsel 711-1492*, München: C.H. Beck, 2019.
Jayasinghe, Sagara, Identity Crisis of Post-Colonial Church in Sri Lanka. in: *Proceedings Book ARCASIA Design Analysis Forum*, Ayutthaya, Thailand 2015, S. 6-22.

Jenkins, Philip, *The Next Christendom. The Coming of Global Christianity*, Oxford-New York (OUP) 2002[1], erweitert 2011[3].
Jeremiah, Anderson, The Church of South India, in: Goodhew (Hg.), *Growth*, S. 147–158.
Joas, Hans, *Glaube als Option. Zukunftsmöglichkeiten des Christentums*, Freiburg u.a.: Herder, 2012[2].
Joas, *Die Macht des Heiligen. Eine Alternative zur Geschichte von der Entzauberung*. Berlin: Suhrkamp, 2017.
Johlen, Beate, *Die Auswirkungen der Gegenreformation auf den Sakralbau des 17. Jahrhunderts. Reform und Tradition am Beispiel des Wiederaufbaus der ehemaligen Benediktinerabtei Corvey/Westfalen im Jahre 1667*. Dissertation an der Universität Bonn 2000.
John, Jacob u. a. (Hgg.), *Monthly Bulletin of CSI Immanuel Cathedral Ernakulam* 13 (2017): CSI Immanuel Cathedral Office, 2017.
Johnson, Todd M./Zurlo, Gina A., The changing demographics of global Anglicanism, 1970–2010, in: Goodhew, *Growth*, S. 37–53.
Jokilehto, Jukka, *A History of Architectural Restoration*. Dissertation an der Universität York 1986.
de Jong, Hans, Anderhalve eeuw parochieleven in Breda, in: *Jaarboek De Oranjeboom* 55 (2002), S. 1–46.
Jongmeewasin, Somnuck, *The Pilgrim Routes of French Catholic Mission in Thailand: A Model for Cultural Tourist Development and Management*, Dissertation an der Silpakorn University 2010.
Jungmann, Josef Andreas, *Missarum Sollemnia*, Wien: Herder, 1949[2].
Kamil, Jill, *Coptic Egypt. History and Guide*, Cairo: American University of Cairo Press, Revised Edition, 1997.
Kamil, Jill, *Christianity in the Land of Pharaos. The Coptic Orthodox Church*, London-New York: Routledge, 2002.
Kang, Youngji, Religious Prosperity Calling Cultural Progress: Architectural Discourses on Korean Catholic Churches (1979–1994), in: *The Kyoto Conference on Arts, Media & Culture 2020. Official Conference Proceedings*, Nagoya: The International Academic Forum (IAFOR) 2020, S. 43–59.
Karbo, Tony, Religion and social cohesion in Ethiopia, in: *International Journal of Peace and Development Studies* vol. 4/3 (2013), S. 43–52.
Karle, Isolde, *Der Pfarrberuf als Profession. Eine Berufstheorie im Kontext der modernen Gesellschaft*, Gütersloh: Christian Kaiser/Gütersloher Verlagshaus, 2001.
Karmiris, Johannes N., Abriss der dogmatischen Lehre der orthodoxen katholischen Kirche, in: Bratsiotis (Hg.), *Die orthodoxe Kirche* I, S. 15–120.
Kauffmann, Georg, *Emilia-Romagna. Marken. Umbrien*. Reclams Kunstführer Italien IV, Stuttgart 1971.
Kawerau, Peter, *Geschichte der mittelalterlichen Kirche*, Marburg: N.G. Elwert Verlag, 1967.
Keith, Charles, *Catholic Vietnam. A Church from Empire to Nation*, Berkeley u.a.: University of California Press, 2012.
Kempgen, Sebastian, *Die Kirchen und Klöster Moskaus. Ein landeskundliches Handbuch*, München: Verlag Otto Sagner 1994.
Kennedy, James C./Zwemer, Jan P., Religion in the Modern Netherlands and the Problem of Pluralism, in: *BMGN|LCHR* (=*Bijdragen en Mededelingen voor de Geschiedenis der Nederlanden/Low Countries Historical Review*) Vol. 125/2–3 (2010), S. 237–268
Kervick, Francis W., *Patrick Charles Keely. Architect. A Record of His Life and Work*, South Bend: Selbstverlag des Verfassers, 1953.
KHS-Burmester, O.H.E. (=Oswald Hugh Ewart), *A Guide to the Ancient Coptic Churches of Cairo*, Société d'Archeologie Copte, Giza (Le Caire) 1955.
Kilde, Jeanne Halgren, *Sacred Power. Sacred Space. An Introduction to Christian Architecture and Worship*, Oxford: OUP, 2008.

Kim, Andrew Eungi, South Korea, in: Goodhew (Hg.), *Growth*, S. 177-193.
Kim, Jung shin, Soygangno Catholic Church in Chuncheon. Pioneer in Korea's Modern Church Architecture, in: Sung-hee Yeo/Jun-eun, Park (Hgg.), *Korean Heritage* Bd. 4/1, Dae Jeon: Cultural Heritage Administration, 2011, S. 42-45.
Kim, Min Hwi, *Pilgrimage in Service of Mission in the Context of Contemporary Korean Church*. Dissertation an der Jesuit School of Theology an der Santa Clara University, Berkeley 2018.
Kim, Myungsun/Lee, Jeong-Woo, Architectural Features of *Naedeok-dong* Cathedral, Cheongju Diocese under the Juris-diction of Maryknoll Missioners, in: *Journal of Korea Academia-Industrial Cooperation Society* Vol. 21/9 (2020), S. 259-268.
Kim, Narae, *Architecture des Missions Étrangères (Père Coste 1847-1897)*. Dissertation an der Université de recherche de Paris Sciences et Lettres PSL Research University 2018.
Kinell, Niclas, *Christianity in Banaras. A mapping of Christian congregations and case study on two Catholic churches. Kristendom i Banaras. En kartläggning av kristna församlingar och en fallstudie på två katolska kyrkor*. Wissenschaftliche Arbeit an der Karlstad University, Karlstad 2017.
Kiraz, George Anton/Joseph, Thomas, *The Syriac Orthodox Church of Antioch. A Brief Overview*. Burbank: The Syriac Heritage of the Syriac Orthodox Church, 2000.
Klauser, Theodor, Art. „Kathedra", in: *LThK*², Bd. 6 (1961), Sp. 66-67.
Klein, Bruno, Beginn und Ausformung der gotischen Architektur in Frankreich und seinen Nachbarländern, in: Rolf Toman (Hg.), *Die Kunst der Gotik. Architektur, Skulptur, Malerei*. Königswinter: Könemann, 2004, S. 28-115.
Klein, Bruno, Neugotische Architektur auf der Iberischen Halbinsel und in Lateinamerika: Borngässer/Klein (Hgg.), *Neugotik global*, S. 11-24.
Klein, Bruno, Gothic Going Global. About This Book, in: Borngässer/Klein (Hgg.), *Global Gothic*, S. 8-11.
Klein, Bruno, Gothic in Europe after the „End" of Neo-Gothic, in: Borngässer/Klein (Hgg.), *Global Gothic*, S. 30-49.
Klein, Bruno, Gothic Architecture in Africa from Colonial to Postcolonial, in: Borngässer/Klein (Hgg.), *Global Gothic*, S. 160-177.
Klein, Herbert S., Anglicans, Catholics and the Negro Slave, in: *Comparative Studies in Society and History* Vol. 8/3 (1966), S. 295-327.
Knoch, Peter/Johenning, Heike Maria, *Architekturführer Kiew*, Berlin: DOM Publishers, 2015.
Kobryn, Mikhailo/Lyovkina, Olena/Khrystokin, Hennadii, Development of the Greek Catholic Church in Independent Ukraine: Persons, Historical Heritage, and New Trends, in: *Occasional Papers on Religion in Eastern Europe*, Vol. 40, Issue 3, Religious Communities in Contemporary Ukraine Since Independence, April 2020, S. 52-72.
Koepf, Hans/Binding, Günther, *Bildwörterbuch der Architektur*, Vierte, überarbeitete Auflage, Stuttgart: Kröner, 2005.
Kohnstamm, Thomas, Bao, Sandra u. a., *Venezuela* (2007) 1. dtsch. Auflage Ostfildern 2008.
Komakhidze, Boris, The Visibility of Georgian Hagia Sophia: Urban Religious Transformation in Poti, Georgia, in: *Urbanities* 12/1 (2022), S. 76-92.
Konadu, Kwasi/Campbell, Clifford C. (Hgg.), *The Ghana Reader, History, Culture, Politics*, Durham-London: Duke University Press, 2016.
Konstantinou, Evangelos u. a., *Knaurs Kulturführer in Farbe. Griechenland*, hg. von Franz N. Mehling, München-Zürich: Droemer Knaur, 1982.
Kotsonis, Hieronymos, Verfassung und Aufbau der orthodoxen Kirche, in: Bratsiotis (Hg.), *Die orthodoxe Kirche* I, S. 169-176.

Krieg, Gustav A., *Die anglikanische Kirchenmusik – historisch und praktisch. Einführung und Repertoirekunde*, Köln: Verlag Dohr, 2020.
Krieg, Gustav A. (Hg.), *Deutscher Kirchengesang der Neuzeit. Eine Gesangbuchanthologie*, Berlin: Verlag der Religionen/Suhrkamp, 2013.
Krikorian, Mesrob, Die Geschichte der Armenisch-Apostolischen Kirche, in: Fr. Heyer (Hg.), *Die Kirche Armeniens*, S. 29–58.
Kristijánsson, Gunnar, *Churches of Iceland. Religious Art and Architecture*, Reykjavík: Iceland Review, 1988.
Kroesen, Justin E. A., *Seitenaltäre in mittelalterlichen Kirchen. Standort – Raum – Liturgie*, Regensburg: Schnell und Steiner, 2010.
Krykunov, Oleksii, *A Study of the Ukrainian Greek-Catholic Church from the beginning of World War II until Perestroika, including the influence of Andrey Shepytsky and Josyf Slipiy on its structure and survival*. Dissertation an der Universität Bonn 2021.
Kuckiewicz-Fras, Agnieszka, Akbar the Great (1592–1605) and Christianity. Between religion and politics, in: *Orientalia Christiana Cracoviensia* 3 (2011), S. 75–89.
Küchler, Max, *Jerusalem. Ein Handbuch und Studienreiseführer zur Heiligen Stadt*. Orte und Landschaften der Bibel, Band IV/2, Göttingen: Vandenhoeck & Ruprecht, 2014[2].
Kuhn, Rainer, Sakrale Architektur und imperiale Repräsentanz im ottonischen Magdeburg, in: Zeune/Hofrichter (Hgg.), *Burg und Kirche*, S. 114–122.
Kujawa-Holbrook, Sheryl A., North American Anglicanism. Competing Factions, Creative Tensions, and the Liberal-Conservative Impasse, in: Jeremy Morris (Hg.), *The Oxford History of Anglicanism*. Volume IV. *Western Anglicanism, c. 1910 to Present*, London, OUP, 2017, S. 362–396.
Kulahin, A. M., *Katalickija Khramy Belarusi*, Minsk: Belaruskaja Encyklapedyja imji „Petrusja Broŭki", 2008 (weißruss.).
Kurin, Richard, *Saving Haiti's Heritage. The Cultural Recovery after the Earthquake*, Washington: Smithsonian Institution, 2011.
Kurzakov, Oleg, Risse in Patriarch Kirills Machtvertikale?, in: *Religion und Gesellschaft in Ost und West* 2020/12, S. 25–27.
Kuczkiewicz-Fras, Agnieszka, Akbar the Great (1592–1605) and Christianity. Between religion and politics, in: *Orientalia Christiana Cracoviensia* 3 (2011), S. 75–89.
Kvastiani, Georgi/Spolanski, Vadim/Sternfeldt, Andreas, *Georgien*, Berlin[10]: Trescher Verlag, 2019.
Lacroix, Igor/Paranhos, Paulo Henrique/Aviani, Francisco Leite/Silva, Neander Furtado, Estudio de detalhamento estrutural da Catedral de Palmas-TO, Brasil, in: *SIGraDI 2016, XX Congress of the Iberoamerican Society of Digital Graphics* 9–11 November 2016, Buenos Aires, Argentina, S. 528–533.
Lagos, Dimitrios/Poulaki, Panoraia, Religious Movements and Tourism, the Case of Chios, in: *Journal „Sustainable Development, Culture, Traditions"* 1a/2a (2014), S. 78–92.
Lammel, Isabell, Toussaint Louverture in der französischen Republik. Die Transformation des haitianischen Revolutionsführers zum Widerpart Napoleon Bonapartes, in: Sonja Georgi, Julia Ilgner u. a., *Gesellschaftstransformationen, Medien, Verfahren der Rezeption*, Bielefeld: transcript Verlag, 2015, S. 481–500.
Lara, Erwin Giovanni González, *Valorización y nuevo desarollo del conjunto arquitectónico de la catedral de San Marcos, San Marcos Guatemala*. Dissertation an der Universidad de San Carlos de Guatemala 1998.
Layug, Benjamin Locsin, *A Tourist Guide to Notable Philippine Churches*, Quezon City: New Day Publishers, 2007.

Lázara, Juan Antonio, Del Néogotico al Neorománico. El reloj de los estilos retrocede hacia una nueva periodización de la historia de la arquitectura religiosa en la Argentina, in: Checa-Artasu/Niglio (Hgg.), *El Neogótico*, S. 59–79.

Lazzarotti, Marco, Meeting of Cultures and Architectural Dialogue: The Example of the Dominicans in Taiwan, in: *Religions* (MDPI) 2022/13 (1094), S. 1–14.

Leal, Fernando Machado, *Catedral Basílica de São Salvador da Bahia 1625*, Salvador da Bahia: Editora IPAC, 2002².

Leão, Tharcila Maria Soares, *A história da paisagem da Praça Dom Pedro II em Maceió-AL*. Dissertation an der Universidade de Pernambuco, Recife-PE 2010.

Lee, Jeong-Ku, *Architectural Theology in Korea*. Dissertation an der Universität Birmingham (1998), Seoul: Dongyun, 2011.

Lee, Young-hoon, The Life and Ministry of David Yonggi Cho and the Yoido Full Gospel Church, in: *Asian Journal of Pentecostal Studies* 7/1 (2004), S. 3–20.

Lefebvre, Solange, The Francophone Roman Catholic Church, in: Bramadat/Seljak, *Christianity*, S. 101–137.

Lemus, Carlos Bell, *El Caribe colombiano. Guía de Arquitectura y Paisaje*, Barranquilla-Sevilla: Junta de Andalucía, 2017.

León, Vicente, Fray Domingo de Petrés [...] (1759-1811), in: Castillo (Hg.), *Fray Domingo de Petrés*, S. 10–27.

Leonova, Inga, The Quest for American Orthodox Architecture. Modernism Meets Tradition, in: Hovorun (Hg.), *Sacred Architecture in East and West*, S. 185–210.

Les Amis de la Cathédrale (Hgg.), *La Cathédrale de Salaberry-de-Valleyfield. Histoire, Souvenirs, Méditation*, Montréal: Ateliers Fides, 1963.

Lieb, Stefanie, *Himmelwärts. Geschichte der Kirchenarchitektur von der Spätantike bis heute*, Berlin: Verlag Elsengold, 2018.

Lilius, Henrik/Zeitler, Rudolf, *Finnland. Kunstdenkmäler und Museen*. Reclams Kunstführer, Stuttgart 1985.

Lill, Rudolf, Der Ultramontanismus. Die Ausrichtung der gesamten Kirche auf den Papst, in M. Weitlauff (Hg.), *Die Kirche im 19. Jahrhundert*, S. 76–94.

Lima, Wesley dos Santos/Bessa, Kelly Cristina Fernandes de Oliveira, Os significados político-identitários dos edifícios monumentais e das inscrições no chão institucional da Praça dos Girassóis em Palmas TO, in: *Revista Cerrados, Montes Claros – MG* 20/1 (2022), S. 279–312.

de Lima Junior, Márcio Antonio, *O traço moderno na arquitetura religiosa paulista*. Dissertation an der Universidade de São Paulo 2016.

de Lima, Mônica Cardoso, *Os vitrais da catedral de Vitória-ES e seus doadores nas décadas de 1930 e 1940*. Dissertation an der Universidade Federal do Espírito Santo Vitória 2009.

Lindblad, Henrik/Löfgren, Eva, *Religious buildings in transition. An international comparison*, Göteborg: University of Gothenburg 2016.

Lindsay, Ian Gordon, *The Cathedrals of Scotland*, London-Edinburgh: W. & R. Chambers, 1926.

Löffler, Beate, *Fremd und Eigen. Christlicher Sakralbau in Japan seit 1853*. Dissertation an der Technischen Universität Dresden 2009, Berlin: Verlag Frank und Timme, 2011.

Löfstedt, Torsten, Megachurches in Russia and other Parts of the Former Soviet Union, in: Hunt (Hg.), *Handbook of Megachurches*, S. 284–301.

Logwin, Grigori Nikonowitsch, Einleitung, Erläuterungen und Bildauswahl zu Ukraine und Moldawien, in: Reinhardt Hootz (Hg.), *Kunstdenkmäler in der Sowjetunion*, Darmstadt: Wissenschaftliche Buchgesellschaft, 1984.

van Loon, Gertrud J.M., The Art of Coptic Churches, in: Carolyn Ludwig (Hg.), *The Churches of Egypt*, S. 30–37.
Loose, Stefan, *Indonesien*, Ostfildern: Stefan Loose Travel Books, 2016³.
Lortz, Joseph, *Die Reformation in Deutschland* (1939/1940), Neuausgabe Freiburg u.a. 1982.
Loveland, Ann C./Wheeler, Otis B., *From Meetinghouse to Megachurch. A Material and Cultural History*, Columbia-London: University of Missouri Press, 2003.
Lovell-Hoare, Sophie und Max, *South Sudan*, Chalfont St Peter: Bradt Travel Guides, 2013.
Di Luca, Marc/Ragozin, Leonid, *Ukraine*, London: Lonely Planet Publications, 2011³.
Ludwig, Carolyn (Hg.), *The Churches of Egypt. From the Journey of the Holy Family to the Present Day*, Cairo-New York: The American University in Cairo Press, 2007.
Lützeler, Heinrich, *Vom Sinn der Bauformen*, Freiburg: Herder, 1938.
Luther, Martin, Deutsche Messe und Ordnung des Gottesdienstes, in: ders., *Ausgewählte Werke*, hg. von H.H. Borcherdt und Georg Merz, Bd. III, München: Christian Kaiser, 1950, S. 128–155.
Ma, Wonsuk/Ahn, Kyo Seong (Hgg.), *Korean Church. God's Mission. Global Christianity*. Regnum Edinburgh Centenary Vol. 26, Oxford: Regnum Books International, 2015.
MacGowan, Mark G., Roman Catholicism (Anglophone and Allophone), in: Bramadat/Seljak (Hgg.), *Christianity*, S. 49–100.
Maciel, Lev, Ukrainian Architecture in 18th Century Russia: How and Why?, in: *National Research University. High School of Economics Series*: Humanities WP BRP 125 HUM/2016, S. 1–14.
Mäeväli, Sulev, *Architecture and Art Monuments in Tallinn*. Tallinn: Perioodika Publishers, 1993³.
Maiolino, Claudio Forte, *A arquitetura religiosa neogótica em Curitiba entre dos anos de 1880 e 1930*. Dissertation an der Universidade Federal do Rio Grando do Sul, Curitiba 2007.
Malettke, Klaus, *Heinrich IV. Der erste Bourbone auf dem Thron Frankreichs (1553–1610)*, Gleichen-Zürich: Muster-Schmidt Verlag, 2019.
Mandereyck, Madeleine/Lecocq, Isabelle/Vanden Bemden, Yvette (Hgg.), *Stained Glass in the 17th Century. Continuity, Invention, Twilight*. 29. Colloquium des Corpus Vitrearum, Antwerpen 2.–6. Juli 2018, Antwerpen-Bruxelles 2018.
Mangin, Ernst (Hg.), *Das Edikt von Nantes. Das Edikt von Fontainebleau*. Flensburg: Verlag Kurt Gross, 1963.
Manic, Bozidar/Nikovic, Ana/Maric, Igor, Relationship between Traditional and Contemporary Elements in the Architecture of Orthodox Churches at the Turn of the Millenium, in: *Facta Universitatis Architecture and Civil Engineering* 13 (2015), S. 283–300.
Marten, Bettina, Die Almudena-Kathedrale zu Madrid – Abbild funktionaler und historischer Diversität?, in: Borngässer/Klein (Hgg.), *Neugotik global*, S. 141–158.
Marten, Bettina, Tradition in the Age of Progress. Notions on Gothic Church Architecture in the United States, in: Borngässer/Klein (Hgg.), *Global Gothic*, S. 51–73.
Marten, Bettina, Ecclesiastical Gothic in Twentieth- and Twenty-First-Century Canada, in: Borngässer/Klein (Hgg.), *Global Gothic*, S. 74–83.
Martín, Leopoldo Manuel González, *La devoción del Cristo de las Ampollas en Yucatán entre los poderes de la iglesia y del estado (1850–1915)*. Magisterarbeit an der Universidad de Yucatán 2014.
Martínez, Teresa María Gámez, *El Valor Turístico de la Restauración de la Catedral de Santiago de Managua dentro de su Entorno Urbano*. Lizentiatenarbeit an der Universidad Americana UAM Managua 2005.
Mattia, Joan Plubell, *Walking the Rift: Alfred Robert Tucker in East Africa. Idealism and Imperialism 1890–1911*. Dissertation an der Universität Birmingham 2007.
Mayazaki, Kentarō, Roman Catholic Mission in Pre-Modern Japan, in: Mullins (Hg.), *Handbook of Christianity in Japan*, S. 1–18.

McCaw, Brett R., Pro Deo et Patria: The Greek Catholic Church and Ukrainian National Life – Past and Present, in: *University of St. Thomas Journal of Law and Public Policy* Vol. 9, Issue 1, Fall 2014, S. 94–124.
Meier, Johannes, *Bis an die Ränder der Welt. Wege des Katholizismus im Zeitalter der Reformation und des Barock*, Münster: Aschendorff, 2018.
de Mel, Joan, *Lakdasa De Mel. God's servant – World citizen – Lanka's son*, Delhi: I.S.P.C.K., 1980.
Ménonville, Corinne de, *Les Aventuriers de Dieu et de la République. Consuls et missionaires en Chine (1844–1937)*, Paris: Les Indes savantes, 2007.
Mihalache, Andreea, Between Church and State: The Competition for the Romanian Patriarchal Cathedral, Bucharest, 2002, in: Magnus Rönn/Reza Kazemian/Jonas E. Andersson (Hgg.), *The Architectural Competition. Research, Inquiries and Experiences*, Stockholm: Axl Books, 2010, S. 491–507.
Mikhail, Nadia S.M.D., Die koptische Kirche von 1800–1970, in: Verghese, Paul (Hg.), *Koptisches Christentum*, S. 56–73.
Miracle, Ernesto La Orden, *Viajes de Arte por América Central* (Edición Cultura Hispanica), Madrid: Ediciones Cultura Hispanica, 1985.
Mitchell Jr., James Harvey, *The Gargoyles of San Francisco, Medievalist Architecture in Northern California 1900–1940*. Magisterarbeit an der San Francisco State University 2016.
Molina, Rubén Hernández/Niglio, Olimpia (Hgg.), *Ingenieros y arquitectos italianos en Colombia*, Ariccia-Roma: Edizioni Scientifiche, 2016.
Molozzi, Ana Paula Prilla, *A ‚Danação' da Cultura Edificada: A Demolição da Igreja Matriz de Erechim*. Bachelorarbeit an der Universidade Federal da Fronteira Sul-UFFS, Erechim 2017.
Montgomery, Nancy S., *A Guide to Washington Cathedral*, Washington: Double Dot Press Inc., 1965.
Montane, Carla Tronu, *Sacred Space and Ritual in Early Modern Japan: The Christian Community of Nagasaki (1569–1643)*. Dissertation an der University of London 2012.
Monzo, Luigi, *croci e fasci. Der italienische Kirchenbau in der Zeit des Faschismus 1919–1945*. Dissertation am Institut für Technologie, Bd. I–II Karlsruhe 2017.
Mooken, Mar Aprem [George], *History of the Assyrian Church of the East in the Twentieth Century*. Dissertation an der Mahatma Gandhi University Kottayam 2000, Kottayam 2003.
Mooney, Joan, *St Mary's Cathedral Sydney Australia*, Sydney: Catholic Communications, 1993.
Morales, Teresa F., *The Last Stone is Just the Beginning: A Rhetorical Biography of Washington National Cathedral*. Dissertation an der Georgia State University 2013.
Moreno, Félix Carmona, Catedral de Quito. Una de las más antiguas de América del Sur, in: de Sevilla (Hg.), *El mundo de las catedrales*, S. 640–657.
Moreno, Nicolás Ramírez (u. a. Hgg.), *Michoacán. Guía de Arquitectura y Paisaje/An Architectural and Landscape Guide*, Morelia-Sevilla: Junta de Andalucía, 2007.
Moreno, Nicolás Ramírez (u. a. Hgg.), *Guerrero. Guía de Arquitectura y Paisaje/An Architectural and Landscape Guide*, Chilpancingo de los Bravo-Sevilla: Junta de Andalucía, 2010.
Moser, Birgitta Gabriela Hannover, *Serbien*, Berlin: Trescher Verlag, 2012³.
Moshi, Nehemia Godwin, *Stretching the Drum Skin. An Analysis of Power Relations in Leadership Development and Succession in the Evangelical Lutheran Church in Tanzania-Northern Diocese 1942–1993*. Dissertation an der Universität Åbo/Turku: Åbo Akademi University Press, 2016.
Muck, Herbert, *Gegenwartsbilder. Kunstwerke und religiöse Vorstellungen des 20. Jahrhunderts*, Wien: Picus Verlag, 1988.
Müller, Fábio, A Catedral de Brasília, 1958–1970: Redução e Redenção, in: *Cadernos de Arquitetura e Urbanismo* vol. 10/11 (2003), S. 9–33.

Müller, Fábio, *O templo cristão na modernidade. Permanências simbolicas & figurativas*. Magisterarbeit an der Universidade Federal do Rio do Sul 2006.
Müller, Sabrina, *Fresh Expressions of Church. Ekklesiologische Beobachtungen und Interpretationen einer neuen kirchlichen Bewegung*. Dissertation an der Universität Zürich 2015, Zürich: TVZ, 2016.
Mullins, Mark R. (Hg.), *Handbook of Christianity in Japan*. Handbook of Oriental Studies Section V (Japan), Vol. X, Leiden-Boston: Brill, 2003.
Murray, Peter/Murray, Linda, Art. „Australia, New Zealand, and the the Pacific, in: *Oxford Dictionary of Christian Art & Architecture*, Oxford: OUP, 2013², hg. von Tom Devonshire Jones, S. 42–47.
Murray, Stephen, *Beauvais Cathedral. Architecture of Transcendence*, Princeton: Princeton University Press, 1989.
Nagy, Thomas Charles, *Catholic Shrines in Chennai, India. The politics of renewal and apostolic legacy*. London-New York: Routledge, 2017.
Naidu, B. Sarasingaraja, *New Perspectives in Indian Church History: Karantaka*, Bangalore (masch.) 2019.
Nancy, Jean-Luc, *Dekonstruktion des Christentums* (frz. 2005), dtsch. Zürich-Berlin: diaphanes, 2008).
Naoom, Fr. Albert Hisham, Guide for the journalists. In occasion of Pope's Francis visit to Iraq, Rom 2021.
Naumova O./Naumov, I., The Church Construction of Eastern Siberia in the seventeenth to the first half of the nineteenth centuries, in: Baikal Forum 2020, in: IOP Conf.Series: Earth and Environment Science 751 (2021), S. 1–8.
Ngaya-an, Ben B., *Mission Policies of the Episcopal Church in the Philippines (ECP), 1901–1980: Their Contribution to the Regional Character of the Church*. Dissertation an der Middlesex University London 2015.
Nelson, Robert S., *Hagia Sophia, 1850–1950. Holy Wisdom Monument*. Chicago: The University of Chicago Press 2004.
Neri, Gabriele, Lo studio sperimentale della cattedrale di San Francisco. Apice e declino di modelli fisici, in: ders., *Capolavori in miniatura. Pier Luigi Nervi e la modellazione strutturale*, Mendrisio 2014, S. 219–273.
New, Anthony S.B., *A guide to the cathedrals of Britain*. London: Constable, 1980.
Nguyen Quang Hung, *Katholizismus in Vietnam von 1954 bis 1975*. Dissertation an der Humboldt-Universität (Berliner Südostasien-Studien Band 4), Berlin: Logos Verlag 2003.
Niemeyer, Oscar, A catedral de Brasília/The Cathedral for Brasilia, in: *Módulo* Vol. 2, No. 11 (Dezember 1958), S. 7–15.
Niglio, Olimpia, La cultura eclettica e lo sviluppo del neogotico: Lo stile dei colonizzatori oltre i confini europei, in: Checa-Artasu/Niglio (Hgg.), *El Neogótico*, S. 25–44.
Nitschke, Marcus u. a. (Hgg.), *Raum und Religion. Europäische Positionen im Sakralbau. Deutschland – Österreich – Polen*. Salzburg-München: Verlag Anton Pustet, 2005.
Nitschke, Marcus, Kirchenbau – eine verlorene Aufgabe?, in: ders. u. a. (Hgg.), *Raum und Religion*, S. 11–22.
Njoku, Rose Adaure, *The Advent of the Catholic Church in Nigeria. Its Growth in Owerri Diocese*, Owerri: Assumpta Press, 1980.
Nkwocha, Isidore Iwejuo. *Charismatic Renewal and Pentecostalism: the Renewal of the Nigerian Catholic Church*, Dissertation an der Duquesne University, Pittsburgh 2019.
Nkwoka, Anthony O., Interrogating the Form and the Spirit: Pentecostalism and the Anglican Communion, in: Ogungbile/Akinade (Hgg.), *Creativity and Change in Nigerian Christianity*, S. 79–94.

Nochebuena, María Cristina Valerdi/Melo, María Diéguez (Hgg.), *Diseño y Método de Creación del Espacio Religioso Contemporáneo en Iberoamérica*, Puebla: Benemérita Universidad Autónoma, 2018.
Nockiewicz, Irmina, *Churches and Holy Places in Syria Needing Reconstruction. Rebuilding the destroyed homes of Christ and His People 2018*, Königstein: ACN Aid to the Church in Need International, erste und zweite Auflage 2018.
Nollert, Angelika u. a. (Hgg.), *Kirchenbauten in der Gegenwart. Architektur zwischen Sakralität und sozialer Wirklichkeit*. Regensburg: Friedrich Pustet, 2011.
Norman, Edward, *Das Haus Gottes. Die Geschichte der christlichen Kirchen* (engl. 1990), dtsch. Stuttgart u.a.: Kohlhammer, 1990.
Nsi, Michel Assoumou, *L'Église Catholique au Gabon. De l'Entreprise Missionaire à la Mise en Place d'une Église Locale 1844–1982*. Dissertation an der Université de Pau et des Pays de l'Adour, Pau 2011.
Nwankwegu, Okah Theophilus, *Ecumenical Centre for Ebonyi State. A Study on Acoustics Control*. Projektarbeit an der University of Nigeria/Enugu Campus 2013.
Nyberg, Harry, *Karlstads Domkyrka/Karlstad Cathedral. Stiftskyrka – Församlingskyrka. Dokumentation och reflektion*, Karlstad: Svenska Kyrkan. Karlstad Stift, 2012.
Obetia, Joel, *Worship and Christian Identity in Uganda: A Study of the Contextualization of Worship in the Anglican, Roman Catholic and Independent Churches in the West Nile and Kampala Areas of Uganda*. Dissertation an der Universität Leeds 2008.
Oeldemann, Johannes, *Die Kirchen des christlichen Ostens. Orthodoxe, orientalische und mit Rom unierte Ostkirchen*, Kevelaer: Verlagsgemeinschaft topos plus, 2011³.
Oettinger, Karl u. a. (Bearb.), *Wien, Niederösterreich, Oberösterreich, Burgenland*. Reclams Kunstführer Österreich, Bd. I, Stuttgart: Reclam, 1974⁴.
Ogungbile, David A./Akinade, Akitunde E., *Creativity and Change in Nigerian Christianity*, Lagos u.a.: Malthouse Press Ltd., 2010.
Ogutu, Gilbert E.M., *Celebrating the Past: Seizing the Future. All Saints Cathedral Church in Nairobi Centenary (1917–2017). Background History, Architectural Design and Spirituality*, Nairobi: Wajee Nature Park, 2017.
Ohler, Norbert, *Die Kathedrale. Religion, Architektur, Politik. Eine Kulturgeschichte*, Düsseldorf-Zürich: Artemis & Winkler, 2002.
Olaniyan, Richard A., *In the Service of God. The Catholic Church in Oyo Diocese 1884–1994*, Ile-Ife: Obafemi Awolowo University Press, 1994.
Onah, Chineda G./Obeta, Kingsley S.E. (Hgg.), *Anglican Diocese of Nsukka at 20. Growth, Relevance and Future*, Nsukka: Deus Refugium Printing Press, 2014.
Onasch, Kurt, *Grundzüge der russischen Kirchengeschichte*, in: Kurt Dietrich Schmidt und Ernst Wolff (Hgg.), Die Kirche in ihrer Geschichte, Bd. 3, Lieferung M, Göttingen: Vandenhoeck & Ruprecht, 1967.
Onasch, Kurt, *Liturgie und Kunst der Ostkirche in Stichworten unter Berücksichtigung der Alten Kirche*, Leipzig: Koehler und Amelang, 1981.
Oommen, Thomas, Marth Mariam Big Church (Valiapally) at Trichur, in: *ISRJ India Streams Research Journal* 6/10 (2016), S. 1–6.
Orme, Nicholas, *The History of England's Cathedrals*. Exeter: Impress Book, 2017.
Ouattara, Eugenie, *Église Catholique et Culture Tagbana (1908–1977)*. Dissertation an der Université Felix Houphouet Boigny, Abdijan 2015.
Pallath, Paul, *The Catholic Church in India* [2003]. Changanacherry: HIRS Publications. Mar Thoma Vidyanikethan, 2019.

Panofsky, Erwin, *Gotische Architektur und Scholastik. Zur Analogie von Kunst, Philosophie und Theologie im Mittelalter* (engl. 1951), dtsch. Köln: DuMont, 1989.
Paris, Peter J. (Hg.), *The History of the Riverside Church in the City of New York*. Religion, Race, and Ethnicity, New York-London: New York University Press, 2004.
Paris, Peter J., Introduction, in: ders. (Hg.), *The History of Riverside Church*, S. 1–6.
Park, Myung-Soo, Globalisation of the Korean Pentecostal Movement. The International History of David Yonggi Cho, in: Ma/Ahn (Hgg.), *Korean Church*, S. 228–241.
Pastan, Elizabeth Carson/Brigitta Schwarz-Kurmann (Hgg.), *Investigations in Medieval Stained Glas. Materials, Methods, and Expressions*, Leiden-Boston: Brill, 2019.
Peck, Lucy, *Agra. The architectural heritage*, New Delhi: Roli Books, 2008.
Percy, Martyn, „Your Church Can Grow!" – A Contextual Theological Critique of Megachurches, in: Hunt (Hg.), *Handbook of Megachurches*, S. 103–127.
Pereira, José, *Baroque India. The Neo-Roman Religious Architecture of South Asia: A Global Stylistic Survey*, New Delhi: Indira Gandhi National Centre for the Arts/Aryan Books, 2000.
Pérez, Delio R. Carillo (Hg.), *Sendores de la Historia. Campeche. Chiapas. Quintana Roo. Tabasco. Veracruz. Yucatán. Una mirada al patrimonio cultural del sur sureste mexicano*, Campeche: Secretaría de Cultura, 2018.
Peters, Markus W.E., Katholische Kirchbauten in Albanien vom Mittelalter bis zur Gegenwart – Symbolik, Geschichte, Hintergründe, in: Walter Raunig (Hg.), *Albanien. Reichtum und Vielfalt alter Kulturen*, München: Staatliches Museum für Völkerkunde, 2001, S. 90–104.
Peterson, Mark, *Korea's Religious Places*, Seoul 2016.
Petterson, Per, State and Religion in Sweden: Ambiguity Between Disestablishment and Religious Control, in: *Nordic Journal of Religion and Society* 24/2 (2011), S. 119–135.
Pevsner, Nikolaus, *Europäische Architektur von den Anfängen bis zur Gegenwart* (engl. 1943), dtsch. München: Prestel, 1985[6].
Phillips, Matt/Carillet, Jean-Bernard, *Ethiopia & Eritrea*, London: Lonely Planet Publications, 2006.
Phillipson, David W., *Ancient Churches of Ethiopia. Fourth – Fourteenth Centuries*, New Haven-London: Yale University Press, 2009.
Pickering, Kate, Expanding Religious Crowds. Containment and Openness in the American Megachurch, in: *Coils of the Serpent* 7 (2020), S. 27–50.
Pitirim, Metropolit von Volokalamsk und Jurjev (Hg.), *Die Russische Orthodoxe Kirche*. KdW Bd. XIX, Berlin-New York: De Gruyter – Evangelisches Verlagswerk, 1988.
Plata, William E./Salamanca, Helwar H. Figueroa, Iglesia, resistencia, pacífica y no violencia. La Diócesis de Barrancabermeja, Colombia (1988–2002), in: *Anuário de Historia Regional y de las Fronteras* Vol. 22/1 (2017), S. 137–168.
Pobee, John S., *The Anglican Story in Ghana. From Mission beginnings to Province of Ghana*, Kaneshie-Accra: Amanza Limited, 2009.
Pons, Christophe, The Anthropology of Christianity in the Faroe Islands. What the fringes of the Faroe Religious Configuration have to say about Christianity, in: Firouz Gaini (Hg.), *Among the Islanders of the North. An Anthropology of the Faroe Islands* (Tórshavn: Faroe University Press, 2011), S. 80–131.
Popović, Mihailo St., Kliment von Ohrid, in: Bahlke u. a. (Hgg.), *Religiöse Erinnerungsorte*, S. 498–500.
Porter, Muriel, *The New Puritans. The Rise of Fundamentalism in the Anglican Church*, Melbourne: Melbourne University Press, 2006.
Porto, Cláudia Estrela, Soluções Estruturais na Obra de Oscar Niemeyer, in: *Paranoá: Cadernos de Arquitetura e Urbanismo*, August 2015, S. 25–51.

Pouliot, Léon, Monseigneur Bourget et la reconstruction de la cathédrale de Montréal, in: *Revue de l'Amérique française* 17/3 (1963), S. 340–362; 17/4, S. 471–489; 18/1 (1964), S. 30–38.
Poulitsas, Panaiotis, Die Beziehung zwischen Staat und Kirche in Griechenland, in: Bratsiotis (Hg.), *Die orthodoxe Kirche* II, S. 38–48.
Powell, Ruth, Australia, in: Goodhew (Hg.), *Growth*, S. 194–224.
Powstenko, Olexa, The Cathedral of St. Sophia in Kiev, in: *The Annals of the Ukrainian Academy of Arts and Sciences in the U.S.* Vol. III–IV. Summer-Fall 1954 Nr. 4 (10)–1,2 (11–12), Special Issue, New York 1954.
Prange, Oliver (Hg.), *Mario Botta und die Architektur des Sakralen*, in: *Du* 906 – Mai/Juni, Zürich 2021.
Price, Jay M., *Temples for a Modern God. Religious Architecture in Postwar America*, New York: OUP, 2013.
Prien, Hans-Jürgen, *Die Geschichte des Christentums in Lateinamerika*, Göttingen: Vandenhoeck & Ruprecht, 1978.
Prien, Hans-Jürgen, *Das Christentum in Lateinamerika*. Kirchengeschichte in Einzeldarstellungen, Bd. IV/6, Leipzig: Evangelische Verlagsanstalt, 2007.
Procópio, Carlos Eduardo Pinto, O Catolicismo e sua publicidade: Reflexões a partir da construção da Nossa Senhora de Guadalupe (Foz do Iguaçu/Brasil), in: *Ciencias Sociales e Religión/Ciências Sociais e Religião* Porto Alegre 20, n. 29, S. 63–86.
Pullat, Raimo, *Die Geschichte der Stadt Tallinn* (engl. 1998), Tallinn: Estopol, 2003.
Queiroz, Rodrigo Cristiano, *Oscar Niemeyer e Le Corbusier: Encontros*. Dissertation an der Universität von São Paulo 2007.
Rabeson, Jocelyn, Jesuits and Protestants in Nineteenth-century Madagascar, in: Robert Aleksander Maryks/Festo Mkenda (Hgg.), *Encounters between Jesuits and Protestants in Africa*. Jesuit Studies 13 (Leiden-Boston: Brill, 2018), S. 171–193.
Rahman, Najibur, *Colonial Architecture in Metropolitan India: Imperial Power and State Architecture on the Town of Delhi*. Dissertation an der Aligarh Muslim University, Aligarh 2006.
Raimundo, Sandra Guadalupe Lemus/Rauda, Olivia María Quintanilla, *Estudio de la evolución de la arquitectura religiosa católica desde el período colonial hasta la primera década del siglo XXI, en el Area Metropolitana de San Salvador*. Magisterarbeit an der Universidad de El Salvador, San Salvador 2013.
Raiser, Konrad, *Ökumene im Übergang. Paradigmenwechsel in der ökumenischen Bewegung*, München: Christian Kaiser, 1989.
Rakestraw, Charity, Seeking Souls, Selling Salvation, in: Hunt (Hg.), *Handbook of Megachurches*, S. 23–42.
Ramet, Sabrina P., *The Catholic Church in Polish History. From 966 to the Present*. New York: Springer, 2017.
Ramírez, David Piñera/Meléndez, Pedro Espinoza/Vega, Pahola Sánchez, Las visicitudes de la catedral de Tijuana: sus orígenes como pequeño templo de madera, in: *Letras Históricas (Universidad de Guadalajara)* Nr. 22 (2020), S. 87–118.
Ravindran, Tottathil u. a. (Hgg.), *Masterplan for Kozhikode Urban Area – 2035*, Kozhikode: Town and County Planning Department. Government of Kerala, 2017.
Regidor, Harlan Oliva, *San Juan de Jinotega. Una mirada a la historia*, Managua: EDITARTE, 2014.
von Reiche, Antonia, *Der Weg des russischen Zarentums zur Anerkennung in der Zeit von 1547–1722. Eine völkerrechtlich-historische Studie*. Dissertation an der Universität Hamburg 2002.
Reimann, Liisa, History of the Cathedral of the Immaculate Conception, in: *The Sentinel*, Burlington (Spring) 2019, S. 3–4.
Reinhard, Wolfgang, *Die Unterwerfung der Welt. Globalgeschichte der europäischen Expansion 1415–2015*, Bonn: Bundeszentrale für politische Bildung, 2017.

von Reitzenstein, Alexander/Brunner, Herbert, *Bayern. Baudenkmäler.* Reclams Kunstführer Deutschland, Bd. 1, Stuttgart: Reclam, 1974[8].
Reventlow, Henning Graf, *Bibelautorität und Geist der Moderne. Die Bedeutung des Bibelverständnisses für die geistesgeschichtliche und politische Entwicklung in England von der Reformation bis zur Aufklärung*, Göttingen: Vandenhoeck & Ruprecht, 1980.
Richardson, Peter/Richardson, Douglas, *Canadian Churches. an architectural history*, Buffalo-Richmond Hill: Firefly Books, 2007.
Richmond, Simon, *Russia*, Melbourne u.a.: Lonely Planet Publications, 2012.
Riestra, Pablo de la, Neogótico en Sudamérica, a ejemplo de Argentina, in: Borngässer/Klein, *Neugotik global*, S. 213–218.
Rincón, Jhon Janer Vega, La Diócesis de San Pedro Apóstol de Nueva Pamplona: Una iniciativa de reorganisación eclesiástica en la Iglesia colombiana durante el siglo XIX, in: *Anuario de Historia Regional y de las Fronteras*, vol. 16 (2011), S. 101–124.
Rivera, José Alexander Pinzón, *La Catedral de Santafé. Cómo se construía una catedral en el siglo XVI.* Magisterarbeit an der Universidad Nacional de Colombia, Bogotá 2014.
Rizzo, Marcello, *La cultura architettonica del periodo normanna e l'influenza bizantina in Sicilia.* Dissertation an der Università di Bologna, Bologna 2011.
Roberts, Nigel, *Belarus*, Chalfont St. Peter: Bradt Travel Guides, 2018[4].
Robins, Nick, *The Corporation That Changed the World. How the East India Company Shaped the Modern Multinational*, London: Pluto Press, 2012.
Robinson, John A.T., *Gott ist anders. Honest to God* (engl. 1963), München: Christian Kaiser, 1964.
Robles-Anderson, Erica, The Crystal Cathedral: Architecture for Mediated Congregation, in: *Public* 24/3 (2012), S. 577–599.
Rohde, Martin, *Theorie und Doktrin der französischen Denkmalpflege im 19. Jahrhundert und die Rolle der Société française d'Archéologie und des ‚Bulletin Monumental' bei ihrer Entstehung.* Dissertation an der Universität Freiburg/CH 2016.
Rohdewald, Stefan, Sava, in: Bahlcke u. a. (Hgg.), *Religiöse Erinnerungsorte*, S. 592–598.
Rosada, Mateus, Entre o Rococó e o Neoclássico: a arte Religiosa Paulista nos tempos do Império, in: Tirapeli/Pereira (Hgg.), *Patrimônio Sacro*, S. 83–94.
Rosemann, Heinz R., *Niedersachsen. Hansestädte. Schleswig-Holstein.* Reclams Kunstführer, Bd. V, Stuttgart: Reclam, 1967.
Rossiter, Stuart, *Griechenland*, München: C.H. Beck, 1982.
Rowe, Peter Anthony, *The Roles of the Cathedral in the Modern English Church.* Dissertation an der University of St. Andrews 2011.
Roy, Pijush Kanti, *Churches in Calcutta*, Kolkata: Levant Books, 2010.
Safdar Ali Shah/Syed Javaid A. Kazi, *Churches of Pakistan*, Lahore: Mansoor Rashid Publisher, 2010.
Salagnac, Georges Cerbelaud, *Canada. Alaska. Bermudes*, Paris: Hachette, 1967.
dos Santos, Pedro Alberto Palma, *Métrica, proporção e luz. Arquitetura sagrada moderna no Brasil.* Dissertation an der Universidade de São Paulo 2015.
Sanyu, Leonard, Consecutive Apostolic Journey to Uganda, in: Boguszewski/Pokrywiński (Hgg.), *Catholic Church*, S. 139–155.
Sartorelli, César Augusto, *O espaço sagrado e o religioso na obra de Claudio Pastro.* Dissertation an der Pontificia Universidade Católica de São Paulo 2005.
Sasso, Virgina de los Ángeles Flores, *Obra de Fábrica de la Catedral de Santo Domingo, Primada de América. Sus 20 Años de Construcción, desde 1521–1541.* Dissertation an der Universidad Michoacana San Nicolás de Hidalgo, Morélia 2006.

Sauquet, Mathilde, *Roger II, King of Heaven and Earth: An Iconological and Architectonical Analysis of the Cappella Palatina in the Context of Medieval Sicily*. Wissenschaftliche Arbeit am Trinity College Hartford 2018.

Scafidi, Oscar, *Equatorial Guinea*, Chalfont St. Peter: The Bradt Travel Guides, 2015.

Schäffer, Barbara, *Porto Alegre. Arquitetura e Estilo – 1880 a 1930*. Magisterarbeit an der Universidade Federal do Rio Grande do Sul 2011.

Schatz, Klaus, Das Erste Vatikanum, in: Weitlauff (Hg.), *Die Kirche im 19. Jahrhundert*, S. 140–162.

Schenk, Frithjof Benjamin, „Kampf im Westen, Demut im Osten". Aleksandr Nevskij in Russlands Geschichtspolitik, in: *Osteuropa* 71/8–9 (2021), S. 137–161.

Schenkluhn, Wolfgang/Waschbüsch, Andreas (Hgg.), *Der Magdeburger Dom im europäischen Kontext*, Regensburg: Schnell und Steiner, 2012.

Schmitt, Hanno, *„Mache dieses Haus zu einem Haus der Gnade und des Heiles". Der Kirchweihritus in Geschichte und Gegenwart als Spiegel des jeweiligen Kirchen- und Liturgieverständnisses im 2. Jahrtausend*. Paderborn u.a.: Schöningh, 2004.

Schneider, Otto Michael, *Knaurs Kulturführer in Farbe. Finnland*, hg. von Marianne Mehling, München: Droemer Knaur, 1988.

Schröder, Jochen, *Die Baugestalt und das Raumprogramm des Berliner Domes als Spiegel der Ansprüche und Funktionen des Bauherrn Kaiser Wilhelms II*. Dissertation an der Universität Marburg 2002.

Schuberth, Dietrich, *Kaiserliche Liturgie. Die Einbeziehung von Musikinstrumenten, insbesondere der Orgel, in den frühmittelalterlichen Gottesdienst*, Göttingen: Vandenhoeck & Ruprecht, 1968.

Schweitzer, Albert, *Geschichte der Leben-Jesu-Forschung* (1906), Tübingen: J.C.B. Mohr (Paul Siebeck), 1984[9].

Scottá, Luciane, *Arquitetura religiosa de Oscar Niemeyer em Brasília*. Dissertation an der Universidade de Brasília 2010.

Scriver, Peter/Srivastava, Amit/Guedes, Pedro, Neo-Gothic in India. Autonomy, Fusion, Exuberance, in: Borngässer/Klein (Hgg.), *Global Gothic*, S. 98–109.

Sedlmayr, Hans, *Die Entstehung der Kathedrale* (1988), Freiburg u.a.: Herder, 1993.

Segre, Roberto/dos Santos, João Henrique/de Souza, Estela Maris, Um paradoxo patrimonial: a Catedral Metropolitana do Rio de Janeiro, in: *risco. revista de pesquisa em arquitetura e urbanismo* 14/2 (2016), S. 67–81.

Seifert, Siegfried/Ullmann, Klemens, *Katholische Hofkirche in Dresden. Kathedrale des Bistums Dresden-Meißen*, Leipzig: Benno Verlag, 2000.

Sekatia, Augi/Setyowati, Erni/Hardiman, Gagoek, On the Comparison of Thermal Comfort Performances in Dutch Style Churches with Low Ventilation in Hot-Humid Region, in: *Civil Engineering and Architecture* 8 (6), S. 1419–1435 (2020).

de Selva, Diégo, *Dakar et le Sénégal*, Paris: Hachette, 1972.

de Sevilla O.S.A., Francisco Javier Campos y Fernández (Hg.), *El mundo de las catedrales*. San Lorenzo del Escorial: Instituto Escurialense de Investigaciones Históricas y Artísticas, 2019.

Sharma, Preeti, *Begum Samru. Her Life and Legacy*, Delhi: Academic Excellence, 2009.

Sherrill, Michael John, Christian Churches in the Postwar Period, in: Mullins (Hg.), *Handbook of Christianity in Japan*, S. 163–180.

Siladi, Victor u. a. (Hgg.), *Un pueblo unido por la Fe. Espacios de Devocíon*, Santo Domingo: Amigo del Hogar, 2020.

da Silva, Jonas Jorge, *O templo e a cidade: memórias sobre a construção da Catedral de Maringá*. Dissertation an der Universidade Estadual de Maringá, 2011.

von Simson, Otto, *Die gotische Kathedrale* (engl. 1956), dtsch. Darmstadt: Wissenschaftliche Buchgesellschaft, 1968.

Sinclair, Maurice/Corrie, John, The Anglican Province of South America, in: Goodhew (Hg.), *Growth*, S. 249–266.
Sinou, Alain, Le Sénégal, in: Soulillou, *Rives Coloniales*, S. 31–62.
Skaf, Isabelle/Assaf, Yasmine Makaroun Bou, Une nouvelle approche pour la préservation *in situ* des mosaïques et vestiges archéologiques au Liban – La crypte de l'église *Saint-Georges* à Beyrouth, in: Aïcha ben Abed u. a. (Hgg.), *Lessons Learned. Reflecting on the Theory and Practice of Mosaic-Conservation*, Los Angeles 2008, S. 224–229.
Sloterdijk, Peter, *Sphären II. Globen*, Frankfurt: Suhrkamp, 1999.
Smith, Keith, *Max Weber and Pentecostals in Latin America: The Protestant Ethic, Social Capital and Spiritual Capital*. Magisterarbeit an der Georgia State University 2016.
Smith, Luke B., *The Contribution of Hadrian à Saravia (1531–1613) to the Doctrine of the Church and Its Mission: an Examination of His Doctrine as Related to That of His Anglican Contemporaries*. Dissertation an der University of Edinburgh (masch.) 1965.
Smith, Noel, *The Presbyterian Church of Ghana*, Accra: Ghana University Press, 1962.
Smith, Dennis A./Campos, Leonildo A., Concentration of Faith: Mega Churches in Brazil, in: Jonathan D. James (Hg.), A *Moving Faith. Mega Churches go South*, New Delhi: SAGE Publications India, 2015, S. 169–190.
Solá, Miguel, *História del Arte hispanoamericano. Arquitectura, Escultura, Pintura y Artes menores en la América española durante los siglos xvi, xvii y xviii*, Barcelona, Madrid u.a.: Editorial Labor, 1958.
Sood, Shubhi, *Landmark Churches in India*, Noia: SDS Publishers, 2010.
Sotiriou, Georg A., Die Kunst in der griechisch-orthodoxen Kirche, in: Bratsiotis (Hg.), *Die griechisch-orthodoxe Kirche* II, S. 175–190.
Soulillou, Jacques (Hg.), *Rives Coloniales. Architecture de Saint-Louis à Douala*, Marseille: Editions Parenthèses/Editions de l'Orstom, 1993.
de Souza, Valéria Zamboni, *Ressonâncias da arquitetura brutalista nos edifícios das Catedrais de Maringá e de Cascavel*. Dissertation an der Universidade Estadual de Maringá 2015.
Spong, John Shelby, *Why Christianity Must Change or Die/Was sich im Christentum ändern muss* (engl. 1998), Düsseldorf: Patmos, 2004.
Spong, John Shelby, *The Sins of Scripture. Exposing the Bible's Texts of Hate to Reveal the God of Love*, San Francisco: HarperSanFrancisco, 2005.
Stacpoole, John, *Colonial Architecture in New Zealand*, Wellington-Sydney-London: Reed, 1976.
Stanishev, Georgi, *Architectural Guide Sofia*, Berlin: DOM publishers, 2019.
Staudinger, Burkhard, *Der Berliner Dom*, Berlin: publikon Verlagsgesellschaft, 2010.
Steenbrink, Karel, Catholics in Indonesia 1808–1942. A documented history. Volume 2: *The spectacular growth of a self-confident minority, 1903–1942*, Leiden: Brill, 2007.
Stenvert, Ronald u. a., *Monumenten in Nederland. Utrecht*, Zeist-Zwolle: Rijksdienst voor de Monumentenzorg Zeist. Waanders Uitgevers Zwolle, 1996.
Stevenson, Robert, La Musica en la Catedral de Caracas hasta 1836, in: *Revista Musical Chilena* 33 (1979), Nr. 145, S. 48–114.
Stiegemann, Cornelius, Sie bau(t)en eine Kathedrale – Neue Domkirchen der letzten fünf Jahre, in: katholisch.de, Bonn – 21.07.2019 (https://katholisch.de/artikel/22316-sie-bauten-eine-kathedrale-neue-domkirchen-der-letzten-fuenf-jahre).
Stock, Eugene, *The History of the Church Missionary Society. Its Enivonment, Its Men, Its Work* Vol. 1, London: CMS, 1899.
Stolz, C., *Die Basler Mission in Indien. Zugleich als Festschrift zum 50jährigen Jubiläum der Kanara-Mission*, Basel: Verlag der Missionsbuchhandlung, 1884.
Streck, Bernhard, *Sudan. Steinerne Gräber und lebendige Kulturen am Nil*, Köln: DuMont, 1982.

Strojny, Aleksander/Bzowski, Krzystof/Grossman, Artur, *Ukraine – der Westen*. Bielefeld: Reise Know-How-Verlag, 2. Auflage 2010.
Sundermeier, Theo, Religion und Kunst auf Bali, in: Sundermeier/Küster (Hgg.), *Das schöne Evangelium*, S. 43–81.
Sundermeier, Theo/Küster, Volker (Hgg.), *Das schöne Evangelium. Christliche Kunst im balinesischen Kontext*. Studia Instituti Missiologici Societatis Verbi Divini 51, Nettetal: Steyler Verlag 1991.
Sundkler, Bengt/Steed, Christopher, *A History of the Church in Africa*, Cambridge: Cambridge University Press, 2004.
Sweeten, Richard Alan, *China's Old Churches. The History, Architecture, and Legacy of Catholic Sacred Structures in Beijing, Tianjin, and Hebei Province*. Studies in the History of Christianity in East Asia Bd. 2, Leiden: Brill, 2020.
Tabi, Julius Izza, *The Challenge of African Christianity to Human Rights. Exploring the response of the Diocese of Kampala in the Anglican Church of Uganda to Human Rights*. Magisterarbeit an der MF Norwegian School of Theology, 2017.
Takenaka, Masuo, *The Place Where God Dwells. An Introduction to Church Architecture in Asia*, Hongkong-Kyoto: Christian Conference of Asia/Asian Christian Art Publishing/Pace Publishing, 1995.
Tamrat, Taddesa, Die Kirche von 700–1600 n. Chr., in: Verghese (Hg.), *Koptisches Christentum*, S. 159–174.
Taylor, John J., *Sui Generis: The Design Work of Architect-Priest Monsignor John Cyril Hawes (1876–1956)*. Magisterarbeit an der Universität York 2001.
Temple, Nicholas/Hendrix, John Shannon/Frost, Christian (Hgg.), *Bishop Robert Grosseteste and Lincoln Cathedral. Tracing Relationships between Medieval Concepts of Order and Built Form*. Farnham-Burlington: Ashgate, 2014.
Tengatenga, James, *The UMCA in Malawi. A History of the Anglican Church*, Zomba: Kachere Series, Malawi, 2010.
Terrezza, Fabricio Garcia, *Catolicismo e Estratégias de Reposiciamento Sociorreligioso: a Catedral Cristo Rei, em Belo Horizonte*. Dissertation an der Universidade FUMEC (=Fundação Mineira de Educação e Cultura), Belo Horizonte 2017.
The Lutheran World Federation. Lutheran Communion in Africa, *60 Years of Marangu Conference*. Moshi-Marangu, Kilimanjaro – Tanzania 20–24 May, Geneva, The Lutheran World Federation 2015.
The United Republic of Tanzania, *Dodoma National Capital City Masterplan (2019–2039)*, Dodoma: Ministry of Land, Housing and Human Settlements Development 2019.
Thiot, Jean-René/Vignola, Kurt/Beaudry, Nicolas (Hgg.), *La cathédrale de Rimouski: parcours, mémoires, récits*, Québec: Les Éditions de L'Estuaire, 2017.
Thomas, Paul, *Churches in India*, New Delhi, überarbeitete und erweiterte Auflage: Publication Division Ministry of Information and Broadcasting, Revised, Enlarged Edition, 1981.
Thomas, Sonja, *From Chattas to Churidars. Syrian Christian Religious Minorities in a Secular Indian State*. Dissertation an der Rutgers University New Brunswick 2017.
Thümmel, Hans Georg, *Ikonologie der christlichen Kunst* Bd. I–IV, Paderborn: Schöningh. Bd. I (*Alte Kirche*) 2019, Band II (*Bildkunst des Mittelalters*) 2020, Band III (*Bildkunst der Neuzeit*) 2021, Band IV (*Ostkirche*) 2022.
Tirapeli, Percival, Catedrais neoclássicas na América Latina, in: Tirapeli/Pereira (Hgg.), *Patrimônio Sacro*, S. 41–58.
Tirapeli, Percival, A Catedral da Sé de São Paulo, in: Tirapeli/Pereira (Hgg.), *Patrimônio Sacro*, S. 109–119.

Tirapeli, Percival, *Patrimônio Colonial Latino-Americano. Urbanismo. Arquitetura. Arte Sacra*, São Paulo: Editora SESC, 2018.
Tirapeli, Percival (Hg.), *Arte sacra colonial. Barroco Memória Viva*, São Paulo: Editora UNESP 2001.
Tirapeli, Percival/Pereira, Danielle Manoel dos Santos (Hgg.), *Patrimônio Sacro na América Latina. Arquitetura – Arte – Cultura no Século XIX*, São Paulo: Editora UNESP, 2017.
Tjørhom, Ola (Hg.), *Apostolicity and Unity. Essays on the Porvoo Common Statement*, Grand Rapids-Cambridge: Eerdmans, 2002.
Torgerson, Mark Allen, *An Architecture of Immanence. Architecture for Worship and Ministry Today*. Grand Rapids-Cambridge: Eerdmans, 2014.
Torres, Maria Clara/Delgadillo, Hugo/Peñarete, Andrés, Obras fuera de Bogotá, in: Castillo (Hg.), *Fray Domingo de Petrés*, S. 105–151.
Treft, Renan Alex, *Apropriações arquitectônicas. O neocolonial na Diocese de Limeira*. Magisterarbeit an der Universidade de São Paulo 2021.
Trembelas, Panagiotis, *Der orthodoxe christliche Gottesdienst in griechischer Sicht*, in: Bratsiotis (Hg.), *Die orthodoxe Kirche*, Bd. I, S. 157–169.
Tuğlaci, Pars, *The Role of the Balian Family in Ottoman Architecture*, Istanbul: Yeni Çığır Bookstore, 1990.
Ugarte, Ruben Vargas, *Itinerario por las iglesias del Peru*, Lima: Milla Battres Editorial, 1972.
University of Craiova (Hg.), *Cross-border Religious Heritage*, Vidin: Regional Development Foundation, 2019.
Vajta, Vilmos (Hg.), *Die evangelisch-lutherische Kirche. Vergangenheit und Gegenwart*. KdW, Bd. XV, Stuttgart: Evangelisches Verlagswerk, 1977.
Vătăşianu, Virgil, Einleitung, Erläuterungen und Bildauswahl zu *Kunstdenkmäler in Rumänien*, hg. von Reinhardt Hootz, Darmstadt: Wissenschaftliche Buchgesellschaft, 1986.
Verghese, Paul (Hg.), *Koptisches Christentum. Die orthodoxen Kirchen Ägyptens und Äthiopiens*. KdW, Bd. XII, Stuttgart: Evangelisches Verlagswerk, 1973.
Verghese, Paul. (Hg.), *Die syrischen Kirchen in Indien*. KdW, Bd. XIII, Stuttgart: Evangelisches Verlagswerk, 1974.
Verhoeve, Anna, Conflict and the Urban Space: The Socio-Economic Impact of Conflict on the City of Goma, in: Koen Vlassenroot/Timothy Raeymaekers, *Conflict and Social Transformation in Eastern DR Congo*, Gent: Akademia Press, 2004, S. 103–122.
Vermeersch, Paula, *A construção da Catedral de São Paulo, 1913–1954*, in: Borngässer/Klein (Hgg.), *Neugotik global*, S. 219–226.
Vienne, Frédéric u. a., *Notre-Dame de la Treille. Du rêve à la réalité. Histoire de la cathédrale de Lille*, Draguignan: Éditions Yris, 2002.
Voak, Nigel, *Richard Hooker and Reformed Theology. A Study of Reason, Will, and Grace*, Oxford: OUP, 2003.
Voas, David, The Church of England, in: Goodhew (Hg.), *Growth*, S. 269–291.
Voas, David/Bruce, Steve, Religion. Identity, behaviour and belief over two decades, in: J. Curtice (u. a. Hgg.), *British Social Attitudes. The 36th Report*, London: The National Centre for Social Research, 2019.
Volp, Rainer, *Liturgik. Die Kunst, Gott zu feiern*. Bd. 1. *Einführung und Geschichte*, Gütersloh 1992. Bd. 2. *Theologie und Gestaltung*, Gütersloh: Gütersloher Verlagshaus Gerd Mohn, 1994.
Vu Thu Huong Thi/Nguyen Tuan Dung, Vietnam. Contemporary Religious Architecture as a Rare Good, in: *AARC* 8 (2021), S. 28–47.
Waisman, Leonardo J., Kirchenmusik in Lateinamerika, in: Wolfgang Hochstein (Hg.), *Geistliche Vokalmusik des Barock*, Bd. 2/2, Laaber 2019, S. 176–200.

Waisman, Marina u. a., *Córdoba. Argentina. Guía de Arquitectura*, Córdoba-Sevilla: Junta de Andalucía, 1996.
Wąs, Cezary, Widerstand der Blüte gegen die Wurzel. Polnische Sakralarchitektur in den Jahren 1980–2005 versus Modernismus, in: Nitschke u. a. (Hgg.), *Raum und Religion*, S. 31–42.
Watanabe, Hiroshi, *The Architecture of Tokyo. An architectural history in 571 individual presentations*, Stuttgart-London: Axel Menges, 2001.
Wee, Daniel, Singapore, in: Goodhue (Hg.), *Growth*, S. 159–176.
Weishaupt, Steffen, *The Development of the Concept of Episcopacy in the Church of England from the Nineteenth to the Mid-twentieth Centuries*. Dissertation an der University of Oxford 2012.
Weishaupt, Steffen, The Columba Declaration und episkopalistische Ekklesiologie. Hoffnung für *Meissen* nach *Porvoo* im Hinblick auf das ‚Historische Bischofsamt'?, in: *Zeitschrift für Theologie und Kirche* 114/1 (2017), S. 82–118.
Weissbach, Werner, *Der Barock als Kunst der Gegenreformation*, Berlin: Verlag Paul Cassirer, 1921.
Weitlauff, Manfred, Der Staat greift nach der Kirche. Die Säkularisation von 1802/03 und ihre Folgen, in: Weitlauff (Hg.), *Kirche im 19. Jahrhundert*, S. 15–53.
Weitlauff, Manfred (Hg.), *Kirche im 19. Jahrhundert*. Regensburg: Pustet, 1998.
von Werdt, Christophe, Lemberg, in: Bahlke u. a. (Hgg.), *Religiöse Erinnerungsorte*, S. 81–90.
Willensky, Elliot/White, Norval, *AIA Guide to New York City*, San Diego-New York-London: Harcourt, Brace, Jovanovich, 1988.
Windibiziri, David L., *Reflections and Presentations 1987–2001*, Numan, The Lutheran Church of Christ in Nigeria, 2002.
Witzenrath, Christoph, Sophia – Divine Wisdom, and justice in seventeenth century Russia, in: *Cahiers du Monde russe* 50,2–3 (2009), S. 409–429.
Wolandt, Holger, *Knaurs Kulturführer in Farbe. Norwegen*, hg. von Marianne Mehling, Augsburg: Weltbild Verlag, 1998.
Woldeyohannes. Hiluf Berhe, *Aksoum (Ethiopia): an inquiry into the state of documentation and preservation of the archeological and heritage sites and monuments*. Dissertation an der Université Jean Jaurès Toulouse 2015.
Wolf, Hubert, *Der Unfehlbare. Pius IX. und die Erfindung des Katholizismus im 19. Jahrhundert. Biographie*, München 2020³.
Wolter, Hans, Elemente der Kreuzzugsfrömmigkeit in der Spiritualität des hl. Ignatius, in: Friedrich Wulf u. a. (Hgg.), *Ignatius von Loyola. Seine geistliche Gestalt und sein Vermächtnis 1556–1956*, Würzburg: Echter-Verlag, 1956, S. 111–150.
Wysowski, Adam, Unusual Rebuilding Method of Historic St Mary's Cathedral in the Capital of Western Australia, in: *Civil and Environmental Engineering Reports* (CEER) 21/2 (2016), S. 147–159.
Zach, Krista, Der Fürstenhof in Argeş, in: Bahlke u. a. (Hgg.), *Religiöse Erinnerungsorte*, S. 99–109.
Zachrisson, Terese, *Mellan fromhet och vidskepelse. Materialitet och religiositet i det efterreformatoriska Sverige*. Dissertation an der Universität Göteborg 2017.
Zachrisson, Terese, Images, `Superstition`, and Popular Piety in Post-Reformation Sweden, in: *Mirator* 19:1 (2018), S. 108–118.
Zago, Manrique (Hg.), *The Cathedral of La Plata. The Largest Neo-Gothic Church of the Twentieth Century*, Buenos Aires: MZ Ediciones SRL. Fundación Catedral, 2000.
Zahradnik, Sarah (Hg.), *Architectural Guide Australia*, Berlin: DOM Publications, 2019.
Zakka I Iwas, Mar Ignatius, *The Syrian Orthodox Church of Antioch at a Glance*, Aleppo: Syrian Orthodox Diocese, 1983.
Zarbo, Fabio, *Dal paganesimo al cristianesimo: l'adattamento degli edifici religiosi pagani in Sicilia in età medioevale*. Dissertation an der Università Federico II Napoli 2010.

Zavala, Gloria Gallardo (Hg.), *Guayaquil es mi destino para vivir la ruta de la fé*, Guayaquil: Alcaldía. Dirección de Turismo. Promoción Civica, 2014.

Zeitler, Rudolf, *Schweden. Kunstdenkmäler und Museen*. Reclams Kunstführer, Stuttgart: Reclam, 1985.

Zeitler, Rudolf (Hg.), *Dänemark. Kunstdenkmäler und Museen*. Reclams Kunstführer, Stuttgart: Reclam, 1978.

Zeune, Joachim/Hofrichter, Hartmut (Hgg.), *Burg und Kirche. Herrschaftsbau im Spannungsfeld zwischen Politik und Religion*. Kolloquium des Wissenschaftlichen Beirats der Deutschen Burgenvereinigung Würzburg 2011, Braubach 2013.

Zimbrick-Rogers, Emily, *„A Dream of Common Prayer"?: A Case Series of Eucharist Prayers in Their Context*. Magisterarbeit an der University of the South, Sewanee, 2021.

Zingler, Alexandra, *Die Sakralbauten Friedrich von Schmidts in der preussischen Provinz Rheinland und Westfalen*. Dissertation an der Universität Köln, Köln 2011.

Zographos, Ambrose-Aristotle (Song-Am Cho), Orthodox Witness in the Korean Peninsula. A Historical Approach, in: Ma/Ahn (Hgg.), *Korean Church*, S. 100–113.

Zschokke, Walter, Architekten und Sakralbau – eine schwierig gewordene Beziehung, in: Nitschke u. a. (Hgg.), *Raum und Religion*, S. 53–60.

Ortsregister

Angegeben sind jeweils die heute gebräuchlichen Ortsbezeichnungen, gegebenenfalls in runden Klammern hinzugefügt alternativ gebrauchte Bezeichnungen, d.h. in den meisten Fällen historisch wichtige ältere – z.B. aus der Kolonialzeit bekannte.

Aachen 41–42, 59
Aalborg 154
Abakan 349, 368
Abeokuta 234
Aberdeen 225 (Anm. 332)
Abidjan 297, 299–300, 306, 333
Abuja 302, 304, 334, 381
Accra 233, 302, 334, 381
Achonry 326
Addis Abeba 294, 345
Adigrat 295
Ado-Ekiti 294, 303
Agra 147, 210, 238, 339
Aigion 254
Aksum 89, 160, 345
Alba Julia (Karlsburg) 44, 128
Albany 190, 229–230, 342
Albi 62, 69
Aleppo 91, 209
Alexandrupolis 254
Alexandria/Ägypten 86, 94, 159, 203, 232–233, 244, 255, 331, 344–345, 366
Algier 202, 296–297 (Anm. 262)
Allahabad 238, 339
Altamura 55
Ambato 283
Amiens 60
Amphissa 253, 353
Amritsar 305
Ancón 330
Angoulême 49
Ani 90–91, 244
Ankawa 309–310, 346
Annaba 202 (Anm. 198)
Antananarivo 204
Antelias 91, 345
Antofagasta 197
Antsirabé 297
Antwerpen 92, 124
Aparecida 143, 146, 199, 287–290, 373

Aquileia 37, 39, 81
Arad 351
Arequipa 141
Arica 197
Arles 39
Arlesheim 126–127
Armagh 40, 181
Armidale 243
Arta 94, 353 (Anm. 637)
Arundel 181 (Anm. 53)
Asmara 344
Assuan 344–345
Astrachan 165
Asunción 142, 285
Athen 21, 94, 185, 253–254, 354
Atlanta 328
Auckland 219, 222, 243, 321, 343
Avellaneda 285
Avezzano 265
Ávila 65
Awali 309
Awka 304, 334
Ayacucho 141

Badagry 234
Bagdad 309
Baguio 315
Baia Mare 351
Baie Comeau 271
Bamberg 65, 66
Bandung 318
Bangalore 210, 238, 310
Bangkok 213 (Anm. 267)
Bangui 172, 297
Bardstown 189
Barquisimeto 284
Barrancabermeja 284
Barranquilla 283
Batumi 350
Bayeux 50

Beauvais 48–49, 79–80, 376
Beirut 94, 255
Belém 143–144
Belgrad 251, 351, 367
Belo Horizonte 278, 287, 292, 304, 386
Bengasi 294 (Anm. 251)
Benguela 295 (Anm. 255)
Benin City 260, 234, 303
Berat 166 (Anm. 264), 352 (Anm. 633)
Berlin 4, 116, 127, 354
Bethlehem/Pennsylvania 229
Birmingham/Alabama 231, 377
Birmingham/Großbritannien 156, 158, 181
Bismarck 272
Blackburn 226
Blantyre 338
Bloemfontein 308
Blumenau 293
Boa Vista 290
Bodø 324 (Anm. 453)
Børglum 154
Bogor 217
Bogotá 140, 142, 195
Boise City 189
Bolnisi 92
Bolsena 83
Boma 300
Bonn 354
Bonny 234 (Anm. 394)
Boston 231, 355
Bouaké 299
Bourges 61, 65, 230
Bradford 326
Bragança 264
Bragança Paulista 290
Brasília 18, 21, 144–145, 267, 274, 284, 289–293, 330–331
Brazzaville 204
Breda 182, 267
Bremen 25 (Anm. 10), 72, 115, 183
Brest/Belarus 349 (Anm. 618)
Bridgetown 158
Brisbane 219, 242, 320, 342, 377
Brooklyn 190, 377
Brownsville 191
Buenos Aires 124, 142, 197
Bugembe 337

Bui Chu 313 (Anm. 370)
Bujumbura 301 (Anm. 292), 337
Bukarest 166, 244, 251, 351
Bukavu 300
Bukoba 305–306
Burbank 346 (Anm. 297)
Burlington 190 (Anm. 571), 272–273, 329, 371–372
Busan 342 (Anm. 116)
Butare 301
Buyé 337
Buzău 166, 351

Caacupé 285
Caen 48, 50, 54
Cagayan de Oro 315
Calboyag 216
Cambrai 62, 170
Canterbury 4, 19–20, 33, 40, 45, 64, 68, 77, 103, 118, 153, 229–230, 238, 332, 379
Cape Coast 302
Cape Town 206–207, 237, 308, 338
Cap Haïtien 193
Cartagena de Indias 141
Cartago/Costa Rica 282
Casablanca 296–297
Cascavel 290
Cashel 157, 181
Castanhal 290
Catamarca 198
Caxias do Sul 199 (Anm. 184)
Cebú 150–151
Cefalù 54
Cerignola 180, 265
Ceuta 132
Chalzedon 8, 86, 90
Changanassery (Changanacherry) 210–211
Chania 253
Chanthaburi 213 (Anm. 267)
Charbin 314
Chartres 34, 60, 63, 78, 273, 381–382, 392
Chennai (Madras) 147 (Anm. 156), 210, 238–239
Cheonggju 315
Chicago 256, 272, 276 (Anm. 122), 346, 355
Chichen-Itzá 292
Chilapa 280

Chillán 285
Chios 253
Christchurch 220, 243
Chuncheon 314
Ciego de Ávila 282
Ciudad de México siehe México D.F.
Ciudad Guatemala 193
Ciudad Juárez 280 (Anm. 144)
Ciudad Quesada 282
Clermont-Ferrand 70
Clifton 267
Clonmacnoise 46
Cluj-Napoca 351
Cluny 22, 48
Colima 192
Colombo 212, 341
Comayaguá 140
Comodoro Rivadavia 285
Conakry 297
Concepción/Chile 284
Concepción de la Vega (La Vega Vieja) 134–136
Constantine 202, 296
Conza della Campania 46 (Anm. 75), 265 (Anm. 52)
Córdoba/Argentinien 142
Córdoba/Spanien 74
Cork 226, 242
Corner Brook 327
Coro 141–142
Corrientes 198
Coutances 50
Coventry 262, 326, 342
Covington 190
Craiova 166
Créteil 266, 267
Cuenca/Ekuador 195–196, 283
Cuernavaca 139
Cuiabá 287
Curitiba 198
Curtea de Argeş 96–97, 166, 251, 351, 367
Cuzco 141, 143
Częstochowa (Tschenstochau) 183

Daegu 216, 315
Daejeon 315
Dagupan 315, 316
Dakar 203, 297, 302
Dali 191, 314, 368
Damaskus 94, 209, 346
Dar es Salaam 201, 207, 325, 336
Darwin 320, 342 (Anm. 580)
Davao 316
Debre Marqos 345 (Anm. 594)
Decatur 385 (Anm. 31)
Den Pasar 318, 364
Denver 190, 230, 354
Derby 157–158
Derry (Londonderry) 157
Detroit 229
Diamantina 286
Diphu 311
Dipolog 216
Djenné 298
Dodge City 191, 272
Dodoma 304, 325, 336
Dogura 343 (Anm. 584)
Dornakal 339, 340
Dornoch 112 (Anm. 36)
Douala 297
Dresden 127
Dublin 64, 181, 206, 332
Dunedin 243
Durban 207
Durham 40, 46, 55–56, 83
Dvin 90

Ebute-Meta 333
Ecatepec 280
Edinburgh 112 (Anm. 35), 225 (Anm. 334), 240, 302, 323
Edmonton 327
Eger 184
Eichstätt 66
Elasson 353 (Anm. 637)
Eldoret 306–307
El Obeid 302
Elphin 326
Embu 306, 335, 378
Emdibir 295
Enugu 329, 333
Ephesus 8
Erbil siehe Ankawa
Erechim 292
Erie 231 (Anm. 492)

Ermoupolis 71
Ernakulam 340, 379
Essen 41, 51
Esztergom (Gran) 44, 184
Etschmiadzin 89–90, 160, 244
Évry 266, 365

Facatativá 196 (Anm. 159)
Fairbanks 272
Fairfield 346
Fairibault 229
Faisalabad 312
Famagusta 71
Fécamp 55
Feldkirch 82 (Anm. 259)
Fianarantsoa 204
Florenz 63, 79, 180, 202, 275, 328
Fond-du-Lac 229
Fortaleza 287
Fort-de-France 193
Foz do Iguaçú 372
Frankfurt 284
Fredericton 227
Freetown 233
Freiburg 82, 126
Freising 172, 183
Fulda 127
Funchal 132

Galle 212 (Anm. 257)
Galway 267
Gamla Uppsala 44–45
Ganghwa 240, 241, 341
Gap 178
Garđar 47, 225
Garden Grove 276
Gdańsk (Danzig) 268
Genf 62, 111
George 237 (Anm. 412)
Georgetown/Guayana 232
Geraldton 320, 326 (Anm. 463), 342
Glasgow 25 (Anm. 10), 40, 64, 112, 175
Gniezno (Gnesen) 69, 268
Goa 147, 209, 305
Göteborg 116, 154, 155, 223, 324
Goiânia 287, 293
Goiás 144, 287, 372

Goma 294, 300
Grahamstown 237
Gran siehe Esztergom
Granada 126
Grand-Bassam 204
Guadalajara 139, 280
Guaduas 196 (Anm. 154)
Guaratinguetá 146, 288
Guatemala Antigua 140
Guaxupé 287
Guayang 215
Guayaquíl 283, 372
Guildford 326
Gulu 307
Gyumri 244, 269

Haapsalu 72–73
Haarlem 182, 212
Härnösand 223
Halifax 158, 227
Halle 84, 106, 110
Hamar 116, 152, 223
Hamburg 115, 145, 183
Hamilton/Neuseeland 321
Hanoi 212, 313
Harare (Salisbury) 307, 337
Hartford 190, 273
Hassaké (al-Hasaka) 346
Helena 99, 166
Helsinki 224, 249–250
Heraklion 253, 352
Hierapetra 253
Higüey 278, 281–282, 289
Hildesheim 43, 51–52
Hippo Regius 202
Hiroshima 317
Ho-Chi-Minh-Stadt (Saigon) 213
Hohhot 313
Hólar 46, 155–156
Homs 86
Hong Kong 240, 341
Honiara 343 (Anm. 584)
Houston 275
Hrodna (Grodno) 129
Huambo (Nova Lisboa) 295 (Anm. 255)
Huánuco 284 (Anm. 574)
Hué 213, 313

Iaşi 251, 268
Ibadan 303, 333
Ijebu-Ode 303
Ikot Ekpene 302
Ilhéus 286
Ilo Ilo 216
Ioannina 253
Iqaluit 327
Irkutsk 165 (Anm. 260), 270
Istanbul (Konstantinopel) 29, 30, 41, 49, 51, 94, 161, 167 (Anm. 269), 208, 244, 249, 256, 351, 353
Itapeva 146
Ivano-Frankivsk (Stanislau) 131

Jaén 136
Jakarta 217, 319
Jakutsk 165 (Anm. 260)
Jales 290
Jaroslawl 349
Jefferson City 272
Jekaterinburg 349
Jerusalem 29, 37 (Anm. 30), 50, 70-71, 94, 237 (Anm. 414)
Jelez 249
Jerewan 161, 345
Jimeta 325
Jinotega 280, 372
Johannesburg 308
Joinville 288
Joliet 272
Jos 303
Juba 331

Kabale 307
Kabgayi 301
Kairo 86-88, 159-160, 232-233, 331, 344, 346 (Anm. 597), 366, 378
Kalamata 253-254 (Anm. 561)
Kaliningrad (Königsberg) 349, 368
Kalmar 155
Kálocsa 128
Kamień Pomorski (Cammin) 268
Kampala 207, 236-237, 295, 307, 332, 336-337, 373
Kandy 212 (Anm. 257), 341
Kaoshiung 215

Karachi 211, 239 (Anm. 429)
Karaganda 269
Karimnagar 340 (Anm. 561)
Karlstad 19, 155
Karthago 203, 296
Katiola 297
Kattowitz 268
Kazan 101-102
Ketapang 318
Khartoum 203, 233, 244, 331
Kiambu 335
Kien-Khê 212
Kiew (Kyjiv) 97-99, 129-130, 163, 249, 269, 354
Kihesa 305
Kingston/Jamaika 194
Kingston/Kanada 227
Kinshasa (Léopoldville) 205-206, 300
Kirkjubøur 46-47, 155, 375
Kirkwall 56
Kisangani (Stanleyville) 205
Kisantu 299
Kisumu 305
Kitgum 336
Klagenfurt 128
Knoxville 275
Köln 40, 42-43, 67-68, 79, 124 (Anm. 17), 175, 183, 190, 198, 261, 284, 287, 310, 319
Kohima 311
Kolkata [Kalkutta] 159, 209, 268, 238, 310, 339
Kondoa 336
Konstantinopel siehe Istanbul
Kopenhagen 183, 223-224
Korçë 352 (Anm. 633)
Korhogo 299
Korinth 353
Korogwe 236 (Anm. 403)
Kotido 307, 337
Kottar 147
Kottayam 238
Kowloon/Hong Kong 240, 341
Kozhikode (Calicut) 147, 239
Kraków (Krakau) 44, 68-69, 129, 268
Kremenets 163
Krishnagar 210
Kristiansand 223

Kronstadt 249
Kuching 341
Kumasi 302, 334 (Anm. 525)
Kursk 165
Kurunegala 341
Kutaissi 93
Kwidzyn (Marienwerder) 73, 268
Kwiro 208
Kyoto 241, 310, 317

Lagos 234, 302-303, 332-333, 368, 392
La Habana 140
Lahore/Pakistan 211, 239
Lang Son 313
Laoag 151
Laon 34, 61-62, 65, 198
La Paz 196
La Plata 124, 197-198, 284
Lapua 224 (Anm. 326)
La Spezia 265
La Storta 46, 265
Larantuka 218
Larissa 353
La Rochelle 125
La Vega 281
Las Palmas 131
Las Vegas 275-276
Latina 265 (Anm. 46)
Lausanne 25 (Anm. 10), 62, 111
León 65, 74, 200 (Anm. 185)
Leopoldina 286
Léopoldville 206, 300
Le Raincy 261, 281-282, 293, 295, 315
Les Cayes 193
Libreville 203, 298
Licheń 371
Liepāja (Libau) 156, 183
Likoma Island 236
Lille 179, 266
Lima 140, 143, 232
Limburg 82
Limeira 287
Limón 281
Lincoln/Großbritannien 17, 63-64
Lincoln/Nebraska 272
Lingayen 216 (Anm. 284)
Linköping 68

Linz 184, 370
Lipa 150-151
Liverpool 21, 181, 226, 236, 267, 310, 320, 326
Livingstone 234, 308
Lomé 204
London/Großbritannien 156-157, 181, 336, 363, 394
Longueil 188
Los Angeles 189, 274, 328
Lourenço Marques siehe Maputo
Loveč 351
Lubango (Sá da Bandeira) 295 (Anm. 255)
Luanda 133, 200
Lubumbashi (Élisabethville) 299, 301
Lübeck 81
Luján 183, 198
Luleå 223
Lund 44, 53, 152, 223
Lusaka 308, 338
Lutsk 129
Lviv (Lwów, Lemberg) 69, 91, 130
Lyon 39

Maasin 216
Macao 148
Macapá 289
Maceió 199
Maciene 338-339 (Anm. 554)
Madrid 179-180, 264
Magadan 349-350
Magdeburg 43, 52, 66-68, 77, 79, 106
Mailand 63, 180
Mainz 44, 52-53, 84
Majunga (Mahajanga) 298
Malabo (Santa Isabel) 200 (Anm. 185)
Malang 318
Managua 280, 282
Manaus 199
Mandalay 240
Manizales 283, 296
Maputo (Lourenço Marques) 295
Mar del Plata 198
Mariana 145-146, 286
Maribo 68 (Anm. 188)
Mariestad 155
Maringá 290, 372

Marseille 178–179, 201, 207, 214–215
Masaka 307
Masan (Chongwan) 315
Masasi 235–236, 336
Maseru 308
Mbandaka (Coquilhatville) 205
Mbanza Congo 133
Mechelen 82
Medak 340 (Anm. 561)
Medan 217, 318
Medellín 195, 283
Meerut 210
Melbourne 217, 219, 242
Memphis 328
Mendoza 284 (Anm. 177)
Mengaluru (Mangalore) 239
Mequele 345 (Anm. 594)
Merida/Mexiko 138–139, 372
México D.F. 136, 139, 141, 143, 158
Miao 311–312
Middlesbrough 267
el-Mina 255 (Anm. 525)
Minden 41–42, 51, 65
Minsk 129, 163
Mityana 307–308, 364
Modena 48
Mohács 45, 128
Mohale's Hoek 308
Molde 324 (Anm. 453)
Molegbe 300
Mombasa 235, 305, 307
Monaco 178–179 (Anm. 44)
Moncton 134, 270
Mongomo 294
Monreale 54–55
Montauban 125
Montreal 186–188, 227, 297, 349, 354
Morélia 131, 138
Moshi 305, 325
Moskau 97, 99–102, 163, 183–184, 250–251, 347, 349, 354, 367
Mpwapwa 336
Mtandi 336
München 82, 92, 261
Multan 312
Mumbai (Bombay) 159, 210
Murang'a (Fort Hall) 335

Mvara 337
Mysore 310, 312
Mzcheta 92–93, 350

Naga City 216
Nagasaki 139, 149, 216–217, 316, 374
Nagoya 310, 317
Nagpur 238
Nairobi 305–307, 335–336
Nakuru 306
Nanterre 266
Narbonne 61, 81
Nashville 232
Natal 292
Naumburg 65
Navplia 252
Navrongo 302
Naxos 71
Nazareth (Tamil Nadu) 238
Ndanda 304
Ndola 338
Neapolis 255, 352
Newark 190, 231, 271, 328
New Delhi 147, 267, 310, 339, 347
New Julfa 161–162
New Orleans 188
New York 21, 61, 190, 227, 230–231, 276 (Anm. 122), 328–329, 346 (Anm. 597), 354, 376, 381
Nicolet 271
Nike 334
Nikosia 71
Ningde 314
Nischnij Nowgorod 248
Niterói 292, 304, 386, 389 (Anm. 57)
Nizäa 18 (Anm. 6), 88
Nkhotakota 236 (Anm. 405)
Norwich/Großbritannien 55–56, 64, 181 (Anm. 53)
Nova Lisboa (Huambo) 295 (Anm. 255)
Novi Sad 251
Nowgorod 97, 99–101, 248
Nowosibirsk (Nowonikolajewsk) 249
Nsukka 304, 334, 378
Nueva Pamplona 142, 194
Numan 325
Nuuk 224–225
Nyeri 305–306

Oakland 191, 273
Odessa 248–249, 269
Olinda 143–144
Omaha 189, 229
Omsk 248
Ondo 234 (Anm. 394)
Onitsha 303, 333–334, 338, 373
Oradea 351
Orange/USA 276–277, 384–385
Orléans 111, 120, 123, 125, 188
Orvieto 48, 63, 83
Osaka 317
Oslo 156
Ostia 46
Osogbo 303
Ota 332, 385
Ottawa 187–188, 227
Ouagadougou 298
Oudtshoorn 308
Ouidah 204
Oulu 224 (Anm. 326)
Owerri 303

Padang 318
Paderborn 65, 116
Paisley 267 (Anm. 63)
Pala 311
Palembang 319
Palermo 54–55
Palmas 291
Pampulha 278
Panamá 140, 143, 158, 330
Paramaribo 194
Paramatta 321
Paraná 197
Paris 10, 21, 39, 53, 60–61, 76, 193, 214, 220, 266, 276, 280, 354, 382
Passau 128
Patras 253, 255, 352–353
Pátzcuaro 138
Peć 96, 167
Pécs (Fünfkirchen) 53
Pekhon 312
Peking 148, 214
Peramiho 304
Perth/Australien 219, 320–321
Perth/Schottland 111–112, 225, 267, 326, 394

Pescara 265
Peshawar 239–240 (Anm. 429)
Petrópolis 199, 286
Phât Diêm 213
Philadelphia 158, 189, 228, 232, 329, 376
Pietermaritzburg 237, 339
Piräus 353
Pisa 48, 63, 181, 275
Pittsburgh 231–232
Podgorica 351 (Anm. 624)
Poitiers 61, 65
Pondicherry (Puducherry) 210
Pontianak 318
Popayán 142, 195
Port-au-Prince 134, 193, 330
Port Elizabeth 206, 237 (Anm. 412)
Port Moresby 321
Porto Alegre 232, 262, 287, 290
Port-of-Spain 194, 232
Porto Novo 204, 297
Porvoo 154
Poti 350
Pozzuoli 37
Prag 43–44, 68, 184
Praia 133 (Anm. 66)
Prato 77
Pretoria 237, 308, 338
Prince Rupert 227
Pristina 268
Providence 231, 329
Pskow 163–164
Puebla 138–139
Puerto Plata 280
Puno 141
Punta Arenas 372
Puthencruz 346

Québec 133–134, 158, 186–187, 227
Qingdao 313–314
Quito 141, 192

Rabat 295–296, 298
Radom 183
Rajkot 311
Raleigh 275
Ravenna 37–38, 41, 126
Recife 199, 330, 378

Reims 39, 60, 65, 78, 180, 190, 382
Reno 328
Rethymno 353
Reykjavík 155, 267 (Anm. 65)
Rhodos 265, 353
Riberão Preto 199
Riga 72, 81–82, 115 (Anm. 58)
Rikitea 220 (Anm. 307)
Riobamba 196, 284
Rio de Janeiro 145, 198, 286 (Anm. 187), 292, 389, 395
Rio do Sul 293
Río Gallegos 198
Rom 4, 8–9, 11–13, 19, 21, 29–33, 35, 38–39, 51, 70, 117, 123, 157, 186, 195, 209, 216, 248, 271, 299, 320, 330, 362,
Roman 166
Ronchamp 261, 278, 284, 290, 316
Rosario 283
Roskilde 68
Rottenburg 82 (Anm. 252), 268
Ruharo 336
Ruhengeri 337 (Anm. 546)
Russe 166 (Anm. 264)
Rzeszow 268–269

Sá da Bandeira siehe Lubango
Saint Andrews 40, 64, 112
Saint Augustine 188 (Anm. 100)
Saint- Boniface 187, 271
Saint Davids 55
Saint-Denis/Frankreich 10, 41, 58, 60, 63, 65, 104, 170, 266
Sainte-Anne-de-la-Pocatière 271
Saint George's/Grenada 194 (Anm. 140)
Saint-Germain-de-Rimouski 186, 371 (Anm. 61)
Saint John's/Antigua 232
Saint John's/Kanada 188
Saint Louis 189
Saint-Louis-du-Sénégal 200, 203
Salamanca 51, 74
Salaberry-de-Valleyfield 187, 270
Salem/Indien 310
Salina 272 (Anm. 96)
Salisbury/Zimbabwe siehe Harare
Salta 197
Salzburg 128

Samarinda 319
San Felipe/Venezuela 284
San Francisco/USA 189–191, 273–274, 317, 328
Sanggau 319
Sangmélima 299
San Isidro de El General 281
San Juan de Cuyo 285
San Juan de la Maguana 193
San Juan de Puerto Rico 192
Sankt Gallen 126–127
Sankt Petersburg 163–165, 247
San Luis Potosí 139, 189
San Marcos 197, 280
San Pablo City 151
San de Macorís 282
San Salvador 140, 281, 283
Santa Cruz de la Sierra 196
Santa Cruz do Sul 293
Santa Fé (Argentinien) 284, 377
Santa Fé de Antioquia 195
Santa Fé de Bogotá siehe Bogotá
Santa Marta 142
Santa Rosa 275
Santiago de Chile 280
Santiago de Compostela 51, 124–125
Santiago de Cuba 140, 192
Santiago de la Vega/Jamaica 158
Santiago del Estero 198
Santiago de los Caballeros 192
Santo Domingo 131, 134, 136–137, 141
Santos 286
São José de Rio Preto 288–289
São Luis do Maranhão 145
São Paulo 133, 145, 199, 286, 389
São Salvador de Bahía 143–144
São Tomé 133
Sapporo 217, 342
Sarajewo 185, 251
Sardhana 210
Saskatoon 188, 271
Sault Sainte-Marie/Kanada 227
Schleswig 115
Sczeszin (Stettin) 268
Seattle 329
Sekondi 334
Semarang 318
Sendai 317, 342, 354

Sens 64
Seoul 240, 341–342, 354, 379, 381, 383
Serres 95
Sevilla 16, 39, 74, 126, 135–141
Shanghai 215, 240
Shillong 238, 311
Shkodër 185
Shrewsbury 365 (Anm. 33)
Siatista 255
Sibiu 252
Siena 63, 77, 79, 376
Sintang 318
Siracusa 37
Sis (Kozan) 91, 345
Sitka 250
Skálholt 155–156, 324
Skopje 268, 351–352
Snettisham 227
Sofia 96, 252
Soroti 307
Southwark 181
Speyer 22, 52–53
Sremski Karlovci (Karlowitz) 96, 167 (Anm. 269)
Stavanger 56
Stockholm 7, 68 (Anm. 188), 155, 392
Strängnäs 68
Straßburg 67, 77–79, 103, 173
Stuttgart 268
Suceava 96–97 (Anm. 335)
Sucre 142–143, 192
Sumbe 295 (Anm. 255)
Superior 271
Surabaya 317–318
Suva 243 (Anm. 454)
Swerdlowsk 347, 349
Sydney 218–219, 242, 320–321, 342, 393

Tabora 208
Taipei 215, 314
Tallinn (Reval) 115
Tampere 225
Tanger 295–296 (Anm. 258)
Tapachula 280
Tarime 336
Taranto 265, 365
Tartu (Dorpat) 115, 152 (Anm. 187)

Tartus/Syrien (Tortosa) 71
Tbilissi 92, 350
Teheran 346 (Anm. 597)
Temuco 285 (Anm. 184)
Tenochtitlán 136–137
Ternopil 131 (Anm. 54)
Tha Rae 313 (Anm. 370)
Thessaloniki 255
Thika 335–336
Thiruvanatapuram (Trivandrum) 210
Thrissur/Trichore 245, 374
Thurles 181
Tianjin 215
Tijuana 280
Timișoara 167 (Anm. 269)
Tirana 268, 352, 368
Tiruvalla 312
Tlaxcala 139
Tobolsk 165, 271
Tokyo 21, 241, 250, 273, 317, 342
Toledo/Spanien 39, 65, 74
Toledo/USA 271
Toluca 192–193, 279
Torcello 47
Toronto 134, 244, 354
Tórshavn 155, 375
Toulouse 48, 61–62, 80
Toungoo 240
Tournai 62
Townsville 342
Tratalías 46
Trier 13 (Anm. 9), 40
Tripoli/Libanon (Trāblus) 255
Tripoli/Libyen 294 (Anm. 251)
Trois-Rivières 186, 271
Tromsø 223
Trondheim 44, 53, 56–57, 68, 116, 223, 267 (Anm. 65)
Truro 226, 242
Tucumán 198
Tunis 203
Tunja 142
Turku 68

Uberlândia 287
Ulan-Bator 270
Ulan-Ude 166

Ortsregister — **439**

Ulm 4 (Anm. 6)
Umuhaia 304
Uppsala 44–45, 68, 223
Utrecht 26, 111–112, 182, 308

Vaduz 184 (Anm. 75)
Västerås 68
Växjö 68 (Anm. 188)
Valence 50, 111, 120, 123, 125
Valladolid 126, 179
Valparaíso 232
Vancouver 227
Varanasi (Benares) 311
Venedig 35, 47–48, 81, 128, 339
Venice 275
Viborg 53
Victoria/Kanada 327
Vigan 150–151
Viipuri 154
Villahermosa 193, 279
Villarica/Chile 285 (Anm. 184)
Vilnius (Wilna) 72–73, 129
Vinh Long 313
Visby 154
Vitoria 180, 264
Volos 353

Warna 252
Warschau 250, 371 (Anm. 59)
Washington 17, 114, 190, 227–228, 230, 241, 275, 288, 328, 354, 371 (Anm. 59), 376
Waterford 181
Wellington 220, 243, 343
Widin 252
Wien 66, 78, 82, 246, 261
Willemstad 194
Wilmington 231, 329
Windhoek 207, 338 (Anm. 554)
Winnipeg 271, 354
Witebsk 349 (Anm. 618)
Wladimir 97–101, 249
Wologda 163
Worms 52–53, 107
Würzburg 305

Xi'an 148, 364
Xuanhua 215

Yamoussoukro 299, 377
Yangon (Rangoon) 212, 240
Yaoundé 298
Yokohama 217, 316 (Anm. 393)
Yola 325, 334
York 40, 61, 64, 230, 232, 242

Zagreb (Agram) 45, 184
Zamboanga 316
Zamora 51
Zanzibar 207, 234–236, 336–337
Zaragoza 136
Zaytoun 366
Zipaquirá 196 (Anm. 154)

Namensregister

Enthalten sind die für die Geschichte der Kathedrale wichtigen Personen, dagegen nicht die Autoren von Sekundärliteratur aus den Anmerkungen und dem Literaturverzeichnis; Heilige sind nur einbezogen, sofern auch sie Gestalten der Kirchen- bzw. Architekturgeschichte sind, nicht aber als Schutzpatrone von im Text erwähnten Kirchen.

Abbas I. 161
Abaelard, Petrus 60, 104
Adalbert, hl. 44
Adjaye, David 381
Akbar d.Gr. 146–147
Albertus Magnus 83
Albert von Bremen 72
Albrecht von Brandenburg 84, 106
Alexander Newskij 249–250, 252, 348
Alexander I. von Russland 246–248
Alexej II. 348
Alkuin 43
Alp Arslan 90
Amofa, Alex(ander) 334
Andreas, hl. 255, 305
Andreas Kaggwa 305
Andrej Bogoljubskij 100
Anna Iwanowna von Russland 163
Anselm von Canterbury 33, 104
Ansgar, hl. 183
Archer, Thomas 157
Arellano, Juan und José 279
Aristoteles 34, 63, 82–83, 255
Arndt, Ernst Moritz 172 (Anm. 17)
Athanasius von Alexandria 88
Audet, Louis-Napoléon 270
Augouard, Prosper Philippe 204
Augustinus von Canterbury 40
Augustinus von Hippo 202
Averroes 82
Azariah, Samuel 339

Baader, Franz von 247
Bacceno, Serafino da 203
Baker, Laurie 312
de Balbás, Jerónimo 138
Balian/Balyan, Garabed/Karapet 244–245
Balian/Balyan, Kirkor 244–245

Barillet, Jean 273
Barnes, Edward Larrabee 273
Baroccio, Vincenzo 138
Bartholomäus, hl. 89
Basilios II. 98
Becket, Thomas 77, 118
Beda Venerabilis, hl. 56
Begum Sumroo 210
Bellarmin, Robert 11, 12, 277 (Anm. 123)
Bellucci, José Augusto 290
Belluschi, Pietro 273
Benedikt XV. 263
Benedikt XVI. 288, 376
Benjamin, J. Bagan 332
Bennet, Beverley Shore 343
Benoît, Pierre 197–198
Berengar von Tours 34
Bernabiti, Armando 265
Bernhardin von Siena 77
Bernini, Gian Lorenzo 186, 196
Betancourt/Betancur, Rodrigo Arenas 284
Blacket, Eduard 242
Blashfield, Edwin 232
Böhm, Dominikus 261, 293, 313
Bokassa, Jean-Bédel 297
Bolesław II. von Polen 68
Bollé, Hermann 175
Borromeo, Carlo, hl. 124
Bosco, Juan/Don Bosco, hl. 285
Botta, Mario 266
Bourgeau, Victor 186, 190, 270
Bourget, Ignace 186
Bramante, Donato 35
Brunelleschi, Filippo 63
Bucer, Martin 103, 106–107
Bultmann, Rudolf 322–323
Buonarroti, Michelangelo 35
Burgess, William 226, 242

Butler, Joseph 169
Butterfield, William 227, 232, 237 (Anm. 412), 242

Cabrera, Miguel 279
Calvani, Erasmo 284
Calvin, Jean 103, 107–108, 111, 169
Campello, Glauco 330
Canova, Antonio 210
Carré, Carlos 195
Casas y Novoa, Fernando 125
de Castanet, Bernard 69
Catalano, Eduardo 273
Cemine, Rodolfo F. 304
Charles II 152
Chaucer, Geoffrey 77
Cho, David Yonggi 381–383, 390
Christodoulos, kopt. Patriarch 86
El Cid (Rodrigo Díaz de Vivar) 74
Clemens VIII., Papst 21
Colenso, John William 236–237
Conder, Josiah 250
Conwell, Russell H. 228
Coquard, Leon 190
Coste, Eugène-Jean-George 214–215
Cram, John Adams 227, 229–231, 328
Cranmer, Thomas 103, 106, 117
Cromwell, Oliver 156
Crowther, Samuel Ajayi 234
de Cubas, Francisco 180
Cuthbert von Lindisfarne, hl. 56
Cuypers, Joseph 182, 212
Cuypers, Pierre J.H. 182
Cyprian von Karthago, hl. 202
Cyprian von Tobolsk 165
Cyrill IV., Kopt. Patriarch 244

Dahinden, Justus 295, 307
Dambach, Paul (Pablo) 280
David IV. 92
Decoud, Miguel Ángel Álfaro 285
Demetrios, kopt. Patriarch 244
Dientzenhofer, Johann 127
Diokletian 13
Dionysius von Paris, hl. 10, 39, 104
Dionysius Areopagita, hl. 10, 33–34, 41, 43, 47, 59, 107, 185

Dobbeleers, Eduard 211
Dowdall, William 215
Drake, Francis 141
Driendl, Thomas Georg 199 (Anm. 182)
Duhig, James 320
van Dyck, Anton 189

Echema, Augustine Ndubueze 260 (Anm. 17)
Edward VI. 117
Egede, Hans 225
Eggers, Otto Reinhold 273
Eiffel, Gustave 193, 197
Ekandem, Dominic Ignatius 302, 304
Ekman Karl/Carlos 199
Eliade, Mircea 279 (Anm. 133)
Elisabeth von Russland 163
Elizabeth I 117–118, 181 (Anm. 53)
Elizabeth II 335, 343
Elizabeth (Königinmutter) 338
Enckell, Magnus 225
Engel, Carl 224
Enomiya-Lasalle, Hugo 317
Erasmus von Rotterdam 105 (Anm. 3), 106–107, 121
Erlendur, Bischof 46
Erwin, Meister 229–231, 174
Esquivel, Adolfo Pérez 284
Estourgie, Henri 318

Fausta, Gattin Konstantins I. 246
Favrier, Alphonse-Marie 214
Felipe de Jesús, hl. 139
Ferrier, Ian 320–321
Fiameni, Mario 290
Fioraventi, Aristotele (Ridolfo) 101
Fortin, Joseph Ernest 188
Franziskus (Jorge Bergoglio) 288
Franz Xaver, hl. 129, 147, 149, 262
Freuler, Karl 317
Freywald, Gustav 251
Friedrich I. Barbarossa 72
Friedrich II. von Hohenstaufen 127
Friedrich II. von Preußen 127
Friedrich August I. von Sachsen 127 (Anm. 27)
Frohman, Philip Hubert 230, 329
Fruchel, Meister 65
Fulbert von Chartres 34

Gama, Vasco da 146–147
Gaudy, Adolf 208
Geiler von Kaysersberg 77
George V 305
George VI 335
Ghiberti, Lorenzo 328
Gibbs, James 157
Goethe, Johann Wolfgang 174
Gioacchino da Fiore 135
Gramlich, Simon/Simão 293
Gray, Robert 236–237
Gray, Sophy 237 (Anm. 412)
Gregor der Erleuchter, hl. 89, 345–346
Gregorios III. Mammas 100
Gropius, Walter 273, 355
Guardini, Romano 261–262 (Anm. 28), 279
Guastavino, Rafael Sr. und Jr. 230
Güemes, Martín Miguel 197
Guglielmo II. von Sizilien 54
Guido de Lusignan 71
Guillaume/William de Sens 64
Guillemin, Philippe-François 214
Gustaf II. Adolf 154–155

Hager, Carl Otto 206
Haile Selassie 344–345, 367
Hannington, James 235
Hansen, Christian Frederik 224
Hansen, Theophil 253, 256
Hartman, Craig 273
Hasebe, Eikichi 317
Hawes, John Cyril 320
Hayward, Charles 235
Heber, Reginald 238 (Anm. 416)
Hegel, G.W.F. 361
Hehl, Maximilian 199, 286
Heinrich der Seefahrer 132
Heinrich VI. 54
Heins, George Lewis 230
Hennessy, John Francis 219
Hennessy, John Francis (Jack) junior 219, 320
Henri IV 120, 123, 125
Henry VIII 117, 225
Herbert de Losinga 55
Herbert von Bosham 58 (Anm. 130)
Hermanns, Franz 303
de Herrera, Juan 138

Heureaux, Ulises 192 (Anm. 124)
Higgins, Daniel Paul 273
Hild, József 184
Hildebold 42–43
Holloway, Richard 323
Holzmeister, Clemens 287 (Anm. 199)
Honorius Augustodunensis 83
Hooker, Richard 168–169
Hopfer, Franz 205
Hosokawa, Gratia, hl. 317
Houphouêt-Boigny, Félix 297, 299
Hovnatanian, armenische Malerfamilie 160
Howard, Philip, hl. 181 (Anm. 53)
Hugo, Victor 174
Hugo von Sankt Victor 60, 174, 196
Hunt, John Horbury 243
Hus, Jan 107
Hybels, Bill 384 (Anm. 25)

Idi Amin 236
Ifejika, David 333
Ignatius von Antiochien 4, 29
Ignatius von Loyola 75, 121, 152, 218
Ignatius Yacoub III., Patriarch 346
Ignatius Zakka I. 346
Innozenz III. 34, 71
Ioan, Augustin 351 (Anm. 628)
Irenäus von Lyon, hl. 39
Iwan Grosny 101, 103, 162–163
Iwan d. Gr. 100
Iwan Kalita 100
Iwan IV. siehe Iwan Grosny

Jadwiga von Anjou 73
Jakobus d. Ä. 39, 51, 77, 91
Jakobus d. J. 91
James I 117–118
James II 152
Joachim von Floris 135
João V. von Portugal 145
Jogaila von Litauen 73
Johannes Chrystostomus 166
Johannes Eriugena 34
Johann II. Kasimir von Polen 69
Johannes VII., Koptischer Patriarch 160 (Anm. 228)
Johannes XXIII. 260, 262

Johannes Paul II. 279, 288, 299, 303
Johannes der Neomärtyrer 96-97 (Anm. 335)
Johnson, Philip 276, 382
Joseph II. von Österreich 171
Juárez, Nicolás Rodríguez 279 (Anm. 140)
Julius II. 105 (Anm. 3)
Justin der Märtyrer 32
Justinian I. 54

Kabila, Laurent 300
Kabila, Marie-Olive Lembe di Sita 300
Kaftanzoglou, Lysandros 253
Kallistos I., Patriarch 96
Kalixt III. 75
Kamehameha V. 243
Kant, Immanuel 172
Karl d.Gr. 29 (Anm. 3), 31, 33, 36, 40-43, 47, 51
Karl der Kahle 34
Kasimir III. von Polen 91
Katharina II. d.Gr. 163-166
Kaufmann, Franz-Xaver 262 (Anm. 31)
Keely, Patrick 188, 190
Kenyatta, Jomo 305
Kim, Swoo Geun 315
Kimball, Roger 189
Kirkerup, Andreas 155
Kiwanuka, Joseph 307
von Klenze, Leo 185
Kliment von Ohrid 96, 351
Konstantin d.Gr. 14, 29, 36-38, 41, 246
Konstanze von Sizilien 54
Koutchek, Mirza 346 (Anm. 597)
Kurke, William F. 272
Kyrill, Patriarch von Moskau 347

LaFarge, Christopher Grant 230
Laforgue, Adrien 295-296
de las Casas, Bartolomé 135 (Anm. 77)
de Lamettrie, Julien-Offray 170
Latrobe, Henry 114, 189
Lavigerie, Charles 200, 296
Le Corbusier 261, 278, 289
L'Enfant, Pierre 228
Leo III., Papst 41
Lessing, Gotthold Ephraim 168 (Anm. 273)
Livingstone, David 234
Loire, Gabriel 237

Lorscheider, Aloísio 288
Louis VII 60
Louis IX, hl. 202
Louis XIV 110, 171
Louis-Philippe 189
Luc, Trân Van 213
de Lusignan, Guido 71
Luther, Martin 84, 103, 105, 107, 109, 117, 168
Lutyens, Edwin 267, 320, 339
Luwum, Janani 236

Macedo, Edir Bezerra 388-389
Macquarie, Lachlan 218
Manuel XII. 180
Markus, hl. 81
Markus VIII. 244
Martellange, Étienne 123
Mary I Tudor 117-118
Mather, Cotton 112 (Anm. 40)
Mathias Mulumba, hl. 305
Matisse, Henri 353
Matthäus IV., Koptischer Patriarch 160 (Anm. 228)
Maufe, Edward 326
Mazzoni, Angiolo 283
MacCarthy, Charles 233
McGucken, Joseph 273
Medd, Henry 310, 339
Mehmed II. 91
de Mel, Lakdasa 341
Mellitus, hl. 40
Metaxas, Anastasios 255
Mies van der Rohe, Ludwig 261
Militiades 38
de Moerloose, Alphonse de 215, 313
Moiwend, Donatus 319
Moneo, Rafael 274
Monteiro, Gustavo 290
Montferrand, Auguste de 180, 183, 189, 247
de Morón, Dolores Ocampo 285
Morus, Thomas 105, 135
Müntzer, Thomas 108
Muhammad Ali Pascha 203, 232, 244
Mungo (Kentigern), hl. 40
Murano, Togo 317
Murillo, Juan Estebán 139, 189

Museveni, Yoweri 337
Mwanga II. von Buganda 207, 373

Napoléon I Bonaparte 159, 171–172, 177, 180, 183, 189, 203
Napoléon III 178, 214
Nasser, Gamal Abd el 366
Nervi, Pier Luigi 273
Neto, Benedito Calixto 287–288
Neutra, Richard 276
Nickson, Richard Scholefield 333
Niemeyer, Oscar 18, 21, 278–279, 289–290, 361
Nietzsche, Friedrich 363
Nikolaj von Japan 250
Nikolaus I. 249
Nikolaus II. 164, 183, 347, 367
Njau, Rekiya Elimoo 335
Njenga, John Joseph 306–307
Noah Mawaggali, hl. 307

Obote, Milton 236, 337
Olga von Kiew 98–99
Orăscu, Alexandru 251
Otto, Rudolf 279 (Anm. 133)
Otto I. 43, 51, 185
Otto von Griechenland 252

Pahlavi, Mohammad Reza 345
Palladio, Andrea 154
Papaloukas, Spiros 353
Paranhos, Paulo Henrique 291
Park, Tae-Bong 315
Paschasius Radbertus 34
Pastro, Cláudio 146, 278, 288
Patrick, hl. 40
Paulinus, hl. 40
Paulus, hl. 29
Pavle, Patriarch 369 (Anm. 48)
Payens, Ed. 308
Pearson, John L. 226, 242
Pedro II. von Brasilien 199
Peiris, Wilson 341
Perón, Juan 285
Perret, Auguste 261
Perret, Gustave 261
Pertzoff, Constantin A. 355
Peter I. von Russland 102, 154, 162–166, 246

Petre, Francis 219
Petrés, Domingo de 195
Petrus, hl. 29
Petrus VII. 244
Petrus Cantor 58 (Anm. 130)
Petrus Mogilas 163
Pippin III. 40, 41, 59
Pite, Arthur Beresford 236
Pius IX. 171, 195
Pius X. 261
Pius XI. 263
Pius XII. 259, 262
Polti, Julien 283
Ponti, Giovanni/Gio 265
Pugin, Augustus Welby 175, 181, 190, 218
Puginier, Paul-François 212
Purnomo, Antonius Herry 319
Putin, Wladimir 347

Quarenghi, Giacomo 248
de Quiroga, Vasco 135 (Anm. 77), 138 (Anm, 94)

Rahner, Karl 262 (Anm. 31)
Rastrelli, Bartolomeo 165
Reimarus, Hermann Samuel 168
Remigius, hl. 39
Renwick, James 21, 190, 229
de Rhodes, Alexandre 148
Ricci, Matteo 148
Robert Grosseteste 17, 63–64
Roberts, Oral 387
Robinson, John Arthur 323
Rösner, Carl 184
Rousseff, Dilma 389
Rubens, Peter Paul 189 (Anm. 102)
Rudigier, Franz-Josef 184
Rudolf IV. von Habsburg 66
Rugambwa, Laurean 305

Sailer, Johann M. 173
Salmerón, Juan Sánchez 279
Sanaguano, Pablo 284
Sanahuja, Manuel 196
Sandström, Sven-David 392
de San Martín, José 197
à Saravia, Adrian 12
Sawa, hl. 96, 251, 351

Scheib, Gustav 251
Schinkel, Karl Friedrich 176
Schirmer, Heinrich Ernst 223
Schleiermacher, Friedrich Daniel Ernst 173
Schnitger, Arp 145
von Schmidt, Friedrich 175-176, 184 (Anm. 74)
Schmidt, Ole Jørgen 188
Schoemaker, C.P. Wolff 218, 318
Schuller, Robert 384
Schulte, Edward J. 272 (Anm. 96)
Schurr, Hans 207
Schwarz, Rudolf 261, 273
Schweitzer, Albert 168
Scott, George Gilbert 175, 225 (Anm. 332), 227, 237, 243
Scott, George Gilbert d.J. 181 (Anm. 53)
Scott, Gilbert Giles 21, 226, 326
Scott, John Oldrid 237, 239, 256
Seabury, Samuel 226
Simberg, Hugo 225
Somoza, Anastasio 280
Sophia Palaiologos 100
Soubirous, Bernadette, hl. 204
Sovik/Sövik, Edward Anders 262
Spalding, Johann Joachim 169
Spence, Basil 326
Spener, Philipp Jakob 110 (Anm. 23)
Spong, John Shelby 323, 328
Stanisław von Krakau, hl. 69
Stasov, Vassilij 248
Stefan I. von Ungarn, hl. 44
Statz, Vinzenz 184
Steere, Edward 235
Stiehle, Juan Bautista/Johann Baptist 195-196
Štrosmajer, Joseph Georg 185
Sucre, Antonio José de 192 (Anm. 123)
Suger, Abt 58
Suharto (Haji Mohammad) 320
Sullivan, Louis 256
Sutherland, Graham 343
Swjatoslaw, hl. 98-99
Swedenborg, Emanuel 225

Tadolini, Adamo 210
Tange, Kenzo 317, 342
Tansi, Cyprian Iwene, sel. 303, 373
Tekle, Afewerk 295

Tessin d.Ä., Nicodemus 155
Thaddäus, hl. 89
Theodor, Bischof 95
Thevenoud, Joanny 298
Thomas Becket, hl. 77, 118
Thomas von Aquin, hl. 82-83
Thomassin, Philippe 161
Thon, Konstantin 247, 249
Thorvaldsen, Berthel 224
Thu Ngô Viê't 313
Tillich, Paul 323
Tiridates III. von Armenien 89
Tito, Diego Quispe 141
Tjørhom, Ola 7, 376
Tournon, Paul 296
Trezzini, Domenico 164
Trophimus, hl. 39
Trujillo, Rafael 281
Tschewakinski, Sawwa 164-165
Tucker, Albert Robert 222, 235

Ühlein, Polykarp 305
Ulenkampf, Johann Heinrich 145
Urban II. 70, 74

Vamos, George 305
Vaudoyer, Léon 178
Vautrin, Léon 214
Vendelmans, Leo 315
Ventimilla, Ignacio 196
Vignola, Giacomo Barozzi da 123
Vilchis, Ricardo Lagorreta 282
Villalpando, Cristóbal de 139
Viollet-le-Duc, Eugène 174-175, 178-179, 223
Viteri, Oswaldo 284
Vitberg, Magnus 248
Vittorio Emanuele III 203

Wagner, Otto 261
Wardell, William 218-219
Watts, Isaac 152, 222, 242
Webb, Aston 233
Weinert, Egino 276
Weniaminow, Innokentij hl. 250
Wenzel, hl. 43
Wesley, John 60, 110, 324 (Anm. 451), 381
Whipple, Benjamin 229

Whitefield, George 113
von Wied, Hermann 79 (Anm. 244)
Wild, James 232
Wilhelm der Eroberer 50
William III 152
Williams, Paul Revere 275–276
Willis, Frank 227
Winstrup, Laurids Albert 155
Wiseman, Nicholas 180 (Anm. 49)
Wittgenstein, Ludwig 359 (Anm. 1)
Wladimir I. (hl.) 97–99, 249
Władysław I. Łokietek 69
Worochinin, Andrej 247
Wren, Christopher 154, 156, 176
Wright, Frank Lloyd 354

Wulffleff, Charles-Albert 297
Wynne-Jones, Tom Neville 341

Yacoub Baradaeus/Baradai 8
Yelzin, Boris 348

Zachos, Aristoteles 255, 353
Ziller, Ernst 254–255
Zettervall, Hugo 223
Zinzendorf, Ludwig von 112
Zumaya, Manuel de 143
Zwingli, Huldrych 103
Zwirner, Ernst Friedrich 175

v